Der Wiedereinstellungsanspruch des Arbeitnehmers

Europäische Hochschulschriften
Publications Universitaires Européennes
European University Studies

Reihe II
Rechtswissenschaft

Série II Series II
Droit
Law

Bd./Vol. 3539

PETER LANG
Frankfurt am Main · Berlin · Bern · Bruxelles · New York · Oxford · Wien

Armin Krüll

Der Wiedereinstellungsanspruch des Arbeitnehmers

PETER LANG
Europäischer Verlag der Wissenschaften

Bibliografische Information Der Deutschen Bibliothek
Die Deutsche Bibliothek verzeichnet diese Publikation in der Deutschen Nationalbibliografie; detaillierte bibliografische Daten sind im Internet über <http://dnb.ddb.de> abrufbar.

27
ISSN 0531-7312
ISBN 3-631-39584-1

www.peterlang.de

Vorwort

Die vorliegende Arbeit wurde von der Rechtswissenschaftlichen Fakultät der Friedrich-Schiller-Universität Jena im Wintersemester 2001/2002 als Dissertation angenommen. Dem Manuskript liegt die Rechtsprechung und Literatur bis Dezember 2001 zugrunde.

Zu besonderem Dank bin ich Herrn Prof. Dr. Hartmut Oetker verpflichtet. Durch seine hervorragende Betreuung hat er maßgeblich zum Gelingen der Dissertation beigetragen.

Frau Prof. Dr. Monika Schlachter danke ich für die sehr zügige Erstellung des Zweitgutachtens.

Besonderer Dank gilt schließlich meinen Eltern, die meinen Werdegang entscheidend geprägt haben, und ohne deren fortwährende Unterstützung die Anfertigung dieser Arbeit nicht möglich gewesen wäre.

München, im August 2002 Armin Krüll

Inhaltsverzeichnis

§ 1 Einleitung, Problemstellung, Ziel und Gang der Untersuchung

Die Rechtsfigur des Wiedereinstellungsanspruchs begleitet die arbeitsrechtliche Diskussion seit langem[1]. Die Frage nach dem Bestehen eines Wiedereinstellungsanspruchs des Arbeitnehmers nach rechtswirksamer Beendigung des Arbeitsverhältnisses hat die arbeitsrechtliche Rechtsprechung und Wissenschaft schon in den 20er Jahren beschäftigt. Damals fokussierte sich die Diskussion auf die Frage, ob ein Arbeitnehmer, dessen Arbeitsverhältnis im Rahmen eines Arbeitskampfes beendet wurde, aufgrund einer tarifvertraglichen Wiedereinstellungsklausel einen unmittelbaren Rechtsanspruch auf Wiedereinstellung gegen seinen früheren Arbeitgeber hat.

Vor dem Hintergrund der seinerzeit geltenden Tarifvertragsverordnung von 1918 war diese Frage in den 20er Jahren Gegenstand eines lebhaft geführten Meinungsstreits. Dieser Streit wurzelte darin, daß nach der damals herrschenden Auffassung nur solche Tarifbestimmungen zum normativen Teil des Tarifvertrages gerechnet wurden, die den Inhalt bestehender Arbeitsverhältnisse regeln, daß aber die typischerweise erst nach der Beendigung des Arbeitskampfes im Rahmen eines kollektiven Friedensabkommens vereinbarte tarifvertragliche Wiedereinstellungsklausel nicht den Inhalt eines bestehenden, sondern die Begründung eines neuen Arbeitsverhältnisses betrifft und somit eigentlich nur schuldrechtliche Wirkung zeitigt. Dennoch wurde immer wieder versucht, dem Arbeitnehmer unter Geltung der Tarifvertragsverordnung auf der Grundlage einer tarifvertraglichen Wiedereinstellungsklausel einen unmittelbaren Rechtsanspruch einzuräumen[2]. Mit dem Tarifvertragsgesetz vom 09.04.1949 hat der Gesetzgeber die normative Wirkung tariflicher Abschlußnormen in § 1 I TVG ausdrücklich anerkannt.

War somit die Frage, ob dem Arbeitnehmer durch tarifvertragliche Wiedereinstellungsklauseln ein unmittelbarer Rechtsanspruch eingeräumt werden kann, durch den Gesetzgeber einer Entscheidung zugeführt worden, so stand die Rechtsfigur des Wiedereinstellungsanspruchs nur kurze Zeit nach Inkrafttreten des Tarifvertragsgesetzes abermals im Brennpunkt des Interesses der arbeitsrechtlichen Rechtsprechung und Wissenschaft. Zunächst sorgte eine Entscheidung des Bundesgerichtshofes vom 13.07.1956 für Aufsehen[3]. Ein Dienstvertrag war wegen des Verdachts einer strafbaren Handlung des Dienstverpflichteten außerordentlich gekündigt worden. Die Kündigung war – wie der Bundesgerichtshof ausdrücklich feststellte – nach der im Zeitpunkt des Zugangs gegebenen Sachlage gerechtfertigt. Allerdings war für die Revisionsinstanz zu unterstellen, daß der Verdacht später entkräftet worden war. Im Hinblick auf diese besondere Situation – nachträgliche Ausräumung eines zunächst begründeten Verdachts – hat der Bundesgerichtshof einen Wiedereinstellungsanspruch

---

1 Vgl. zur Entwicklung der Rechtsfigur des Wiedereinstellungsanspruchs auch *Hambitzer*, Der Wiedereinstellungsanspruch des Arbeitnehmers nach wirksamer Kündigung, S. 7 ff.; *Heilmann*, Verdachtskündigung und Wiedereinstellung nach Rehabilitierung, S. 81 ff.; *Strathmann*, Der Wiedereinstellungsanspruch eines wirksam gekündigten Arbeitnehmers, S. 23 ff.

2 Vgl. zu den diesem Ziele dienenden Konstruktionen die Nachweise von *Nipperdey*, in: Hueck/Nipperdey, Lehrbuch des Arbeitsrechts Bd. II (1. und 2. Auflage), S. 82 Fn. 116 und S. 84 Fn. 117.

3 BGH AP Nr. 2 zu § 611 BGB Fürsorgepflicht.

des gekündigten Dienstverpflichteten bejaht. Unter ausdrücklicher Berufung auf dieses Urteil des Bundesgerichtshofes erging am 14.12.1956 eine entsprechende Entscheidung des Bundesarbeitsgerichts[4]. Dem klagenden Arbeitnehmer war nach Ende des 2. Weltkriegs zunächst auf Befehl der Militärregierung[5] wegen angeblicher nationalsozialistischer Betätigung außerordentlich gekündigt worden[6]. Später wurde er jedoch im Rahmen des Entnazifizierungsverfahrens als nicht belastet erklärt. Unter Anwendung des zuvor vom Bundesgerichtshof in dem Urteil vom 13.07.1956 entwickelten Prinzips bejahte das Bundesarbeitsgericht im Grundsatz den Anspruch auf Wiedereinstellung[7]. An diesen beiden höchstrichterlichen Entscheidungen entzündete sich ein Meinungsstreit darüber, ob ein Wiedereinstellungsanspruch unabhängig von einer besonderen individualvertraglichen, kollektivvertraglichen beziehungsweise gesetzlichen Rechtsgrundlage anzuerkennen ist[8].

Im Jahre 1971 tauchte der Wiedereinstellungsanspruch des Arbeitnehmers erneut auf dem Feld des kollektiven Arbeitsrechts auf. Der Große Senat des Bundesarbeitsgerichts räumte dem Arbeitnehmer im Falle einer Aussperrung mit lösender Wirkung nach Beendigung des Arbeitskampfes einen Anspruch auf Wiedereinstellung nach billigem Ermessen ein[9].

Nachdem Ende der 80er und Anfang der 90er Jahre einige landesarbeitsgerichtliche Entscheidungen zum Thema des Wiedereinstellungsanspruchs bei nachträglichem Wegfall betriebsbedingter Kündigungsgründe ergangen waren[10], rückten im Jahre 1997 vier Urteile des Bundesarbeitsgerichts[11] den Anspruch auf Wiedereinstellung abermals in das Zentrum der arbeitsrechtlichen Diskussion und führten zu einer großen Zahl literarischer Beiträge[12]. Lagen diesen Urteilen aus dem Jahre 1997 allesamt

---

4 BAG AP Nr. 3 zu § 611 BGB Fürsorgepflicht.

5 Vgl. zur außerordentlichen Kündigung infolge einer Entlassungsanordnung der Militärregierung *Heilmann*, Verdachtskündigung und Wiedereinstellung nach Rehabilitierung, S. 81 ff.

6 Vgl. *Heilmann*, Verdachtskündigung und Wiedereinstellung nach Rehabilitierung, S. 81 ff.

7 Bestätigt durch BAG AP Nr. 50 zu § 611 BGB Fürsorgepflicht.

8 Vgl. nur *A. Hueck*, Festschrift für Hedemann, S. 131 ff.; *ders.*, Anm. zu BGH AP Nr. 2 zu § 611 BGB Fürsorgepflicht; *Larenz*, Anm. zu BAG AP Nr. 3 und 4 zu § 611 BGB Fürsorgepflicht; *Mohnen*, RdA 1957, S. 361 ff. und 405 ff.; *Molitor*, SAE 1957, S. 5 ff.

9 BAG AP Nr. 43 zu Art. 9 GG Arbeitskampf.

10 Vgl. beispielsweise LAG Baden-Württemberg, DB 1987, S. 543 f.; LAG Köln, LAGE § 611 BGB Einstellungsanspruch Nr. 1; LAG Hamburg, LAGE § 611 BGB Einstellungsanspruch Nr. 2.

11 Vgl. BAG AP Nr. 1, 2 und 4 zu § 1 KSchG 1969 Wiedereinstellung sowie BAG AP Nr. 169 zu § 613a BGB.

12 Vgl. beispielsweise *Beckschulze*, DB 1998, S. 417 ff.; *Berscheid*, MDR 1998, S. 1129 ff.; *Boewer*, NZA 1999, S. 1121 ff. und 1177 ff.; *Günzel*, DB 2000, S. 1227 ff.; *Kaiser*, ZfA 2000, S. 205 ff.; *Kleinebrink*, FA 1999, S. 138 ff.; *Langenbucher*, ZfA 1999, S. 299 ff.; *Linck*, FA 2000, S. 334 ff.; *Lisec*, Der Wiedereinstellungsanspruch des Arbeitnehmers nach betriebsbedingter Kündigung und Betriebsübergang; *Manske*, FA 1998, S. 143 ff.; *Meinel/Bauer*, NZA 1999, S. 575 ff.; *Nägele*, BB 1998, S. 1686 ff.; *Nicolai/Noack*, ZfA 2000, S. 87 ff.; *Oetker*, ZIP 2000, S. 643 ff.; *Raab*, RdA 2000, S. 147 ff.; *Ricken*, NZA 1998, S. 460 ff.; *Strathmann*, Der Wiedereinstellungsanspruch eines wirksam gekündigten Arbeitnehmers; *Westera*, Der Wiedereinstellungsanspruch nach wirksamer Kündigung; *Ziemann*, MDR 1999, S. 716 ff. Bereits zuvor *Bram/Rühl*, NZA 1990, S. 753 ff.; *Hambitzer*, Der Wiedereinstellungsanspruch

betriebsbedingte ordentliche Kündigungen zugrunde, so verdeutlichen bereits zwei im Jahre 1999 ergangene Urteile des Bundesarbeitsgerichts[13] zum Wiedereinstellungsanspruch nach einer krankheitsbedingten Kündigung, daß es bei der Frage des Anspruches auf Wiedereinstellung nach rechtswirksamer Kündigung keineswegs um ein Spezifikum der Verdachtskündigung beziehungsweise der betriebsbedingten Kündigung, sondern vielmehr um das allgemeine Rechtsproblem geht, ob eine Rechtspflicht zur Vertragserneuerung besteht, wenn ein Vertragsverhältnis aufgrund eines an Gründe gebundenen Gestaltungsrechts wirksam aufgelöst worden ist, diese Gründe jedoch nach Ausübung des Gestaltungsrechts weggefallen sind[14]. Daraus folgt, daß ein Anspruch auf Wiedereinstellung grundsätzlich auch bei einer personenbedingten[15], einer verhaltensbedingten[16] sowie einer Druckkündigung[17] in Betracht kommen kann. Die mit dem Urteil des 2. Senats des Bundesarbeitsgerichts vom

---

des Arbeitnehmers nach wirksamer Kündigung; *ders.*, NJW 1985, S. 2239 ff.; *Langer*, NZA 1991, Beilage Nr. 3, S. 23 ff.; *vom Stein*, RdA 1991, S. 85 ff.; *Zwanziger*, BB 1997, S. 42 ff.

13 BAG AP Nr. 36 zu § 1 KSchG 1969 Krankheit und BAG AP Nr. 37 zu § 1 KSchG 1969 Krankheit. Bereits angedeutet von BAG AP Nr. 1 zu § 1 KSchG 1969 Wiedereinstellung, wo bezüglich der Frage eines Dispositionsschutzes zugunsten des Arbeitgebers ausgeführt wird, ein überwiegendes Interesse des Arbeitgebers an der Beendigung des Arbeitsverhältnisses könne beispielsweise anzunehmen sein, wenn der Arbeitgeber bei einer krankheitsbedingten Kündigung in gutem Glauben an die Wirksamkeit der Kündigung den Arbeitsplatz neu besetzt hat. Vgl. nunmehr auch die Entscheidung des 7. Senats des Bundesarbeitsgerichts vom 27.06.2001 (BAG, NZA 2001, S. 1135 f.).

14 Vgl. auch *Oetker*, ZIP 2000, S. 643, 643 und *Preis*, Prinzipien des Kündigungsrechts bei Arbeitsverhältnissen, S. 349 f.

15 Vgl. hierzu LAG Hamm, NZA-RR 2000, S. 134, 135; MünchArbR/*Berkowsky*, § 134 Rn. 93; *ders.*, Die personen- und verhaltensbedingte Kündigung, S. 279; *Bram*, in: Bader/Bram/Dörner/Wenzel, KSchG, § 1 Rn. 71 f.; *Bram/Rühl*, NZA 1990, S. 753, 753; APS/*Dörner*, § 1 KSchG Rn. 74, 76 und 78; *Hambitzer*, Der Wiedereinstellungsanspruch des Arbeitnehmers nach wirksamer Kündigung, S. 122 ff.; *Hinrichs*, AiB 1997, S. 615, 616; *Löwisch*, KSchG, § 1 Rn. 81; *Preis*, Prinzipien des Kündigungsrechts bei Arbeitsverhältnissen, S. 356 f.; *Raab*, RdA 2000, S. 147, 153; *Senne*, AuArbR 1992, S. 301, 302; *vom Stein*, Fehleinschätzungen bei der Kündigung von Arbeitsverhältnissen, S. 256 f.; *Strathmann*, Der Wiedereinstellungsanspruch eines wirksam gekündigten Arbeitnehmers, S. 30 ff.; *Westera*, Der Wiedereinstellungsanspruch nach wirksamer Kündigung, S. 21 und 51; *Zwanziger*, in: Kittner/Däubler/Zwanziger, KSchR, Einl. Rn. 390d; im Ansatz auch *Mathern*, NJW 1996, S. 818, 819. Ablehnend jedoch MünchArbR/*Buchner*, § 40 Rn. 115; *Meinel/Bauer*, NZA 1999, S. 575, 577; *Nicolai*, SAE 2000, S. 98, 101 f.; *Nicolai/Noack*, ZfA 2000, S. 87, 101; *Otto*, Festschrift für Kraft, S. 451, 455; *Wank*, Anm. zu BAG AP Nr. 2 zu § 1 KSchG 1969 Soziale Auswahl; *Zwanziger*, BB 1997, S. 42, 43; zurückhaltend auch KR-*Etzel*, § 1 KSchG Rn. 350 und *Preis*, Anm. zu LAG Köln, LAGE § 611 BGB Einstellungsanspruch Nr. 1, S. 25 f.

16 Siehe MünchArbR/*Berkowsky*, § 134 Rn. 93; *ders.*, Die personen- und verhaltensbedingte Kündigung, S. 279; *Bram*, in: Bader/Bram/Dörner/Wenzel, KSchG, § 1 Rn. 71b; *Hinrichs*, AiB 1997, S. 615, 616; *Preis*, Prinzipien des Kündigungsrechts bei Arbeitsverhältnissen, S. 357; *vom Stein*, Fehleinschätzungen bei der Kündigung von Arbeitsverhältnissen, S. 257 f.; *ders.*, RdA 1991, S. 85, 89; *Westera*, Der Wiedereinstellungsanspruch nach wirksamer Kündigung, S. 21 und 48 f. Ablehnend insoweit *Hambitzer*, Der Wiedereinstellungsanspruch des Arbeitnehmers nach wirksamer Kündigung, S. 100 f.; *Raab*, RdA 2000, S. 147, 153; *Strathmann*, Der Wiedereinstellungsanspruch eines wirksam gekündigten Arbeitnehmers, S. 36 ff.; *Wank*, Anm. zu BAG AP Nr. 2 zu § 1 KSchG 1969 Soziale Auswahl.

17 Vgl. hierzu MünchArbR/*Buchner*, § 40 Rn. 111; *Rahmstorf*, Die Druckkündigung des Arbeitsverhältnisses, S. 98 ff.; *Söllner*, Münchener Kommentar (2. Auflage), § 611 Rn. 282.

27.02.1997[18] eingeleitete Kette höchstrichterlicher Entscheidungen zum Wiedereinstellungsanspruch des Arbeitnehmers findet ihren vorläufigen Schlußpunkt in den Urteilen des 7. Senats vom 28.06.2000[19] und vom 27.06.2001[20]. Gibt die höchstrichterliche Rechtsprechung in diesen Urteilen durchaus zentrale Eckpunkte zu den Voraussetzungen, dem Inhalt und den Grenzen des Anspruches auf Wiedereinstellung vor, so ist das Ziel dieser Untersuchung, die Rechtsfigur des Wiedereinstellungsanspruches unter kritischer Auswertung der – zum Teil keineswegs einheitlichen – Rechtsprechung und der einschlägigen literarischen Beiträge zu präzisieren und die zahlreichen, mit dieser Rechtsfigur verbundenen Detailprobleme einer Lösung zuzuführen.

Vor dem Hintergrund, daß sich der Anspruch auf Wiedereinstellung inhaltlich auf die Neubegründung des Arbeitsverhältnisses durch Neuabschluß eines Arbeitsvertrages richtet und sich folglich aus der Sicht des in die Pflicht genommenen Arbeitgebers als mit dem Grundsatz der Vertragsfreiheit kollidierender Kontrahierungszwang darstellt, ist zunächst das dem Wiedereinstellungsanspruch zugrundezulegende grundrechtliche Koordinatensystem herauszuarbeiten, das für einfachgesetzliche Konstruktionen einen verbindlichen Rahmen vorgibt. Mit dieser Thematik befassen sich die Ausführungen unter § 2.

Nach Klärung des grundrechtlichen Koordinatensystems als Spielfeld für einfachgesetzliche Lösungen der Wiedereinstellungsproblematik sollen unter § 3 die für einen Wiedereinstellungsanspruch in Betracht kommenden Rechtsgrundlagen diskutiert werden. Zwar sind in der Literatur insoweit bereits Stimmen zu vernehmen, die – getreu dem Motto „roma locuta, causa finita" – in Anbetracht der Entscheidungskette des 2., 7. und 8. Senats des Bundesarbeitsgerichts, mit der der Wiedereinstellungsanspruch grundsätzlich höchstrichterlich anerkannt wurde[21], die Suche nach einer geeigneten Rechtsgrundlage für einen derartigen Anspruch als erledigt beziehungsweise als nur noch zweitrangig betrachten[22]. Die im Rahmen dieser Untersuchung beabsichtigte Präzisierung von Voraussetzungen, Inhalt und Grenzen des Wiedereinstellungsanspruchs sowie die Lösung der mit dieser Rechtsfigur verbundenen Detailprobleme können jedoch nur auf der Grundlage eines soliden dogmatischen Fundaments geleistet werden. Das Herausarbeiten einer tragfähigen dogmatischen Grundlage für den Anspruch auf Wiedereinstellung erweist sich somit als unerläßlich.

Ist die dogmatische Verankerung geklärt, so ist das Augenmerk auf die Frage zu richten, wann und mit welchem Inhalt der Wiedereinstellungsanspruch entsteht und wann dieser fällig wird (hierzu die Ausführungen unter § 4). Im Anschluß hieran soll unter § 5 der Frage nachgegangen werden, welche rechtlichen Wirkungen die mit der

---

18 BAG AP Nr. 1 zu § 1 KSchG 1969 Wiedereinstellung.

19 BAG AP Nr. 6 zu § 1 KSchG 1969 Wiedereinstellung.

20 BAG, NZA 2001, S. 1135 f.

21 In BAG AP Nr. 45 zu § 1 KSchG 1969 Soziale Auswahl wird der Wiedereinstellungsanspruch bereits als Gegenstand der „ständigen Rechtsprechung des Bundesarbeitsgerichts" bezeichnet.

22 Vgl. hierzu insbesondere *Beckschulze*, DB 1998, S. 417, 417; *Meinel/Bauer*, NZA 1999, S. 575, 576. Ähnliche Einschätzung bei *Kania*, Anm. zu BAG EzA § 1 KSchG Wiedereinstellungsanspruch Nr. 1, S. 15 f.

Wiedereinstellung verbundene vertragliche Neubegründung des Arbeitsverhältnisses zeitigt. Das Problem konkurrierender Wiedereinstellungsansprüche behandelt § 6. Die Frage, ob für die Geltendmachung des Wiedereinstellunganspruchs eine zeitliche Schranke besteht, wird unter § 7 beantwortet. Die Ausführungen unter § 8 beschäftigen sich mit der prozessualen Behandlung des Wiedereinstellungsanspruchs. § 9 widmet sich der Frage, ob der Arbeitgeber die Möglichkeit hat, das im Rahmen der Wiedereinstellung neu zu begründende Arbeitsverhältnis vorsorglich zu kündigen. Unter § 10 wird untersucht, ob der Betriebsrat bei der Wiedereinstellung zu beteiligen ist. Die Ausführungen unter § 11 befassen sich mit der Frage, ob ein Wiedereinstellungsanspruch in der Insolvenz des Arbeitgebers entstehen kann. Unter § 12 wird schließlich untersucht, ob ein Wiedereinstellungsanspruch auch in Frage kommt, wenn das Arbeitsverhältnis nicht wegen einer Kündigung, sondern aufgrund eines anderen Beendigungstatbestandes aufgelöst wurde.

§ 2 *Verfassungsrechtliche Ausgangsdaten des Wiedereinstellungsanspruches*

Bevor nähere Ausführungen zu möglichen Rechtsgrundlagen eines Anspruchs des Arbeitnehmers auf Wiedereinstellung gemacht werden, ist zunächst ein Blick auf die grundrechtliche Ausgangssituation zu werfen, um den verfassungsrechtlichen Rahmen, innerhalb dessen sich ein Wiedereinstellungsanspruch bewegen darf, abstecken zu können[23].

A. Der Begriff der „Wiedereinstellung" als Verpflichtung des Arbeitgebers zum Vertragsschluß

Im Rahmen des hier zu untersuchenden Wiedereinstellungsanspruchs ist der Begriff der „Wiedereinstellung" als Neuabschluß eines Arbeitsvertrages, mithin als rechtsgeschäftlicher Tatbestand zu verstehen[24], der die Grundlage für eine tatsächliche Beschäftigung bildet. Ein solcher auf Neuabschluß eines Arbeitsvertrages gerichteter Wiedereinstellungsanspruch bezieht sich denknotwendig auf den Zeitraum nach Beendigung des Arbeitsverhältnisses und setzt somit das Vorliegen eines wirksamen Beendigungstatbestandes voraus[25]. Bezüglich des Zeitraumes, in dem das vertragliche Band zwischen den Parteien des Arbeitsverhältnisses (noch) besteht, ist folglich für einen Anspruch auf Wiedereinstellung kein Raum. Der auf Wiedereinstellung gerichtete Anspruch läßt sich nach dem bisher Gesagten beschreiben als das Recht des Arbeitnehmers, vom Arbeitgeber den Neuabschluß eines Arbeitsvertrages zu verlangen. Mit diesem Recht des Arbeitnehmers korrespondiert die Pflicht des Arbeitgebers, einen Arbeitsvertrag mit dem Arbeitnehmer abzuschließen. Ohne bereits an dieser Stelle auf die in Betracht zu ziehenden Anspruchsgrundlagen einzugehen, stellt sich bei grundsätzlicher Anerkennung eines Wiedereinstellungsanspruchs des Arbeitnehmers die hiermit verbundene Verpflichtung des Arbeitgebers in aller Regel[26] als

---

23 Vgl. hierzu auch *Kort*, SAE 2001, S. 131, 135.

24 So auch *Bram/Rühl*, NZA 1990, S. 753, 758; *Grünhage*, Die Pflicht des Arbeitgebers zur Einstellung und Wiedereinstellung von Arbeitnehmern, S. 4 f.; *Hambitzer*, Der Wiedereinstellungsanspruch des Arbeitnehmers nach wirksamer Kündigung, S. 5 und 151; *A. Hueck*, Festschrift für Hedemann, S. 131, 131; *Kleinebrink*, FA 1999, S. 138, 138; *Langenbucher*, ZfA 1999, S. 299, 310; *Langer*, NZA 1991, Beilage Nr. 3, S. 23, 23; *Lisec*, Der Wiedereinstellungsanspruch des Arbeitnehmers nach betriebsbedingter Kündigung und Betriebsübergang, S. 121 ff.; *Meinel/Bauer*, NZA 1999, S. 575, 581; *Preis/Steffan*, DB 1998, S. 309, 311; *vom Stein*, RdA 1991, S. 85, 90; *Zwanziger*, in: Kittner/Däubler/Zwanziger, KSchR, Einl. Rn. 390a.

25 Vgl. zu dieser Voraussetzung eines Anspruches auf Wiedereinstellung *Appel*, in: Kittner/Zwanziger, Arbeitsrecht, Handbuch für die Praxis, § 107 Rn. 3; *Hambitzer*, Der Wiedereinstellungsanspruch des Arbeitnehmers nach wirksamer Kündigung, S. 3; *A. Hueck*, in: Hueck/Nipperdey, Lehrbuch des Arbeitsrechts Bd. I, S. 179 f.; *Kleinebrink*, FA 1999, S. 138, 138; *Langer*, NZA 1991, Beilage Nr. 3, S. 23, 23; *Lisec*, Der Wiedereinstellungsanspruch nach betriebsbedingter Kündigung und Betriebsübergang, S. 65 und 101; *Nägele*, in: Tschöpe, Anwalts-Handbuch Arbeitsrecht, S. 1123; *Strathmann*, Der Wiedereinstellungsanspruch eines wirksam gekündigten Arbeitnehmers, S. 15; *Westera*, Der Wiedereinstellungsanspruch nach wirksamer Kündigung, S. 54.

26 Ausgenommen sind die Fälle eines Abschlußzwangs, der durch die vorangegangene freiwillige Selbstbindung des Arbeitgebers begründet wurde, vgl. *Grünhage*, Die Pflicht des Arbeitgebers zur Einstellung und Wiedereinstellung von Arbeitnehmern, S. 12; *Larenz*, Lehrbuch des Schuldrechts Bd. I, S. 42 Fn. 6; *Nipperdey*, Kontrahierungszwang und diktierter Vertrag, S. 15 ff.

Fall eines sogenannten „Kontrahierungszwanges" dar[27], nämlich als eine von der Rechtsordnung einem Rechtssubjekt ohne seine Willensbindung im Interesse eines Begünstigten auferlegte Verpflichtung, mit diesem einen Vertrag abzuschließen[28].

B. Kontrahierungszwang, Privatautonomie und Vertragsfreiheit

Ein solcher Zwang zum Vertragsschluß steht in Widerspruch zu dem auch im Arbeitsrecht geltenden Grundsatz der Privatautonomie[29], nach dem die Rechtsordnung dem einzelnen die Möglichkeit gewährt und sichert, seine rechtlichen Beziehungen und die ihn betreffenden Rechtsverhältnisse innerhalb der gesetzlichen Grenzen selbst zu regeln[30]. Unter Privatautonomie ist das Prinzip der Rechtsgestaltung durch die einzelnen Rechtssubjekte nach dem Grundsatz der Selbstbestimmung zu verstehen[31]. Für den Bereich des Vertragsrechts konkretisiert der Grundsatz der Vertragsfreiheit die Privatautonomie[32]. Hiernach sind die einzelnen Rechtssubjekte darin frei, ob sie überhaupt einen Vertrag abschließen beziehungsweise mit wem (Abschlußfreiheit), mit welchem Inhalt (Inhaltsfreiheit) sowie darin, den Vertrag auch wieder aufzulösen (Vertragsbeendigungsfreiheit)[33].

Der Wiedereinstellungsanspruch des Arbeitnehmers als Fall eines Kontrahierungszwangs beschränkt die Vertragsfreiheit des Arbeitgebers nicht nur, sondern er negiert sie geradezu[34]. Die mit der Vertragsfreiheit im Grundsatz akzeptierte Willkür wird durch den Zwang zum Kontrahieren nicht nur domestiziert, sondern „auf Null" reduziert[35]: Zunächst ist der Arbeitgeber verpflichtet, mit dem anspruchsberechtigten Arbeitnehmer einen Arbeitsvertrag abzuschließen, ist insoweit also keineswegs darin frei, ob respektive mit wem er einen Arbeitsvertrag abschließen möchte (Negation der

---

27 Siehe *Kort*, SAE 2001, S. 131, 134; *Molitor*, SAE 1957, S. 5, 6. Im Hinblick auf tarifvertragliche Wiedereinstellungsklauseln beziehungsweise die Wiedereinstellungspflicht nach § 3 der Verordnung über die Einstellung und Entlassung von Arbeitern und Angestellten während der Zeit der wirtschaftlichen Demobilmachung vom 12.02.1920 auch *Nipperdey*, Kontrahierungszwang und diktierter Vertrag, S. 11 Fn. 2, S. 34 und S. 79 f. A. A. *Honstetter*, Die Prognoseentscheidung des Arbeitgebers im Kündigungsrecht, S. 169 ff., der das Vorliegen eines Kontrahierungszwangs mit dem Hinweis darauf ablehnt, daß die Parteien im Vorfeld der Wiedereinstellung bereits gleichartige Vertragsbeziehungen eingegangen seien. Ähnlich auch *Hambitzer*, Der Wiedereinstellungsanspruch des Arbeitnehmers nach wirksamer Kündigung, S. 76; *v. Stebut*, Der soziale Schutz als Regelungsproblem des Vertragsrechts, S. 273 f.

28 So schon *Nipperdey*, Kontrahierungszwang und diktierter Vertrag, S. 7. Siehe auch *Grünhage*, Die Pflicht des Arbeitgebers zur Einstellung und Wiedereinstellung von Arbeitnehmern, S. 12.

29 Vgl. zur Geltung der Privatautonomie im Arbeitsvertragsrecht *Boemke*, NZA 1993, S. 532 ff.

30 *Urban*, Der Kündigungsschutz außerhalb des Kündigungsschutzgesetzes, S. 39 f.; *Zöllner*, JuS 1988, S. 329, 329.

31 BVerfGE 81, S. 252, 254; *Flume*, Allgemeiner Teil des Bürgerlichen Rechts Bd. II, S. 1; Palandt/*Heinrichs*, Überbl. v. § 104 Rn. 1.

32 Vgl. zum Grundsatz der Vertragsfreiheit als „einen der bedeutsamsten der individualistischen Grundsätze des Privatrechts" *Nipperdey*, Kontrahierungszwang und diktierter Vertrag, S. 2 ff.

33 Siehe nur *Kramer*, Münchener Kommentar, Vor § 145 Rn. 9, 18 und 17.

34 Zu dieser Wirkung eines Kontrahierungszwangs allgemein *Bydlinski*, AcP Bd. 180 (1980), S. 1, 4. Vgl. auch *Mestmäcker*, JZ 1964, S. 441, 443; *Nipperdey*, Kontrahierungszwang und diktierter Vertrag, S. 8.

35 So im Zusammenhang mit dem Wiedereinstellungsanspruch des Arbeitnehmers *Oetker*, ZIP 2000, S. 643, 644. Siehe auch *Kort*, SAE 2001, S. 131, 134.

Abschlußfreiheit). Darüber hinaus muß sich der Anspruch auf Wiedereinstellung – wie jeder Kontrahierungszwang - auch auf die Inhaltsfreiheit erstrecken. Denn würde er sich auf die bloße Negation der Abschlußfreiheit beschränken, könnte der Arbeitgeber den Vertragsinhalt zu seinen Gunsten ausgestalten beziehungsweise durch überzogene inhaltliche Forderungen seiner Pflicht zum Vertragsschluß entgehen[36].

Wird die Betrachtung nicht auf die dem Wiedereinstellungsanspruch entsprechende Pflicht des Arbeitgebers zum Vertragsschluß beschränkt, sondern darüber hinaus berücksichtigt, daß ein Anspruch auf Wiedereinstellung eine rechtswirksame Beendigung des Arbeitsverhältnisses voraussetzt, dann stellt der Wiedereinstellungsanspruch auch eine Einschränkung der Vertragsbeendigungsfreiheit des Arbeitgebers dar, weil durch die Pflicht zum Vertragsschluß die Wirkung der vorangegangenen Vertragsbeendigung aufgehoben wird[37]. In diesem Zusammenhang ist zu beachten, daß die Vertragsbeendigungsfreiheit bei unbefristeten Dauerschuldverhältnissen - und damit auch beim Normalfall des Arbeitsverhältnisses - eine doppelte Ausprägung besitzt: Wie bei jedem anderen Rechtsverhältnis beinhaltet sie einerseits das Recht zur einvernehmlichen Vertragsbeendigung[38]. Andererseits umfaßt die Vertragsbeendigungsfreiheit bei unbefristeten Dauerschuldverhältnissen auch das Recht zur einseitigen Beendigung der Vertragsbeziehung[39]. Dieses Recht ergibt sich aus der Überlegung, daß es mit der persönlichen Freiheit und dem Selbstbestimmungsrecht der Vertragsparteien nicht zu vereinbaren ist, eine unbefristete vertragliche Bindung ohne die Möglichkeit der einseitigen Beendigung der Vertragsbeziehung einzugehen. Denn eine Vertragsfreiheit, die zwar einerseits den Rechtssubjekten die Abschlußfreiheit hinsichtlich einer vertraglichen Bindung ohne zeitliche Begrenzung garantierte, ihnen andererseits jedoch das Recht zur einseitigen Vertragsbeendigung abspräche, würde zu einer „Ewigkeitsbindung" der Vertragsparteien und damit zu einem Widerspruch zu dem Sinngehalt der Vertragsfreiheit führen[40]. Vor diesem Hintergrund beschränkt der Wiedereinstellungsanspruch des Arbeitnehmers die Vertragsbeendigungsfreiheit des Arbeitgebers auch und gerade in Fallkonstellationen, denen eine einseitige Vertragsbeendigung in Gestalt einer Kündigung vorangegangen ist.

---

36 Zu dieser Interdependenz von Abschluß- und Inhaltsfreiheit beim Kontrahierungszwang *Belke*, Die Geschäftsverweigerung im Recht der Wettbewerbsbeschränkungen, S. 413, *Bydlinski*, AcP Bd 180 (1980), S 1, 5; *Grünhage*, Die Pflicht des Arbeitgebers zur Einstellung und Wiedereinstellung von Arbeitnehmern, S. 12 f.; *Kilian*, AcP Bd. 180 (1980), S. 47, 77; *Kramer*, Münchener Kommentar, Vor § 145 Rn 9; *Medicus*, Schuldrecht I, Rn. 79; *Nipperdey*, Kontrahierungszwang und diktierter Vertrag, S 31 und 61; *Vykydal*, Der kartellrechtliche Kontrahierungszwang, S 32.

37 Siehe hierzu auch *Lisec*, Der Wiedereinstellungsanspruch des Arbeitnehmers nach betriebsbedingter Kündigung und Betriebsübergang, S 104 Fn. 828, die den Eingriff in die Vertragsbeendigungsfreiheit in den Mittelpunkt stellt

38 Hierzu *Larenz*, Lehrbuch des Schuldrechts Bd I, S 42

39 Vgl *Boemke/Grundel*, ZfA 2001, S 245, 270

40 Vgl zum Recht der einseitigen Vertragsbeendigung bei unbefristeten Dauerschuldverhältnissen *Oetker*, Der arbeitsrechtliche Bestandsschutz unter dem Firmament der Grundrechtsordnung, S 18 f, *ders*, RdA 1997, S 9, 10 f, *Ulmer*, Festschrift für Mohring, S 295, 303, *Urban*, Der Kündigungsschutz außerhalb des Kündigungsschutzgesetzes, S 41 f

Zusammenfassend läßt sich somit konstatieren, daß der Wiedereinstellungsanspruch des Arbeitnehmers die Vertragsfreiheit des Arbeitgebers sowohl hinsichtlich der Abschlußfreiheit als auch bezüglich der Inhaltsfreiheit beeinträchtigt und daß darüber hinaus auch die Vertragsbeendigungsfreiheit berührt wird.

Nach *Kilian*[41] führt ein solcher Zwang zum Kontrahieren dementsprechend zu einer Relativierung der die Privatautonomie konstituierenden Axiome „Person", „Wille" und „Freiheit" dahingehend, daß bei einer Verpflichtung zum Vertragsschluß die Person als Träger des Rechtsverhältnisses in den Hintergrund tritt, der individuelle Wille des Rechtssubjekts nicht mehr dazu dient, Rechtsverhältnisse zu begründen beziehungsweise zu gestalten und die Freiheit, Verträge mit beliebigen Vertragspartnern zu schließen, verloren geht. Aufgrund dieser gravierenden Auswirkungen einer Verpflichtung zum Vertragsschluß auf die Privatautonomie und die von ihr umfaßte Vertragsfreiheit wird der Kontrahierungszwang auch bezeichnet als „Erschütterung der Grundzüge unserer Privatrechtsordnung", „Fremdkörper in unserer Wirtschaft", „Beseitigung des Vertrages als einer Institution des Privatrechts" sowie als „systemfremde Erscheinung"[42].

C. Kontrahierungszwang als Fremdkörper in der Arbeitsrechtsordnung?

Im folgenden soll der Frage nachgegangen werden, ob die Pflicht des Arbeitgebers zum Vertragsschluß wirklich als „Fremdkörper" in der Arbeitsrechtsordnung zu betrachten ist, ob es insoweit zutrifft, den Bereich des Kontrahierungszwangs jenem Bereich scharf gegenüberzustellen, in dem Vertragsfreiheit herrscht. Bei näherer Betrachtung der bestehenden Arbeitsrechtsordnung ist festzustellen, daß die Vertragsfreiheit des Arbeitgebers durch verschiedene gesetzliche Regelungen beeinträchtigt wird, die eine unterschiedlich stark ausgeprägte Eingriffsintensität aufweisen. Im folgenden sollen exemplarisch einige dieser Vorschriften sowie die mit ihnen verbundenen Auswirkungen auf die arbeitgeberische Vertragsfreiheit dargestellt werden.

I. Eingriff in die arbeitgeberische Vertragsfreiheit durch § 78a II BetrVG

Die arbeitgeberische Vertragsfreiheit wird durch § 78a II BetrVG (inhaltsgleiche Regelung in § 9 BPersVG) einer Beschränkung unterworfen: Verlangt ein Auszubildender, der Mitglied eines Betriebsverfassungsorgans ist, unter den Voraussetzungen des § 78a II BetrVG vom Arbeitgeber die Weiterbeschäftigung, so fingiert das Gesetz die Begründung eines Arbeitsverhältnisses zwischen Auszubildendem und Arbeitgeber auf unbestimmte Zeit, das sich unmittelbar an das Berufsausbildungsverhältnis anschließt[43]. Die rechtsdogmatische Einordnung der Vorschrift erfolgt nicht einheitlich.

---

41 *Kilian*, AcP Bd. 180 (1980), S. 47, 50.

42 Vgl. die Nachweise bei *Hofmann*, ZfA 1975, S. 1, 22; *Kilian*, AcP Bd. 180 (1980), S. 47, 51.

43 Kritisch zu dieser Konstruktion: *Richardi*, BetrVG, § 78a Rn. 19 a. E., nach dessen Ansicht lediglich der Abschluß eines Arbeitsvertrages als Begründungstatbestand des Arbeitsverhältnisses, nicht aber die Begründung des Arbeitsverhältnisses selbst Gegenstand einer gesetzlichen Fiktion sein könne. Ähnlich *Kreutz*, GK-BetrVG, § 78a Rn. 55; *Pielsticker*, Der Schutz in Ausbildung befindlicher Mitglieder von Betriebsverfassungsorganen nach § 78a BetrVG, S. 69.

Zum Teil wird sie als gesetzlicher Kontrahierungszwang qualifiziert[44]. Die überwiegende Ansicht lehnt die Einordnung des § 78a BetrVG als gesetzlichen Kontrahierungszwang zu Recht ab. Vielmehr gibt die Vorschrift dem Auszubildenden ein Gestaltungsrecht, um auch gegen den Willen des Arbeitgebers die Begründung eines Arbeitsverhältnisses auf unbestimmte Zeit herbeiführen zu können[45]. § 78a BetrVG begründet gerade keine Pflicht des Arbeitgebers zum Abschluß eines Arbeitsvertrages mit dem Auszubildenden, nach dem insoweit eindeutigen Wortlaut des Gesetzes genügt das bloße Weiterbeschäftigungsverlangen des Auszubildenden, um das Arbeitsverhältnis zu begründen. Auf eine Mitwirkung des Arbeitgebers kommt es somit überhaupt nicht an.

Auch der Inhalt des durch Ausübung dieses Gestaltungsrecht im Wege gesetzlicher Fiktion begründeten Arbeitsverhältnisses ist vom Gesetz vorgegeben und somit nicht Gegenstand freier Übereinkunft: Zum einen bestimmt § 78a II S. 1 BetrVG, daß das Arbeitsverhältnis auf unbestimmte Zeit zustande kommt, also nicht befristet ist. Zum anderen besteht aufgrund der Verweisung in § 78a II S. 2 BetrVG auf § 37 IV und V BetrVG zugunsten des in das Arbeitsverhältnis übernommenen Auszubildenden kraft Gesetzes ein Entgelt- (§§ 78a II S. 2, 37 IV BetrVG) sowie ein Tätigkeitsschutz (§§ 78a II S. 2, 37 V BetrVG).

§ 78a II BetrVG ist folglich als tiefgreifender Eingriff in die Abschluß- und Inhaltsfreiheit des Arbeitgebers zu qualifizieren, der jedoch nach ganz überwiegender Ansicht keinen durchgreifenden verfassungsrechtlichen Bedenken ausgesetzt ist, weil insoweit eine verfassungsrechtliche Legitimation durch das Sozialstaatsprinzip gegeben sei[46].

II. Beeinträchtigung der Vertragsfreiheit des Arbeitgebers durch § 102 V BetrVG

Die Vertragsfreiheit des Arbeitgebers wird des weiteren durch § 102 V BetrVG eingeschränkt. Bei einer ordentlichen Kündigung, der der Betriebsrat ordnungsgemäß widersprochen hat, verleiht diese Vorschrift dem gekündigten Arbeitnehmer unabhängig von der Wirksamkeit der Kündigung das Recht, von der Erhebung der Kündigungsschutzklage an seine Weiterbeschäftigung nach Ablauf der Kündigungsfrist bis zum rechtskräftigen Abschluß des Kündigungsschutzprozesses zu verlangen.

---

44 *Galperin/Löwisch*, BetrVG, § 78a Rn. 1; *Kilian*, AcP Bd. 180 (1980), S. 47, 67; Soergel/*Kraft*, § 611 Rn. 24 f.; *Schwerdtner*, ZfA 1977, S. 47, 66; *Wollenschläger*, NJW 1974, S. 935, 936.

45 Vgl. *Fitting/Kaiser/Heither/Engels*, BetrVG, § 78a Rn. 22; *Hönn*, Kompensation gestörter Vertragsparität, S. 183 f.; *Kittner*, in: Däubler/Kittner/Klebe, BetrVG, § 78a Rn. 14; *Kreutz*, GK-BetrVG, § 78a Rn. 45; *Otto*, Personale Freiheit und soziale Bindung, S. 24; *Richardi*, BetrVG, § 78a Rn. 19; Staudinger/*Richardi*, § 611 Rn. 63.

46 Vgl. *Fitting/Kaiser/Heither/Engels*, BetrVG, § 78a Rn. 2; *Kreutz*, GK-BetrVG, § 78a Rn. 8; *Richardi*, BetrVG, § 78a Rn. 3; *Schwerdtner*, ZfA 1977, S. 47, 66; kritisch MünchArbR/*Buchner*, § 39 Rn. 51: „Zweifellos bewegt sich diese Regelung an der Grenze der verfassungsrechtlich noch zu rechtfertigenden Gestaltung." und *Otto*, Personale Freiheit und soziale Bindung, S. 25: „... scheint die Norm zu weit gefaßt zu sein."; a. A. hingegen *H.-P. Müller*, DB 1974, S. 1526, 1529 ff.: unverhältnismäßiger Eingriff in die Vertragsfreiheit des Arbeitgebers.

Unabhängig davon, ob § 102 V S. 1 BetrVG für den Fall einer wirksamen Kündigung die Funktion eines den Arbeitgeber treffenden Kontrahierungszwangs bezüglich eines neuen, unter der auflösenden Bedingung der rechtskräftigen Abweisung der Kündigungsschutzklage stehenden Arbeitsvertrages zugesprochen[47], insoweit von einem durch § 102 V S. 1 BetrVG begründeten, ebenfalls unter der auflösenden Bedingung der rechtskräftigen Abweisung der Kündigungsschutzklage stehenden, besonderen gesetzlichen Beschäftigungsverhältnis ausgegangen[48] oder aber eine Suspendierung der Rechtswirkungen der Kündigung bis zum rechtskräftigen Abschluß des Kündigungsschutzprozesses durch § 102 V S. 1 BetrVG befürwortet wird[49], liegt in jedem Falle ein Eingriff in die Vertragsfreiheit des Arbeitgebers vor, weil dieser ohne Rücksicht auf seinen rechtsgeschäftlichen Willen an einen neuen Arbeitsvertrag, an ein gesetzliches Beschäftigungsverhältnis oder aber trotz wirksamer Kündigung an das alte Arbeitsverhältnis gebunden wird und die Weiterbeschäftigung zu unveränderten Arbeitsbedingungen zu erfolgen hat.

III. Einschränkung der Vertragsfreiheit des Arbeitgebers durch § 10 I AÜG

Eine weitere gesetzliche Einschränkung der Vertragsfreiheit im Arbeitsrecht sieht § 10 I AÜG im Bereich der gewerbsmäßigen Arbeitnehmerüberlassung vor. Im Falle der erlaubten Arbeitnehmerüberlassung geht das Arbeitnehmerüberlassungsgesetz davon aus, daß ein Arbeitsverhältnis nur zwischen dem Verleiher als Arbeitgeber und dem Leiharbeitnehmer als Arbeitnehmer besteht (vgl. § 1 I S. 1 AÜG). Zwar besteht das Wesen der Arbeitnehmerüberlassung darin, daß der überlassene Leiharbeitnehmer vorübergehend in den Betrieb des Entleihers eingegliedert ist und dort seine Arbeitsleistung erbringt und insoweit auch dem Direktionsrecht des Entleihers unterliegt. Ein Arbeitsverhältnis zwischen Entleiher und Leiharbeitnehmer besteht jedoch nicht[50].

Wenn der Vertrag zwischen dem Verleiher als Arbeitgeber und dem Leiharbeitnehmer mangels der nach § 1 AÜG erforderlichen Erlaubnis unwirksam ist (vgl. §§ 1, 9 Nr. 1 AÜG), fingiert § 10 I AÜG ein Arbeitsverhältnis zwischen Entleiher und Leiharbeitnehmer, für dessen Inhalt § 10 I S. 3 bis 5 AÜG zum Schutz des Leiharbeitnehmers gewisse Mindestbedingungen bezüglich der Arbeitszeit, des Arbeitsentgelts sowie der sonstigen Arbeitsbedingungen festlegt. Mit dieser gesetzlichen Fiktion eines Arbeitsverhältnisses greift der Gesetzgeber unmittelbar in die Vertragsfreiheit der Parteien ein: Der Leiharbeitnehmer wird ohne entsprechenden rechtsgeschäftlichen Willen einem Arbeitsverhältnis zu einem Dritten unterworfen, der Entleiher wird in die Rolle des Arbeitgebers gedrängt, ohne über die Person des Vertragspartners beziehungsweise den Inhalt des Arbeitsvertrages frei entscheiden zu können.

---

47 So *Heinze*, Personalplanung, Einstellung und Kündigung, Rn. 615 ff.

48 So *Fitting/Kaiser/Heither/Engels*, BetrVG, § 102 Rn. 56; *Schlochauer*, in: Hess/Schlochauer/Glaubitz, BetrVG, § 102 Rn. 161; *Schlochauer*, RdA 1973, S. 157, 163 f.; *Stege/Weinspach*, BetrVG, § 102 Rn. 177.

49 BAG AP Nr. 5 zu § 611 BGB Beschäftigungspflicht; KR-*Etzel*, § 102 BetrVG Rn. 215 ff.; *Kraft*, GK-BetrVG, § 102 Rn. 168; *Richardi*, BetrVG, § 102 Rn. 190 und 193.

50 Vgl. *Schüren*, AÜG, Einl. Rn. 76 f.

Aus verfassungsrechtlichen Gründen werden dem Arbeitnehmer bezüglich des nach § 10 I AÜG fingierten Arbeitsverhältnisses besondere Gestaltungsrechte zugesprochen[51], während der Eingriff in die Vertragsfreiheit des Entleihers entweder als verfassungsrechtlich völlig unbedenklich angesehen[52], oder mit Hinweis auf den Schutzzweck der Vorschrift, den Leiharbeitnehmer vor unzuverlässigen Verleihern zu schützen und ihn materiell abzusichern, als hinreichend legitimiert betrachtet wird[53].

IV. Beeinträchtigung der Vertragsfreiheit des Arbeitgebers durch §§ 71 I, 77 sowie § 81 I SGB IX

Die Vertragsfreiheit des Arbeitgebers wird des weiteren durch §§ 71 I, 77 beziehungsweise durch § 81 I SGB IX beschränkt.

Nach § 71 I SGB IX unterliegt jeder Arbeitgeber, der über mindestens 20 Arbeitsplätze im Sinne des § 73 SGB IX verfügt, der Pflicht, auf wenigstens fünf Prozent der Arbeitsplätze schwerbehinderte Menschen zu beschäftigen. Diese Pflicht erfüllt der Arbeitgeber durch Abschluß entsprechender Arbeitsverträge und darauf beruhende tatsächliche Beschäftigung der Schwerbehinderten.

Zwar ist diese Beschäftigungspflicht des Arbeitgebers unstreitig als öffentlich-rechtliche Verpflichtung zu qualifizieren, die nur gegenüber dem Staat besteht und aus der der einzelne Schwerbehinderte keinen Anspruch auf Einstellung gegen den Arbeitgeber ableiten kann[54]. Solange der Arbeitgeber jedoch die durch § 71 I SGB IX vorgeschriebene Zahl schwerbehinderter Menschen nicht beschäftigt, muß er verschuldensunabhängig für jeden unbesetzten Pflichtplatz monatlich eine Ausgleichsabgabe entrichten (§ 77 I S. 1 SGB IX)[55], wobei der Zahlung der Ausgleichsabgabe hinsichtlich der Beschäftigungspflicht keine Erfüllungswirkung zukommt (§ 77 I S. 2 SGB IX). Bei schuldhaftem Handeln des Arbeitgebers[56] liegt darüber hinaus eine Ordnungswidrigkeit gemäß § 156 I Nr. 1 SGB IX vor, die nach § 156 II SGB IX mit einer Geldbuße bis zu 2500 Euro geahndet werden kann. Durch diesen Sanktionsmechanismus

---

51 Diskutiert wird zum einen die Möglichkeit einer außerordentlichen Kündigung (vgl. *Becker/Wulfgramm*, AÜG, Art. 1 § 10 Rn. 4; *Sandmann/Marschall*, AÜG, Art. 1 § 10 Rn. 19; *Ulber*, AÜG, § 10 Rn. 39) zum anderen ein Widerspruchsrecht entsprechend § 613a BGB (ArbG Köln, DB 1996, S. 1342 mit zustimmender Anmerkung von *Wrede*, DB 1996, S. 1343 f.; *Liebscher*, BB 1996, S. 801, 802).

52 Exemplarisch die Kommentierung bei *Schüren*, wo zwar im Hinblick auf das durch § 10 I AÜG fingierte Arbeitsverhältnis darauf hingewiesen wird, daß „diese arbeitsrechtliche Sanktion für den Entleiher mit erheblichen tatsächlichen und rechtlichen Belastungen verbunden ist" (so *Schüren*, AÜG, Einl. Rn. 4) beziehungsweise darauf, daß § 10 AÜG „den Entleiher sehr weitreichend in die Pflicht nimmt" (so *Schüren*, AÜG, § 10 Rn. 2), jedoch keinerlei Auseinandersetzung mit der verfassungsrechtlichen Legitimation der Vorschrift erfolgt.

53 *Ulber*, AÜG, § 10 Rn. 9 f.

54 Vgl. Jahn/*Schell*, SGB IX, § 71 Rn. 3. Siehe zur Vorgängerregelung des § 5 I SchwbG *Dörner*, SchwbG, § 5 Rn. 7 ff.; *Großmann*, GK-SchwbG, § 5 Rn. 23 und 25; *Neumann/Pahlen*, SchwbG, § 5 Rn. 10.

55 Die Höhe der Ausgleichsabgabe ist in § 77 II SGB IX geregelt.

56 Vgl. Jahn/*Schell*, SGB IX, § 156 Rn. 2.

wird auf den Arbeitgeber Druck ausgeübt[57], die ihm obliegende Beschäftigungspflicht durch Abschluß entsprechender Arbeitsverträge und darauf beruhende tatsächliche Beschäftigung der Schwerbehinderten zu erfüllen. Hiermit wird in die Vertragsfreiheit des Arbeitgebers eingegriffen[58].

Die Vertragsfreiheit des Arbeitgebers wird darüber hinaus durch § 81 I S. 1 SGB IX tangiert. Diese Vorschrift verpflichtet den Arbeitgeber zur Prüfung, ob freie Arbeitsplätze mit schwerbehinderten Menschen besetzt werden können. Im Gegensatz zur Beschäftigungspflicht des § 71 I SGB IX besteht die Prüfungspflicht des § 81 I S. 1 SGB IX nicht gegenüber dem Staat, sondern gegenüber den Schwerbehinderten[59]. Dem einzelnen Schwerbehinderten erwächst aus dieser Prüfungspflicht jedoch unter keinen Umständen ein Einstellungsanspruch[60] so daß ein unmittelbarer Eingriff in die Abschlußfreiheit des Arbeitgebers insoweit nicht gegeben ist.

Der Arbeitgeber muß, um die ihm obliegende Prüfungspflicht zu erfüllen, vor jeder Neueinstellung beim Arbeitsamt anfragen, welche dort gemeldeten Schwerbehinderten für den zu besetzenden Arbeitsplatz in Frage kommen (§ 81 I S. 2 und 3 SGB IX)[61]. Die Verletzung dieser Pflicht durch den Arbeitgeber ist nach der Rechtsprechung des Bundesarbeitsgerichts als Verstoß gegen ein Gesetz im Sinne des § 99 II Nr. 1 BetrVG zu qualifizieren[62], so daß der Betriebsrat in diesem Fall die Zustimmung zur Einstellung des vom Arbeitgeber ausgewählten Arbeitnehmers verweigern kann. Zumindest aufgrund dieser Möglichkeit der Zustimmungsverweigerung des Betriebsrates wird der Arbeitgeber bezüglich der Neubesetzung freier Arbeitsplätze in seiner Vertragsfreiheit beschränkt.

V. Eingriff in die Vertragsfreiheit des Arbeitgebers durch § 99 BetrVG

Wie soeben im Zusammenhang mit § 81 I SGB IX bereits angedeutet wurde, unterliegt die Abschlußfreiheit des Arbeitgebers auch nach § 99 BetrVG gewissen Beschränkungen[63]. In Betrieben mit in der Regel mehr als zwanzig wahlberechtigten Arbeitnehmern hat der Betriebsrat bei jeder Einstellung ein Mitbestimmungsrecht[64]. Zwar ist es

---

57 *Hönn*, Kompensation gestörter Vertragsparität, S. 185 spricht in diesem Zusammenhang von einem mittelbaren (faktischen) Kontrahierungszwang.

58 Siehe zur Verfassungsmäßigkeit der Beschäftigungspflicht BVerfGE 57, S. 139, 158 ff.

59 Vgl. zur Vorgängerregelung des § 14 I SchwbG *Großmann*, GK-SchwbG, § 14 Rn. 89.

60 Siehe *Dörner*, SchwbG, § 14 Rn. 5; *Neumann/Pahlen*, SchwbG, § 14 Rn. 5. A. A. insoweit lediglich *Großmann*, GK-SchwbG, § 14 Rn. 125 ff.

61 Vgl. auch *Neumann/Pahlen*, SchwbG, § 14 Rn. 6.

62 BAG AP Nr. 77 zu § 99 BetrVG 1972 und BAG AP Nr. 100 zu § 99 BetrVG 1972; dieser Rechtsprechung zustimmend: *Dörner*, SchwbG, § 14 Rn. 16; *Neumann/Pahlen*, SchwbG, § 14 Rn. 8. Siehe auch Jahn/*Schell*, SGB IX, § 81 Rn. 13.

63 Nach *Zöllner*, AcP Bd. 176 (1976), S. 221, 224 stellt § 99 BetrVG sogar die wichtigste Beschränkung der Abschlußfreiheit des Arbeitgebers dar.

64 Der Begriff der Einstellung im Sinne des § 99 BetrVG ist umstritten. Versteht man unter einer Einstellung (auch) die Begründung eines Arbeitsverhältnisses durch Abschluß eines Arbeitsvertrages (so *Fitting/Kaiser/Heither/Engels*, BetrVG, § 99 Rn. 28 ff.; *Kittner*, in: Däubler/Kittner/Klebe, BetrVG, § 99 Rn. 37; *Kraft*, GK-BetrVG, § 99 Rn. 20 ff.), ist die Beeinträchtigung der arbeitgeberischen Vertragsfreiheit durch das Mitbestimmungsrecht des Betriebsrates evident. Aber auch wenn hinsichtlich der Einstellung ausschließlich auf die tatsächliche

dem Betriebsrat hiernach nicht möglich, die Einstellung eines bestimmten, von ihm favorisierten Bewerbers gegenüber dem Arbeitgeber zu erzwingen, so daß insoweit die negative Abschlußfreiheit des Arbeitgebers als Freiheit bezüglich der Entscheidung, keine Einstellung vorzunehmen, nicht berührt wird[65].

Aber der Betriebsrat kann seine Zustimmung zur Einstellung eines von dem Arbeitgeber ausgewählten Bewerbers aus den in § 99 II BetrVG genannten Gründen verweigern und damit in die positive Abschlußfreiheit eingreifen. Denn der Arbeitgeber kann sich nicht über die Verweigerung der Zustimmung hinwegsetzen, sondern er hat lediglich die Möglichkeit, beim Arbeitsgericht die Zustimmungsersetzung zu beantragen (§ 99 IV BetrVG). Wenn der Arbeitgeber die Einstellung ohne Zustimmung des Betriebsrates durchführt, kann der Betriebsrat beim Arbeitsgericht beantragen, dem Arbeitgeber aufzugeben, die Einstellung aufzuheben, § 101 S. 1 BetrVG. Durch das Zustimmungsverweigerungsrecht des Betriebsrates nach § 99 II BetrVG sowie dessen Absicherung in § 101 BetrVG wird folglich die positive Abschlußfreiheit des Arbeitgebers beschränkt.

VI. Einschränkung der arbeitgeberischen Vertragsfreiheit nach § 613a BGB

Die Abschlußfreiheit des Arbeitgebers ist darüber hinaus nach § 613a BGB eingeschränkt. Zwar werden nach dieser Vorschrift im Falle eines Betriebsübergangs keine neuen Arbeitsverhältnisse begründet, der Betriebserwerber tritt aber ohne Rücksicht auf seinen rechtsgeschäftlichen Willen als neuer Arbeitgeber in die bestehenden Arbeitsverhältnisse ein, die Arbeitnehmer sehen sich – nach dem Wortlaut des Gesetzes ebenfalls ohne Rücksicht auf ihren rechtsgeschäftlichen Willen – mit einem neuen Arbeitgeber konfrontiert, mit dem sie keinen Arbeitsvertrag geschlossen haben. Es liegt somit ein gesetzlich angeordneter Austausch der Vertragsparteien vor, der sowohl in die Vertragsfreiheit des Betriebserwerbers als auch in die Vertragsfreiheit der Arbeitnehmer eingreift.

Im Hinblick auf hiermit verbundene verfassungsrechtliche Bedenken[66] hat die Rechtsprechung dem Arbeitnehmer ein Widerspruchsrecht[67] eingeräumt, das aus Art. 12 I GG (Garantie der freien Wahl des Arbeitsplatzes)[68] und aus dem Rechtsgedanken des § 415 I BGB[69] abgeleitet wird. Die Beeinträchtigung der Vertragsfreiheit des Arbeit-

---

Eingliederung von Personen zur Verwirklichung des arbeitstechnischen Zweckes des Betriebes durch weisungsgebundene Tätigkeit abgestellt wird (vgl. BAG AP Nr. 98 zu § 99 BetrVG 1972; BAG AP Nr. 18 zu § 99 BetrVG 1972 Einstellung; BAG AP Nr. 22 zu § 99 BetrVG 1972 Einstellung sowie *Galperin/Löwisch*, BetrVG, § 99 Rn. 10 ff.; *v. Hoyningen-Huene*, Betriebsverfassungsrecht, S. 313; *Löwisch*, BetrVG, § 99 Rn. 3; MünchArbR/*Matthes*, § 352 Rn. 8), ergibt sich für den Regelfall einer mit einem Vertragsabschluß im Zusammenhang stehenden Eingliederung eine zumindest mittelbare Beeinträchtigung der Vertragsfreiheit des Arbeitgebers.

65 So auch *Zöllner*, AcP Bd. 176 (1976), S. 221, 224.

66 Vgl. hierzu allgemein *Galperin*, Der Regierungsentwurf eines neuen Betriebsverfassungsgesetzes, S. 11; *Neumann-Duesberg*, BB 1971, S. 969, 971; *Schmidt*, BB 1971, S. 1199 ff.

67 Erstmals BAG AP Nr. 1 zu § 613a BGB, seitdem ständige Rechtsprechung.

68 So BAG AP Nr. 1 zu § 613a BGB.

69 BAG AP Nr. 1 zu § 613a BGB.

gebers erfährt demgegenüber keine entsprechende Berücksichtigung durch die Rechtsprechung. Das Bundesarbeitsgericht hat es zwar ausdrücklich offengelassen, ob die Einschränkung der Vertragsfreiheit des Arbeitgebers in verfassungsrechtlicher Sicht zu beanstanden ist[70]. Nach nahezu unbestrittener Ansicht ist der Eingriff in die Vertragsfreiheit des Arbeitgebers jedoch keinen durchgreifenden verfassungsrechtlichen Bedenken ausgesetzt[71], da dem Betriebserwerber die Freiheit verbleibt, entweder von der Betriebsübernahme abzusehen oder den Betrieb nach der Übernahme zu rationalisieren und sich im Rahmen der allgemeinen Kündigungsschutzbestimmungen von den Arbeitnehmern zu trennen, deren Arbeitsverhältnisse nach § 613a BGB übergegangen sind[72].

VII. Eingriff in die Vertragsfreiheit des Arbeitgebers durch § 611a BGB

Als weitere gesetzliche Beschränkung der Vertragsfreiheit des Arbeitgebers soll schließlich noch § 611a BGB genannt werden. Hiernach ist es dem Arbeitgeber grundsätzlich[73] untersagt, bei der Begründung eines Arbeitsverhältnisses Einstellungsbewerber wegen ihres Geschlechts zu benachteiligen, indem gerade wegen der Geschlechtszugehörigkeit eine Einstellung unterbleibt, § 611a I S. 1 BGB.

Eine geschlechtsbedingte Benachteiligung in diesem Sinne soll bereits dann vorliegen, wenn eine Ungleichbehandlung an das Geschlecht „anknüpft". Es kommt nicht darauf an, ob daneben auch andere Gründe maßgeblich waren. Im Falle eines „Motivbündels" bezüglich der Einstellungsentscheidung begründet folglich schon die Tatsache, daß auch das Geschlecht als Kriterium enthalten gewesen ist, eine geschlechtsbedingte Benachteiligung[74]. Andererseits wird eine unterschiedliche Behandlung bezüglich der Einstellung aus anderen als geschlechtsbezogenen Gründen durch § 611a BGB nicht ausgeschlossen[75].

Verletzt der Arbeitgeber bei seiner Einstellungsentscheidung das Diskriminierungsverbot, so kann der Bewerber, der bei diskriminierungsfreier Auswahl eingestellt worden wäre (sogenannter „Bestqualifizierter"), vom Arbeitgeber eine angemessene Entschädigung in Geld verlangen, § 611a II, 1. Hs. BGB. Bei den übrigen Bewerbern, die auch bei benachteiligungsfreier Auswahl nicht eingestellt worden wären, ist dieser Entschädigungsanspruch nach § 611a III S. 1 BGB auf höchstens drei Monats-

---

70 BAG AP Nr. 1 zu § 613a BGB.

71 A. A. nur *Galperin*, Der Regierungsentwurf eines neuen Betriebsverfassungsgesetzes, S. 11.

72 Ähnlich schon BAG AP Nr. 1 zu § 613a BGB. Vgl. außerdem *Hergenröder*, AR-Blattei SD, Nr. 500.1, Betriebsinhaberwechsel I, Rechtsgeschäftlicher Betriebsinhaberwechsel, Rn. 91 ff.

73 Soweit ein bestimmtes Geschlecht „unverzichtbare" Voraussetzung (kritisch zu dieser Begriffsbestimmung ErfK/*Schlachter*, § 611a BGB Rn. 20 und *Zöllner*, Festschrift für Strasser, S. 223, 237) für die betreffende Tätigkeit ist, stellt das Geschlecht ausnahmsweise ein zulässiges Differenzierungskriterium dar.

74 So BVerfG AP Nr. 9 zu § 611a BGB; MünchArbR/*Buchner*, § 40 Rn. 167.

75 Ob diese Gründe nur sachliche Gründe sein dürfen (so *Herrmann*, ZfA 1996, S. 19, 21 f. und 26 ff.) oder ob auch nicht sachorientierte Gründe der Auswahlentscheidung zugrundegelegt werden können (so beispielsweise MünchArbR/*Buchner*, § 40 Rn. 181), ist umstritten.

verdienste begrenzt[76]. Ausdrücklich durch das Gesetz ausgeschlossen (§ 611a II, 2. Hs. BGB) ist ein Anspruch des diskriminierten Bestqualifizierten auf Naturalrestitution, mithin auf Begründung eines Arbeitsverhältnisses durch Abschluß eines Arbeitsvertrages[77].

Auch wenn die Vertragsfreiheit des Arbeitgebers somit im Rahmen des § 611a BGB nicht durch einen unmittelbaren Kontrahierungszwang beeinträchtigt ist, wird sie durch diese Vorschrift doch insoweit eingeengt, als dem Arbeitgeber kraft Gesetzes jedenfalls verboten wird, seine Einstellungsentscheidung auf das Auswahlkriterium der Geschlechtszugehörigkeit zu stützen, wobei dieses Verbot durch die Entschädigungsansprüche nach § 611a II und III BGB sanktioniert wird[78].

VIII. Kontrahierungszwang als Grenzfall in einer Reihe graduell abgestufter Beschränkungen der Vertragsfreiheit des Arbeitgebers

Die Darstellung der wichtigsten de lege lata bestehenden gesetzlichen Einschränkungen der Vertragsfreiheit des Arbeitgebers[79] zeigt deutlich, daß in der geltenden Arbeitsrechtsordnung die Freiheit des Arbeitgebers zum Abschluß eines Arbeitsvertrages Gegenstand unterschiedlich intensiv eingreifender gesetzlicher Regelungen ist. Teilweise wird die Begründung eines Arbeitsverhältnisses ohne beziehungsweise gegen den Willen des Arbeitgebers ermöglicht (vgl. die Ausführungen zu § 78a II BetrVG und zu § 10 I AÜG), teilweise wird lediglich die positive Abschlußfreiheit bestimmten Beschränkungen unterworfen, während die negative Abschlußfreiheit unberührt bleibt (vgl. die Ausführungen zu § 99 BetrVG) oder dem Arbeitgeber werden bestimmte öffentlich-rechtliche Beschäftigungspflichten auferlegt, deren Verletzung zwar keine Einstellungspflicht, wohl aber finanzielle Sanktionen begründet (vgl. §§ 71 I, 77 und § 81 I SGB IX). In anderen Fällen unterliegt die Abschlußfreiheit des Arbeitgebers nur insoweit einer Beschränkung, als es ihm untersagt wird, die Einstellungsentscheidung auf bestimmte Auswahlkriterien zu stützen, wobei eine Verletzung dieses Verbots wiederum keine Einstellungs-, sondern nur eine Entschädigungspflicht des Arbeitgebers begründet (§ 611a BGB).

---

76 Zur historischen Entwicklung des Entschädigungssystems des § 611a BGB vgl. ErfK/*Schlachter*, § 611a BGB Rn. 30 ff.

77 Vgl. hierzu die insoweit abweichende Stellungnahme des Bundesrates zum Gesetzentwurf der Bundesregierung in BT-Drucks. 13/10242, S. 10, in der vorgeschlagen wird, dem Bestqualifizierten wahlweise einen Einstellungsanspruch oder einen der Höhe nach unbegrenzten Schadensersatzanspruch zu gewähren.

78 Kritisch zur Beeinträchtigung der Vertragsfreiheit des Arbeitgebers durch § 611a BGB insbesondere *Herrmann*, ZfA 1996, S. 19 ff.; *Schmitt-Glaeser*, DÖV 1982, S. 381, 388 f.; *Zöllner*, Festschrift für Strasser, S. 223, 237 f.

79 Als weitere gesetzliche Einschränkungen der Abschlußfreiheit können beispielsweise noch Art. 33 II GG, der für den Bereich des öffentlichen Dienstes eine umfassende Bindung der Auswahlfreiheit beinhaltet (vgl. hierzu insbesondere *Grünhage*, Die Pflicht des Arbeitgebers zur Einstellung und Wiedereinstellung von Arbeitnehmern, S. 31 ff. und *Isensee*, Festgabe 25 Jahre BVerwG, S. 337, 348.), sowie die verschiedenen landesrechtlichen Regelungen, die eine Pflicht des Arbeitgebers zur Beschäftigung von Inhabern sogenannter „Bergmannsversorgungsscheine“ statuieren (hierzu MünchArbR/*Buchner*, § 40 Rn. 99 ff.), genannt werden.

Vor diesem Hintergrund erscheint es unzutreffend, den Wiedereinstellungsanspruch des Arbeitnehmers als Fall eines Kontrahierungszwangs in strenger Alternierung jenem Bereich gegenüberzustellen, in dem die Vertragsfreiheit des Arbeitgebers wenigstens im Sinne der Abschlußfreiheit besteht. Die Vorstellung von insoweit scharf zu trennenden, von gegensätzlichen Wertungsprinzipien beherrschten Bereichen, die über keinerlei gemeinsame „Schnittmenge" verfügen, erweist sich somit als unrichtig[80]. Auch und gerade im Rahmen der de lege lata bestehenden Arbeitsrechtsordnung ist vielmehr davon auszugehen, daß der Wiedereinstellungsanspruch des Arbeitnehmers als „Grenzfall" in einer Reihe hinsichtich ihrer Eingriffsintensität graduell abgestufter Beschränkungen der Vertragsfreiheit des Arbeitgebers zu qualifizieren ist[81].

Hiermit soll keineswegs in Abrede gestellt werden, daß der Wiedereinstellungsanspruch als Fall eines Kontrahierungszwangs die Vertragsfreiheit des Arbeitgebers nicht nur beschränkt, sondern geradezu negiert[82]. Es soll jedoch der verfehlten und insbesondere mit der Arbeitsrechtsordnung nicht in Einklang stehenden Vorstellung entgegengewirkt werden, die Vertragsfreiheit sei das einzige, die geltende Rechtsordnung in reiner und absoluter Ausprägung tragende Grundprinzip, dem der Wiedereinstellungsanspruch im Sinne eines Kontrahierungszwangs als Gegenpol gegenüberstehe und zwischen diesen Polen existiere keinerlei Materie[83].

D. Ableitung der verfassungsrechtlichen Schranke des Wiedereinstellungsanspruchs aus der Grundrechtsordnung

Hinsichtlich der Frage, ob sich aus dem Eingriff in die Vertragsfreiheit des Arbeitgebers eine verfassungsrechtliche Schranke für den Wiedereinstellungsanspruch ableiten läßt, ist zunächst zu klären, ob die Vertragsfreiheit überhaupt in den Schutz der Grundrechtsordnung einbezogen ist und wenn ja, wo die Verbürgung der arbeitgeberischen Vertragsfreiheit im Grundrechtssystem des Grundgesetzes zu verorten ist.

I. Vertragsfreiheit und Grundrechtsschutz

Anders als in der Weimarer Reichsverfassung vom 01.08.1919, nach der die Vertragsfreiheit in Art. 152 ausdrücklich geschützt war[84], findet sich im Bonner Grundgesetz

---

80 Gegen die Annahme einer solchen „Zweispurigkeit" bezüglich Kontrahierungszwang einereits und Vertragsfreiheit andererseits auch *Bydlinski*, AcP Bd. 180 (1980), S. 1, 6 f.; *Kilian*, AcP Bd. 180 (1980), S. 47, 78 f.

81 Vgl. allgemein auch *Bydlinski*, AcP Bd. 180 (1980), S. 1, 6 f. mit dem zusätzlichen Hinweis, daß Sachverhalte, die Gegenstand eines Kontrahierungszwangs sind, grundsätzlich denselben Sach-bereich betreffen wie die der normalen Rechtsgeschäftsordnung unterliegenden Sachverhalte, was ebenfalls gegen eine strikte „Zweispurigkeit" spreche. Ähnlich *Kilian*, AcP Bd. 180 (1980), S. 47, 78 f., der darauf hinweist, daß der Kontrahierungszwang innerhalb der staatlichen Einwirkungen auf den Vertragsmechanismus nur ein Element eines vielfältig abgestuften Bandes direkter und indirekter Vertragszwänge sei.

82 Vgl. bereits oben § 2 B.

83 Siehe allgemein auch *Bydlinski*, AcP Bd. 180 (1980), S. 1, 7 ff.

84 Art. 152 WRV lautete: „Im Wirtschaftsverkehr gilt Vertragsfreiheit nach Maßgabe der Gesetze."

keine explizite Garantie der Vertragsfreiheit. Demzufolge ist die Frage, ob die Vertragsfreiheit als solche überhaupt unmittelbaren Grundrechtsschutz genießt, Gegenstand eines Meinungsstreits.

1. Kein Grundrechtsschutz der Vertragsfreiheit

Nach einer Ansicht ist der Vertragsfreiheit jeglicher Grundrechtsschutz zu versagen[85]. Die Vertragsfreiheit setze in all ihren Erscheinungsformen immer die Gestaltungsform „Vertrag" voraus, die aber durch das Privatrecht konstituiert und gestaltet werde. Die privatautonome Gestaltung von Rechtsverhältnissen durch Vertrag sei infolgedessen nach Form und möglichem Inhalt durch die Privatrechtsordnung bestimmt und vorgegeben. Wenn das Grundgesetz die Vertragsfreiheit in den Grundrechtsschutz einbeziehen solle, müsse es demnach zwangsläufig den Begriff der Vertragsfreiheit vom Privatrecht übernehmen[86]. Durch diese Rezeption der privatrechtlichen Vertragsfreiheit würde das entsprechende Grundrecht seine Superiorität vor dem Privatrecht einbüßen, weil insoweit die grundrechtlich gewährleistete Vertragsfreiheit durch die dem Privatrecht entlehnte Vertragsfreiheit geprägt und somit die in der Normenhierarchie an sich bindende und vorrangige Norm des Grundgesetzes durch die eigentlich zu bindenden Vorschriften der Privatrechtsordnung bestimmt werde. Dies führe zu einem „Leerlaufen" einer grundrechtlich gewährleisteten Vertragsfreiheit, weil dem entsprechenden Grundrecht insoweit kein spezifisch verfassungsrechtlicher Gehalt gegeben werden könne und das Grundrecht somit auch keine verbindliche Leitmaxime für den Inhalt der Privatrechtsordnung im Bereich der Vertragsfreiheit geben könne[87].

2. Grundrechtsschutz der Vertragsfreiheit

Die herrschende Ansicht geht dagegen davon aus, daß die Vertragsfreiheit als pars pro toto der Privatautonomie in den Schutz der Grundrechtsordnung einbezogen ist[88]. Die Vertreter dieser Meinung betonen, daß die Vertragsfreiheit das juristische Mittel des einzelnen Rechtssubjekts sei, die rechtliche Eigensphäre nach eigenen Vorstellungen

---

85 Vgl. *Huber*, Die verfassungsrechtliche Bedeutung der Vertragsfreiheit, S. 19 f.; *Kreutz*, Grenzen der Betriebsautonomie, S. 117; *Richardi*, Kollektivgewalt und Individualwille bei der Gestaltung des Arbeitsverhältnisses, S. 50 f.; *Roscher*, Vertragsfreiheit als Verfassungsproblem, S. 46 ff.; *Struck*, DuR 1988, S. 39 ff.; differenzierend *Schmidt-Salzer*, NJW 1970, S. 8, 14 f.

86 Vgl. *Huber*, Die verfassungsrechtliche Bedeutung der Vertragsfreiheit, S. 8: „... müßte also das Verfassungsrecht beim Privatrecht nicht nur den Grundsatz der Vertragsfreiheit selber, sondern gleichsam auch das Bett entlehnt haben, in dem die Vertragsfreiheit dort ruht und sich einschmiegt."; *Roscher*, Vertragsfreiheit als Verfassungsproblem, S. 46: „Die Verfassung kann die Vertragsfreiheit überhaupt nur mit Hilfe der Privatrechtsordnung definieren, weil diese erst den Vertrag als rechtliches Gestaltungsmittel zuläßt."

87 *Huber*, Die verfassungsrechtliche Bedeutung der Vertragsfreiheit, S. 19; *Kreutz*, Grenzen der Betriebsautonomie, S. 117; *Roscher*, Vertragsfreiheit als Verfassungsproblem, S. 48. *Struck*, DuR 1988, S. 39 ff. verneint den Grundrechtsschutz der Vertragsfreiheit mit dem Hinweis darauf, daß die Vertragsfreiheit die justizielle Gewährleistung durch den Staat voraussetze.

88 Vgl. BVerfGE 8, S. 274, 328; 12, S. 341, 347; 73, S. 261, 270 ff.; BAG AP Nr. 25 zu Art. 12 GG; BGHZ 70, S. 313, 324.; *Dürig*, in: Maunz/Dürig, GG, Art. 2 I Rn. 53 bis 65; *Grünhage*, Die Pflicht des Arbeitgebers zur Einstellung und Wiedereinstellung von Arbeitnehmern, S. 15; *Larenz*, Lehrbuch des Schuldrechts Bd. I, S. 59 f.; *Laufke*, Festschrift für Lehmann Bd. I, S. 145, 162; *Raiser*, JZ 1958, S. 1, 5.

zu gestalten, den persönlichen Willen durchzusetzen und die individuellen Bedürfnisse zu befriedigen[89]. Folglich sei die Vertragsfreiheit conditio sine qua non für die freie Entfaltung der Persönlichkeit und somit grundsätzlich dem Schutz-bereich des Art. 2 I GG zuzuordnen. Ohne das Rechtsinstitut der Vertragsfreiheit könne es zwar eine „Person", verstanden als Träger von Rechten und Pflichten geben, nicht jedoch eine „Persönlichkeit" im Sinne des Art. 2 I GG[90].

Dieser Auffassung ist zu folgen. Das Recht auf freie Entfaltung der Persönlichkeit muß aus den soeben genannten Überlegungen auch die Vertragsfreiheit umfassen, um dem einzelnen Rechtssubjekt im rechtsgeschäftlichen Bereich einen grundrechtlich geschützten Freiraum gewährleisten zu können. Die These vom „Leerlaufen" einer grundrechtlich geschützten Vertragsfreiheit wegen der angeblich erforderlichen Rezeption der privatrechtlich ausgestalteten Vertragsfreiheit in die Verfassung vermag hingegen nicht zu überzeugen.

Dies ergibt sich aus einem Vergleich zur Eigentumsfreiheit des Art. 14 I GG[91]. Durch dieses Grundrecht wird einerseits die Erhaltung des Rechtsinstituts Eigentum als einer der Grundpfeiler unserer Privatrechtsordnung garantiert. Das Grundrecht des Einzelnen setzt insoweit das Rechtsinstitut Eigentum voraus. Der Gesetzgeber kann an die Stelle des Eigentums nicht etwas anderes setzen, das den Namen „Eigentum" nicht mehr verdient[92]. Andererseits wird dem Gesetzgeber jedoch die Möglichkeit eröffnet, Inhalt und Schranken des Eigentums zu bestimmen.

Ähnliches gilt für die grundrechtliche Gewährleistung der Vertragsfreiheit durch Art. 2 I GG: Auch hier wird einerseits das Rechtsinstitut Vertragsfreiheit verfassungsrechtlich garantiert. Die Rechtswirksamkeit privater Regelungen des Waren- und Leistungsaustauschverkehrs darf folglich nicht schlechthin aufgehoben werden[93]. Beschränkungen der Vertragsfreiheit müssen den Rechtssubjekten somit einen gewissen Freiraum belassen, der noch den Namen „Vertragsfreiheit" verdient[94]. Andererseits ist eine Veränderung von „Inhalt und Schranken" der Vertragsfreiheit nach Maßgabe des Art. 2 I GG möglich. Die Rezeption einer privatrechtlich ausgestalteten Vertragsfreiheit ist bei einem solchen Verständnis nicht erforderlich.

II. Verortung der arbeitsrechtlichen Vertragsfreiheit im Grundrechtssystem

Steht somit fest, daß die allgemeine Vertragsfreiheit in den Grundrechtsschutz des Art. 2 I GG einbezogen ist, stellt sich nunmehr die Frage, ob auch die Vertragsfreiheit der Arbeitsvertragsparteien in Art. 2 I GG zu verorten ist. Unter Berücksichtigung der unstreitigen grundrechtssystematischen Spezialität des Art. 12 I GG hinsichtlich seines

---

89 Vgl. *Larenz*, Lehrbuch des Schuldrechts Bd. I, S. 59; *Laufke*, Festschrift für Lehmann Bd. I, S. 145, 162.

90 So *Laufke*, Festschrift für Lehmann Bd. I, S. 145, 162.

91 Vgl. auch *Busche*, Privatautonomie und Kontrahierungszwang, S. 53 f.

92 BVerfGE 24, S. 367, 389.

93 *Larenz*, Lehrbuch des Schuldrechts Bd. I, S 59; *Raiser*, JZ 1958, S. 1, 5; *Schmidt-Salzer*, NJW 1970, S. 8, 15.

94 Vgl. auch *Vykydal*, Der kartellrechtliche Kontrahierungszwang, S. 42.

Schutzbereiches gegenüber Art. 2 I GG[95] wird deutlich, daß für die arbeitsrechtliche Vertragsfreiheit Art. 12 I GG und nicht Art. 2 I GG maßgebend ist. Werden Verträge zur Begründung und Regelung beruflicher Betätigungen eingegangen, wie dies bei dem Abschluß eines Arbeitsvertrages typischerweise der Fall ist, ist die Vertragsfreiheit insoweit als Bestandteil der Berufsfreiheit des Art. 12 I GG zu qualifizieren und nimmt an deren Garantiefunktion teil[96].

Abgesehen von diesem grundrechtssystematischen Argument spricht auch die Überlegung, daß die Vertragsfreiheit nicht isoliert vom Vertragsinhalt betrachtet werden kann, für eine Verortung der arbeitsrechtlichen Vertragsfreiheit in Art. 12 I GG und nicht in Art. 2 I GG[97]. Nur eine Vertragsfreiheit, die als Ausfluß der Berufsfreiheit des Art. 12 I GG verstanden wird, kann eine berufsinhaltliche Qualifizierung durch den jeweils betroffenen Beruf erfahren und somit den Regelungsgehalt und die Ordnungsaufgabe der arbeitsrechtlichen Vertragsfreiheit vor dem Hintergrund ständig wachsender Berufsdifferenzierung und –spezialisierung erfüllen. Demgegenüber müßte eine aus Art. 2 I GG abgeleitete allgemeine Vertragsfreiheit als formale, inhaltlich durch den jeweiligen Beruf nicht qualifizierte Vereinbarungsbefugnis verstanden werden, die folglich hinsichtlich ihres verfassungsmaterialen Gehalts hinter einer in Art. 12 I GG verankerten arbeitsrechtlichen Vertragsfreiheit zurückbliebe[98].

Die früher teilweise vorgenommene Differenzierung dahingehend, daß lediglich die arbeitnehmerische Vertragsfreiheit durch Art. 12 I GG geschützt sei, während dic arbeitgeberische Vertragsfreiheit dem Schutzbereich des Art. 2 I GG unterfalle[99], wird heute kaum noch vertreten[100] und kann auch nicht überzeugen. Denn eine solche Differenzierung übersieht, daß arbeitnehmerische und arbeitgeberische Vertragsfreiheit in rechtlicher Hinsicht so verbunden sind, wie in funktionaler Hinsicht arbeitnehmerischer und arbeitgeberischer Beruf aufgrund der arbeitsteiligen Organisation aufeinander bezogen sind. Vor diesem Hintergrund stellt die Begründung eines

---

95 Vgl. BVerfGE 6, S. 32, 37; 70, S. 1, 32; 94, S. 372, 389; *Scholz*, in: Maunz/Dürig, GG, Art. 12 Rn. 114.

96 Im Ergebnis ebenso: *Boemke/Gründel*, ZfA 2001, S. 245, 253; MünchArbR/*Buchner*, § 39 Rn. 10 ff.; *Isensee*, Festgabe 25 Jahre BVerwG, S. 337, 347; *Oetker*, Der arbeitsrechtliche Bestandsschutz unter dem Firmament der Grundrechtsordnung, S. 21; *ders.*, RdA 1997, S. 9, 11 (jeweils bezüglich der als Annexinstitut der Vertragsfreiheit zu qualifizierenden Kündigungsfreiheit bei unbefristeten Dauerschuldverhältnissen); *ders.*, ZIP 2000, S. 643, 644; *Papier*, RdA 1989, S. 137, 138; Staudinger/*Richardi*, § 611 Rn. 50; *Riedel*, Das Grundrecht der Berufsfreiheit im Arbeitsrecht, S. 20; *Scholz*, Die Koalitionsfreiheit als Verfassungsproblem, S. 10; *ders.*, ZfA 1981, S. 265, 275; *Urban*, Der Kündigungsschutz außerhalb des Kündigungsschutzgesetzes, S. 43 (hinsichtlich der Kündigungsfreiheit); *Zöllner*, 52. DJT Bd. I, Teil D, D. 98 f.; indifferent *Söllner*, RdA 1989, S. 144, 149. A. A. (Verortung der arbeitsrechtlichen Vertragsfreiheit in Art. 2 I GG) *Badura*, Festschrift für Berber, S. 11, 21.

97 *Riedel*, Das Grundrecht der Berufsfreiheit im Arbeitsrecht, S. 20.

98 Vgl. MünchArbR/*Buchner*, § 39 Rn. 15; *Scholz*, ZfA 1981, S. 265, 275 f.

99 Vgl. beispielsweise *Söllner*, Münchener Kommentar (1. Aufl. 1980), § 611 Rn. 272 und 274.

100 *Schaub*, Arbeitsrechts-Handbuch, § 32 I 3a und b.

Arbeitsverhältnisses durch Abschluß eines Arbeitsvertrages stets eine zweiseitige Wahrnehmung der Berufsfreiheit im Sinne des Art. 12 I GG dar[101].

Der mit dem Wiedereinstellungsanspruch des Arbeitnehmers als Kontrahierungszwang verbundene Eingriff in die Vertragsfreiheit des Arbeitgebers ist somit am Maßstab der Berufsfreiheit des Art. 12 I GG zu messen.

III. Gewährleistungen und Struktur des Grundrechts der Berufsfreiheit nach Art. 12 I GG

Im Zentrum des Grundrechts der Berufsfreiheit nach Art. 12 I GG stehen die Teilgewährleistungen der freien Berufs- beziehungsweise Arbeitsplatzwahl einerseits (Art. 12 I S. 1 GG) und der freien Berufsausübung andererseits (Art. 12 I S. 2 GG). Die Wahl des Berufs betrifft die Entscheidung des Einzelnen, auf welchem Feld er sich beruflich betätigen will, die Wahl des Arbeitsplatzes die Entscheidung für eine konkrete Betätigungsmöglichkeit oder ein bestimmtes Arbeitsverhältnis, während unter der Berufsausübung die gesamte berufliche Tätigkeit, nämlich Form, Mittel sowie Festlegung von Umfang und Inhalt der Betätigung zu verstehen ist. Die Arbeitsplatzwahl ist somit einerseits der Wahl des Berufes nachgeordnet und konkretisiert diese, andererseits der Ausübung des Berufes vorgeordnet, die erst an dem gewählten Arbcitsplatz stattfindet[102].

Trotz dieser auf den ersten Blick eingängigen Abgrenzung zwischen Berufswahl und Berufsausübung ist eine Zuordnung im konkreten Fall erheblichen Schwierigkeiten ausgesetzt[103], weil Berufswahl und Berufsausübung in engem funktionalen Zusammenhang stehen. Mit der Berufswahl beginnt die Berufsausübung und in der Berufsausübung wird die Berufswahl immer wieder neu bestätigt[104]. Dehalb entspricht es der heute ganz herrschenden Meinung, daß die Berufsfreiheit des Art. 12 I GG als einheitliches Grundrecht, das auch einheitlich unter dem Regelungsvorbehalt des Art. 12 I S. 2 GG steht, zu verstehen ist, so daß die Begriffe der Berufswahl und der Berufsausübung nicht genau abgrenzbare Bereiche der Berufsfreiheit, sondern sich berührende, ineinander übergehende Phasen einer einheitlichen Freiheitsgewährleistung bezeichnen[105].

Obwohl somit das einheitliche Grundrecht der Berufsfreiheit unter einheitlichem Gesetzesvorbehalt (Art. 12 I S. 2 GG) steht, sollen aufgrund der aus dem Wortlaut des Art. 12 I GG folgenden unterschiedlichen Bedeutung beziehungswcise Freiheits-

---

101 Im Ergebnis ebenso MünchArbR/*Buchner*, § 39 Rn. 13; *Papier*, RdA 1989, S. 137, 138; *Scholz*, ZfA 1981, S. 265, 277; *Söllner*, RdA 1989, S. 144, 148; *Urban*, Der Kündigungsschutz außerhalb des Kündigungsschutzgesetzes, S. 50.

102 So BVerfGE 84, S. 133, 146.

103 *Scholz*, in: Maunz/Dürig, GG, Art. 12 Rn. 12.

104 So *Pieroth/Schlink*, Grundrechte, Rn 808.

105 Grundlegend für dieses Verständnis des Art. 12 I GG BVerfGE 7, S. 377, 401 (sogenanntes „Apotheken-Urteil"). Außerdem BVerfGE 9, S. 338, 344 f.; 17, S. 269, 276; *Gubelt*, in: v. Münch/Kunig, GG, Art. 12 Rn. 40; *Leisner*, JuS 1962, S. 463, 465 f.; *Pieroth/Schlink*, Grundrechte, Rn. 808; *Riedel*, Das Grundrecht der Berufsfreiheit im Arbeitsrecht, S. 26 f.; *Scheuner*, DVBl. 1958, S. 845 ff.; *Scholz*, in: Maunz/Dürig, GG, Art. 12 Rn. 14 und 253.

wertigkeit der einzelnen Teilfreiheiten für Eingriffe in die Berufswahlfreiheit höhere Anforderungen an die verfassungsrechtliche Legitimation zu stellen sein als für Eingriffe in die Berufsausübungsfreiheit (sogenannte „Stufentheorie")[106]. Beschränkungen der Berufsausübungsfreiheit sind hiernach schon dann möglich, soweit vernünftige Erwägungen des Gemeinwohls es zweckmäßig erscheinen lassen. Der Grundrechtsschutz aus Art. 12 I GG beschränkt sich insoweit auf die Abwehr in sich verfassungswidriger Eingriffe[107]. Zu beachten ist hier somit insbesondere das verfassungsrechtliche Übermaßverbot. Demgegenüber darf die Berufswahlfreiheit nur eingeschränkt werden, soweit der Schutz besonders wichtiger Gemeinschaftsgüter es zwingend erfordert[108].

IV. Der Wiedereinstellungsanspruch als Eingriff in die Berufsausübungs- oder in die Berufswahlfreiheit des Arbeitgebers?

Die Anforderungen, die an die verfassungsrechtliche Rechtfertigung des mit dem Wiedereinstellungsanspruch korrespondierenden Eingriffs in die Vertragsfreiheit des Arbeitgebers zu stellen sind, richten sich folglich danach, ob hierdurch lediglich die arbeitgeberische Berufsausübungsfreiheit beschränkt wird, oder ob durch den Kontrahierungszwang bereits die Berufswahlfreiheit des Arbeitgebers berührt ist.

Die mit dem Wiedereinstellungsanspruch des Arbeitnehmers verbundene Verpflichtung des Arbeitgebers zum Neuabschluß eines Arbeitsvertrages nach wirksamer Beendigung des Arbeitsverhältnisses greift ausschließlich in den Ausübungsaspekt der Berufsfreiheit ein, während der Wahlaspekt hierdurch nicht tangiert wird. Denn durch die Pflicht des Arbeitgebers zur Wiedereinstellung eines bestimmten Arbeitnehmers wird seine Wahl für einen bestimmten Beruf nicht obsolet. Der Arbeitgeber kann den von ihm gewählten Beruf nach wie vor ausüben, aufgrund des Wiedereinstellungsanspruchs besteht für ihn lediglich die Pflicht, dies – wie bereits vor der wirksamen Beendigung des Arbeitsverhältnisses – in Arbeitsteilung mit dem wiedereinzustellenden Arbeitnehmer zu tun. Von einem Eingriff in das „Ob" der beruflichen Tätigkeit des Arbeitgebers kann somit nicht gesprochen werden[109].

---

106 Grundlegend wiederum BVerfGE 7, S. 377, 402 f.; seither ständige Rechtsprechung des Bundesverfassungsgerichts, vgl. z. B. BVerfGE 9, S. 338, 344; 13, S. 97, 104 f.; 13, S. 181, 186; 19, S. 330, 337; 33, S. 125, 160; 54, S. 301, 315. Zustimmend der Großteil der Literatur: *Gubelt*, in: v. Münch/Kunig, GG, Art. 12 Rn. 44 f.; *Pieroth/Schlink*, Grundrechte, Rn. 846 ff.; *Scholz*, in: Maunz/Dürig, GG, Art. 12 Rn. 317 ff.

107 Vgl. BVerfGE 7, S. 377, 378 Leitsatz 6a.

108 BVerfGE 7, S. 377, 378 Leitsatz 6b.

109 Vgl. allgemein dazu, daß die arbeitgeberische Vertragsfreiheit Gegenstand der Berufsausübung ist: MünchArbR/*Buchner*, § 39 Rn. 13 und 45; *Isensee*, Festgabe 25 Jahre BVerwG, S. 337, 348; *Müller-Glöge*, Münchener Kommentar, § 611 Rn. 304; Staudinger/*Richardi*, § 611 Rn. 50; *Scholz*, in: Maunz/Dürig, GG, Art. 12 Rn. 398; *ders.*, ZfA 1981, S. 265, 277 ff. (dort allerdings mit dem Hinweis, daß die arbeitgeberische Vertragsfreiheit unter besonderen Umständen ausnahmsweise Gegenstand der Berufswahl des Arbeitgebers sein könne).

V. Das Übermaßverbot als verfassungsrechtliche Schranke des Wiedereinstellungsanspruches

Auch wenn der Wiedereinstellungsanspruch daher nicht die strengen Anforderungen zu erfüllen hat, die an einen Eingriff in die Berufswahlfreiheit zu stellen sind, muß er als Beschränkung der Berufsausübungsfreiheit dennoch dem Verhältnismäßigkeitsgrundsatz entsprechen. Der mit dem Wiedereinstellungsanspruch des Arbeitnehmers korrespondierende Kontrahierungszwang für den Arbeitgeber bedarf folglich einer Legitimation, die so gewichtig ist, daß sie die Beeinträchtigung der durch Art. 12 I GG geschützten Vertragsfreiheit kompensiert und somit die Grenze der Unverhältnismäßigkeit nicht überschritten wird[110]. Als unverhältnismäßig erweist sich der Eingriff in die Vertragsfreiheit des Arbeitgebers immer dann, wenn ihm die Neubegründung des Arbeitsverhältnisses unzumutbar ist. In diesem Falle muß dem Arbeitgeber das Recht zustehen, den Abschluß des Arbeitsvertrages zu verweigern[111]. Der Wiedereinstellungsanspruch, der in die von Art. 12 I GG grundrechtlich geschützte Vertragsfreiheit des Arbeitgebers eingreift, unterliegt insoweit also der Schranke des verfassungsrechtlichen Übermaßverbotes, das sich in der Zumutbarkeit der Wiedereinstellung für den Arbeitgeber konkretisiert.

E. Die freie Wahl des Arbeitsplatzes als Legitimation für den Wiedereinstellungsanspruch

Vor dem Hintergrund, daß der Wiedereinstellungsanspruch als Fall eines Kontrahierungszwangs die grundrechtlich geschützte Vertragsfreiheit des Arbeitgebers nicht nur beschränkt, sondern geradezu negiert[112] und die mit der Vertragsfreiheit im Grundsatz akzeptierte Willkür nicht nur domestiziert, sondern „auf Null" reduziert[113], bedarf der Anspruch auf Wiedereinstellung einer diesen gravierenden Eingriff ausgleichenden Legitimation[114]. Diesbezüglich ist das Augenmerk auf das Grundrecht der Berufsfreiheit (Art. 12 I GG) des Arbeitnehmers in Gestalt der Arbeitsplatzwahlfreiheit zu richten[115].

---

110 Vgl. auch ErfK/*Dieterich*, Art. 12 GG Rn. 29 f.; *Oetker*, ZIP 2000, S. 643, 645.

111 Siehe hierzu auch *Oetker*, ZIP 2000, S. 643, 645 mit dem Hinweis darauf, daß die im Privatrecht anzutreffenden gesetzlichen Kontrahierungszwänge dies bestätigen, weil sie stets Schranken enthalten, die ein Überschreiten der Zumutbarkeitsgrenze verhindern. Siehe darüber hinaus *Nipperdey*, Kontrahierungszwang und diktierter Vertrag, S. 103 ff., der ausführt, daß das „Prinzip der Nichtzumutbarkeit" die wichtigste Begrenzung der Verpflichtung aus dem Kontrahierungszwang sei und diesbezüglich ebenfalls Beispiele für die Verwendung der Nichtzumutbarkeit in einzelnen Rechtsnormen aufzählt.

112 Zu dieser Wirkung eines Kontrahierungszwangs allgemein *Bydlinski*, AcP Bd. 180 (1980), S. 1, 4. Vgl. auch *Mestmäcker*, JZ 1964, S. 441, 443; *Nipperdey*, Kontrahierungszwang und diktierter Vertrag, S. 8.

113 So im Zusammenhang mit dem Wiedereinstellungsanspruch des Arbeitnehmers *Oetker*, ZIP 2000, S. 643, 644. Siehe auch *Kort*, SAE 2001, S. 131, 134.

114 Vgl. allgemein ErfK/*Dieterich*, Art. 12 GG Rn. 29 f. sowie im Hinblick auf den Wiedereinstellungsanspruch *Oetker*, ZIP 2000, S. 643, 645.

115 In Betracht käme darüber hinaus auch ein Rekurs auf das in Art. 20 I, Art. 28 I S. 1 GG verankerte Sozialstaatsprinzip. Dieses erweist sich jedoch aufgrund seines nur unscharf konturierten Inhalts als wenig geeignet, den Eingriff in die arbeitgeberische Vertragsfreiheit in differenzierter Weise zu legitimieren und sieht sich darüber hinaus dem Vorwurf ausgesetzt, zu

I. Der Schutzbereich der Arbeitsplatzwahlfreiheit des Arbeitnehmers nach Art. 12 I GG

Art. 12 I S. 1 GG garantiert neben der freien Wahl des Berufs auch die freie Wahl des Arbeitsplatzes. Als Arbeitsplatz wird für gewöhnlich die Stätte bezeichnet, an welcher in örtlicher Hinsicht eine berufliche Tätigkeit ausgeübt wird[116]. Doch der Begriff des Arbeitsplatzes im Sinne des Art. 12 I GG umfaßt mehr als den Ort der beruflichen Tätigkeit. Die Wahl des Arbeitsplatzes beinhaltet die Entscheidung des einzelnen für eine konkrete Beschäftigung, für eine bestimmte Betätigungsmöglichkeit oder ein bestimmtes Arbeitsverhältnis[117].

Ebenso wie die freie Berufswahl sich nicht in der Entscheidung zur Aufnahme eines Berufs erschöpft, sondern auch die Fortsetzung und Beendigung eines Berufs umfaßt, bezieht sich die freie Wahl des Arbeitsplatzes neben der Entscheidung für eine konkrete Beschäftigung aber auch auf den Willen des Einzelnen, den Arbeitsplatz beizubehalten oder aufzugeben[118]. Die Arbeitsplatzwahlfreiheit wird somit nicht lediglich als Freiheit in der Entscheidung für einen bestimmten Arbeitsplatz beziehungsweise als eine auf einen Arbeitsplatzwechsel bezogene Gewährleistung verstanden, sondern es wird darüber hinaus – gewissermaßen spiegelbildlich – die Beibehaltung des gewählten Arbeitsplatzes in den Schutzbereich einbezogen[119]. Art. 12 GG entfaltet demnach seinen Schutz gegen alle staatlichen Maßnahmen, die diese Wahlfreiheit beschränken[120].

Demgegenüber ist mit der Arbeitsplatzwahlfreiheit weder ein Anspruch auf Bereitstellung eines Arbeitsplatzes eigener Wahl noch eine Bestandsgarantie für den einmal gewählten Arbeitsplatz verbunden. Auch verleiht das Grundrecht keinen unmittelbaren

---

einem „Beutebegriff" geworden zu sein, der für notwendigen Sachwiderspruch keinen Raum läßt. Vgl. in diesem Zusammenhang auch *Oetker*, RdA 1997, S. 9, 13; *ders.*, Der arbeitsrechtliche Bestandsschutz unter dem Firmament der Grundrechtsordnung, S. 26; *Schwerdtner*, ZfA 1977, S. 47, 60.

116 Siehe auch *Gubelt*, in: v. Münch/Kunig, GG, Art. 12 Rn. 23; *Jarass*, in: Jarass/Pieroth, GG, Art. 12 Rn. 8; *Scholz*, in: Maunz/Dürig, GG, Art. 12 Rn. 429.

117 Vgl. BVerfGE 84, S. 133, 146; *Dieterich*, RdA 1992, S. 330, 331; *Urban*, Der Kündigungsschutz außerhalb des Kündigungsschutzgesetzes, S. 47.

118 In der Rechtsprechung des Bundesarbeitsgerichts stand zunächst der Aspekt der Abkehr von Arbeitsplätzen im Vordergrund. Art. 12 GG wurde hierbei nicht unmittelbar im Sinne eines Rechtes auf Erhaltung eines Arbeitsplatzes verstanden, sondern als Recht, einen Arbeitsplatz aufzugeben. Aus diesem Gesichtspunkt wurde insbesondere die Unwirksamkeit von Vereinbarungen gefolgert, die bei Aufgabe des Arbeitsplatzes eine Pflicht der Arbeitnehmer zur Rückzahlung von Gratifikationen oder Ausbildungskosten vorsehen, vgl. BAG AP Nr. 25 zu Art. 12 GG. Siehe zum ganzen auch *Hanau*, in: Arbeitnehmerinteressen und Verfassung, S. 83 f.

119 Vgl. BVerfGE 84, S. 133, 146; 85, S. 360, 373; 92, S. 140, 150; 96, S. 152, 163; 96, S. 171, 180; 96, S. 189, 197; 96, S. 205, 210 f.; 97, S. 169, 175; BAG AP Nr. 25 zu Art. 12 GG; *Badura*, Festschrift für Herschel, S. 21, 39; *ders.*, Festschrift für Berber, S. 11, 21; *Hanau*, Festschrift für Dieterich, S. 201, 201; *Lakies*, DB 1997, S. 1078, 1078; *Oetker*, Der arbeitsrechtliche Bestandsschutz unter dem Firmament der Grundrechtsordnung, S. 26 f.; *ders.*, RdA 1997, S. 9, 13 f.; *Urban*, Der Kündigungsschutz außerhalb des Kündigungsschutzgesetzes, S. 46 f.; *Waltermann*, DVBl. 1989, S. 699, 700.

120 Vgl. auch *Urban*, Der Kündigungsschutz außerhalb des Kündigungsschutzgesetzes, S. 47.

Schutz gegen den Verlust eines Arbeitsplatzes aufgrund privater Dispositionen[121]. Insoweit kann das Grundrecht der freien Arbeitsplatzwahl folglich nicht unmittelbar für die Legitimation eines Wiedereinstellungsanspruchs herangezogen werden.

II. Die aus Art. 12 I GG abzuleitende grundrechtliche Schutzpflicht

Zwar ist mit der freien Wahl des Arbeitsplatzes weder eine Bestandsgarantie für den gewählten Arbeitsplatz verbunden noch verleiht das Grundrecht unmittelbaren Schutz gegen den Verlust des Arbeitsplatzes aufgrund privater Dispositionen. Dem Staat obliegt aber insoweit eine aus Art. 12 I GG abzuleitende, dahingehende Schutzpflicht, dafür Sorge zu tragen, daß der Arbeitnehmer seinen Arbeitsplatz nicht grundlos verlieren darf[122].

1. Entwicklung und dogmatische Herleitung der grundrechtlichen Schutzpflichten

Daß aus den Grundrechten nicht nur ein Abwehrrecht des Grundrechtsträgers gegen den Staat erwächst, sondern grundsätzlich auch eine Pflicht des Staates, sich schützend und fördernd vor das grundrechtlich geschützte Rechtsgut zu stellen, ist heute weitgehend anerkannt[123]. Im Zusammenhang mit den grundrechtlichen Schutzpflichten geht es nicht um Schutz vor dem Staat, sondern um Schutz durch den Staat[124]. In Frage steht das rechtlich gebotene Verhalten des Staates, wenn verfassungsrechtliche Garantien durch freiheitsgefährdende Eingriffe Dritter bedroht sind. Zwar ist die Schutzgebung seit jeher Aufgabe und Zweck des Staates[125]. Unter dem Aspekt der grundrechtlichen Schutzpflicht erhält diese Aufgabe nunmehr aber eine grundrechtliche Dimension. Die Schutzaufgabe wird dem Staat unmittelbar durch die Grundrechte auferlegt und führt zu der Frage, ob ein klagbarer Anspruch des einzelnen Grundrechtsträgers gegen den Staat auf Schutz besteht.

a) Aus dem Verfassungstext zu entnehmende Schutzpflichten

Ein Blick in das Grundgesetz zeigt, daß dem Verfassungstext konkrete Schutzpflichten zu entnehmen sind:

---

121 So ausdrücklich erstmals BVerfGE 84, S. 133, 146 f., seitdem ständige Rechtsprechung.

122 Vgl. schon *Badura*, Festschrift für Berber, S. 11, 23. Allgemein zur grundrechtlichen Schutzpflicht des Staates aus Art. 12 I GG: BVerfGE 84, S. 133, 147; 92, S. 140, 150; 97, S. 169, 175; *Dieterich*, RdA 1995, S. 129, 130; *Oetker*, RdA 1997, S. 9, 14 ff.; *ders.*, AuR 1997, S. 41, 49 ff.; *Papier*, RdA 1989, S. 137, 139 f.; *ders.*, DVBl. 1984, S. 801, 813; *Preis*, RdA 1995, S. 333, 340 f.

123 Vgl. *Badura*, Staatsrecht, S. 97 ff.; *Boemke/Gründel*, ZfA 2001, S. 245, 252 f.; *Canaris*, AcP Bd. 184 (1984), S. 201, 225 ff.; *Dietlein*, Die Lehre von den grundrechtlichen Schutzpflichten; *Isensee*, in: Isensee/Kirchhof, Handbuch des Staatsrechts Bd. V, S. 145 ff. und 181 ff; *H. Klein*, DVBl. 1994, S. 489 ff.; *Stern*, Das Staatsrecht der Bundesrepublik Deutschland Bd. III/1, S. 931 ff.; *Unruh*, Zur Dogmatik der grundrechtlichen Schutzpflichten.

124 Siehe auch *Dietlein*, Die Lehre von den grundrechtlichen Schutzpflichten, S. 34 f.: „Der Staat soll die Bürger nicht nur in Ruhe lassen, er soll darüber hinaus für Ruhe sorgen."

125 Vgl. insbesondere *Isensee*, in: Isensee/Kirchhof, Handbuch des Staatsrechts Bd. V, S. 184.

Besonders deutlich wird der Schutzauftrag des Staates in Art. 1 GG, der die Würde des Menschen als unverbrüchliches, fundamentales Prinzip der verfassungsrechtlichen Wertordnung in den Mittelpunkt des Grundgesetzes stellt[126]. Art. 1 I S. 2 GG legt aller staatlichen Gewalt die Verpflichtung auf, die Würde des Menschen zu achten und zu schützen. Das Gebot des Achtens ist als Ausdruck des Abwehrrechts, das des Schützens als Ausdruck der Schutzpflicht zu verstehen[127].

Ähnlich deutlich statuiert Art. 6 GG Schutzpflichten des Staates. Art. 6 I GG stellt Ehe und Familie unter den besonderen Schutz der staatlichen Ordnung. Dieser Schutz bedeutet nicht nur das Verbot für den Staat, die Ehe beziehungsweise die Familie zu schädigen oder sonst zu beeinträchtigen, sondern auch die Aufgabe für den Staat, Ehe und Familie vor den Beeinträchtigungen durch andere Kräfte zu bewahren und durch geeignete Maßnahmen zu fördern[128]. So stellt beispielsweise der deliktsrechtlich abgesicherte „räumlich-gegenständliche Bereich der Ehe“[129] eine Ausprägung der Schutzpflicht aus Art. 6 I GG dar[130]. Nach Art. 6 II GG wacht der Staat über die Pflege und die Erziehung der Kinder durch die Eltern. Das „Wächteramt“ des Staates[131] begründet nicht nur eine verfassungsrechtliche Berechtigung, sondern auch eine derartige Verpflichtung des Staates, die Pflege und Erziehung von Kindern sicherzustellen, wenn die Eltern die „zuvörderst ihnen obliegende Pflicht“ nicht erfüllen[132]. Schließlich gewährt Art. 6 IV GG jeder Mutter einen Anspruch auf den Schutz und die Fürsorge der Gemeinschaft, dem eine Schutzverpflichtung des Staates korrespondiert.

b) Die Rechtsprechung des Bundesverfassungsgerichts zu den grundrechtlichen Schutzpflichten

Aber auch soweit dem Verfassungstext keine konkreten Schutzpflichten zu entnehmen sind, erschöpfen sich die Funktionsgehalte der Grundrechtsgewährleistungen nicht in der Abwehr ungerechtfertigter staatlicher Eingriffe, sondern sie beinhalten zugleich eine Verpflichtung des Staates zur Abwehr von Gefahren für die grundrechtlich geschützten Rechtsgüter. Der Gedanke, staatliche Schutzpflichten aus den Grundrechtsbestimmungen abzuleiten, ist bereits in sehr frühen Entscheidungen des Bundesverfassungsgerichts angelegt.

Schon im Jahre 1951 führte das Gericht in bezug auf Art. 1 I S. 2 GG aus: „Art. 1 I S. 2 GG verpflichtet den Staat zwar zu dem positiven Tun des „Schützens“, doch ist dabei nicht Schutz vor materieller Not, sondern Schutz gegen Angriffe auf die

---

126 Vgl. hierzu BVerfGE 27, S. 1, 6; 30, S. 173, 193; 32, S. 98, 108; 45, S. 187, 227; 75, S. 155, 170.

127 Vgl. *Canaris*, AcP Bd. 184 (1984), S. 201, 226; *Dürig*, in: Maunz/Dürig, GG, Art. 1 I Rn. 3 und 16; *Isensee*, in: Isensee/Kirchhof, Handbuch des Staatsrechts Bd. V, S. 151.

128 Vgl. BVerfGE 6, S. 55, 76; 24, S. 104, 109; 24, S. 119, 135; 31, S. 58, 69; 76, S. 1, 42 f., 49.

129 Vgl. hierzu nur Palandt/*Brudermüller*, Einf. v. § 1353 Rn. 5.

130 Hierauf verweist zutreffend *Dietlein*, Die Lehre von den grundrechtlichen Schutzpflichten, S. 30.

131 BVerfGE 24, S. 119, 138.

132 Vgl. BVerfGE 24, S. 119, 144; 60, S. 79, 88 sowie *Isensee*, in: Isensee/Kirchhof, Handbuch des Staatsrechts Bd. V, S. 151 ff.

Menschenwürde durch andere, wie Erniedrigung, Brandmarkung, Verfolgung, Ächtung u. s. w. gemeint“[133].

Dieser Ansatz einer Schutzpflichtenlehre wurde im Jahre 1973 im Hochschul-Urteil weiterverfolgt, in dem es bezüglich der in Art. 5 III GG verbürgten Wissenschaftsfreiheit heißt: „Diese Wertentscheidung bedeutet nicht nur die Absage an staatliche Eingriffe in den zuvor gekennzeichneten Eigenbereich der Wissenschaft; sie schließt vielmehr das Einstehen des Staates, der sich als Kulturstaat versteht, für die Idee einer freien Wissenschaft und seine Mitwirkung an ihrer Verwirklichung ein und verpflichtet ihn, sein Handeln positiv danach einzurichten, d. h. schützend und fördernd einer Aushöhlung dieser Freiheitsgarantie vorzubeugen“[134].

Ähnlich hat das Bundesverfassungsgericht hinsichtlich der ebenfalls durch Art. 5 III GG geschützten Kunstfreiheit argumentiert: „Die Verfassungsnorm (scil. Art. 5 III GG) hat aber nicht nur diese negative Bedeutung. Als objektive Wertentscheidung für die Freiheit der Kunst stellt sie dem modernen Staat, der sich im Sinne einer Staatszielbestimmung auch als Kulturstaat versteht, zugleich die Aufgabe, ein freiheitliches Kunstleben zu erhalten und zu fördern“[135].

Herausragende Bedeutung hinsichtlich der Entwicklung der grundrechtlichen Schutzpflichtenlehre kommt dem ersten Abtreibungs-Urteil des Bundesverfassungsgerichts aus dem Jahre 1975 zu[136]. Das Gericht leitet in diesem Urteil die Pflicht des Staates, jedes menschliche Leben zu schützen, unmittelbar aus Art. 2 II S. 1 GG ab und weist „darüber hinaus“ auch auf Art. 1 I S. 2 GG hin. Die Schutzpflicht wird unabhängig davon anerkannt, ob der nasciturus selbst Grundrechtsträger ist oder nicht. Denn Grundlage der Schutzpflicht sei jedenfalls die von den Grundrechtsnormen verkörperte „objektive Wertordnung, die als verfassungsrechtliche Grundentscheidung für alle Bereiche des Rechts gilt und Richtlinien und Impulse für Gesetzgebung, Verwaltung und Rechtsprechung gibt“. Sodann heißt es: „Ob und ggf. in welchem Umfang der Staat zu rechtlichem Schutz des werdenden Lebens von Verfassungs wegen verpflichtet ist, kann deshalb schon aus dem objektiven Gehalt der grundrechtlichen Normen erschlossen werden“[137]. Die Schutzpflicht des Staates wird vom Gericht umfassend verstanden: „Sie verbietet nicht nur – selbstverständlich – unmittelbare staatliche Eingriffe in das sich entwickelnde Leben, sondern gebietet dem Staat auch, sich schützend und fördernd vor dieses Leben zu stellen, das heißt vor allem, es auch vor rechtswidrigen Eingriffen von seiten anderer zu bewahren. An diesem Gebot haben sich die einzelnen Bereiche der Rechtsordnung, je nach ihrer besonderen Aufgabenstellung, auszurichten“[138].

Die Schutzpflichtenlehre wurde vom Bundesverfassungsgericht im Zuge der weiteren Entwicklung bekräftigt. Im Schleyer-Urteil wiederholt das Gericht die Argumentation

---

133 BVerfGE 1, S. 97, 104.
134 BVerfGE 35, S. 79, 114.
135 BVerfGE 36, S. 321, 331.
136 BVerfGE 39, S. 1 ff.
137 BVerfGE 39, S. 1, 41 f.
138 BVerfGE 39, S. 1, 42.

des ersten Abtreibungs-Urteils und führt aus: „Art. 2 II S. 1 in Verbindung mit Art. 1 I S. 2 GG verpflichtet den Staat, jedes menschliche Leben zu schützen. Diese Schutzpflicht ist umfassend. Sie gebietet dem Staat, sich schützend und fördernd vor dieses Leben zu stellen; das heißt vor allem, es auch vor rechtswidrigen Eingriffen von seiten anderer zu bewahren. An diesem Gebot haben sich alle staatlichen Organe, je nach ihren besonderen Aufgaben, auszurichten“[139].

Im Kalkar-Beschluß spricht das Gericht von „verfassungsrechtlichen Schutzpflichten (...), die es gebieten, rechtliche Regelungen so auszugestalten, daß auch die Gefahr von Grundrechtsverletzungen eingedämmt bleibt. Ob, wann und mit welchem Inhalt sich eine solche Ausgestaltung von Verfassungs wegen gebietet, hängt von der Art, der Nähe und dem Ausmaß möglicher Gefahren, der Art und dem Rang des verfassungsrechtlich geschützten Rechtsguts sowie von den schon vorhandenen Regelungen ab“[140]. Art. 1 I S. 2 GG wird insoweit als „am deutlichsten“ sprechende Verpflichtungsnorm bezeichnet und als Verdeutlichung für die objektiv-rechtliche Schutzpflicht betrachtet.

Ähnlich argumentiert das Bundesverfassungsgericht im Mülheim-Kärlich-Beschluß: „Nach anerkannter Rechtsprechung schützt dieses Grundrecht (scil. Art. 2 II GG) nicht nur als subjektives Abwehrrecht gegen staatliche Eingriffe. Vielmehr folgt darüber hinaus aus seinem objektiv-rechtlichen Gehalt die Pflicht der staatlichen Organe, sich schützend und fördernd vor die darin genannten Rechtsgüter zu stellen und sie insbesondere vor rechtswidrigen Eingriffen von seiten anderer zu bewahren“[141]. Ein Rekurs auf Art. 1 I S. 2 GG erfolgt bei dieser Entscheidung nicht[142].

Die Schutzpflichtenlehre bezüglich Art. 2 II S. 1 GG wurde vom Bundesverfassungsgericht schließlich noch einmal im zweiten Abtreibungs-Urteil im Jahre 1993 unter ausdrücklicher Bezugnahme auf das erste Abtreibungs-Urteil bekräftigt: „Das Grundgesetz verpflichtet den Staat, menschliches Leben zu schützen. Zum menschlichen Leben gehört auch das ungeborene. Auch ihm gebührt der Schutz des Staates. Die Verfassung untersagt nicht nur unmittelbare staatliche Eingriffe in das ungeborene Leben, sie gebietet dem Staat auch, sich schützend und fördernd vor dieses Leben zu stellen, das heißt vor allem, es auch vor rechtswidrigen Eingriffen von seiten anderer zu bewahren. Ihren Grund hat diese Schutzpflicht in Art. 1 I GG, der den Staat ausdrücklich zur Achtung und zum Schutz der Menschenwürde verpflichtet; ihr Gegenstand und – von ihm her – ihr Maß werden durch Art. 2 II GG näher bestimmt“[143].

Die referierten Entscheidungen zeigen, daß das Bundesverfassungsgericht zur dogmatischen Begründung grundrechtlicher Schutzpflichten in erster Linie auf die objektiv-rechtliche Dimension der Grundrechte, auf ihren objektiv-rechtlichen Gehalt

---

139 BVerfGE 46, S. 160, 164.

140 BVerfGE 49, S. 89, 142.

141 BVerfGE 53, S. 30, 57.

142 Ebenso die Fluglärm-Entscheidung, BVerfGE 56, S. 54, 73 sowie die C-Waffen-Entscheidung, BVerfGE 77, S. 170, 214.

143 BVerfGE 88, S. 203, 251.

zurückgreift, während die zunächst „darüber hinaus“[144] herangezogene ausdrücklich normierte Verpflichtung des Staates, die Menschenwürde zu schützen (Art. 1 I S. 2 GG), in den Hintergrund getreten ist[145].

In der Literatur wird der objektiv-rechtliche Ansatz des Bundesverfassungsgerichts zum Teil mit dem Hinweis darauf abgelehnt, daß es einer gesonderten Begründung staatlicher Schutzpflichten nicht bedürfe. Den Schutzpflichten sei keine eigenständige Bedeutung beizumessen, vielmehr seien sie als Unterfall der subjektiv-rechtlichen Abwehrfunktion der Grundrechte zu begreifen („abwehrrechtliche Lösung“)[146]. Ausgangspunkt der „abwehrrechtlichen Lösung“ ist die These, daß der Staat eine Friedensordnung konstituiere und ihm das Gewaltmonopol zukomme. Mit dem Gewaltmonopol des Staates korrespondiere das Verbot privater Gewalt. Der einzelne Bürger dürfe sich nicht mehr selbst zu seinem Recht verhelfen, sondern er werde zu seinem Schutz auf staatliches Handeln verwiesen. Mit dem Verbot privater Gewalt lege der Staat seinen Bürgern die Pflicht auf, beeinträchtigende Handlungen von nicht-staatlicher Seite insoweit hinzunehmen, als diese durch die Rechtsordnung gestattet sind. Das Fehlen eines Verbotes solcher beeinträchtigenden Handlungen stelle sich für die Betroffenen als staatlich verordnete Duldungspflicht dar. Indem der Staat „durch rechtliche Regelung, gerichtlichen Ausspruch und vollstreckenden Zugriff“ privates Tun abschirme, beteilige er sich an dem Verletzungsvorgang, den er sich deshalb zurechnen lassen müsse[147]. Der Staat, der Grundrechtseingriffe nicht verhindere, greife folglich selbst ein[148]. Da der Staat durch Auferlegung einer Duldungspflicht in die Grundrechte der Betroffenen eingreife, stelle sich das Schutzpflichtenproblem nur auf der abwehrrechtlichen Ebene.

Die „abwehrrechtliche Lösung“ vermag nicht zu überzeugen[149]. Sie ignoriert den strukturellen Unterschied zwischen der Schutzpflichterfüllung einerseits und der Verpflichtung zum Nicht-Eingriff andererseits[150]. Die dogmatische Gleichbehandlung von

---

144 So noch BVerfGE 39, S. 1, 41.

145 Als Ausnahme in dieser Entwicklung ist das zweite Abtreibungs-Urteil zu betrachten, in dem das Gericht den Grund der Schutzpflicht ausschließlich in Art. 1 I GG erblickt, während insoweit von der objektiv-rechtlichen Dimension des einschlägigen Art. 2 II S. 1 GG nicht die Rede ist, vgl. BVerfGE 88, S. 203, 251.

146 Vgl. zur „abwehrrechtlichen Lösung *Murswiek*, Die staatliche Verantwortung für die Risiken der Technik, S. 88 ff.; *ders.*, WiVerw. 1986, S. 179, 182; *ders.*, NVwZ 1986, S. 611 ff.; *Schwabe*, Probleme der Grundrechtsdogmatik, S. 213 ff.; *ders.*, Die sogenannte Drittwirkung der Grundrechte, S. 65 f.; *ders.*, AöR Bd. 100 (1975), S. 442, 462.

147 *Schwabe*, Probleme der Grundrechtsdogmatik, S. 213 ff.; *ders.*, AöR Bd. 100 (1975), S. 442 ff.

148 Vgl. *Murswiek*, WiVerw. 1986, S. 179, 182: „Beeinträchtigungen grundrechtlicher Schutzgüter, die der Staat nicht verbietet, hat er bereits erlaubt. Und er hat den Betroffenen die Pflicht auferlegt, diese Beeinträchtigungen zu dulden.“

149 Vgl. hierzu auch *Alexy*, Theorie der Grundrechte, S. 418 ff.; *Dietlein*, Die Lehre von den grundrechtlichen Schutzpflichten, S. 38 ff.; *E. Klein*, NJW 1989, S. 1633, 1639; *Pietrzak*, JuS 1994, S. 748, 749; *Schmidt-Aßmann*, AöR Bd. 106 (1981), S. 205, 215; *Starck*, Praxis der Verfassungsauslegung, S. 73 f.; *Stern*, Das Staatsrecht der Bundesrepublik Deutschland Bd. III/1, S. 730 ff. und 947 f.; *Unruh*, Zur Dogmatik der grundrechtlichen Schutzpflichten, S. 46 f.

150 *Schmidt*, ZRP 1987, S. 345, 347; *Schmidt-Aßmann*, AöR Bd. 106 (1981), S. 205, 215.

Schutzpflichterfüllung und Nicht-Eingriffs-Pflicht verwischt den Begriff des staatlichen Eingriffs[151].

Darüber hinaus ist gegen die „abwehrrechtliche" Lösung einzuwenden, daß die bloße Erlaubnis einer Handlung weder eine staatliche Verantwortung hinsichtlich ihres Vollzugs noch eine Zurechnung des Vollzugs zum Staat zu begründen vermag. Quelle des Eingriffs ist ausschließlich der handelnde Dritte. Eine staatliche Verantwortung für Eingriffe Dritter läßt sich nur mit einer Pflicht des Staates, Eingriffe Dritter in grundrechtliche Schutzgüter zu unterbinden, herleiten. „Konstruktiver Angelpunkt" ist somit weder eine Beteiligung des Staates am Vollzug des Eingriffs noch eine Zurechnung der Handlungen des eingreifenden Dritten, sondern vielmehr die Pflicht des Staates, Eingriffe zu unterbinden[152]. Das Nicht-Verbieten beziehungsweise Erlauben des Eingriffs kann somit nur eine Verletzung von Schutzrechten sein, nicht jedoch ein Eingriff in ein Abwehrrecht[153].

Des weiteren ist gegen die Ableitung grundrechtlicher Schutzpflichten aus dem abwehrrechtlichen Gehalt der Grundrechte vorzubringen, daß sie den allgemeinen Nichtschädigungsgrundsatz nicht berücksichtigt[154]. Dieser Grundsatz durchzieht als unmittelbar rechtsverbindliches Prinzip die bürgerliche Rechtsordnung und kommt insbesondere in §§ 823, 1004 BGB zum Ausdruck[155]. Er sichert die grundrechtlich verbürgten Schutzgüter gegenüber Eingriffen Dritter ab und erklärt sie für rechtswidrig. Vor diesem Hintergrund kann von einem Fehlen eines besonderen staatlichen Eingriffsverbotes für Dritte nicht auf eine Duldungspflicht geschlossen werden.

Schließlich sieht sich die „abwehrrechtliche Lösung" dem Einwand der methodischen Inkonsistenz ausgesetzt. Wenn dem Staat die beeinträchtigende Handlung eines Dritten zugerechnet wird, setzt dies bereits die Existenz einer entsprechenden Schutzpflicht voraus. Die Verpflichtung des Staates zu einem aktiven Handeln ist Prämisse dafür, daß sich der Staat den Eingriff Dritter zurechnen lassen muß[156]. Die Gleichsetzung von Erlaubnis beziehungsweise Nicht-Abwehr privater Eingriffe mit einem Eingriff des Staates setzt die erst zu beweisende These – Verpflichtung des Staates zu aktivem, schützendem Handeln - voraus und stellt sich somit als Zirkelschluß dar[157].

Der zur dogmatischen Herleitung der Schutzpflichten auf die objektiv-rechtliche Dimension der Grundrechte abstellenden Argumentation des Bundesverfassungsgerichts ist zu folgen. Staatliche Schutzpflichten für grundrechtlich geschützte Rechtsgüter lassen sich aus den Grundrechtsbestimmungen des Grundgesetzes nur als objektiv-

---

151 So auch *Hermes*, Das Grundrecht auf Schutz von Leben und Gesundheit, S. 95; *Schmidt*, ZRP 1987, S. 345, 347

152 Vgl. hierzu *Alexy*, Theorie der Grundrechte, S. 417.

153 *Alexy*, Theorie der Grundrechte, S. 418.

154 Ausführlich hierzu *Dietlein*, Die Lehre von den grundrechtlichen Schutzpflichten, S. 46 ff. sowie *Starck*, Praxis der Verfassungsauslegung, S. 73.

155 Näher hierzu *Dietlein*, Die Lehre von den grundrechtlichen Schutzpflichten, S. 46 f.

156 Vgl. *Unruh*, Zur Dogmatik der grundrechtlichen Schutzpflichten, S. 47.

157 Siehe *Hermes*, Das Grundrecht auf Schutz von Leben und Gesundheit, S. 97; *Starck*, Praxis der Verfassungsauslegung, S. 74; *Stern*, Das Staatsrecht der Bundesrepublik Deutschland Bd. III/1, S. 947 f.; *Unruh*, Zur Dogmatik der grundrechtlichen Schutzpflichten, S. 47.

rechtlicher Gehalt, mithin als in den einzelnen Grundrechten enthaltene objektive Wertentscheidungen ableiten. Die Grundrechtsbestimmungen enthalten insoweit die durch die Schutzpflichten zu schützenden Rechtsgüter und Werte, so daß sich über Art. 1 III GG als „Rechtsbasis der Schutzpflichten“[158] die Verpflichtung des Staates ergibt, alles zur Realisierung der grundrechtlich geschützten Güter zu tun, sich mithin auch schützend und fördernd vor diese zu stellen und sie vor rechtswidrigen Eingriffen anderer zu bewahren[159].

2. *Verallgemeinerung des der Schutzpflichtenlehre zugrundeliegenden Gedankens*

Auch wenn sich die den grundlegenden Wandel für den Gewährleistungsgehalt der Grundrechte einleitenden und wegweisenden Entscheidungen vorwiegend auf das in Art. 2 II S. 1 GG verbürgte Grundrecht auf Leben und körperliche Unversehrtheit beziehen, läßt sich der ihnen zugrundeliegende Gedanke verallgemeinern, so daß kein Grund ersichtlich ist, die grundrechtliche Schutzpflicht nicht auf alle Grundrechtsgüter zu erstrecken[160].

So überrascht es nicht, daß *Badura* bereits im Jahre 1982 für eine grundrechtlich fundierte Schutzpflicht des Staates bezüglich der Berufsfreiheit nach Art. 12 I GG eintrat[161]. Auch im Umfeld der Göttinger Staatsrechtslehrertagung im Jahre 1984 stießen die Überlegungen zu einer aus Art. 12 I GG abzuleitenden staatlichen Schutzpflicht hinsichtlich der Berufsfreiheit verbreitet auf Zustimmung.

So führte beispielsweise *Papier* aus: „Dem Gesetzgeber obliegt kraft des Art. 12 I GG die objektivrechtliche Verpflichtung, durch einen Mindeststandard arbeitnehmerschutzrechtlicher Vorschriften das Freiheitsrecht der Arbeit vor Obsoleszens und Funktionslosigkeit zu bewahren“[162].

Nach *Benda* steht der Staat vor der Frage, „wie in privatrechtlich organisierten Verhältnissen Grundrechtsgefährdungen verhindert werden können und wie die Berufsfreiheit der Arbeitnehmer schon strukturell gesichert werden kann“[163].

---

158 So *Stern*, Das Staatsrecht der Bundesrepublik Deutschland Bd. III/1, S. 948.

159 Auch in der Literatur stößt der objektiv-rechtliche Begründungsansatz weitgehend auf Zustimmung, vgl. *Badura*, Staatsrecht, S. 97 f.; *Dietlein*, Die Lehre von den grundrechtlichen Schutzpflichten, S. 64 ff.; *Hermes*, Das Grundrecht auf Schutz von Leben und Gesundheit, S. 199; *Hesse*, Grundzüge des Verfassungsrechts der Bundesrepublik Deutschland, Rn. 350; *ders.*, in: Benda/Maihofer/Vogel, Handbuch des Verfassungsrechts, S. 149; *H. Klein*, DVBl. 1994, S. 489, 490 f.; *Pieroth/Schlink*, Grundrechte, Rn. 82; *Pietrzak*, JuS 1994, S. 748, 749; *Unruh*, Zur Dogmatik der grundrechtlichen Schutzpflichten, S. 56 f.; *Wahl/Masing*, JZ 1990, S. 553, 556.

160 Vgl. hierzu *Alexy*, Theorie der Grundrechte, S. 410; *Canaris*, AcP Bd. 184 (1984), S. 201, 225 f.; *Dietlein*, Die Lehre von den grundrechtlichen Schutzpflichten, S. 74 ff.; *Hesse*, in: Benda/Maihofer/Vogel, Handbuch des Verfassungsrechts, S. 150; *ders.*, Grundzüge des Verfassungsrechts der Bundesrepublik Deutschland, Rn. 350; *Isensee*, in: Isensee/Kirchhof, Handbuch des Staatsrechts Bd. V, S. 188; *H. Klein*, DVBl. 1994, S. 489, 491; *Stern*, Das Staatsrecht der Bundesrepublik Deutschland Bd. III/1, S. 944; *Unruh*, Zur Dogmatik der grundrechtlichen Schutzpflichten, S. 75.

161 *Badura*, Festschrift für Herschel, S. 21, 34 f.

162 *Papier*, DVBl. 1984, S. 801, 813. Vgl. auch *Papier*, RdA 1989, S. 137, 139.

163 *Benda*, Festschrift für Stingl, S. 35, 40.

Waltermann weist darauf hin, daß im Bereich der abhängigen Arbeit eine Gefährdung von Grundrechtspositionen, mithin auch der Freiheit der Arbeitsplatzwahl nicht primär vom Staat drohe, sondern von privaten Trägern wirtschaftlicher und sozialer Macht: „Der Staat, dessen Eingriffen die Grundrechte in ihrer Funktion als subjektive Abwehrrechte entgegengehalten werden können, wird im Bereich der abhängigen Arbeit gegenüber den Arbeitnehmern typischerweise nicht eingreifend, sondern grundrechtssichernd tätig. Hierzu ist er gerade auch durch die Grundrechte verpflichtet; seine Aufgabe ist es, die Rechtsbeziehungen im Bereich der abhängigen Arbeit so zu gestalten, daß die Arbeitnehmer ihre grundrechtlichen Freiheiten real verwirklichen können. Ein Beispiel bieten die Regelungen des Kündigungsschutzes: Das KSchG soll zur Verwirklichung des Grundrechts freiheitlicher Arbeitsplatzwahl, das auch umfaßt, einen Arbeitsplatz behalten zu können, beitragen“[164].

Schließlich führt *Pietzcker* aus: „Das Postulat staatlicher Schutzpflichten zugunsten der Grundrechte ist nicht audrücklich im Grundgesetz normiert; Art. 1 I S. 2 verpflichtet die Staatsgewalt zum Schutz der Menschenwürde, nicht aller Grundrechte. Es liegt aber in der Konsequenz eines Grundrechtsverständnisses, das in den Grundrechten nicht (nur) den Wert der Staatsfreiheit, sondern die jeweils in den Grundrechten thematisierten Güter wie Gesundheit, Beruf oder Wohnung geschützt sieht, staatliche Pflichten zum Schutz dieser Güter gegen Angriffe, von welcher Seite auch, zu postulieren“[165].

Vom Bundesverfassungsgericht wurde eine grundrechtlich fundierte Schutzpflicht des Staates hinsichtlich des arbeitsrechtlichen Bestandsschutzes erstmals im Jahre 1991 in der Warteschleifen-Entscheidung ausdrücklich anerkannt[166]. Zunächst trifft das Gericht die Aussage, daß das Grundrecht auf freie Wahl des Arbeitsplatzes aus Art. 12 I GG keinen unmittelbaren Schutz gegen den Verlust eines Arbeitsplatzes aufgrund privater Dispositionen verleiht und betont sodann, daß dem Staat aber insoweit eine aus Art. 12 I GG folgende Schutzpflicht obliegt.

Nachdem diese Aussage zunächst im Jahre 1995 bestätigt wurde[167], betonte das Bundesverfassungsgericht letztmalig in der Kleinbetriebsklausel-Entscheidung die dem Staat obliegende, aus dem Grundrecht der freien Wahl des Arbeitsplatzes folgende Schutzpflicht[168], so daß insoweit von einer gefestigten Rechtsprechung gesprochen werden kann. Auch in der arbeitsrechtlichen Literatur gehört nunmehr die Existenz einer aus Art. 12 I GG fließenden Schutzpflicht des Staates zu den gesicherten Erkenntnissen[169].

---

164 *Waltermann*, DVBl. 1989, S. 699, 700.

165 *Pietzcker*, NVwZ 1984, S. 550, 554.

166 Vgl. BVerfGE 84, S. 133, 147. Siehe hierzu auch *Dieterich*, RdA 1992, S. 330 ff.

167 BVerfGE 92, S. 140, 150.

168 BVerfGE 97, S. 169, 175.

169 Vgl. insbesondere *Kiel/Koch*, Die betriebsbedingte Kündigung, Rn. 5; *Lakies*, DB 1997, S. 1078, 1078 f.; *Löwisch*, BB 1997, S. 782, 786; *Oetker*, AuR 1997, S. 41, 49 ff.; *ders.*, RdA 1997, S. 9, 14 ff.; *Urban*, Der Kündigungsschutz außerhalb des Kündigungsschutzgesetzes, S. 48 ff. Zurückhaltung beziehungsweise Ablehnung bezüglich einer aus Art. 12 I GG fließenden grundrechtlichen Schutzpflicht im Zusammenhang mit dem Wiedereinstellungsanspruch bei *Kaiser*, ZfA 2000, S. 205, 229 f.; *Nicolai/Noack*, ZfA 2000, S. 87, 91; *Otto*, Festschrift für

III. Grundrechtliche Schutzpflicht und mittelbare Drittwirkung der Grundrechte

Obwohl heute nahezu einhellig eine unmittelbare Drittwirkung der Grundrechte[170], wonach diese zu ihrer Geltung für das Privatrecht keines Mediums, keiner Einbruchstellen bedürfen, sondern vielmehr unmittelbare und normative Wirkung auf Rechtsverhältnisse zwischen Privaten entfalten[171], abgelehnt wird[172], besteht doch ein Konsens dahingehend, daß sich Grundrechtssystem und Privatrechtssystem nicht völlig beziehungslos gegenüberstehen[173].

Eine Verbindung beider Systeme läßt sich bereits aus Art. 1 I S. 2 GG ableiten, der den Staat verpflichtet, die Würde des Menschen zu schützen, dieselbe mithin auch im Verhältnis zwischen Privaten sicherzustellen[174]. Mit dem Wortlaut des Art. 1 II GG, wonach die Menschenrechte „Grund jeder menschlichen Gemeinschaft" sind, läßt sich die Vorstellung schwerlich in Einklang bringen, daß die Grundrechte überhaupt keine Auswirkungen auf das Privatrecht haben[175]. Auch der Gedanke, daß die Grundrechte eine objektive Wertordnung verkörpern, die als verfassungsrechtliche Grundentscheidung für alle Bereiche des Rechts gilt[176] und Richtlinien für Legislative, Exekutive und Judikative vorgibt, läßt sich für eine Verknüpfung von Grundrechtssystem und Privatrechtssystem heranziehen[177]. Schließlich spricht der rechtspolitische Aspekt, daß im Sozialstaat der Gegenwart grundrechtlich verbürgte Freiheitssphären auch und gerade durch privatrechtlich ausgeübte gesellschaftliche oder soziale Macht bedroht werden[178], für eine Verbindung zwischen Grundrechten und Privatrecht.

Ausgehend von diesen Überlegungen vertritt die heute ganz überwiegende Ansicht eine mittelbare Drittwirkung der Grundrechte. Diese entfalten danach zwar keine unmittelbare und normative Wirkung auf Rechtsverhältnisse zwischen Privaten. Sie prägen aber das Privatrecht im Wege der Ausstrahlung. Medium für diese Ausstrahlung der Grundrechte auf das Privatrecht sind hierbei die wertausfüllungsfähigen und wertausfüllungsbedürftigen Begriffe und Generalklauseln, die deshalb als „Einbruchstellen" der Grundrechte in das Privatrechssystem bezeichnet werden. Bei ihrer

---

Kraft, S. 451, 464; *Raab*, RdA 2001, S. 248, 249 f.; *Ricken*, NZA 1998, S. 460, 463. Siehe darüber hinaus auch *Boemke/Gründel*, ZfA 2001, S. 245, 278. Näher hierzu unten § 2 E IV.

170 Vgl. zu der Frage der Drittwirkung der Grundrechte auch *Grünhage*, Die Pflicht des Arbeitgebers zur Einstellung und Wiedereinstellung von Arbeitnehmern, S. 48 ff.

171 Vgl. zur unmittelbaren Drittwirkung der Grundrechte insbesondere *Enneccerus/Nipperdey*, Allgemeiner Teil des Bürgerlichen Rechts 1. Halbbd., S. 93 ff.; *Nipperdey*, Grundrechte und Privatrecht, S. 13 ff.; *ders.*, RdA 1950, S. 121, 124 ff.; *Leisner*, Grundrechte und Privatrecht, S. 285 ff. sowie aus der Rechtsprechung des Bundesarbeitsgerichts BAG AP Nr. 2 zu § 13 KSchG. Siehe außerdem die zusammenfassende Darstellung von *Boemke/Gründel*, ZfA 2001, S. 245, 247 f.

172 Vgl. statt aller *Dürig*, in: Maunz/Dürig, GG, Art. 1 III Rn. 129 ff.; *ders.*, Festschrift für Nawiasky, S. 157, 165 ff.

173 Siehe auch *Boemke/Gründel*, ZfA 2001, S. 245, 250.

174 Vgl. hierzu *Dürig*, in: Maunz/Dürig, GG, Art. 1 III Rn. 131; *Starck*, in: v. Mangoldt/Klein/Starck, GG, Art. 1 III Rn. 271.

175 Siehe auch *Pieroth/Schlink*, Grundrechte, Rn. 176.

176 Vgl. BVerfGE 7, S. 198, 205.

177 So auch *Boemke/Gründel*, ZfA 2001, S. 245, 250 m. w. N.

178 Vgl. *Canaris*, AcP Bd. 184 (1984), S. 201, 206 f.; *Dürig*, Festschrift für Nawiasky, S. 157, 166.

Anwendung und Auslegung werden die grundrechtlichen Wertungen durch den Richter zur Geltung gebracht[179].

Auch das Bundesverfassungsgericht hat sich der Lehre von der mittelbaren Drittwirkung der Grundrechte angeschlossen, auch wenn es dies in der für seine Rechtsprechung wegweisenden Lüth-Entscheidung[180] nicht explizit bekennt, sondern vielmehr äußert, es bestehe kein Anlaß, die Streitfrage der Drittwirkung in vollem Umfang zu erörtern. Wenn das Gericht jedoch anschließend zunächst die Abwehrfunktion der Grundrechte gegen Eingriffe der öffentlichen Gewalt als historische Grundlage hervorhebt und eine Verstärkung der Geltungskraft der Grundrechte aus der objektiven Wertordnung des Grundrechtsabschnitts des Grundgesetzes herleitet, aus der ein Einfluß auf das bürgerliche Recht abzuleiten sei, um schließlich auszuführen, daß sich der Rechtsgehalt der Grundrechte als objektiver Normen im Privatrecht durch das Medium der dieses Rechtsgebiet unmittelbar beherrschenden Vorschriften entfaltet[181], so bedeutet dies im Ergebnis eine Aussage zugunsten der mittelbaren Drittwirkung der Grundrechte im Privatrecht. Diese in der Lüth-Entscheidung grundgelegte Rechtsprechung zum Verhältnis zwischen Grundrechten und Privatrecht hat das Bundesverfassungsgericht in späteren Entscheidungen bestätigt[182].

Es fragt sich, ob zwischen der mittelbaren Drittwirkung und den grundrechtlichen Schutzpflichten ein Zusammenhang besteht. Auf den ersten Blick lassen sich beide Bereiche klar trennen: Die grundrechtlichen Schutzpflichten sind an den Staat adressiert und betreffen das Verhältnis Staat-Bürger. Demgegenüber wird mit der Drittwirkung die Frage angesprochen, ob und wie die Grundrechte auf Rechtsverhältnisse zwischen Privaten einwirken. Bei näherer Betrachtung ergeben sich allerdings durchaus thematische Gemeinsamkeiten. Denn Gegenstand grundrechtlicher Schutzpflichten ist die Abwehr nichtstaatlicher, insbesondere privater Einwirkungen auf grundrechtlich geschützte Rechtsgüter. Die Anerkennung einer aus Grundrechten abgeleiteten Schutzpflicht des Staates hinsichtlich derartiger privater Einwirkungen setzt aber denknotwendig eine grundsätzliche Beachtlichkeit der Grundrechte im Verkehr zwischen Privaten voraus. Eine solche Wirksamkeit grundrechtlicher Wertungen zwischen Privaten legt die Annahme einer „unterirdischen Verbindung“[183] zwischen den grundrechtlichen Schutzpflichten und der Drittwirkung der Grundrechte nahe.

---

179 Vgl. zur mittelbaren Drittwirkung der Grundrechte insbesondere *Boemke/Gründel*, ZfA 2001, S. 245, 250 ff.; *Canaris*, AcP Bd. 184 (1984), S. 201, 210 f.; *Dreier*, in: Dreier, GG, Vorb. vor Art. 1 Rn. 59; *Dürig*, in: Maunz/Dürig, GG, Art. 1 III Rn. 132 f.; *ders.*, Festschrift für Nawiasky, S. 157, 176 ff.; *Hesse*, in: Benda/Maihofer/Vogel, Handbuch des Verfassungsrechts, S. 152 f.; *ders.*, Grundzüge des Verfassungsrechts der Bundesrepublik Deutschland, Rn. 356; *Jarass*, in: Jarass/Pieroth, GG, Vorb. vor Art. 1 Rn. 11; *Pieroth/Schlink*, Grundrechte, Rn. 183; *Rüfner*, in: Isensee/Kirchhof, Handbuch des Staatsrechts Bd. V, S. 550 f.; *Stern*, Das Staatsrecht der Bundesrepublik Deutschland Bd. III/1, S. 1543 ff.; *Urban*, Der Kündigungsschutz außerhalb des Kündigungsschutzgesetzes, S. 57 f.

180 BVerfGE 7, S. 198 ff.

181 Vgl. BVerfGE 7, S. 198, 204.

182 Vgl. BVerfGE 42, S. 143, 148; 73, S. 261, 268.

183 So *Starck*, Praxis der Vefassungsauslegung, S. 66.

In der Literatur wird diese Verbindung vielfach betont[184]: Für *Badura*[185] ist der Zusammenhang „sachlich zwingend". Die grundrechtlichen Schutzpflichten führen seiner Meinung nach zu einer „privatrechtsgestaltenden Drittwirkung" der Grundrechte[186]. *Jarass*[187] konstatiert hinsichtlich der grundrechtlichen Schutzpflichten eine „gewisse Parallele zur mittelbaren Drittwirkung, bei der es ebenfalls um den Einfluß der Grundrechte auf die Beziehungen zwischen Privatpersonen geht". *Benda*[188] bezeichnet die Schutzpflicht zur Abwehr von Grundrechtsgefährdungen als wesentlichen „Transmissionsriemen" für die Drittwirkung der Grundrechte. Nach *Hermes*[189] „liegt die Parallele der Thematik auf der Hand". Für *Canaris*[190] bietet die Schutzpflicht einen „neuen Ansatzpunkt, um die Wirkungen der Grundrechte im Privatrecht dogmatisch abzusichern". Die Schutzgebotsfunktion der Grundrechte stellt für ihn das „missing link" dar, um die mittelbare Einwirkung der Grundrechte zu erklären[191]. *Novak*[192] attestiert der Idee staatlicher Schutzpflichten „Drittwirkungs-Nähe". Auch *Hesse*[193] betont nunmehr den „Zusammenhang" zwischen Drittwirkung und Schutzpflicht[194].

Obwohl das Bundesverfassungsgericht noch nicht ausdrücklich zum Zusammenhang zwischen Schutzpflicht und Drittwirkung Stellung genommen hat, läßt sich doch aus der Handelsvertreter-Entscheidung[195] entnehmen, daß das Gericht von einer Verbindung beider Grundrechtsfunktionen ausgeht, wenn es ausführt: „Gerade bei der Konkretisierung und Anwendung dieser Generalklauseln sind die Grundrechte zu beachten (grundlegend BVerfGE 7, S. 198, 206). Der entsprechende Schutzauftrag der Verfassung richtet sich hier an den Richter, der den objektiven Grundentscheidungen der Grundrechte in Fällen gestörter Vertragsparität mit den Mitteln des Zivilrechts Geltung zu verschaffen hat und diese Aufgabe auch auf vielfältige Weise wahrnimmt".

---

184 Siehe *Badura*, Festschrift für Molitor, S. 1, 9; *Benda*, UPR 1982, S. 241, 243; *Canaris*, AcP Bd. 184 (1984), S. 201, 225 ff.; *ders.*, JuS 1989, S. 161, 163; *Hanau*, Festschrift für Dieterich, S. 201, 201; *Hermes*, NJW 1990, S. 1764, 1765; *Hesse*, Grundzüge des Verfassungsrechts der Bundesrepublik Deutschland, Rn. 353; *Jarass*, AöR Bd. 110 (1985), S. 363, 379; *E. Klein*, NJW 1989, S. 1633, 1640; *Novak*, EuGRZ 1984, S. 133, 138; *Oeter*, AöR Bd. 119 (1994), S. 529, 549 ff.; *Pieroth/Schlink*, Grundrechte, Rn. 183; *Starck*, Praxis der Verfassungsauslegung, S. 66; *Stern*, Das Staatsrecht der Bundesrepublik Deutschland Bd. III/1, S. 1560, 1572 ff.; *Unruh*, Zur Dogmatik der grundrechtlichen Schutzpflichten, S. 71 ff.; *Urban*, Der Kündigungsschutz außerhalb des Kündigungsschutzgesetzes, S. 56 ff.

185 *Badura*, Festschrift für Molitor, S. 1, 9.

186 *Badura*, RdA 1999, S. 8, 8.

187 *Jarass*, AöR Bd. 110 (1985), S. 363, 379.

188 *Benda*, UPR 1982, S. 241, 243.

189 *Hermes*, NJW 1990, S. 1764, 1765.

190 *Canaris*, JuS 1989, S. 161, 163.

191 *Canaris*, JuS 1989, S. 161, 163.

192 *Novak*, EuGRZ 1984, S. 133, 138 f.

193 *Hesse*, Grundzüge des Verfassungsrechts der Bundesrepublik Deutschland, Rn. 353.

194 Vgl. auch *Hesse*, Grundzüge des Verfassungsrechts der Bundesrepublik Deutschland, Rn. 350 a. E.: „Schutzpflichten der dargelegten Art obliegen dem Staat; die Grundrechte verpflichten also auch insoweit die öffentlichen Gewalten. Eine andere Problemstellung scheint sich zu ergeben, wenn es darum geht, ob sie auch gegenüber Privaten (...) wirken". Anders noch die 19. Auflage: „Eine andere Problemstellung ergibt sich ... ".

195 BVerfGE 81, S. 242 ff.

Für die These einer Verbindung zwischen Schutzpflicht und Drittwirkung läßt sich schließlich noch ins Feld führen, daß die Problematik der Drittwirkung anhand der Schutzpflichtenlehre auf ein dogmatisch konsistentes Fundament gestellt werden kann, wenn die Drittwirkung als Segment des Kreises staatlicher Schutzpflichten, mithin als Unterfall der Schutzpflichtenlehre betrachtet wird[196]. Bei einem solchen Verständnis folgt die mittelbare Drittwirkung der Grundrechte, verstanden als Verpflichtung der Gerichte, die grundrechtlichen Wertungen bei der Rechtsauslegung und Rechtsanwendung zu beachten, aus der Pflicht der gesamten Staatsgewalt, grundrechtlich verbürgte Rechtsgüter zu schützen. Die mittelbare Drittwirkung stellt sich somit gewissermaßen als eine die Gerichte verpflichtende bereichsspezifische Ausprägung der staatlichen Schutzpflicht dar[197].

IV. Der Wiedereinstellungsanspruch als Ausgestaltung der grundrechtlichen Schutzpflicht

Der Wiedereinstellungsanspruch des Arbeitnehmers bei nachträglichem Wegfall des die Beendigung des Arbeitsverhältnisses tragenden Grundes stellt sich als Ausgestaltung der durch Art. 12 I GG begründeten Pflicht des Staates dar, den Arbeitnehmer vor einem grundlosen Verlust seines Arbeitsplatzes zu schützen[198].

Ein solches Verständnis liegt auch der Leitentscheidung des 2. Senats des Bundesarbeitsgerichtes vom 27.02.1997 zugrunde, in der das Gericht im Zusammenhang mit Art. 12 I GG ausführt: „Das letztlich durch Art. 12 GG geschützte Recht des Arbeitnehmers, seinen Arbeitsplatz und damit seinen sozialen Besitzstand nicht grundlos zu verlieren, würde in unerträglicher Weise beeinträchtigt, wenn der Arbeitgeber (...) nunmehr ohne rechtfertigenden Grund frei über die Beendigung des Arbeitsverhältnisses entscheiden könnte“[199]. Ob eine Auslegung des geltenden Rechts dahingehend, die Weigerung des Arbeitgebers hinsichtlich der Anpassung an die veränderten Umstände „sanktionslos zuzulassen“, mit dem Recht auf freie Wahl des Arbeitsplatzes aus Art. 12 I GG zu vereinbaren wäre, erscheint dem Gericht deshalb „zumindest fraglich“[200].

---

196 Vgl. zur Einbettung der Drittwirkung in das System grundrechtlicher Schutzpflichten *Canaris*, JuS 1989, S. 161, 163; *Novak*, EuGRZ 1984, S. 133, 139; *Starck*, Praxis der Verfassungsauslegung, S. 67; *Stern*, Das Staatsrecht der Bundesrepublik Deutschland Bd. III/1, S. 1560; *Unruh*, Zur Dogmatik der grundrechtlichen Schutzpflichten, S. 72 f. Begrifflich noch weitergehend *Oeter*, AöR Bd. 119 (1994), S. 529, 549, der eine Ersetzung der Drittwirkung durch die Figur der Schutzpflicht annimmt.

197 Vgl. auch *Starck*, Praxis der Verfassungsauslegung, S. 67: „Von mittelbarer Drittwirkung der Grundrechte spricht man also, wenn der Gesetzgeber durch Erlaß einer allgemeinen Zivilrechtsnorm die Schutzpflicht ermöglicht und es nun Aufgabe des Richters ist, das betreffende Gesetz mit Rücksicht auf die dem Staat obliegende Schutzpflicht anzuwenden“. Dazu, daß sich die grundrechtlichen Schutzpflichten nicht auf die Legislative beschränken, sondern – auf einer sekundären Ebene – jegliches staatliches Handeln erfassen: *Dieterich*, RdA 1995, S. 129, 134, der in diesem Zusammenhang von einer „subsidiären Konkretisierungskompetenz“ des Richters spricht. Ähnlich *Urban*, Der Kündigungsschutz außerhalb des Kündigungsschutzgesetzes, S. 56; *Zwanziger*, in: Kittner/Däubler/Zwanziger, KSchR, Art. 12 GG Rn. 5 f.

198 So auch BAG AP Nr. 6 zu § 1 KSchG 1969 Wiedereinstellung.

199 BAG AP Nr. 1 zu § 1 KSchG 1969 Wiedereinstellung.

200 BAG AP Nr. 1 zu § 1 KSchG 1969 Wiedereinstellung.

Wird die Drittwirkung als Anwendungsfall der Schutzpflichtenlehre qualifiziert, weil die Verpflichtung der Gerichte, die grundrechtlichen Wertungen zu beachten, aus der Verpflichtung der gesamten Staatsgewalt, grundrechtlich verbürgte Rechtsgüter zu schützen, folgt, strahlt Art. 12 I GG und das hierin verbürgte Recht des Arbeitnehmers, seinen Arbeitsplatz nicht grundlos zu verlieren, über die „Einbruchstellen" der zivilrechtlichen Generalklauseln auf das Rechtsverhältnis zwischen Arbeitgeber und Arbeitnehmer aus und gebietet den Gerichten, in Ausübung der ihnen insoweit obliegenden Schutzpflicht das Bestandsinteresse des Arbeitnehmers - zumindest bis zum Ablauf der Kündigungsfrist - zu beachten und den Wegfall der die Beendigung des Arbeitsverhältnisses tragenden Umstände, der zur Folge hat, daß der Arbeitnehmer seinen Arbeitsplatz nunmehr „grundlos" verliert, nicht gänzlich unberücksichtigt zu lassen[201].

Wenn im Zusammenhang mit dem Wiedereinstellungsanspruch darauf verwiesen wird, der dem Staat obliegenden, aus Art. 12 I GG fließenden Schutzpflicht werde durch das staatliche Kündigungsschutzrecht in hinreichendem Maße Rechnung getragen[202], so daß für eine weitere Anwendung kein Raum mehr verbleibe, so kann dem nur insoweit zugestimmt werden, als dem Arbeitnehmer auch von Verfassungs wegen in der Regel der Verlust des Arbeitsplatzes zugemutet wird, wenn eine Kündigung den Erfordernissen des Kündigungsschutzrechts entspricht[203]. Eine Ausnahme von diesem Grundsatz ist aber dann geboten, wenn der die Kündigung tragende Grund im Zeitraum zwischen Zugang der Kündigungserklärung und Ablauf der Kündigungsfrist wegfällt. Da aus grundrechtlicher Sicht nicht die formale Durchtrennung des arbeitsvertraglichen Bandes durch Zugang der Kündigungserklärung im Vordergrund steht, sondern der tatsächliche Verlust des Arbeitsplatzes[204], gebietet die grundrechtliche Schutzpflicht aus Art. 12 I GG in diesem Ausnahmefall, das Bestandsinteresse des Arbeitnehmers zu berücksichtigen[205].

Unzutreffend ist auch der gegen einen Rekurs auf Art. 12 I GG im vorliegenden Kontext erhobene Einwand, der Wiedereinstellungsanspruch folge nicht aus einer besonderen Schutzpflicht des Arbeitgebers, das Recht des Arbeitnehmers am Arbeitsplatz zu erhalten, da sich Art. 12 I GG nur gegen den Staat richte und somit lediglich eine Schutzpflicht des Staates, nicht jedoch eine solche des Arbeitgebers begründen könne[206]. Hierbei wird verkannt, daß durch den im Zusammenhang mit dem Wiedereinstellungsanspruch vorgenommenen Rekurs auf Art. 12 I GG keinesfalls eine grundrechtliche Schutzpflicht des Arbeitgebers hinsichtlich des Arbeitsplatzes des Arbeitnehmers begründet werden soll. Die aus Art. 12 I GG fließende grundrechtliche Schutzpflicht richtet sich vielmehr ausschließlich gegen den Staat und stellt sich hierbei als Verpflichtung der Gerichte dar, grundrechtlich verbürgte Rechtsgüter zu

201 Vgl. hierzu auch *Oetker*, ZIP 2000, S. 643, 645. Außerdem *Hergenröder*, Anm. zu BAG EzA § 1 KSchG Wiedereinstellungsanspruch Nr. 3, S. 18.

202 Siehe hierzu *Kaiser*, ZfA 2000, S. 205, 230; *Nicolai/Noack*, ZfA 2000, S. 87, 91; *Raab*, RdA 2001, S. 248, 250; *Ricken*, NZA 1998, S. 460, 463.

203 So auch BAG AP Nr. 6 zu § 1 KSchG 1969 Wiedereinstellung.

204 Vgl. *Oetker*, ZIP 2000, S. 643, 646 f.

205 Siehe auch BAG AP Nr. 6 zu § 1 KSchG 1969 Wiedereinstellung.

206 Vgl. hierzu *Kaiser*, ZfA 2000, S. 205, 229 f.

schützen. Erst durch die Erfüllung dieser, den Gerichten als Teil der staatlichen Gewalt obliegenden grundrechtlichen Schutzpflicht kommt es mittels der „Einbruchstellen" der zivilrechtlichen Generalklauseln zu einer Ausstrahlung des Art. 12 I GG auf das Rechtsverhältnis zwischen Arbeitgeber und Arbeitnehmer und damit letztlich zu einer mittelbaren Drittwirkung des Grundrechts.

Diese mittelbare Drittwirkung des Art. 12 I GG als Anwendungsfall der Schutzpflichtenlehre führt jedoch keineswegs dazu, daß der nachträgliche Wegfall des die Beendigung des Arbeitsverhältnisses tragenden Grundes stets einen auf Wiedereinstellung gerichteten Anspruch des Arbeitnehmers erzwingt. Dies ergibt sich daraus, daß in dem „Rechtsdreieck"[207] Staat-Arbeitnehmer-Arbeitgeber die grundrechtlich geschützte Sphäre des Arbeitnehmers nur durch staatliche Einwirkung auf den grundrechtlich fundierten Freiraum des Arbeitgebers gesichert werden kann. In der Wahrnehmung der grundrechtlichen Schutzpflicht stößt der Staat in dem Grundrecht der Berufsfreiheit des Arbeitgebers aus Art. 12 I GG auf Grenzen. Der Schutz der Arbeitsplatzwahlfreiheit des Arbeitnehmers kollidiert insoweit mit der Berufsfreiheit des Arbeitgebers in seiner Funktion als Abwehrrecht. Da sich der Schutz der freien Wahl des Arbeitsplatzes über einen Eingriff in die grundrechtlich geschützte Vertragsfreiheit des Arbeitgebers vollzieht, muß sich der Schutz mit Rücksicht auf den hierdurch belasteten Arbeitgeber an den abwehrrechtlichen Kautelen messen lassen[208].

Die aus Art. 12 I GG abgeleitete Schutzpflicht gibt somit keinen unbegrenzten Eingriffstitel bezüglich der grundrechtlich geschützten Vertragsfreiheit des Arbeitgebers. Vielmehr sind die kollidierenden grundrechtlich geschützten Rechtsgüter von Arbeitnehmer und Arbeitgeber in praktische Konkordanz[209] zu bringen[210]. Das rechtsanwendende Gericht verfügt insoweit hinsichtlich der Erfüllung der ihm obliegenden Schutzpflicht über einen weiten Ausgestaltungsspielraum, innerhalb dessen die Interessen von Arbeitnehmer und Arbeitgeber gegeneinander abzuwiegen sind. Für eine solche Abwägung verbleibt erst dann kein Raum mehr, das heißt die dem rechtsanwendenden Gericht obliegende Schutzpflicht verlangt erst dann zwingenderweise die Anerkennung eines Wiedereinstellungsanspruchs, wenn jede andere Entscheidung zu einer grundlegenden Verfehlung des von Art. 12 I GG vorgezeichneten Schutzzweckes führen würde[211].

---

207 Siehe zu diesem Begriff *Isensee*, Das Grundrecht auf Sicherheit, S. 34.

208 Vgl. zum „Schutz durch Eingriff" insbesondere *Dietlein*, Die Lehre von den grundrechtlichen Schutzpflichten, S. 35 und 67; *Isensee*, in: Isensee/Kirchhof, Handbuch des Staatsrechts Bd. V, S. 147; *Stern*, Das Staatsrecht der Bundesrepublik Deutschland Bd. III/1, S. 941 f.; *Unruh*, Zur Dogmatik der grundrechtlichen Schutzpflichten, S. 23.

209 Vgl. zur praktischen Konkordanz insbesondere *Hesse*, Grundzüge des Verfassungsrechts der Bundesrepublik Deutschland, Rn. 317 ff.

210 Unzutreffend ist der Einwand, dem Rekurs auf Art. 12 I GG zur Begründung einer Verpflichtung des Arbeitgebers zum Abschluß eines Arbeitsvertrages stehe die ebenfalls durch Art. 12 I GG geschützte Vertragsfreiheit des Arbeitgebers entgegen (so aber *Kaiser*, ZfA 2000, S. 205, 230; *Nicolai/Noack*, ZfA 2000, S. 87, 91). Grundrechtskollisionen sind nach dem Grundsatz der praktischen Konkordanz im Wege der Abwägung zu lösen. Es verbietet sich, im Falle kollidierender Grundrechte einem Grundrecht jegliche Berücksichtigung zu versagen.

211 Vgl. allgemein BVerfGE 89, S. 276, 286; *Oetker*, ZIP 2000, S. 643, 645; *Preis*, RdA 1995, S. 333, 341.

F. Die grundrechtliche Relevanz des Wiedereinstellungsanspruchs bezüglich der Arbeitsuchenden

In das dem Wiedereinstellungsanspruch zugrundezulegende grundrechtliche Koordinatensystem sind schließlich die Grundrechtspositionen der Arbeitsuchenden einzubeziehen.

Bereits der bestehende, insbesondere durch das Kündigungsschutzgesetz konstituierte Bestandsschutz von Arbeitsverhältnissen stellt einen Eingriff in die durch Art. 12 I GG geschützte Arbeitsplatzwahlfreiheit der Arbeitsuchenden dar. Arbeitsrechtlicher Bestandsschutz wirkt sich nicht lediglich im Rahmen der bipolaren grundrechtlichen Beziehung der Arbeitsvertragsparteien aus. Ihm kommt vielmehr darüber hinaus eine dritte grundrechtliche Dimension zu, da er zugangsversperrende Wirkungen auslöst und die Inhaber von Arbeitsplätzen gegenüber den Arbeitsuchenden bevorzugt und somit in deren Arbeitsplatzwahlfreiheit eingreift[212].

Dies kommt besonders deutlich in § 1 II S. 2 Nr. 1b KSchG zum Ausdruck, wonach eine betriebsbedingte ordentliche Kündigung auch dann nicht sozial gerechtfertigt ist, wenn der gekündigte Arbeitnehmer an einem anderen freien Arbeitsplatz desselben Betriebs oder eines anderen Betriebs desselben Unternehmens weiterbeschäftigt werden kann. Der Arbeitgeber wird somit gezwungen, in der Konkurrenz um einen freien Arbeitsplatz zwischen internen Beschäftigten und externen Arbeitsuchenden zugunsten der von der Kündigung bedrohten internen Beschäftigten zu entscheiden und damit womöglich geeignetere und sozial schutzbedürftigere externe Arbeitsuchende abzuweisen. Das Gesetz privilegiert mithin in dieser Konstellation die Arbeitsplatzbesitzer gegenüber den Arbeitsuchenden und greift in deren Arbeitsplatzwahlfreiheit ein, indem es sie in seiner tatsächlichen Auswirkung daran hindert, einen zur Verfügung stehenden Arbeitsplatz zu erwerben.

Auch das Bundesverfassungsgericht betont das Spannungsverhältnis zwischen dem arbeitsrechtlichen Bestandsschutz einerseits und der Arbeitsplatzwahlfreiheit der Arbeitsuchenden andererseits. Bereits im Jahre 1982 wies es darauf hin, daß das Sozialstaatsprinzip die Verwirklichung einer sozial gerechten Ordnung für alle gebietet und somit gerade auch zur Sorge für diejenigen verpflichtet, die keinen Arbeitsplatz haben und einen solchen suchen[213]. Durch die mit dem arbeitsrechtlichen Bestandsschutz einhergehende Sperrwirkung werde es den zu diesem Kreis Gehörenden wesentlich erschwert, von ihrem Grundrecht auf freie Berufswahl Gebrauch zu

---

212 Vgl. hierzu insbesondere *Gamillscheg*, Die Grundrechte im Arbeitsrecht, S. 28; *Lieb*, Arbeitsrecht, Rn. 394; *Oetker*, Der arbeitsrechtliche Bestandsschutz unter dem Firmament der Grundrechtsordnung, S. 16; *Papier*, DVBl. 1984, S. 801, 813; *ders.*, RdA 1989, S. 137, 139; *Reuter*, RdA 1973, S. 345, 353; *ders.*, RdA 1978, S. 344, 349 f.; *ders.*, 25 Jahre Bundesarbeitsgericht, S. 405, 410 f., 414, 417 f.; *Scholz*, ZfA 1981, S. 265, 280 f.; *Schwerdtner*, ZfA 1977, S. 47, 77, 79; *Zöllner*, 52. DJT Bd. I, Teil D, D 16, 114, 118 f.

213 BVerfGE 59, S. 231, 266. Vgl. hierzu im vorliegenden Zusammenhang auch *Strathmann*, Der Wiedereinstellungsanspruch eines wirksam gekündigten Arbeitnehmers, S. 78 f. mit dem Hinweis darauf, daß die Sozialstaatsklausel des Art. 20 I GG gegen einen immer stärker werdenden arbeitsrechtlichen Bestandsschutz spricht.

machen[214]. In Ergänzung dieser Ausführungen hob das Bundesverfassungsgericht in der Warteschleifen-Entscheidung vom 24.04.1991 hervor, daß die freie Arbeitsplatzwahl unter anderem dann eine Beschränkung erfährt, „wenn der Staat den Einzelnen am Erwerb eines zur Verfügung stehenden Arbeitsplatzes hindert"[215]. Auch aus dieser Formulierung läßt sich schlußfolgern, daß der arbeitsrechtliche Bestandsschutz aufgrund der mit ihm verbundenen Sperrwirkung als Eingriff in die Arbeitsplatzwahlfreiheit der Arbeitsuchenden zu qualifizieren ist.

Auf seiten der Arbeitsuchenden stellt die Gewährung eines Wiedereinstellungsanspruchs einen über den durch das Kündigungsschutzgesetz konstituierten Bestandsschutz hinausgehenden Eingriff in ihr Grundrecht auf freie Arbeitsplatzwahl dar. Denn die kündigungsschutzrechtlichen Zugangsbarrieren vor dem betroffenen Arbeitsplatz sind wegen des für den Wiedereinstellungsanspruch vorauszusetzenden wirksamen Beendigungstatbestandes bereits überwunden[216], die mit dem Kündigungsschutzgesetz verbundene Sperrwirkung zu Lasten der Arbeitsuchenden bereits beseitigt, so daß insoweit für den Fall der Neubesetzung des Arbeitsplatzes ein freier Wettbewerb möglich wäre.

Die Möglichkeit, im Wege freien Wettbewerbs den Arbeitsplatz zu erwerben, wird den Arbeitsuchenden jedoch durch Gewährung eines Anspruchs auf Wiedereinstellung zugunsten des bisherigen Arbeitsplatzinhabers und die hiermit korrespondierende Pflicht des Arbeitsgebers zur Neubegründung des Arbeitsverhältnisses abgeschnitten. Der aufgrund wirksamer Beendigung des Arbeitsverhältnisses an sich mögliche und durch Art. 12 I GG geschützte Nachfragewettbewerb wird somit durch den Wiedereinstellungsanspruch der bisher Beschäftigten zu Lasten der Arbeitsuchenden ausgeschaltet[217]. Die Gewährung eines Wiedereinstellungsanspruchs nach wirksamer Beendigung des Arbeitsverhältnisses führt folglich zu einer Erweiterung des arbeitsrechtlichen Bestandsschutzes und damit zu einer über das Kündigungsschutzgesetz hinausgehenden „Zementierung"[218] der Verteilung der Arbeitsplätze zugunsten der Arbeitsplatzinhaber und zu Lasten der Arbeitsuchenden.

Es liegt jedoch kein unverhältnismäßiger Eingriff in die Arbeitsplatzwahlfreiheit der Arbeitsuchenden und damit keine verfassungswidrige Überdehnung des arbeitsrechtlichen Bestandsschutzes vor[219]. Auch wenn eine Verstärkung des Bestandsschutzes zu einer Verschlechterung der Chancen Arbeitsplatzsuchender, einen Arbeitsplatz zu finden, führt, bedeutet dies keineswegs, daß eine solche Verstärkung von vornherein nicht in Betracht kommen darf beziehungsweise per se verfassungswidrig ist[220].

---

214 BVerfGE 59, S. 231, 266.

215 BVerfGE 84, S. 133, 146.

216 Siehe hierzu *Westera*, Der Wiedereinstellungsanspruch nach wirksamer Kündigung, S. 54 f.

217 Vgl. insoweit auch die Ausführungen von *Kaiser*, ZfA 2000, S. 205, 230 f. sowie von *Nicolai/Noack*, ZfA 2000, S. 87, 100.

218 Vgl. zu diesem Begriff im Zusammenhang mit der Ausweitung des arbeitsrechtlichen Bestandsschutzes *Zöllner*, 52. DJT Bd. I, Teil D, D 114.

219 So im Ergebnis auch *Kaiser*, ZfA 2000, S. 205, 231.

220 Vgl. auch *Zöllner*, 52. DJT Bd. I, Teil D, D 118; a. A. wohl *Schwerdtner*, ZfA 1977, S. 47, 78 f.

Ein unverhältnismäßiger und damit verfassungswidriger Eingriff in die Arbeitsplatzwahlfreiheit der Arbeitsuchenden durch den Bestandsschutz zugunsten der Arbeitsplatzinhaber kommt vielmehr erst bei einer Totalausweitung des Bestandsschutzes[221], mithin bei einer unangemessenen Beeinträchtigung der Arbeitsplatzchancen Arbeitsplatzsuchender[222] in Betracht.

Die Gewährung eines Wiedereinstellungsanspruchs stellt jedoch grundsätzlich weder eine Totalausweitung des Bestandsschutzes noch eine unangemessene Beeinträchtigung der Arbeitsplatzchancen Arbeitsplatzsuchender dar.

Denn einerseits wird die Frage nach einem Anspruch auf Wiedereinstellung lediglich in den vergleichsweise seltenen Fällen eines Wegfalls des die Beendigung des Arbeitsverhältnisses tragenden Grundes akut, so daß von vornherein nur eine marginale Verschlechterung der Chancen Arbeitsplatzsuchender, einen Arbeitsplatz zu finden, im Raume steht.

Andererseits ist zu berücksichtigen, daß zwischen den Arbeitsplatzinhabern und den Arbeitsplatzsuchenden keine „voll kompatible Wettbewerbsbeziehung" existiert[223]. Derjenige Arbeitnehmer, der einen Arbeitsplatz innehat, behauptet das Ergebnis eines vorangegangenen Wettbewerbs um eben diesen Arbeitsplatz. Die Position der Arbeitsplatzinhaber unterscheidet sich somit qualitativ von derjenigen der Arbeitsplatzsuchenden. Dies rechtfertigt es, dem Bestandsschutz des als Ergebnis eines Wettbewerbs erworbenen Arbeitsplatzes im Grundsatz den Vorrang gegenüber dem Nachfragewettbewerb der Arbeitsplatzsuchenden einzuräumen[224].

Die Privilegierung der Arbeitsplatzinhaber kann somit grundsätzlich nicht als unangemessene Beeinträchtigung der Arbeitsplatzchancen Arbeitsplatzsuchender qualifiziert werden. Vor dem Hintergrund dieser Überlegungen erscheint es im Hinblick auf die Arbeitsplatzwahlfreiheit der Arbeitsuchenden verfassungsrechtlich jedenfalls unbedenklich, dem Bestandsschutz durch Gewährung eines Wiedereinstellungsanspruchs in solchen Fällen Priorität einzuräumen, in denen der die Beendigung des Arbeitsverhältnisses tragende Grund in einem Zeitpunkt wegfällt, in dem das Arbeitsverhältnis noch besteht, weil hierdurch unmittelbar der im Wege vorangegangenen Wettbewerbs erworbene und noch innegehaltene Arbeitsplatz verteidigt wird. Fällt der tragende Grund hingegen erst nach der Beendigung des Arbeitsverhältnisses weg, sind an die Rechtfertigung eines Wiedereinstellungsanspruchs im Hinblick auf die Beeinträchtigung der Arbeitsplatzwahlfreiheit der Arbeitsuchenden strengere Anforderungen zu stellen, weil in diesen Fällen nicht mehr die Verteidigung eines erworbenen und noch innegehaltenen, sondern eines bereits verlorenen Arbeitsplatzes in Rede steht.

---

221 So *Zöllner*, 52. DJT Bd. I, Teil D, D 118.

222 So *Oetker*, RdA 1997, S. 9, 21; *Papier*, DVBl. 1984, S. 801, 813.

223 Vgl. *Scholz*, ZfA 1981, S. 265, 281.

224 So auch *Scholz*, ZfA 1981, S. 265, 281.

G. Zwischenergebnis

Die mit dem Wiedereinstellungsanspruch korrespondierende Pflicht des Arbeitgebers zur Neubegründung des wirksam beendeten Arbeitsverhältnisses ist als Kontrahierungszwang zu qualifizieren. Diese Pflicht des Arbeitgebers zum Vertragsschluß stellt jedoch keinen „Fremdkörper" in der Arbeitsrechtsordnung dar, sondern ist vielmehr als „Grenzfall" in einer Reihe hinsichtlich ihrer Eingriffsintensität graduell abgestufter Beschränkungen der Vertragsfreiheit des Arbeitgebers zu betrachten.

Durch die dem Anspruch auf Wiedereinstellung entsprechende Abschlußpflicht wird in die durch Art. 12 I GG grundrechtlich geschützte Vertragsfreiheit des Arbeitgebers eingegriffen. Der Eingriff bezieht sich nur auf den Aspekt der Berufsausübung, der Aspekt der Berufswahl wird nicht tangiert. Der Kontrahierungszwang bedarf einer Legitimation, die so gewichtig ist, daß die Beeinträchtigung der durch Art. 12 I GG geschützten Vertragsfreiheit kompensiert und die Grenze der Unverhältnismäßigkeit nicht überschritten wird. Der Wiedereinstellungsanspruch unterliegt der Schranke des verfassungsrechtlichen Übermaßverbotes, das sich in der Zumutbarkeit der Wiedereinstellung für den Arbeitgeber konkretisiert.

Im Hinblick auf die Legitimation des mit dem Kontrahierungszwang verbundenen Eingriffs in die durch Art. 12 I GG grundrechtlich geschützte Vertragsfreiheit des Arbeitgebers ist auf das Grundrecht der Berufsfreiheit (Art. 12 I GG) des Arbeitnehmers in Gestalt der Arbeitsplatzwahlfreiheit zurückzugreifen. Zwar ist mit der freien Wahl des Arbeitsplatzes weder eine Bestandsgarantie für den gewählten Arbeitsplatz verbunden noch verleiht das Grundrecht unmittelbaren Schutz gegen den Verlust des Arbeitsplatzes aufgrund privater Dispositionen. Dem Staat obliegt jedoch eine aus Art. 12 I GG abzuleitende, dahingehende Schutzpflicht, dafür Sorge zu tragen, daß der Arbeitnehmer seinen Arbeitsplatz nicht grundlos verliert.

Der Wiedereinstellungsanspruch des Arbeitnehmers bei nachträglichem Wegfall des Kündigungsgrundes ist als Ausgestaltung dieser grundrechtlichen Schutzpflicht zu betrachten. Art. 12 I GG und das hierin verbürgte Recht des Arbeitnehmers, seinen Arbeitsplatz nicht grundlos zu verlieren, strahlt über die „Einbruchstellen" der zivilrechtlichen Generalklauseln auf das Rechtsverhältnis zwischen Arbeitgeber und Arbeitnehmer aus und gebietet den Gerichten, in Ausübung der ihnen insoweit obliegenden Schutzpflicht das Bestandsinteresse des Arbeitnehmers zu berücksichtigen. Da sich der Schutz der freien Wahl des Arbeitsplatzes über einen Eingriff in die Vertragsfreiheit des Arbeitgebers vollzieht, muß sich der Schutz mit Rücksicht auf den hierdurch belasteten Arbeitgeber an den abwehrrechtlichen Kautelen messen lassen. Die kollidierenden grundrechtlich geschützten Rechtsgüter von Arbeitnehmer und Arbeitgeber sind in praktische Konkordanz zu bringen.

Die Gewährung eines Wiedereinstellungsanspruchs stellt auf seiten der Arbeitsuchenden einen über den durch das Kündigungsschutzgesetz konstituierten Bestandsschutz hinausgehenden Eingriff in ihr Grundrecht auf freie Arbeitsplatzwahl dar. Dieser Eingriff ist jedoch nicht unverhältnismäßig. Denn einerseits wird die Frage nach einem Wiedereinstellungsanspruch lediglich in den vergleichsweise seltenen Fällen eines nachträglichen Wegfalls des Kündigungsgrundes akut. Andererseits ist zu berücksichtigen, daß durch den Wiedereinstellungsanspruch der im Wege vorangegangenen Wettbewerbs erworbene Arbeitsplatz verteidigt wird.

§ 3 Anspruchsgrundlagen für den Anspruch auf Wiedereinstellung

A. Wiedereinstellungsanspruch aus § 1004 BGB analog

In der Literatur wird die Meinung vertreten, daß sich im Falle einer wirksamen Verdachtskündigung, bei der sich im nachhinein herausstellt, daß der Verdacht unbegründet ist, ein Anspruch auf Wiedereinstellung aus einer entsprechenden Anwendung des Rechtsgedankens aus § 1004 BGB herleiten lasse[225]. Begründet wird diese Auffassung damit, daß das „Recht am Arbeitsplatz" eine zunehmende Aufwertung im Sinne eines absoluten Rechts gefunden habe und der Arbeitgeber aufgrund des § 1004 BGB – ohne Schuldvorwurf - zur Beseitigung einer Beeinträchtigung dieses Rechts verpflichtet sei[226].

Erweist sich dieser Ansatz als tragfähig, ließe sich unter Umständen auch in anderen Fallkonstellationen, in denen im Zeitpunkt des Zugangs der Kündigung zunächst ein Sachverhalt vorlag, aufgrund dessen die Kündigung rechtswirksam war, später jedoch neue Tatsachen eintreten, die zur Rechtsunwirksamkeit der Kündigung geführt hätten, wenn sie nach den veränderten Umständen zu beurteilen wäre, ein Anspruch auf Wiedereinstellung auf eine analoge Anwendung des § 1004 BGB stützen.

I. Das „Recht am Arbeitsplatz" als sonstiges Recht im Sinne des § 823 I BGB

Grundlegende Prämisse dieser Auffassung ist die Anerkennung eines „Rechts am Arbeitsplatz" als sonstiges und damit absolutes Recht im Sinne des § 823 I BGB, das dann als solches in den Schutzbereich des § 1004 BGB einzubeziehen ist[227]. Ob ein solches „Recht am Arbeitsplatz" als sonstiges Recht im Sinne des § 823 I BGB zu qualifizieren ist, ist allerdings sehr umstritten[228].

Zum Teil wird ein „Recht am Arbeitsplatz" als ein dem Schutzbereich des § 823 I BGB unterfallendes Recht anerkannt[229]. Die Begründung dieser Ansicht erfolgt nicht einheitlich. Teilweise wird in der im Kündigungsschutzgesetz zum Ausdruck kommenden weitgehenden Sicherung des Arbeitsplatzes das entscheidende Kriterium

---

225 So *Gaul*, Das Arbeitsrecht im Betrieb Bd. II, S. 226; *ders.*, NZA 1993, S. 865, 872.

226 *Gaul*, a. a. O.

227 Dazu, daß nach ganz überwiegender Meinung nicht nur das Eigentum, sondern auch die durch § 823 I BGB geschützten Rechtsgüter und Rechte in den Schutzbereich des § 1004 BGB fallen: BGH, NJW 1998, S. 2058, 2059; BGH NJW 1984, S. 1886, 1887; *Baur/Stürner*, Sachenrecht, S. 120; Staudinger/*Gursky*, § 1004 Rn. 15 f.; *ders.*, in: Westermann, Sachenrecht, S. 264; *Medicus*, Münchener Kommentar, § 1004 Rn. 6.

228 Umfassende Nachweise und Aufarbeitung der Argumente bei *Ebert*, Das „Recht am Arbeitsplatz".

229 *Bulla*, Festschrift für A. Hueck, S. 25, 39 f.; *Fabricius*, AcP Bd. 160 (1961), S. 273, 305 ff.; *Hedemann*, RdA 1953, S. 121, 124 f.; *Herschel*, RdA 1960, S. 121 ff., insbesondere S. 123; *Migsch*, Die absolut geschützte Rechtsstellung des Arbeitnehmers; *Nipperdey*, Festschrift für Sitzler, S. 79, 92 f.; zweifelnd, aber zur Anerkennung eines von § 823 I BGB geschützten „Rechts am Arbeitsplatz" neigend auch BAG AP Nr. 2 zu § 70 BAT. Vgl. auch *Hanau*, in: Hanau/Adomeit, Arbeitsrecht, S. 206.

gesehen[230]. Andere führen für die Existenz eines absoluten „Rechts am Arbeitsplatz" Paritätserwägungen ins Feld: Da die gewerbliche Tätigkeit des Unternehmers im Hinblick auf das „Recht am eingerichteten und ausgeübten Gewerbebetrieb" durch § 823 I BGB geschützt sei, müsse jener Schutz aufgrund des verfassungsrechtlichen Gleichheitsgebotes auch den Arbeitnehmern bezüglich ihres Arbeitsplatzes zukommen[231]. Nach der Ansicht *Richardis*[232] ergibt sich aus §§ 112, 112a BetrVG und des hiermit nach seiner Auffassung verbundenen Gedankens der Entschädigung für den Verlust beziehungsweise die Verschlechterung des Arbeitsplatzes eine Rechtsstellung des Arbeitnehmers bezüglich seines Arbeitsplatzes, die zwar nicht mit der Eigentümerstellung vergleichbar, ihr aber gleichwertig sei, was für ein „Recht am Arbeitsplatz"[233] spreche.

Nach zutreffender Auffassung ist die Existenz eines „Rechts am Arbeitsplatz" als absolut geschütztes Recht im Sinne des § 823 I BGB zu verneinen[234]. Ausgangspunkt dieser Meinung ist die These, daß es für die Anerkennung eines sonstigen Rechts im Sinne des § 823 I BGB erforderlich ist, daß das in Frage stehende Recht den anderen nach § 823 I BGB geschützten Positionen ähnlich ist. Das betreffende Recht muß demnach ebenso wie das Eigentum (vgl. § 903 BGB) über einen entsprechenden „Zuweisungs- und Ausschließungsgehalt" verfügen[235] und somit dadurch gekennzeichnet sein, daß es nicht lediglich relativ in bezug auf einzelne andere, sondern im Verhältnis zu jedermann existiert und folglich auch von jedermann zu beachten ist. Dem „Recht am Arbeitsplatz" als Bündelung bloß schuldrechtlicher Beziehungen der Arbeitsvertragsparteien kommt eine derartige Ausschlußfunktion jedoch nicht zu.

Der Meinungsstreit kann indes an dieser Stelle auf sich beruhen. Denn selbst wenn das „Recht am Arbeitsplatz" als ein durch § 823 I BGB geschütztes absolutes Recht

---

230 So insbesondere *Nipperdey*, Festschrift für Sitzler, S. 79, 92 f.

231 Vgl. hierzu: *Brox*, in: Brox/Rüthers, Arbeitskampfrecht, Rn. 346; *Heckelmann*, AuR 1970, S. 166, 174 f.; *Herschel*, RdA 1960, S. 121, 122; *ders.*, DB 1973, S. 80, 82 und BB 1977, S. 708, 709; *Säcker*, in: Hueck/Nipperdey, Lehrbuch des Arbeitsrechts Bd. II/2, S. 997.

232 *Richardi*, Sozialplan und Konkurs, S. 12; *ders.*, Betriebsverfassung und Privatautonomie, S. 45.

233 Unklar bleibt bei den Ausführungen *Richardis*, welche Art von subjektivem Recht er meint. Einerseits geht er davon aus, das „Recht am Arbeitsplatz" sei kein absolutes Recht im Sinne des § 823 I BGB, weil sich die Rechtsstellung des Arbeitnehmers wesentlich von der Eigentümerstellung unterscheide. Andererseits könne man die Rechtsstellung eines Arbeitnehmers im Arbeitsverhältnis nicht lediglich mit der Gläubiger-Schuldner-Beziehung erklären, da die Rechtsbeziehungen im Arbeitsverhältnis wesentlich anders strukturiert seien als in sonstigen Schuldverhältnissen.

234 *Ebert*, Das „Recht am Arbeitsplatz", S. 152; *A. Hueck*, Festschrift für Hedemann, S. 131, 138; *Lisec*, Der Wiedereinstellungsanspruch des Arbeitsnehmers nach betriebsbedingter Kündigung und Betriebsübergang, S. 49; *Nikisch*, Arbeitsrecht Bd. II, S. 127 f.; *Reuß*, AcP Bd. 156 (1957), S. 89, 102; *Riesenhuber*, JZ 1999, S. 711, 715 f.; *Schwerdtner*, ZfA 1977, S. 47, 82 ff.; *Söllner*, Grundriß des Arbeitsrechts, S. 256; *Strathmann*, Der Wiedereinstellungsanspruch eines wirksam gekündigten Arbeitnehmers, S. 44 f.; Palandt/*Thomas*, § 823 Rn. 27; *Wiedemann*, RdA 1961, S. 1, 3; *Zöllner*, in: Zöllner/Loritz, Arbeitsrecht, S. 181; *ders.*, 25 Jahre Bundesarbeitsgericht, S. 745, 747 ff. Nunmehr auch deutlich in diese Richtung tendierend BAG AP Nr. 7 zu § 823 BGB = EWiR 1998, S. 1027 mit zustimmendem Kurzkommentar von *Oetker*.

235 Vgl. zum Zuweisungs- und Ausschließungsgehalt *Larenz/Canaris*, Lehrbuch des Schuldrechts Bd. II/2, S. 374 f. und 392.

qualifiziert wird, so daß eine Zuordnung zum Schutzbereich des § 1004 BGB möglich ist, läßt sich bei näherer Betrachtung auf diese Vorschrift kein Anspruch auf Wiedereinstellung stützen.

II. Rechtswidrigkeit der Beeinträchtigung

Der Beseitigungsanspruch aus § 1004 I BGB setzt die Rechtswidrigkeit der Beeinträchtigung voraus. Dies ergibt sich zwar nicht aus dem Wortlaut der Vorschrift, folgt aber aus § 1004 II BGB, wonach der Anspruch ausgeschlossen ist, wenn der Eigentümer zur Duldung verpflichtet ist. Das Fehlen einer solchen Duldungspflicht ist mit der Rechtswidrigkeit der Beeinträchtigung gleichzusetzen[236].

Da ein Anspruch auf Wiedereinstellung nur in Betracht zu ziehen ist, wenn ein rechtswirksamer Beendigungstatbestand hinsichtlich des Arbeitsverhältnisses vorliegt, ist der durch die rechtswirksame Beendigung geschaffene Zustand rechtmäßig und nicht rechtswidrig ist, so daß insoweit ein auf Wiedereinstellung gerichteter Beseitigungsanspruch des Arbeitnehmers aus § 1004 I BGB ausscheidet[237].

Auch wenn auf den durch die Nicht-Wiedereinstellung nach Veränderung der die Beendigung des Arbeitsverhältnisses bedingenden Umstände geschaffenen Zustand abgestellt wird, ergibt sich kein anderes Ergebnis:

Wenn diese Veränderung erst nach der Beendigung des Arbeitsverhältnisses eintritt, scheitert eine Beeinträchtigung des „Rechts am Arbeitsplatz" aufgrund der Nicht-Wiedereinstellung bereits daran, daß der Arbeitnehmer diese Rechtsposition durch die wirksame Beendigung verloren hat. Eine nicht mehr bestehende Rechtsposition genießt jedoch keinen Schutz durch § 1004 BGB[238].

Erfolgen sowohl die Veränderung der die Beendigung des Arbeitsverhältnisses bedingenden Umstände als auch die Nicht-Wiedereinstellung während des noch bestehenden Arbeitsverhältnisses (namentlich bei einem Wegfall des Kündigungsgrundes vor Ablauf der Kündigungsfrist), kommt zwar grundsätzlich eine Beeinträchtigung des „Rechts am Arbeitsplatz" in Betracht, da der Arbeitnehmer diese Rechtsposition noch innehat, so daß insoweit im Hinblick auf die Beendigung des Arbeitsverhältnisses ein vorbeugender Beseitigungsanspruch[239] gegeben sein könnte. Zu berücksichtigen ist aber, daß die Nicht-Wiedereinstellung eine Unterlassung darstellt und somit

---

236 Vgl. *Baur/Stürner*, Sachenrecht, S. 121; *Medicus*, Münchener Kommentar, § 1004 Rn. 49; *Müller*, Sachenrecht, Rn. 770. Differenzierend für den Beseitigungsanspruch: *Larenz/Canaris*, Lehrbuch des Schuldrechts Bd. II/2, S. 691 f.; *Münzberg*, Verhalten und Erfolg als Grundlagen der Rechtswidrigkeit und Haftung, S. 383 ff. Ihrer Meinung nach scheidet beim Beseitigungsanspruch eine Gleichsetzung von Rechtswidrigkeit der Beeinträchtigung und Fehlen einer Duldungspflicht aus, weil sich die Duldungspflicht in diesem Fall auf einen Zustand beziehe, während die Rechtswidrigkeit stets die Handlung betreffe.

237 So auch *vom Stein*, Fehleinschätzungen bei der Kündigung von Arbeitsverhältnissen, S. 129.

238 Siehe auch *Hambitzer*, Der Wiedereinstellungsanspruch des Arbeitnehmers nach wirksamer Kündigung, S. 58; *vom Stein*, Fehleinschätzungen bei der Kündigung von Arbeitsverhältnissen, S. 129.

239 Siehe hierzu *Larenz/Canaris*, Lehrbuch des Schuldrechts Bd. II/2, S. 706.

eine Beeinträchtigung des „Rechts am Arbeitsplatz" im Sinne des § 1004 BGB nur dann in Betracht zu ziehen ist, wenn den Arbeitgeber eine entsprechende, auf Wiedereinstellung gerichtete Handlungspflicht trifft[240]. Eine derartige Handlungspflicht setzt jedoch eine diesbezügliche Rechtsgrundlage voraus, um deren Auffinden es bei der Frage eines Wiedereinstellungsanspruchs gerade geht.

Aus einer analogen Anwendung des § 1004 BGB läßt sich somit kein Anspruch auf Wiedereinstellung herleiten[241].

B. Der Wiedereinstellungsanspruch als Schadensersatzanspruch

Es stellt sich die Frage, ob sich der Anspruch auf Wiedereinstellung dogmatisch auf der Ebene des Schadensersatzrechts verankern läßt[242].

I. Schadensersatzanspruch aus § 823 I BGB

Ein auf § 823 I BGB gestützter und auf Wiedereinstellung des Arbeitnehmers gerichteter Schadensersatzanspruch setzt zunächst die - äußerst fragwürdige – Anerkennung des „Rechts am Arbeitsplatz" als sonstiges Recht im Sinne dieser Vorschrift voraus[243]. Nur dann läßt sich die Verletzung einer durch § 823 I BGB geschützten Rechtsposition durch die Beendigung des Arbeitsverhältnisses beziehungsweise durch die Nicht-Wiedereinstellung begründen.

1. Das Verhältnis des § 823 I BGB zum Kündigungsschutzgesetz

Hinsichtlich des Beendigungstatbestandes der Kündigung ist zunächst klärungsbedürftig, in welchem Verhältnis die Vorschrift des § 823 I BGB zu den Regelungen des Kündiungsschutzgesetzes steht. Wird das „Recht am Arbeitsplatz" als sonstiges Recht im Sinne des § 823 I BGB qualifiziert, so liegt in einer nach Maßgabe des § 1 KSchG sozial ungerechtfertigten ordentlichen Kündigung beziehungsweise in einer unwirksamen außerordentlichen Kündigung (deren Rechtsunwirksamkeit gemäß § 13 I S. 2 KSchG nur nach Maßgabe des § 4 S. 1 und der §§ 5 bis 7 KSchG geltend gemacht werden kann) zugleich ein rechtswidriger Eingriff in das „Recht des Arbeitnehmers am Arbeitsplatz", der die Voraussetzungen des § 823 I BGB erfüllt, wenn ein Verschulden des Arbeitgebers gegeben ist. Aus dem Grundsatz der Naturalrestitution gemäß § 249 S. 1 BGB könnte sich dann womöglich ein Anspruch des Arbeitnehmers auf Wiedereinstellung begründen lassen. Nach allgemeiner und zutreffender Ansicht

---

240 Vgl. zum sogenannten „Untätigkeitsstörer" *Medicus*, Münchener Kommentar, § 1004 Rn. 38 ff.

241 Ablehnend auch *Lisec*, Der Wiedereinstellungsanspruch des Arbeitnehmers nach betriebsbedingter Kündigung und Betriebsübergang, S. 49.

242 Zu diesem Ansatz schon *Heilmann*, Verdachtskündigung und Wiedereinstellung nach Rehabilitierung, S. 90 ff. sowie *A. Hueck*, Festschrift für Hedemann, S. 131, 136 ff. Vgl. auch BAG AP Nr. 1 zu § 62 MTL II.

243 Vgl. hierzu bereits die Ausführungen im Zusammenhang mit § 1004 I BGB unter § 3 A I.

wird ein solcher Anspruch aus § 823 I BGB in diesen Fällen jedoch durch das speziellere und neuere Kündigungsschutzgesetz verdrängt[244].

Da sich die Frage nach einer Wiedereinstellung des Arbeitnehmers nur in solchen Fällen erhebt, in denen im Zeitpunkt des Zugangs der Kündigungserklärung ein Sachverhalt vorlag, aufgrund dessen die Kündigung rechtswirksam war, stellt sich hier das soeben dargestellte Konkurrenzproblem zwischen § 823 I BGB und den Vorschriften des Kündigungsschutzgesetzes in Ermangelung eines rechtswidrigen Eingriffs in das „Recht des Arbeitnehmers am Arbeitsplatz" nicht, so daß einer Anwendung des § 823 I BGB nichts im Wege steht[245].

2. Die Verletzungshandlung des Arbeitgebers

Als potentielle Verletzungshandlung des Arbeitgebers kommt zum einen die Beendigung des Arbeitsverhältnisses, zum anderen das Nicht-Wiedereinstellen des Arbeitnehmers nach Wegfall der die Beendigung des Arbeitsverhältnisses tragenden Gründe in Betracht. Da die Wiedereinstellung das Vorliegen eines rechtswirksamen Beendigungstatbestandes zur Voraussetzung hat, scheidet die Beendigung des Arbeitsverhältnisses als rechtswidrige und schuldhafte Verletzungshandlung des Arbeitgebers von vornherein aus[246].

Aus dem Gesichtspunkt der Vertragsverweigerung nach Wegfall der die Beendigung des Arbeitsverhältnisses tragenden Gründe läßt sich für den Fall, daß der Wegfall und die Nicht-Wiedereinstellung erst nach der Beendigung des Arbeitsverhältnisses erfolgen, keine nach § 823 I BGB zum Schadensersatz verpflichtende tatbestandsmäßige Verletzungshandlung begründen. Denn in diesem Zeitpunkt hat der Arbeitnehmer bereits sein „Recht am Arbeitsplatz" infolge der wirksamen Beendigung des Arbeitsverhältnisses eingebüßt. Eine dem Arbeitnehmer nicht mehr zustehende Rechtsposition wird aber nicht durch § 823 I BGB geschützt.

Fraglich ist, wie sich die Situation darstellt, wenn der Wegfall der die Beendigung des Arbeitsverhältnisses tragenden Umstände und die Vertragsverweigerung während des noch bestehenden Arbeitsverhältnisses erfolgen (insbesondere Wegfall des Kündigungsgrundes nach Zugang der Kündigungserklärurng aber vor Ablauf der

---

244 Vgl. nur *Fabricius*, AcP Bd. 160 (1961), S. 273, 310 f.; *Herschel*, RdA 1960, S. 121, 125 sowie allgemein zur Subsidiarität des § 823 BGB gegenüber besonderen Schutzvorschriften auch BGHZ 1, S. 388, 390; 8, S. 387, 394 f.; 14, S. 274, 281; 26, S. 52, 59.

245 Insoweit unzutreffend *Hambitzer*, Der Wiedereinstellungsanspruch des Arbeitnehmers nach wirksamer Kündigung, S. 51, der hinsichtlich des Ausspruchs der Kündigung pauschal auf die Subsidiarität des Schadensersatzanspruchs aus § 823 I BGB gegenüber der Kündigungsschutzklage verweist. Zutreffend hingegen *Fabricius*, AcP Bd. 160 (1961), S. 273, 311 f., der betont, daß § 823 I BGB im Falle einer rechtswirksamen Kündigung anwendbar bleibt.

246 Vgl. auch *Hambitzer*, Der Wiedereinstellungsanspruch des Arbeitnehmers nach wirksamer Kündigung, S. 51; *Honstetter*, Die Prognoseentscheidung des Arbeitgebers im Kündigungsrecht, S. 173; *A. Hueck*, Anm. zu BGH AP Nr. 2 zu § 611 BGB Fürsorgepflicht; *Migsch*, Die absolut geschützte Rechtsstellung des Arbeitnehmers, S. 151; *vom Stein*, RdA 1991, S. 85, 93; *ders.*, Fehleinschätzungen bei der Kündigung von Arbeitsverhältnissen, S. 131; *Westera*, Der Wiedereinstellungsanspruch nach wirksamer Kündigung, S. 34.

Kündigungsfrist). Da der Arbeitnehmer zu diesem Zeitpunkt sein „Recht am Arbeitsplatz" noch innehat, käme grundsätzlich eine Verletzung dieses Rechts aufgrund der Nicht-Wiedereinstellung in Betracht.

Zu berücksichtigen ist aber – ähnlich wie im Rahmen des § 1004 BGB - , daß es sich bei der Vertragsverweigerung um ein Unterlassen handelt. Ein solches Unterlassen kommt jedoch nur dann als unerlaubte Handlung im Sinne des § 823 I BGB in Beacht, wenn eine entsprechende Rechtspflicht zum Handeln – in der hier interessierenden Fallkonstellation also eine Rechtspflicht zur Wiedereinstellung des Arbeitnehmers – gegeben ist[247]. Eine derartige Handlungspflicht setzt jedoch eine Rechtsgrundlage voraus, um deren Auffinden es bei der Frage des Wiedereinstellungs-anspruches ja gerade geht.

Scheiden damit sowohl die Beendigung des Arbeitsverhältnisses als auch die Nicht-Wiedereinstellung als tatbestandsmäßige Handlungen aus, kommt - abgesehen von der Fragwürdigkeit der Anerkennung eines „Rechts am Arbeitsplatz" als sonstigem Recht - § 823 I BGB als tragfähige Grundlage für einen Anspruch auf Wiedereinstellung nicht in Betracht[248].

II. Schadensersatzanspruch aus § 826 BGB

Vereinzelt wird in der Literatur § 826 BGB als Grundlage für einen Wiedereinstellungsanspruch des Arbeitnehmers in Erwägung gezogen[249]. Ein aus § 826 BGB abgeleiteter, auf Wiedereinstellung gerichteter Schadensersatzanspruch hat zunächst gegenüber dem Weg der Begründung eines solchen Anspruchs über § 823 I BGB den Vorteil, daß nicht auf die fragwürdige Figur des „Rechts am Arbeitsplatz" im Sinne eines sonstigen Rechts zurückgegriffen werden muß.

Hinsichtlich der potentiellen Verletzungshandlung der Beendigung des Arbeitsverhältnisses erfordert ein auf § 826 BGB zu stützender, auf Wiedereinstellung gerichteter Schadensersatzanspruch zunächst, daß sich die Beendigung als sittenwidrig im Sinne des § 826 BGB darstellt. Eine solche sittenwidrige Beendigung des Arbeitsverhältnisses ist jedoch nach § 138 BGB unwirksam, das vertragliche Band zwischen Arbeitgeber und Arbeitnehmer bleibt in seinem Bestand daher unberührt. Infolgedessen kommt ein Anspruch auf Wiedereinstellung, der ja einen rechtswirksamen Beendigungstatbestand voraussetzt, nicht in Betracht. Ist die tatbestandliche Voraussetzung des § 826 BGB in Gestalt einer sittenwidrigen Beendigung des Arbeitsverhältnisses erfüllt,

---

247 Vgl. nur *Larenz/Canaris*, Lehrbuch des Schuldrechts Bd. II/2, S. 361.

248 Ebenso *Lisec*, Der Wiedereinstellungsanspruch des Arbeitnehmers nach betriebsbedingter Kündigung und Betriebsübergang, S. 49; *vom Stein*, Fehleinschätzungen bei der Kündigung von Arbeitsverhältnissen, S. 131.

249 Vgl. *v. Bar*, AcP Bd. 179 (1979), S. 452, 474 (für den Fall einer Verdachtskündigung, bei der sich der Verdacht im nachhinein als unbegründet erweist); *Grünhage*, Die Pflicht des Arbeitgebers zur Einstellung und Wiedereinstellung von Arbeitnehmern, S. 171 f. und 180; *A. Hueck*, Festschrift für Hedemann, S. 131, 138 f.

verbleibt somit denknotwendig für einen Wiedereinstellungsanspruch kein Raum. Insoweit scheidet § 826 BGB als Anspruchsgrundlage aus[250].

Zu prüfen bleibt, ob die Nicht-Wiedereinstellung durch den Arbeitgeber als vorsätzliche und sittenwidrige Schädigung des Arbeitnehmers im Sinne des § 826 BGB qualifiziert werden kann[251]. Da der Sittenverstoß nach § 826 BGB nicht nur in einer Handlung, sondern auch in einer Unterlassung bestehen kann[252], kommt die Nicht-Wiedereinstellung als eine gegen die guten Sitten verstoßende Handlung grundsätzlich in Betracht.

Der im Rahmen des § 823 I BGB geäußerte Einwand, daß die Nicht-Wiedereinstellung nur dann als tatbestandsrelevante Handlung in Betracht zu ziehen ist, wenn eine diesbezügliche Pflicht zum Handeln besteht, wobei eine solche Pflicht eine entsprechende Rechtsgrundlage vorausetzt, um deren Auffinden es beim Wiedereinstellungsanspruch ja gerade geht, greift bei § 826 BGB nicht durch. Denn hier geht es nicht darum, ob eine rechtliche Pflicht zur Wiedereinstellung besteht, entscheidend ist vielmehr, ob die Wiedereinstellung nach Wegfall der die Beendigung des Arbeitsverhältnisses tragenden Umstände einem sittlichen Gebot entspricht. Maßgebend sind insoweit keine rechtlichen, sondern sittliche Kriterien. Entscheidender Maßstab für die guten Sitten ist nach der Formel der Rechtsprechung insoweit das „Anstandsgefühl aller billig und gerecht Denkenden“[253], wobei auf die Verhaltensforderungen abzustellen ist, die auf den gemeinsamen Grundüberzeugungen der Gesellschaft über das moralisch Gebotene und Vertretbare beruhen.

Ein sittliches Gebot, das dem Arbeitgeber aufgibt, nach Wegfall der die Beendigung des Arbeitsverhältnisses tragenden Umstände den betroffenen Arbeitnehmer wiedereinzustellen, existiert jedoch nicht[254]. Hiergegen ist bereits einzuwenden, daß nach wie vor ein rechtswirksamer Beendigungstatbestand gegeben ist, so daß die Auflösung des Arbeitsverhältnisses unter formalen Gesichtspunkten durchaus der Rechtsordnung entspricht. Hiermit läßt sich ein sittliches Gebot der Wiedereinstellung, dessen Verletzung ein sittenwidriges Verhalten und damit ein sozial-ethisches Unwerturteil begründet, nicht vereinbaren[255].

---

250 Dies übersieht *A. Hueck*, Festschrift für Hedemann, S. 131, 138 f.; zutreffend hingegen *Heilmann*, Verdachtskündigung und Wiedereinstellung nach Rehabilitierung, S. 92; *vom Stein*, Fehleinschätzungen bei der Kündigung von Arbeitsverhältnissen, S. 132.

251 So *v. Bar*, AcP Bd. 179 (1979), S. 452, 474. Zu diesem Gedanken auch *Heilmann*, Verdachtskündigung und Wiedereinstellung nach Rehabilitierung, S. 92.

252 Vgl. nur *Dütz*, NJW 1970, S. 1822, 1825 m. w. N.; *Nipperdey*, Kontrahierungszwang und diktierter Vertrag, S. 55.

253 So RGZ 80, S. 219, 221; BGHZ 10, S. 228, 232; 69, S. 295, 297; BAG AP Nr. 34 zu § 138 BGB. Vgl. hierzu aber auch *Nipperdey*, Kontrahierungszwang und diktierter Vertrag, S. 58 ff.

254 Dazu, daß - unter Berücksichtigung der allgemeinen Handlungs- und Vertragsfreiheit - der Nicht-Abschluß eines Vertrages erst unter besonders erschwerenden Umständen eine Unsittlichkeit begründen kann *Nipperdey*, Kontrahierungszwang und diktierter Vertrag, S. 63 ff.

255 Vgl. hierzu auch *Strathmann*, Der Wiedereinstellungsanspruch eines wirksam gekündigten Arbeitnehmers, S. 45.

Eine andere Beurteilung könnte sich nur dann ergeben, wenn das Verhalten des Arbeitgebers insoweit als „Mißbrauch einer formalen Rechtsposition“ zu qualifizieren ist[256]. An das Vorliegen des Mißbrauchs einer formalen Rechtsposition sind jedoch strenge Anforderungen zu stellen[257]. Neben der Ausübung der Rechtsposition müssen Umstände vorliegen, die ein Sittenwidrigkeitsverdikt zu tragen vermögen. Nach der Rechtsprechung des Bundesgerichtshofes zum sogenannten „Urteilsmißbrauch“ begründet beispielsweise das vorsätzliche Ausnutzen der aus einem unrichtigen Urteil erwachsenden Rechtsposition allein noch nicht die Sittenwidrigkeit. Vielmehr müssen Umstände hinzukommen, nach denen es „in hohem Maße unbillig und geradezu unerträglich“ wäre, die Ausnutzung der Rechtsposition zuzulassen[258]. Die bloße Weigerung des Arbeitgebers, den Arbeitnehmer nach Wegfall der die Beendigung des Arbeitsverhältnisses bedingenden Gründe wiedereinzustellen, vermag diese Voraussetzungen – wenn nicht ganz außergewöhnliche Umstände hinzutreten - nicht zu erfüllen[259].

III. Anspruch auf Wiedereinstellung wegen Gefährdungshaftung des Arbeitgebers

Vereinzelt wird in der Literatur die Ansicht vertreten, daß sich im Falle einer wirksamen Verdachtskündigung, bei der sich der Verdacht im nachhinein als unbegründet erweist, ein Wiedereinstellungsanspruch des Arbeitnehmers auf den allgemeinen Rechtsgedanken der Gefährdungshaftung stützen lasse[260].

Unter Bezugnahme auf Ausführungen zum Wiedereinstellungsanspruch nach Verdachtskündigung von *Larenz*[261] und *Nikisch*[262], nach deren Auffassung das vorangegangene eigene Tun des Arbeitgebers, durch das bewußt eine Ungewißheit in Kauf genommen worden sei, den Anknüpfungspunkt für einen auf das Rehabilitierungsinteresse des entlassenen Arbeitnehmers zu stützenden Anspruch auf Wiedereinstellung bildet, soll auch nach dieser Ansicht unmittelbar an das vorangegangene Tun des Arbeitgebers angeknüpft werden. Dieses vorangegangene Tun stelle sich im Falle einer

---

256 Vgl. zum Mißbrauch einer formalen Rechtsposition *Larenz/Canaris*, Lehrbuch des Schuldrechts Bd. II/2, S. 461; *Mertens*, Münchener Kommentar, § 826 Rn. 166 ff.; Staudinger/*Oechsler*, § 826 Rn. 18; Palandt/*Thomas*, § 826 Rn. 6.

257 Vgl. insbesondere Staudinger/*Oechsler*, § 826 Rn. 18.

258 Vgl. hierzu BGHZ 26, S. 391, 396 f.; BGH, NJW 1986, S. 1751, 1753.

259 So auch *Heilmann*, Verdachtskündigung und Wiedereinstellung nach Rehabilitierung, S. 92.

260 *Söllner/Meyer*, AR-Blattei D, Arbeitsvertrag-Arbeitsverhältnis X, Nachwirkungen des Arbeitsvertrages, A III 2, 3. Ähnlich argumentiert *Grünhage*, Die Pflicht des Arbeitgebers zur Einstellung und Wiedereinstellung von Arbeitnehmern, S. 147 ff., der – beschränkt auf die Verdachtskündigung – den Anspruch auf Wiedereinstellung aus den Grundsätzen der Betriebsrisikolehre ableitet. Aus dieser Lehre lasse sich die allgemeine Erkenntnis gewinnen, daß der Arbeitgeber die für den Arbeitnehmer nachteiligen Folgen eines von keiner Seite verschuldeten Ereignisses zu tragen habe, das in der Sphäre des Arbeitgebers eingetreten ist. Hiernach falle der Verdacht einer strafbaren Handlung zwar in die Sphäre des Arbeitnehmers, der eine diesbezügliche fristlose Kündigung in Kauf zu nehmen habe. Werde aber der Unschuldsnachweis erbracht, falle die Beseitigung der für den Arbeitnehmer nachteiligen Folgen der Entlassung in die Sphäre des Arbeitgebers, der die Auswirkungen der Kündigung durch Wiedereinstellung zu kompensieren habe.

261 *Larenz*, Anm. zu BAG AP Nr. 3 und Nr. 4 zu § 611 BGB Fürsorgepflicht.

262 *Nikisch*, Arbeitsrecht Bd. I, S. 730.

rechtswirksamen Verdachtskündigung als zwar rechtmäßiges, aber doch gefährdendes Handeln dar. Bei Anwendung des in den gesetzlichen Tatbeständen der Gefährdungshaftung zum Ausdruck kommenden allgemeinen Rechtsgedankens, daß derjenige, der rechtmäßig eine besondere Gefahr begründet, für den einem Dritten daraus entstehenden Schaden eintreten muß, ergebe sich im Hinblick auf die Verdachtskündigung, daß der Arbeitgeber durch eine solche Kündigung eine risikobeladene Situation schaffe, weil der Verdachtskündigung stets die Gefahr immanent sei, daß sich der Verdacht im nachhinein als unbegründet erweist. Realisiere sich aber dieses Risiko, dann müsse der Arbeitgeber hierfür einstehen, was grundsätzlich zu einem Anspruch auf Wiedereinstellung führen könne.

Da jeder Kündigung grundsätzlich die Gefahr immanent ist, daß nach Zugang der Kündigungserklärung neue Tatsachen eintreten, die zur Rechtsunwirksamkeit der Kündigung geführt hätten, wenn diese nach den geänderten Verhältnissen zu beurteilen wäre, so ließe sich gegebenenfalls generell ein Anspruch auf Wiedereinstellung auf den allgemeinen Rechtsgedanken der Gefährdungshaftung stützen.

Gegen einen aus gefährdungshaftungsrechtlichen Gesichtspunkten abgeleiteten Anspruch auf Wiedereinstellung sprechen jedoch die folgenden Gesichtspunkte: Zum einen sind nach den gesetzlichen Vorschriften über die Gefährdungshaftung grundsätzlich nur Schäden an Leben, Leib und Eigentum ersatzfähig[263], so daß es gerade die Rechtsgüter des § 823 I BGB sind, zu deren Schutz die Tatbestände der Gefährdungshaftung geschaffen worden sind. Die Zuordnung des hier in Betracht zu ziehenden „Rechts am Arbeitsplatz" zum Schutzbereich des § 823 I BGB ist jedoch – wie schon oben (vgl. unter § 3 A I) dargelegt wurde - äußerst fragwürdig. Bereits vor diesem Hintergrund erscheint es zweifelhaft, den allgemeinen Rechtsgedanken der Gefährdungshaftung auf die Fälle der Wiedereinstellung anzuwenden. Zum anderen stößt ein auf den allgemeinen Rechtsgedanken der Gefährdungshaftung gestützter Wiedereinstellungsanspruch auch insoweit auf Bedenken, als für das Recht der Gefährdungshaftung das Enumerationsprinzip gilt. Der Gesetzgeber hat dem System spezialgesetzlicher Einzeltatbestände gegenüber einer gefährdungshaftungsrechtlichen Generalklausel den Vorzug gegeben. Mit dieser Entscheidung des Gesetzgebers ist es nicht zu vereinbaren, den allgemeinen Gedanken der Gefährdungshaftung auf nicht gesetzlich normierte Tatbestände anzuwenden[264], so daß ein Wiedereinstellungsanspruch hierauf nicht gestützt werden kann[265] [266].

---

263 Vgl. hiezu *Esser/Weyers*, Schuldrecht Besonderer Teil Bd. II/2, S. 273; *Larenz/Canaris*, Lehrbuch des Schuldrechts Bd. II/2, S. 602 f.

264 Vgl. dazu BGHZ 54, S. 332, 336 f.; 55, S. 229, 234. Ablehnend insoweit auch *Kort*, NZA 1996, S. 854, 856; kritisch aber *Deutsch*, JuS 1981, S. 317, 325.

265 Ablehnend insoweit auch *Hoefs*, Die Verdachtskündigung, S. 290 Fn. 86; *Honstetter*, Die Prognoseentscheidung des Arbeitgebers im Kündigungsrecht, S. 174; *Lisec*, Der Wiedereinstellungsanspruch des Arbeitnehmers nach betriebsbedingter Kündigung und Betriebsübergang, S. 49; *vom Stein*, RdA 1991, S. 85, 93 f.; *Westera*, Der Wiedereinstellungsanspruch nach wirksamer Kündigung, S. 34.

266 Abzulehnen ist auch die Ansicht von *Grünhage*, Die Pflicht des Arbeitgebers zur Einstellung und Wiedereinstellung von Arbeitnehmern, S. 147 ff., wonach der Wiedereinstellungsanspruch aus der Lehre vom Betriebsrisiko abzuleiten sei. Denn die Betriebsrisikolehre regelt den Fall der Unmöglichkeit der Arbeitsleistung und modifiziert hierbei die §§ 323 a. F., 615 BGB. Sie

IV. Anspruch auf Wiedereinstellung gemäß §§ 311 II, 241 II, 280 I, 249 S. 1 BGB

1. Die Verweigerung der Wiedereinstellung als Pflichtverletzung im Sinne des § 280 I BGB

Verweigert der Arbeitgeber nach Wegfall des Kündigungsgrundes die Neubegründung des Arbeitsverhältnisses durch Neuabschluß eines Arbeitsvertrages, stellt sich die Frage, ob dieses vertragsverweigernde Verhalten des Arbeitgebers als Pflichtverletzung im Sinne des § 280 I BGB qualifiziert werden kann, die dann möglicherweise über § 249 S. 1 BGB zu einem auf Wiedereinstellung gerichteten Schadensersatzanspruch des Arbeitnehmers führen könnte.

Lehnt der Arbeitgeber ein vom Arbeitnehmer – gegebenenfalls konkludent in Form eines Wiedereinstellungsbegehrens – abgegebenes Angebot auf Neuabschluß eines Arbeitsvertrages ab, stellt dies formal betrachtet den Abbruch von Verhandlungen zwischen Arbeitgeber und Arbeitnehmer hinsichtlich der vertraglichen Neubegründung des Arbeitsverhältnisses dar. Daß im Zusammenhang mit dem „Abbruch von Vertragsverhandlungen" in bestimmten Fällen ein Anspruch auf Schadensersatz entstehen kann, ist im Grundsatz anerkannt[267].

2. Das Erfordernis eines „qualifizierten Vertrauenstatbestandes"

Bestehen hinsichtlich der Einzelheiten der Voraussetzungen und Folgen eines derartigen Schadensersatzanspruches auch erhebliche Meinungsunterschiede, so ist doch eines unbestritten: Angesichts der Tatsache, daß die Unsicherheit über den Abschluß des Vertrages geradezu die Situation der Vertragsverhandlungen kennzeichnet und jeder Verhandlungspartner aufgrund der ihm zustehenden Vertragsfreiheit bis zum endgültigen Vertragsabschluß grundsätzlich das Recht hat, von dem in Aussicht genommenen Vertrag sanktionslos Abstand zu nehmen, kommt ein Schadensersatzanspruch im Zusammenhang mit einem Abbruch von Vertragsverhandlungen nur dann in Betracht, wenn der eine Vertragsteil bei dem anderen das Vertrauen geweckt hat, es

---

bestimmt lediglich, wer das Risiko der Gegenleistungspflicht zu tragen hat, stellt hingegen selber keine Rechtsgrundlage für einen Anspruch dar. Siehe auch *Hoefs*, Die Verdachtskündigung, S. 290 Fn. 86; *Honstetter*, Die Prognoseentscheidung des Arbeitgebers im Kündigungsrecht, S. 174; *vom Stein*, Fehleinschätzungen bei der Kündigung von Arbeitsverhältnissen, S. 116 ff.; *Strobel*, Die Rechtsfigur der Verdachtskündigung, S. 253 f.

267 Nach bisheriger Rechtslage wurde die Frage, ob der Abbruch von Vertragsverhandlungen einen Anspruch auf Schadensersatz begründen kann, im Zusammenhang mit dem „ungeschriebenen" Rechtsinstitut der culpa in contrahendo diskutiert, vgl. statt aller Palandt/*Heinrichs*, § 276 Rn. 72 ff. m. w. N. Nunmehr ist dieses Rechtsinstitut in den §§ 311 II, 241 II BGB mit der Haftungsnorm in § 280 I BGB gesetzlich geregelt. Diese Regelung baut auf der Entwicklung in der Rechtsprechung und Literatur auf, ohne ihr Grenzen setzen zu wollen. Für die Auslegung der §§ 311 II, 241 II, 280 I BGB kann deshalb weiterhin auf die bisherige Rechtsprechung und Literatur zur culpa in contrahendo rekurriert werden, vgl. hinsichtlich der entsprechenden Vorschriften des Regierungsentwurfes *Däubler-Gmelin*, NJW 2001, S. 2281, 2284; ähnlich – in bezug auf die entsprechenden Regelungen in der sogenannten konsolidierten Fassung des Diskussionsentwurfs – *Canaris*, JZ 2001, S. 499, 519.

werde mit Sicherheit zum Abschluß des Vertrages kommen[268]. Erforderlich ist mithin ein qualifizierter Vertrauenstatbestand.

Eine einen Schadensersatzanspruch begründende Pflichtverletzung im Sinne des § 280 I BGB kann in den hier interessierenden Fällen somit nur in Betracht kommen, wenn der Arbeitgeber (ausnahmsweise) zuvor beim Arbeitnehmer das berechtigte Vertrauen erweckt hat, daß es mit Sicherheit zum Neuabschluß eines Arbeitsvertrages kommen werde, wenn der Kündigungsgrund nach Ausspruch der Kündigung wegfällt. Fraglich erscheint in dieser Fallkonstellation jedoch, ob ein Vertragsschluß überhaupt als „sicher" hingestellt werden kann, wenn er von der Bedingung, daß es zu einem nachträglichen Wegfall des Kündigungsgrundes kommt, abhängig gemacht wird.

Aus der Sicht des vertrauenden Verhandlungspartners kommt es in erster Linie darauf an, daß der Abschluß des Vertrages bei dem anderen Verhandlungspartner nicht mehr in Frage steht, dieser sich vielmehr bereits für den Vertragsschluß entschieden hat. Die Gefahr, daß sich sein Geschäftspartner aus subjektiven, willkürlichen und nicht vorhersehbaren Gründen vom Vertragsschluß abwendet, besteht somit aus Sicht des vertrauenden Teils in dieser Situation nicht mehr. Wird der Vertragsschluß von objektiven, dem Willen des Verhandlungspartners entzogenen Voraussetzungen abhängig gemacht – wie dies bei der Bedingung des Wegfalls des Kündigungsgrundes regelmäßig der Fall ist - , führt dies zwar zu einem geringeren Grad an Sicherheit bezüglich des Vertragsschlusses, weil der Vertrag nur dann geschlossen werden soll, wenn die betreffenden Voraussetzungen erfüllt sind.

Der für den vertrauenden Vertragsteil entscheidende Gesichtspunkt, daß aus seiner Sicht sein Verhandlungspartner subjektiv fest zum Vertragsschluß entschlossen ist und somit eine aus subjektiven Gründen motivierte Abstandnahme vom Vertrag nicht mehr zu befürchten ist, gilt aber auch hier, weil der Vertragsschluß ja gerade nicht mehr vom Willen des Geschäftspartners, sondern lediglich vom Vorliegen objektiver Voraussetzungen abhängt. Ein qualifizierter, dahingehender Vertrauenstatbestand, daß es „mit Sicherheit" zu einem Vertragsschluß kommen werde, ist folglich auch dann möglich, wenn der Abschluß des Vertrages von der Bedingung, daß es nachträglich zu einem Wegfall des Kündigungsgrundes kommt, abhängig gemacht wird[269].

Fraglich ist darüber hinaus, wie das Verhalten des Arbeitgebers qualifiziert sein muß, damit es bei dem gekündigten Arbeitnehmer ein berechtigtes Vertrauen erwecken kann, es werde mit Sicherheit zum Neuabschluß eines Arbeitsvertrages und somit zur Wiedereinstellung kommen, wenn der Kündigungsgrund nachträglich wegfällt.

---

268 Vgl. nur *v. Craushaar*, JuS 1971, S. 127, 128; *Emmerich*, Münchener Kommentar, vor § 275, Rn. 160 f.; *ders.*, Das Recht der Leistungsstörungen, S. 67 f.; *ders.*, Jura 1987, S. 561, 564; *Hackl*, Vertragsfreiheit und Kontrahierungszwang, S. 49 f.; *Kaiser*, JZ 1997, S. 448, 449 f.; *Larenz*, Lehrbuch des Schuldrechts Bd. I, S. 108; Staudinger/*Löwisch*, Vorbem. zu §§ 275 ff. Rn. 66; *Reinicke/Tiedtke*, ZIP 1989, S. 1093 ff.; *Stoll*, Festschrift für v. Caemmerer, S. 435, 445; Soergel/*Wiedemann*, vor § 275 Rn. 130 sowie aus der Rechtsprechung BGH, MDR 1969, S. 641; NJW 1967, S. 2199; NJW 1970, S. 1840; NJW 1975, S. 43, 44; NJW 1975, S. 1774; BAG AP Nr. 4 zu § 276 BGB Verschulden bei Vertragsabschluß und BAG AP Nr. 9 zu § 276 BGB Verschulden bei Vertragsabschluß sowie BAG AP Nr. 8 zu § 1 BeschFG 1985.

269 Vgl. auch Soergel/*Wiedemann*, vor § 275 Rn. 136 sowie BAG AP Nr. 8 zu § 1 BeschFG 1985.

Keinesfalls ausreichend ist insoweit der bloße Ausspruch der Kündigung. Hiermit übt der Arbeitgeber lediglich ein Gestaltungsrecht aus, mit dem er gerade die Beendigung des Arbeitsverhältnisses herbeiführen möchte. Aus diesem Verhalten kann kein berechtigtes Vertrauen des Arbeitnehmers erwachsen, es werde zum Neuabschluß eines Arbeitsvertrages kommen, wenn der Grund der Kündigung nachträglich wegfällt[270]. An dieser Beurteilung ändert sich auch dann nichts, wenn lediglich der Kündigungsgrund im Sinne des § 1 KSchG genannt wird. Denn hierdurch soll für den gekündigten Arbeitnehmer lediglich die Entscheidung des Arbeitgebers transparent und nachvollziehbar gemacht, nicht jedoch die Wiedereinstellung für den Fall, daß der genannte Kündigungsgrund nachträglich entfällt, mit Sicherheit in Aussicht gestellt werden.

Macht der Arbeitgeber jedoch beispielsweise in einem Kündigungsschreiben weitschweifige Ausführungen über die tragische Entwicklung der wirtschaftlichen Situation des Unternehmens und betont er, daß ihn ausschließlich derartige Sachzwänge zur Kündigung gezwungen hätten, so kann sich hieraus ausnahmsweise im Einzelfall ein qualifiziertes Vertrauen des Arbeitnehmers ergeben, daß es mit Sicherheit zu einem Neuabschluß des Arbeitsvertrages kommen wird, wenn die die Kündigung tragenden Umstände nachträglich entfallen. Entsprechendes gilt, wenn der Arbeitgeber für diesen Fall ausdrücklich den Neuabschluß des Arbeitsvertrages als sicher in Aussicht stellt. In diesen Fällen wird sich das Verhalten des Arbeitgebers aber in aller Regel als rechtsverbindliches Angebot zum Abschluß eines auf Wiedereinstellung gerichteten Vorvertrages[271] beziehungsweise als rechtsverbindliche Wiedereinstellungszusage qualifizieren lassen[272], so daß es keiner Schadensersatz-haftung des Arbeitgebers gemäß §§ 311 II, 241 II, 280 I BGB bedarf[273].

Ein Schadensersatzanspruch nach §§ 311 II, 241 II, 280 I BGB im Zusammenhang mit der Weigerung des Arbeitgebers, den Arbeitnehmer nach Wegfall des Kündigungsgrundes wiedereinzustellen, kommt folglich nur dann in Betracht, wenn einerseits zwar ein qualifizierter Vertrauenstatbestand gegeben ist, aufgrund dessen der Arbeitnehmer berechtigterweise darauf vertrauen durfte, er werde mit Sicherheit wiedereingestellt, wenn der Kündigungsgrund entfällt, andererseits aber das Verhalten des

---

270 So auch bezüglich des Gesichtspunktes des venire contra factum proprium *Lisec*, Der Wiedereinstellungsanspruch des Arbeitnehmers nach betriebsbedingter Kündigung und Betriebsübergang, S. 13.

271 Vgl. hierzu die Ausführungen zur individualvertraglichen Wiedereinstellungsvereinbarung unter § 2 J.

272 Vgl. insoweit auch *Gottwald*, JuS 1982, S. 877, 879 sowie *Medicus*, Schuldrecht I, Rn. 107; *ders.*, Gutachten und Vorschläge zur Überarbeitung des Schuldrechts Bd. I, S. 479, 497 ff., nach deren Auffassung die Fallgruppe des „Abbruches von Vertragsverhandlungen" grundsätzlich nicht der Rechtsfigur der culpa in contrahendo zugeordnet werden soll. Vielmehr sei das Verhalten der Beteiligten daraufhin zu prüfen, ob es schon einen verbindlichen Antrag beziehungsweise einen Vertragsschluß enthält, so daß dann insoweit nicht mehr auf die culpa in contrahendo rekurriert werden müsse. Liege aber eine solche rechtliche Bindung nicht vor, scheide eine Haftung aus.

273 Hierauf weist – im Zusammenhang mit dem Gesichtspunkt des venire contra factum proprium – auch *Lisec*, Der Wiedereinstellungsanspruch des Arbeitnehmers nach betriebsbedingter Kündigung und Betriebsübergang, S. 13 hin.

Arbeitgebers kein rechtsverbindliches Angebot zum Abschluß eines Vorvertrages beziehungsweise keine rechtsverbindliche Wiedereinstellungszusage beinhaltet.

3. Voraussetzungen und Folgen der Sanktionierung des Abbruches von Vertragsverhandlungen

Abgesehen vom Erfordernis eines qualifizierten Vertrauenstatbestandes wird die Frage, unter welchen Voraussetzungen und mit welchen Folgen der „Abbruch von Vertragsverhandlungen" sanktioniert werden soll, höchst unterschiedlich beantwortet.

Larenz vertritt die Auffassung, daß die Fälle des Abbruchs von Vertragsverhandlungen gar nicht über die – nunmehr in §§ 311 II, 241 II, 280 I BGB geregelte - Rechtsfigur der culpa in contrahendo, sondern über eine verschuldensunabhängige Vertrauenshaftung zu lösen seien[274]. Begründet wird dies mit einer Analogie zu § 122 BGB. Wenn ein Verhandlungspartner sich im Rahmen der Vertragsverhandlungen zwar nicht rechtlich gebunden, sich aber tatsächlich so verhalten habe, daß der andere Teil berechtigterweise auf das sichere Zustandekommen des Vertrages vertrauen durfte und vertraut hat, so sei diese Situation dem Falle vergleichbar, daß der Vertrag zwar wirksam zustandegekommen ist, der eine Teil aber nachträglich seine Willenserklärung wegen Irrtums anficht. In beiden Fällen sei es von der Sache her gerechtfertigt, dem in seinem Vertrauen auf die entstandene beziehungsweise erwartete vertragliche Bindung enttäuschten Teil einen - durch das Erfüllungsinteresse begrenzten – Anspruch auf Ersatz des Vertrauensschadens zu gewähren[275]. Es handele sich somit nicht um eine Haftung aus Verschulden im Stadium der Vertragsverhandlungen, sondern um eine reine Vertrauenshaftung.

Bei der hier in Rede stehenden Fallkonstellation, daß der Arbeitgeber den Neuabschluß des Arbeitsvertrages bei einem nachträglichen Wegfall des Kündigungsgrundes als sicher in Aussicht gestellt hat, dann jedoch nach Eintritt dieser Bedingung die Wiedereinstellung verweigert und diesbezügliche Vertragsverhandlungen abbricht, könnte nach dieser Ansicht somit nicht die Wiedereinstellung, sondern lediglich Ersatz eines eventuell eingetretenen Vertrauensschadens verlangt werden. Eine tragfähige Grundlage für einen Anspruch auf Wiedereinstellung wäre hiernach folglich nicht gegeben.

Gegen die Meinung, die Fälle des Abbruchs von Vertragsverhandlungen seien im Wege einer Rechtsanalogie zu § 122 BGB im Sinne einer verschuldensunabhängigen Vertrauenshaftung zu lösen, ist allerdings einzuwenden, daß es an der für eine Rechtsanalogie erforderlichen Vergleichbarkeit[276] fehlt.

In den Fällen des § 122 BGB ist in aller Regel bereits ein Vertrag geschlossen, in den Fällen des Verhandlungsabbruchs ist dies gerade noch nicht geschehen. Der Vertrauenstatbestand bei bloßer Herbeiführung des Anscheins eines künftigen

---

274 *Larenz*, Lehrbuch des Schuldrechts Bd. I, S. 108; *ders.*, Festschrift für Ballerstedt, S. 397, 416 f.; ähnlich *Roth*, Münchener Kommentar, § 242 Rn. 346 f.

275 Ähnlich auch BGH, MDR 1961, S. 641, 642.

276 Vgl. nur *Larenz*, Methodenlehre der Rechtswissenschaft, S. 381.

Vertragsschlusses ist insoweit erheblich schwächer als bei Abgabe einer zwar anfechtbaren, aber wirksamen Willenserklärung. Des weiteren liegt im Irrtumsfall der zur Enttäuschung des Vertrauens führende Umstand – nämlich der Irrtum – von Anfang an vor, im Falle des Verhandlungsabbruchs kann der Umstand, der zum Abbruch und damit zur Enttäuschung des Vertrauens führt, erst später eintreten. Darüber hinaus ist zu bedenken, daß die Verletzung vertraglicher Pflichten grundsätzlich nur dann zu einem Schadensersatzanspruch führt, wenn ein Verschulden gegeben ist. Für die Verletzung vorvertraglicher Pflichten kann aber nichts anderes gelten[277].

Nach weit überwiegender Meinung sind die Fälle des Abbruchs von Vertragsverhandlungen der Rechtsfigur der culpa in contrahendo – nunmehr also dem Regelungsbereich der §§ 311 II, 241 II, 280 I BGB - zuzuordnen. Streitig ist hierbei allerdings, worin der Grund für die Haftung zu sehen ist.

Nach einer in der Literatur vertretenen Ansicht wird ausschließlich[278] oder zusätzlich[279] zur Möglichkeit einer pflichtwidrigen Begründung des Vertrauens bezüglich des Vertragsschlusses schon der bloße, ohne triftigen Grund erfolgende Abbruch der Vertragsverhandlungen als pflichtwidrig bezeichnet, wenn sich der Verhandlungspartner damit in Widerspruch dazu setzt, daß er in dem anderen zuvor zurechenbar – aber nicht pflichtwidrig – das Vertrauen in den sicheren Vertragsschluß begründet hat.

Auch die vom Bundesgerichtshof in diesem Zusammenhang in ständiger Rechtsprechung verwendete Formel, wonach ein Verhandlungspartner schadensersatzpflichtig aus culpa in contrahendo sei, wenn er durch sein Verhalten in dem anderen das berechtigte Vertrauen geweckt hat, es werde mit Sicherheit zum Vertragsschluß kommen und den Abschluß des Vertrages danach ohne triftigen Grund ablehnt[280], scheint darauf hinzudeuten, daß auch der Bundesgerichtshof schon den Abbruch der Vertragsverhandlungen als haftungsbegründend qualifiziert. Allerdings wird die Pflichtwidrigkeit in aller Regel nicht näher präzisiert. Ausgehend von der erwähnten Formel wird einmal mehr auf das im anderen Verhandlungspartner pflichtwidrig geweckte Vertrauen in den Vertragsschluß, einmal mehr auf den Abbruch der Vertragsverhandlungen ohne triftigen Grund abgestellt. Nur selten hat der Bundesgerichtshof explizit den grundlosen Abbruch der Vertragsverhandlungen als ausreichend erachtet und eine auf culpa in contrahendo gestützte Schadensersatzpflicht

---

277 Vgl. zur Kritik an der Analogie zu § 122 BGB für die Fälle des Verhandlungsabbruchs auch *Flume*, Allgemeiner Teil des Bürgerlichen Rechts Bd. II, S. 617; *Küpper*, Das Scheitern von Vertragsverhandlungen als Fallgruppe der culpa in contrahendo, S. 205 ff.; Staudinger/*Löwisch*, Vorbem. zu §§ 275 ff. Rn. 66; *Medicus*, Gutachten und Vorschläge zur Überarbeitung des Schuldrechts Bd. I, S. 479, 509 f.; *Nirk*, Festschrift für Möhring, S. 71, 81 ff.; *Reinicke/Tiedtke*, ZIP 1989, S. 1093, 1094; *Stoll*, Festschrift für v. Caemmerer, S. 435, 449; Soergel/*Wiedemann*, vor § 275 Rn. 133.

278 *Emmerich*, Münchener Kommentar, vor § 275 Rn. 164; *ders.*, Das Recht der Leistungsstörungen, S. 64; *Fikentscher*, Schuldrecht, Rn. 72; *Gottwald*, JuS 1982, S. 877, 879; *Hackl*, Vertragsfreiheit und Kontrahierungszwang, S. 50; Staudinger/*Löwisch*, Vorbem. zu §§ 275 ff. Rn. 66.

279 *Küpper*, Das Scheitern von Vertragsverhandlungen als Fallgruppe der culpa in contrahendo, S 173 ff. und 202 ff.; Soergel/*Wiedemann*, vor § 275 Rn. 135 f.

280 Vgl. BGH, NJW 1967, S. 2199; NJW 1970, S. 1840; NJW 1975, S. 43, 44; NJW 1975, S. 1774.

bejaht, obwohl der Verhandlungspartner das Vertrauen des anderen nicht pflichtwidrig geweckt hatte[281].

Wird bereits im Abbruch der Vertragsverhandlungen ohne triftigen Grund eine Pflichtverletzung im Sinne der §§ 311 II, 241 II, 280 I BGB erblickt, könnte der in seinem Vertrauen auf den Vertragsschluß enttäuschte Verhandlungspartner als Gläubiger des Schadensersatzanspruches verlangen, so gestellt zu werden, als hätte sein Verhandlungspartner die Verhandlungen nicht abgebrochen, § 249 S. 1 BGB. Da endloses Weiterverhandeln ohne Abschluß trotz Abschlußreife sinnlos und im Ergebnis dem grundlosen Abbruch von Vertragsverhandlungen vergleichbar wäre[282], richtete sich der Anspruch letztlich darauf, so gestellt zu werden, als hätte der Verhandlungspartner den in Aussicht genommenen Vertrag abgeschlossen. Der die Verhandlungen grundlos abbrechende Verhandlungspartner könnte also im Wege des Schadensersatzes auf Abschluß des Vertrages in Anspruch genommen werden[283].

In der hier in Rede stehenden Fallkonstellation könnte somit der Arbeitnehmer die Wiedereinstellung gemäß §§ 311 II, 241 II, 280 I, 249 S. 1 BGB verlangen, wenn der Arbeitgeber für den Fall, daß der Kündigungsgrund nachträglich entfällt, zunächst den Neuabschluß des Arbeitsvertrages als sicher in Aussicht gestellt hat, dann jedoch die Wiedereinstellung bei Eintritt dieser Bedingung ohne triftigen Grund verweigert.

Ein solcher Kontrahierungszwang wird jedoch nur sehr vereinzelt bejaht[284]. In aller Regel wird trotz Anknüpfung der Haftung an den bloßen Abbruch der Vertragsverhandlungen der Schadensersatzanspruch – inkonsequenterweise[285] - auf das negative Interesse beschränkt[286].

So führt beispielsweise *Stoll*[287] aus, die Haftung für das Vertrauensinteresse sei gewissermaßen das „schwächere Surrogat" für einen Kontrahierungszwang, der ja bedeuten würde, daß die verpflichtete Partei auf Abschluß des Vertrages verklagt werden könnte. Zur Rechtfertigung der Haftungsbeschränkung auf das negative Interesse als „schwächeres Surrogat" für einen Kontrahierungszwang verweist er auf

---

281 Vgl. BGH, MDR 1961, S. 641, 642; NJW 1985, S. 1778, 1780 f.; ZIP 1989, S. 514, 517.

282 Siehe hierzu *Küpper*, Das Scheitern der Vertragsverhandlungen als Fallgruppe der culpa in contrahendo, S. 220.

283 Vgl. zu diesem Gedankengang *Kaiser*, JZ 1997, S. 448, 453; *Reinicke/Tiedtke*, ZIP 1989, S. 1093, 1097; ähnlich auch *Medicus*, Gutachten und Vorschläge zur Überarbeitung des Schuldrechts Bd. I, S. 479, 497 f.

284 *Hackl*, Vertragsfreiheit und Kontrahierungszwang, S. 50 f.; *v. Craushaar*, JuS 1971, S. 127, 130, der die Verpflichtung zum Vertragsschluß aus culpa in contrahendo insoweit nicht über § 249 BGB, sondern über eine analoge Anwendung der §§ 116 S. 1, 179 I BGB begründet. Ein Kontrahierungszwang aus culpa in contrahendo wird auch bejaht von BAG AP Nr. 8 zu § 1 BeschFG.

285 Vgl. auch *Medicus*, Gutachten und Vorschläge zur Überarbeitung des Schuldrechts Bd. I, S. 479, 498.

286 *Emmerich*, Münchener Kommentar, vor § 275 Rn. 165 und 207; Staudinger/*Löwisch*, Vorbem. zu §§ 275 ff. Rn. 74 f.; *Stoll*, Festschrift für v. Caemmerer, S. 435, 446, 451; Soergel/*Wiedemann*, vor § 275 Rn. 139.

287 *Stoll*, Festschrift für v. Caemmerer, S. 435, 446.

die gesetzlichen Vorschriften über das Verlöbnis (§§ 1297 ff. BGB). Hieraus gehe hervor, daß der Rechtsordnung eine beschränkte Bindung potentieller Vertragspartner dahingehend, daß die Verweigerung des Vertragsschlusses ohne wichtigen Grund nur um den Preis der Vertrauenshaftung zulässig ist (§ 1298 BGB), nicht unbekannt sei[288]. Nach *Löwisch*[289] beschränkt sich die Haftung in den Fällen des Verhandlungsabbruchs auf den Ersatz des Vertrauensschadens, weil ein Ersatz des Erfüllungsinteresses wirtschaftlich einem Kontrahierungszwang gleichkomme, „der nicht gewollt sein könne."

Bei Zugrundelegung dieser – wenig überzeugenden - Ausführungen könnte der Arbeitnehmer, der berechtigt darauf vertraut hat, er werde wiedereingestellt, wenn der Kündigungsgrund nachträglich entfällt und demgegenüber der Arbeitgeber den Neuabschluß des Arbeitsvertrages nach Eintritt dieser Bedingung verweigert, lediglich Ersatz des ihm gegebenenfalls entstandenen Vertrauensschadens verlangen. Er wäre dann so zu stellen, wie er stünde, wenn er nicht auf den Neuabschluß des Arbeitsvertrages nach Wegfall des Kündigungsgrundes vertraut hätte. Ein Anspruch auf Wiedereinstellung im Sinne einer Neubegründung des Arbeitsverhältnisses durch Neuabschluß eines Arbeitsvertrages gemäß §§ 311 II, 241 II, 280 I, 249 S. 1 BGB wäre folglich ausgeschlossen.

Ob von einer solchen Haftungsbeschränkung auf das negative Interesse auszugehen oder vielmehr aufgrund des bloßen Abbruchs der Vertragsverhandlungen ohne triftigen Grund ein Kontrahierungszwang aus §§ 311 II, 241 II, 280 I, 249 S. 1 BGB anzunehmen ist, kann letztlich offenbleiben. Denn nach zutreffender Ansicht besteht das pflichtwidrige und zum Schadensersatz verpflichtende Verhalten nicht in dem bloßen Abbruch der Vertragsverhandlungen ohne triftigen Grund, sondern einzig und allein darin, daß der Verhandlungspartner das Vertrauen des anderen in den Vertrags-schluß pflichtwidrig hervorgerufen beziehungsweise aufrechterhalten hat[290]. Bei einem solchen Verständnis stellt sich auf der Rechtsfolgenebene jedoch – wie sogleich zu zeigen sein wird – die Frage nach einem Kontrahierungszwang nicht.

An den bloßen Abbruch der Vertragsverhandlungen ohne triftigen Grund kann eine Haftung gemäß §§ 311 II, 241 II, 280 I, 249 S. 1 BGB nicht geknüpft werden, weil jeder Verhandlungspartner wegen des Grundsatzes der Vertragsfreiheit das Recht hat, von dem in Aussicht genommenen Vertragsschluß Abstand zu nehmen. Durch die Vertragsverhandlungen entsteht folglich auch dann noch keine Bindung hinsichtlich des Vertragsschlusses, wenn dieser von einem Verhandlungspartner als „sicher" hingestellt wird. Eine diesbezügliche Selbstbindung kommt nur in Betracht, wenn ein auf den Vertragsschluß gerichteter Vorvertrag oder ein entsprechender bindender Antrag gemäß § 145 BGB vorliegt. Ohne eine derartige Selbstbindung ist aber jeder

---

288 Kritisch hierzu insbesondere *Medicus*, Gutachten und Vorschläge zur Überarbeitung des Schuldrechts Bd. I, S. 479, 498, der zutreffenderweise betont, daß beim Verlöbnis ein Erfüllungsanspruch wegen der Freiheit der Eheschließung versagt werde, dagegen die Abschlußfreiheit beim vorvertraglichen Vertrauensverhältnis nicht mit gleicher Notwendigkeit gewahrt werden müsse.

289 Staudinger/*Löwisch*, Vorbem. zu §§ 275 ff. Rn. 74 f.

290 Vgl. insbesondere *Flume*, Allgemeiner Teil des Bürgerlichen Rechts Bd. II, S. 617; *Kaiser*, JZ 1997, S. 448, 449 f.; *Reinicke/Tiedtke*, ZIP 1989, S. 1093, 1094 ff.

Verhandlungspartner darin frei, die Vertragsverhandlungen fortzuführen und gegebenenfalls den Vertrag abzuschließen oder aber die Vertragsverhandlungen abzubrechen. Besteht insoweit keine Abschlußpflicht, dann steht die Verweigerung des Abschlusses und somit auch der Abbruch der Vertragsverhandlungen im Belieben jedes Verhandlungspartners, so daß es weder pflichtwidrig noch schuldhaft sein kann, die Vertragsverhandlungen abzubrechen[291].

Das die Haftung begründende Verhalten ist vielmehr darin zu erblicken, daß der Verhandlungspartner das Vertrauen des anderen, es werde mit Sicherheit zum Vertragsschluß kommen, pflichtwidrig hervorgerufen beziehungsweise aufrechterhal-ten hat: Durch die Aufnahme der Vertragsverhandlungen wird ein vorvertragliches gesetzliches Schuldverhältnis im Sinne des § 311 II Nr. 1 BGB begründet, das gemäß § 241 II BGB jeden Verhandlungspartner zur Rücksicht auf die Rechte, Rechtsgüter und Interessen des anderen Teils verpflichtet[292].

Diese Pflicht wird in der hier interessierenden Fallkonstellation zum einen dann verletzt, wenn ein Verhandlungspartner den anderen unrichtig über seine innere Einstellung zum Abschluß des Vertrages unterrichtet, indem er ihm mitteilt, er sei zum Vertragsschluß fest entschlossen, obwohl dies nicht der Fall ist. Zum anderen kommt eine Verletzung dieser Pflicht zur Rücksichtnahme in Betracht, wenn ein Verhandlungspartner zunächst zwar wahrheitsgemäß erklärt, er sei zum Abschluß des Vertrages fest entschlossen, er aber später seine Pläne ändert und es unterläßt, dem anderen mitzuteilen, er wolle den Vertrag nunmehr doch nicht respektive nur noch möglicherweise schließen.

Inhalt eines auf einer solchen Pflichtverletzung gestützten Schadensersatzanspruches nach §§ 311 II, 241 II, 280 I BGB ist nach Maßgabe des schadensrechtlichen Grundsatzes der Naturalrestitution (§ 249 S. 1 BGB), den in seinem Vertrauen auf den Vertragsschluß enttäuschten Verhandlungspartner so zu stellen, wie er ohne den zum Schadensersatz führenden Umstand stünde. Wäre dieser aber richtig und pflichtgemäß über die fehlende oder nicht mehr bestehende Entschlossenheit seines Gegenübers zum Vertragsschluß informiert worden, wäre der Vertrag ebensowenig zustandegekommen wie dies bei der falschen oder unterlassenen Information der Fall war.

Übertragen auf die hier zu beurteilende Fallkonstellation bedeutet dies, daß der in seinem berechtigten Vertrauen auf Wiedereinstellung nach Wegfall des Kündigungsgrundes enttäuschte Arbeitnehmer über einen auf §§ 311 II, 241 II, 280 I, 249 S. 1 BGB gestützten Schadensersatzanspruch vom Arbeitgeber nicht die Wiedereinstellung durch Neuabschluß des Arbeitsvertrages, sondern lediglich Ersatz eines ihm eventuell entstandenen Vertrauensschadens verlangen kann[293].

---

291 Vgl. *Flume*, Allgemeiner Teil des Bürgerlichen Rechts Bd. II, S. 617; *Grunewald*, JZ 1984, S. 708, 710; *Kaiser*, JZ 1997, S. 448, 449 sowie *Larenz*, Lehrbuch des Schuldrechts Bd. I, S. 108.

292 Vgl. auch *Larenz*, Lehrbuch des Schuldrechts Bd. I, S. 106 und 109 ff.

293 Siehe in diesem Zusammenhang auch *Lisec*, Der Wiedereinstellungsanspruch des Arbeitnehmers nach betriebsbedingter Kündigung und Betriebsübergang, S. 48.

V. Anspruch auf Wiedereinstellung gemäß §§ 241 II, 280 I BGB[294]

Verweigert der Arbeitgeber die Wiedereinstellung des Arbeitnehmers in Fällen, bei denen im Zeitpunkt des Zugangs der Kündigungserklärung zunächst ein Sachverhalt vorlag, aufgrund dessen die Kündigung rechtswirksam war, in dem Zeitraum bis zur Beendigung des Arbeitsverhältnisses jedoch neue Tatsachen eintreten, die zur Rechtsunwirksamkeit der Kündigung geführt hätten, wenn die Kündigung nach den geänderten Umständen zu beurteilen wäre, liegt der Gedanke nahe, hierin eine Pflichtverletzung des Arbeitgebers zu erblicken, die nach §§ 241 II, 280 I BGB zu einem Anspruch des Arbeitnehmers auf Schadensersatz führen könnte. Nach § 249 S. 1 BGB hätte der Arbeitgeber dann den Zustand herzustellen, der bestehen würde, wenn der zum Ersatz verpflichtende Umstand nicht eingetreten wäre (Naturalrestitution).

Auf den Wiedereinstellungsanspruch des Arbeitnehmers angewandt, könnte die Pflicht zur Naturalrestitution im Sinne des § 249 S. 1 BGB dann dahingehend interpretiert werden, daß der schadensersatzpflichtige Arbeitgeber zum Vertragsschluß und damit zur Wiedereinstellung verpflichtet ist, weil er nach Maßgabe des § 249 S. 1 BGB den Zustand herzustellen hat, der ohne den zum Ersatz verpflichtenden Umstand, mithin ohne die Pflichtverletzung in Gestalt der Vertragsverweigerung nach Wegfall des Kündigungsgrundes, eingetreten wäre. Dies aber wäre der Zustand eines zwischen Arbeitgeber und Arbeitnehmer bestehenden Arbeitsverhältnisses, was wiederum einen – nun im Wege der Naturalrestitution zu vollziehenden – Vertragsschluß voraussetzt.

Voraussetzung eines auf §§ 241 II, 280 I BGB zu stützenden Anspruchs auf Wiedereinstellung ist zunächst, daß der Arbeitgeber durch seine Weigerung, den nach Zugang der Kündigung und vor Beendigung des Arbeitsverhältnisses neu eingetretenen Tatsachen durch die Wiedereinstellung des Arbeitnehmers Rechnung zu tragen, die ihm gemäß § 241 II BGB obliegende Pflicht zur Rücksicht auf die Rechte, Rechtsgüter und Interessen des Arbeitnehmers verletzt[295]. Da das Arbeitsverhältnis vom Zugang der Kündigungserklärung bis zur endgültigen Beendigung durch Ablauf der Kündigungsfrist mit allen Rechten und Pflichten fortbesteht, ist der Arbeitgeber während dieses Zeitraums auch an eine ihm gemäß § 241 II BGB obliegende Pflicht zur Rücksicht auf die Rechte, Rechtsgüter und Interessen des Arbeitnehmers gebunden.

Der auf einer Verletzung dieser Pflicht basierende Ansatz, einen schadensersatzrechtlichen Anspruch auf Wiedereinstellung zu begründen, erweist sich jedoch als nicht tragfähig. Wird die Vertragsverweigerung durch den Arbeitgeber nach Wegfall des Kündigungsgrundes als Verletzung der ihm gemäß § 241 II BGB obliegenden Pflicht zur Rücksicht auf die Rechte, Rechtsgüter und Interessen des Arbeitnehmers

---

[294] §§ 241 II, 280 I BGB - gegebenenfalls in Verbindung mit §§ 281, 282 BGB - regeln nunmehr das bisher „ungeschriebene“ Rechtsinstitut der positiven Forderungsverletzung. Auch diese Regelungen bauen auf der Entwicklung in Rechtsprechung und Literatur auf. Für die Auslegung kann deshalb auf die bisherige Rechtsprechung und Literatur zur positiven Forderungsverletzung zurückgegriffen werden. Vgl. hinsichtlich der entsprechenden Vorschriften des Regierungsentwurfes *Däubler-Gmelin*, NJW 2001, S. 2281, 2284.

[295] Vgl. hierzu auch *Oetker*, ZIP 2000, S. 643, 646 ff. Siehe außerdem *vom Stein*, RdA 1991, S. 85, 87 f., der in diesem Zusammenhang von der Pflicht zur gegenseitigen Unterstützung spricht.

qualifiziert, dann setzt dies denknotwendig voraus, daß diese Pflicht in dieser konkreten Situation vom Arbeitgeber die Wiedereinstellung verlangt, der Arbeitgeber mithin aufgrund der aus § 241 II BGB fließenden Pflicht zur Neubegründung des Arbeitsverhältnisses verpflichtet ist. Mit anderen Worten: Nur wenn aufgrund der Pflicht zur Rücksicht auf die Rechte, Rechtsgüter und Interessen des Arbeitnehmers insoweit eine Pflicht des Arbeitgebers zur Wiedereinstellung besteht, kann in der Vertragsverweigerung eine Pflichtverletzung im Sinne des § 280 I BGB liegen.

Dies bedeutet aber, daß die Verletzung einer Wiedereinstellungspflicht gerade die Voraussetzung eines auf §§ 241 II, 280 I BGB beruhenden Schadensersatzanspruches ist, der diese Pflicht über § 249 S. 1 BGB erst begründen soll. Bereits im haftungsbegründenden Tatbestand wird somit die Pflicht zur Wiedereinstellung vorausgesetzt, die sich als Rechtsfolge über den Grundsatz der Naturalrestitution gemäß § 249 S. 1 BGB erst ergeben soll. Dies ist unter dogmatischen Gesichtspunkten nicht haltbar[296]. Ein Wiedereinstellungsanspruch läßt sich somit nicht auf eine Pflichtverletzung gemäß §§ 241 II, 280 I BGB stützen[297].

VI. Kontrahierungszwang und Naturalrestitution

Unabhängig von den bisher im Zusammenhang mit den einzelnen, auf Schadensersatz gerichteten Grundlagen zur Begründung eines Wiedereinstellungsanspruchs vorgetragenen Bedenken sieht sich die Begründung einer Verpflichtung zum Vertragsschluß im Wege der schadensrechtlichen Naturalrestitution grundsätzlich gewichtigen dogmatischen Einwänden ausgesetzt, die jedoch oftmals nicht hinreichend wahrgenommen beziehungsweise berücksichtigt werden.

So wird es nach einer Auffassung ohne weiteres für möglich gehalten, daß sich über den Weg der Naturalrestitution ein Zwang zum Kontrahieren ergeben kann[298]. Teilweise wird der Grundsatz der Naturalrestitution hierbei sogar dahingehend interpretiert, daß ein Schadenseintritt durch die Vertragsverweigerung nicht abgewartet werden müsse, sondern auch ein erst in Zukunft drohender Schaden aufgrund einer

---

296 Vgl. – in bezug auf die Frage, ob sich ein Wiedereinstellungsanspruch auf das „ungeschriebene" Rechtsinstitut der positiven Forderungsverletzung stützen läßt - auch *Heilmann*, Verdachtskündigung und Wiedereinstellung nach Rehabilitierung, S. 92; *Lisec*, Der Wiedereinstellungsanspruch des Arbeitnehmers nach betriebsbedingter Kündigung und Betriebsübergang, S. 48 Fn. 385.

297 So im Ergebnis – bezüglich der positiven Forderungsverletzung - auch *Lisec*, Der Wiedereinstellungsanspruch des Arbeitnehmers nach betriebsbedingter Kündigung und Betriebsübergang, S. 48; ablehnend insoweit auch *Boewer*, NZA 1999, S. 1121, 1129.

298 Vgl. BAG AP Nr. 1 zu § 62 MTL II; BGHZ 21, S. 1, 7 f.; 36, S. 91, 100; 44, S. 279, 283; 49, S. 90, 98 f.; 69, S. 59, 60; BGH, NJW 1973, S. 280, 282; BGH, NJW 1976, S. 801, 803; *Becker*, in: Kittner/Zwanziger, Arbeitsrecht, Handbuch für die Praxis, § 30 Rn. 45; *Boemke/Gründel*, ZfA 2001, S. 245, 256; *Emmerich*, Die AG 1976, S. 92, 99; *Hackl*, Vertragsfreiheit und Kontrahierungszwang, S. 38 f.; *Heilmann*, Verdachtskündigung und Wiedereinstellung nach Rehabilitierung, S. 90 ff.; *G. Hueck*, Der Grundsatz der gleichmäßigen Behandlung im Privatrecht, S. 322; Jauernig/*Jauernig*, vor § 145 Rn. 11 f.; *Leidinger*, WRP 1995, S. 462, 465 f.; *Molitor*, SAE 1957, S. 5, 7. Hiervon geht offensichtlich auch *Lisec*, Der Wiedereinstellungsanspruch des Arbeitnehmers nach betriebsbedingter Kündigung und Betriebsübergang, S. 48 aus.

zukünftigen Verweigerung eines Vertragsschlusses mittels eines bereits gegenwärtig bestehenden Kontrahierungsanspruches vermieden werden könne[299]. Begründet wird diese Interpretation damit, daß der Sinn der Naturalrestitution im Sinne des § 249 S. 1 BGB nicht lediglich darin bestehe, die aus einer Vertragsver-weigerung bereits entstandenen Schäden zu kompensieren, sondern auch darin, den Eintritt zukünftiger Schäden zu verhüten[300].

Die Begründung eines solcherart in die Zukunft gerichteten, präventiven Kontrahierungszwangs im Wege der Naturalrestitution ist keinesfalls haltbar. Sie widerspricht dem Ausgleichsgedanken, der dem Schadensrecht des Bürgerlichen Gesetzbuches zugrundeliegt und im Grundsatz der Naturalrestitution zum Ausdruck kommt. Die Schadensersatzleistung soll die entstandenen Nachteile kompensieren, dem Geschädigten soll der ihm entstandene Schaden ersetzt werden. Es geht somit darum, bereits eingetretene Schäden, die auf bereits erfolgten Verletzungshandlungen beruhen, auszugleichen und nicht darum, in der Zukunft möglicherweise erst auftretende Schäden vorbeugend zu verhindern[301].

Nach richtiger Auffassung ist jedoch nicht nur diese weite, mit dem Wortlaut und dem Grundgedanken des § 249 S. 1 BGB nicht zu vereinbarende Interpretation abzulehnen, sondern dem Prinzip der schadensrechtlichen Naturalrestitution grundsätzlich die Eignung abzusprechen, das Instrumentarium des Kontrahierungszwangs in dogmatisch zufriedenstellender Weise verankern zu können.

Zwar kann gegen die Herleitung des Kontrahierungszwangs als Form eines Schadensersatzanspruchs in bezug auf den Wiedereinstellungsanspruch nicht eingewandt werden, daß in diesem Fall die Naturalrestitution in der Herstellung eines Zustandes bestehen müßte, den es vorher überhaupt nicht gab[302]. Denn einerseits geht es in der hier in Rede stehenden Fallkonstellation ja darum, den Arbeitnehmer durch Neubegründung eines Arbeitsverhältnisses wieder einzustellen, so daß hiermit durchaus ein Zustand hergestellt wird, den es vorher, nämlich vor der Beendigung des Arbeitsverhältnisses, schon gab. Andererseits ergibt sich aber bereits aus dem Wortlaut des § 249 S. 1 BGB („den Zustand herzustellen, der bestehen würde"), daß der Naturalrestitution

---

299 So insbesondere *Hackl*, Vertragsfreiheit und Kontrahierungszwang, S. 39; *Möhring*, DB 1974, S. 223, 224; ähnlich BGHZ 44, S. 279, 283. Siehe darüber hinaus *Nipperdey*, Kontrahierungszwang und diktierter Vertrag, S. 57 f., S. 66 und S. 96 ff., der den Kontrahierungszwang allerdings nicht aus dem Grundsatz der Naturalrestitution, sondern aus dem der „Naturalprästation" herleitet.

300 *Hackl* und *Möhring*, jeweils a. a. O.

301 Im Ergebnis ebenso *Belke*, Die Geschäftsverweigerung im Recht der Wettbewerbsbeschränkungen, S. 423; *Bezzenberger*, AcP Bd. 196 (1996), S. 395, 428; *Bydlinski*, AcP Bd. 180 (1980), S. 1, 11; *Ehlers*, Die Problematik des Kontrahierungszwangs in der Wettbewerbsordnung, S. 190 f.; *U. Scholz*, Kontrahierungszwang in der Versorgungswirtschaft, S. 105; *Vykydal*, Der kartellrechtliche Kontrahierungszwang, S. 209 f.

302 Vgl. zu diesem Einwand *Kilian*, AcP Bd. 180 (1980), S. 47, 82; *Otto*, Personale Freiheit und soziale Bindung, S. 35.

ein hypothetisches Element anhaftet, so daß gegebenenfalls durchaus die Herstellung eines zuvor nie dagewesenen Zustandes geboten sein kann[303].

Der entscheidende Einwand gegen die Begründung einer Verpflichtung zum Vertragsschluß im Wege der Naturalrestitution besteht vielmehr darin, daß der Kontrahierungszwang wesensmäßig gar nicht die - die Naturalrestitution und den mit ihr verbundenen Ausgleichsgedanken auszeichnende - Kompensation eines infolge einer Verletzungshandlung eingetretenen Schadens zum Gegenstand hat. Anders als das in die Vergangenheit, nämlich auf einen eingetretenen Schaden aufgrund einer erfolgten Verletzungshandlung, gerichtete Schadensrecht ist das Instrumentarium des Kontrahierungszwangs zukunftsorientiert. Die Verpflichtung zum Vertragsschluß stellt sich insoweit als eine „in die Zukunft gerichtete Beseitigung der funktionswidrigen Hemmung des Vertragsprozesses durch den Vertragsverweigerer"[304] dar.

Folglich geht es beim Zwang zum Kontrahieren wesensmäßig nicht um die Herstellung des Zustandes, der bestehen würde, wenn der zum Ersatz verpflichtende – und in der Vergangenheit liegende – Umstand nicht eingetreten wäre (Naturalrestitution nach § 249 S. 1 BGB), und somit nicht um eine Schadenskompensation, sondern um eine im Wege des Vertragsschlusses herbeizuführende, in die Zukunft gerichtete „Aufstokkung" des Kreises der dem Vertragsinteressenten zuzuordnenden Rechtspositionen.

Aufgrund dieser elementaren und nicht zu vereinbarenden Unterschiede zwischen dem Tatbestand des Kontrahierungszwangs einerseits und demjenigen der Schadensregulierung andererseits ist es ausgeschlossen, über den Weg der schadensrechtlichen Naturalrestitution eine Verpflichtung zum Vertragsschluß zu begründen. Das in die Vergangenheit gerichtete Schadensrecht ist dort überfordert und daher ungeeignet, wo es zur Lösung von Problemstellungen herangezogen wird, die einen Zukunftsbezug aufweisen. Die Rechtsfolge des Schadensersatzes trägt somit die Verpflichtung zum Vertragsschluß nicht[305].

Vor diesem Hintergrund kann sich die Verpflichtung des vertragsverweigernden Arbeitgebers zum Vertragsschluß und damit zur Wiedereinstellung grundsätzlich nicht aus einem Schadensersatzanspruch des Arbeitnehmers ergeben[306].

---

303 Siehe *Esser/Schmidt*, Schuldrecht Bd. I/2, S. 185, Palandt/*Heinrichs*, § 249 Rn. 1 und RGZ 108, S. 58, 59.

304 So *Busche*, Privatautonomie und Kontrahierungszwang, S. 223.

305 Im Ergebnis ebenso *Bartodziej*, ZGR 1991, S. 517, 519 (zum Anspruch auf Mitgliedschaft in Vereinen und Verbänden); *Busche*, Privatautonomie und Kontrahierungszwang, S. 223 f.; *Kilian*, AcP Bd. 180 (1980), S. 47, 82; *ders.*, ZHR Bd. 142 (1978), S. 453, 481; danach differenzierend, ob in der Vergangenheit bereits eine Vertragsverweigerung erolgte oder erst in Zukunft zu vermeidende Vertragsverweigerungen im Raum stehen: *Belke*, Die Geschäftsverweigerung im Recht der Wettbewerbsbeschränkungen, S. 423; *Bydlinski*, AcP Bd. 180 (1980), S. 1, 11; *U. Scholz*, Kontrahierungszwang in der Versorgungswirtschaft, S. 105.

306 Siehe auch *Lisec*, Der Wiedereinstellungsanspruch des Arbeitnehmers nach betriebsbedingter Kündigung und Betriebsübergang, S. 49.

VII. Zwischenergebnis

Der Anspruch auf Wiedereinstellung läßt sich dogmatisch nicht auf der Ebene des Schadensersatzrechts verankern. Die Tatbestände der §§ 823 I, 826 BGB sind bei den hier in Rede stehenden Fallkonstellationen nicht erüllt. Eine Gefährdungshaftung des Arbeitgebers scheidet im Hinblick auf das für das Recht der Gefährdungshaftung geltende Enumerationsprinzip aus.

Auch auf §§ 311 II, 241 II, 280 I, 249 S. 1 BGB läßt sich ein Wiedereinstellungsanspruch unter Hinweis auf einen Abbruch von Vertragsverhandlungen nicht stützen. Denn einerseits setzt dies einen qualifizierten Vertrauenstatbestand voraus, der in der Regel nicht vorliegt. Andererseits ist das beim Abbruch von Vertragsverhandlungen die Haftung begründende Verhalten allein darin zu erblicken, daß der Verhandlungspartner das Vertrauen des anderen, es werde mit Sicherheit zum Vertragsschluß kommen, pflichtwidrig hervorgerufen beziehungsweise aufrechterhalten hat. Wäre dieser aber richtig und pflichtgemäß über die fehlende oder nicht mehr bestehende Entschlossenheit seines Gegenübers zum Vertragsschluß informiert worden, wäre der Vertrag ebensowenig zustandegekommen wie dies bei der falschen oder unterlassenen Information der Fall war.

§§ 241 II, 280 I BGB scheiden ebenfalls als Grundlage für einen Anspruch auf Wiedereinstellung aus. Soll die Vertragsverweigerung durch den Arbeitgeber nach Wegfall des Kündigungsgrundes als Verletzung der ihm gemäß § 241 II BGB obliegenden Pflicht zur Rücksicht auf die Rechte, Rechtsgüter und Interessen des Arbeitnehmers qualifiziert werden, setzt dies voraus, daß diese Pflicht in dieser konkreten Situation vom Arbeitgeber die Wiedereinstellung verlangt. Die Verletzung einer Wiedereinstellungspflicht ist Voraussetzung eines auf §§ 241 II, 280 I BGB beruhenden Schadensersatzanspruches, der diese Pflicht über § 249 S. 1 BGB erst begründen soll.

Schließlich bestehen gewichtige dogmatische Einwände gegen eine Vertragsbegründung im Wege der Naturalrestitution. Denn der Kontrahierungszwang hat wesensmäßig gar nicht die - die Naturalrestitution und den mit ihr verbundenen Ausgleichsgedanken auszeichnende - Kompensation eines infolge einer Verletzungshandlung eingetretenen Schadens zum Gegenstand. Anders als das in die Vergangenheit gerichtete Schadensrecht ist das Instrumentarium des Kontrahierungszwangs zukunfts-orientiert.

C. Der Wiedereinstellungsanspruch und der Grundsatz von Treu und Glauben, § 242 BGB

Nach weit verbreiteter Ansicht ist der Anspruch des Arbeitnehmers auf Wiedereinstellung im normativen Umfeld des § 242 BGB dogmatisch zu verankern[307].

---

307 Vgl. *Beckschulze*, DB 1998, S. 417, 419; MünchArbR/*Berkowsky*, § 134 Rn. 84 f.; *Boewer*, NZA 1999, S. 1121, 1128; *Bram/Rühl*, NZA 1990, S. 753, 754 f.; *Hueck/v. Hoyningen-Huene*, KSchG, § 1 Rn. 156b; *A. Hueck*, Festschrift für Hedemann, S. 131, 147 ff.; *ders.*, Anm. zu BGH AP Nr. 2 zu § 611 BGB Fürsorgepflicht; *Junker*, Grundkurs Arbeitsrecht, Rn. 186; APS/*Kiel*, § 1 KSchG Rn. 788 f.; *Kittner*, in: Kittner/Däubler/Zwanziger, KSchR (4. Auflage), § 1 KSchG

Einerseits erfolgt der Rekurs auf § 242 BGB im Hinblick auf seine Ergänzungsfunktion[308]. § 242 BGB dient insoweit der Begründung von Nebenpflichten. Dieser Argumentationsstrang zielt im vorliegenden Zusammenhang darauf ab, die aus § 242 BGB abgeleiteten Verhaltenspflichten des Arbeitgebers zur Rechtsgrundlage für einen Wiedereinstellungsanspruch zu erheben[309].

Andererseits wird auf § 242 BGB hinsichtlich seiner Schrankenfunktion zurückgegriffen[310], wonach der Grundsatz von Treu und Glauben einen allen Rechten und Rechtspositionen immanente Schranke bildet. Aus § 242 BGB ergibt sich insoweit das Verbot unzulässiger Rechtsausübung in seinen unterschiedlichen Erscheinungsformen. Im vorliegenden Kontext verfolgt dieser Ansatz das Ziel, das Verhalten des Arbeitgebers als mißbräuchlich zu stigmatisieren, wenn er trotz Wegfalls des Kündigungsgrundes nicht die Fortsetzung des Arbeitsverhältnisses anbietet beziehungsweise sich nicht mit einem entsprechenden Vertragsangbot des Arbeitnehmers einverstanden erklärt. Im Vordergrund steht hierbei ein – in der Regel nicht näher ausgeführtes – Anknüpfen an das Vertrauensschutzprinzip beziehungsweise an das Verbot widersprüchlichen Verhaltens (venire contra factum proprium)[311], das als Ausprägung des Vertrauensschutzgedankens anzusehen ist[312].

Rn. 56a; *Larenz*, Anm. zu BAG AP Nr. 3 und 4 zu § 611 BGB Fürsorgepflicht; *Loritz*, RdA 1987, S. 65, 71; *Oetker*, ZIP 2000, S. 643, 646 ff.; *Preis*, Prinzipien des Kündigungsrechts bei Arbeitsverhältnissen, S. 351 f.; *ders.*; DB 1988, S. 1387, 1392 f.; *Walker*, SAE 1998, S. 103, 106; *Wank*, Anm. zu BAG AP Nr. 2 zu § 1 KSchG 1969 Soziale Auswahl; *Westera*, Der Wiedereinstellungsanspruch nach wirksamer Kündigung, S. 37 f.; *Zwanziger*, in: Kittner/Däubler/Zwanziger, KSchR, Einl. Rn. 390a sowie aus der Rechtsprechung insbesondere BAG AP Nr. 1 zu § 1 KSchG 1969 Wiedereinstellung; BAG AP Nr. 6 zu § 1 KSchG 1969 Wiedereinstellung; LAG Düsseldorf, LAGE § 1 KSchG Betriebsbedingte Kündigung Nr. 35, S. 3 f.; LAG Köln, LAGE § 611 BGB Einstellungsanspruch Nr. 1, S. 6.

308 Vgl. zur Ergänzungsfunktion des § 242 BGB Palandt/*Heinrichs*, § 242 Rn. 13 und 23 ff.; *Roth*, Münchener Kommentar, § 242 Rn. 119 und 123.

309 Vgl. zu diesem Ansatz *Oetker*, ZIP 2000, S. 643, 646 ff.; ihm folgend BAG AP Nr. 6 zu § 1 KSchG 1969 Wiedereinstellung; *Bram*, in: Bader/Bram/Dörner/Wenzel, KSchG, § 1 Rn. 70b; APS/*Kiel*, § 1 KSchG Rn. 788 f. sowie nunmehr auch *Zwanziger*, in: Kittner/Däubler/Zwanziger, KSchR, Einl. Rn. 390a.

310 Siehe zur Schrankenfunktion des § 242 BGB Palandt/*Heinrichs*, § 242 Rn. 13, 38 ff. und 87 ff.; *Roth*, Münchener Kommentar, § 242 Rn. 119 und 124.

311 Auf den Vertrauensschutzgedanken beziehungsweise auf das Verbot widersprüchlichen Verhaltens wird der Wiedereinstellungsanspruch insbesondere gestützt von *Beckschulze*, DB 1998, S. 417, 417; MünchArbR/*Berkowsky*, § 134 Rn. 84; *Boewer*, NZA 1999, S. 1121, 1128; *Hueck/v. Hoyningen-Huene*, KSchG, § 1 Rn. 156b; *Junker*, Grundkurs Arbeitsrecht, Rn. 186; *Kittner*, in: Kittner/Däubler/Zwanziger, KSchR (4. Auflage), § 1 KSchG Rn. 56a; *Preis*, Prinzipien des Kündigungsrechts bei Arbeitsverhältnissen, S. 351; *ders.*, DB 1988, S. 1387, 1392 f.; *Strathmann*, Der Wiedereinstellungsanspruch eines wirksam gekündigten Arbeitnehmers, S. 67 f.; *Walker*, SAE 1998, S. 103, 106 sowie aus der Rechtsprechung BAG AP Nr. 1 zu § 1 KSchG 1969 Wiedereinstellung; LAG Düsseldorf, LAGE § 1 KSchG Betriebsbedingte Kündigung Nr. 35, S. 3 f.

312 Vgl. zur These, daß das Verbot widersprüchlichen Verhaltens eine Ausprägung des Vertrauensschutzprinzips darstellt *Canaris*, Die Vertrauenshaftung im deutschen Privatrecht, S. 287 ff.; Soergel/*Teichmann*, § 242 Rn. 312 ff.

I. Die Argumentation des 2. Senats des Bundesarbeitsgerichts in dem Urteil vom 27.02.1997

Auch das Bundesarbeitsgericht hat sich in seiner jüngeren Rechtsprechung mit den verschiedenen, auf § 242 BGB basierenden Begründungsansätzen auseinandergesetzt. In der Entscheidung des 2. Senats vom 27.02.1997[313] erfolgte eine ausgiebige Argumentation, um im Ergebnis einen Anspruch auf Wiedereinstellung auf die Rechtsgrundlage des § 242 BGB zu stützen.

Im Zentrum dieses Urteils steht der Vorwurf, daß sich der Arbeitgeber rechtsmißbräuchlich und widersprüchlich verhalte, wenn er trotz Wegfalls des (betriebsbedingten) Kündigungsgrundes (während der Kündigungsfrist) nicht die Fortsetzung des Arbeitsverhältnisses über den Kündigungszeitpunkt hinaus anbietet beziehungsweise sich nicht mit einem – regelmäßig in der Wiedereinstellungsklage liegenden – entsprechenden Vertragsangebot des Arbeitnehmers einverstanden erklärt[314]. Dieser auf die Schrankenfunktion des § 242 BGB abzielende Argumentationsstrang wird mit der auf die Ergänzungsfunktion des § 242 BGB zu stützenden Begründung bestimmter Verhaltensanforderungen für den Arbeitgeber verknüpft[315].

Zur Begründung des Vorwurfs rechtsmißbräuchlichen, widersprüchlichen Verhaltens des Arbeitgebers verweist das Bundesarbeitsgericht zunächst auf das Anfechtungsrecht[316]. Dort sei zwar anerkannt, daß ein im Zeitpunkt der Abgabe der Willenserklärung vorhandener Anfechtungsgrund für die rückwirkende Vernichtung der Willenserklärung und damit des Vertragsverhältnisses ausreicht. Falle jedoch der Anfechtungsgrund nachträglich weg, werde der Anfechtende nach § 242 unter gewissen Voraussetzungen an der anfechtbaren und angefochtenen Willenserklärung und dem entsprechenden Vertragsverhältnis festgehalten.

---

313 BAG AP Nr. 1 zu § 1 KSchG 1969 Wiedereinstellung.

314 BAG AP Nr. 1 zu § 1 KSchG 1969 Wiedereinstellung. Unzutreffend insoweit *Confurius*, in: Stahmer/Kerls/Confurius, Praxishandbuch Kündigung, Teil 2/4.7, S. 1 f., der ausführt, nach Auffassung des Bundesarbeitsgerichts sei es rechtsmißbräuchlich, wenn sich der Arbeitgeber auf die Wirksamkeit seiner Kündigung berufen könnte, so daß das Bundesarbeitsgericht bereits von der Unwirksamkeit der Kündigung ausgehe und ein echter Wiedereinstellungsanspruch gar nicht entstehe. Unrichtig auch *Kittner*, in: Kittner/Däubler/Zwanziger, KSchR (4. Auflage), § 1 KSchG Rn. 56a, der unter Berufung auf das Urteil des Bundesarbeitsgerichts vom 27. 02. 1997 die Auffassung vertritt, daß es gegen Treu und Glauben verstoße, wenn der Arbeitgeber sich auf eine Kündigung beruft, deren Berechtigung nicht mehr gegeben ist. Vgl. hierzu aber BAG AP Nr. 1 zu § 1 KSchG 1969 Wiedereinstellung.

315 Vgl. BAG AP Nr. 1 zu § 1 KSchG 1969 Wiedereinstellung: „Im noch bestehenden Arbeitsverhältnis hat der Arbeitgeber seine Verpflichtungen aus diesem Arbeitsverhältnis so zu erfüllen, seine Rechte so auszuüben und die im Zusammenhang mit dem Arbeitsverhältnis stehenden Interessen des Arbeitnehmers so zu wahren, wie dies unter Berücksichtigung der Belange des Betriebs nach Treu und Glauben billigerweise verlangt werden kann." Kritisch bezüglich dieser Verknüpfung des auf der Schrankenfunktion des § 242 BGB basierenden Argumentationsstrangs mit dem auf die Ergänzungsfunktion des § 242 BGB abzielenden Ansatz *Oetker*, ZIP 2000, S. 643, 646.

316 BAG AP Nr. 1 zu § 1 KSchG 1969 Wiedereinstellung; ebenso bereits *Preis*, Prinzipien des Kündigungsrechts bei Arbeitsverhältnissen, S. 353.

So bleibe nach herrschender Meinung der Anfechtende gemäß § 242 BGB an der von ihm angefochtenen Willenserklärung und dem hiermit verbundenen Vertrag gebunden, wenn der Anfechtungsgegner sich bereit erklärt, die angefochtene Erklärung so gelten zu lassen, wie der Erklärende sie selbst verstanden hatte, weil es Treu und Glauben widersprechen würde, wenn der Anfechtende auch jetzt noch auf der Nichtigkeit des Geschäfts bestünde[317].

Sodann erfolgt einerseits ein Hinweis auf zwei Entscheidungen des Oberlandesgerichts Karlsruhe[318], die die Frage der Berücksichtigung eines nachträglichen Wegfalls des Eigenbedarfs bei der Kündigung eines Mietverhältnisses über Wohnraum zum Gegenstand haben, andererseits auf eine Entscheidung des Bundesgerichtshofes[319], in der die Weiterverfolgung eines Wandelungsrechts trotz inzwischen behobenen Sachmangels als unzulässige Rechtsausübung nach § 242 BGB qualifiziert wird.

Sowohl im Bereich des Anfechtungsrechts als auch beim Wegfall des Eigenbedarfs sowie im Falle der Wandelung trotz inzwischen behobenen Sachmangels werde der Erklärende an seiner ursprünglich geäußerten Absicht festgehalten und es werde als rechtsmißbräuchlich angesehen, wenn er eine spätere Änderung der Umstände, auf die der Gegner keinen Einfluß hatte, zum Anlaß nimmt, es bei der nur nach dem ursprünglichen Sachverhalt gerechtfertigten Rechtsfolge zu belassen, weil ihn nunmehr das ganze Geschäft reut.

Im Hinblick auf die Rechtsfolgenseite führt der Senat aus, es sei allgemein anerkannt, daß in derartigen Fällen die Anwendung des § 242 BGB ausnahmsweise anspruchsbegründende Wirkung haben könne[320]. Entsprechendes habe aber zu gelten, wenn der Arbeitgeber trotz des Wegfalls eines betriebsbedingten Kündigungsgrundes noch während der Kündigungsfrist eine Fortsetzung des Arbeitsverhältnisses mit dem gekündigten Arbeitnehmer ablehnt, obwohl mittlerweile für eine betriebsbedingte Beendigung des Arbeitsverhältnisses kein dringendes betriebliches Erfordernis mehr besteht.

Flankiert wird dieser, unmittelbar auf die Begründung rechtsmißbräuchlichen, widersprüchlichen Verhaltens des Arbeitgebers gerichtete Argumentationsstrang mit dem Hinweis darauf, daß der aus § 242 BGB abgeleitete Anspruch auf Wiedereinstellung als „notwendiges Korrektiv" dafür anzusehen sei, daß die Rechtsprechung allein aus Gründen der Rechtssicherheit, Verläßlichkeit und Klarheit bei der Prüfung des Kündigungsgrundes auf den Zeitpunkt des Kündigungsausspruches abstelle und schon eine Kündigung aufgrund einer Prognoseentscheidung zulasse, obwohl der Verlust des

---

317 Vgl. hierzu *Brox*, Allgemeiner Teil des BGB, Rn. 363; *Flume*, Allgemeiner Teil des Bürgerlichen Rechts Bd. II, S. 421 f.; Soergel/*Hefermehl*, § 119 Rn. 76; *Hübner*, Allgemeiner Teil des Bürgerlichen Gesetzbuches, Rn. 813; *Kramer*, Münchener Kommentar, § 119 Rn. 145; *Larenz/Wolf*, Allgemeiner Teil des Bürgerlichen Rechts, S. 692; *Medicus*, Allgemeiner Teil des BGB, Rn. 781; *ders.*, Bürgerliches Recht, Rn. 144; Erman/*Palm*, § 119 Rn. 7; differenzierend *Enneccerus/Nipperdey*, Allgemeiner Teil des Bürgerlichen Rechts, 2. Halbbd., S. 1056 f.; a. A. *Spieß*, JZ 1985, S. 593 ff., insbesondere S. 598.

318 OLG Karlsruhe, NJW 1982, S. 54 und NJW-RR 1994, S. 80.

319 BGHZ 90, S. 198.

320 BAG AP Nr. 1 zu § 1 KSchG 1969 Wiedereinstellung.

Arbeitsplatzes, vor dem die Arbeitnehmer durch § 1 KSchG geschützt werden sollten, erst mit dem Ablauf der Kündigungsfrist eintrete[321]. Da der Arbeitgeber eine Kündigung aufgrund einer Prognoseentscheidung aussprechen könne, müsse er im Sinne einer „Geschäftsgrundlage" daran festhalten werden, daß er aufgrund einer bloßen Prognoseentscheidung gekündigt hat. Denn sonst habe der Arbeitgeber die Möglichkeit, nach Wegfall des Kündigungsgrundes willkürlich darüber zu entscheiden, ob er den gekündigten Arbeitnehmer weiterbeschäftigen oder es bei der Beendigung des Arbeitsverhältnisses aufgrund der Kündigung belassen soll, was im Ergebnis der Einräumung eines der Rechtsordnung unbekannten „Reurechts" nahekomme[322].

Um diese Theorie argumentativ zu untermauern, weist der Senat sodann darauf hin, daß ein aufgrund einer Prognose abgeschlossener Aufhebungsvertrag bei Falsifizierung der Prognose nach den Regeln über den Wegfall der Geschäftsgrundlage – nunmehr gesetzlich positiviert in § 313 BGB - anzupassen sei. Vor diesem Hintergrund sei es mit dem Schutzzweck des § 1 KSchG nicht zu vereinbaren, dem gekündigten Arbeitnehmer eine solche Anpassung an die veränderten Umstände zu versagen[323].

Des weiteren führt das Gericht aus, daß Arbeitnehmer mit langen Kündigungsfristen, mithin solche mit einem hohen sozialen Besitzstand, am ehesten gefährdet seien, ohne rechtfertigenden Grund ihren Arbeitsplatz zu verlieren, da infolge längerer Kündigungsfristen bei ihnen die Gefahr einer Fehlprognose größer sei als bei Arbeitnehmern mit kürzeren Kündigungsfristen und niedrigerem sozialen Besitzstand. Auch aus diesem Grunde sei ein Wiedereinstellungsanspruch bei Wegfall des Kündigungsgrundes grundsätzlich geboten.

Schließlich behauptet der Senat, daß jedenfalls das Vertrauen des gekündigten Arbeitnehmers schutzwürdig sei, daß es nur dann zur Beendigung des Arbeitsverhältnisses komme, wenn bei Ablauf der Kündigungsfrist, mithin zum vorgesehenen Beendigungszeitpunkt die „geltend gemachten" Kündigungsgründe fortbestehen würden[324].

II. Stellungnahme

1. Tatbestandliche Gesichtspunkte

Zwar ist dem 2. Senat des Bundesarbeitsgerichts zugutezuhalten, daß er nicht pauschal und ohne nähere Begründung auf den Grundsatz von Treu und Glauben rekurriert, sondern vielmehr versucht hat, anhand konkreter Wertungsgesichtspunkte einen Anspruch auf Wiedereinstellung unmittelbar auf § 242 BGB im Hinblick auf seine alle

---

321 Kritisch hierzu insbesondere *Adam*, ZTR 1999, S. 113, 114 f., der für eine Beseitigung der im Kündigungsschutzgesetz verankerten „Zugangstheorie" eintritt und dafür plädiert, daß de lege ferenda der Ablauf der Kündigungsfrist für die Beurteilung der Wirksamkeit arbeitsrechtlicher Kündigungen entscheidend sein sollte.

322 BAG AP Nr. 1 zu § 1 KSchG 1969 Wiedereinstellung.

323 BAG AP Nr. 1 zu § 1 KSchG 1969 Wiedereinstellung.

324 BAG AP Nr. 1 zu § 1 KSchG 1969 Wiedereinstellung.

Rechte und Rechtspositionen immanent beschränkenden Funktion zu stützen. Dennoch kann die zugrundegelegte Argumentation letztlich nicht überzeugen[325].

Der im Zentrum stehende Vorwurf des rechtsmißbräuchlichen, widersprüchlichen Verhaltens des Arbeitgebers basiert auf der Vorstellung, daß zwischen dem Vorhandensein eines bestimmten Kündigungsgrundes und der Kündigungserklärung eine Kausalbeziehung bestünde dergestalt, daß die Existenz eines bestimmten Kündigungsgrundes ursächlich für die Erklärung der Kündigung sei. Das rechtsmißbräuchliche, widersprüchliche Verhalten ist bei Zugrundelegung dieser Vorstellung dann darin zu erblikken, daß der Arbeitgeber zunächst aufgrund eines bestimmten, ihm bekannten Kündigungsgrundes die Kündigung ausspricht, dann jedoch nach dem Wegfall dieses für seine Kündigungserklärung ursächlichen Kündigungsgrundes die Wiedereinstellung des gekündigten Arbeitnehmers verweigert und somit sachlich unvereinbarende Verhaltensweisen an den Tag legt.

Eine derartige – auf den ersten Blick zugegebenermaßen eingängige – kausale Verknüpfung zwischen Kündigungsgrund und Kündigungserklärung mag in der Praxis zwar durchaus vorkommen, wird vom Gesetz allerdings nicht vorausgesetzt. Ob der Arbeitgeber im Zeitpunkt des Zugangs der Kündigungserklärung vom Vorhandensein eines bestimmten Kündigungsgrundes Kenntnis hatte beziehungsweise sich bei seiner Entscheidung, das Arbeitsverhältnis zu beenden, von einem vorhandenen, ihm bekannten Kündigungsgrund leiten ließ, spielt im Rahmen des Kündigungsschutzgesetzes keine Rolle. Nach dem insoweit eindeutigen Wortlaut des § 1 II KSchG ist für die Wirksamkeit der Kündigung und damit für den Eintritt ihrer Rechtsfolgen allein entscheidend, daß im Zeitpunkt des Zugangs der Kündigungserklärung nach der objektiven Rechtslage Umstände gegeben sind, die einen gesetzlich anerkannten Kündigungsgrund bilden. Eine diesbezügliche Kenntnis des Arbeitgebers beziehungsweise Ursächlichkeit für die von ihm ausgesprochene Kündigung ist demnach nicht erforderlich[326].

Daß eine Verknüpfung von Kündigungsgrund und Kündigungserklärung dem Kündigungsschutzrecht fremd ist, ergibt sich darüber hinaus aus der im Grundsatz

---

325 Ablehnend insbesondere auch *Adam*, ZTR 1999, S. 113, 113 f.; *Bartel*, SAE 1998, S. 318, 319; *Kaiser*, ZfA 2000, S. 205, 218 ff.; *Nicolai/Noack*, ZfA 2000, S. 87, 93 ff.; *Raab*, RdA 2000, S. 147, 149 ff.; *Ricken*, NZA 1998, S. 460, 461 ff. Der dargestellten Argumentation des Bundesarbeitsgerichts folgen hingegen ausdrücklich *Beckschulze*, DB 1998, S. 417, 417; *Boewer*, NZA 1999, S. 1121, 1128 f.; *Walker*, SAE 1998, S. 103, 106. Grundsätzliche Zustimmung auch bei *Westera*, Der Wiedereinstellungsanspruch nach wirksamer Kündigung, S. 37 f.

326 Vgl. *Ascheid*, Kündigungsschutzrecht, Rn. 220; KR-*Etzel*, § 1 KSchG Rn. 259 und 267; *Hueck/v. Hoyningen-Huene*, KSchG, § 1 Rn. 155; *Kittner*, in: Kittner/Däubler/Zwanziger, KSchR, § 1 KSchG Rn. 56; *Knorr/Bichlmeier/Kremhelmer*, Handbuch des Kündigungsrechts, S. 411; *Lisec*, Der Wiedereinstellungsanspruch des Arbeitnehmers nach betriebsbedingter Kündigung und Betriebsübergang, S. 13 f.; *Preis*, in: Stahlhacke/Preis/Vossen, Kündigung und Kündigungsschutz im Arbeitsverhältnis, Rn. 77 und 443; *Raab*, RdA 2000, S. 147, 151; MünchArbR/*Wank*, § 120 Rn. 117 sowie BAG AP Nr. 4 zu § 1 KSchG 1969 Krankheit; BAG AP Nr. 6 zu § 1 KSchG 1969 Krankheit; BAG AP Nr. 16 zu § 1 KSchG 1969 Krankheit; BAG AP Nr. 42 zu § 626 BGB.

anerkannten Möglichkeit des Nachschiebens von Kündigungsgründen[327]. Wenn ein schon vor Ausspruch der Kündigung entstandener Kündigungsgrund dem Arbeitgeber erst später bekannt wird und dann nachträglich die Kündigung auch auf diesen Kündigungsgrund gestützt weden kann, so kann für den Kündigungsentschluß und die Kündigungserklärung dieser dem Arbeitgeber damals noch unbekannte Umstand nicht ursächlich gewesen sein[328]. Aus kündigungsschutzrechtlichen Gesichtspunkten ist es daher unerheblich, ob der Arbeitgeber bei Ausspruch der Kündigung einen rechtlich anerkannten Kündigungsgrund kannte respektive ob er sich von einem solchen bei seiner Entscheidung, das Arbeitsverhältnis zu beenden, leiten ließ.

Gegen eine Verknüpfung von Kündigungsgrund und Kündigungserklärung im Sinne einer Kausalbeziehung spricht schließlich auch, daß das Gesetz die Mitteilung der Kündigungsgründe gegenüber dem zu kündigenden Arbeitnehmer bei Ausspruch der Kündigung für deren Wirksamkeit grundsätzlich[329] nicht verlangt[330], was nahegelegen hätte, wenn der Gesetzgeber von einer derartigen kausalen Verknüpfung ausgegangen wäre. Dies ergibt sich für die außerordentliche Kündigung aus § 626 II S. 3 BGB, wonach die Begründung nur „auf Verlangen“ erfolgen muß[331]. Auch die Nichterfüllung der aus einem solchen Verlangen erwachsenden Mitteilungspflicht führt nicht zur Unwirksamkeit der Kündigung, sondern gegebenenfalls nur zu einem Anspruch auf Schadensersatz[332]. Wenn somit die schwerer wiegende außerordentliche Kündigung zu ihrer Wirksamkeit keiner Begründung bedarf, muß dies erst recht für die ordentliche Kündigung gelten[333].

Zusammenfassend läßt sich somit an dieser Stelle festhalten, daß die vom Bundesarbeitsgericht bezüglich der Begründung eines rechtsmißbräuchlichen, widersprüchlichen Verhaltens des Arbeitgebers zugrundegelegte Vorstellung einer Kausalbeziehung zwischen Kündigungsgrund und Kündigungserklärung nicht haltbar ist, weil es allein darauf ankommt, daß im Zeitpunkt des Zugangs der Kündigungserklärung nach der objektiven Rechtslage Umstände vorliegen, die einen rechtlich anerkannten Kündigungsgrund bilden. Daß somit die Kenntnis beziehungsweise Motivation des

---

327 Vgl. zur Zulässigkeit des Nachschiebens von Kündigungsgründen *KR-Etzel*, § 1 KSchG Rn. 266 ff.; *Hueck/v. Hoyningen-Huene*, KSchG, § 1 Rn. 164; MünchArbR/*Wank*, § 120 Rn. 117 ff.; BAG AP Nr. 50 zu § 626 BGB; BAG AP Nr. 65 zu § 626 BGB sowie BAG AP Nr. 39 zu § 102 BetrVG 1972.

328 Vgl. hierzu auch BAG AP Nr. 4 zu § 1 KSchG 1969 Krankheit sowie *Kaiser*, ZfA 2000, S. 205, 223; *Ricken*, NZA 1998, S. 460, 462.

329 Eine Ausnahme von dem Grundsatz, daß die Angabe der Kündigungsgründe keine Wirksamkeitsvoraussetzung der Kündigung ist, gilt nach § 15 III BBiG für die Kündigung von Berufsausbildungsverhältnissen. Danach ist die Angabe der Kündigungsgründe – ausnahmsweise – Wirksamkeitsvoraussetzung der Kündigung im Sinne eines zwingenden Formerfordernisses.

330 Vgl. zu diesem Gesichtspunkt auch *Bram/Rühl*, NZA 1990, S. 753, 757; *Lisec*, Der Wiedereinstellungsanspruch des Arbeitnehmers nach betriebsbedingter Kündigung und Betriebsübergang, S. 14; *Ricken*, NZA 1998, S. 460, 461f.

331 Daß die Begründung bei außerordentlichen Kündigungen keine Wirksamkeitsvoraussetzung sein soll, ergibt sich auch aus den Gesetzesmaterialien, vgl. BT-Drucks. 5/4376, S. 3.

332 Vgl. Erman/*Belling*, § 626 Rn. 26; Soergel/*Kraft*, § 626 Rn. 76; Staudinger/*Preis*, § 626 Rn. 257 f.; Palandt/*Putzo*, § 626 Rn. 32; Jauernig/*Schlechtriem*, § 626 Rn. 23; *Schwerdtner*, Münchener Kommentar, § 626 Rn. 264 sowie BAG AP Nr. 65 zu § 626 BGB.

333 Vgl. KR-*Etzel*, § 1 KSchG Rn. 262 f.; *Hueck/v. Hoyningen-Huene*, KSchG, § 1 Rn. 159.

Arbeitgebers unerheblich ist, ergibt sich auch aus der grundsätzlich anerkannten Möglichkeit des Nachschiebens von Kündigungsgründen sowie aus der Tatsache, daß die Mitteilung des Kündigungsgrundes gegenüber dem betroffenen Arbeitnehmer bei Ausspruch der Kündigung keine Wirksamkeitsvoraussetzung der Kündigung ist.

Stellt das Gesetz aber hinsichtlich der Wirksamkeit einer Kündigung ausschließlich auf die objektive Rechtslage im Zeitpunkt des Zugangs der Kündigungserklärung ab und läßt es eine diesbezügliche Kenntnis beziehungsweise Motivation des Arbeitgebers außer Betracht, so läßt sich die Argumentation des Bundesarbeitsgerichts, der Arbeitgeber würde sich in rechtsmißbräuchlicher Weise in Widerspruch zu seinem früheren Verhalten setzen, wenn er trotz Wegfalls des Kündigungsgrundes nicht die Fortsetzung des Arbeitsverhältnisses anbietet beziehungsweise sich nicht mit einem entsprechenden Vertragsangebot des Arbeitnehmers einverstanden erklärt, nicht aufrechterhalten. Denn wer bei Ausspruch der Kündigung gar keine Kenntnis von einem rechtlich anerkannten Kündigungsgrund haben, wer sich von einem solchen bei der Entscheidung, das Arbeitsverhältnis zu beenden, nicht leiten lassen muß, setzt sich nicht in rechtsmißbräuchlicher Weise in Widerspruch zu seinem früheren Verhalten, wenn er nach dem Wegfall des Kündigungsgrundes die Wiedereinstellung verweigert[334].

Darüber hinaus gilt es zu beachten, daß die Rechtsordnung widersprüchliches Verhalten – auch im Rahmen eines Schuldverhältnisses – grundsätzlich zuläßt[335]. Der Vorwurf des rechtsmißbräuchlichen, widersprüchlichen Verhaltens setzt folglich nach überwiegender Ansicht grundsätzlich voraus, daß durch das Verhalten eines Teils für den anderen Teil ein Vertrauenstatbestand geschaffen worden ist und dieses Vertrauen nunmehr durch das widersprüchliche Verhalten enttäuscht wird[336].

Das Bundesarbeitsgericht geht von dem Vorhandensein eines solchen Vertrauenstatbestandes aus, wenn es ausführt, das Vertrauen des Arbeitnehmers, daß es nur dann zu einer Beendigung des Arbeitsverhältnisses kommt, wenn bei Ablauf der Kündigungsfrist die geltend gemachten Kündigungsgründe fortbestehen, sei in jedem Falle schutzwürdig[337].

---

334 Im Ergebnis ebenso *Adam*, ZTR 1999, S. 113, 114; *Kaiser*, ZfA 2000, S. 205, 223; *Nicolai/Noack*, ZfA 2000, S. 87, 94 f.; *Raab*, RdA 2000, S. 147, 151; *Ricken*, NZA 1998, S. 460, 461 f. A. A. *Strathmann*, Der Wiedereinstellungsanspruch eines wirksam gekündigten Arbeitnehmers, S. 67. Vgl. außerdem *Kort*, SAE 2001, S. 131, 133, der einen Rückgriff auf die Figur des venire contra factum proprium nur dann zulassen will, wenn der Wegfall des Kündigungsgrundes unmittelbar auf einem Verhalten des Arbeitgebers beruht.

335 Palandt/*Heinrichs*, § 242 Rn. 55; *Larenz/Wolf*, Allgemeiner Teil des Bürgerlichen Rechts, S. 329; *Teichmann*, JA 1985, S. 497, 500.

336 Vgl. *Canaris*, Die Vertrauenshaftung im deutschen Privatrecht, S. 287 ff.; Palandt/*Heinrichs*, § 242 Rn. 55 f.; *Larenz/Wolf*, Allgemeiner Teil des Bürgerlichen Rechts, S. 329; *Roth*, Münchener Kommentar, § 242 Rn. 429 (ausnahmsweise wird von ihm widersprüchliches Verhalten auch ohne entsprechenden Vertrauenstatbestand bejaht, Rn. 454 ff.); Soergel/*Teichmann*, § 242 Rn. 313; *ders.*, JA 1985, S. 497, 500; Jauernig/*Vollkommer*, § 242 Rn. 48.

337 BAG AP Nr. 1 zu § 1 KSchG 1969 Wiedereinstellung. Zustimmend insoweit *Linck*, FA 2000, S. 334, 335. Ebenso schon *Preis*, Prinzipien des Kündigungsrechts bei Arbeitsverhältnissen, S. 351 f.; *ders.*, DB 1988, S. 1387, 1393. Auf Vertrauensgesichtspunkte abstellend auch

Zwar mag der gekündigte Arbeitnehmer im Einzelfall ein solches Vertrauen entwickeln, hinsichtlich des rechtlichen Schutzes eines solchen Vertrauens ist aber allein entscheidend, ob es sich um einen vom Arbeitgeber geschaffenen, ihm zurechenbaren Vertrauenstatbestand handelt. Nur dann ist es gerechtfertigt, das Vertrauen des Arbeitnehmers zu schützen und das widersprüchliche Verhalten des Arbeitgebers zu sanktionieren.

Als Anknüpfungspunkt für die Schaffung eines Vertrauenstatbestandes im Sinne der Ausführungen des Bundesarbeitsgerichts kommt grundsätzlich lediglich die Kündigungserklärung des Arbeitgebers in Betracht. Wie jedoch bereits dargelegt, muß zwischen der Erklärung der Kündigung und dem Kündigungsgrund keine Kausalbeziehung bestehen. Der Arbeitgeber muß bei Ausspruch der Kündigung weder einen rechtlich anerkannten Kündigungsgrund nennen noch muß er einen solchen kennen. Die Kündigungsgründe des Kündigungsschutzgesetzes brauchen nicht sein Motiv für die Beendigung des Arbeitsverhältnisses zu sein. Selbst wenn der Arbeitgeber bei der Erklärung der Kündigung einen bestimmten Kündigungsgrund nennt, schließt das aus kündigungsschutzrechtlicher Sicht nicht aus, daß er später diesen Kündigungsgrund durch einen anderen, vor der Kündigungserklärung bereits entstandenen und ihm bei Ausspruch der Kündigung noch unbekannten Kündigungsgrund ersetzt, wenn sich herausstellt, daß der genannte Kündigungsgrund die Kündigung nicht trägt. Dann vermag eine Kündigungserklärung des Arbeitgebers beim Arbeitnehmer aber keinen dahingehenden Vertrauenstatbestand zu schaffen, daß zum Zeitpunkt des Zugangs der Kündigungserklärung ein rechtlich anerkannter Kündigungsgrund besteht und daß es nur dann zur Beendigung des Arbeitsverhältnisses kommt, wenn bei Ablauf der Kündigungsfrist dieser Kündigungsgrund fortbesteht[338].

In der Praxis erscheint darüber hinaus die Annahme eines derartigen Vertrauenstatbestandes insbesondere dann als fragwürdig, wenn der gekündigte Arbeitnehmer – wie in dem vom Bundesarbeitsgericht am 27.02.1997 entschiedenen Fall – sich gegen die Kündigung mit einer Kündigungsschutzklage zur Wehr setzt. Denn hierdurch bringt der Arbeitnehmer zum Ausdruck, daß nach seiner Überzeugung im Zeitpunkt des Zugangs der Kündigungserklärung nach der objektiven Rechtslage keine einen gesetzlich anerkannten Kündigungsgrund bildenden Umstände vorgelegen haben. Dann kann jedoch schwerlich ein dahingehendes Vertrauen des Arbeitnehmers existieren, daß er seinen Arbeitsplatz nur dann verliert, wenn der Kündigungsgrund – der seiner

---

MünchArbR/*Berkowsky*, § 134 Rn. 84; *Hueck/v. Hoyningen-Huene*, KSchG, § 1 Rn. 156b; *Junker*, Grundkurs Arbeitsrecht, Rn. 186; *Kittner*, in: Kittner/Däubler/Zwanziger, KSchR (4. Auflage), § 1 KSchG Rn. 56a; *Otto*, Der Wegfall des Vertrauens in den Arbeitnehmer als wichtiger Grund zur Kündigung des Arbeitsverhältnisses, S. 138.

338 Im Ergebnis wird das Vorhandensein eines Vertrauenstatbestandes grundsätzlich auch abgelehnt von *Gentges*, Prognoseprobleme im Kündigungsschutzrecht, S. 385 f.; *Honstetter*, Die Prognoseentscheidung des Arbeitgebers im Kündigungsrecht, S. 155 f.; *Kort*, SAE 2001, S. 131, 133 f.; *Langenbucher*, ZfA 1999, S. 299, 305; *Langer*, NZA 1991, Beilage Nr. 3, S. 23, 28; *Nicolai/Noack*, ZfA 2000, S. 87, 95 f.; *Raab*, RdA 2000, S. 147, 150 f.; *Ricken*, NZA 1998, S. 460, 462; *vom Stein*, RdA 1991, S. 85, 87; *Strathmann*, Der Wiedereinstellungsanspruch eines wirksam gekündigten Arbeitnehmers, S. 52 f.

Meinung nach ja gar nicht gegeben ist – bei Ablauf der Kündigungsfrist „fortbesteht“[339].

Selbst wenn ein derartiger, vom Arbeitgeber durch Ausspruch der Kündigung geschaffener Vertrauenstatbestand zugunsten des gekündigten Arbeitnehmers bejaht wird, steht einer Qualifizierung der Nicht-Wiedereinstellung als rechtsmißbräuchliches, widersprüchliches und damit gegen den Grundsatz von Treu und Glauben verstoßendes Verhalten des Arbeitgebers in aller Regel entgegen, daß es an einer entsprechenden Vertrauensdisposition des Arbeitnehmers fehlt[340]. Eine solche, auf dem Vertrauenstatbestand basierende Disposition des Vertrauenden ist jedoch nach überwiegender Ansicht grundsätzlich erforderlich, um an die Enttäuschung des Vertrauens zivilrechtliche Sanktionen zu knüpfen. Denn nur, wenn das geschaffene Vertrauen Konsequenzen hervorgerufen hat, stellt sich die Frage nach der Schutzbedürftigkeit des Vertrauenden. Es geht insoweit nicht um einen formalen Schutz des Vertrauens um seiner selbst willen, sondern um Güterschutz des in seinem Vertrauen Enttäuschten[341].

Das Vertrauen des Arbeitnehmers, seinen Arbeitsplatz nur dann zu verlieren, wenn der Kündigungsgrund bei Ablauf der Kündigung fortbesteht, wird ihn jedoch in aller Regel nicht zu einer hierauf beruhenden Disposition veranlassen. Insbesondere scheidet das Unterlassen der Erhebung einer Kündigungsschutzklage als Vertrauensdisposition aus. Denn die Wirksamkeit einer Kündigung setzt voraus, daß im Zeitpunkt ihres Zugangs nach der objektiven Rechtslage Umstände gegeben sind, die einen gesetzlich anerkannten Kündigungsgrund bilden. Das Unterlassen der Erhebung einer Kündigungsschutzklage kann somit nur auf dem Vertrauen beruhen, daß im Zeitpunkt des Zugangs der Kündigungserklärung ein rechtlich anerkannter Kündigungsgrund gegeben ist. Gerade dies ist bei den hier in Rede stehenden Fallkonstellationen aber der Fall. Das Vertrauen hat dann insoweit keine sich im nachhinein als nachteilig herausstellende Konsequenzen ausgelöst.

Auch der vom Bundesarbeitsgericht zur Begründung eines rechtsmißbräuchlichen, widersprüchlichen Verhaltens herangezogene Vergleich mit dem Anfechtungsrecht hält einer rechtlichen Überprüfung nicht stand und vermag somit nicht zu überzeugen[342]. Das Bundesarbeitsgericht betont in diesem Zusammenhang, daß nach ganz überwiegender Meinung der Anfechtende gemäß § 242 BGB an der von ihm angefochtenen Willenserklärung gebunden bleibe, wenn sich der Anfechtungsgegner

---

339 Vgl. zu diesem Gesichtspunkt auch *Nicolai/Noack*, ZfA 2000, S. 87, 95; *Ricken*, NZA 1998, S. 460, 462.

340 So im Ergebnis auch *Raab*, RdA 2000, S. 147, 151.

341 Vgl. zum Erfordernis einer Vertrauensdisposition Palandt/*Heinrichs*, § 242 Rn. 56; Soergel/*Teichmann*, § 242 Rn. 321; *ders.*, JA 1985, S. 497, 501; Jauernig/*Vollkommer*, § 242 Rn. 50; a. A. *Roth*, Münchener Kommentar, § 242 Rn. 429, nach dessen Ansicht eine Vertrauensdisposition keine zwingende Voraussetzung einer zivilrechtlichen Sanktion widersprüchlichen Verhaltens darstellt, sondern lediglich im Rahmen einer Interessenabwägung im Einzelfall zu berücksichtigen ist.

342 A. A. *Strathmann*, Der Wiedereinstellungsanspruch eines wirksam gekündigten Arbeitnehmers, S. 67 f. und *Westera*, Der Wiedereinstellungsanspruch nach wirksamer Kündigung, S. 37 Fn. 87, die dem Vergleich mit dem Anfechtungsrecht ausdrücklich zustimmen.

bereit erklärt, die angefochtene Erklärung so gelten zu lassen, wie der Erklärende selbst sie verstanden hatte, weil es Treu und Glauben widerspreche, wenn der Anfechtende auch jetzt noch auf der Nichtigkeit des Geschäfts bestehen würde[343]. Hiermit seien die hier in Rede stehenden Fallkonstellationen vergleichbar, so daß dem Arbeitgeber der gleiche Rechtsmißbrauch vorzuwerfen sei, wenn er trotz des Wegfalls des Kündigungsgrundes noch während der Kündigungsfrist eine Fortsetzung des Arbeitsverhältnisses mit dem gekündigten Arbeitnehmer ablehnt, ohne hierfür besondere Gründe zu haben[344].

Entgegen der Auffassung des Bundesarbeitsgerichts unterscheiden sich die beiden Fallgestaltungen jedoch erheblich voneinander, so daß die gezogene Schlußfolgerung, aufgrund der Vergleichbarkeit sei auch bei einer Verweigerung der Wiedereinstellung nach Wegfall des Kündigungsgrundes dem Arbeitgeber rechtsmißbräuchliches Verhalten vorzuwerfen, einer tragfähigen Grundlage entbehrt.

Gegen eine Vergleichbarkeit spricht zunächst, daß es einen erheblichen Unterschied darstellt, ob jemand an einer bereits abgegebenen, wirksamen (wenn auch anfechtbaren) Willenserklärung festgehalten wird oder ob jemand verpflichtet werden soll, eine neue Willenserklärung abzugeben, die der bereits abgegebenen inhaltlich diametral entgegengesetzt ist[345].

Darüber hinaus setzt die Anfechtung nach § 119 BGB – wie sich bereits aus dem Wortlaut dieser Vorschrift ergibt („wenn anzunehmen ist, daß er sie bei Kenntnis der Sachlage und bei verständiger Würdigung des Falles nicht abgegeben hätte") – die Kausalität des Irrtums für die Abgabe der Willenserklärung voraus[346]. Der Irrende muß sich somit bei Abgabe der Willenserklärung von dem Irrtum leiten gelassen haben. Eine derartige Kausalität zwischen Kündigungsgrund und Kündigungserklärung ist dem Kündigungsrecht – wie bereits dargelegt wurde – jedoch fremd. Entscheidend ist allein die objektive Rechtslage im Zeitpunkt des Zugangs der Kündigungserklärung.

Wenn der Anfechtungsgegner sich bereit erklärt, die angefochtene Erklärung in dem vom Anfechtenden gemeinten Sinne gelten zu lassen, führt dies gerade dazu, daß sich der bei Abgabe der Willenserklärung tatsächlich vorhandene Wille des Anfechtenden verwirklicht. Gerade dieser Aspekt rechtfertigt es aber, den Anfechtenden am Geschäft festzuhalten und ihm das eigentlich gemäß § 119 BGB zustehende Recht zur rückwirkenden Vernichtung seiner Willenserklärung im Wege der Anfechtung zu versagen.

---

343 Vgl. hierzu *Brox*, Allgemeiner Teil des BGB, Rn. 363; *Flume*, Allgemeiner Teil des Bürgerlichen Rechts Bd. II, S. 421 f.; Soergel/*Hefermehl*, § 119 Rn. 76; *Hübner*, Allgemeiner Teil des Bürgerlichen Gesetzbuches, Rn. 813; *Kramer*, Münchener Kommentar, § 119 Rn. 145; *Larenz/Wolf*, Allgemeiner Teil des Bürgerlichen Rechts, S. 692; *Medicus*, Allgemeiner Teil des BGB, Rn. 781; *ders*., Bürgerliches Recht, Rn. 144; Erman/*Palm*, § 119 Rn. 7.

344 Vgl. BAG AP Nr. 1 zu § 1 KSchG 1969 Wiedereinstellung.

345 Siehe hierzu auch *Nicolai/Noack*, ZfA 2000, S. 87, 93.

346 Vgl. hierzu auch Palandt/*Heinrichs*, § 119 Rn. 31; Jauernig/*Jauernig*, § 119 Rn. 18; *Kramer*, Münchener Kommentar, § 119 Rn. 141; *Medicus*, Allgemeiner Teil des BGB, Rn. 713.

Anders stellt sich die Situation im Kündigungsrecht dar. Fällt nachträglich der die Kündigung rechtfertigende Grund weg, so stellt vor dem Hintergrund, daß dem Arbeitgeber bei Ausspruch der Kündigung ein rechtlich anerkannter Kündigungsgrund nicht bekannt sein, er sich von einem solchen bei seiner Entscheidung, das Arbeitsverhältnis zu beenden, nicht leiten lassen muß, die Neubegründung des Arbeitsverhältnisses im Wege der Wiedereinstellung eben nicht zwangsläufig die Realisierung des Arbeitgeberwillens zum Zeitpunkt der Abgabe der Kündigungserklärung dar[347]. Folglich greift hier das im Anfechtungsrecht entscheidende, für ein Festhalten des Anfechtenden an seiner Erklärung sprechende Argument nicht.

Auch wenn der Ausschluß der Anfechtung für den Fall, daß der Erklärungsgegner bereit ist, die Erklärung mit dem vom Erklärenden gemeinten Inhalt gelten zu lassen, als Anwendungsfall des Verbots der zweckwidrigen Rechtsausübung[348] qualifiziert wird[349], führt dies zu keinem anderen Ergebnis.

Vor dem Hintergrund, daß § 119 BGB den Anfechtenden nur vor den Folgen des ihm bei Abgabe der Willenserklärung unterlaufenen Irrtums schützen soll, besteht für ein Anfechtungsrecht dann kein rechtlich schutzwürdiges Interesse, wenn sein zu diesem Zeitpunkt tatsächlich vorhandener Wille realisiert wird. Die Geltendmachung des Anfechtungsrechts dient dann nicht den vom Gesetz in § 119 BGB geschützten Interessen, sie verfolgt insoweit nicht den gesetzlich vorgesehenen Zweck der Anfechtung.

Diese Argumentation läßt sich jedoch nicht auf die hier zu beurteilende Fallkonstellation der Weigerung des Arbeitgebers hinsichtlich der Wiedereinstellung nach Wegfall des Kündigungsgrundes übertragen. Die Ablehnung eines vom Arbeitnehmer unterbreiteten Angebotes auf Wiederbegründung des Arbeitsverhältnisses beruht auf der negativen Vertragsfreiheit des Arbeitgebers als Ausfluß seiner Privatautonomie, die sich dadurch auszeichnet, daß der Arbeitgeber grundsätzlich frei darin ist, ob, mit wem und zu welchen Bedingungen er einen Arbeitsvertrag abschließt. Die von ihm insoweit zu treffende Entscheidung ist als privatautonomer Willensakt grundsätzlich nicht zweckgebunden.

Eine zweckwidrige, gegen § 242 BGB verstoßende Rechtsausübung hat folglich zur Voraussetzung, daß der Arbeitgeber in dieser Entscheidung ausnahmsweise nicht frei, sondern gebunden ist. Eine auf das Verbot der zweckwidrigen, mißbräuchlichen Rechtsausübung gestützte Argumentation zur Begründung eines Wiedereinstellungsanspruchs setzt somit bereits voraus, daß der Arbeitgeber nach Wegfall des Kündigungsgrundes grundsätzlich verpflichtet ist, unter bestimmten Voraussetzungen ein

347 Vgl. *Ricken*, NZA 1998, S. 460, 462 f. Im Ergebnis ebenso *Raab*, RdA 2000, S. 147, 150. Kritisch zur Vergleichbarkeit der vom Bundesarbeitsgericht herangezogenen Fallgestaltungen, ohne dies jedoch näher zu begründen auch *Bartel*, SAE 1998, S. 318, 319.

348 Vgl. zum Verbot der zweckwidrigen Rechtsausübung als Fall des § 242 BGB Soergel/*Teichmann*, § 242 Rn. 302 ff.

349 So *Raab*, RdA 2000, S. 147, 150.

von dem gekündigten Arbeitnehmer unterbreitetes Angebot auf Wiederbegründung des Arbeitsverhältnisses anzunehmen und stellt somit einen Zirkelschluß dar[350].

Auch der vom Bundesarbeitsgericht zur Begründung rechtsmißbräuchlichen Verhaltens des Arbeitgebers herangezogene Vergleich mit der Situation des nachträglichen Wegfalls des Eigenbedarfs bei der Kündigung eines Mietverhältnisses über Wohnraum (§ 564b BGB a. F., vgl. nunmehr § 573 II Nr. 2, III BGB)[351] vermag nicht zu überzeugen.

Bei einer Kündigung eines Mietverhältnisses über Wohnraum wegen Eigenbedarfs, die gemäß § 564a BGB a. F. (vgl. nunmehr §§ 573 III, 568 BGB) zwingend der schriftlichen Form bedarf, muß der Vermieter nach § 564b III BGB a. F. in dem Kündigungsschreiben den Kündigungsgrund angeben. Eine auf einen tatsächlich gegebenen Eigenbedarf gestützte Kündigung, die ohne Angabe des Kündigungsgrundes im Kündigungsschreiben erfolgt, ist nach § 564b III, 1. Hs. i. V. m. I BGB a. F. unwirksam. Diese Unwirksamkeit kann auch nicht durch nachgeschobene Gründe geheilt werden, weil dadurch die mit dem Begründungszwang bezweckte Frist für den Mieter zur Überprüfung der Erfolgsaussichten einer Räumungsklage sowie der Möglichkeiten seiner eigenen Rechtsverteidigung verkürzt würde[352].

Vor dem Hintergrund des Zwangs für den Vermieter, die Kündigungsgründe schriftlich mitzuteilen und des grundsätzlichen Verbotes, weitere Gründe für die Kündigung später nachzuschieben, erscheint die Annahme eines Vertrauenstatbestandes zugunsten des Mieters dahingehend, daß es nur dann zur Beendigung des Mietverhältnisses kommt, wenn der Eigenbedarf bei Ablauf der Kündigungsfrist fortbesteht, jedenfalls wesentlich naheliegender als im Bereich des arbeitsrechtlichen Kündigungsschutzes, wo die Kündigung individualarbeitsrechtlich keiner Begründung bedarf und es somit an einem Bezugspunkt für einen entsprechenden Vertrauenstatbestand zugunsten des Arbeitnehmers fehlt[353].

Auch der vom Bundesarbeitsgericht für einen unmittelbar auf § 242 BGB gestützten Wiedereinstellungsanspruch ins Feld geführte Vergleich mit der Rechtslage bei Abschluß eines Aufhebungsvertrages, der bei Falsifizierung der ihm zugrundegelegten Prognose nach den - nunmehr in § 313 BGB gesetzlich positivierten[354] - Regeln über den Wegfall der Geschäftsgrundlage anzupassen sei, was zwingenderweise für eine entsprechende Anpassung an die veränderten Umstände auch im Falle einer Beendigung des Arbeitsverhältnisses durch Kündigung spreche, kann nicht überzeugen.

---

350 Vgl. *Raab*, RdA 2000, S. 147, 150.

351 Vgl. hierzu insbesondere *Sonnenschein*, in: Emmerich/Sonnenschein, Miete, § 564b Rn. 28a und 86; *v. Stebut*, NJW 1985, S. 289, 290 ff.

352 Vgl. nur *Voelskow*, Münchener Kommentar, § 564b Rn. 68.

353 Siehe auch *Gentges*, Prognoseprobleme im Kündigungsschutzrecht, S. 386.

354 Auch § 313 BGB basiert auf der Entwicklung in der Rechtsprechung und Literatur, so daß für die Auslegung dieser Vorschrift auf die bisher von Rechtsprechung und Literatur im normativen Umfeld des § 242 BGB herausgearbeiteten Grundsätze über Fehlen und Wegfall der Geschäftsgrundlage rekurriert werden kann. Vgl. bezüglich der entsprechenden Vorschrift des Regierungsentwurfes *Däubler-Gmelin*, NJW 2001, S. 2281, 2284.

Die Regeln, die bei einem Wegfall der Geschäftsgrundlage eingreifen, sind entwickelt worden, um bei vertraglichen Vereinbarungen die Folgen schwerwiegender Störungen der Vertragsgrundlagen in Grenzen des Zumutbaren halten zu können[355]. Sie dienen insoweit der Privatautonomie, als die nach Vertragsschluß eintretende schwerwiegende Veränderung solcher Umstände, die zur Grundlage des Vertrages geworden sind, zu einer Anpassung des Vetrages und damit zu einer Durchbrechung des Grundsatzes pacta sunt servanda führen kann, wenn die Parteien – hätten sie diese Veränderung vorausgesehen – den Vertrag nicht oder mit anderem Inhalt geschlossen hätten und wenn ein Festhalten am unveränderten Vertrag nicht zugemutet werden kann (vgl. nunmehr § 313 I BGB).

Wird die Beendigung des Arbeitsverhältnisses durch Abschluß eines Aufhebungsvertrages zwischen den Arbeitsvertragsparteien herbeigeführt, so betätigen sowohl der Arbeitgeber als auch der Arbeitnehmer einen entsprechenden rechtsgeschäftlichen Willlen. Legt der Arbeitnehmer dem Abschluß des Aufhebungsvertrages in für den Arbeitgeber erkennbarer Art und Weise die Vorstellung zugrunde, daß hierdurch eine sonst drohende Kündigung des Arbeitgebers vermieden werden soll und läßt der Arbeitgeber dies unbeanstandet oder legen beide Parteien dem Abschluß des Auflösungsvertrages diese Vorstellung zugrunde, dann erscheint eine auf Wiedereinstellung gerichtete Anpassung des Aufhebungsvertrages nach § 313 I, II BGB zunächst durchaus naheliegend, wenn der potentielle Kündigungsgrund später entfällt[356].

Vollkommen anders gestaltet sich dic Situation bei der Kündigung als ein auf die Beendigung des Arbeitsverhältnisses gerichtetes Gestaltungsrecht, wenn nach Zugang der Kündigungserklärung der Kündigungsgrund entfällt. Die Kündigung als einseitiges Rechtsgeschäft des Arbeitgebers zeichnet sich insoweit gerade dadurch aus, daß sie die Beendigung des Arbeitsverhältnisses unabhängig von einem rechtsgeschäftlichen Willen des Arbeitnehmers herbeiführt. Seine Vorstellungen über die der Kündigungserklärung zugrundeliegenden Kündigungsgründe sind unerheblich. Der Wegfall solcher irrelevanten Vorstellungen vermag folglich keine in den Bestand der durch die rechtswirksame Kündigung ausgelösten Rechtsfolge der Beendigung des Arbeitsverhältnisses eingreifende Anpassung im Sinne einer Wiedereinstellung zu rechtfertigen[357].

Soweit das Bundesarbeitsgericht schließlich ausführt, der Wiedereinstellungsanspruch stelle ein „notwendiges Korrektiv" dafür dar, daß die Rechtsprechung einerseits allein aus Gründen der Rechtssicherheit, Verläßlichkeit und Klarheit bei der Prüfung des Kündigungsgrundes auf den Zeitpunkt des Kündigungsausspruchs abstellt und andererseits schon eine Kündigung aufgrund einer Prognoseentscheidung zuläßt, obwohl der Verlust des Arbeitsplatzes, vor dem die Arbeitnehmer durch § 1 KSchG geschützt werden sollen, erst mit Ablauf der Kündigungsfrist eintritt, so stellt dies

---

[355] Siehe zur Lehre vom Fehlen und Wegfall der Geschäftsgrundlage vor Inkrafttreten des § 313 BGB Palandt/*Heinrichs*, § 242 Rn. 110 ff. m. w. N.

[356] Vgl. hierzu auch BAG AP Nr. 4 zu § 1 KSchG 1969 Wiedereinstellung für den Fall eines auf Aufhebung des Arbeitsverhältnisses gerichteten gerichtlichen Vergleichs nach Ausspruch einer Kündigung.

[357] Ebenso *Raab*, RdA 2000, S. 147, 150.

lediglich eine Charakterisierung des Wiedereinstellungsanspruchs als Lösungsmodell für den Konflikt zwischen Rechtssicherheit und Einzelfallgerechtigkeit dar. Tragfähige Argumente dafür, daß sich ein solcher Anspruch unmittelbar auf den Grundsatz von Treu und Glauben stützen läßt, sind dem jedoch nicht zu entnehmen[358].

Auch der vom Bundesarbeitsgericht erhobene Einwand, daß Arbeitnehmer mit langen Kündigungsfristen, folglich solche mit einem hohen sozialen Besitzstand, am ehesten gefährdet seien, ohne rechtfertigenden Grund ihren Arbeitsplatz zu verlieren, da infolge längerer Kündigungsfristen bei ihnen die Gefahr einer Fehlprognose größer sei als bei Arbeitnehmern mit kürzeren Kündigungsfristen und entsprechend niedrigerem sozialen Besitzstand, vermag – unabhängig von seiner sachlichen Überzeugungskraft[359] - als bloße Billigkeitserwägung einen unmittelbar auf den Grundsatz von Treu und Glauben zu stützenden Anspruch auf Wiedereinstellung nicht zu rechtfertigen[360], sondern kann allenfalls die – in den Augen des Bundesarbeitsgerichts - insoweit aus Billigkeitsgesichtspunkten resultierende Notwendigkeit eines Anspruchs auf Neubegründung des Arbeitsverhältnisses nach Wegfall des Kündigungsgrundes widerspiegeln.

2. Die Rechtsfolgenseite

Erweist sich nach den bisherigen Ausführungen die These, den Anspruch auf Wiedereinstellung unmittelbar auf den Grundsatz von Treu und Glauben gemäß § 242 BGB im Hinblick auf seine alle Rechte und Rechtspositionen immanent beschränkenden Funktion zu stützen, schon aus tatbestandlicher Sicht als nicht überzeugend, so bestehen auch erhebliche Bedenken hinsichtlich der Rechtsfolgenseite.

Denn im Falle rechtsmißbräuchlichen Verhaltens begründet § 242 BGB als Rechtsfolge in aller Regel lediglich eine rechtshindernde beziehungsweise rechtsvernichtende Einwendung[361]. Anspruchsbegründende Wirkung kommt § 242 BGB insoweit grundsätzlich nicht zu[362]. Diese Rechtsfolgenbeschränkung entspricht der Grundbedeutung

---

358 Kritisch in diesem Zusammenhang auch *Confurius*, in: Stahmer/Kerls/Confurius, Praxishandbuch Kündigung, Teil 2/4.7, S. 2.

359 Kritisch hierzu *Ricken*, NZA 1998, S. 460, 463, der zu bedenken gibt, daß mit den längeren Kündigungsfristen auch die Anforderungen an die Prognoseentscheidung wüchsen. Dann entspreche es aber durchaus einer adäquaten Interessengewichtung, wenn bei Arbeitnehmern mit längeren Kündigungsfristen der Arbeitgeber das Risiko einer ordnungsgemäßen Prognoseentscheidung trage, der Arbeitnehmer hingegen das Risiko, daß trotz ordnungsgemäßer Prognose nachträglich der Kündigungsgrund wegfällt.

360 Kritisch zu einer auf bloße Billigkeitserwägungen gestützten Begründung eines Anspruchs auf Wiedereinstellung insbesondere *Preis*, Prinzipien des Kündigungsrechts bei Arbeitsverhältnissen, S. 350.

361 Vgl. nur Palandt/*Heinrichs*, § 242 Rn. 14 und 41; *Roth*, Münchener Kommentar, § 242 Rn. 62.

362 Kritisch deshalb auch *Adam*, ZTR 1999, S. 113, 114; *Bartel*, SAE 1998, S. 318, 318 f.; *Heilmann*, Verdachtskündigung und Wiedereinstellung nach Rehabilitierung, S. 106 f.; *Kaiser*, ZfA 2000, S. 205, 222; *Langer*, NZA 1991, Beilage Nr. 3, S. 23, 26; *Oetker*, ZIP 2000, S. 643, 648. Dem Bundesarbeitsgericht auch hinsichtlich der anspruchsbegründenden Wirkung des § 242 BGB ausdrücklich folgend dagegen *Boewer*, NZA 1999, S. 1121, 1128; *Strathmann*, Der Wiedereinstellungsanspruch eines wirksam gekündigten Arbeitnehmers, S. 62 f.; *Walker*, SAE 1998, S. 103, 106.

des § 242 BGB, die darin zu erblicken ist, bestehende Rechte und Pflichten inhaltlich auszugestalten und genauer zu bestimmen oder an veränderte Umstände anzupassen, nicht jedoch, neue Rechte und Pflichten zu begründen[363].

Wenn § 242 BGB insoweit „rechtsbegründende Funktion" beigemessen wird, liegt dem das Verständnis zugrunde, daß rechtsmißbräuchliches Verhalten nicht nur zu einer Beschränkung oder zu einem Ausschluß der Ausübung eines Rechts des einen Teils, sondern - gewissermaßen spiegelbildlich – auch zur Begründung einer Rechtsstellung des anderen Teils führen kann[364]. Die Gewährung eines Rechts stellt hiernach die Kehrseite der Versagung beziehungsweise Beschränkung eines Rechts dar.

Bei der vom Bundesarbeitsgericht auch zur anspruchsbegründenden Funktion des § 242 BGB herangezogenen – der Wiedereinstellungsproblematik aber nicht vergleichbaren – Fallkonstellation des Wegfalls des Anfechtungsgrundes bedeutet dies, daß einerseits die „Berufung" auf die durch die Anfechtung herbeigeführte Nichtigkeit gegen Treu und Glauben verstößt, wenn der Anfechtungsgegner das bereits angefochtene Rechtsgeschäft so, wie vom Irrenden gemeint, gelten läßt. Andererseits ergibt sich hieraus als Kehrseite, daß der Anfechtungsgegner aus dem angefochtenen und „an sich" unwirksamen Rechtsgeschäft Erfüllungsansprüche geltend machen kann. Ähnlich gestaltet sich die Situation in den Fällen der mißbräuchlichen „Berufung" auf die Formnichtigkeit eines Rechtsgeschäfts. Hier wird dem einen Teil die „Berufung" auf die Formnichtigkeit wegen rechtsmißbräuchlichen Verhaltens versagt, was als Kehrseite zur Konsequenz hat, daß der andere Teil einen ihm eigentlich nicht zustehenden Anspruch auf Erfüllung des „an sich" formnichtigen Rechtsgeschäfts erhält.

Wenn diese auf rechtsmißbräuchlichem Verhalten beruhenden „anspruchsbegründenden" Modelle des § 242 BGB auf die hier in Rede stehende Wiedereinstellungsproblematik übertragen würden, so ergäbe sich als Kehrseite der wegen Rechtsmißbrauchs verbotenen „Berufung" auf die durch wirksame Kündigung herbeigeführte Beendigung des Arbeitsverhältnisses in Gestalt der Verweigerung der Wiedereinstellung kein Anspruch auf Wiedereinstellung im Sinne einer Neubegründung des Arbeitsverhältnisses, sondern vielmehr käme es insoweit schon gar nicht zu einer rechtswirksamen Beendigung des „an sich" wirksam gekündigten Arbeitsverhältnisses. Das gekündigte Arbeitsverhältnis würde dann fortbestehen, der Arbeitnehmer hätte hieraus Anspruch auf Lohnzahlung und Beschäftigung[365]. Gerade dies hat das Bundesarbeitsgericht – zu Recht – mit dem Hinweis darauf abgelehnt, daß die Beendigung des Arbeitsverhältnisses unabhängig von der weiteren Entwicklung der Umstände eintritt, wenn dem Arbeitnehmer eine wirksame Kündigung zugegangen ist, weil sonst auf

---

363 Vgl. *Fikentscher*, Schuldrecht, Rn. 160; *Langer*, NZA 1991, Beilage Nr. 3, S. 23, 26.

364 Vgl. hierzu Soergel/*Teichmann*, § 242 Rn. 28; Jauernig/*Vollkommer*, § 242 Rn. 36 sowie besonders plastisch *Roth*, Münchener Kommentar, § 242 Rn. 339, der die Aberkennung und Zuerkennung von Rechten in diesem Zusammenhang als „zwei Seiten derselben Medaille" bezeichnet.

365 Die „Berufung" auf die rechtswirksame Kündigung wegen Rechtsmißbrauchs wollen in diesem Sinne ausschließen LAG Düsseldorf, LAGE § 1 KSchG Betriebsbedingte Kündigung Nr. 35, S. 3 f.; *Wank*, Anm. zu BAG AP Nr. 2 zu § 1 KSchG 1969 Soziale Auswahl; *Zwanziger*, BB 1997, S. 42, 45 f.; *ders*., in: Kittner/Däubler/Zwanziger, KSchR (4. Auflage), Einl. Rn. 510.

einem Umweg doch wieder der Beurteilungszeitpunkt für die Wirksamkeit der Kündigung verschoben wird und zur Beurteilung insoweit Gründe herangezogen werden, die erst nach Zugang der Kündigungserklärung entstanden sind[366].

Folglich erweist sich § 242 BGB in seiner alle Rechte und Rechtspositionen immanent beschränkenden Funktion auch hinsichtlich der Rechtsfolgenseite als ungeeignet, unmittelbar einen Anspruch des Arbeitnehmers auf Wiedereinstellung zu tragen.

3. Zwischenergebnis

Die dem Urteil vom 27.02.1997 zugrundeliegende Argumentation des 2. Senats vermag nicht zu überzeugen. Die der Begründung eines rechtsmißbräuchlichen, widersprüchlichen Verhaltens des Arbeitgebers zugrundeliegende Vorstellung einer Kausalbeziehung zwischen Kündigungsgrund und Kündigungserklärung ist nicht haltbar, weil es allein darauf ankommt, daß im Zeitpunkt des Zugangs der Kündigungserklärung nach der objektiven Rechtslage Umstände vorliegen, die einen rechtlich anerkannten Kündigungsgrund bilden. Darüber hinaus fehlt in den hier in Rede stehenden Fallkonstellationen in aller Regel der für den Vorwurf des rechtsmißbräuchlichen, widersprüchlichen Verhaltens erforderliche Vertrauenstatbestand.

Die vom Bundesarbeitsgericht zur Begründung rechtsmißbräuchlichen Verhaltens des Arbeitgebers gegebenen Hinweise auf die Situation beim Anfechtungsrecht, wenn sich der Anfechtungsgegner bereit erklärt, die angefochtene Erklärung so gelten zu lassen, wie der Erklärende selbst sie verstanden hatte beziehungsweise bei einem nachträglichen Wegfall des Eigenbedarfs bei der Kündigung eines Mietverhältnisses über Wohnraum (§ 564b BGB a. F.) lassen sich insoweit mangels Vergleichbarkeit mit der Situation bei einem Wegfall des Kündigungsgrundes argumentativ nicht zur Begründung eines Rechtsmißbrauchs verwerten.

Schließlich sieht sich die Argumentation des 2. Senats dem Einwand ausgesetzt, daß § 242 BGB im Falle rechtsmißbräuchlichen Verhaltens als Rechtsfolge in aller Regel lediglich zu einer rechtshindernden beziehungsweise rechtsvernichtenden Einwendung, nicht jedoch zur Begründung eines Anspruchs führt.

III. Vertragliche Pflichten des Arbeitgebers als Grundlage für einen Wiedereinstellungsanspruch

Als dogmatischer Anknüpfungspunkt für einen Wiedereinstellungsanspruch des Arbeitnehmers sind schließlich die vertraglichen Nebenpflichten des Arbeitsverhältnisses in Betracht zu ziehen. Insoweit ist auf den Grundsatz von Treu und Glauben in seiner Ergänzungsfunktion zu rekurrieren, wonach § 242 BGB Grundlage für Nebenpflichten verschiedenster Art ist[367].

---

366 Vgl. BAG AP Nr. 1 zu § 1 KSchG 1969 Wiedereinstellung; ebenso *Walker*, SAE 1998, S. 103, 107.

367 Zur Ergänzungsfunktion des § 242 BGB Palandt/*Heinrichs*, § 242 Rn. 13 und 23 ff.; *Roth*, Münchener Kommentar, § 242 Rn. 119 und 123.

Im Gegensatz zur Schrankenfunktion, die als Rechtsfolge des § 242 BGB in aller Regel lediglich zu einer rechtshindernden beziehungsweise rechtsvernichtenden Einwendung führt[368], können die sich aus der Ergänzungsfunktion des § 242 BGB ergebenden Nebenpflichten grundsätzlich klagbare Ansprüche begründen[369]. Im vorliegenden Kontext ist somit zu untersuchen, ob sich die aus der Ergänzungsfunktion des § 242 BGB ergebenden Verhaltenspflichten des Arbeitgebers zur Rechtsgrundlage für einen Wiedereinstellungsanspruch des Arbeitnehmers erheben lassen.

1. Kritik am vorschnellen Rekurs auf „nachwirkende Pflichten" zur Begründung des Wiedereinstellungsanspruchs

Bevor nähere Ausführungen zu den konkret in Frage kommenden Pflichten und ihrer dogmatischen Herleitung gemacht werden, ist zunächst kritisch anzumerken, daß in diesem Zusammenhang vielfach vorschnell auf die Rechtsfigur der „Nachwirkung von Vertragspflichten" zurückgegriffen wird, die jedoch wegen ihrer „Endbezogenheit" nur schwer mit der Neubegründung eines Schuldverhältnisses in Einklang zu bringen ist[370].

Der vorschnelle Rekurs auf „nachwirkende Pflichten" ist auf verschiedene Ursachen zurückzuführen.

Zum einen geht die Wiedereinstellungsproblematik ursprünglich auf Fallkonstel-lationen zurück, denen außerordentliche, fristlose Kündigungen zugrundelagen[371]. Da in derartigen Fällen das Rechtsverhältnis mit sofortiger Wirkung im Zeitpunkt des Zugangs der Kündigungserklärung beendet wird und somit beim Wegfall des die Beendigung tragenden Umstandes nicht mehr besteht, war ein Rückgriff auf „nachwirkende Pflichten" erforderlich[372] und gerade auf den Aspekt der „Nachwirkung" fokussierte sich die Kritik[373].

Zum anderen bezieht sich der auf Neuabschluß des Arbeitsvertrages gerichtete Wiedereinstellungsanspruch in zeitlicher Hinsicht stets auf den Zeitraum nach der wirksamen Beendigung des Arbeitsverhältnisses, da die Vertragsparteien anderenfalls aus zwei parallel verlaufenden Arbeitsverhältnissen verpflichtet wären. Darüber hinaus wird der Anspruch auf Wiedereinstellung oftmals erst nach Ablauf der

---

368 Vgl. nur Palandt/*Heinrichs*, § 242 Rn. 14 und 41; *Roth*, Münchener Kommentar, § 242 Rn. 62.

369 Siehe Hierzu Palandt/*Heinrichs*, § 242 Rn. 14; *Roth*, Münchener Kommentar, § 242 Rn. 61.

370 Vgl. zur „Endbezogenheit" von nachvertraglichen Pflichten *Larenz*, Lehrbuch des Schuldrechts Bd. I, S. 141; *ders.*, Anm. zu BAG AP Nr. 3 und 4 zu § 611 BGB Fürsorgepflicht; *Moos*, RdA 1962, S. 301, 303.

371 Vgl. BGH AP Nr. 2 zu § 611 BGB Fürsorgepflicht (außerordentliche, fristlose Verdachtskündigung) sowie BAG AP Nr. 3 zu § 611 BGB Fürsorgepflicht (außerordentliche, fristlose Kündigung auf Befehl der Militärregierung wegen angeblicher nationalsozialistischer Betätigung).

372 Vgl. wiederum BGH AP Nr. 2 zu § 611 BGB Fürsorgepflicht und BAG AP Nr. 3 zu § 611 BGB Fürsorgepflicht.

373 Vgl. *A. Hueck*, Anm. zu BGH AP Nr. 2 zu § 611 BGB Fürsorgepflicht; *Larenz*, Anm. zu BAG AP Nr. 3 und 4 zu § 611 BGB Fürsorgepflicht; *Molitor*, SAE 1957, S. 5 ff. Siehe auch *Heilmann*, Verdachtskündigung und Wiedereinstellung nach Rehabilitierung, S. 95 ff. und *Strobel*, Die Rechtsfigur der Verdachtskündigung, S. 198.

Kündigungsfrist gerichtlich geltend gemacht beziehungsweise entscheidet das Arbeitsgericht erst nach diesem Zeitpunkt über den Anspruch. All dies verleitet offensichtlich dazu, vorschnell und unzutreffenderweise für die Begründung des Wiedereinstellungsanspruchs auf die Rechtsfigur der „Nachwirkung von Vertragspflichten" zu rekurrieren.

Exemplarisch ist insoweit auf ein Urteil des Landesarbeitsgerichts Hamburg vom 26.04.1990 hinzuweisen[374]. Das Gericht führt einerseits aus, daß der Arbeitgeber im Einzelfall verpflichtet sein kann, den gekündigten Arbeitnehmer wiedereinzustellen, wenn die im Zeitpunkt des Zugangs der Kündigungserklärung gegebenen betriebsbedingten Gründe nachträglich bis zum Ablauf der Kündigungsfrist entfallen sind und stützt diesen Anspruch andererseits auf die „nachwirkende Fürsorgepflicht" des Arbeitgebers[375].

Mit der Konzentration auf die „nachwirkenden Pflichten" ist die vorrangige Frage in den Hintergrund getreten: Die Nachwirkung einer Pflicht des Arbeitgebers, den Arbeitnehmer wiedereinzustellen, kommt schon begrifflich nur in Betracht, wenn sie schon während des bestehenden Arbeitsverhältnisses existierte[376]. Im Vordergrund steht somit zunächst die Frage, ob der Arbeitgeber bei Wegfall des Kündigungsgrundes vor Ablauf der Kündigungsfrist aufgrund des noch bestehenden Arbeitsverhältnisses verpflichtet ist, den Arbeitnehmer wiedereinzustellen.

Insoweit ist jedoch nicht auf die „nachwirkenden", sondern auf die „noch wirkenden" Pflichten des Arbeitgebers zur Begründung des Wiedereinstellungsanspruchs abzustellen[377]. Ein Rekurs auf die Rechtsfigur der „Nachwirkung von Vertragspflichten" und eine Auseinandersetzung mit der damit einhergehenden Frage, ob sich die Neubegründung eines Schuldverhältnisses mit der „Endbezogenheit" nachvertraglicher Pflichten vereinbaren läßt, ist somit erst dann erforderlich, wenn die die Kündigung tragenden Umstände nach der rechtswirksamen Beendigung des Arbeitsverhältnisses wegfallen.

---

374 LAG Hamburg, LAGE § 611 BGB Einstellungsanspruch Nr. 2, S. 6 f.

375 Ähnlich beispielsweise *Mummenhoff*, JuS 1987, S. 893, 895, der darauf hinweist, daß die Intensität der „nachwirkenden Fürsorgepflicht" nicht losgelöst vom zeitlichen Ablauf beurteilt werden könne. Bis zur Beendigung des Arbeitsverhältnisses sei diese stärker ausgeprägt, nach diesem Zeitpunkt nähmen die Nachwirkungen hingegen allmählich ab. Siehe hierzu auch *Weller/Dorndorf*, in: Heidelberger Kommentar, KSchG, § 1 Rn. 946, die ohne Differenzierung die „nachwirkende Fürsorgepflicht" des Arbeitgebers zur dogmatischen Begründung des Wiedereinstellungsanspruchs heranziehen. Auch *Hambitzer*, Der Wiedereinstellungsanspruch des Arbeitnehmers nach wirksamer Kündigung, S. 58 ff. greift stets auf „nachwirkende Vertragspflichten" als Anspruchsgrundlage zurück.

376 Siehe auch *Kaiser*, ZfA 2000, S. 205, 219.

377 Vgl. schon LAG Düsseldorf, DB 1952, S. 700: „Wohl aber kann in einem solchen Falle, wenn in der Zeit zwischen Kündigungsausspruch und der Beendigung des Arbeitsverhältnisses eine nachhaltige Besserung der betrieblichen Verhältnisse eintritt, die auch während der Kündigungsfrist noch wirkende Fürsorgepflicht dem Arbeitgeber gebieten, dem gekündigten Arbeitnehmer die Rücknahme der Kündigung und die Fortsetzung des Arbeitsverhältnisses anzubieten". Ähnlich *Borrmann*, Der Schutz des sozialen Besitzstandes der Arbeitnehmer bei Rationalisierungsmaßnahmen, S. 66.

2. *Die voneinander zu trennenden Zeiträume*

Aus den soeben getroffenen Feststellungen ergibt sich, daß für eine etwaige vertragliche Pflicht des Arbeitgebers, einen gekündigten Arbeitnehmer wegen Wegfalls des Kündigungsgrundes wiedereinzustellen, zwei Zeiträume scharf voneinander zu trennen sind[378]:

Der erste Zeitraum umfaßt die Zeit vom Zugang der Kündigungserklärung (§ 130 I S. 1 BGB) bis zur Beendigung des Arbeitsverhältnisses. Er ist nur bei einer ordentlichen Kündigung beziehungsweise einer außerordentlichen Kündigung mit sozialer Auslauffrist gegeben[379] und erstreckt sich bis zum Ablauf der Kündigungsfrist. Innerhalb dieses Zeitraums ist das Arbeitsverhältnis zwar bereits gekündigt, seine Beendigung somit gewissermaßen schon eingeleitet. Bis zum Ablauf der Kündigungsfrist bestehen die beiderseitigen vertraglichen Rechte und Pflichten jedoch in vollem Umfang fort. Kommt es innerhalb dieser Phase zu einem Wegfall der die Kündigung tragenden Umstände, bedarf es folglich zur Begründung eines Wiedereinstellungsanspruchs nicht des Rückgriffs auf „nachwirkende Vertragspflichten", vielmehr kann auf die in vollem Umfang „noch wirkenden" Vertragspflichten rekurriert werden[380].

---

378 Vgl. hierzu auch ErfK/*Ascheid*, § 1 KSchG Rn. 437; *Bartel*, SAE 1998, S. 313, 313 f.; *Boewer*, NZA 1999, S. 1177, 1178 f.; *ders.*, in: Kündigung und Kündigungsschutz in der betrieblichen Praxis, S. 292; *Boudon*, EWiR 1998, S. 323, 323 f.; *Caspers*, Personalabbau und Betriebsänderung im Insolvenzverfahren, Rn. 214 f.; KR-*Etzel*, § 1 KSchG, Rn. 569; *Hergenröder*, Anm. zu BAG EzA § 1 KSchG Wiedereinstellungsanspruch Nr. 3, S. 20 f.; *Honstetter*, Die Prognoseentscheidung des Arbeitgebers im Kündigungsrecht, S. 155 ff. einerseits und 169 ff. andererseits; *Hromadka/Maschmann*, Arbeitsrecht Bd. 1, S. 448; *Hueck/v. Hoyningen-Huene*, KSchG, § 1 Rn. 156c; *Junker/Schnelle*, EWiR 1997, S. 781, 782; APS/*Kiel*, § 1 KSchG Rn. 789 f.; *Kort*, SAE 2001, S. 131, 131 f.; *Löwisch*, KSchG, § 1 Rn. 83; *Oetker*, ZIP 2000, S. 643, 645 einerseits und 648 andererseits; APS/*Preis*, Grundl. H Rn. 80; *ders.*, Prinzipien des Kündigungsrechts bei Arbeitsverhältnissen, S. 354 einerseits und 355 andererseits; *ders.*, DB 1988, S. 1387, 1393; *ders.*, Anm. zu LAG Köln, LAGE § 611 BGB Einstellungsanspruch Nr. 1, S. 23 f.; *Schweibert*, in: Willemsen/Hohenstatt/Schweibert, Umstrukturierung und Übertragung von Unternehmen, S. 145; *vom Stein*, Fehleinschätzungen bei der Kündigung von Arbeitsverhältnissen, S. 253 ff. einerseits und 263 ff. andererseits; *ders.*, RdA 1991, S. 85, 87 f. einerseits und 90 andererseits; *Strathmann*, Der Wiedereinstellungsanspruch eines wirksam gekündigten Arbeitnehmers, S. 55 ff. und 59 f. sowie S. 63 f. und 64 ff.; *Westera*, Der Wiedereinstellungsanspruch nach wirksamer Kündigung, S. 71; deutlich differenzierend auch *Kaiser*, ZfA 2000, S. 205, 218 f.; *Zwanziger*, in: Kittner/Däubler/Zwanziger, KSchR, Einl. Rn. 390f; *ders.*, BB 1997, S. 42, 43.
Gegen eine derartige zeitliche Trennung aber MünchArbR/*Berkowsky*, § 134 Rn. 85; *Bram*, in: Bader/Bram/Dörner/Wenzel, KSchG, § 1 Rn. 72g; APS/*Dörner*, § 1 KSchG Rn. 78; *Dornieden*, AiB 1998, S. 410; *Kittner*, in: Kittner/Däubler/Zwanziger, KSchR (4. Auflage), § 1 KSchG Rn. 56b; *Krasshöfer*, EWiR 1998, S. 773, 774; *Manske*, FA 1998, S. 143, 145 ff.; *Raab*, RdA 2000, S. 147, 154 f.; *ders.*, RdA 2001, S. 248, 250 f.

379 Bei einer außerordentlichen fristlosen Kündigung existiert dieser Zeitraum hingegen nicht, da der Zugang der Kündigungserklärung in diesem Fall zu einer sofortigen Beendigung des Arbeitsverhältnisses führt.

380 Auf „noch wirkende" vertragliche Pflichten ist auch dann zurückzugreifen, wenn der Arbeitnehmer seine Weiterbeschäftigung auf der Grundlage des § 102 V BetrVG durchsetzen konnte und der Kündigungsgrund erst während des Weiterbeschäftigungsverhältnisses wegfällt (vgl. hierzu auch *Nicolai/Noack*, ZfA 2000, S. 87, 104; *vom Stein*, Fehleinschätzungen bei der Kündigung von Arbeitsverhältnissen, S. 253 f.; a. A. jedoch – da auf den Vertrauensschutz des Arbeitnehmers abstellend - *Boewer*, NZA 1999, S. 1177, 1178; ablehnend auch *Löwisch*, KSchG, § 1 Rn.

Die zweite Phase beginnt mit der rechtswirksamen Beendigung des Arbeitsverhältnisses. Fallen die die Kündigung tragenden Gründe nach diesem Zeitpunkt weg, läßt sich ein auf vertragliche Pflichten des Arbeitgebers gestützter Wiedereinstellungsanspruch nur unter Rückgriff auf die Rechtsfigur der „Nachwirkung" von Vertragspflichten begründen. Nur in dieser Fallkonstellation stellt sich das Problem, ob sich die „Endbezogenheit" nachvertraglicher Pflichten mit der Neubegründung eines Rechtsverhältnisses in Einklang bringen läßt.

3. *Wiedereinstellungsanspruch bei Wegfall des Kündigungsgrundes während der Kündigungsfrist aufgrund „noch wirkender" Interessenwahrungspflicht des Arbeitgebers*

a) *Die Interessenwahrungspflicht des Arbeitgebers und das Bestandsinteresse des Arbeitnehmers*

In der Schuldrechtsdogmatik ist allgemein anerkannt, daß die den Vertragstypus bestimmenden Leistungspflichten des Schuldverhältnisses durch Nebenpflichten ergänzt werden. Diese werden aus § 242 BGB abgeleitet, dem insoweit eine für die Parteien des Schuldverhältnisses zusätzliche Pflichten begründende Ergänzungsfunktion beigemessen wird[381].

Nunmehr ergibt sich auch aus § 241 II BGB, daß das Schuldverhältnis nach seinem Inhalt jeden Teil zur Rücksicht auf die Rechte, Rechtsgüter und Interessen des anderen Teils verpflichten kann[382]. Zu den vertraglichen Nebenpflichten gehört somit auch die Pflicht, auf berechtigte Interessen des Vertragspartners Rücksicht zu nehmen[383]. Da

---

83). Besonders evident ist dies, wenn man der Auffassung folgt, wonach es sich bei der vorläufigen Weiterbeschäftigung nach § 102 V BetrVG um die – durch die rechtskräftige Abweisung der Kündigungsschutzklage auflösend bedingte – Fortsetzung des alten, durch Arbeitsvertrag begründeten Arbeitsverhältnisses handelt (so beispielsweise KR-*Etzel*, § 102 BetrVG Rn. 215; *Kraft*, GK-BetrVG, § 102 Rn. 168; *Richardi*, BetrVG, § 102 Rn. 214; MünchArbR/*Wank*, § 121 Rn. 23). Aber auch wenn man bezüglich des Weiterbeschäftigungsverhältnisses von einem „durch Gesetz begründeten Schuldverhältnis" (so *Schlochauer*, in: Hess/Schlochauer/Glaubitz, BetrVG, § 102 Rn. 161), von einem „besonderen gesetzlichen Beschäftigungsverhältnis" (so *Fitting/Kaiser/Heither/Engels*, BetrVG, § 102 Rn. 56) oder von einem „vorläufigen Weiterbeschäftigungsverhältnis" (so *Galperin/Löwisch*, BetrVG, § 102 Rn. 109) ausgeht, ist ein Rekurs auf „noch wirkende" vertragliche Pflichten möglich. Denn in materiellrechtlicher Hinsicht besteht weitestgehende Einigkeit darüber, daß die Arbeitsvertragsparteien im Rahmen des Weiterbeschäftigungsverhältnisses nach § 102 V BetrVG grundsätzlich alle Rechte und Pflichten des bisherigen Arbeitsverhältnisses zu beachten haben (vgl. nur *Schlochauer*, in: Hess/Schlochauer/Glaubitz, BetrVG, § 102 Rn. 164), so daß der Streit um die Rechtsnatur des Weiterbeschäftigungsverhältnisses insoweit ohne Bedeutung ist (vgl. auch *Kraft*, GK-BetrVG, § 102 Rn. 168; MünchArbR/*Wank*, § 121 Rn. 24).

381 Vgl. *Gernhuber*, JuS 1983, S. 764, 765; *Larenz*, Lehrbuch des Schuldrechts Bd. I, S. 9 und 138 ff.; *Roth*, Münchener Kommentar, § 242 Rn. 141 ff.; Soergel/*Teichmann*, § 242 Rn. 132 ff.

382 In der Begründung zum Regierungsentwurf des § 241 II BGB, BR-Drucks. 338/01, S. 283 heißt es: „Die oben kurz umschriebene Lehre von den Schutzpflichten hat sich allegemein durchgesetzt. Daran soll nichts geändert werden. Dieses geltende Recht soll in einer Ergänzung des § 241 in einem neuen Absatz 2 auch im Gesetzestext klargestellt werden."

383 Vgl. bereits vor Inkrafttreten des § 241 II BGB Erman/*Hanau*, § 611 Rn. 482; Palandt/*Heinrichs*, § 242 Rn. 31; *Honstetter*, Die Prognoseentscheidung des Arbeitgebers im

Vertragsverhältnisse durch mehr oder minder stark ausgeprägte Interessengegensätze gekennzeichnet sind, findet die Interessenwahrungspflicht allerdings dort ihre Grenze, wo durch die Wahrung der Interessen des anderen Teils gleich- oder höherrangige eigene Interessen vernachlässigt werden müßten[384]. Umfang und Intensität der Interessenwahrungspflicht stehen somit nicht von vornherein verbindlich fest, sondern sind durch Abwägung der Interessen der Arbeitsvertragsparteien zu konkretisieren[385]:

In aller Regel hat der Arbeitnehmer de facto auch nach Zugang der Kündigungserklärung noch ein Interesse daran, seinen Arbeitsplatz nicht mit Ablauf der Kündigungsfrist zu verlieren. Vor dem Hintergrund, daß er seine wirtschaftliche Existenzgrundlage ohne beziehungsweise gegen seinen Willen verlieren soll, ist sein Interesse, nach Wegfall der die Kündigung tragenden Umstände wiedereingestellt zu werden, im Regelfall geradezu mit Händen greifbar. Zwar muß der Arbeitnehmer grundsätzlich den Verlust des Arbeitsplatzes hinnehmen, wenn eine Kündigung den Erfordernissen des Kündigungsschutzrechts standhält. Durch diese gesetzliche Konzeption entfällt jedoch keinesfalls unmittelbar kraft Gesetzes mit Zugang der Kündigungserklärung sein Interesse daran, den Arbeitsplatz zu behalten. Dieses besteht vielmehr regelmäßig bis zum Ablauf der Kündigungsfrist fort[386].

Da dem Arbeitsverhältnis Interessengegensätze der Vertragsparteien zugrundeliegen, erstreckt sich die Pflicht des Arbeitgebers zur Interessenwahrung allerdings von vornherein nicht auf jedwedes Interesse des Arbeitnehmers, sondern nur auf berechtigte, mithin solche Interessen, denen die Rechtsordnung Schutz gewährt. Das in aller Regel de facto auch noch nach Zugang der Kündigungserklärung bis zum Ablauf der Kündigungsfrist fortbestehende Bestandsinteresse des Arbeitnehmers ist als ein der Interessenwahrungspflicht des Arbeitgebers unterfallendes berechtigtes Interesse zu qualifizieren, wenn ihm auch noch während des Laufs der Kündigungsfrist rechtlicher Schutz zukommt.

Kündigungsrecht, S. 157; APS/*Kiel*, § 1 KSchG Rn. 788 a. E.; *Larenz*, Lehrbuch des Schuldrechts Bd. I, S. 141; *Oetker*, ZIP 2000, S. 643, 646; *Roth*, Münchener Kommentar, § 242 Rn. 204 ff.; Soergel/*Teichmann*, § 242 Rn. 4; *vom Stein*, Fehleinschätzungen bei der Kündigung von Arbeitsverhältnissen, S. 229 f. und 254; *ders.*, RdA 1991, S. 85, 88. Aus der Rechtsprechung BAG AP Nr. 1 zu § 1 KSchG 1969 Wiedereinstellung; BAG AP Nr. 2 zu § 1 KSchG 1969 Wiedereinstellung; BAG AP Nr. 6 zu § 1 KSchG 1969 Wiedereinstellung. Kritisch in diesem Zusammenhang aber *Langenbucher*, ZfA 1999, S. 299, 304 Fn. 29 mit Hinweis darauf, daß Arbeitsverträgen Interessengegensätze zugrundelägen, die einer solchen Pflicht schon grundsätzlich entgegenstünden, was umso mehr gelte, wenn die Beendigung des Vertrages bereits – durch Zugang der Kündigungserklärung – eingeleitet ist. Kritisch auch *Lisec*, Der Wiedereinstellungsanspruch des Arbeitnehmers nach betriebsbedingter Kündigung und Betriebsübergang, S. 24 Fn. 183, nach deren Auffassung die Pflicht zur Interessenwahrung nicht nachprüfbar und inhaltlich zu wenig greifbar sei. In Betracht zu ziehen sei vielmehr die arbeitsvertragliche Fürsorgepflicht.

384 Vgl. BGH, BB 1969, S. 464; *Roth*, Münchener Kommentar, § 242 Rn. 204; *vom Stein*, Fehleinschätzungen bei der Kündigung von Arbeitsverhältnissen, S. 230, 254, 259; *ders.*, RdA 1991, S. 85, 88.

385 Vgl. BAG AP Nr. 6 zu § 1 KSchG 1969 Wiedereinstellung; *Oetker*, ZIP 2000, S. 643, 646; *vom Stein*, Fehleinschätzungen bei der Kündigung von Arbeitsverhältnissen, S. 230 f.

386 Vgl. BAG AP Nr. 6 zu § 1 KSchG 1969 Wiedereinstellung; *Oetker*, ZIP 2000, S. 643, 646; *vom Stein*, Fehleinschätzungen bei der Kündigung von Arbeitsverhältnissen, S. 230.

b) Das Bestandsinteresse als berechtigtes, der Interessenwahrungspflicht unterfallendes Interesse

Es stellt sich somit die Frage, ob die Rechtsordnung Regelungen vorsieht, die den Verlust des vom Arbeitnehmer frei gewählten Arbeitsplatzes an das Vorliegen bestimmter Voraussetzungen binden und diese Bindung in zeitlicher Hinsicht bis zum Ablauf der Kündigungsfrist erstrecken.

aa) Der rechtliche Schutz des Bestandsinteresses durch das Kündigungsschutzgesetz

In Betracht zu ziehen sind insoweit die bestandsschutzrechtlichen Regelungen des Kündigungsschutzgesetzes. Hiernach soll sich der Arbeitnehmer des einmal erworbenen Arbeitsplatzes insofern sicher sein können, als dieser ihm vom Arbeitgeber nicht beliebig, sondern nur unter bestimmten Voraussetzungen (vgl. § 1 II KSchG) wieder entzogen werden kann. Diesem durch das Kündigungsschutzgesetz vermittelten Bestandsschutz des Arbeitsverhältnisses liegt einerseits der Gedanke zugrunde, daß der Arbeitsplatzverlust einen schwerwiegenden Eingriff in die wirtschaftlichen Verhältnisse des für seinen Lebensunterhalt in aller Regel auf den Arbeitslohn ganz oder größtenteils angewiesenen Arbeitnehmers darstellt. Andererseits sollen durch den Bestandsschutz auch die mit dem Verlust des Arbeitsplatzes verbundenen Folgen für die persönlichen Verhältnisse des Arbeitnehmers vermieden werden. Schließlich soll auch die Zugehörigkeit zum Betrieb einen gewissen Schutz erfahren, von der für den Arbeitnehmer nicht nur zahlreiche rechtliche Positionen abhängen, sondern mit fortschreitender Dauer auch immaterielle Werte verbunden sind[387].

Spricht der Arbeitgeber eine ordentliche Kündigung aus, so hat die hiermit verbundene Kündigungsfrist zur Folge, daß der Verlust des Arbeitsplatzes, vor dem das Kündigungsschutzgesetz den betroffenen Arbeitnehmer letztlich schützen soll, nicht bereits im Zeitpunkt des Zugangs der Kündigungserklärung, sondern erst mit dem Ablauf der Kündigungsfrist eintritt[388].

Wenn auch aus Gründen der Rechtssicherheit, Verläßlichkeit und Klarheit bei der Prüfung des Kündigungsgrundes allein auf den Zeitpunkt des Zugangs der Kündigungserklärung abzustellen ist[389], mithin eine nach diesem Zeitpunkt eintretende Änderung des Kündigungssachverhalts auf die Wirksamkeit der Kündigung keinerlei Auswirkungen hat, so verlangt doch der dem Kündigungsschutzgesetz zugrundeliegende Zweck, den Arbeitnehmer vor einem ungerechtfertigten Verlust seines Arbeitsplatzes zu schützen, daß die kündigungsschutzgesetzlichen Rechtfertigungstatbestände nicht nur im – hinsichtlich der Wirksamkeit der Kündigung maßgebenden – Zeitpunkt des Zugangs der Kündigungserklärung, sondern darüber hinaus auch noch bei Eintritt des Arbeitsplatzverlustes durch Ablauf der Kündigungsfrist erfüllt sind.

---

[387] Vgl. zum Bestandsschutz als Regelungsziel des Kündigungsschutzgesetzes KR-*Etzel*, § 1 KSchG Rn. 23; *Herschel/Löwisch*, KSchG, Vor § 1 Rn. 1 f.; *Hueck/v. Hoyningen-Huene*, KSchG, § 1 Rn. 4; *Kittner*, in: Kittner/Däubler/Zwanziger, KSchR, § 1 KSchG Rn. 3.

[388] Entsprechendes gilt für eine außerordentliche Kündigung mit sozialer Auslauffrist.

[389] Vgl. nur BAG AP Nr. 1 zu § 1 KSchG 1969 Wiedereinstellung.

Der durch das Kündigungsschutzgesetz vermittelte arbeitsrechtliche Bestandsschutz endet insoweit erst mit Ablauf der Kündigungsfrist[390]. Das Bestandsinteresse des Arbeitnehmers genießt folglich bis zu diesem Zeitpunkt rechtlichen Schutz und unterfällt somit als berechtigtes Interesse grundsätzlich der Interessenwahrungspflicht des Arbeitsgebers[391].

Demnach hat der Arbeitgeber einem nach Zugang der Kündigungserklärung, aber noch vor Ablauf der Kündigungsfrist eintretenden Wegfall der die Kündigung tragenden Umstände grundsätzlich Rechnung zu tragen. Er kann sich im Hinblick auf die ihm obliegende, am Zweck des Kündigungsschutzgesetzes ausgerichtete Interessenwahrungspflicht nicht darauf berufen, die in § 1 II KSchG genannten Rechtfertigungstatbestände hätten im Zeitpunkt des Zugangs der Kündigungserklärung vorgelegen, so daß das Bestandsinteresse des Arbeitnehmers ab diesem Zeitpunkt keinen rechtlichen Schutz mehr genieße.

bb) Die Situation beim strukturell vergleichbaren mietrechtlichen Bestandsschutz

Die aus dem Bestandsschutzgedanken abgeleitete, dahingehende Interpretation des Kündigungsschutzgesetzes, daß die Rechtfertigungstatbestände des § 1 II KSchG nicht nur im Zeitpunkt des Kündigungszugangs, sondern auch noch bei Eintritt des Arbeitsplatzverlustes erfüllt sein müssen, steht im Einklang mit der in Rechtsprechung und Literatur weit verbreiteten Interpretation des strukturell vergleichbaren mietrechtlichen Bestandsschutzes.

Auch bei der Eigenbedarfskündigung im Wohnraummietrecht gemäß § 564b II Nr. 2 BGB a. F. stellt sich die Frage, wie sich der nachträgliche Wegfall des bei Zugang der Kündigungserklärung vorhandenen Eigenbedarfs des Vermieters auswirkt. Ein solcher Wegfall kommt beispielsweise in Betracht, wenn sich die Heiratsabsichten des Familienangehörigen, zu dessen Gunsten der Eigenbedarf geltend gemacht worden ist,

---

390 Vgl. BAG AP Nr. 6 zu § 1 KSchG 1969 Wiedereinstellung; *Oetker*, ZIP 2000, S. 643, 646; *Hergenröder*, Anm. zu BAG EzA § 1 KSchG Wiedereinstellungsanspruch Nr. 3, S. 18; *Westera*, Der Wiedereinstellungsanspruch nach wirksamer Kündigung, S. 37. In diese Richtung tendierend auch schon *Preis*, DB 1988, S. 1387, 1393 mit Betonung des Vertrauensschutzes. Ähnlich im Ansatz auch *Raab*, RdA 2000, S. 147, 152, der darauf abstellt, daß das Interesse des Arbeitgebers an der Beendigung des Arbeitsverhältnisses bis zum Ablauf der Kündigungsfrist fortbestehen müsse, da erst ab diesem Zeitpunkt die Beschäftigungspflicht ende. Kritisch aber *Kaiser*, ZfA 2000, S. 205, 224 Fn. 75.

391 Vgl. *Oetker*, ZIP 2000, S. 643, 646; zustimmend APS/*Kiel*, § 1 KSchG Rn. 788 f. A. A. *Lisec*, Der Wiedereinstellungsanspruch des Arbeitnehmers nach betriebsbedingter Kündigung und Betriebsübergang, S. 24 ff. und 29 ff., die prüft, ob das Bestandsinteresse des Arbeitnehmers ein „geschütztes Individualrecht" darstellt und bezüglich § 1 KSchG ausführt, daß diese Vorschrift nicht ausreiche, um den für die Annahme eines Rechtsgutes typischen und erforderlichen Absolutheitsgrad des Schutzes zu begründen. Folglich könne der Wiedereinstellungsanspruch nicht auf eine entsprechende Nebenleistungspflicht gestützt werden. Dieser Standpunkt beruht auf der unzutreffenden Prämisse, daß ein berechtigtes Interesse das Vorliegen einer absolut geschützten Rechtsposition voraussetzt. Ein berechtigtes, der Interessenwahrungspflicht unterfallendes Interesse ist aber schon dann gegeben, wenn die Rechtsordnung allgemein Regelungen vorsieht, die den Schutz des Interesses bezwecken. Dies ist jedoch bei dem Bestandsinteresse des Arbeitnehmers im Hinblick auf die Regelung des § 1 KSchG der Fall.

unversehens zerschlagen, wenn er verstirbt oder plötzlich sein Umzugsvorhaben aufgibt.

Auch wenn hinsichtlich der Einzelheiten vieles umstritten ist[392], ist im Grundsatz doch weitgehend anerkannt, daß für die Beurteilung der Rechtswirksamkeit der Kündigung allein auf den Zeitpunkt des Kündigungszugangs abzustellen ist. Hiernach muß der Mieter den Verlust der Wohnung nach Maßgabe des § 564b II Nr. 2 BGB a. F. zwar grundsätzlich hinnehmen, wenn in diesem Zeitpunkt ein Eigenbedarf vorhanden ist, hierdurch entfällt aber nicht ipso iure sein Bestandsinteresse. Da § 564b BGB a. F. den Mieter vor jedwedem ungerechtfertigten Verlust der Wohnung bewahren will, genießt das Bestandsinteresse des Mieters zumindest bis zur Beendigung des Mietverhältnisses[393] auch rechtlichen Schutz und ist der Vermieter folglich aufgrund der ihm allgemein obliegenden Pflicht, den berechtigten sozialen Interessen des Mieters in zumutbarem Maße Rechnung zu tragen, gehalten, den Mieter auf einen vor der Beendigung eintretenden Wegfall des Eigenbedarfs hinzuweisen und sich zur Fortsetzung des Mietverhältnisses bereitzuerklären[394].

cc) Arbeitsrechtlicher Bestandsschutz des Kündigungsschutzgesetzes als Konkretisierung der grundrechtlichen Schutzpflicht

Daß das Bestandsinteresse des Arbeitnehmers auch noch in dem Zeitraum zwischen Zugang der Kündigungserklärung und Ablauf der Kündigungsfrist rechtlichen Schutz genießt und damit der Interessenwahrungspflicht des Arbeitgebers unterfällt, ergibt sich schließlich auch daraus, daß der arbeitsrechtliche Bestandsschutz des Kündigungsschutzgesetzes als Konkretisierung der dem Staat obliegenden grundrechtlichen Schutzpflicht zu qualifizieren ist[395].

Diese aus Art. 12 I GG abgeleitete Schutzpflicht gebietet es, den Arbeitnehmer gegen einen grundlosen Verlust seines Arbeitsplatzes und damit seines sozialen Besitzstandes abzusichern[396]. Zwar wird dieser Schutzpflicht grundsätzlich durch die geltenden Kündigungsvorschriften hinreichend Rechnung getragen[397], so daß dem Arbeitnehmer der Arbeitsplatzverlust in der Regel auch von Verfassungs wegen zugemutet wird, wenn eine Kündigung im Zeitpunkt ihres Zugangs den Anforderungen des Kündigungsschutzrechts entspricht[398].

---

392 Vgl. die Darstellung von *Seier*, Der Kündigungsbetrug, S. 355 ff.; *ders.*, NJW 1988, S. 1617 ff.

393 Vgl. zu den hinsichtlich der zeitlichen Grenze vertretenen Meinungen die Nachweise bei *Seier*, Der Kündigungsbetrug, S. 378 ff.; *ders.*, NJW 1988, S. 1617, 1618.

394 Vgl. OLG Karlsruhe, NJW 1982, S. 54, 55; BayObLG, NJW 1987, S. 1654, 1655; *Seier*, Der Kündigungsbetrug, S. 394; *ders.*, NJW 1987, S. 1617, 1622 f.. Ähnlich auch *v. Stebut*, NJW 1985, S. 289, 294.

395 Vgl. zur Schutzpflicht aus Art. 12 I GG oben unter § 2 E II.

396 Siehe *Hanau*, Festschrift für Dieterich, S. 201, 201; *Oetker*, ZIP 2000, S. 643, 646 f.

397 So BVerfGE 84, S. 133, 147; 92, S. 360, 372; 97, S. 169, 175 sowie BAG AP Nr. 6 zu § 1 KSchG 1969 Wiedereinstellung. Siehe darüber hinaus *Hanau*, in: Arbeitnehmerinteressen und Verfassung, S. 84; *Kort*, SAE 2001, S. 131, 135; *Urban*, Der Kündigungsschutz außerhalb des Kündigungsschutzgesetzes, S. 56.

398 Siehe BAG AP Nr. 6 zu § 1 KSchG 1969 Wiedereinstellung.

Vor dem Hintergrund, daß die aus Art. 12 I GG abzuleitende grundrechtliche Schutzpflicht keinen Schutz des Arbeitnehmers vor der Kündigung als solcher, sondern vielmehr einen Schutz vor einem unfreiwilligen und grundlosen Verlust des Arbeitsplatzes verlangt, ist jedoch eine Ausnahme von diesem Grundsatz geboten, wenn die die Kündigung tragenden Umstände noch vor dem Eintritt des tatsächlichen Arbeitsplatzverlustes wegfallen. Bleibt in dieser Situation der Wegfall des Kündigungsgrundes generell gänzlich unberücksichtigt, so führte dies gerade zu einem grundlosen, unfreiwilligen Verlust des Arbeitsplatzes, mithin zu einem Ergebnis, das der grundrechtlichen Schutzpflicht widerspricht[399].

Eine Auffassung, die den als Konkretisierung der grundrechtlichen Schutzpflicht aus Art. 12 I GG zu qualifizierenden Bestandsschutz des Kündigungsschutzgesetzes mit dem Zeitpunkt des Zugangs der Kündigungserklärung enden lassen will[400], verkennt folglich, daß aus grundrechtlicher Sicht gerade nicht der Schutz vor der Kündigung im Sinne einer rein formalen Durchtrennung des arbeitsvertraglichen Bandes, sondern vielmehr der tatsächliche Verlust des Arbeitsplatzes im Vordergrund steht[401].

Nach alledem gebietet es auch die aus Art. 12 I GG abzuleitende grundrechtliche Schutzpflicht, einem bis zum Ablauf der Kündigungsfrist und somit vor dem tatsächlichen Verlust des Arbeitsplatzes eintretenden Wegfall des Kündigungsgrundes grundsätzlich Rechnung zu tragen[402].

Vor dem Hintergrund, daß die Pflicht zur Wiedereinstellung als Kontrahierungszwang und damit als Eingriff in die durch Art. 12 I GG geschützte Vertragsfreiheit des Arbeitgebers zu qualifizieren ist, ist im Falle eines Wegfalls des Kündigungsgrundes zwischen Zugang der Kündigungserklärung und Ablauf der Kündigungsfrist ein Wiedereinstellungsanspruch des Arbeitnehmers durch die aus Art. 12 I GG abzuleitende grundrechtliche Schutzpflicht allerdings nicht per se zwingend geboten. Vielmehr geht es darum, im Wege der praktischen Konkordanz die widerstreitenden Grundrechte aus Art. 12 I GG zu ihrer größtmöglichen Entfaltung zu bringen, ohne aber das Grundrecht des anderen praktisch völlig auszuhöhlen.

Im vorliegenden Zusammenhang bedeutet dies, daß dem Wegfall des Kündigungsgrundes bis zum Ablauf der Kündigungsfrist grundsätzlich im Rahmen der zur Konkretisierung der Interessenwahrungspflicht vorzunehmenden Abwägung zwischen den Interessen der Arbeitsvertragsparteien Gewicht beizumessen ist. Der Wiedereinstellungsanspruch ist nicht durch Art. 12 I GG in allen Fällen eines bis zum Ablauf der Kündigunsgfrist eintretenden Wegfalls des Kündigungsgrundes zwingend geboten,

---

[399] A. A. *Raab*, RdA 2001, S. 248, 250, der ausführt, daß es verfassungsrechtlich nicht als schlechthin unvertretbar erschiene, spätere Entwicklungen gänzlich unberücksichtigt zu lassen.

[400] So *Kaiser*, ZfA 2000, S. 205, 224 Fn. 75.

[401] Vgl. auch *Hanau*, Festschrift für Dieterich, S. 201, 201; *Oetker*, ZIP 2000, S. 643, 646 f.

[402] Hierzu neigend schon BAG AP Nr. 1 zu § 1 KSchG 1969 Wiedereinstellung. Deutlich nunmehr unter ausdrücklicher Berufung auf die grundrechtliche Schutzpflicht aus Art. 12 I GG BAG AP Nr. 6 zu § 1 KSchG 1969 Wiedereinstellung sowie bereits zuvor *Oetker*, ZIP 2000, S. 643, 646 f. Siehe außerdem BAG, NZA 2001, S. 1135, 1135 f.; *Bram*, in: Bader/Bram/Dörner/Wenzel, KSchG, § 1 Rn. 70b; *Kort*, SAE 2001, S. 131, 135 und nunmehr auch *Zwanziger*, in: Kittner/Däubler/Zwanziger, KSchR, Einl. Rn. 390a.

sondern stellt sich als Ergebnis einer das Gebot der praktischen Konkordanz berücksichtigenden Interessenabwägung dar, bei der das Bestandsinteresse des Arbeitnehmers das Interesse des Arbeitgebers überwiegt, es bei der Beendigung des Arbeitsverhältnisses zu belassen.

dd) Der rechtliche Schutz des Bestandsinteresses bei der betriebsbedingten, der personenbedingten und der verhaltensbedingten Kündigung

Bei der Frage des Anspruches auf Wiedereinstellung nach rechtswirksamer Kündigung geht es um das allgemeine Rechtsproblem, ob eine Rechtspflicht zur Vertragserneuerung besteht, wenn ein Vertragsverhältnis aufgrund eines an Gründe gebundenen Gestaltungsrechts wirksam aufgelöst worden ist, diese Gründe jedoch nach Ausübung des Gestaltungsrechts weggefallen sind[403]. Zu klären ist somit an dieser Stelle, ob die dargelegte Argumentation für alle Kündigungsgründe gilt.

Sowohl bei der betriebsbedingten als auch bei der personenbedingten und bei der verhaltensbedingten Kündigung wird das Bestandsinteresse des Arbeitnehmers durch das Kündigungsschutzgesetz rechtlich geschützt (vgl. § 1 II KSchG). Der dem Kündigungsschutzgesetz zugrundeliegende Zweck, den Arbeitnehmer vor einem ungerechtfertigten Verlust seines Arbeitsplatzes zu schützen, verlangt bei allen Kündigungsgründen, daß die kündigungsschutzgesetzlichen Rechtfertigungstatbestände nicht nur im – hinsichtlich der Wirksamkeit der Kündigung maßgebenden – Zeitpunkt des Zugangs der Kündigungserklärung, sondern darüber hinaus auch noch bei Eintritt des Arbeitsplatzverlustes durch Ablauf der Kündigungsfrist erfüllt sind.

Der Arbeitgeber hat aufgrund der ihm obliegenden Pflicht zur Wahrung des Bestandsinteresses des Arbeitnehmers einem nach Zugang der Kündigungserklärung, aber noch vor Ablauf der Kündigungsfrist eintretenden Wegfall der die Kündigung tragenden Umstände grundsätzlich Rechnung zu tragen, unabhängig davon, ob die Kündigung aus betriebsbedingten, personenbedingten oder verhaltensbedingten Gründen erfolgte[404]. Ein - auf die Interessenwahrungspflicht des Arbeitgebers gestützter - Anspruch auf Wiedereinstellung kommt folglich nicht nur bei einer betriebsbedingten, sondern auch bei einer personenbedingten[405] und bei einer verhaltensbedingten[406] Kündigung in Betracht.

---

403 Vgl. hierzu auch *Oetker*, ZIP 2000, S. 643, 643 und *Preis*, Prinzipien des Kündigungsrechts bei Arbeitsverhältnissen, S. 349 f.

404 Siehe in diesem Zusammenhang auch das Urteil des 7. Senats des Bundesarbeitsgerichts vom 27.06.2001 (BAG, NZA 2001, S. 1135, 1135 f.). Der Senat führte in dieser Entscheidung im Hinblick auf eine krankheitsbedingte Kündigung aus, daß der methodische Ausgangspunkt, den Wiedereinstellungsanspruch aus einer vertraglichen, den Vorgaben des Kündigungsschutzgesetzes und der staatlichen Schutzpflicht des Art. 12 I GG Rechnung tragenden Nebenpflicht des Arbeitgebers herzuleiten, nicht danach differenziere, ob der Kündigungsgrund in der Sphäre des Arbeitgebers oder des Arbeitnehmers liegt. Dies spreche dafür, einen Anspruch auf Wiedereinstellung grundsätzlich auch bei einer krankheitsbedingten Kündigung in Betracht zu ziehen.

405 Vgl. hierzu auch LAG Hamm, NZA-RR 2000, S. 134, 135; MünchArbR/*Berkowsky*, § 134 Rn. 93; *Bram*, in: Bader/Bram/Dörner/Wenzel, KSchG, § 1 Rn. 71 f.; *Bram/Rühl*, NZA 1990, S. 753, 753; APS/*Dörner*, § 1 KSchG Rn. 74, 76 und 78; *Hambitzer*, Der Wiedereinstellungsanspruch des Arbeitnehmers nach wirksamer Kündigung, S. 122 ff.; *Löwisch*, KSchG, § 1 Rn. 81;

Allerdings wird in der Praxis bei personen- und verhaltensbedingten Kündigungen ein - vom Arbeitnehmer zu beweisender[407] - Wegfall des Kündigungsrundes im Zeitraum zwischen Zugang der Kündigungserklärung und Ablauf der Kündigungsfrist nur sehr selten in Frage kommen[408].

Die Frage, ob bei einer personenbedingten Kündigung ein Wiedereinstellungsanspruch in Betracht kommt, hat das Bundesarbeitsgericht bisher nicht ausdrücklich bejaht. In der Entscheidung vom 27.02.1997 betonte der 2. Senat im Zusammenhang mit der Frage eines Dispositionsschutzes zugunsten des Arbeitgebers, daß ein überwiegendes Interesse des Arbeitgebers an der Beendigung des Arbeitsverhältnisses beispielsweise anzunehmen sein könne, wenn der Arbeitgeber bei einer krankheitsbedingten Kündigung in gutem Glauben an die Wirksamkeit der Kündigung den Arbeitsplatz neu besetzt hat[409]. In dem Urteil vom 29.04.1999 führte der 2. Senat aus, daß auch für die Beurteilung einer krankheitsbedingten Kündigung allein auf den Zeitpunkt des Zugangs der Kündigungserklärung abzustellen ist und verwies bezüglich eines späteren Wegfalls des Kündigungsgrundes auf die Möglichkeit eines Wiedereinstellungsanspruchs[410]. In der Entscheidung vom 17.06.1999 ließ der 2. Senat die Frage ausdrücklich unentschieden[411]. Auch der 7. Senat ließ es in dem Urteil vom 27.06.2001 letztlich dahingestellt, ob ein Wiedereinstellungsanspruch in Fällen krankheitsbedingter Kündigung grundsätzlich in Betracht kommt[412].

Preis, Prinzipien des Kündigungsrechts bei Arbeitsverhältnissen, S. 356 f.; *Raab*, RdA 2000, S. 147, 153; *Senne*, AuArbR 1992, S. 301, 302; *vom Stein*, Fehleinschätzungen bei der Kündigung von Arbeitsverhältnissen, S. 256 f.; *Strathmann*, Der Wiedereinstellungsanspruch eines wirksam gekündigten Arbeitnehmers, S. 30 ff.; *Westera*, Der Wiedereinstellungsanspruch nach wirksamer Kündigung, S. 21 und 51; *Zwanziger*, in: Kittner/Däubler/Zwanziger, KSchR, Einl. Rn. 390d. Ablehnend jedoch MünchArbR/*Buchner*, § 40 Rn. 115; *Meinel/Bauer*, NZA 1999, S. 575, 577; *Nicolai*, SAE 2000, S. 98, 101 f.; *Nicolai/Noack*, ZfA 2000, S. 87, 101; *Otto*, Festschrift für Kraft, S. 451, 455; *Wank*, Anm. zu BAG AP Nr. 2 zu § 1 KSchG 1969 Soziale Auswahl; *Zwanziger*, BB 1997, S. 42, 43; zurückhaltend auch KR-*Etzel*, § 1 KSchG Rn. 350 und *Preis*, Anm. zu LAG Köln, LAGE § 611 BGB Einstellungsanspruch Nr. 1, S. 25 f.

406 Siehe auch MünchArbR/*Berkowsky*, § 134 Rn. 93; *ders.*, Die personen- und verhaltensbedingte Kündigung, S. 279; *Bram*, in: Bader/Bram/Dörner/Wenzel, KSchG, § 1 Rn. 71b; *Hinrichs*, AiB 1997, S. 615, 616; *Preis*, Prinzipien des Kündigungsrechts bei Arbeitsverhältnissen, S. 357; *vom Stein*, Fehleinschätzungen bei der Kündigung von Arbeitsverhältnissen, S. 257 f.; *ders.*, RdA 1991, S. 85, 89.; *Westera*, Der Wiedereinstellungsanspruch nach wirksamer Kündigung, S. 21 und 48 f. Ablehnend insoweit *Hambitzer*, Der Wiedereinstellungsanspruch des Arbeitnehmers nach wirksamer Kündigung, S. 100 f.; *Raab*, RdA 2000, S. 147, 153; *Strathmann*, Der Wiedereinstellungsanspruch eines wirksam gekündigten Arbeitnehmers, S. 36 ff.; *Wank*, Anm. zu BAG AP Nr. 2 zu § 1 KSchG 1969 Soziale Auswahl.

407 Näher hierzu unten unter § 8 E I.

408 Siehe auch MünchArbR/*Berkowsky*, § 134 Rn. 93; *Preis*, Prinzipien des Kündigungsrechts bei Arbeitsverhältnissen, S. 357; *ders.*, Anm. zu LAG Köln, LAGE § 611 BGB Einstellungsanspruch Nr. 1, S. 24 ff.; *vom Stein*, Fehleinschätzungen bei der Kündigung von Arbeitsverhältnissen, S. 257 ff.; *Strathmann*, Der Wiedereinstellungsanspruch eines wirksam gekündigten Arbeitnehmers, S. 34 f; *Westera*, Der Wiedereinstellungsanspruch nach wirksamer Kündigung, S. 59 ff.

409 BAG AP Nr. 1 zu § 1 KSchG 1969 Wiedereinstellung.

410 BAG AP Nr. 36 zu § 1 KSchG 1969 Krankheit.

411 BAG AP Nr. 37 zu § 1 KSchG 1969 Krankheit.

412 BAG, NZA 2001, S. 1135, 1135 f.

c) Die Grenze der Interessenwahrungspflicht

Steht somit fest, daß das Bestandsinteresse des Arbeitnehmers nicht ipso iure mit dem Zugang einer den Erfordernissen des Kündigungsschutzrechts standhaltenden Kündigung entfällt, sondern bis zum Eintritt des Arbeitsplatzverlustes fortbesteht und während dieses Zeitraumes auch noch rechtlichen Schutz genießt, so läßt sich hieraus allerdings nicht schlußfolgern, daß der Arbeitgeber bei einem Wegfall des Kündigungsgrundes vor Ablauf der Kündigungsfrist in jedem Falle zu einer Interessenwahrung im Sinne einer Wiedereinstellung verpflichtet ist.

Wie bereits erwähnt wurde, liegen dem Arbeitsverhältnis Interessengegensätze zugrunde, so daß die Interessenwahrungspflicht dort ihre Grenze findet, wo gleich- oder höherrangige eigene Interessen des Arbeitgebers durch die Wahrung der Interessen des Arbeitnehmers vernachlässigt werden müßten. Die Pflicht des Arbeitgebers, das bis zum Eintritt des Arbeitsplatzverlustes fortbestehende und rechtlich geschützte Bestandsinteresse des Arbeitnehmers bei einem Wegfall des Kündigungsgrundes durch Wiedereinstellung zu wahren, entfällt somit, wenn sich der Arbeitgeber auf eigene, gegenläufige und schutzwürdige Interessen berufen kann, denen im Rahmen einer Abwägung mit dem Bestandsinteresse des Arbeitnehmers ein größeres Gewicht beizumessen ist[413].

Ein Blick auf das dem Wiedereinstellungsanspruch zugrundeliegende grundrechtliche Koordinatensystem[414] bestätigt diese Sichtweise. Dem durch Art. 12 I GG geschützten Interesse des Arbeitnehmers am Erhalt seines Arbeitsplatzes steht das ebenfalls durch Art. 12 I GG geschützte Interesse des Arbeitgebers gegenüber, nicht zum Abschluß eines Vertrages mit einem Arbeitnehmer gezwungen zu werden, den er nicht (weiter)beschäftigen will[415].

Bei Bejahung einer Pflicht des Arbeitgebers zur Wiedereinstellung nach Wegfall des Kündigungsgrundes auch in Sachverhaltskonstellationen, in denen der Arbeitgeber durch diese Wahrung des Bestandsinteresses des Arbeitnehmers gegenläufige, schwerer wiegende eigene Interessen vernachlässigen müßte, würde das durch das grundrechtliche Koordinatensystem abgesteckte Spielfeld verlassen. Denn nach Maßgabe der eingangs skizzierten grundrechtlichen Koordinaten steht der Anspruch auf Wiedereinstellung schon aus verfassungsrechtlichen Gründen unter dem Vorbehalt, daß die

---

413 Vgl. auch *Honstetter*, Die Prognoseentscheidung des Arbeitgebers im Kündigungsrecht, S. 157 f.; *Oetker*, ZIP 2000, S. 643, 647; *vom Stein*, Fehleinschätzungen bei der Kündigung von Arbeitsverhältnissen, S. 230; *ders.*, RdA 1991, S. 85, 88 f. Siehe außerdem *Lisec*, Der Wiedereinstellungsanspruch des Arbeitnehmers nach betriebsbedingter Kündigung und Betriebsübergang, S. 90, die darauf hinweist, daß das Ziel, die Wiedereinstellungspflicht des Arbeitgebers bei überwiegendem eigenen Interesse an der Beendigung des Arbeitsverhältnisses zu verneinen, durch den der Rechtsordnung zugrundeliegenden Grundsatz, Lasten gerecht zu verteilen, legitimiert sei. Allgemein zur Begrenzung der Verplichtung aus Kontrahierungszwang durch das „Prinzip der Nichtzumutbarkeit“ *Nipperdey*, Kontrahierungszwang und diktierter Vertrag, S. 104 f.

414 Siehe hierzu die Ausführungen unter § 2.

415 Vgl. hierzu BVerfGE 97, S. 169, 176; BAG AP Nr. 6 zu § 1 KSchG 1969 Wiedereinstellung; *Hergenröder*, Anm. zu BAG EzA § 1 KSchG Wiedereinstellungsanspruch Nr. 3, S. 19.

Neubegründung des Arbeitsverhältnisses für den Arbeitgeber zumutbar ist[416]. Die Zumutbarkeitsgrenze wird jedoch überschritten, wenn der Arbeitgeber zur Wahrung des Bestandsinteresses des Arbeitnehmers, mithin zur Wiedereinstellung gezwungen wird, obwohl er sich auf entgegenstehende eigene Interessen berufen kann, denen bei einer Abwägung ein größeres Gewicht beizumessen ist.

d) Nebenpflicht und Anspruch auf Neubegründung eines Schuldverhältnisses

Die Herleitung des Wiedereinstellungsanspruchs aus einer arbeitsvertraglichen, am Zweck des Kündigungsschutzgesetzes ausgerichteten und der aus Art. 12 I GG fließenden grundrechtlichen Schutzpflicht Rechnung tragenden Nebenpflicht wirft allerdings die Frage auf, ob eine derartige Nebenpflicht inhaltlich so weit reichen kann, daß sie den Arbeitgeber verpflichtet, ein auf Neuabschluß des wirksam gekündigten Arbeitsvertrages gerichtetes Angebot des Arbeitnehmers anzunehmen[417].

Zum Teil wird in diesem Zusammenhang die Ansicht vertreten, daß eine Nebenpflicht, die auf eine tatsächliche Vertragsbegründung gerichtet ist, dogmatisch nicht zu begründen sei. Nebenpflichten könnten keinen über den Inhalt der Hauptpflichten hinausgehenden Inhalt aufweisen, da dies ihrer lückenausfüllenden, die Erfüllung des Vertrages sichernden Funktion widersprechen würde. Die Grundentscheidung für oder gegen die Begründung beziehungsweise für oder gegen die Beendigung eines Vertrages könne folglich nicht Inhalt einer Nebenpflicht sein[418]. Die Annahme einer wirksamen Beendigung des Vertrages stehe mit der Annahme einer Nebenpflicht zur Fortsetzung der Hauptpflichten in unlösbarem Widerspruch[419].

Diese Einwände können nicht durchgreifen. Sie lassen unberücksichtigt, daß der Inhalt vertraglicher Nebenpflichten nicht von vornherein fixierbar ist. Ihre Intensität, Dichte und Stärke hängen einerseits grundsätzlich davon ab, in welchem Maße das Schuldverhältnis auf Dauer angelegt ist und ein Zusammenwirken der Parteien erfordert[420], andererseits sind sie unter Berücksichtigung der jeweiligen Situation zu einem konkreten Einzelpflichteninhalt auszudeuten[421]. Vertragliche Nebenpflichten sind somit gewissermaßen inhaltsoffen ausgestaltet, ihr näherer Inhalt ergibt sich erst unter

---

416 Vgl. oben unter § 2 D V.

417 Hiervon zu unterscheiden ist die hier unerhebliche Frage, ob sich aus der Nachwirkung von Vertragspflichten eine Pflicht zur Neubegründung eines Schuldverhältnisses ergeben kann.

418 Vgl. hierzu *Adam*, ZTR 1999, S. 113, 114; *Boemke*, Schuldvertrag und Arbeitsverhältnis, S. 372 f.; *Gentges*, Prognoseprobleme im Kündigungsschutzrecht, S. 379; *Kaiser*, ZfA 2000, S. 205, 220. Ähnlich auch schon – allerdings unter zusätzlicher Betonung der Nachwirkungsproblematik – *v. Bar*, AcP Bd. 179 (1979), S. 452, 473; *Larenz*, Anm. zu BAG AP Nr. 3 und 4 zu § 611 BGB Fürsorgepflicht; *Mohnen*, RdA 1957, S. 405, 407.

419 So *Mohnen*, RdA 1957, S. 405, 407.

420 Vgl. auch § 241 II BGB, der hinsichtlich der Nebenpflichten auf den jeweiligen Inhalt des Schuldverhältnisses abstellt. Siehe außerdem *Larenz*, Lehrbuch des Schuldrechts Bd. I, S. 11.

421 Siehe hierzu auch die Begründung zum Regierungsentwurf des § 241 II BGB, BR-Drucks. 338/01, S. 284. Vgl. des weiteren *Larenz*, Lehrbuch des Schuldrechts Bd. I, S. 12.

Berücksichtigung des konkreten Schuldverhältnisses und der jeweiligen Situation[422]. Hiermit läßt sich nicht vereinbaren, ihnen von vornherein und für alle Fälle nur lückenausfüllende, die Erfüllung des Vertrages sichernde Funktion beizumessen und die Frage der Begründung beziehungsweise Beendigung eines Vertrages per se als möglichen Inhalt einer vertraglichen Nebenpflicht auszuklammern.

Gerade bei dem in der Regel auf Dauer angelegten und ein Zusammenwirken der Parteien erfordernden Arbeitsverhältnis sind die vertraglichen Nebenpflichten bezüglich ihrer Intensität und Dichte besonders stark ausgeprägt[423]. Der These, daß sich die Interessenwahrungspflicht im Einzelfall unter Berücksichtigung grundrechtlicher Wertentscheidungen zu einer Pflicht des Arbeitgebers verdichten kann, ein auf Neuabschluß des wirksam gekündigten Arbeitsvertrages gerichtetes Angebot des Arbeitnehmers anzunehmen, läßt sich mithin nicht entgegenhalten, daß hiermit die inhaltliche Reichweite einer Nebenpflicht überschritten würde[424].

In diesem Zusammenhang ist ferner zu betonen, daß eine Verdichtung der allgemeinen Interessenwahrungspflicht hin zu einer Wiedereinstellungspflicht keinesfalls dazu führt, daß eine Nebenpflicht unmittelbar Hauptleistungspflichten begründet und in Vollzug setzt. Vielmehr begründet sie nur einen Anspruch auf Neuabschluß des Arbeitsvertrages. Erst wenn der Arbeitgeber entsprechend der Interessenwahrungspflicht handelt beziehungsweise rechtskräftig verurteilt wird (vgl. § 894 I S. 1 ZPO), kommt es zur Begründung von Hauptleistungspflichten[425].

Die zu einer Wiedereinstellungspflicht verdichtete Interessenwahrungspflicht des Arbeitgebers stellt sich nach alledem als –zugegebenermaßen – sehr weitgehende vertragliche Nebenpflicht dar, die ihre inhaltliche Grenze – entsprechend ihrer dogmatischen Herleitung aus § 242 BGB und unter Berücksichtigung des zugrundeliegenden grundrechtlichen Koordinatensystems – erst dort erreicht, wo der Arbeitgeber infolge der Wiedereinstellung gegenläufige, schwerer wiegende eigene Interessen vernachlässigen müßte, der jedoch nicht entgegengehalten werden kann, sie überschreite per se die Reichweite einer Nebenpflicht.

---

422 Vor diesem Hintergrund geht der von *Kaiser*, ZfA 2000, S. 205, 220 bezüglich der Fürsorgepflicht als Grundlage des Wiedereinstellungsanspruchs geäußerte Einwand ins Leere, Fürsorge sei kein „subsumtionsfähiger Obersatz".

423 Vgl. für die Interessenwahrungspflicht *Roth*, Münchener Kommentar, § 242 Rn. 204.

424 Siehe in diesem Zusammenhang auch *Junker/Schnelle*, EWiR 1997, S. 781, 782, die in bezug auf das Urteil des Bundesarbeitsgerichts vom 27.02.1997 (AP Nr. 1 zu § 1 KSchG 1969 Wiedereinstellung) betonen, daß sich in dem zur Entscheidung gestellten Sachverhalt die Umstände nach Zugang der Kündigung, aber vor Ablauf der Kündigungsfrist, mithin nicht erst nach der Beendigung des Arbeitsverhältnisses geändert hätten. Insoweit habe das Bundesarbeitsgericht „unproblematisch auf das noch bestehende Arbeitsverhältnis und die daraus resultierende Fürsorgepflicht des Arbeitgebers" verweisen können, so daß das Urteil „keine überraschenden Neuerungen" enthalte.

425 Vgl. auch *Hambitzer*, Der Wiedereinstellungsanspruch des Arbeitnehmers nach wirksamer Kündigung, S. 66; *Lisec*, Der Wiedereinstellungsanspruch des Arbeitnehmers nach betriebsbedingter Kündigung und Betriebsübergang, S. 30; *Monjau*, BB 1962, S. 1439, 1440; *ders.*, AuR 1965, S. 323, 325.

e) Der Wiedereinstellungsanspruch als Ausprägung einer „Nebenleistungspflicht"

Fraglich ist, ob die zur Wiedereinstellungspflicht verdichtete Interessenwahrungspflicht dazu führt, daß der Arbeitgeber unmittelbar die Erfüllung dieser Pflicht schuldet, dem Arbeitnehmer mithin ein unmittelbarer, klagbarer Anspruch zusteht. Hinsichtlich der Frage, ob der Gläubiger unmittelbar die Vornahme einer der Pflicht entsprechenden Handlung verlangen kann, oder aber lediglich einen Anspruch auf Schadensersatz für den Fall der Verletzung der Pflicht hat, so daß diese Pflicht lediglich Tatbestandsmerkmal eines Schadensersatzanspruchs, nicht jedoch unmittelbare schuldrechtliche Leistungspflicht ist, wird vorwiegend danach differenziert, ob die in Rede stehende Pflicht als „Nebenleistungspflicht" oder aber als „weitere Verhaltenspflicht" zu qualifizieren ist[426].

Nur eine „Nebenleistungspflicht" begründe grundsätzlich eine unmittelbare Pflicht zur Erfüllung und einen hiermit korrespondierenden klagbaren Anspruch auf Leistung[427]. Demgegenüber seien die „weiteren Verhaltenspflichten" in aller Regel nicht im Sinne von Leistungspflichten erfüllbar, da ihr Inhalt situationsabhängig und somit nicht im vorhinein bestimmbar sei[428]. Erst die schuldhafte Verletzung einer solchen „weiteren Verhaltenspflicht" führe zu einer Schadensersatzpflicht als einer nunmehr selbständig einklagbaren sekundären Leistungspflicht[429].

Einc „Nebenleistungspflicht" soll in Abgrenzung zu einer „weiteren Verhaltenspflicht" vorliegen, wenn die betreffende Pflicht den den Vertragstypus bestimmenden Hauptleistungspflichten „in dienender Funktion" zugeordnet ist, wenn ihre Erfüllung dem Gläubiger Leistungen sichert, die es ihm ermöglichen, die ihm geschuldete Leistung entgegenzunehmen, sie als die geschuldete Leistung zu erkennen und sie bestimmungsgemäß zu nutzen[430]. Die gemeinsame Devise von „Nebenleistungspflichten" sei es, dem Schuldner das Zweck- und Situationsgebotene abzuverlangen, sofern ohne dieses die Hauptleistung nicht sinnvoll erbracht werden könnte[431]. Nach *Larenz* kommen neben den „gesetzlichen Nebenleistungspflichten" – er nennt als Beispiel § 618 BGB – nur von den Parteien eines Schuldverhältnisses vereinbarte „Nebenleistungspflichten" in Betracht. Die Parteien könnten insoweit durch genaue Kennzeichnung eines bestimmten Verhaltens und seine Festlegung als Schuldinhalt beliebige Pflichten zu „Nebenleistungspflichten" erheben, die dann auch selbständig eingeklagt werden könnten[432].

---

426 Siehe hierzu *Gernhuber*, Das Schuldverhältnis, S. 18 f. und 22 ff.; Palandt/*Heinrichs*, Einl. v. § 241 Rn. 6 f.; *Larenz*, Lehrbuch des Schuldrechts Bd. I, S. 12. Ähnlich auch *Esser/Schmidt*, Schuldrecht Bd. I/1, S. 107 ff. Siehe zur uneinheitlichen Terminologie die Nachweise bei Staudinger/*Schmidt*, Einl. zu §§ 241 ff. Rn. 310 f.

427 Vgl. *Esser/Schmidt*, Schuldrecht Bd. I/1, S. 108; *Gernhuber*, Das Schuldverhältnis, S. 18 f.; *Larenz*, Lehrbuch des Schuldrechts Bd. I, S. 11 f.

428 *Esser/Schmidt*, Schuldrecht Bd. I/1, S. 109; *Larenz*, Lehrbuch des Schuldrechts Bd. I, S. 11 f.

429 *Esser/Schmidt*, Schuldrecht Bd. I/1, S. 109; *Larenz*, Lehrbuch des Schuldrechts Bd. I, S. 12.

430 So *Gernhuber*, Das Schuldverhältnis, S. 18.

431 So *Esser/Schmidt*, Schuldrecht Bd. I/1, S. 108.

432 *Larenz*, Lehrbuch des Schuldrechts Bd. I, S. 8 und 12.

Die genannten Abgrenzungskriterien erscheinen konturenlos und sind somit für eine klare Differenzierung von Nebenpflichten wenig hilfreich. Dies zeigt exemplarisch die Einordnung der Pflicht des Verkäufers, Gebrauchsanleitungen für die verkaufte Sache zu geben. *Gernhuber* qualifiziert sie als „weitere Verhaltenspflicht“[433], verneint somit sowohl die von ihm für eine „Nebenleistungspflicht“ geforderte Voraussetzung einer „dienenden Funktion“ hinsichtlich der Hauptleistungspflicht als auch die seiner Meinung nach eine „Nebenleistungspflicht“ kennzeichnende Aufgabe, dem Gläubiger Leistungen zu sichern, die ihn in die Lage versetzen, die ihm geschuldete Leistung bestimmungsgemäß zu nutzen. *Esser/Schmidt* ordnen diese Pflicht hingegen als „Nebenleistungspflicht“ ein[434].

Darüber hinaus ist zu beobachten, daß nach weit verbreiteter Ansicht „weitere Verhaltenspflichten“ ausnahmsweise durchaus einen unmittelbaren klagbaren Anspruch auf Vornahme der ihnen entsprechenden Handlungen begründen können[435]. Auch wenn insoweit der Ausnahmecharakter betont wird[436], wird hierdurch doch im Grundsatz anerkannt, daß alle Pflichten, die für den Schuldner im Schuldverhätnis bestehen, so beschaffen sein können, daß der Gläubiger die Vornahme der ihnen entsprechenden Handlungen unmittelbar verlangen kann.

Diese grundsätzliche Bejahung eines unmittelbaren, klagbaren und vollstreckbaren Rechts des Gläubigers auf effektive Vornahme der entsprechenden Handlung steht in Einklang mit der Grundentscheidung des Bürgerlichen Gesetzbuchs, anstelle einer Geldkondemnation bei Nichterfüllung der Pflichten des Schuldners die Realkondemnation von Pflichten zuzulassen[437]. Der Anspruch im Sinne eines erzwingbaren Verlangenkönnens stellt das Ergebnis einer rechtshistorischen Entwicklung dar:

Dem klassischen römischen Recht lag noch das Prinzip der Geldkondemnation (condemnatio pecuniaria) zugrunde, wonach jedes Leistungsurteil auf eine bestimmte Geldsumme zu lauten hatte. Mit dem Geldurteil wandelte sich jede primär auf eine andere Leistung gerichtete Obligation in eine Geldschuld um, so daß der Schuldner vor den Härten eines unmittelbaren Verhaltenszwangs bewahrt und jedem, der die im Geldurteil bezifferte Lösungssumme aufzubringen bereit war, die Befreiung des Haftenden ermöglicht wurde[438]. Zwar drängte das nachklassische Recht das Prinzip der Geldkondemnation wegen der Entwertung des Geldes allmählich zugunsten der

---

433 *Gernhuber*, Das Schuldverhältnis, S. 23.

434 *Esser/Schmidt*, Schuldrecht Bd. I/1, S. 108.

435 Vgl. wiederum *Esser/Schmidt*, Schuldrecht Bd. I/1, S. 108 f. („Allerdings darf diese Differenzierung nicht begriffsjuristisch überhöht werden. Nicht die Einordnung entscheidet letztlich, sondern die Möglichkeit, die fragliche Verpflichtung in eine stringente Klageformulierung mit dieser korrespondierendem Urteils- (Vollstreckungs-) Befehl unterzubringen.“ (S. 108). „Gleichwohl sind doktrinäre Verengungen unangebracht.“ (S. 109). Ähnlich *Gernhuber*, Das Schuldverhältnis, S. 25; *Larenz*, Lehrbuch des Schuldrechts Bd. I, S. 12.

436 *Esser/Schmidt*, Schuldrecht Bd. I/1, S. 109 f.; *Larenz*, Lehrbuch des Schudrechts Bd. I, S. 12.

437 Vgl. zu diesem Gedanken auch Staudinger/*Schmidt*, § 241 Rn. 13, 20 und 55 sowie Einl. zu §§ 241 ff. Rn. 329.

438 Vgl. *Kaser*, Das Römische Privatrecht, Erster Abschnitt, S. 499; *ders.*, Das Römische Privatrecht, Zweiter Abschnitt, S. 343; *ders.*, Römisches Privatrecht, S. 165.

Realkondemnation zurück[439], jedoch war insbesondere bei auf ein bestimmtes Tun gerichteten Klagen die Naturalerfüllung erst im 19. Jahrhundert endgültig herrschende Lehre[440].

Der kategorische Ausschluß eines unmittelbaren, klagbaren und vollstreckbaren Anspruchs auf Erfüllung von „weiteren Verhaltenspflichten" wäre letztlich nichts anderes als das Festhalten am Prinzip der Geldkondemnation für einen bestimmten Pflichtenkreis und damit ein Rückfall in dieses überwundene System[441]. Die unmittelbare Erzwingbarkeit von Pflichten bedeutet demgegenüber einen wesentlichen Fortschritt, da Recht unmittelbar präventiv realisiert werden kann und es nicht mit der Einstandspflicht für Pflichtverstöße sein Bewenden hat[442].

Da potentielle „weitere Verhaltenspflichten" in ihrer konkreten Ausprägung oftmals unvertretbare Handlungen beinhalten, wird die Bedeutung der Realkondemnation besonders deutlich. Läßt sich hinsichtlich vertretbarer Handlungen argumentieren, die Vollstreckung im Wege der Ersatzvornahme gemäß § 887 ZPO zur Realisierung des Erfüllungsanspruchs biete im Ergebnis nicht mehr als ein Schadensersatzanspruch ohne Erfüllungsanspruch, weil der Gläubiger in diesem Fall lediglich ermächtigt wird, auf Kosten des Schuldners die Handlung vornehmen zu lassen, verliert dieses Argument bei unvertretbaren Handlungen seine Kraft, weil hier der Schuldner durch die Festsetzung von Zwangsmitteln zur Vornahme der Handlung angehalten wird (§ 888 I ZPO)[443]. Der grundsätzlich anzuerkennende unmittelbare und klagbare Erfüllungsanspruch bezüglich jeder Pflicht, die für den Schuldner im Schuldverhältnis besteht, stellt sich somit als „konstruktive Brücke zwischen der berechtigenden Rechtsordnung und ihrer verfahrensmäßigen Verwirklichung" dar[444].

Daraus ergibt sich, daß für die Frage, ob dem Gläubiger ein unmittelbares, klagbares Recht auf Vornahme einer bestimmten Handlung durch den Schuldner zusteht, die Einordnung der zugrundeliegenden Pflichtenposition in eine - wie auch immer zu bezeichnende beziehungsweise abzugrenzende - Pflichtenkategorie ohne Belang ist[445]. Entscheidend ist insoweit einzig und allein die Konkretisierung der Pflicht zu einem bestimmten Tun. Denn soll das Prinzip der rechtlichen Bindung überhaupt einen Sinn haben, kann es nicht genügen, daß das Recht des Gläubigers zu irgendeinem Verhalten verpflichtet[446].

---

439 Vgl. zu den Einzelheiten *Kaser*, Das Römische Privatrecht, Zweiter Abschnitt, S. 343 f.

440 *Jakobs*, Unmöglichkeit und Nichterfüllung, S. 191 ff.

441 Vgl. Staudinger/*Schmidt*, Einl. zu §§ 241 ff. Rn. 329; *Stürner*, JZ 1976, S. 384, 389. Ähnlich auch *Gernhuber*, Das Schuldverhältnis, S. 25.

442 So *Stürner*, JZ 1976, S. 384, 389. Kritisch zur Geldkondemnation auch *Kaser/Hackl*, Das Römische Zivilprozeßrecht, S. 373.

443 Vgl. *Stürner*, JZ 1976, S. 384, 389.

444 So *Stürner*, JZ 1976, S. 384, 391.

445 So auch Staudinger/*Schmidt*, Einl. zu §§ 241 ff. Rn. 331 und 342; ähnlich auch *Gernhuber*, Das Schuldverhältnis, S. 25.

446 *Gernhuber*, Das Schuldverhältnis, S. 25; Staudinger/*Schmidt*, Einl. zu §§ 241 ff Rn. 334; *Stürner*, JZ 1976, S. 384, 386, 388. In diese Richtung tendierend auch *Köhler* AcP Bd. 190 (1990), S. 496, 509 f. und *Larenz*, Lehrbuch des Schuldrechts Bd. I, S. 12.

Was den Zeitpunkt der Konkretisierung angeht, ist nicht auf die Entstehung des Schuldverhältnisses abzustellen, so daß es auf die Frage, ob der Inhalt der Pflicht schon „im vorhinein“[447] bestimmt ist, nicht ankommt. Entscheidend ist vielmehr, daß die in Anspruch genommene Leistung im Zeitpunkt der Geltendmachung des Rechts hinreichend konkretisiert ist[448]. Denn wie schon der gesetzlich geregelte Fall des § 550 BGB a. F. (nunmehr § 541 BGB) zeigt, kann der Anspruch auf Erfüllung nicht an der lediglich ursprünglich fehlenden Bestimmtheit der Pflicht scheitern. Was der Mieter zum Schutz der Mietsache unterlassen muß, ergibt sich erst aus dem Geschehensablauf, was aber der unmittelbaren Durchsetzbarkeit der konkretisierten Pflicht nicht entgegensteht.

Bei Übertragung der vorangegangenen Überlegungen auf die Wiedereinstellungsproblematik ergibt sich, daß bei einem Wegfall des Kündigungsgrundes der Arbeitgeber unmittelbar die Erfüllung der Interessenwahrungspflicht schuldet, dem Arbeitnehmer somit ein entsprechender unmittelbarer und klagbarer Anspruch zusteht.

Fällt der die Kündigung tragende Grund nach Zugang der Kündigungserklärung aber vor Ablauf der Kündigungsfrist, mithin in einem zwar bereits gekündigten, aber noch mit allen Rechten und Pflichten fortbestehenden Arbeitsverhältnis weg, verdichtet sich die ursprünglich nicht näher konkretisierte Interessenwahrungspflicht des Arbeitgebers – unter der Voraussetzung, daß die Interessenwahrung nicht zu einer Vernachlässigung gegenläufiger, schwerer wiegender eigener Interessen führt – zu einer konkreten Wiedereinstellungspflicht. Der Arbeitnehmer kann dann unmittelbar die Vornahme der der Wiedereinstellungspflicht entsprechenden Handlung des Arbeitgebers, namentlich die Neubegründung des Arbeitsverhältnisses durch Neuabschluß eines Arbeitsvertrages verlangen.

Wird der Unterschied zwischen „Nebenleistungspflichten“ und „weiteren Verhaltenspflichten“ allein darin gesehen, daß erstere hinreichend konkretisierte Nebenpflichten sind, denen dementsprechend ein unmittelbarer und klagbarer Erfüllungsanspruch korrespondiert[449], dann läßt sich – will man den tradierten Kategorien in terminologischer Hinsicht treu bleiben – die dem Wiedereinstellungsanspruch zugrundeliegende Interessenwahrungspflicht folglich als „Nebenleistungspflicht“ qualifizieren[450].

---

447 *Esser/Schmidt*, Schuldrecht Bd. I/1, S. 109; *Larenz*, Lehrbuch des Schuldrechts Bd. I, S. 12.

448 *Gernhuber*, Das Schuldverhältnis, S. 25; *Motzer*, JZ 1983, S. 884, 886; Staudinger/*Schmidt*, Einl. zu §§ 241 ff. Rn. 334; *Stürner*, JZ 1976, S. 384, 386, 388, 390.

449 So wohl auch *Kramer*, Münchener Kommentar, § 241 Rn. 17.

450 Im Ergebnis ebenso *Oetker*, ZIP 2000, S. 643, 648 mit Hinweis darauf, daß die Qualifizierung der Interessenwahrungspflicht als „weitere Verhaltenspflicht“ im Rahmen der Wiedereinstellungsproblematik dazu führen würde, daß der Zweck der Interessenwahrungspflicht in diesem Zusammenhang nur unzureichend realisiert werden könnte, da sie gerade darauf gerichtet sei, daß der Arbeitnehmer vom Arbeitgeber ein bestimmtes Verhalten verlangen kann, ihm mithin ein unmittelbarer Anspruch zusteht. Auch das Bundesarbeitsgericht geht – ohne ausdrücklich von einer „Nebenleistungspflicht“ zu sprechen – davon aus, daß die Pflicht, auf die berechtigten Interessen des Vertragspartners Rücksicht zu nehmen, einen unmittelbaren und klagbaren Wiedereinstellungsanspruch des Arbeitnehmers begründen kann, vgl. BAG AP Nr. 6 zu § 1 KSchG 1969 Wiedereinstellung. Ebenso *Zwanziger*, in: Kittner/Däubler/Zwanziger, KSchR, Einl. Rn. 390a. Anders aber *vom Stein*, RdA 1991, S. 85, 88, nach dessen Auffassung die von

f) Zwischenergebnis

Wenn der Kündigungsgrund im Zeitraum zwischen Zugang der Kündigungserklärung und Ablauf der Kündigungsfrist wegfällt, ist zur Begründung des Wiedereinstellungsanspruchs auf die in vollem Unfang „noch wirkende“ Interessenwahrungspflicht des Arbeitgebers zu rekurrieren. Hiernach ist der Arbeitgeber verpflichtet, das durch das Kündigungsschutzgesetz geschützte und damit berechtigte Bestandsinteresse des Arbeitnehmers zu wahren, indem er einem vor Ablauf der Kündigungsfrist eintretenden Wegfall des Kündigungsgrundes grundsätzlich Rechnung trägt. Dies gilt für die betriebsbedingte, die personenbedingte und für die verhaltensbedingte Kündigung.

Dieses Ergebnis steht im Einklang mit der in Rechtsprechung und Literatur weit verbreiteten Interpretation des strukturell vergleichbaren mietrechtlichen Bestandsschutzes hinsichtlich eines nachträglichen Wegfalls des Eigenbedarfs bei einer Eigenbedarfskündigung gemäß § 564b II Nr. 2 BGB a. F.

Daß das Bestandsinteresse des Arbeitnehmers auch noch in dem Zeitraum zwischen Zugang der Kündigungserklärung und Ablauf der Kündigungsfrist rechtlichen Schutz genießt und damit der Interessenwahrungspflicht des Arbeitgebers unterfällt, ergibt sich auch aus der aus Art. 12 I GG abgeleiteten Pflicht, den Arbeitnehmer gegen einen grundlosen Verlust seines Arbeitsplatzes und damit seines sozialen Besitzstandes zu schützen.

Im Rahmen der zur Konkretisierung der Interessenwahrungspflicht vorzunehmenden Abwägung sind die grundrechtlich geschützten Positionen der Arbeitsvertragsparteien in praktische Konkordanz zu bringen. Die Pflicht des Arbeitgebers, das bis zum Eintritt des Arbeitsplatzverlustes fortbestehende und rechtlich geschützte Bestandsinteresse des Arbeitnehmers bei einem Wegfall des Kündigungsgrundes durch Wiedereinstellung zu wahren, entfällt, wenn sich der Arbeitgeber auf eigene, gegenläufige und schutzwürdige Interessen berufen kann, denen im Rahmen der Abwägung mit dem Bestandsinteresse des Arbeitnehmers ein größeres Gewicht beizumessen ist.

Die zur Wiedereinstellungspflicht verdichtete Interessenwahrungspflicht stellt sich als Ausprägung einer „Nebenleistungspflicht“ dar, der ein unmittelbarer und klagbarer Erfüllungsanspruch des Arbeitnehmers entspricht.

---

ihm herangezogene Pflicht zur Unterstützung und Zusammenarbeit bei Wegfall des Kündigungsgrundes vor Ablauf der Kündigungsfrist keinen eigenständigen, unmittelbaren Wiedereinstellungsanspruch des Arbeitnehmers begründet. Erst die Verletzung dieser Pflicht könne zu einem Anspruch auf Schadensersatz wegen positiver Forderungsverletzung führen, der nach dem in § 249 S. 1 BGB verankerten Grundsatz der Naturalrestitution inhaltlich auf „Einwilligung in die Vetragsfortsetzung“ gerichtet sei. Vgl. zu diesem Ansatz oben unter § 3 B V.

4. Wiedereinstellungsanspruch bei Wegfall des Kündigungsgrundes nach Beendigung des Arbeitsverhältnisses

a) Der erforderliche Rückgriff auf die Rechtsfigur der „Nachwirkung von Vertragspflichten"

Fällt der Kündigungsgrund erst nach der Beendigung des Arbeitsverhältnisses weg – bei der außerordentlichen Kündigung ist das der Regelfall, weil diese, von der Ausnahme einer außerordentlichen Kündigung mit sozialer Auslauffrist einmal abgesehen, dazu führt, daß das Arbeitsverhältnis unmittelbar mit Zugang der Kündigungserklärung beendet wird – liegt der Wiedereinstellungsproblematik eine völlig anders strukturierte Rechtslage zugrunde[451]. Zur Begründung eines Anspruches auf Neubegründung des Arbeitsverhältnisses kann in diesem Fall nicht mehr auf die auch im gekündigten Arbeitsverhältnis in vollem Umfang „noch wirkende" Interessenwahrungspflicht des Arbeitgebers zurückgegriffen werden, weil im Zeitpunkt des Wegfalls des Kündigungsgrundes kein Arbeitsverhältnis mehr besteht. Scheidet somit ein Rekurs auf „noch wirkende" Vertragspflichten aus, rückt nunmehr die Rechtsfigur der „Nachwirkung von Vertragspflichten" in den Vordergrund.

b) Die Nachwirkung der Interessenwahrungspflicht

Auch die höchstrichterliche Rechtsprechung bediente sich dieser Rechtsfigur als sie sich zum ersten Mal mit der Frage nach einer Wiedereinstellung konfrontiert sah[452]. Gerade auf den Aspekt der Nachwirkung fokussierte sich seit jeher die Kritik[453]. Die erhobenen Einwände stützen sich darauf, daß mit der Beendigung des Schuldverhältnisses auch die insoweit zur Begründung der Wiedereinstellung herangezogene Fürsorgepflicht ende[454] und daß generell das Vertragsverhältnis nicht fortdauern würde[455]. Arbeitsverhältnis und Fürsorgepflicht verhielten sich zueinander wie die Ursache zur Wirkung. Die Fürsorgepflicht als Wirkung sei vom Arbeitsverhältnis als Ursache abhängig und könne somit nicht ein bereits weggefallenes Arbeitsverhältnis wiederherstellen[456].

Diese Einwände ließen sich grundsätzlich auf die nach hiesigem Ansatz zur Begründung des Wiedereinstellungsanspruchs herangezogene Interessenwahrungspflicht übertragen. Sie erweisen sich allerdings als haltlos. Denn in der heutigen

---

451 Anders *Boemke*, Schuldvertrag und Arbeitsverhältnis, S. 373 und 356 nach dessen Auffassung sich nachwirkende Nebenpflichten von den sonstigen Nebenpflichten nur hinsichtlich des Zeitpunkts, nicht aber in ihrer dogmatischen Struktur unterscheiden.

452 Vgl. BGH AP Nr. 2 zu § 611 BGB Fürsorgepflicht; BAG AP Nr. 3 zu § 611 BGB Fürsorgepflicht. Siehe auch BAG AP Nr. 13 zu § 626 BGB Verdacht strafbarer Handlung.

453 Vgl. schon *A. Hueck*, Anm. zu BGH AP Nr. 2 zu § 611 BGB Fürsorgepflicht; *Larenz*, Anm. zu BAG AP Nr. 3 und 4 zu § 611 BGB Fürsorgepflicht; *Molitor*, SAE 1957, S. 5, 5 f.

454 *Grünhage*, Die Pflicht des Arbeitgebers zur Einstellung und Wiedereinstellung von Arbeitnehmern, S. 146; *Gumpert*, BB 1961, S. 645, 646; *A. Hueck*, Anm. zu BGH AP Nr. 2 zu § 611 BGB Fürsorgepflicht; *Molitor*, SAE 1957, S. 5, 6; *Woltereck/Lewerenz*, AR-Blattei D, Saisonarbeit I, B IV 2.

455 *Migsch*, Die absolut geschützte Rechtsstellung des Arbeitnehmers, S. 148.

456 Vgl. *Diekhoff*, DB 1958, S. 869, 869.

Schuldrechtsdogmatik ist anerkannt, daß auch nach dem Erlöschen der Hauptleistungspflichten eines Vertrages Nebenpflichten zunächst weiterhin bestehen können[457]. Dieses Verständnis liegt auch § 2 I Nr. 3c ArbGG zugrunde, der die Zuständigkeit der Arbeitsgerichte für Streitigkeiten aus „Nachwirkungen" des Arbeitsverhältnisses begründet. Folglich kann einem Rekurs auf eine nachvertragliche Interessenwahrungspflicht zur Begründung eines Wiedereinstellungsanspruchs bei Wegfall des Kündigungsgrundes nach Beendigung des Arbeitsverhältnisses nicht entgegengehalten werden, daß die Pflicht zur Interessenwahrung mit Ablauf der Kündigungsfrist entfalle[458].

c) Nachwirkende Interessenwahrungspflicht und Neubegründung des Arbeitsverhältnisses

Den Kern des Problems bildet somit nicht die Frage, ob die Interessenwahrungspflicht auch noch nach Ablauf der Kündigungsfrist nachwirkt, sondern die Frage, ob eine nur noch nachwirkende Pflicht zur Interessenwahrung hinsichtlich ihrer Stärke, Intensität und Reichweite zu einer Pflicht des Arbeitgebers zur Wiedereinstellung, mithin zur Neubegründung des Arbeitsverhältnisses führen kann.

aa) Vergleich mit der Vorwirkung von Vertragspflichten

Zum Teil wird in diesem Zusammenhang darauf hingewiesen, daß vorwirkende Nebenpflichten keine Hauptpflichten begründen könnten, da dann der Vertrag zustandegekommen wäre und sich damit das Problem der Vorwirkung erst gar nicht stellen würde. Von Vorwirkungen zu sprechen, gleichzeitig aber anzunehmen, daß sie geeignet wären, die eigentlichen Hauptpflichten des Vertrages auszulösen, sei daher ein Widerspruch in sich. Diese Grundsätze seien auf die Nachwirkung entsprechend anzuwenden, so daß sich die Begründung von Hauptpflichten per se nicht auf Nachwirkungen eines Schuldverhältnisses stützen lasse[459].

Die dieser Argumentation zugrundeliegende These, daß eine Vorwirkung niemals Hauptpflichten begründen könne, hat bereits *A. Hueck*[460] unter Hinweis darauf widerlegt, daß im Falle des § 179 BGB der falsus procurator nach der Wahl des anderen Teiles auf Erfüllung oder Schadensersatz wegen Nichterfüllung, also auf das positive Interesse haftet[461].

Außerdem könne eine culpa in contrahendo anerkannterweise eine Erfüllungshaftung begründen, wenn der eine Teil in dem anderen schuldhaft einen Irrtum über die

---

457 Vgl. nur *v. Bar*, AcP Bd. 179 (1979), S. 452 ff.; *Emmerich*, Münchener Kommentar, Vor § 275 Rn. 344 ff.; *Larenz*, Lehrbuch des Schuldrechts Bd. I, S. 141 f.; *Roth*, Münchener Kommentar, § 242 Rn. 206 ff.; Staudinger/*Schmidt*, § 242 Rn. 887 ff.; *Strätz*, Festschrift für Bosch, S. 999 ff.

458 Vgl. auch BAG AP Nr. 2 zu § 1 KSchG 1969 Wiedereinstellung; *Oetker*, ZIP 2000, S. 643, 648; *vom Stein*, Fehleinschätzungen bei der Kündigung von Arbeitsverhältnissen, S. 105 f.; *ders.*, RdA 1991, S. 85, 90; *Wank*, Anm. zu BAG AP Nr. 2 zu § 1 KSchG 1969 Soziale Auswahl.

459 Vgl. zum ganzen *Mohnen*, RdA 1957, S. 361, 368.

460 *A. Hueck*, Festschrift für Hedemann, S. 131, 144 ff.

461 *A. Hueck*, Festschrift für Hedemann, S. 131, 146.

Notwendigkeit einer Form hervorgerufen hat und deshalb der Vertrag formlos abgeschlossen worden ist, während er ohne den Irrtum formgültig abgeschlossen worden wäre[462].

Entgegen der Auffassung von *A. Hueck*[463] läßt sich allerdings der Befund, daß in besonders gelagerten Fällen aus einer Vorwirkung Hauptpflichten entstehen können, nicht als Argument dafür fruchtbar machen, daß dies „erst recht" hinsichtlich der Nachwirkung gelten müsse[464].

Denn vor dem Hintergrund, daß bei den herangezogenen Vorwirkungsfällen stets ein schuldhaftes Verhalten Voraussetzung für den Eintritt der Rechtsfolge ist, während der Arbeitgeber in den Fällen, in denen die Frage einer Wiedereinstellung in Rede steht, rechtmäßigerweise von einem ihm zustehenden Gestaltungsrecht Gebrauch gemacht hat, ist die der Wiedereinstellung zugrundeliegende Situation mit der vor Abschluß eines Vertrages überhaupt nicht vergleichbar.

bb) Die „Endbezogenheit" der Interessenwahrungspflicht und die Wertungen des Kündigungsschutzgesetzes

Daß sich die nur noch nachwirkende Interessenwahrungspflicht im Hinblick auf ihre Intensität, Stärke und Reichweite grundsätzlich nicht mehr zu einer Wiedereinstellungspflicht verdichten kann, ergibt sich aus den folgenden Gesichtspunkten:

Zum einen sind die nachvertraglichen Pflichten von ihrer dogmatischen Grundstruktur her auf eine vollständige Abwicklung des Schuldverhältnisses ausgerichtet[465]. Sie zeichnen sich mithin durch eine „Endbezogenheit"[466] aus. Es handelt sich gewissermaßen um „Restbestände" des schuldrechtlichen Bandes, das zwischen den Vertragsparteien bestand, die mit der Zeit immer schwächer werden und schließlich ganz aufhören[467]. Sie sollen in erster Linie die durch den Vertrag gewährten Vorteile sichern

---

462 *A. Hueck*, Festschrift für Hedemann, S. 131, 145.

463 *A. Hueck*, Festschrift für Hedemann, S. 131, 146 f.

464 Ablehnend insoweit auch *v. Bar*, AcP Bd. 179 (1979), S. 452, 473 f.; *Hambitzer*, Der Wiedereinstellungsanspruch des Arbeitnehmers nach wirksamer Kündigung, S. 67 f.; *Hoefs*, Die Verdachtskündigung, S. 291; *vom Stein*, Fehleinschätzungen bei der Kündigung von Arbeitsverhältnissen, S. 108.

465 Vgl. hierzu *Caspers*, Personalabbau und Betriebsänderung im Insolvenzverfahren, Rn. 214; *Diekhoff*, DB 1958, S. 869, 870; *Hoefs*, Die Verdachtskündigung, S. 291; *Honstetter*, Die Prognoseentscheidung des Arbeitgebers im Kündigungsrecht, S. 176; *Larenz*, Lehrbuch des Schuldrechts Bd. I, S. 141 f.; *ders.*, Anm. zu BAG AP Nr. 3 und 4 zu § 611 BGB Fürsorgepflicht; *Linck*, FA 2000, S. 334, 336; *Moos*, RdA 1962, S. 301, 303; *Nägele*, in: Tschöpe, Anwalts-Handbuch Arbeitsrecht, S. 1124; *Oetker*, ZIP 2000, S. 643, 649; *vom Stein*, Fehleinschätzungen bei der Kündigung von Arbeitsverhältnissen, S. 108 f.; *ders.*, RdA 1991, S. 85, 90.

466 Vgl. zu diesem Begriff *Honstetter*, Die Prognoseentscheidung des Arbeitgebers im Kündigungsrecht, S. 176; *Moos*, RdA 1962, S. 301, 303; *Mummenhoff*, JuS 1987, 893, 895; *vom Stein*, Fehleinschätzungen bei der Kündigung von Arbeitsverhältnissen, S. 108; *ders.*, RdA 1991, S. 85, 90.

467 So *Larenz*, Anm. zu BAG AP Nr. 3 und 4 zu § 611 BGB Fürsorgepflicht; *ders.*, Lehrbuch des Schuldrechts Bd. I, S. 142.

und erhalten[468] und eine ungestörte endgültige Beendigung der vertraglichen Be-iehung der Parteien gewährleisten[469].

Die Wiedereinstellung steht dem jedoch diametral entgegen, soll durch sie ja gerade nicht der status quo nach rechtswirksamer Beendigung des Arbeitsverhältnisses gesichert und eine ordnungsgemäße vollständige Abwicklung des Schuldverhältnisses gewährleistet, sondern vielmehr ein neues Arbeitsverhältnis und damit ein neues Erfüllungsinteresse begründet werden[470]. Von der statussichernden, die vollständige Abwicklung des Schuldverhältnisses regelnden Grundfunktion nachwirkender Pflichten hin zu einer Pflicht zur Neubegründung des früheren Schuldverhältnisses ist es „nicht nur ein kleiner Schritt, sondern ein Sprung"[471], der sich in aller Regel dogmatisch nicht rechtfertigen läßt[472].

Zum anderen ist bezüglich der Frage, ob sich die nachvertragliche Pflicht zur Interessenwahrung zu einer Wiedereinstellungspflicht verdichten kann, zu berücksichtigen, daß das Bestandsinteresse des Arbeitnehmers erst durch die dem Kündigungsschutzgesetz zugrundeliegenden Wertungen zu einem berechtigten und damit der Interessenwahrungspflicht des Arbeitgebers unterfallenden Interesse wird, weil der Zweck der in § 1 II KSchG genannten Rechtfertigungstatbestände verlangt, daß deren Voraussetzungen auch noch dann erfüllt sind, wenn der Arbeitsplatzverlust eintritt[473].

Aus dieser am Zweck des Kündigungsschutzgesetzes ausgerichteten Konkretisierung der Interessenwahrungspflicht des Arbeitgebers ergibt sich aber, daß eine nur noch nachwirkende Pflicht zur Interessenwahrung grundsätzlich keine Wiedereinstellungspflicht begründen kann. Denn der Arbeitsplatzverlust, der durch das Kündigungsschutzgesetz verhindert werden soll, ist mit der Beendigung des Arbeitsverhältnisses bereits eingetreten.

Bestehen die die Kündigung tragenden Umstände bis zum Ablauf der Kündigungsfrist fort, ist der Zweck des Kündigungsschutzgesetzes, den Arbeitnehmer davor zu schützen, daß er seinen Arbeitsplatz ungerechtfertigterweise verliert, erreicht, da der Arbeitsplatzverlust in diesem Falle von einem bestehenden Rechtfertigungstatbestand getragen wird und somit den Vorgaben des Kündigungsschutzgesetzes entspricht. Ist der Verlust des Arbeitsplatzes in Einklang mit dem Kündigungsschutzgesetz und damit rechtmäßigerweise eingetreten, bleibt für ein durch das Kündigungsschutzgesetz

---

468 Dies betonen *Emmerich*, Münchener Kommentar, Vor § 275 Rn. 344; *Heilmann*, Verdachtskündigung und Wiedereinstellung nach Rehabilitierung, S. 103; Staudinger/*Schmidt*, § 242 Rn. 887.

469 So *vom Stein*, Fehleinschätzungen bei der Kündigung von Arbeitsverhältnissen, S. 109; *ders.*, RdA 1991, S. 85, 90.

470 Vgl. zu diesem Gesichtspunkt *v. Bar*, AcP Bd. 179 (1979), S. 452, 473; *Hergenröder*, Anm. zu BAG EzA § 1 KSchG Wiedereinstellungsanspruch Nr. 3, S. 21; *Langenbucher*, ZfA 1999, S. 295, 305; *Langer*, NZA 1991, Beilage Nr. 3, S. 23, 26; *Oetker*, ZIP 2000, S. 643, 649; *vom Stein*, Fehleinschätzungen bei der Kündigung von Arbeitsverhältnissen, S. 109; *ders.*, RdA 1991, S. 85, 90; *Wank*, Anm. zu BAG AP Nr. 2 zu § 1 KSchG 1969 Soziale Auswahl.

471 So *Larenz*, Anm. zu BAG AP Nr. 3 und 4 zu § 611 BGB Fürsorgepflicht.

472 A. A. jedoch *Hambitzer*, Der Wiedereinstellungsanspruch des Arbeitnehmers nach wirksamer Kündigung, S. 62 ff.

473 Vgl. hierzu oben § 3 III 3 b) aa).

rechtlich geschütztes und somit der Interessenwahrungspflicht des Arbeitgebers unterfallendes Bestandsinteresse kein Raum mehr.

Die Begründung einer Wiedereinstellungspflicht auch für den Fall, daß die die Kündigung tragenden Gründe erst nach der Beendigung des Arbeitsverhältnisses und damit nach Eintritt des Arbeitsplatzverlustes wegfallen, geht somit über den – zur Konkretisierung der Interessenwahrungspflicht herangezogenen – Zweck des Kündigungsschutzgesetzes hinaus. Der Wiedereinstellungsanspruch kompensiert in diesem Fall nicht mehr die Wirkung einer im Zeitpunkt ihres Zugangs berechtigten Kündigung, die trotz ihrer Wirksamkeit als ungerecht empfunden wird, weil ihre Zweckdetermination vor Ablauf der Kündigungsfrist entfallen ist, sondern vielmehr die Wirkung einer rechtswirksamen Kündigung, die ihre Zweckdetermination in vollem Umfang erfüllt hat[474].

Daß sich die nur noch nachwirkende Interessenwahrungspflicht grundsätzlich nicht mehr zu einer Wiedereinstellungspflicht verdichten kann, steht schließlich auch in Einklang mit der aus Art. 12 I GG abgeleiteten grundrechtlichen Schutzpflicht. Diese gebietet, den Arbeitnehmer vor einem ungerechtfertigten Verlust des Arbeitsplatzes zu schützen. Verliert der Arbeitnehmer jedoch seinen Arbeitsplatz aufgrund eines der grundrechtlichen Schutzpflicht in ausreichendem Maße Rechnung tragenden, bei Ablauf der Kündigungsfrist fortbestehenden Rechtfertigungstatbestandes im Sinne des § 1 II KSchG, so endet hiermit in aller Regel auch der durch Art. 12 I GG grundrechtlich gebotene Schutz vor einem unberechtigten Arbeitsplatzverlust[475].

Gegen die Beendigung des Arbeitsverhältnisses als zeitliche Grenze für die Entstehung des Wiedereinstellungsanspruchs läßt sich nicht ins Feld führen, der Betriebszugehörigkeit werde sonst eine nicht gerechtfertigte, überproportionale Bedeutung beigemessen, da sie bereits im Rahmen der Sozialauswahl (§ 1 III KSchG) und hinsichtlich der Dauer der Kündigungsfrist (§ 622 BGB) Berücksichtigung finde[476].

Zunächst ist in diesem Zusammenhang zu berücksichtigen, daß Arbeitnehmern mit langer Betriebszugehörigkeit im Hinblick auf die vergleichsweise langen Kündigungsfristen bei Massenentlassungen in aller Regel auch zuerst gekündigt wird, wohingegen Arbeitnehmer mit kürzeren Kündigungsfristen regelmäßig noch für Abwicklungen eingesetzt werden[477]. Arbeitnehmer mit langer Betriebszugehörigkeit sind somit in besonderem Maße bezüglich eines späteren Wegfalls des Kündigungsgrundes schutzwürdig.

---

474 Vgl. auch *Boewer*, NZA 1999, S. 1177, 1178; *Oetker*, ZIP 2000, S. 643, 649; *Strathmann*, Der Wiedereinstellungsanspruch eines wirksam gekündigten Arbeitnehmers, S. 75 f. und 79 f.; *Zwanziger*, BB 1997, S. 42, 43. Siehe zudem – unter dem Gesichtspunkt der Grenzen richterlicher Gestaltungsbefugnis – *Lisec*, Der Wiedereinstellungsanspruch des Arbeitnehmers nach betriebsbedingter Kündigung und Betriebsübergang, S. 108 ff. und 110 ff.

475 Hierzu *Oetker*, ZIP 2000, S. 643, 649.

476 So aber *Meinel/Bauer*, NZA 1999, S. 575, 579 und *Nägele*, BB 1998, S. 1686, 1688, die von einem „closed-shop-Anspruch" der Arbeitnehmer mit langer Betriebszugehörigkeit sprechen.

477 Siehe zu diesem Aspekt auch *Strathmann*, Der Wiedereinstellungsanspruch eines wirksam gekündigten Arbeitnehmers, S. 78.

Darüber hinaus ist darauf hinzuweisen, daß der Schutz solcher Arbeitnehmer, die dem Betrieb über einen längeren Zeitraum angehören, in § 622 BGB und in § 1 III KSchG gesetzlich verankert ist. Vor diesem Hintergrund wird der Betriebszugehörigkeit nicht eine ungerechtfertigte, überproportionale Bedeutung beigemessen, wenn bei der Bestimmung der zeitlichen Grenze für die Entstehung des Wiedereinstellungsanspruchs auf die Beendigung des Arbeitsverhältnisses abgestellt wird. Hierdurch wird vielmehr der im Gesetz festgelegte Schutz solcher Arbeitnehmer, die dem Betrieb über einen längeren Zeitraum angehören, auf der Ebene des Wiedereinstellungsanspruchs konsequent fortgesetzt[478].

Die zeitliche Begrenzung der Entstehung des Wiedereinstellungsanspruchs auf den Zeitraum bis zur Beendigung des Arbeitsverhältnisses führt deshalb auch nicht zu einer ungerechtfertigten Ungleichbehandlung, wenn der Arbeitgeber im Rahmen einer einheitlichen Rationalisierungsmaßnahme mehreren Arbeitnehmern mit unterschiedlich langen Kündigungsfristen kündigt und im Zeitpunkt des Wegfalls des Kündigungsgrundes nur bei einem Teil der zuvor gekündigten Arbeitnehmer die Kündigungsfrist noch nicht abgelaufen ist[479].

Einerseits ist der Ablauf der Kündigungsfrist schon deshalb als sachlicher Grund für eine Ungleichbehandlung zu qualifizieren, weil nach der Beendigung des Arbeitsverhältnisses nur noch nachwirkende Pflichten bestehen, die sich aufgrund ihrer „Endbezogenheit“ nicht mehr zu einer Wiedereinstellungspflicht verdichten können. Andererseits ist auch in diesem Kontext darauf hinzuweisen, daß sich die zeitliche Begrenzung der Entstehung des Wiedereinstellungsanspruchs auf den Zeitraum bis zum Ablauf der Kündigungsfrist als konsequente Fortsetzung der gesetzlich in § 1 III KSchG, § 622 BGB verankerten Privilegierung der Arbeitnehmer mit vergleichsweise längerer Betriebszugehörigkeit darstellt[480].

cc) Der Sonderfall der Verdachtskündigung

Fraglich ist, ob der soeben dargelegte Grundsatz, wonach die Beendigung des Arbeitsverhältnisses für den auf die Interessenwahrungspflicht zu stützenden Anspruch auf Wiedereinstellung eine zeitliche Zäsur bildet, auch für den Fall einer sogenannten Verdachtskündigung Geltung beanspruchen kann[481].

Nach der ständigen Rechtsprechung des Bundesarbeitsgerichts[482] und nach überwiegender Meinung im Schrifttum[483] kann nicht nur eine erwiesene strafbare Handlung

---

478 Vgl. auch *Strathmann*, Der Wiedereinstellungsanspruch eines wirksam gekündigten Arbeitnehmers, S. 76 f.; *Westera*, Der Wiedereinstellungsanspruch nach wirksamer Kündigung, S. 71.

479 A. A. *Nägele*, BB 1998, S. 1686, 1688; *Nicolai/Noack*, ZfA 2000, S. 87, 105; *Raab*, RdA 2000, S. 147, 155. Kritisch insoweit auch der 2. Senat in dem Urteil vom 04. 12. 1997 (BAG AP Nr. 4 zu § 1 KSchG 1969 Wiedereinstellung).

480 So auch *Westera*, Der Wiedereinstellungsanspruch nach wirksamer Kündigung, S. 71.

481 Vgl. zu dem Problemkreis Verdachtskündigung und Wiedereinstellung auch *Heilmann*, Verdachtskündigung und Wiedereinstellung nach Rehabilitierung und *vom Stein*, Fehleinschätzungen bei der Kündigung von Arbeitsverhältnissen.

482 Vgl. BAG AP Nr. 13, 18, 23, 24 und 27 zu § 626 BGB Verdacht strafbarer Handlung.

oder eine erwiesene Vertragsverletzung des Arbeitnehmers, sondern auch der bloße Verdacht, dieser habe eine strafbare Handlung oder eine schuldhafte Pflichtverletzung begangen, ein wichtiger Grund für eine außerordentliche Kündigung sein. Gerechtfertigt wird das Rechtsinstitut der Verdachtskündigung mit dem Hinweis darauf, daß das für ein intaktes Arbeitsverhältnis unabdingbare Vertrauen des Arbeitgebers in die Loyalität des Arbeitnehmers bereits aufgrund von Verdachtsmomenten so stark erschüttert sein kann, daß die Grundlage für eine weitere vertragsgemäße Zusammenarbeit entfällt[484]. Dementsprechend liegt eine Verdachtskündigung nur vor, wenn der Arbeitgeber seine Kündigung damit begründet, gerade der Verdacht eines – nicht erwiesenen – strafbaren oder vertragswidrigen Verhaltens habe das für die Fortsetzung des Arbeitsverhältnisses erforderliche Vertrauen zerstört[485].

Wird – dem oben entwickelten Grundsatz folgend – die Beendigung des Arbeitsverhältnisses als die für die Entstehung des Wiedereinstellungsanspruches maßgebende zeitliche Zäsur qualifiziert, bliebe für einen solchen Anspruch nach einer Verdachtskündigung von vornherein kaum Raum[486]. Denn vor dem Hintergrund, daß eine Verdachtskündigung stets einen wichtigen Grund im Sinne des § 626 I BGB voraussetzt[487], wird sie in aller Regel[488] auch als außerordentliche Kündigung ausgesprochen[489], so daß das Arbeitsverhältnis unmittelbar mit dem Zugang der Kündigungserklärung beendet wird.

---

483 Siehe *Appel/Gerken*, AuR 1995, S. 201 ff.; *Ascheid*, Kündigungsschutzrecht, Rn. 160 ff.; *Belling*, RdA 1996, S. 223 ff.; *ders.*, Festschrift für Kissel, S. 11 ff.; MünchArbR/*Berkowsky*, § 144; *Busch*, MDR 1995, S. 217 ff.; KR-*Fischermeier*, § 626 BGB Rn. 227; *Hambitzer*, Der Wiedereinstellungsanspruch des Arbeitnehmers nach wirksamer Kündigung, S. 105 ff.; *Heilmann*, Verdachtskündigung und Wiedereinstellung nach Rehabilitierung, S. 17 ff.; *Hoefs*, Die Verdachtskündigung, S. 121 f. und 363; *Hueck/v. Hoyningen-Huene*, KSchG, § 1 Rn. 260 ff.; *Preis*, in: Stahlhacke/Preis/Vossen, Kündigung und Kündigungsschutz im Arbeitsverhältnis, Rn. 578. Ablehnend hingegen APS/*Dörner*, § 626 BGB Rn. 374 ff.; *ders.*, NZA 1992, S. 865 ff.; *ders.*, NZA 1993, S. 873 ff.; *Joachim*, AuR 1964, S. 33 ff.; *Naujok*, AuR 1998, S. 398 ff.; *Schütte*, NZA 1991, Beilage Nr. 2, S. 17 ff. Kritisch *Däubler*, in: Kittner/Däubler/Zwanziger, KSchR, § 626 BGB Rn. 152. Ausführliche Auseinandersetzung mit der Kritik an der Verdachtskündigung bei *Hoefs*, Die Verdachtskündigung, S. 74 ff. und bei *Strobel*, Die Rechtsfigur der Verdachtskündigung, S. 58 ff.

484 Statt aller *Belling*, Festschrift für Kissel, S. 11 ff.

485 Vgl. BAG AP Nr. 23 zu § 626 BGB Verdacht strafbarer Handlung sowie *Hoefs*, Die Verdachtskündigung, S. 55 m. w. N.

486 Siehe auch *Bram*, in: Bader/Bram/Dörner/Wenzel, KSchG, § 1 Rn. 72g; *Bram/Rühl*, NZA 1990, S. 753, 756 f.; *Westera*, Der Wiedereinstellungsanspruch nach wirksamer Kündigung, S. 75.

487 Vgl. *Belling*, RdA 1996, S. 223, 234; *Däubler*, in: Kittner/Däubler/Zwanziger, KSchR, § 626 BGB 154; *Hoefs*, Die Verdachtskündigung, S. 262; *Hueck/v. Hoyningen-Huene*, KSchG, § 1 Rn. 263; *Schwerdtner*, Münchener Kommentar, § 626 BGB Rn. 172.

488 Nach ganz herrschender Meinung bleibt es dem Arbeitgeber aber unbenommen, eine ordentliche, befristete Kündigung auszusprechen, vgl. BAG AP Nr. 39 zu § 1 KSchG; *Belling*, RdA 1996, S. 223, 234; *Busch*, MDR 1995, S. 217, 220; *Hoefs*, Die Verdachtskündigung, S. 259; *Hueck/v. Hoyningen-Huene*, KSchG, § 1 Rn. 263.

489 Nach MünchArbR/*Berkowsky*, § 144 Rn. 7 soll im Regelfall allerdings nur eine ordentliche Kündigung möglich sein.

Hinsichtlich eines nachträglichen Wegfalls des Verdachts ließe sich – insoweit der Rechtsprechung des Bundesarbeitsgerichts[490] folgend – ein Schutz des Arbeitnehmers nur begründen, wenn bezüglich der Wirksamkeit der Verdachtskündigung - im Gegensatz zu anderen Kündigungen – der Erkenntnisstand zum Schluß der mündlichen Verhandlung in der letzten Tatsacheninstanz zugrundegelegt wird, so daß im Rahmen des Kündigungsrechtsstreits der ursprüngliche Verdacht durch nachträglich bekanntgewordene, im Zeitpunkt des Zugangs allerdings schon bestehende Umstände entkräftet werden kann[491].

Dieser Rechtsprechung des Bundesarbeitsgerichts kann jedoch nicht gefolgt werden[492]. Denn Kündigungsgrund der Verdachtskündigung sind entgegen der Auffassung des Bundesarbeitsgerichts[493] nicht die objektiven Tatsachen, auf die sich der Verdacht des Arbeitgebers stützt, sondern Kündigungsgrund ist vielmehr der Verdacht selbst, der aus Sicht eines objektiven Dritten dem Arbeitgeber zu diesem Zeitpunkt die weitere Zusammenarbeit mit dem Arbeitnehmer unzumutbar macht[494]. Ist dies zu bejahen, kann eine spätere Ausräumung des Verdachts nichts mehr an der Tatsache ändern, daß im Zeitpunkt des Zugangs der Kündigungserklärung der Verdacht vorgelegen hat und der Arbeitgeber deshalb kein Vertrauen mehr in die Loyalität des Arbeitnehmers hatte[495]. Der Verdacht kann mithin lediglich mit Wirkung ex nunc entfallen[496].

Ein Schutz des Arbeitnehmers dergestalt, daß ein nachträglicher Wegfall des Verdachts im Rahmen des Kündigungsschutzprozesses in bezug auf die Wirksamkeit der Kündigung Berücksichtigung findet, erscheint darüber hinaus aus anderen Gründen als wenig sachgerecht. Einerseits wird es oftmals vom Zufall abhängen, ob der Verdacht

490 Vgl. BAG AP Nr. 13 zu § 626 BGB Verdacht strafbarer Handlung; BAG AP Nr. 24 zu § 626 BGB Verdacht strafbarer Handlung. Ebenso KR-*Etzel*, § 1 KSchG Rn. 527; KR-*Fischermeier*, § 626 BGB Rn. 233. Im Ergebnis der Rechtsprechung des Bundesarbeitsgerichts folgend auch *Hambitzer*, Der Wiedereinstellungsanspruch des Arbeitnehmers nach wirksamer Kündigung, S. 114 f.

491 Dieser Schutz bezöge sich somit auf die Frage der Wirksamkeit der Verdachtskündigung und folglich nicht auf eine Wiedereinstellung im Sinne der vertraglichen Neubegründung des Arbeitsverhältnisses.

492 So auch die ganz herrschende Meinung in der Literatur, vgl. *Ascheid*, Kündigungsschutzrecht, Rn. 165; *Belling*, RdA 1996, S. 223, 236 f.; *ders.*, Festschrift für Kissel, S. 11, 27 f.; MünchArbR/*Berkowsky*, § 144 Rn. 17; *Hueck/v. Hoyningen-Huene*, KSchG, § 1 Rn. 266; *Preis*, in: Stahlhacke/Preis/Vossen, Kündigung und Kündigungsschutz im Arbeitsverhältnis, Rn. 582; *vom Stein*, Fehleinschätzungen bei der Kündigung von Arbeitsverhältnissen, S. 90 ff.; *ders.*, RdA 1991, S. 85, 86; *Strobel*, Die Rechtsfigur der Verdachtskündigung, S. 292 ff.; *Westera*, Der Wiedereinstellungsanspruch nach wirksamer Kündigung, S. 28 f.

493 Vgl. nur BAG AP Nr. 13 zu § 626 BGB Verdacht strafbarer Handlung.

494 Vgl. auch *Busch*, MDR 1995, S. 217, 218; *Heilmann*, Verdachtskündigung und Wiedereinstellung nach Rehabilitierung, S. 18; *Herschel*, BlStSozArbR 1977, S. 113, 114; *vom Stein*, Fehleinschätzungen bei der Kündigung von Arbeitsverhältnissen, S. 92; *Walker*, SAE 1998, S. 103, 105.

495 Siehe auch *Hueck/v. Hoyningen-Huene*, KSchG, § 1 Rn. 266.

496 Vgl. *Belling*, RdA 1996, S. 223, 238; MünchArbR/*Berkowsky*, § 144 Rn. 17; *Emmermann*, Die Nachwirkung des Arbeitsverhältnisses, S. 120; *vom Stein*, Fehleinschätzungen bei der Kündigung von Arbeitsverhältnissen, S. 92.

noch im Rahmen des Kündigungsschutzprozesses entkräftet wird, andererseits wäre der Arbeitnehmer gezwungen, in jedem Fall einen Kündigungsschutzprozeß zu führen.

Nach ganz herrschender und im Ergebnis zutreffender Auffassung stellt die Beendigung des Arbeitsverhältnisses bei der Verdachtskündigung jedoch keine zeitliche Zäsur dar, so daß ein Anspruch auf Wiedereinstellung grundsätzlich auch bei einer verdachtsbedingten Kündigung entstehen kann[497].

Denn die Verdachtskündigung unterscheidet sich grundlegend von den anderen Kündigungsformen[498]. Zunächst führt eine wirksame Verdachtskündigung nicht nur zu einem Verlust des Arbeitsplatzes mit der regelmäßigen Konsequenz erheblicher finanzieller Einbußen. Vielmehr verliert der aufgrund eines Verdachts gekündigte Arbeitnehmer de facto berufliches und privates Ansehen[499]. Die auf einen Verdacht gestützte Kündigung wirkt in aller Regel ähnlich diskrimierend[500] und stigmatisierend[501] wie eine Strafe beziehungsweise wie eine Tatkündigung und kann für den Arbeitnehmer die Erlangung eines neuen Arbeitsplatzes erheblich erschweren[502]. Wenn sich die Verdachtskündigung als unbegründet erweist, stellt sie letztlich eine Ehrverletzung des Arbeitnehmers dar, da er zu Unrecht mit dem Makel einer schweren Pflichtverletzung beziehungsweise dem Vorwurf einer Straftat belastet wurde[503].

Hieraus ergibt sich, daß bei einem Wegfall des Verdachts nicht das Bestandsinteresse, sondern das Rehabilitierungsinteresse des Arbeitnehmers von zentraler Bedeutung

---

497 Vgl. BGH AP Nr. 2 zu § 611 BGB Fürsorgepflicht; BAG AP Nr. 3 zu § 611 BGB Fürsorgepflicht; *Belling*, RdA 1996, S. 223, 238; *Bram/Rühl*, NZA 1990, S. 753, 756 f.; *Brox/Rüthers*, Arbeitsrecht, Rn. 192a; *Hoefs*, Die Verdachtskündigung, S. 301; *Linck*, FA 2000, S. 334, 337; *Meinel/Bauer*, NZA 1999, S. 575, 581; ErfK/*Müller-Glöge*, § 626 BGB Rn. 219; *Nicolai/Noack*, ZfA 2000, S. 87, 101 f.; *Oetker*, ZIP 2000, S. 643, 649; *Otto*, Festschrift für Kraft, S. 451, 460; *Preis*, Anm. zu LAG Köln, LAGE § 611 BGB Einstellungsanspruch Nr. 1, S. 26 f.; *Söllner*, Grundriß des Arbeitsrechts, S. 298; *Strathmann*, Der Wiedereinstellungsanspruch eines wirksam gekündigten Arbeitnehmers, S. 40 f. und 73 f.; *Walker*, SAE 1998, S. 103, 106; *Westera*, Der Wiedereinstellungsanspruch nach wirksamer Kündigung, S. 75 f.; *Zwanziger*, BB 1997, S. 42, 45; *ders.*, in: Kittner/Däubler/Zwanziger, KSchR, Einl. Rn. 390g. Auch diejenigen Autoren, die dem Wiedereinstellungsanspruch grundsätzlich ablehnend gegen-überstehen, bejahen ihn in der Regel im Falle einerVerdachtskündigung, vgl. insbesondere *Langer*, NZA 1991, Beilage Nr. 3, S. 23, 25 f.; *Ricken*, NZA 1998, S. 460, 464; *Wank*, Anm. zu BAG AP Nr. 2 zu § 1 KSchG 1969 Soziale Auswahl; auch in diesem Fall ablehnend jedoch *Boemke*, AR-Blattei SD, Nr. 220.10, Arbeitsvertrag-Arbeitsverhältnis X, Nachwirkungen des Arbeitsverhältnisses, Rn. 170; *Kaiser*, ZfA 2000, S. 205, 228; *Naujok*, AuR 1998, S. 398, 402.

498 Vgl. im Zusammenhang mit der Frage des Wiedereinstellungsanspruchs auch *Strathmann*, Der Wiedereinstellungsanspruch eines wirksam gekündigten Arbeitsnehmers, S. 40 f.

499 Siehe hierzu *Dörner*, AiB 1993, S. 147, 162; *Heilmann*, Verdachtskündigung und Wiedereinstellung nach Rehabilitierung, S. 15 f.; *Naujok*, AuR 1998, S. 398, 401; *Otto*, Der Wegfall des Vertrauens in den Arbeitnehmer als wichtiger Grund zur Kündigung des Arbeits-verhältnisses, S. 138.

500 Vgl. APS/*Dörner*, § 626 BGB Rn. 359.

501 Siehe *Naujok*, AuR 1998, S. 398, 401; *Nicolai/Noack*, ZfA 2000, S. 87, 101.

502 Siehe *Hoefs*, Die Verdachtskündigung, S. 296; *Strobel*, Die Rechtsfigur der Verdachtskündigung, S. 264. Vgl. zum ganzen schon *v. Carolsfeld*, Anm. zu BAG AP Nr. 3 zu § 626 BGB.

503 So ErfK/*Dieterich*, Art. 2 GG Rn. 87. Vgl. auch *Linck*, FA 2000, S. 334, 337 und *Zwanziger*, in: Kittner/Däubler/Zwanziger, KSchR, Einl. Rn. 390g.

ist[504]. Anders als das Bestandsinteresse, das schon begrifflich nur im Rahmen eines (noch) bestehenden Arbeitsverhältnisses existieren kann, ist das Rehabilitierungsinteresse nicht an den Bestand eines Arbeitsverhältnisses gebunden und besteht folglich auch und gerade nach der Beendigung der arbeitsvertraglichen Beziehung. Bereits aus diesem Grunde erscheint es nicht sachgerecht, im Falle einer Verdachtskündigung in der Beendigung des Arbeitsverhältnisses eine zeitliche Zäsur für den Anspruch auf Wiedereinstellung zu erblicken.

Darüber hinaus ist zu berücksichtigen, daß die Verdachtskündigung per definitionem auf eine unsichere Tatsachengrundlage, nämlich nur auf den Verdacht gestützt ist. Bei Ausspruch einer Verdachtskündigung nimmt der Arbeitgeber bewußt in Kauf, daß sich sein Verdacht im nachhinein als unbegründet erweisen kann. Er weiß, daß der Vorwurf, den er dem Arbeitnehmer macht, nicht gesichert ist[505]. Die Gefahr, daß der Kündigungsgrund nachträglich wegfällt, ist der Verdachtskündigung immanent[506] und hierüber ist sich der Arbeitgeber auch im klaren. Weicht der Arbeitgeber dem Risiko einer Tatkündigung und der mit ihr verbundenen Beweislast hinsichtlich der Verfehlung des Arbeitnehmers aus, indem er lediglich eine Verdachtskündigung ausspricht, dann ist er grundsätzlich zur Wiedereinstellung verpflichtet, wenn der Verdacht nachträglich wegfällt. Vor dem Hintergrund, daß die Rechtsordnung dem Arbeitgeber die Beendigung des Arbeitsverhältnisses wegen beziehungsweise trotz unsicherer Tatsachengrundlage erlaubt, ist es ein Gebot ausgleichender Gerechtigkeit, daß der Arbeitgeber das Risiko des Verdachtswegfalls trägt[507].

---

504 Vgl. zum Gedanken der Rehabilitierung BAG AP Nr. 3 zu § 611 BGB Fürsorgepflicht; *Belling*, Festschrift für Kissel, S. 11, 48, 50; *Grünhage*, Die Pflicht des Arbeitgebers zur Einstellung und Wiedereinstellung von Arbeitnehmern, S. 150; *A. Hueck*, Anm. zu BGH AP Nr. 2 zu § 611 BGB Fürsorgepflicht; *ders.*, Festschrift für Hedemann, S. 131, 142, 150; *Langer*, NZA 1991, Beilage Nr. 3, S. 23, 25, 27; *Larenz*, Anm. zu BAG AP Nr. 3 und 4 zu § 611 BGB Fürsorgepflicht; *Monjau*, DB 1960, S. 1067, 1070; *Nicolai/Noack*, ZfA 2000, S. 87, 101; *Raab*, RdA 2000, S. 147, 148; *Ricken*, NZA 1998, S. 460, 464; *vom Stein*, RdA 1991, S. 85, 91. Ähnlich *Zwanziger*, BB 1997, S. 42, 45; *ders.*, in: Kittner/Däubler/Zwanziger, KSchR, Einl. Rn. 390g. Eine wirkliche Rehabilitierung erschöpft sich hierbei keineswegs in der Abgabe einer Ehrenerklärung beziehungsweise in der Ausstellung eines entsprechenden Zeugnisses (so aber *v. Bar*, AcP Bd. 179 (1979), S. 452, 473; in diese Richtung tendierend auch *Larenz*, Anm. zu BAG AP Nr. 3 und 4 zu § 611 BGB Fürsorgepflicht; *Emmermann*, Die Nachwirkung des Arbeitsverhältnisses, S. 122 ff.). Vielmehr sind die mit dem Arbeitsplatzverlust einhergehenden materiellen und ideellen Beeinträchtigungen zu berücksichtigen, so daß eine wirkliche Rehabilitierung die Wiedereinstellung des Arbeitnehmers erfordert (so auch *Grünhage*, Die Pflicht des Arbeitgebers zur Einstellung und Wiedereinstellung von Arbeitnehmern, S. 150; *A. Hueck*, Festschrift für Hedemann, S. 131, 142 Fn. 22; *Nicolai/Noack*, ZfA 2000. S. 87, 101 f.; *Strobel*, Die Rechtsfigur der Verdachtskündigung, S. 264 ff. Siehe auch *Hoefs*, Die Verdachtskündigung, S. 305, der dem Arbeitnehmer nach einer Entkräftung des Verdachts neben dem Wiedereinstellungsanspruch einen Anspruch auf Abgabe einer Ehrenerklärung einräumt).

505 Dies betont auch *Ricken*, NZA 1998, S. 460, 464. Vgl. außerdem *Hoefs*, Die Verdachtskündigung, S. 292.

506 Vgl. APS/*Dörner*, § 626 BGB Rn. 348; *Preis*, Anm. zu LAG Köln, LAGE § 611 BGB Einstellungsanspruch Nr. 1, S. 27.

507 Vgl. MünchArbR/*Berkowsky*, § 144 Rn. 17; MünchArbR/*Buchner*, § 40 Rn. 109; *Preis*, Anm. zu LAG Köln, LAGE § 611 BGB Einstellungsanspruch Nr. 1, S. 27; *Strathmann*, Der Wiedereinstellungsanspruch eines wirksam gekündigten Arbeitnehmers, S. 40; *Westera*, Der Wiedereinstellungsanspruch nach wirksamer Kündigung, S. 76; ähnlich bereits *Monjau*, DB 1960, S.

Gegen eine zeitliche Zäsur für den Wiedereinstellungsanspruch nach einer Verdachtskündigung spricht darüber hinaus, daß der Verdachtskündigung keine Prognose zugrundeliegt, daß sich der Verdacht im Zeitpunkt der Beendigung bestätigt. Vielmehr beinhaltet die Verdachtskündigung lediglich die Prognose, daß das für die Fortsetzung des Arbeitsverhältnisses erforderliche Vertrauen zerstört ist. Da der Zeitpunkt der Beendigung des Arbeitsverhältnises insoweit nicht den Zeitpunkt der Prognoseverwirklichung bildet, kann er auch nicht zum Rechtsmaßstab im Sinne einer zeitlichen Zäsur für den Wiedereinstellungsanspruch erhoben werden[508].

Daß die Beendigung des Arbeitsverhältnisses für den Wiedereinstellungsanspruch nach Verdachtskündigung keine zeitliche Zäsur bildet, ergibt sich schließlich auch aus verfassungsrechtlichen Gesichtspunkten: Bei einem kategorischen Ausschluß des Wiedereinstellungsanspruchs nach Verdachtskündigung ab dem Zeitpunkt der Beendigung des Arbeitsverhältnisses würde der Schutzzweck des durch die grundrechtliche Arbeitsplatzwahlfreiheit (Art. 12 I GG) geschützten Rechts des Arbeitnehmers, seinen Arbeitsplatz nicht grundlos zu verlieren[509], grundlegend verfehlt. Denn dann würde der Arbeitnehmer seinen Arbeitsplatz endgültig verlieren, obwohl die Kündigung auf einen objektiv von Anfang unbegründeten Verdacht gestützt ist[510]. Die grundsätzliche Berücksichtigung des Wegfalls des Verdachts auch nach Auflösung des arbeitsvertraglichen Bandes ist folglich durch die aus Art. 12 I GG fließende Schutzpflicht zwingend gefordert.

Ein kategorischer Ausschluß des Wiedereinstellungsanspruchs nach Verdachtskündigung für den (Regel-)Fall, daß der Verdacht erst nach Beendigung des Arbeitsverhältnisses entfällt, würde demnach gegen das verfassungsrechtliche Untermaßverbot[511] verstoßen. In diesem Zusammenhang ist auch der vom 2. Senat des Bundesarbeitsgerichts[512] vorgenommene Rekurs auf das Grundrecht der Berufsfreiheit (Art. 12 I GG) zu verstehen, mit dem das Gericht seine – abzulehnende – Auffassung begründet, daß erst nachträglich gewonnene Erkenntnisse, die im Zeitpunkt des Zugangs der Kündigungserklärung bereits objektiv vorlagen, im Rahmen des Kündigungsschutzprozesses zu berücksichtigen sind.

1067, 1070. Vgl. auch *Belling*, RdA 1996, S. 223, 238: „zwingendes Gebot sozialstaatlicher Erwägungen".

508 Vgl. zu diesem Gedanken auch *Meinel/Bauer*, NZA 1999, S. 575, 581; ebenso *Hoefs*, Die Verdachtskündigung, S. 301. Für den Fall einer betriebsbedingten Kündigung hingegen *Hergenröder*, Anm. zu BAG EzA § 1 KSchG Wiedereinstellungsanspruch Nr. 3, S. 21.

509 Vgl. hierzu BVerfGE 97, S. 169, 177 ff.; ErfK/*Dieterich*, Art. 12 GG Rn. 34 f.; *Hanau*, Festschrift für Dieterich, S. 201 ff.; *Preis*, NZA 1997, S. 1256, 1267; *Stahlhacke*, Festschrift für Wiese, S. 513 ff.

510 Vgl. hierzu *Oetker*, ZIP 2000, S. 643, 649; *Strathmann*; Der Wiedereinstellungsanspruch eines wirksam gekündigten Arbeitnehmers, S. 73 f. Auch *Dieterich* setzt den Wiedereinstellungsanspruch nach Verdachtskündigung in Beziehung zu grundrechtlichen Positionen des Arbeitnehmers, ErfK/*Dieterich*, Art. 2 GG Rn. 87.

511 Siehe hierzu *Isensee*, in: Isensee/Kirchhof, Handbuch des Verfassungsrechts Bd. V, S. 143 ff. und 181 ff. m. w. N.; *Urban*, Der Kündigungsschutz außerhalb des Kündigungsschutzgesetzes, S. 54 ff.

512 BAG AP Nr. 24 zu § 626 BGB Verdacht strafbarer Handlung.

Die grundsätzliche Anerkennung eines Anspruchs auf Wiedereinstellung nach Verdachtskündigung auch und gerade für den Fall, daß der Verdacht erst nach der Beendigung des Arbeitsverhältnisses entfällt, stellt sich nach alledem als – auch unter verfassungsrechtlichen Gesichtspunkten – unerläßliches Korrelat der Zulässigkeit der Verdachtskündigung dar[513]. Daraus ergibt sich, daß bei der Verdachtskündigung ausnahmsweise eine Konkretisierung der allgemeinen, nachvertraglichen Interessenwahrungspflicht zu einer Wiedereinstellungspflicht in Betracht kommt[514]. Auch in diesem Ausnahmefall steht die Konkretisierung jedoch unter dem Vorbehalt der Zumutbarkeit. Ein Anspruch auf Wiedereinstellung entfällt folglich, wenn sich der Arbeitgeber auf Interessen berufen kann, die das Rehabilitierungsinteresse des Arbeitnehmers überwiegen[515].

d) Zwischenergebnis

Die den Arbeitgeber treffende Interessenwahrungspflicht kann sich im Nachwirkungszeitraum des wirksam beendeten Arbeitsverhältnisses grundsätzlich nicht mehr zu einer Wiedereinstellungspflicht verdichten, so daß bei einem erst nach Ablauf der Kündigungsfrist eintretenden Wegfall der die Beendigung tragenden Umstände kein entsprechender Anspruch des Arbeitnehmers gegeben ist.

Die Beendigung des Arbeitsverhältnisses bildet folglich für den auf die Interessenwahrungspflicht zu stützenden Anspruch auf Wiedereinstellung eine zeitliche Zäsur. Während ein vor diesem Zeitpunkt eintretender Wegfall des Kündigungsgrundes aufgrund der dann in vollem Umfang „noch wirkenden" und am Zweck des Kündigungsschutzgesetzes ausgerichteten Pflicht des Arbeitgebers zur Interessenwahrung einen Wiedereinstellungsanspruch zu begründen vermag, scheidet eine Verdichtung der Interessenwahrungspflicht zu einer Wiedereinstellungspflicht nach diesem Zeitpunkt in aller Regel aus. Eine Ausnahme hiervon ist jedoch für den Fall der Verdachtskündigung zu machen.

---

513 Vgl. auch *Larenz*, Anm. zu BAG AP Nr. 3 und 4 zu § 611 BGB Fürsorgepflicht; *Strobel*, Die Rechtsfigur der Verdachtskündigung, S. 254. Ähnlich *Gamillscheg*, Die Grundrechte im Arbeitsrecht, S. 41 und 60; *Hoefs*, Die Verdachtskündigung, S. 292; *Zwanziger*, in: Kittner/Däubler/Zwanziger, KSchR, Einl. Rn. 390g.

514 Anders *Hoefs*, Die Verdachtskündigung, S. 291 f., der den Wiedereinstellungsanspruch nach Verdachtskündigung aus dem Verbot des venire contra factum proprium ableitet. Ähnlich auch *Bram/Rühl*, NZA 1990, S. 753, 754; *vom Stein*, RdA 1991, S. 85, 91.

515 Vgl. zum Vorbehalt der Zumutbarkeit beim Wiedereinstellungsanspruch nach Verdachtskündigung nur BGH AP Nr. 2 zu § 611 BGB Fürsorgepflicht; BAG AP Nr. 3 zu § 611 BGB Fürsorgepflicht; *Belling*, Festschrift für Kissel, S. 11, 48; *Heilmann*, Verdachtskündigung und Wiedereinstellung nach Rehabilitierung, S. 92 f.; *A. Hueck*, Festschrift für Hedemann, S. 131, 149 f.; *ders.*, Anm. zu BGH AP Nr. 2 zu § 611 BGB Fürsorgepflicht; *Larenz*, Anm. zu BAG AP Nr. 3 und 4 zu § 611 BGB Fürsorgepflicht.

5. *Dispositionsschutz, Informations- und Entschädigungspflicht*

a) Wiedereinstellungsanspruch und Dispositionsschutzvorbehalt

Wenn der Anspruch auf Wiedereinstellung auf die Nebenleistungspflicht des Arbeitgebers zur Wahrung des bis zum Eintritt des Arbeitsplatzverlustes fortbestehenden und insoweit noch rechtlich geschützten Bestandsinteresses des Arbeitnehmers gestützt wird, ist zu berücksichtigen, daß dem Arbeitsverhältnis Interessengegensätze zugrundeliegen. Die aus § 242 BGB abzuleitende Interessenwahrungspflicht des Arbeitgebers findet deshalb dort ihre Grenze, wo gleich- oder höherrangige eigene Interessen des Arbeitgebers durch die Wahrung des Bestandsinteresses des Arbeitnehmers in Gestalt der Wiedereinstellung vernachlässigt werden müßten.

An dieser Stelle soll nunmehr untersucht werden, ob beziehungsweise inwieweit sich der Arbeitgeber im Rahmen der Abwägung mit dem Bestandsinteresse des Arbeitnehmers auf eigene, gegenläufige Interessen berufen kann, die im Zusammenhang mit Dispositionen hinsichtlich des Arbeitsplatzes des gekündigten und nunmehr seine Wiedereinstellung begehrenden Arbeitnehmers stehen. Es geht somit um die Frage, ob beziehungsweise inwieweit bei der Interessenabwägung Dispositionen des Arbeitgebers, die dieser nach Zugang der Kündigungserklärung im Hinblick auf den Arbeitsplatz des gekündigten Arbeitnehmers vorgenommen hat[516], berücksichtigungsfähig sind – ob der Wiedereinstellungsanspruch des Arbeitnehmers gewissermaßen unter einem Dispositionsschutzvorbehalt als spezielle Ausprägung des allgemeinen Zumutbarkeitsvorbehalts[517] steht.

Für den Arbeitgeber ist die Frage eines derartigen Dispositionsschutzes von erheblicher Bedeutung. Namentlich bei der verhaltensbedingten und bei der personenbedingten Kündigung besteht für den Arbeitgeber regelmäßig die Notwendigkeit, den Arbeitsplatz des gekündigten Arbeitnehmers anderweitig zu besetzen, da der Beschäftigungsbedarf in diesen Fällen für gewöhnlich fortbesteht. Zur Sicherung dieses Bedarfs wird der Arbeitgeber sich daher in der Regel schon vor Ablauf der Kündigungsfrist um eine den gekündigten Arbeitnehmer ersetzende Arbeitskraft bemühen und entsprechende arbeitsvertragliche Bindungen eingehen. Die Anerkennung eines Wiedereinstellungsanspruches im Falle des Wegfalls des Kündigungsgrundes ohne Berücksichtigung der zwischenzeitlich getroffenen Dispositionen begründet für den Arbeitgeber die Gefahr einer Doppelverpflichtung. Er wäre sowohl dem als Ersatzkraft neu eingestellten als auch dem wegen Wegfalls des Kündigungsgrundes wiedereingestellten Arbeitnehmer arbeitsvertraglich verpflichtet, obwohl sich der Beschäftigungsbedarf nicht verändert hat. Hinsichtlich ein und desselben

---

516 In erster Linie geht es hierbei um die Neubesetzung des Arbeitsplatzes mit einem anderen Arbeitnehmer. In Betracht kommt aber beispielsweise auch die Entscheidung des Arbeitgebers, den Arbeitsplatz für die Zukunft entfallen zu lassen.

517 Vgl. auch *Bornhagen*, Die Zumutbarkeit als Rechtsgedanke im Arbeitsrecht, S. 100 ff.; *Hinrichs*, AiB 1997, S. 615, 615; *Lisec*, Der Wiedereinstellungsanspruch des Arbeitnehmers nach betriebsbedingter Kündigung und Betriebsübergang, S. 88; *Strathmann*, Der Wiedereinstellungsanspruch eines wirksam gekündigten Arbeitnehmers, S. 80 f.; *Westera*, Der Wiedereinstellungsanspruch nach wirksamer Kündigung, S. 84.

Arbeitsplatzes wären nunmehr bis auf weiteres zwei Arbeitnehmer zu beschäftigen und zu entlohnen.

Anders gestaltet sich die Interessenlage hingegen bei der betriebsbedingten Kündigung. Hier stehen einer Weiterbeschäftigung des Arbeitnehmers dringende betriebliche Erfordernisse entgegen (vgl. § 1 II S. 1 KSchG). Der Beschäftigungsbedarf für den Arbeitnehmer in dem bisher wahrgenommenen Aufgabenbereich besteht nicht mehr, so daß der betroffene Arbeitsplatz wegfällt. Die Notwendigkeit für den Arbeitgeber, sich zur Sicherung des Personalbedarfs um eine Ersatzkraft für den gekündigten Arbeitnehmer zu bemühen, besteht daher nicht[518].

aa) Grundsätzliche Anerkennung eines Dispositionsschutzvorbehalts

Die Frage, ob beziehungsweise inwieweit der Anspruch des Arbeitnehmers auf Wiedereinstellung unter einem Dispositionsschutzvorbehalt zugunsten des Arbeitgebers steht, wird in Literatur und Rechtsprechung kontrovers diskutiert:

Vereinzelt wird ein Dispositionsschutzvorbehalt generell abgelehnt. So vertritt *Zwanziger*[519] die Ansicht, Einschränkungen des Wiedereinstellungsanspruches durch allgemeine Abwägungsgesichtspunkte beziehungsweise überwiegende Interessen des Arbeitgebers seien nicht berechtigt. Insbesondere komme es nicht darauf an, ob der Arbeitsplatz des gekündigten Arbeitnehmers bereits wiederbesetzt ist. Denn einerseits führten wirklich berechtigte Interessen des Arbeitgebers dazu, daß der Kündigungsgrund gar nicht wegfalle. Andererseits werde durch eine derartige Einschränkung der von dem Wiedereinstellungsanspruch bezweckte Sozialschutz vereitelt. Nach *Dörner*[520] überzeugt es nicht, wenn darauf abgestellt werden soll, ob der Arbeitgeber bereits Dispositionen getroffen hat. *Kappelhoff*[521] vertritt im Zusammenhang mit dem Wiedereinstellungsanspruch nach Verdachtskündigung die Auffassung, daß der Gesichtspunkt, ob der Arbeitsplatz wieder besetzt ist, keine Rolle spielen dürfe. Auch nach *Kittner*[522] kommt ein den Wiedereinstellungsanspruch ausschließender Dispositionsschutz zugunsten des Arbeitgebers nicht in Betracht. Denn die Berücksichtigung von Dispositionen, die der Arbeitgeber im Hinblick auf die Beendigung des Arbeitsverhältnisses bereits gutgläubig getroffen hat, führe zu einer Verengung des Wiedereinstellungsanspruchs auf Fälle, in denen der Arbeitgeber im Zeitpunkt der Vornahme der Disposition schon wußte, daß seine Prognoseentscheidung falsch, der die Kündigung tragende Grund mithin weggefallen war. In diesen Fällen sei aber schon die Kündigung selbst unwirksam, so daß sich die Frage der Wiedereinstellung gar nicht stelle.

---

518 Siehe auch *Boewer*, NZA 1999, S. 1121, 1131; *Nägele*, BB 1998, S. 1686, 1688; *vom Stein*, RdA 1991, S. 85, 88 f.; *Westera*, Der Wiedereinstellungsanspruch nach wirksamer Kündigung, S. 79 f.

519 *Zwanziger*, BB 1997, S. 42, 43. Vgl. aber nunmehr *Zwanziger*, in: Kittner/Däubler/Zwanziger, KSchR, Einl. Rn. 390k.

520 APS/*Dörner*, § 1 KSchG Rn. 78.

521 *Kappelhoff*, in: Tschöpe, Anwalts-Handbuch Arbeitsrecht, S. 1145.

522 *Kittner*, in: Kittner/Däubler/Zwanziger, KSchR (4. Auflage), § 1 KSchG Rn. 56c.

Diesen, einen Dispositionsschutzvorbehalt zugunsten des Arbeitgebers verneinenden Auffassungen kann nicht gefolgt werden. Der Einwand von *Zwanziger*, wonach wirklich berechtigte Interessen des Arbeitgebers dazu führten, daß der Kündigungsgrund gar nicht wegfalle, erweist sich als unzutreffend. Denn zwischen dem Wegfall des Kündigungsgrundes und den hier in Rede stehenden Interessen des Arbeitgebers besteht kein unmittelbarer Zusammenhang. Berechtigte Interessen des Arbeitgebers vermögen am Wegfall des Kündigungsgrundes nichts zu ändern. Hat der Arbeitgeber beispielsweise eine wirksame Verdachtskündigung ausgesprochen und im Hinblick auf die hiermit herbeigeführte Beendigung des Arbeitsverhältnisses wegen des nach wie vor bestehenden Beschäftigungsbedarfs eine den gekündigten Arbeitnehmer ersetzende Arbeitskraft eingestellt, so vermag das hierdurch zum Ausdruck kommende berechtigte Interesse des Arbeitgebers, den Personalbedarf zu sichern, nichts daran zu ändern, daß sich der der Kündigung zugrundeliegende Verdacht gegen den Arbeitnehmer im nachhinein als haltlos erweist. Berechtigtes Interesse des Arbeitgebers auf der einen und Wegfall des Kündigungsgrundes auf der anderen Seite stehen als voneinander zu trennende Komplexe unabhängig nebeneinander. Berechtigte Interessen des Arbeitgebers führen folglich keinesfalls dazu, daß der Kündigungsgrund gar nicht wegfällt.

Wenn *Zwanziger* gegen die Anerkennung eines Dispositionsschutzvorbehaltes geltend macht, durch die hiermit verbundene Einschränkung werde der vom Wiedereinstellungsanspruch bezweckte Sozialschutz vereitelt, so vermag auch dies im Ergebnis nicht zu überzeugen. Diese einseitig auf den Sozialschutz abstellende Argumentation verkennt, daß sich der Anspruch auf Wiedereinstellung innerhalb eines grundrechtlichen Koordinatensystems bewegt, in dem nicht nur die Berufsfreiheit des Arbeitnehmers (Art. 12 I GG) und sein hierdurch geschütztes Recht, den Arbeitsplatz nicht grundlos zu verlieren, betroffen ist, sondern auch die ebenfalls durch Art. 12 I GG geschützte Vertragsfreiheit des Arbeitgebers. Dieses, dem Wiedereinstellungsanspruch zugrundeliegende grundrechtliche Koordinatensystem und das Gebot der praktischen Konkordanz, wonach die widerstreitenden jeweiligen Grundrechte aus Art. 12 I GG zu ihrer größtmöglichen Entfaltung gebracht werden müssen, ohne aber das Grundrecht des anderen praktisch völlig auszuhöhlen, verbieten eine Betrachtungsweise, die unter Hinweis auf den mit dem Wiedereinstellungsanspruch bezweckten Sozialschutz die Berücksichtigung der vom Arbeitgeber im Hinblick auf den Arbeitsplatz getroffenen Dispositionen kategorisch ausschließt.

Diesem Einwand ist auch die Ansicht *Kittners* ausgesetzt. Sie erweist sich aber auch noch aus anderen Gründen als unzutreffend. Denn einerseits führt die grundsätzliche Anerkennung eines Dispositionsschutzvorbehalts keineswegs zu einer Verengung des Wiedereinstellungsanspruches auf Fälle, in denen der Arbeitgeber im Zeitpunkt der Vornahme der Disposition schon vom Wegfall des Kündgungsgrundes wußte. Denn ein Anspruch auf Wiedereinstellung kommt auch in den Fällen in Betracht, in denen der Arbeitgeber noch gar keine Dispositionen getroffen hat, die der Wiedereinstellung des Arbeitnehmers entgegenstehen. Andererseits führt eine vom Arbeitgeber in Kenntnis vom Wegfall des Kündigungsgrundes vorgenommene Disposition – entgegen der Auffassung *Kittners* – keinesfalls dazu, daß schon die Kündigung selbst unwirksam ist. Die Wirksamkeit der Kündigung ist allein nach den im Zeitpunkt des Zugangs vorliegenden Umständen zu beurteilen. Spätere Dispositionen des Arbeitgebers hinsichtlich des Arbeitsplatzes des gekündigten Arbeitnehmers – auch solche, die in Kenntnis des Wegfalls vom Kündigungsgrund getroffen werden – können eine hiernach wirksame Kündigung nicht im nachhinein unwirksam machen.

Ein Dispositionsschutzvorbehalt ist demzufolge – schon aus verfassungsrechtlichen Gründen – im Grundsatz anzuerkennen[523].

bb) Die konkrete Ausgestaltung des Dispositionsschutzvorbehalts

Ist ein Dispositionsschutzvorbehalt grundsätzlich anzuerkennen, so ist nunmehr der Frage nachzugehen, wie dieser Dispositionsschutzvorbehalt in concreto auszugestalten ist. In Anlehnung an *Belling*[524] ließe sich möglicherweise dahingehend argumentieren, daß der Arbeitgeber grundsätzlich nach Ausspruch der Kündigung noch für einen bestimmten Zeitraum einen Wegfall des Kündigungsgrundes gewärtigen muß. Der Arbeitgeber wäre zwar während dieses Zeitraums nicht an einer Neubesetzung des Arbeitsplatzes gehindert, er müßte jedoch wegen der ihm obliegenden Interessenwahrungspflicht damit rechnen, trotz zwischenzeitlich erfolgter Neubesetzung des Arbeitsplatzes mit einer Ersatzkraft bei Wegfall des Kündigungsgrundes zur Wiedereinstellung verpflichtet zu sein.

Als äußersten Zeitpunkt, bis zu dem dem Arbeitgeber diese Risikotragung zugemutet werden sollte, betrachtet *Belling* den Eintritt der Rechtskraft des Urteils, das die Wirksamkeit der Kündigung ausspricht[525]. Denn bis zu diesem Zeitpunkt müsse der Arbeitgeber ohnenhin damit rechnen, daß das Arbeitsgericht die Kündigung für unwirksam erachtet und er wegen der Fortdauer des Arbeitsverhältnisses zur Weiterbeschäftigung verpflichtet ist. Bis dahin bestehe folglich auch stets das allgemeine Risiko, vertraglich doppelt gebunden zu sein: einerseits an den neu eingestellten, andererseits an den gekündigte Arbeitnehmer.

---

523 So schon BGH AP Nr. 2 zu § 611 BGB Fürsorgepflicht sowie BAG AP Nr. 3 zu § 611 BGB Fürsorgepflicht. Vgl. außerdem BAG AP Nr. 1 zu § 1 KSchG 1969 Wiedereinstellung; BAG AP Nr. 4 zu § 1 KSchG 1969 Wiedereinstellung; BAG AP Nr 6 zu § 1 KSchG 1969 Wiedereinstellung; LAG Hamm, DZWIR 2000, S. 457, 459; LAG Hamburg, LAGE § 611 BGB Einstellungsanspruch Nr. 2, S. 7 f.; *Appel*, in: Kittner/Zwanziger, Arbeitsrecht, Handbuch für die Praxis, § 107 Rn. 4; *Beckschulze*, DB 1998, S. 417, 418; *Boewer*, NZA 1999, S. 1121, 1131; *Bram*, in: Bader/Bram/Dörner/Wenzel, KSchG, § 1 Rn. 72; *Bram/Rühl*, NZA 1990, S. 753, 755; *Caspers*, Personalabbau und Betriebsänderung im Insolvenzverfahren, Rn. 220; KR-*Etzel*, § 1 KSchG Rn. 569; *Hoefs*, Die Verdachtskündigung, S. 298 f.; Küttner/*Kania*, Personalbuch 1999, Wiedereinstellungsanspruch, Rn. 4; APS/*Kiel*, § 1 KSchG Rn. 789; *Manske*, FA 1998, S. 143, 146; *Mathern*, NJW 1996, S. 818, 820; *Meinel/Bauer*, NZA 1999, S. 575, 578; *Meyer*, BB 2000, S. 1032, 1032; *Oetker*, ZIP 2000, S. 643, 647; *Raab*, RdA 2000, S. 147, 150 f., 155 ff. und 161; *Rahmstorf*, Die Druckkündigung des Arbeitsverhältnisses, S. 104 f.; *vom Stein*, RdA 1991, S. 85, 88; *Strathmann*, Der Wiedereinstellungsanspruch eines wirksam gekündigten Arbeitnehmers, S. 81 ff.; *Weller/Dorndorf*, in: Heidelberger Kommentar, KSchG, § 1 Rn. 946b; *Westera*, Der Wiedereinstellungsanspruch nach wirksamer Kündigung, S. 77 ff. Nunmehr auch *Zwanziger*, in: Kittner/Däubler/Zwanziger, KSchR, Einl. Rn. 390k.

524 *Belling*, RdA 1996, S. 223, 238 f. in bezug auf die Situation bei der Verdachtskündigung. Ähnliche Gedanken auch bei *Hoefs*, Die Verdachtskündigung, S. 299; *Langer*, NZA 1991, Beilage Nr. 3, S. 23, 27.

525 Ebenso *Hoefs*, Die Verdachtskündigung, S. 299.

Eine derartige Ausgestaltung des Dispositionsschutzvorbehaltes ist nicht haltbar. Sie basiert auf einer nicht vertretbaren Ausdehnung der Interessenwahrungspflicht des Arbeitgebers. Liegen im Zeitpunkt des Wirksamwerdens der Kündigung (§ 130 I S. 1 BGB) Gründe vor, die die Kündigung sozial rechtfertigen, so führt die Kündigung in jedem Falle zur Beendigung des Arbeitsverhältnisses. Folglich muß der Arbeitgeber auch darauf vertrauen können, daß er mit Ablauf der Kündigungsfrist von seinen Verpflichtungen aus dem Arbeitsverhältnis frei wird. Betätigt er in gutem Glauben an die Wirksamkeit der Kündigung und die hiermit verbundene Beendigung des Arbeitsverhältnisses dieses Vetrauen und trifft er entsprechende, der Wiedereinstellung entgegenstehende Dispositionen, so begründen diese nunmehr ein berechtigtes und schutzwürdiges Interesse des Arbeitgebers, das das Bestandsinteresse des Arbeitnehmers überwiegt und somit einen Wiedereinstellungsanspruch ausschließt. Der Arbeitgeber genießt folglich zunächst einmal Dispositionsschutz, solange er in gutem Glauben an den Fortbestand des Kündigungsgrundes ist[526].

Die Frage des Dispositionsschutzes erscheint jedoch in einem anderen Licht, wenn der Arbeitgeber im Zeitpunkt der Vornahme der Disposition nicht mehr gutgläubig in diesem Sinne ist. Bezüglich des Maßstabes der Gutgläubigkeit rekurrieren einige[527] auf § 892 BGB, so daß erst positive Kenntnis des Arbeitgebers vom Wegfall des Kündigungsgrundes den Dispositionsschutz entfallen läßt. Der Rückgriff auf § 892 BGB ist allerdings wenig überzeugend. Daß diese Vorschrift auf die positive Kenntnis abstellt, ist Ausfluß des öffentlichen Glaubens des Grundbuchs. Der hiermit beabsichtigte Verkehrsschutz würde entwertet, wenn ein gutgläubiger Erwerb schon bei grober Fahrlässigkeit ausschiede. Bei der Frage des Dispositionsschutzvorbehalts bezüglich des Anspruches auf Wiedereinstellung geht es dagegen nicht um einen grundbuchspezifischen Gutglaubensschutz, sondern um die Frage, unter welchen subjektiven Voraussetzungen im Hinblick auf einen Wegfall des Kündigungsgrundes Dispositionen des Arbeitgebers schutzwürdig sind[528].

Im Ergebnis kann gleichwohl nur die positive Kenntnis des Arbeitgebers vom Wegfall des Kündigungsgrundes zu einer Versagung des Dispositionsschutzes führen[529]. Der Ausschluß des guten Glaubens und damit des Dispositionsschutzes bereits bei einer (grob) fahrlässigen Unkenntnis setzt das Bestehen einer Nachforschungspflicht des Arbeitgebers hinsichtlich des Fortbestands des Kündigungsgrundes voraus[530]. Eine

---

526 Siehe hierzu insbesondere *Bram/Rühl*, NZA 1990, S. 753, 755 f.; *Raab*, RdA 2000, S. 147, 155. Vgl. außerdem *Lisec*, Der Wiedereinstellungsanspruch des Arbeitnehmers nach betriebsbedingter Kündigung und Betriebsübergang, S. 91 f.; *Westera*, Der Wiedereinstellungsanspruch nach wirksamer Kündigung, S. 80 f.

527 *Meinel/Bauer*, NZA 1999, S. 575, 578; *Ricken*, NZA 1998, S. 460, 465 (der als Gutglaubensmaßstab auch die §§ 122 II und 932 II BGB diskutiert und ablehnt). Vgl. zum ganzen auch *Westera*, Der Wiedereinstellungsanspruch nach wirksamer Kündigung, S. 81 f.

528 Kritisch insoweit auch *Hoefs*, Die Verdachtskündigung, S. 299; *Raab*, RdA 2000, S. 147, 155 Fn. 73.

529 So auch *Lisec*, Der Wiedereinstellungsanspruch des Arbeitnehmers nach betriebsbedingter Kündigung und Betriebsübergang, S. 91 f. Für positive Kenntnis des Arbeitgebers auch *Rahmstorf*, Die Druckkündigung des Arbeitgebers, S. 104 f.

530 Hierzu auch *Raab*, RdA 2000, S. 147, 155 Fn. 73; *Westera*, Der Wiedereinstellungsanspruch nach wirksamer Kündigung, S. 82.

derartige Pflicht zur Nachforschung existiert jedoch nicht. Sie führte – namentlich bei solchen Kündigungsgründen, die der Sphäre des Arbeitnehmers zuzuordnen sind – zu einer unzumutbaren Belastung des Arbeitgebers[531].

Darüber hinaus ist auch an dieser Stelle darauf hinzuweisen, daß die Wirksamkeit der Kündigung danach zu beurteilen ist, ob im Zeitpunkt des Zugangs der Kündigungserklärung nach der objektiven Rechtslage Umstände vorliegen, die einen rechtlich anerkannten Kündigungsgrund bilden. Die Wirksamkeit der Kündigung setzt somit nicht die Kenntnis des Arbeitgebers vom Kündigungsgrund voraus. Wenn aber vom Arbeitgeber nicht die Kenntnis vom Kündigungsgrund verlangt wird, kann ihm auch nicht die fahrlässige Nichtkenntnis vom Wegfall des Kündigungsgrundes vorgehalten werden[532].

Auch im Hinblick auf die hier in Rede stehende Kenntnis des Arbeitgebers[533] vom Wegfall des Kündigungsgrundes im Zeitpunkt der Vornahme der jeweiligen Disposition erscheinen die Kündigungen – je nachdem, auf welchen Grund sie gestützt sind - in unterschiedlichem Licht:

Im Falle einer betriebsbedingten Kündigung kann die Disposition über den Arbeitsplatz des gekündigten Arbeitnehmers in aller Regel nicht in gutem Glauben an den Fortbestand des Kündigungsgrundes erfolgen. Denn die Neubesetzung des Arbeitsplatzes widerlegt unmittelbar die der betriebsbedingten Kündigung zugrundeliegende, den Wegfall des Arbeitsplatzes begründende freie unternehmerische Entscheidung des Arbeitgebers. Das sich in der Neubesetzung des Arbeitsplatzes manifestierende Wiederentstehen der Beschäftigungsmöglichkeit bedeutet gerade den Wegfall des betriebsbedingten Kündigungsgrundes. Der Arbeitgeber, der zunächst wegen Wegfalls der Beschäftigungsmöglichkeit betriebsbedingt kündigt, anschließend aber den zuvor weggefallenen Arbeitsplatz wieder neu besetzt, hat zwangsläufig positive Kenntnis davon, daß damit seine ursprüngliche, der Kündigung zugrundeliegende Entscheidung revidiert wird[534].

---

531 Zutreffenderweise führt *Westera*, Der Wiedereinstellungsanspruch nach wirksamer Kündigung, S. 82 im vorliegenden Zusammenhang aus, daß den Arbeitnehmer gegenüber dem Arbeitgeber eine Unterrichtungspflicht treffe, soweit es um den Wegfall eines Kündigungsgrundes geht, der in die Sphäre des Arbeitnehmers fällt. Hieraus folge, daß der Arbeitgeber nicht zu entsprechenden Nachforschungen hinsichtlich des Fortbestands des Kündigungsgrundes verpflichtet sein könne.

532 Vgl. *Ricken*, NZA 1998, S. 460, 465.

533 Im Zusammenhang mit der Kenntnis des Arbeitgebers vom Wegfall des Kündigungsgrundes kann sich die Frage erheben, ob beziehungsweise inwieweit sich der Arbeitgeber die Kenntnis seiner Mitarbeiter zurechnen lassen muß (Wissenszurechnung), vgl. zu diesem Aspekt *Oetker*, ZIP 2000, S. 1787, 1789 sowie allgemein zu dem Problemkreis der Wissenszurechnung *Stein*, Münchener Kommentar, § 852 Rn. 14.

534 Dazu, daß die Natur des betriebsbedingten Kündigungsgrundes regelmäßig andere schutzwürdige personelle Dispositionen nicht zuläßt *Appel*, in: Kittner/Zwanziger, Arbeitsrecht, Handbuch für die Praxis, § 107 Rn. 4; *Boewer*, NZA 1999, S. 1121, 1131; *Bram/Rühl*, NZA 1990, S. 753, 756; *Hambitzer*, NJW 1985, S. 2239, 2241; *Lisec*, Der Wiedereinstellungsanspruch des Arbeitnehmers nach betriebsbedingter Kündigung und Betriebsübergang, S. 90 Fn. 743; *Meinel/Bauer*, NZA 1999, S. 575, 578; APS/*Preis*, Grundl. Rn. 80; *ders.*, Prinzipien des Kündigungsrechts bei Arbeitsverhältnissen, S. 355 f.; *ders.*, in: Stahlhacke/Preis/Vossen, Kündigung

Anders gestaltet sich demgegenüber die Situation bei verhaltens- und personenbedingten Kündigungen. Denn hier manifestiert die Neubesetzung des Arbeitsplatzes des gekündigten Arbeitnehmers nicht den Wegfall des Kündigungsgrundes, sondern ist lediglich Folge der in diesen Fällen regelmäßig bestehenden Notwendigkeit, den unverändert gebliebenen Beschäftigungsbedarf anderweitig zu decken. Von der Neubesetzung des Arbeitsplatzes kann mithin in diesen Fällen nicht auf eine Kenntnis des Arbeitgebers vom Wegfall des Kündigungsgrundes geschlossen werden[535].

b) Die Pflicht des Arbeitgebers zur Information über den Wegfall des Kündigungsgrundes

Die Frage, ob beziehungsweise inwieweit der Wiedereinstellungsanspruch unter einem Dispositionsschutzvorbehalt steht, ist eng verknüpft mit der Frage, ob hinsichtlich des Wegfalls des Kündigungsgrundes eine Verpflichtung des Arbeitgebers zur Information besteht. Es stellt sich die Frage, ob der Arbeitgeber gezwungen ist, den Arbeitnehmer über etwaige Veränderungen bezüglich des Kündigungsgrundes in Kenntnis zu setzen, bevor er Dispositionen trifft, die einer Wiedereinstellung entgegenstehen und die im Rahmen des Dispositionsschutzvorbehalts möglicherweise zu berücksichtigen sind.

Nach zutreffender Auffassung ist insoweit danach zu differenzieren, wessen Sphäre der weggefallene Kündigungsgrund zuzurechnen ist[536]. Während verhaltens- und personenbedingte Kündigungsgründe der Sphäre des Arbeitnehmers zuzuordnen sind, gehört der betriebsbedingte Kündigungsgrund zur Sphäre des Arbeitgebers, denn er basiert ausschließlich auf seiner freien unternehmerischen Entscheidung, ohne daß ein Anlaß für die Beendigung des Arbeitsverhältnisses von der Person des Arbeitnehmers oder seinem Verhalten her begründet ist. Bei dem Wegfall personen- und verhaltensbedingter Kündigungsgründe ist es somit Sache des Arbeitnehmers, den Arbeitgeber hiervon in Kenntnis zu setzen. Solange der Arbeitnehmer untätig bleibt, darf der Arbeitgeber vom Fortbestand des Kündigungsgrundes ausgehen. Die von ihm insoweit getätigten Dispositionen unterfallen uneingeschränkt dem Dispositionsschutzvorbehalt. Im Falle einer betriebsbedingten Kündigung ist dagegen der Arbeitgeber

---

und Kündigungsschutz im Arbeitsverhältnis, Rn. 645; *Raab*, RdA 2000, S. 147, 156; *vom Stein*, RdA 1991, S. 85, 88; *ders.*, Fehleinschätzungen bei der Kündigung von Arbeitsverhältnissen, S. 259; *Strathmann*, Der Wiedereinstellungsanspruch eines wirksam gekündigten Arbeitnehmers, S. 82; *Westera*, Der Wiedereinstellungsanspruch nach wirksamer Kündigung, S. 78 ff.; *Zwanziger*, in: Kittner/Däubler/Zwanziger, KSchR, Einl. Rn. 390k.

535 Aus diesem Grunde hat auch das Bundesarbeitsgericht in der Grundsatzentscheidung vom 27.02.1997 im Zusammenhang mit schutzwürdigen, einem Wiedereinstellungsanspruch des Arbeitnehmers entgegenstehenden Dispositionen des Arbeitgebers auf die Neubesetzung des Arbeitsplatzes nach einer krankheitsbedingten Kündigung hingewiesen, obwohl dem zu entscheidenden Sachverhalt eine betriebsbedingte Kündigung zugrundelag, vgl. BAG AP Nr. 1 zu § 1 KSchG 1969 Wiedereinstellung.

536 Vgl. zu diesem Sphärengedanken auch *Boewer*, NZA 1999, S. 1177, 1180; APS/*Kiel*, § 1 KSchG Rn. 798 f.; *Oetker*, ZIP 2000, S. 1787, 1789; *Raab*, RdA 2000, S. 147, 156; *Strathmann*, Der Wiedereinstellungsanspruch eines wirksam gekündigten Arbeitnehmers, S. 101. Ähnlich auch *Hambitzer*, Der Wiedereinstellungsanspruch des Arbeitnehmers nach wirksamer Kündigung, S. 148 f. Anders BAG AP Nr. 6 zu § 1 KSchG 1969 Wiedereinstellung: Frage des Einzelfalls, die nach § 242 BGB zu beantworten ist.

gehalten, den Arbeitnehmer über den Wegfall des Kündigungsgrundes zu unterrichten und ihm damit die Möglichkeit einzuräumen, den Wiedereinstellungsanspruch geltend zu machen[537].

Diese Informationspflicht stellt sich als Facette der allgemeinen Interessenwahrungspflicht des Arbeitgebers dar[538]. Nur wenn die zur Begründung des Wiedereinstellungsanspruches herangezogene Interessenwahrungspflicht auch die Pflicht des Arbeitgebers mitumfaßt, über den Wegfall von seiner Sphäre zuzuordnenden Kündigungsgründen zu informieren, ist eine effektive Wahrung des Bestandsinteresses des Arbeitnehmers in Gestalt der Wiedereinstellung möglich. Nur dann kann verhindert werden, daß der Arbeitnehmer seinen Arbeitsplatz grundlos verliert. Denn bei einem Kündigungsgrund, der der Sphäre des Arbeitgebers zuzurechnen ist, wird der gekündigte Arbeitnehmer in aller Regel gar nicht wissen, daß sich die der Kündigung zugrundeliegenden Verhältnisse verändert haben und er wird deshalb auch gar keinen Anlaß haben, seinen mit Wegfall des Kündigungsgrundes bereits entstandenen Anspruch auf Wiedereinstellung gegen den Arbeitgeber geltend zu machen[539].

Bei Verneinung einer von der allgemeinen Interessenwahrungspflicht mitumfaßten Informationspflicht bezüglich des Wegfalls solcher Kündigungsgründe, die der Sphäre des Arbeitgebers entstammen, käme es folglich oftmals zu dem sachlich nicht zu rechtfertigenden Ergebnis, daß zwar einerseits ein mit Wegfall des Kündigungsgrundes entstandener, auf die Interessenwahrungspflicht des Arbeitgebers gestützter Anspruch auf Wiedereinstellung gegeben wäre, andererseits der anspruchsberechtigte Arbeitnehmer aufgrund fehlender Kenntnis von seiner Rechtsposition gar keinen Gebrauch machen könnte[540].

---

537 Ebenso im Hinblick auf die Druckkündigung *Rahmstorf*, Die Druckkündigung des Arbeitsverhältnisses, S. 104 f. und 109 ff.

538 Vgl. hierzu *Oetker*, ZIP 2000, S. 1787, 1789. Ähnlich auch *Boewer*, NZA 1999, S. 1178, 1180; *Hambitzer*, Der Wiedereinstellungsanspruch des Arbeitnehmers nach wirksamer Kündigung, S. 150; *Honstetter*, Die Prognoseentscheidung des Arbeitgebers im Kündigungsrecht, S. 163; APS/*Kiel*, § 1 KSchG Rn. 798; *Kiel/Koch*, Die betriebsbedingte Kündigung, Rn. 867; *Lisec*, Der Wiedereinstellungsanspruch des Arbeitnehmers nach betriebsbedingter Kündigung und Betriebsübergang, S. 136 f.; *Rahmstorf*, Die Druckkündigung des Arbeitsverhältnisses, S. 109 f.; *Strathmann*, Der Wiedereinstellungsanspruch eines wirksam gekündigten Arbeitnehmers, S. 102; *Westera*, Der Wiedereinstellungsanspruch nach wirksamer Kündigung, S. 104 f.; *Zwanziger*, in: Kittner/Däubler/Zwanziger, KSchR, Einl. Rn. 390i. Zur Bejahung einer Informationspflicht des Arbeitgebers tendiert auch *Kort*, SAE 2001, S. 131, 136 f. Ablehnend jedoch MünchArbR/*Berkowsky*, § 134 Rn. 88; *ders.*, Die betriebsbedingte Kündigung, S. 171 f.; *Löwisch*, KSchG, § 1 Rn. 263 sowie – generell bezüglich eines Kontrahierungszwangs – *Nipperdey*, Kontrahierungszwang und diktierter Vertrag, S. 100 f.

539 Siehe auch *Bram*, in: Bader/Bram/Dörner/Wenzel, KSchG, § 1 Rn. 72b; APS/*Kiel*, § 1 KSchG Rn. 798; *Lisec*, Der Wiedereinstellungsanspruch des Arbeitnehmers nach betriebsbedingter Kündigung und Betriebsübergang, S. 136; *Strathmann*, Der Wiedereinstellungsanspruch eines wirksam gekündigten Arbeitnehmers, S. 101; *Westera*, Der Wiedereinstellungsanspruch nach wirksamer Kündigung, S. 105.

540 Nach MünchArbR/*Berkowsky*, § 134 Rn. 88 muß das praktische Problem, daß ausgeschiedene Arbeitnehmer in der Regel keine Kenntnis von einer Verbesserung der Beschäftigungslage haben, hingenommen werden. Hiergegen zu Recht *Strathmann*, Der Wiedereinstellungsanspruch eines wirksam gekündigten Arbeitnehmers, S. 102.

Vor dem Hintergrund, daß die Unterrichtung dem Arbeitnehmer die Möglichkeit geben soll, eine ihm zustehende Rechtsposition auszuüben, kommt eine Informationspflicht des Arbeitgebers nur dann nicht in Betracht, wenn das Entstehen eines etwaigen Wiedereinstellungsanspruches von vornherein ausscheidet, weil die Veränderung der der Kündigung zugrundeliegenden Umstände erst nach dem Ablauf der Kündigungsfrist eingetreten ist[541].

Ist der Arbeitgeber somit einerseits grundsätzlich verpflichtet, den Arbeitnehmer über den Wegfall eines betriebsbedingten Kündigungsgrundes zu unterrichten, so hat der Arbeitgeber andererseits ein berechtigtes Interesse daran, den mit Wegfall des betriebsbedingten Kündigungsgrundes neu beziehungsweise wiederentstandenen Beschäftigungsbedarf zeitnah zu decken und dementsprechende personelle Dispositionen zu treffen. Damit der Arbeitgeber nicht auf unabsehbare Zeit an der Durchführung der erforderlichen Dispositionen gehindert ist, ist ihm aus Gründen der Planungssicherheit die Möglichkeit einzuräumen, dem Arbeitnehmer mit der Unterrichtung über den Wegfall des Kündigungsgrundes eine Frist zu setzen, innerhalb derer der Arbeitnehmer sich gegenüber dem Arbeitgeber äußern muß, ob er die Wiedereinstellung verlangen will[542]. Die Bemessung der Frist richtet sich nach den Umständen des Einzelfalls. Da sich die Wiedereinstellung in aller Regel auf eine Neubegründung des Arbeitsverhältnisses mit dem bisherigen Arbeitgeber, zu den bisherigen Vertragsbedingungen und unter Wahrung der im bisherigen Arbeitsverhältnis erdienten sozialen Besitzstände richtet, für den Arbeitnehmer insoweit also keine Unklarheiten bestehen, erscheint für den Regelfall eine Frist von einer Woche als angemessen.

Hat der Arbeitgeber demgemäß den Arbeitnehmer über den Wegfall des Kündigungsgrundes informiert sowie von der Möglichkeit Gebrauch gemacht, dem Arbeitnehmer eine angemessene Frist zu setzen, innerhalb derer sich dieser zu äußern hat, ob er die Wiedereinstellung verlangen will und läßt der Arbeitnehmer die Frist verstreichen, ohne sich zu äußern, so kann der Arbeitgeber den entstandenen Beschäftigungsbedarf anderweitig decken. Vom Arbeitgeber zu diesem Zweck getroffene personelle Dispositionen fallen dann – trotz positiver Kenntnis des Arbeitgebers vom Wegfall des Kündigungsgrundes im Zeitpunkt der Vornahme der Disposition – unter den Dispositionsschutzvorbehalt und können dementsprechend einem späteren Wiedereinstellungsbegehren des gekündigten Arbeitnehmers entgegengehalten werden.

Ein Dispositionsschutz kommt folglich nicht nur dem Arbeitgeber zugute, der im Zeitpunkt der Vornahme der Disposition gutgläubig im Sinne fehlender positiver Kenntnis vom Wegfall des Kündigungsgrundes ist, sondern auch demjenigen Arbeitgeber, der zwar im Zeitpunkt der Vornahme der Disposition positive Kenntnis vom Wegfall des Kündigungsgrundes hat, zuvor jedoch den Arbeitnehmer hierüber in Erfüllung seiner Informationspflicht in Kenntnis gesetzt sowie aufgefordert hat, sich binnen einer

---

541 Vgl. hierzu auch *Boewer*, NZA 1999, S. 1177, 1181.

542 Siehe auch *Raab*, RdA 2000, S. 147, 156; *Strathmann*, Der Wiedereinstellungsanspruch eines wirksam gekündigten Arbeitnehmers, S. 111.

angemessenen Frist dazu zu äußern, ob er die Wiedereinstellung verlangen will und der Arbeitnehmer dieser Aufforderung nicht nachgekommen ist[543].

c) Rechtsfolgen im Zusammenhang mit dem Dispositionsschutzvorbehalt

Zu klären bleibt, welche konkreten Rechtsfolgen sich jeweils aus dem Eingreifen beziehungsweise aus dem Nicht-Eingreifen des Dispositionsschutzvorbehalts ergeben.

aa) Die Situation bei einem Eingreifen des Dispositionsschutzvorbehalts

(1) Eingreifen des Dispositionsschutzvorbehalts und Bestand des Wiedereinstellungsanspruches

Liegen die Voraussetzungen für ein Eingreifen des Dispositionsschutzvorbehalts vor, so ist zunächst danach zu unterscheiden, ob im Zeitpunkt der Vornahme der Disposition der Kündigungsgrund bereits entfallen ist oder ob der Kündigungsgrund erst nach der Vornahme der Disposition wegfällt.

Im letzteren Falle wirkt sich der Dispositionsschutz dahingehend aus, daß ein Anspruch auf Wiedereinstellung gar nicht erst entstehen kann: Die allgemeine Interessenwahrungspflicht des Arbeitgebers vermag sich in dem für die Anspruchsentstehung maßgeblichen Zeitpunkt des Wegfalls des Kündigungsgrundes aufgrund der bestehenden dispositionsbedingten, gegenläufigen eigenen Interessen des Arbeitgebers nicht zu einer konkreten Wiedereinstellungspflicht zu verdichten.

Ist hingegen im Zeitpunkt der Vornahme der Disposition der Kündigungsgrund bereits weggefallen, so hat sich die Interessenwahrungspflicht zunächst zu einer Wiedereinstellungspflicht verdichtet. Ein Anspruch auf Wiedereinstellung ist zunächst entstanden. In Betracht zu ziehen ist, daß die vom Dispositionsschutz erfaßte Neubesetzung des Arbeitsplatzes zu einem Erlöschen des zuvor entstandenen Wiedereinstellungsanspruches führt, weil mit der Neubesetzung die Erfüllung des Anspruches unmöglich geworden ist. Bei näherer Prüfung erweist sich dieser Ansatz jedoch als nicht tragfähig. Denn der Tatbestand der Unmöglichkeit setzt voraus, daß der geschuldete Leistungserfolg nicht mehr bewirkt werden kann. Da die vom Arbeitgeber geschuldete Leistung in der Annahme eines auf Wiederbegründung des Arbeitsverhältnisses gerichteten Vertragsangebotes besteht, liegt keine Unmöglichkeit dieser Leistung vor. Denn trotz der Neubesetzung des Arbeitsplatzes ist der Arbeitgeber durchaus in der Lage, mit dem gekündigten Arbeitnehmer einen neuen Arbeitsvertrag abzuschließen[544]. Scheidet somit ein unmöglichkeitsbedingtes Erlöschen des zuvor entstandenen Wiedereinstellungsanspruches aus, ist davon auszugehen, daß der

[543] In diesem Sinne sind auch die Ausführungen des Bundesarbeitsgerichts in der Entscheidung vom 28.06.2000 zu verstehen, wonach dem Arbeitgeber die Berufung auf den – erneuten – Wegfall des Arbeitsplatzes insbesondere dann verwehrt sein kann, wenn er den Arbeitsplatz „in Kenntnis des Wiedereinstellungsverlangens“ treuwidrig mit einem anderen Arbeitnehmer besetzt hat, vgl. BAG AP Nr. 6 zu § 1 KSchG 1969 Wiedereinstellung.

[544] Vgl. hierzu auch *Raab*, RdA 2000, S. 147, 156 und *vom Stein*, Fehleinschätzungen bei der Kündigung von Arbeitsverhältnissen, S. 178.

Dispositionsschutz zwar die Existenz des zuvor bereits entstandenen Anspruches nicht berührt, aber seine Durchsetzbarkeit ausschließt[545].

(2) Entschädigungsanspruch des Arbeitnehmers

Scheitert hiernach der Anspruch auf Wiedereinstellung aufgrund eines Eingreifens des Dispositionsschutzvorbehalts, stellt sich die Frage, ob dem Arbeitnehmer ein Entschädigungsanspruch für den Verlust des Arbeitsplatzes zu gewähren ist[546].

Für die Verdachtskündigung wird im Falle einer Unzumutbarkeit der Wiedereinstellung aufgrund zwischenzeitlich erfolgter Neubesetzung des Arbeitsplatzes vereinzelt eine Pflicht des Arbeitgebers zur Zahlung einer Abfindung unter Hinweis auf eine analoge Anwendung der §§ 9, 10 KSchG bejaht[547]. *Herschel*[548] stimmt dem im Ergebnis zu, hält es jedoch für besser, zur Begründung auf den Rechtsgedanken des Aufopferungsanspruches bei großer Haverei gemäß § 700 II HGB zu rekurrieren, da der Verlust des Arbeitsplatzes aufgrund des – später entkräfteten – Verdachts für den betroffenen Arbeitnehmer ein ausgleichspflichtiges Sonderopfer sei[549].

Sollten sich diese, für den Bereich der Verdachtskündigung einen Abfindungsanspruch befürwortenden Ansätze als tragfähig erweisen, wäre in Erwägung zu ziehen, sie allgemein auf Fallkonstellationen anzuwenden, bei denen der Anspruch auf Wiedereinstellung am Dispositionsschutzvorbehalt scheitert.

Zu prüfen ist somit, ob die Voraussetzungen einer analogen Anwendung der §§ 9, 10 KSchG gegeben sind, wenn im Falle einer Verdachtskündigung die Wiedereinstellung aufgrund zwischenzeitlich erfolgter Neubesetzung des Arbeitsplatzes unzumutbar ist,

---

545 So auch *Appel*, in: Kittner/Zwanziger, Arbeitsrecht, Handbuch für die Praxis, § 107 Rn. 4; *Gentges*, Prognoseprobleme im Kündigungsschutzrecht, S. 368 f. Anders *Hoefs*, Die Verdachtskündigung, S. 299, nach dessen Auffassung der Wiedereinstellungsanspruch bei einem Eingreifen des Dispositionsschutzvorbehaltes endgültig untergeht.

546 Eine Entschädigung des Arbeitnehmers scheidet allerdings von vornherein in den Fällen aus, in denen der Arbeitgeber in Erfüllung der ihm obliegenden Informationspflicht den Arbeitnehmer über den Wegfall des Kündigungsgrundes unterrichtet sowie aufgefordert hat, sich binnen einer angemessenen Frist dazu zu äußern, ob er die Wiedereinstellung verlangen will und der Arbeitnehmer dieser Aufforderung nicht nachgekommen ist. Denn hier hat sich der Arbeitnehmer durch das Verstreichenlassen der Frist den Verlust des Arbeitsplatzes selbst zuzuschreiben.

547 Vgl. *Belling*, RdA 1996, S. 223, 239; *Gamillscheg*, Arbeitsrecht I, S. 580; *Hoefs*, Die Verdachtskündigung, S. 306 f.; KassArbR/*Isenhardt*, Bd. 2, 6.3 Rn. 370; *Schwerdtner*, Münchener Kommentar (1. Auflage), § 626 Rn. 118; *Zwanziger*, in: Kittner/Däubler/Zwanziger, KSchR, Einl. Rn. 3901; *ders.*, BB 1997, S. 42, 45. *Stahlhacke*, Kündigung und Kündigungsschutz im Arbeitsverhältnis (4. Auflage) Rn. 435 findet diesen Vorschlag „interessant".

548 *Herschel*, BlStSozArbR 1977, S. 113, 115. *Hoffmans*, Nachwirkende Nebenpflichten von Schuldverhältnissen, S. 200 f. hält § 242 BGB für die richtige Anspruchsgrundlage. Für eine Ausgleichszahlung plädiert auch *Hwang*, Der maßgebliche Zeitpunkt für die Beurteilung der Wirksamkeit der Kündigung des Arbeitgebers, S. 126 f., ohne sich jedoch auf eine Anspruchsgrundlage festzulegen.

549 Auch *Belling*, RdA 1996, S. 223, 239 greift zur Absicherung der von ihm zunächst befürworteten Analogie zu § 9 I S. 2 KSchG unter Hinweis auf die Ausführungen *Herschels* auf den privatrechtlichen Aufopferungsanspruch zurück.

der Anspruch auf Wiedereinstellung also am Eingreifen des Dispositionsschutzvorbehalts scheitert.

Die im Wege des Analogieschlusses erfolgende Übertragung der für einen bestimmten Tatbestand im Gesetz vorgesehenen Regelung auf einen gesetzlich nicht geregelten Tatbestand gründet sich darauf, daß beide Tatbestände im Hinblick auf die für die gesetzliche Regelung maßgebenden Kriterien gleich zu bewerten, mithin ähnlich sind. Auf den gesetzlich nicht explizit geregelten Tatbestand trifft das im Gesetz angelegte Prinzip ebenfalls zu, so daß kein Grund besteht, insoweit eine Ausnahme von dem Prinzip zu machen[550]. An diese positive Feststellung der Ähnlichkeit der Tatbestände bezüglich der für die gesetzliche Bewertung maßgebenden Hinsichten hat sich die negative Feststellung anzuschließen, daß die zwischen den beiden Tatbeständen verbleibenden Unterschiede nicht von solcher Art und solchem Gewicht sind, daß sie eine Übertragung der gesetzlichen Wertung auf den gesetzlich ungeregelten Fall ausschließen[551].

Der gesetzlichen Regelung der §§ 9, 10 KSchG liegt als maßgeblicher Gedanke zugrunde, daß es Fälle gibt, in denen die Fortsetzung des Arbeitsverhältnisses dem Interesse des einen oder anderen Teils so sehr widerspricht, daß ausnahmsweise – trotz der Sozialwidrigkeit der Kündigung – die Auflösung des Arbeitsverhältnisses notwendig erscheint. Deshalb gibt § 9 KSchG unter bestimmten Voraussetzungen beiden Teilen das Recht, eine Auflösung des Arbeitsverhältnisses zu beantragen und durchbricht somit den durch das Kündigungsschutzgesetz gewährleisteten Bestandsschutz[552]. Dementsprechend will § 9 I S. 2 KSchG dem Arbeitgeber die Möglichkeit einräumen, von der Fortsetzung des Arbeitsverhältnisses, zu der er eigentlich im Hinblick auf die sozial ungerechtfertigte und damit rechtsunwirksame Kündigung (vgl. § 1 I KSchG) verpflichtet ist, entbunden zu werden, wenn Gründe vorliegen, die eine den Betriebszwecken dienliche weitere Zusammenarbeit zwischen Arbeitgeber und Arbeitnehmer nicht erwarten lassen. Die durch das Gericht angeordnete Entbindung führt dann zwangsläufig zu einer Entschädigungspflicht des Arbeitgebers, § 9 I S. 2 und 1 KSchG.

Für eine hinsichtlich der maßgebenden Kriterien der gesetzlichen Regelung bestehende Ähnlichkeit des in § 9 I S. 2 KSchG geregelten Tatbestandes und dem Tatbestand einer Verdachtskündigung, bei der der Verdacht nachträglich weggefallen ist, eine Wiedereinstellung aber aufgrund zwischenzeitlich erfolgter Neubesetzung des Arbeitsplatzes unzumutbar ist, wird geltend gemacht, daß es beim Dispositionsschutz zwar nicht darum geht, den Arbeitgeber von einem bestehenden Arbeitsverhältnis zu entbin-den, wohl aber um eine Entbindung von der Pflicht, das wirksam beendete Arbeitsver-hältnis durch einen neuen Vertragsschluß wiederzubegründen. Im Hinblick auf die Schutzbedürftigkeit und –würdigkeit des betroffenen Arbeitnehmers sei die

550 Vgl. *Engisch*, Einführung in das juristische Denken, S. 147; *Larenz*, Methodenlehre der Rechtswissenschaft, S. 381.

551 Vgl. *Larenz*, Methodenlehre der Rechtswissenschaft, S. 381 f.

552 Vgl. zur Entwicklung und zum Grundgedanken des § 9 KSchG *Hueck/v. Hoyningen-Huene*, KSchG, § 9 Rn. 4 ff.; KR-*Spilger*, § 9 KSchG Rn. 8 ff.; *Vossen*, in: Stahlhacke/Preis/Vossen, Kündigung und Kündigungsschutz im Arbeitsverhältnis, Rn. 1185 f.

Entbindung von einem bestehenden Arbeitsverhältnis mit der Entbindung von der Pflicht, ein neues Arbeitsverhältnis zu begründen, wertungsmäßig gleichzusetzen, so daß die Basis für eine analoge Anwendung des § 9 I S. 2 KSchG gegeben sei[553].

Aus Sicht des jeweils betroffenen Arbeitnehmers mag es durchaus keinen gravierenden Unterschied darstellen, ob der Arbeitgeber von der Fortsetzung des Arbeitsverhältnisses – zu der er eigentlich im Hinblick auf die sozial ungerechtfertigte und damit rechtsunwirksame Kündigung verpflichtet ist – entbunden oder ob der Arbeitgeber von der Neubegründung des Arbeitsverhältnisses – zu der er an sich in Anbetracht des Wegfalls des Kündigungsgrundes verpflichtet ist – freigestellt wird, so daß insoweit eine gewisse Ähnlichkeit der in Rede stehenden Tatbestände zu konzedieren ist. Entschieden gegen eine analoge Anwendung der §§ 9, 10 KSchG auf den Fall einer Verdachtskündigung, bei der nachträglich der Verdacht weggefallen und die Wiedereinstellung aufgrund zwischenzeitlich erfolgter Neubesetzung des Arbeitsplatzes unzumutbar ist, spricht jedoch, daß die zwischen beiden Tatbeständen verbleibenden Unterschiede von solcher Art und solchem Gewicht sind, daß sie eine Übertragung der gesetzlichen Wertung ausschließen.

Der von § 9 I S. 2 KSchG geregelte Tatbestand zeichnet sich dadurch aus, daß das Arbeitsverhältnis noch besteht, da die Kündigung des Arbeitgebers sozial ungerechtfertigt und damit rechtsunwirksam ist. Der Situation liegt mithin ein rechtswidriges Verhalten des Arbeitgebers zugrunde. Der gesetzlich ungeregelte Tatbestand ist hingegen dadurch gekennzeichnet, daß die Kündigung – im allein maßgeblichen Zeitpunkt des Zugangs (§ 130 I S. 1 BGB) - rechtswirksam ist. Der Arbeitgeber hat sich sowohl hinsichtlich der Kündigung rechtmäßig verhalten als auch im Hinblick auf die Nicht-Wiedereinstellung des Arbeitnehmers, denn der Anspruch auf Wiedereinstellung steht unter dem Vorbehalt des Dispositionsschutzes. Dieser fundamentale Unterschied zwischen rechtswidrigem Handeln des Arbeitgebers im Falle des gesetzlich geregelten Tatbestandes und rechtmäßigem Handeln im Rahmen des gesetzlich ungeregelten Sachverhaltes schließt einen Analogieschluß aus.

Der Annahme eines Abfindungsanspruchs stünde auch die ratio legis des § 9 KSchG entgegen. Diese Regelung will Fallkonstellationen Rechnung tragen, in denen die Fortsetzung des Arbeitsverhältnisses dem Interesse des einen oder anderen Teils so sehr widerspricht, daß ausnahmsweise – trotz der Sozialwidrigkeit der Kündigung – die Auflösung des Arbeitsverhältnisses notwendig erscheint. Da die wirksame Verdachtskündigung jedoch bereits die Auflösung bewirkt hat, fehlt es an der Alternativität von Bestandsschutz- und Abfindungsinteresse. Der Abfindung läge nicht mehr die Rechtswidrigkeit der Kündigung zugrunde und das Kündigungsschutzgesetz würde im Wege der analogen Anwendung – entgegen dem Willen des Gesetzgebers – zu einem Abfindungsgesetz.

---

553 Hierzu insbesondere *Belling*, RdA 1996, S. 223, 239; *Belling/Künster*, Anm. zu BAG AP Nr. 24 zu § 626 BGB Verdacht strafbarer Handlung; *Hoefs*, Die Verdachtskündigung, S. 306 f. Siehe auch *Hambitzer*, Der Wiedereinstellungsanspruch des Arbeitnehmers nach wirksamer Kündigung, S. 159, der darauf hinweist, daß die praktischen Auswirkungen bei Auflösung des Arbeitsverhältnisses und bei Nicht-Wiedereinstellung dieselben seien, weil der Arbeitnehmer in beiden Fällen den Nachteil erleide, ohne Arbeitsverhältnis zu sein.

Ein Abfindungsanspruch für den Fall einer Verdachtskündigung, bei der der Verdacht nachträglich wegfällt und der Wiedereinstellung die Neubesetzung des Arbeitsplatzes entgegensteht, läßt sich mithin nicht mit einer Analogie zu den §§ 9, 10 KSchG begründen[554].

Auch der von *Herschel* unterbreitete Vorschlag, zur Begründung einer Entschädigungspflicht auf den Rechtsgedanken des Aufopferungsanspruchs bei großer Haverei (§ 700 II HGB) zurückzugreifen, kann nicht überzeugen. Für die große Haverei ist wesentlich, daß dem Schiff und/oder der Ladung durch den Kapitän oder auf dessen Wiesung vorsätzlich[555] Schäden zugefügt werden, um beide aus einer gemeinsamen, das heißt für Schiff und Ladung bestehenden Gefahr zu erretten[556]. Diesen Schäden stehen gleich die durch die getroffenen Maßnahmen ferner verursachten Schäden sowie die zum selben Zweck aufgewandten Kosten. § 700 II HGB legt fest, daß die erlittenen Schäden beziehungsweise aufgewandten Kosten gemeinschaftlich zu tragen sind (sogenannte „Havereiverteilung").

Dieser spezielle Aufopferungsanspruch des Seehandelsrechts ist maßgeblich geprägt durch den Gedanken der Gefahrengemeinschaft, der es gebietet, Schäden beziehungsweise Kosten, die im gemeinsamen Interesse entstanden sind, auf die Beteiligten im Wege der außervertraglichen Haftung der geretteten Gegenstände zu verteilen. Der Gedanke der Gefahrengemeinschaft ist der Verdachtskündigung jedoch völlig fremd. Arbeitgeber und Arbeitnehmer bilden keine Gefahrengemeinschaft in diesem Sinne. Der Verlust des Arbeitsplatzes aufgrund der Verdachtskündigung geschieht nicht im gemeinsamen Interesse der Arbeitsvertragsparteien, sondern im alleinigen Interesse des Arbeitgebers. Die speziell auf das Seehandelsrecht zugeschnittene Regelung des § 700 II HGB läßt sich folglich nicht im Wege eines Analogieschlusses auf den hier in Rede stehenden Tatbestand übertragen[557].

In Erwägung zu ziehen ist jedoch, daß sich aus den im Zvilrecht verankerten Aufopferungsansprüchen (siehe beispielsweise §§ 904 S. 2 , 906 II S. 2 BGB, § 25 III LuftVG) im Wege einer Gesamtschau ein allgemeiner Aufopferungsanspruch ableiten läßt, der auch auf einen am Dispositionsschutzvorbehalt scheiternden Wiedereinstellungsanspruch anwendbar wäre. Nach zutreffender Auffassung existiert ein solcher allgemeiner Aufopferungsanspruch allerdings nicht, denn für den Aufopferungsgedanken läßt sich nicht der Nachweis eines allgemeinen Prinzips zivilrechtlicher Haftung führen. Zwar liegt den gesetzlich normierten Aufopferungstatbeständen durchaus ein

---

554 Im Ergebnis ebenso *Bram/Rühl*, NZA 1990, S. 753, 758; KR-*Fischermeier*, § 626 BGB Rn. 234; *Gentges*, Prognoseprobleme im Kündigungsschutzrecht, S. 371 f.; *Hambitzer*, Der Wiedereinstellungsanspruch des Arbeitnehmers nach wirksamer Kündigung, S. 160 f.; *vom Stein*, Fehleinschätzungen bei der Kündigung von Arbeitsverhältnissen, S. 170; *Westera*, Der Wiedereinstellungsanspruch nach wirksamer Kündigung, S. 120.

555 Der Begriff des Vorsatzes im Sinne des § 700 HGB ist nicht identisch mit dem des Strafrechts oder des bürgerlichen Rechts. Gemeint ist der freiwillig gefaßte Entschluß, wenigstens eventuell ein Opfer zu bringen, vgl. *Prüßmann/Rabe*, Seehandelsrecht, § 700 Anm. 7a.

556 In § 706 HGB werden beispielhaft Fälle der großen Haverei aufgezählt.

557 Ablehnend auch *Hambitzer*, Der Wiedereinstellungsanspruch des Arbeitnehmers nach wirksamer Kündigung, S. 164; *vom Stein*, Fehleinschätzungen bei der Kündigung von Arbeitsverhältnissen, S. 170.

gemeinsamer Gedanke zugrunde. Vor dem Hintergrund, daß Interessenkollisionen im Privatrecht alltäglich sind, läßt sich hieraus aber kein allgemeiner privatrechtlicher Aufopferungsanspruch des Inhalts ableiten, daß jeder, der sein Interesse durch einen Eingriff in das Interesse eines anderen befugterweise durchsetzt, diesem zur Entschädigung verpflichtet ist. Vielmehr hat der Gesetzgeber den Gedanken der Aufopferung nur in ganz bestimmten Fällen aufgegriffen und einer gesetzlichen Regelung zugeführt, wonach demjenigen, in dessen Interesse eingegriffen wird, ein entsprechender Aufopferungsanspruch eingeräumt wird[558].

Für die hier interessierende Fallkonstellation eines am Dispositionsschutzvorbehalt scheiternden Anspruches auf Wiedereinstellung läßt sich folglich ein Entschädigungsanspruch des Arbeitnehmers auch nicht aus einer Gesamtschau der dem Aufopferungsgedanken Rechnung tragenden Einzelnormierungen ableiten[559].

Erweisen sich somit die für den Bereich der Verdachtskündigung entwickelten Ansätze zur Begründung einer Entschädigungspflicht des Arbeitgebers für den Fall der Unzumutbarkeit der Wiedereinstellung aufgrund zwischenzeitlich erfolgter Neubesetzung des Arbeitsplatzes im Ergebnis als nicht tragfähig, kommt eine generelle Übertragung dieser Ansätze auf Fallkonstellationen, bei denen der Anspruch auf Wiedereinstellung am Vorbehalt des Dispositionsschutzes scheitert, nicht in Betracht. Da andere Rechtsgrundlagen nicht ersichtlich sind, hat ein Arbeitnehmer, dessen Wiedereinstellung am Eingreifen des Dispositionsschutzvorbehaltes scheitert, keinen Anspruch gegen den Arbeitgeber auf Entschädigung für den Verlust seines Arbeitsplatzes[560].

bb) Die Situation bei einem Nicht-Eingreifen des Dispositionsschutzvorbehalts

Zu prüfen bleibt, wie sich die Rechtslage gestaltet, wenn der Dispositionsschutzvorbehalt nicht eingreift, weil der Arbeitgeber entgegen der ihm obliegenden Informationspflicht den Arbeitnehmer nicht über den Wegfall des Kündigungsgrundes informiert hat beziehungsweise dieser Informationspflicht zwar zunächst nachgekommen ist[561], die Neubesetzung des Arbeitsplatzes dann jedoch in Kenntnis des vom Arbeitnehmer ordnungsgemäß geäußerten Wiedereinstellungsverlangens vorgenommen hat.

Zum Teil wird vertreten, daß bei einem Nicht-Eingreifen des Dispositionsschutzvorbehaltes der Arbeitnehmer auf einen Schadensersatzanspruch beschränkt sei, da die anderweitige Disposition über den Arbeitsplatz zur Unmöglichkeit der Erfüllung des

---

558 Gegen einen allgemeinen privatrechtlichen Aufopferungsanspruch auch *Hambitzer*, Der Wiedereinstellungsanspruch des Arbeitnehmers nach wirksamer Kündigung, S. 162 ff.; *Konzen*, Aufopferung im Zivilrecht, S. 152 ff.; *Larenz/Canaris*, Lehrbuch des Schuldrechts Bd. II/2, S. 670; *vom Stein*, Fehleinschätzungen bei der Kündigung von Arbeitsverhältnissen, S. 171. A. A. jedoch *Hubmann*, JZ 1958, S. 489, 492.

559 So auch *Westera*, Der Wiedereinstellungsanspruch nach wirksamer Kündigung, S. 121.

560 Vgl. auch *vom Stein*, Fehleinschätzungen bei der Kündigung von Arbeitsverhältnissen, S. 174.

561 Gleichzubehandeln ist insoweit der Fall, daß eine Informationspflicht für den Arbeitgeber nicht bestanden hat, da der weggefallene Kündigungsgrund der Sphäre des Arbeitnehmers zuzuordnen ist.

Wiedereinstellungsanspruches führe[562]. Die Höhe des zu ersetzenden Schadens sei hierbei in analoger Anwendung des § 611a II BGB auf drei Monatsverdienste begrenzt[563].

Dieser, ein unmöglichkeitsbedingtes Erlöschen des Wiedereinstellungsanspruchs bejahenden Auffassung kann nicht gefolgt werden. Der Tatbestand der Unmöglichkeit setzt voraus, daß der geschuldete Leistungserfolg nicht mehr bewirkt werden kann. Beim Anspruch auf Wiedereinstellung besteht die vom Arbeitgeber geschuldete Leistung in der Annahme eines auf Neubegründung des Arbeitsverhältnisses gerichteten Vertragsangebots des Arbeitnehmers. Diese Leistung ist dem Arbeitgeber aber trotz zwischenzeitlich erfolgter Neubesetzung des Arbeitsplatzes nach wie vor möglich[564].

Zu recht weist *Raab*[565] im vorliegenden Zusammenhang darauf hin, daß es insoweit auf die Möglichkeit tatsächlicher Beschäftigung nicht ankommen kann, weil den Arbeitgeber generell das Verwendungsrisiko trifft. Ein Fall der Unmöglichkeit und ein damit verbundenes Erlöschen des Wiedereinstellungsanspruches wird durch eine anderweitige, dem Dispositionsschutzvorbehalt nicht unterfallende Besetzung des Arbeitsplatzes folglich nicht begründet, so daß insoweit auch keine Beschränkung des Arbeitnehmers auf Schadensersatzansprüche angezeigt ist[566]. Es entspricht auch der ganz überwiegenden Ansicht in Literatur und Rechtsprechung, daß im Falle eines Nicht-Eingreifens des Dispositionsschutzvorbehaltes die zwischenzeitliche Neubesetzung des Arbeitsplatzes nicht zu einem Erlöschen des Wiedereinstellungsanspruches führt[567].

Daß ein entstandener Anspruch auf Wiedereinstellung weder erlischt noch seiner Durchsetzbarkeit beraubt wird, wenn der Arbeitgeber die ihm gegenüber dem Arbeit-

---

562 So insbesondere MünchArbR/*Berkowsky*, § 134 Rn. 88; *Honstetter*, Die Prognoseentscheidung des Arbeitgebers im Kündigungsrecht, S. 164; KPK/*Meisel*, Teil H, § 1 Rn. 470; wohl auch *Boewer*, NZA 1999, S. 1177, 1181, dessen Ausführungen jedoch nicht klar erkennen lassen, ob er den Arbeitnehmer insoweit unter Ausschluß der Wiedereinstellung auf einen Schadensersatzanspruch verweisen will, oder ob er von einem neben den Wiedereinstellungsanspruch tretenden Schadensersatzanspruch ausgeht.

563 KPK/*Meisel*, Teil H, § 1 Rn. 470.

564 Siehe auch *Hambitzer*, Der Wiedereinstellungsanspruch des Arbeitnehmers nach wirksamer Kündigung, S. 154; *Raab*, RdA 2000, S. 147, 156; *vom Stein*, Fehleinschätzungen bei der Kündigung von Arbeitsverhältnissen, S. 178.

565 *Raab*, RdA 2000, S. 147, 156 Fn. 73.

566 Die Frage, ob – wie von KPK/*Meisel*, Teil H, § 1 Rn. 470 behauptet - bezüglich einer Begrenzung des Schadensersatzanspruches auf drei Monatsgehälter die Voraussetzungen einer analogen Anwendung des § 611a II BGB gegeben sind, stellt sich daher nicht.

567 Siehe BAG AP Nr. 6 zu § 1 KSchG 1969 Wiedereinstellung; *Appel*, in: Kittner/Zwanziger, Arbeitsrecht, Handbuch für die Praxis, § 107 Rn. 4; *Bram/Rühl*, NZA 1990, S. 753, 756; *Caspers*, Personalabbau und Betriebsänderung im Insolvenzverfahren, Rn. 220; APS/*Kiel*, § 1 KSchG Rn. 799; *Kiel/Koch*, Die betriebsbedingte Kündigung, Rn. 868; *Oetker*, ZIP 2000, S. 1787, 1790; *Raab*, RdA 2000, S. 147, 156; *Rahmstorf*, Die Druckkündigung des Arbeitsver-hältnisses, S. 104 f. und S. 111 Fn. 652; *vom Stein*, Fehleinschätzungen bei der Kündigung von Arbeitsverhältnissen, S. 178; *Strathmann*, Der Wiedereinstellungsanspruch eines wirksam gekündigten Arbeitnehmers, S. 103; *Zwanziger*, in: Kittner/Däubler/Zwanziger, KSchR, Einl. Rn. 390k.

nehmer obliegende Informationspflicht bezüglich des Wegfalls des Kündigungsgrundes verletzt beziehungsweise dieser Pflicht zwar zunächst nachgekommen ist[568], die Neubesetzung des Arbeitsplatzes dann jedoch in Kenntnis des vom Arbeitnehmer geäußerten Wiedereinstellungsverlangens vorgenommen hat, läßt sich auch aus § 162 BGB ableiten. Zwar ist diese Vorschrift auf solche Fallkonstellationen nicht unmittelbar anwendbar, weil es an einer entsprechenden rechtsgeschäftlich gesetzten Bedingung fehlt. Im Wege einer entsprechenden Anwendung läßt sich jedoch der dieser Vorschrift zugrundeliegende allgemeine Rechtsgedanke für die hier in Rede stehende Wiedereinstellungsproblematik fruchtbar machen[569]:

Die Frage, wie sich eine unter Verletzung der dem Arbeitgeber obliegenden Informationspflicht beziehungsweise in positiver Kenntnis des Wiedereinstellungsverlangens des Arbeitnehmers vorgenommene Neubesetzung des Arbeitsplatzes auf einen zuvor entstandenen Anspruch auf Wiedereinstellung auswirkt, ist gesetzlich nicht geregelt. Eine Regelungslücke liegt demnach vor.

Das für die gesetzliche Regelung des § 162 BGB maßgebende Kriterium, daß niemand aus einem Ereignis für sich günstige Rechtsfolgen herleiten kann, wenn er es treuwidrig herbeigeführt hat[570], trifft gleichermaßen auf den gesetzlich nicht geregelten, hier interessierenden Tatbestand zu. Weder der Arbeitgeber, der seiner Pflicht, den Arbeitnehmer über den Wegfall des Kündigungsgrundes zu unterrichten, nicht nachkommt und diesem somit keine Gelegenheit gibt, den mit Wegfall des Kündigungsgrundes entstandenen Wiedereinstellungsanspruch geltend zu machen noch der Arbeitgeber, der den Arbeitsplatz in positiver Kenntnis des Wiedereinstellungsverlangens des Arbeitnehmers anderweitig neu besetzt, darf hieraus einen dahingehenden Vorteil ziehen, daß dem Wiedereinstellungsanspruch der Dispositionsschutzvorbehalt entgegengehalten werden kann.

Die Treuwidrigkeit ergibt sich daraus, daß ein solches Parteiverhalten nicht der aus § 242 BGB abgeleiteten Informationspflicht beziehungsweise der nach Treu und Glau-

---

568 Gleichzubehandeln ist insoweit der Fall, daß eine solche Pflicht für den Arbeitgeber nicht bestand, weil der weggefallene Kündigungsgrund der Sphäre des Arbeitnehmers zuzurechnen ist.

569 Siehe hierzu auch BAG AP Nr. 1 zu § 62 MTL II; BAG AP Nr. 6 zu § 1 KSchG 1969 Wiedereinstellung; zustimmend *Appel*, in: Kittner/Zwanziger, Arbeitsrecht, Handbuch für die Praxis, § 107 Rn. 4. Vgl. außerdem *Bram*, in: Bader/Bram/Dörner/Wenzel, KSchG, § 1 Rn. 72a; APS/*Kiel*, § 1 KSchG Rn. 799; *Kiel/Koch*, Die betriebsbedingte Kündigung, Rn. 868; *Oetker*, ZIP 2000, S. S. 1787, 1790 sowie bereits *Strobel*, Die Rechtsfigur der Verdachtskündigung, S. 273. Ähnliche – allerdings auf § 242 BGB gestützte – Gedanken bei *Hambitzer*, Der Wiedereinstellungsanspruch des Arbeitnehmers nach wirksamer Kündigung, S. 157 f. Vgl. auch allgemein *Nipperdey*, Kontrahierungszwang und diktierter Vertrag, S. 109, der ausführt, daß eine Nichtzumutbarkeit normalerweise nicht vorliege, wenn der zum Kontrahieren Verpflichtete die Umstände, die die Leistung zu einer nicht zuzumutenden machen, selbst schuldhaft herbeigeführt hat.

570 Dazu, daß § 162 BGB Ausdruck dieses allgemeinen Rechtsgedankens ist BVerfGE 83, S. 82, 86; BAG AP Nr. 34 zu § 1 KSchG; Staudinger/*Bork*, § 162 Rn. 15; Palandt/*Heinrichs*, § 162 Rn. 1 und 6; *H. P. Westermann*, Münchener Kommentar, § 162 Rn. 18; Soergel/*Wolf*, § 162 Rn. Rn. 2 und 16.

ben zu fordernden Loyalität gegenüber den Interessen des Arbeitnehmers entspricht[571]. Vom Arbeitgeber ist nach Treu und Glauben zu erwarten, daß er den Arbeitnehmer über den Wegfall des in der Sphäre des Arbeitgebers liegenden Kündigungsgrundes informiert und daß er nicht nach Kenntnisnahme des Wiedereinstellungsverlangens über den Arbeitsplatz anderweitig disponiert. Wie sich aus dem Wortlaut des § 162 BGB ergibt, reicht ein objektiver Verstoß gegen Treu und Glauben aus[572]. Auf ein schuldhaftes oder gar arglistiges Verhalten des Arbeitgebers kommt es somit nicht an.

Daß der Rechtsgedanke des § 162 BGB im Wege einer analogen Anwendung dieser Vorschrift für die hier in Rede stehenden Fallkonstellationen der Wiedereinstellung fruchtbar zu machen ist, steht darüber hinaus auch im Einklang mit der Rechtsprechung des Bundesarbeitsgerichts zu einem vergleichbaren Sachverhalt: Fallen in einem Betrieb Beschäftigungsmöglichkeiten weg, besteht aber für einen Teil der vom Wegfall betroffenen Arbeitnehmer die Möglichkeit der Weiterbeschäftigung an einer anderen Stelle im Betrieb, so hat der Arbeitgeber unter den insoweit fachlich und persönlich geeigneten Arbeitnehmern nach den Grundsätzen der Sozialauswahl gemäß § 1 III KSchG zu entscheiden, welche der zur Kündigung anstehenden Arbeitnehmer weiterbeschäftigt werden[573].

Nach der Rechtsprechung des Bundesarbeitsgerichts ist es dem Arbeitgeber verwehrt, die erforderliche soziale Auswahl nach § 1 III KSchG dadurch zu umgehen, daß er die freien Arbeitsplätze zunächst mit den von ihm präferierten, von der Kündigung bedrohten Arbeitnehmern besetzt und danach den anderen, sozial schutzwürdigeren Arbeitnehmern unter Hinweis darauf kündigt, daß für eine soziale Auswahl mangels Möglichkeit der Weiterbeschäftigung auf einem freien Arbeitsplatz kein Raum mehr verbleibe. Auch in diesem Zusammenhang hat das Bundesarbeitsgericht auf § 162 BGB zurückgegriffen und ausgeführt, der Arbeitgeber könne sich nicht auf den von ihm selbst im Wege der vorweggenommenen Stellenbesetzung herbeigeführten Wegfall der freien Stellen berufen. Die Kündigung sozial schwächerer Arbeitnehmer wird dementsprechend vom Bundesarbeitsgericht im Ergebnis als sozial ungerechtfertigt und damit rechtsunwirksam qualifiziert[574].

Die soeben dargestellte Konstellation ist mit der der Wiedereinstellungsproblematik zugrundeliegenden vergleichbar, da es in beiden Fällen um die Frage geht, ob einem Anspruch des Arbeitnehmers (einerseits auf Weiterbeschäftigung, andererseits auf Wiedereinstellung) zwischenzeitlich vom Arbeitgeber getroffene anderweitige personelle Dispositionen entgegengehalten werden können. In beiden Fällen scheitert ein solcher Dispositionsschutz an dem in § 162 BGB zum Ausdruck kommenden allgemeinen Rechtsgedanken, daß niemand aus einem treuwidrigen Verhalten für sich günstige Rechtsfolgen ableiten darf.

---

571 Vgl. allgemein zur Treuwidrigkeit im Sinne des § 162 BGB Staudinger/*Bork*, § 162 Rn. 7 ff.; *Medicus*, Allgemeiner Teil des BGB, Rn. 835; *H. P. Westermann*, Münchener Kommentar, § 162 BGB Rn. 9; Soergel/*Wolf*, § 162 Rn. 7.

572 Dies ist umstritten. Wie hier Staudinger/*Bork*, § 162 Rn. 10; Palandt/*Heinrichs*, § 162 Rn. 3.

573 Vgl. hierzu BAG AP Nr. 66 zu § 1 KSchG 1969 Betriebsbedingte Kündigung m. w. N.

574 Siehe BAG AP Nr. 66 zu § 1 KSchG 1969 Betriebsbedingte Kündigung.

d) Zwischenergebnis

Der Wiedereinstellungsanspruch des Arbeitnehmers steht unter einem Dispositionsschutzvorbehalt als spezielle Ausprägung des allgemeinen Zumutbarkeitsvorbehalts.

Der Arbeitgeber genießt Dispositionsschutz, solange er in gutem Glauben an den Fortbestand des Kündigungsgrundes ist. Die positive Kenntnis des Arbeitgebers vom Wegfall des Kündigungsgrundes führt zu einer Versagung des Dispositionsschutzes.

Im Falle einer betriebsbedingten Kündigung ist der Arbeitgeber gehalten, den Arbeitnehmer über den Wegfall des Kündigungsgrundes zu unterrichten. Diese Informationspflicht stellt sich als Facette der allgemeinen Interessenwahrungspflicht des Arbeitgebers dar. Bei dem Wegfall personen- und verhaltensbedingter Kündigungsgründe ist es hingegen Sache des Arbeitnehmers, den Arbeitgeber hiervon in Kenntnis zu setzen.

Der Arbeitgeber hat die Möglichkeit, dem Arbeitnehmer mit der Unterrichtung über den Wegfall des Kündigungsgrundes eine Frist zu setzen, innerhalb derer der Arbeitnehmer sich gegenüber dem Arbeitgeber äußern muß, ob er die Wiedereinstellung verlangen will. Läßt der Arbeitnehmer die Frist verstreichen, ohne sich zu äußern, so kann der Arbeitgeber den entstandenen Beschäftigungsbedarf anderweitig decken.

Scheitert der Anspruch auf Wiedereinstellung aufgrund eines Eingreifens des Dispositionsschutzvorbehalts, hat der Arbeitnehmer keinen Anspruch gegen den Arbeitgeber auf Entschädigung für den Verlust seines Arbeitsplatzes.

Wenn der Dispositionsschutzvorbehalt nicht eingreift, kann sich der Arbeitgeber nicht auf die Neubesetzung des Arbeitsplatzes berufen. Ein entstandener Anspruch auf Wiedereinstellung bleibt bestehen und ist weiterhin durchsetzbar.

D. § 613a BGB als spezielle Grundlage für einen Wiedereinstellungsanspruch im Falle eines Betriebsübergangs

Fallen die die Beendigung des Arbeitsverhältnisses tragenden Gründe aufgrund eines Betriebsübergangs weg, stellt sich die Frage, ob ein Wiedereinstellungsanspruch des Arbeitnehmers auf § 613a BGB gestützt werden kann[575].

---

575 Vgl. hierzu allgemein BAG AP Nr. 169 zu § 613a BGB; BAG AP Nr. 5 zu § 1 KSchG 1969 Wiedereinstellung sowie *Ascheid*, Festschrift für Dieterich, S. 9, 23 ff.; MünchArbR/*Berkowsky*, § 141 Rn. 50; *Bram*, in: Bader/Bram/Dörner/Wenzel, KSchG, § 1 Rn. 70d; *Kania*, Anm. zu BAG EzA § 1 KSchG Wiedereinstellungsanspruch Nr. 1, S. 13 ff.; APS/*Kiel*, § 1 KSchG Rn. 792; *Langenbucher*, ZfA 1999, S. 299, 306 ff.; *dies*., SAE 1998, S. 145, 147 f.; *Lisec*, Der Wiedereinstellungsanspruch des Arbeitnehmers nach betriebsbedingter Kündigung und Betriebsübergang, S. 31 ff.; *Müller-Glöge*, NZA 1999, S. 449, 455 f.; *Nicolai/Noack*, ZfA 2000, S. 87, 96 ff. und 102 f.; *Oetker*, ZIP 2000, S. 643, 647 f. und 649 f.; *Otto*, Festschrift für Kraft, S. 451, 459 f.; *Preis/Steffan*, DB 1998, S. 309, 311 f.; *Raab*, RdA 2000, S. 147, 158 f. und 161 f.; *Westera*, Der Wiedereinstellungsanspruch nach wirksamer Kündigung, S. 41 ff.; *Zwanziger*, in: Kittner/Däubler/Zwanziger, KSchR, § 613a BGB Rn. 127.

Typischerweise stellt sich diese Frage in Fallkonstellationen, in denen der Arbeitgeber zunächst wegen einer beabsichtigten Betriebs(teil)stillegung oder wegen des Wegfalls von Arbeitsplätzen betriebsbedingt gekündigt hat und es nach Zugang der Kündigungserklärung nunmehr zu einem Betriebsübergang kommt und somit der auf der intendierten Stillegung beziehungsweise auf dem Wegfall der Arbeitsplätze basierende betriebsbedingte Kündigungsgrund entfällt.

I. Die Wirksamkeit von Kündigungen im Vorfeld eines Betriebsübergangs

Da eine Wiedereinstellung nur bei Vorliegen eines rechtswirksamen Beendigungstatbestandes in Betracht kommt, ist im vorliegenden Zusammenhang zunächst die Frage der Wirksamkeit von Kündigungen im Vorfeld eines Betriebsübergangs zu klären.

1. Die Kündigung im Hinblick auf einen Betriebsübergang

Wenn die Kündigung im Hinblick auf einen bevorstehenden Betriebsübergang erfolgt, erhebt sich die Frage, inwiefern dies mit § 613a IV S. 1 BGB zu vereinbaren ist. Hiernach ist die Kündigung eines Arbeitsverhältnisses, die „wegen" des Übergangs erfolgt[576], unwirksam. § 613a IV S. 1 BGB stellt ein eigenständiges, vom Kündigungsschutzgesetz unabhängiges Kündigungsverbot dar[577]. Eine verbotswidrig erklärte Kündigung ist gemäß § 134 BGB nichtig[578].

Allerdings gilt das Kündigungsverbot nicht absolut in der Weise, daß eine Kündigung schon dann unwirksam ist, wenn der Betriebsübergang für sie ursächlich im Sinne einer conditio sine qua non ist[579]. Dies ergibt sich bereits daraus, daß die in § 613a BGB angeordnete Kontinuität der Arbeitsverhältnisse im Falle eines Betriebsübergangs den Arbeistplatz auch schon vor Inkrafttreten des § 613a IV BGB nicht vor solchen Risiken schützen wollte, die sich jederzeit unabhängig von einem Betriebsinhaberwechsel realisieren können[580]. Diesem Umstand trägt auch § 613a IV S. 2 BGB Rechnung, wonach das Recht zur Kündigung aus anderen Gründen unberührt bleibt. Ein Verstoß gegen das Kündigungsverbot des § 613a IV S. 1 BGB liegt somit nur dann vor, wenn der Betriebsübergang den tragenden Grund der Kündigung bildet[581]. Zulässig bleiben dagegen Kündigungen, für die der bevorstehende Betriebsübergang zwar conditio sine qua non ist, die aber auf einen sachlichen Grund außerhalb des Betriebsübergangs gestützt werden können, so daß sich der Übergang des Betriebs nur

---

576 Vgl. zu dem Zusammenhang von Betriebsübergang und Kündigung im Sinne des § 613a IV S. 1 BGB *Kindscher*, Die Kündigung wegen Betriebsübergangs, S. 106 ff.

577 Vgl. nur *Annuß*, ZinsO 2001, S. 49, 56; Erman/*Hanau*, § 613a Rn. 105; Palandt/*Putzo*, § 613a Rn. 29; MünchArbR/*Wank*, § 125 Rn. 68.

578 Palandt/*Putzo*, § 613a Rn. 29.

579 Siehe Erman/*Hanau*, § 613a Rn. 109; *Pietzko/Vogel*, SAE 1991, S. 308, 311 f.; *Schlachter*, NZA 1995, S. 705, 706.

580 Vgl. auch BAG AP Nr. 147 zu § 613a BGB.

581 Vgl. BAG AP Nr. 34 zu § 613a BGB; BAG AP Nr. 39 zu § 613a BGB; BAG AP Nr. 147 zu § 613a BGB; *Annuß*, ZinsO 2001, S. 49, 56; Erman/*Hanau*, § 613a Rn. 109; *Kleinebrink*, FA 1999, S. 138, 139; *Langenbucher*, ZfA 1999, S. 299, 300; *Meyer*, BB 2000, S. 1032, 1035; Palandt/*Putzo*, § 613a Rn. 27.

als äußerlicher Anlaß, nicht aber als tragender Grund für die Kündigung erweist[582]. Folglich ist eine Kündigung zulässig, wenn der Arbeitgeber eine Veräußerung des Betriebes plant und zur Steigerung der Verkaufschancen ein Rationalisierungskonzept realisiert, das er ohne die Veräußerung nach § 1 KSchG ebenfalls hätte durchführen können[583].

2. Die Kündigung mit sich zufällig anschließendem Betriebsübergang

Erfolgt die Kündigung nicht im Hinblick auf eine geplante Betriebsveräußerung, sondern wegen beabsichtigter Stillegung des Betriebs[584] oder wegen des Wegfalls von Arbeitsplätzen, ohne daß der kündigende Arbeitgeber im Zeitpunkt des Zugangs der Kündigungserklärung einen Betriebsübergang auch nur für möglich hält, so ist evident, daß die Kündigung des Arbeitsverhältnisses nicht „wegen" eines Betriebsübergangs ausgesprochen wird. Der Wirksamkeit einer derartigen Kündigung kann § 613a IV S. 1 BGB folglich nicht entgegenstehen[585].

Eine andere Beurteilung käme nur dann in Frage, wenn im Falle einer Kündigung mit sich zufällig anschließendem Betriebsübergang nicht auf die tatsächlichen Umstände im Zeitpunkt des Zugangs der Kündigungserklärung, sondern auf eine objektivierte Vorstellung des Arbeitgebers ex post abgestellt würde[586]. Auch hier ist jedoch eine Verschiebung des für die Beurteilung der Wirksamkeit der Kündigung maßgeblichen Zeitpunktes strikt abzulehnen. Entscheidend ist allein, ob der Arbeitgeber im Zeitpunkt des Zugangs der Kündigungserklärung eine Veräußerung des Betriebes geplant hat und die Veräußerung den tragenden Grund für die Kündigung darstellt. Ein erst nachträglich eingetrener Umstand – wie der sich zufällig anschließende Betriebsübergang – vermag die Wirksamkeit einer bereits zugegangenen und damit nach § 130 I S. 1 BGB wirksam gewordenen Willenserklärung hingegen nicht mehr unmittelbar zu beeinflussen[587].

II. Das Ergebnis einer wörtlichen Auslegung des § 613a BGB im Falle einer beabsichtigten Stillegung mit unerwartetem Betriebsübergang

Erweist sich die im Vorfeld des Betriebsübergangs ausgesprochene Kündigung nach den soeben dargelegten Kriterien als rechtswirksam, stellt sich nunmehr die Frage, ob ein Wiedereinstellungsanspruch im Falle eines sich zufällig anschließenden Betriebsübergangs auf § 613a BGB gestützt werden kann. In unmittelbarer wörtlicher Auslegung führt § 613a BGB in einer solchen Konstellation zu folgendem Ergebnis:

---

582 Vgl. BAG AP Nr. 147 zu § 613a BGB; Erman/*Hanau*, § 613a BGB Rn. 109; Palandt/*Putzo*, § 613a Rn. 27.

583 Vgl. BAG AP Nr. 34 zu § 613a BGB; BAG AP Nr. 39 zu § 613a BGB; BAG AP Nr. 147 zu § 613a BGB; *Annuß*, ZinsO 2001, S. 49, 56.

584 Siehe hierzu auch *Kindscher*, Die Kündigung wegen Betriebsübergangs, S. 178 ff.

585 Vgl. auch *Kindscher*, Die Kündigung wegen Betriebsübergangs, S. 187 ff.

586 So wohl LAG Baden-Württemberg, ZIP 1984, S. 1401, 1401 f.; LAG Düsseldorf, LAGE § 1 KSchG Betriebsbedingte Kündigung Nr. 35, S. 3 f.

587 Siehe auch *Langenbucher*, SAE 1998, S. 145, 145 f.; *dies.*, ZfA 1999, S. 299, 301 f.

Die Arbeitsverhältnisse derjenigen Arbeitnehmer des Betriebs oder Betriebsteils, denen nicht gekündigt wurde, gehen gemäß § 613a I S. 1 BGB ungekündigt auf den neuen Arbeitgeber über. Die Frage einer Wiedereinstellung stellt sich folglich nicht.

Anders gestaltet sich die Rechtslage hinsichtlich der Arbeitnehmer, denen im Hinblick auf die beabsichtigte Betriebsstillegung betriebsbedingt gekündigt wurde und deren Kündigungsfrist im Zeitpunkt des Betriebsübergangs noch nicht abgelaufen ist. Zwar liegt ein „bestehendes Arbeitsverhältnis" im Sinne des § 613a I S. 1 BGB auch dann noch vor, wenn es sich um ein im Zeitpunkt des Übergangs bereits gekündigtes, wegen noch nicht abgelaufener Kündigungsfrist jedoch noch nicht beendetes Arbeitsverhältnis handelt[588], so daß der neue Inhaber des Betriebs zunächst auch in sämtliche Rechte und Pflichten eintritt. Da der Betriebsübergang jedoch die Wirksamkeit der zuvor zugegangenen und damit wirksam gewordenen Kündigungen unberührt läßt, gehen die Arbeitsverhältnisse gekündigt auf den Betriebserwerber über und enden folglich mit Ablauf der Kündigungsfrist. Der neue Betriebsinhaber hätte dann die Möglichkeit, nur den von ihm präferierten Arbeitnehmern die Neueinstellung – zu gegebenenfalls schlechteren Konditionen - anzubieten[589].

Die Arbeitsverhältnisse derjenigen Arbeitnehmer, denen im Hinblick auf die beabsichtigte Stillegung gekündigt wurde und deren Kündigungsfrist im Zeitpunkt des Betriebsübergangs bereits abgelaufen ist, gingen überhaupt nicht auf den Betriebserwerber über. Denn nach dem Wortlaut des § 613a I S. 1 BGB tritt der Erwerber ausschließlich in die „im Zeitpunkt des Übergangs bestehenden Arbeitsverhältnisse" ein. Ist aber im Zeitpunkt des Betriebsübergangs die Kündigungsfrist bereits abgelaufen und damit das Arbeitsverhältnis beendet, so bestehen auch keine Rechte und Pflichten mehr, die auf den neuen Betriebsinhaber übergehen könnten[590].

Die vorangegangenen Überlegungen zeigen, daß § 613a I BGB in unmittelbarer und wörtlicher Anwendung keine tragfähige Grundlage für einen auf Wiedereinstellung gerichteten Anspruch im Falle eines Betriebsübergangs darstellt.

III. Der Ansatz des 8. Senats des Bundesarbeitsgerichts

Dementsprechend rekurrierte der 8. Senat des Bundesarbeitsgerichts in der Entscheidung vom 13.11.1997[591] auf eine richtlinienkonforme Auslegung des § 613a BGB, um einen Wiedereinstellungsanspruch derjenigen Arbeitnehmer zu begründen, deren Arbeitsverhältnisse im Zeitpunkt des Betriebsübergangs bereits wirksam gekündigt waren. Hervorzuheben ist, daß der Anspruch auf Wiedereinstellung für den zugrundeliegenden Fall nicht relevant war, weil über die streitgegenständliche Kündigung

---

588 Vgl. hierzu BAG AP Nr. 11 zu § 613a BGB; *Langenbucher*, ZfA 1999, S. 299, 309; *dies.*, SAE 1998, S. 145, 147; KR-*Pfeiffer*, § 613a BGB Rn. 12; EfK/*Preis*, § 613a BGB Rn. 68; Soergel/*Raab*, § 613a BGB Rn. 17; *ders.*, RdA 2000, S. 147, 159.

589 Vgl. auch *Langenbucher*, ZfA 1999, S. 299, 309 f.

590 Vgl. *Kania*, Anm. zu BAG EzA § 1 KSchG Wiedereinstellungsanspruch Nr. 1, S. 18; *Langenbucher*, SAE 1998, S. 145, 147; *Oetker*, ZIP 2000, S. 643, 649; *Peters/Thüsing*, Anm. zu BAG EzA § 613a BGB Nr. 154, S. 9; *Raab*, RdA 2000, S. 147, 159.

591 BAG AP Nr. 169 zu § 613a BGB.

schon abschließend entschieden und die Anspruchsgegnerin des Wiedereinstellungsanspruchs nicht verklagt war[592]. Daß das Gericht mit Hilfe von obiter dicta Ausführungen zum Wiedereinstellungsanspruch gemacht hat, zeigt sein Bemühen, dieser Rechtsfigur praktikable und rechtssichere Korsettstangen einzuziehen. Der Senat beschränkte den Anspruch in dieser Entscheidung explizit auf den Fall, daß der Betriebsübergang durch die willentliche Übernahme der Hauptbelegschaft und nicht durch die Übernahme materieller und/oder immaterieller Betriebsmittel ausgelöst wird[593]. Diese Entscheidung wurde vom 8. Senat inzwischen mehrfach bestätigt[594] und findet auch in der Literatur Zustimmung[595].

Auch wenn in dem Urteil vom 13.11.1997 nicht ausdrücklich betont wurde, daß ein Wiedereinstellungsanspruch auch dann in Betracht kommt, wenn der Betriebsübergang - und damit der Wegfall des der Stillegungskündigung zugrundeliegenden Kündigungsgrundes – erst nach Ablauf der Kündigungsfrist eintritt, so ergab sich doch aus dem entschiedenen Fall, daß der 8. Senat hiervon ausging[596]. Denn das Arbeitsverhältnis der Klägerin war zum 30.09.1993 gekündigt worden, während der durch willentliche Übernahme der Hauptbelegschaft ausgelöste Betriebsübergang erst am 01.10.1993 eintrat. In der das Urteil vom 13.11.1997 bestätigenden Entscheidung vom 12.11.1998 führte der Senat dann auch aus, daß er mit Urteil vom 13.11.1997 „den Fortsetzungsanspruch auch auf die Zeit nach Beendigung des Arbeitsverhältnis-ses erstreckt“ habe[597].

IV. Kritik an der richtlinienkonformen Auslegung des § 613a BGB zur Begründung eines Wiedereinstellunganspruchs

Soll dieser, vom 8. Senat des Bundesarbeitsgerichts vertretene Ansatz, den Anspruch auf Wiedereinstellung im Falle eines unerwarteten Betriebsübergangs auf eine richtlinienkonforme Auslegung des § 613a BGB zu stützen, überprüft werden, so ist der Frage nachzugehen, ob eine richtlinienkonforme Auslegung dieser Vorschrift überhaupt in Betracht kommt und ob die einschlägige Betriebsübergangsrichtlinie 2001/23/EG vom 12.03.2001, durch die der Text der Richtlinien 77/187/EWG vom

---

592 Kritisch deshalb *Langenbucher*, SAE 1998, S. 145, 147.

593 Gegen diese Beschränkung insbesondere *Oetker*, ZIP 2000, S. 643, 650; *Zwanziger*, in: Kittner/Däubler/Zwanziger, KSchR, § 613a BGB Rn. 126. Auch der 8. Senat scheint nunmehr von dieser Beschränkung Abstand zu nehmen, vgl. BAG AP Nr. 185 zu § 613a BGB.

594 Vgl. BAG AP Nr. 5 zu § 1 KSchG 1969 Wiedereinstellung; BAG AP Nr. 185 zu § 613a BGB.

595 Siehe *Ascheid*, Festschrift für Dieterich, S. 9, 25 ff.; MünchArbR/*Berkowsky*, § 141 Rn. 50; *Bram*, in: Bader/Bram/Dörner/Wenzel, KSchG, § 1 Rn. 70d; *Kiel/Koch*, Die betriebsbedingte Kündigung, Rn. 861; *Linck*, FA 2000, S. 334, 336; *Müller-Glöge*, NZA 1999, S. 449, 455; *Nicolai/Noack*, ZfA 2000, S. 87, 97 f. Offengelassen von *Westera*, Der Wiedereinstellungsanspruch nach wirksamer Kündigung, S. 43.

596 Siehe in diesem Zusammenhang auch *Meyer*, BB 2000, S. 1032, 1034. Ungenau hingegen *Willemsen*, in: Willemsen/Hohenstatt/Schweibert, Umstrukturierung und Übertragung von Unternehmen, S. 697, der dieses Urteil dahingehend interpretiert, daß den Arbeitnehmern ein Wiedereinstellungsanspruch zustehe, wenn zwischen Ausspruch einer ordentlichen betriebsbedingten Kündigung und dem Kündigungstermin ein nicht absehbarer Betriebsübergang stattfindet. Lediglich im Hinblick auf den Leitsatz Nr. 3 der Entscheidung weist er darauf hin, daß insoweit eine Begrenzung auf den Kündigungstermin fehlt.

597 BAG AP Nr. 5 zu § 1 KSchG 1969 Wiedereinstellung.

14.02.1977 und 98/50/EG vom 29.06.1998 ohne inhaltliche Änderung kodifiziert wurde, im Falle eines unerwarteten Betriebsübergangs eine Wiedereinstellung des zuvor wirksam gekündigten Arbeitnehmers fordert[598].

Richtlinienkoforme Auslegung[599] bedeutet, daß das nationale Recht, das die Richtlinie umsetzen soll, im Sinne der effektiven Erreichung der Ziele der Richtlinie ausgelegt werden muß, so daß eine von den Zielvorstellungen der Richtlinie abweichende Auslegung vermieden wird[600]. Die richtlinienkonforme Auslegung findet mithin dann Anwendung, wenn eine Vorschrift des nationalen Rechts, die die Richtlinie umsetzen soll, hinsichtlich einer bestimmten Rechtsfrage mehrere Auslegungsalternativen zuläßt[601], wobei jedenfalls eine Auslegungsalternative zu einem Ergebnis führt, das die europarechtlichen Vorgaben der Richtlinie erfüllt. Die Auslegungsalternativen, die zu einem mit den Anforderungen der Richtlinie kollidierenden Ergebnis führen, sollen mithin ausgeschlossen werden[602].

Vor diesem Hintergrund kann eine mit der Richtlinie 2001/23/EG konforme Auslegung des § 613a BGB nur dann einen Wiedereinstellungsanspruch begründen, wenn § 613a BGB im Hinblick auf die Rechtsfrage der Wiedereinstellung nach betriebsbedingter Kündigung und Betriebsübergang mehrere Auslegungsalternativen zuläßt, wobei nur diejenige den Anforderungen der Richtlinie entsprechen darf, die zu einem Anspruch auf Wiedereinstellung führt. Dies setzt voraus, daß den Richtlinien die Zielvorstellung zugrundeliegt, daß Arbeitnehmern, denen zunächst wegen beabsichtigter Stillegung gekündigt wurde, im Falle eines nachträglichen, unerwarteten Betriebsübergangs ein Anspruch auf Wiedereinstellung zustehen soll.

Wird zunächst einmal unterstellt, daß die Richtlinie 2001/23/EG im Falle eines nicht erwarteten Betriebsübergangs eine Wiedereinstellung der wirksam gekündigten Arbeitnehmer verlangt, so stößt der Rückgriff auf eine richtlinienkonforme Auslegung des § 613a I S. 1 BGB zur Begründung eines Wiedereinstellungsanspruchs schon im Hinblick auf den Wortlaut dieser Vorschrift auf erhebliche Zweifel. § 613a I S. 1 BGB bestimmt eindeutig, daß der neue Inhaber des Betriebs in die Rechte und Pflichten aus den im Zeitpunkt des Übergangs „bestehenden" Arbeitsverhältnissen eintritt. Will der 8. Senat des Bundesarbeitsgerichts diese Vorschrift richtlinienkonform dahingehend auslegen, daß auch wirksam gekündigten Arbeitnehmern, deren Kündigungsfrist im Zeitpunkt des Betriebsübergangs bereits abgelaufen ist, ein Anspruch auf Wiedereinstellung zusteht, so wird hiermit der noch mögliche Wortsinn des Gesetzes

---

598 Der 8. Senat des Bundesarbeitsgerichts ist bislang eine dogmatisch zufriedenstellende Beantwortung dieser Frage schuldig geblieben, vgl. BAG AP Nr. 169 zu § 613a BGB, wo nur lapidar auf die richtlinienkonforme Auslegung des § 613a BGB verwiesen wird. Diesbezügliche Kritik auch bei *Edenfeld*, AuArbR 1998, S. 161, 164; *Peters/Thüsing*, Anm. zu BAG EzA Nr. 154 zu § 613a BGB, S. 9.

599 Allgemein zur richtlinienkonformen Auslegung *Dänzer-Vanotti*, DB 1994, S. 1052 ff. und *Brechmann*, Die richtlinienkonforme Auslegung.

600 Vgl. hierzu *Langenbucher*, SAE 1998, S. 145 147; *Streinz*, Europarecht, Rn. 405.

601 Siehe *Brechmann*, Die richtlinienkonforme Auslegung, S. 79 mit dem Hinweis auf die Rechtsprechung des Bundesverfassungsgerichts; *Wank*, RdA 1999, S. 130, 132.

602 Vgl. *Brechmann*, Die richtlinienkonforme Auslegung, S. 259.

überschritten[603]. Folglich besteht schon keine Auslegungsalternative des § 613a BGB, die – unabhängig von den Zielvorstellungen der Richtlinie – einen Wiedereinstellungsanspruch begründen kann.

Ebenso wie bei § 611a BGB a. F.[604] im Hinblick auf die Schadensersatzpflicht bei Diskriminierungen ist dem Richter aufgrund des eindeutigen Wortlauts der Vorschrift und der in sich schlüssigen Regelung eine derartige Umdeutung des § 613a I S. 1 BGB verwehrt, vielmehr muß er versuchen, durch Rückgriff auf andere Regelungen der Rechtsordnung so weit es eben möglich ist ein richtlinienkonformes Ergebnis zu erzielen, wobei er gegebenenfalls auch Brüche im einheitlichen System der Rechtsordnung in Kauf zu nehmen hat[605].

Schwerer als das Argument der Wortlautgrenze wiegt der Umstand, daß die einschlägige Richtlinie 2001/23/EG in den Fällen des unerwarteten Betriebsübergangs keinesfalls die Wiedereinstellung der zuvor wegen beabsichtigter Stillegung wirksam betriebsbedingt gekündigten Arbeitnehmer fordert, so daß § 613a I S. 1 BGB insoweit gar keine gemeinschaftsrechtliche Lücke beziehungsweise Zweifelsfrage aufweist, die durch richtlinienkonforme Auslegung geschlossen werden müßte:

Art. 3 (1) der Richtlinie 2001/23/EG knüpft allgemein an die „Rechte und Pflichten" des Veräußerers aus einem zum Zeitpunkt des Übergangs bestehenden Arbeitsvertrag oder Arbeitsverhältnis an und bestimmt deren Übergang auf den Erwerber. Da diese Rechte und Pflichten von Art. 3 (1) der Richtlinie 2001/23/EG nicht näher präzisiert werden, kann diese Regelung grundsätzlich in zwei Richtungen ausgelegt werden[606].

Einerseits läßt sich das bloße Anknüpfen an nicht näher präzisierte „Rechte und Pflichten" dahingehend interpretieren, daß Art. 3 (1) der Richtlinie 2001/23/EG lediglich formell den Übergang bestehender Rechte und Pflichten auf den Erwerber regelt, ohne diese Rechte in irgendeiner Art und Weise inhaltlich – im vorliegenden Zusammenhang im Sinne eines Wiedereinstellunganspruchs - zu gestalten[607]. Für diese Interpretation läßt sich zunächst ins Feld führen, daß Rechte und Pflichten aus einem

603 Kritisch auch *Confurius*, in: Stahmer/Kerls/Confurius, Praxishandbuch Kündigung, Teil 8/3.5, S. 3 f. Vgl. zur Wortlautgrenze bei der richtlinienkonformen Auslegung *Brechmann*, Die richtlinienkonforme Auslegung, S. 270, der die Wortlautgrenze allerdings auf „eindeutige, vernünftige und sachgerechte" Regelungen beschränkt. Allgemein zur Wortlautgrenze bei der Auslegung *Larenz*, Methodenlehre der Rechswissenschaft, S. 322 und 343.

604 Vgl. hierzu auch *Brechmann*, Die richtlinienkonforme Auslegung, S. 270.

605 Vgl. wiederum *Brechmann*, Die richtlinienkonforme Auslegung, S. 270 mit Hinweis auf den von ihm ausdrücklich befürworteten Rückgriff des Bundesarbeitsgerichts (BAG AP Nr. 5 zu § 611a BGB) auf die Verletzung des allgemeinen Persönlichkeitsrechts zur Korrektur des richtlinienwidrigen § 611a BGB a. F.

606 Siehe auch *Lisec*, Der Wiedereinstellungsanspruch des Arbeitnehmers nach betriebsbedingter Kündigung und Betriebsübergang, S. 33 mit Hinweis auf *Dötsch*, AuArbR 1997, S. 404, 404.

607 Hierzu tendierend *v. Alvensleben*, Die Rechte der Arbeitnehmer bei Betriebsübergang im Europäischen Gemeinschaftsrecht, S. 230; *Peters/Thüsing*, Anm. zu BAG EzA Nr. 154 zu § 613a BGB, S. 9.

Kollektivvertrag in Art. 3 (3) der Richtlinie 2001/23/EG eine spezielle und konkretisierende Regelung erfahren[608].

Darüber hinaus enthält die Richtlinie in Art. 3 (4) b) sogar ausdrückliche Vorgaben hinsichtlich der Rentensicherung solcher Arbeitnehmer, die zum Zeitpunkt des Übergangs bereits aus dem Betrieb des Veräußerers ausgeschieden sind. Obwohl somit durchaus auch die Rechtspositionen solcher Arbeitnehmer, deren Arbeitsverhältnisse im Zeitpunkt des Übergangs des Betriebs bereits beendet sind, in der Richtlinie ausdrücklich Berücksichtigung gefunden haben, ist von einer Pflicht zur Wiedereinstellung für den Fall, daß durch den Betriebsübergang der Grund einer zuvor wegen beabsichtigter Stillegung ausgesprochenen Kündigung wegfällt, nicht die Rede[609]. Bei dieser Interpretation des Art. 3 (1) der Richtlinie 2001/23/EG ist eine durch richtlinienkonforme Auslegung zu korrigierende Inkongruenz zwischen § 613a I S. 1 BGB und der dieser Vorschrift zugrundeliegenden Richtlinie nicht gegeben.

Andererseits erscheint auch eine Interpretation des Art. 3 (1) der Richtlinie 2001/23/EG möglich, wonach sich die Regelung nicht in der Anordnung eines rein formellen Übergangs bestehender Rechte und Pflichten erschöpft, sondern darüber hinaus einen dahingehenden materiellen Gehalt aufweist, daß die übergehenden Rechte und Pflichten auch eine inhaltliche Gestaltung erfahren und damit gegebenenfalls einen Wiedereinstellungsanspruch begründen können[610]. Für einen derartigen materiellen Regelungsgehalt könnte Art. 4 (1) S. 1 der Richtlinie 2001/23/EG sprechen, der bestimmt, daß der Übergang eines Unternehmens, Betriebs oder Unternehmens- beziehungsweise Betriebsteils als solcher für den Veräußerer oder den Erwerber keinen Grund zur Kündigung darstellt. Es erhebt sich insoweit die Frage, ob es mit der Wertung dieser Vorschrift zu vereinbaren ist, wenn der Erwerber zwar einerseits das Arbeitsverhältnis nicht wegen des Übergangs kündigen darf, aber andererseits infolge der bereits ausgesprochenen Kündigungen die Möglichkeit hat, nur den von ihm präferierten Arbeitnehmern die Neueinstellung anzubieten.

---

608 Vgl. *Lisec*, Der Wiedereinstellungsanspruch des Arbeitnehmers nach betriebsbedingter Kündigung und Betriebsübergang, S. 33, die darüber hinaus darauf hinweist, daß auch dem Wortlaut beziehungsweise der Bedeutung des Art. 3 (4) a) und b) die Tendenz zu entnehmen sei, „Zurückhaltung in potentiell problematischen Fällen zu üben und diese von dem automatischen Übergang auszunehmen."

609 Vgl. auch *Langenbucher*, SAE 1998, S. 145, 147.

610 Siehe zu diesem Gedanken auch *Lisec*, Der Wiedereinstellungsanspruch des Arbeitnehmers nach betriebsbedingter Kündigung und Betriebsübergang, S. 33. Bei genauer Betrachtung kann mit dieser These allerdings von vornherein nur ein Wiedereinstellungsanspruch solcher Arbeitnehmer begründet werden, deren Kündigungsfrist zum Zeitpunkt des Betriebsübergangs noch nicht abgelaufen ist. Denn nur in diesem Fall kommt eine „inhaltliche Gestaltung" von Rechten und Pflichten eines zum Zeitpunkt des Übergangs bestehenden Arbeitsvertrages in Betracht. Die Argumentation trägt dagegen nicht bezüglich der Begründung eines Anspruchs auf Wiedereinstellung solcher Arbeitnehmer, deren Kündigungsfrist zum Zeitpunkt des Betriebsübergangs schon abgelaufen ist. Denn insoweit geht es nicht mehr um die „inhaltliche Gestaltung" von Rechten und Pflichten eines zum Zeitpunkt des Übergangs bestehenden Arbeitsvertrages, sondern um die Kreation eines neuen Rechts nach Beendigung des Arbeitsverhältnisses.

An dieser Stelle ist allerdings darauf hinzuweisen, daß sich die Frage der Wiedereinstellung von vornherein nur bei Vorliegen eines rechtswirksamen Beendigungstatbestandes, mithin nur dann stellt, wenn das Arbeitsverhältnis nicht wegen eines Betriebsübergangs gekündigt wurde. Art. 4 (1) der Richtlinie 2001/23/EG regelt jedoch nur die Unzulässigkeit des Kündigungsgrundes „Betriebsübergang“. Die Vorschrift trifft hingegen keinerlei Regelung zu der Frage, ob der Betriebserwerber zur Wiedereinstellung solcher Arbeitnehmer verpflichtet ist, denen vom Veräußerer vor dem Betriebsübergang rechtswirksam gekündigt wurde.

Daß Art. 4 (1) S. 1 der Richtlinie 2001/23/EG ausschließlich die Unzulässigkeit des Kündigungsgrundes „Betriebsübergang“ zum Regelungsgegenstand hat, ergibt sich aus Art. 4 (1) S. 2 der Richtlinie, wonach Kündigungen aus „wirtschaftlichen, technischen oder organisatorischen Gründen“ zulässig bleiben. Vor dem Hintergrund dieser nicht näher eingegrenzten Tatbestandsvoraussetzungen soll auf die Regelung von Kündigungstatbeständen nur punktuell – nämlich nur im Hinblick auf die Unzulässigkeit des Kündigungsgrundes „Betriebsübergang“ – Einfluß genommen werden[611].

Schließlich spricht auch Art. 8 der Richtlinie 2001/23/EG gegen eine Interpretation des Art. 4 (1) S. 1 dahingehend, daß der Betriebserwerber zur Wiedereinstellung solcher Arbeitnehmer verpflichtet ist, denen im Zeitpunkt des Übergangs bereits wirksam gekündigt wurde. Denn aus Art. 8 der Richtlinie 2001/23/EG ergibt sich daß die Zielvorstellungen der Richtlinie auf die Sicherung eines Mindestschutzes gerichtet sind. Hiermit läßt sich jedoch eine vom Wortlaut der Art. 3 (1) und Art. 4 (1) S. 1 der Richtlinie nicht ausreichend getragene, einen Anspruch auf Wiedereinstellung begründende Interpretation dieser Vorschriften nicht vereinbaren.

Auch Art. 4 (1) S. 1 der Richtlinie 2001/23/EG bietet folglich keinen Anhaltspunkt für einen dahingehenden materiellen Regelungsgehalt des Art. 3 (1) der Richtlinie, daß die übergehenden Rechte eine inhaltliche Gestaltung erfahren und somit einen Wiedereinstellungsanspruch begründen können[612].

Als Ergebnis bleibt somit festzuhalten, daß Art. 3 (1) der Richtlinie 2001/23/EG ledigich formell den Übergang bereits bestehender Rechte und Pflichten regelt, jedoch keinen darüber hinausgehenden materiellen Regelungsgehalt aufweist, wonach diese Rechte und Pflichten auch eine inhaltliche Gestaltung erfahren und damit einen Wiedereinstellungsanspruch begründen können.

---

611 Vgl. auch *Lisec*, Der Wiedereinstellungsanspruch des Arbeitnehmers nach betriebsbedingter Kündigung und Betriebsübergang, S. 34.

612 *Lisec*, Der Wiedereinstellungsanspruch des Arbeitnehmers nach betriebsbedingter Kündigung und Betriebsübergang, S. 35 weist in diesem Zusammenhang mit Recht darauf hin, daß dieses Ergebnis auch mit dem in der Präambel der Richtlinie zum Ausdruck kommenden Willen im Einklang steht, daß nur die infolge des Betriebsübergangs eintretenden Nachteile für die Arbeitnehmer vermieden, nicht jedoch über den bloßen Rechtserhalt hinausgehende Vorteile begründet werden sollen.

Die richtlinienkonforme Auslegung des § 613a I S. 1 BGB könnte folglich in der hier in Rede stehenden Fallkonstellation nur dann zu einem Wiedereinstellungsanspruch führen, wenn zunächst die Richtlinie teleologisch dahingehend erweitert würde, daß in den Fällen eines unerwarteten Betriebsübergangs die Wiedereinstellung der zuvor wegen beabsichtigter Stillegung wirksam betriebsbedingt gekündigten Arbeitnehmer gefordert ist und die Richtlinie erst in dieser – erweiterten – Form der Auslegung des § 613a I S. 1 BGB zugrundegelegt würde. Einer solchen Vorgehensweise stehen jedoch schon kompetentielle Gründe entgegen, denn für die Auslegung einer Richtlinie ist nicht das hinsichtlich des Wiedereinstellungsbegehrens angerufene nationale Gericht, sondern ausschließlich der EuGH zuständig[613].

Vor diesem Hintergrund ist die Zuerkennung eines Wiedereinstellungsanspruchs auf der Grundlage des § 613a I S. 1 BGB nach zutreffender Auffassung als Rechtsfortbildung des nationalen Rechts zu qualifizieren, die über das von der Richtlinie geforderte Maß des Arbeitnehmerschutzes hinausgeht[614].

V. Teleologische Extension des § 613a BGB als Grundlage eines Wiedereinstellungsanspruchs

Tragfähiger als der vom Bundesarbeitsgericht favorisierte Rekurs auf eine richtlinienkonforme Auslegung erscheint der auf *Langenbucher* zurückgehende Ansatz, den Wiedereinstellungsanspruch im Falle eines unerwarteten Betriebsübergangs auf eine teleologische Extension des § 613a I S. 1 BGB zu stützen[615].

---

613 Siehe auch *Langenbucher*, SAE 1998, S. 145, 147 Fn. 21.

614 So zutreffend *Langenbucher*, SAE 1998, S. 145, 147; *Lisec*, Der Wiedereinstellungsanspruch des Arbeitnehmers nach betriebsbedingter Kündigung und Betriebsübergang, S. 35; *Peters/Thüsing*, Anm. zu BAG EzA § 613a BGB Nr. 154, S. 9. Im Ergebnis gegen eine richtlinienkonforme Auslegung des § 613a BGB auch *Oetker*, ZIP 2000, S. 643, 650; ErfK/*Preis*, § 613a BGB Rn. 145 a. E.; *Preis/Steffan*, DB 1998, S. 309, 312; *Raab*, RdA 2000, S. 147, 159, 162; *Zwanziger*, in: Kittner/Däubler/Zwanziger, KSchR, § 613a BGB Rn. 127.
A. A. jedoch *Nicolai/Noack*, ZfA 2000, S. 87, 97 f., nach deren Meinung den Betriebsübergangsrichtlinien keine ablehnende Aussage über einen Wiedereinstellungsanspruch entnommen werden kann und sich aus dem in der Präambel der Richtlinie 77/187/EWG verankerten Arbeitnehmerschutzgedanken sowie aus dem Kündigungsverbot des Art. 4 (1) der Richtlinie in Verbindung mit dem effet utile-Gedanken ein Wiedereinstellungsanspruch aufgrund richtlinienkonformer Auslegung des § 613a I S. 1 BGB ergibt. Offengelassen von *Westera*, Der Wiedereinstellungsanspruch nach wirksamer Kündigung, S. 43.

615 So *Langenbucher*, SAE 1998, S. 145, 147 f.; *dies*., ZfA 1999, S. 299, 306 ff. insbesondere 309 f.; ebenso ErfK/*Preis*, § 613a BGB Rn. 145 a. E.; *Zwanziger*, in: Kittner/Däubler/Zwanziger, KSchR, § 613a BGB Rn. 127; wohl auch *Raab*, RdA 2000, S. 147, 159 und 162. Grundsätzlich zustimmend für den Fall, daß der Betriebsübergang erst nach Beendigung des Arbeitsverhältnisses eintritt, auch *Oetker*, ZIP 2000, S. 643, 650. Offengelassen von *Westera*, Der Wiedereinstellungsanspruch nach wirksamer Kündigung, S. 43.

1. Begriff und Voraussetzungen der teleologischen Extension sowie deren Abgrenzung zur Analogie

Unter einer teleologischen Extension ist mit *Canaris*[616] eine Erweiterung des – im Hinblick auf ihren Telos zu engen – Wortsinns einer Vorschrift zu verstehen[617]. Die teleologische Extension einer Norm erfordert somit neben einer Regelungslücke, daß ohne die Berücksichtigung der gesetzlich nicht geregelten Fallkonstellation der Zweck der Norm zumindest teilweise nicht erreicht würde[618].

Von der Analogie unterscheidet sich die teleologische Extension dadurch, daß der vom Gesetz nicht geregelte Fall dem gesetzlich geregelten nicht ähnlich im Hinblick auf die für die gesetzliche Bewertung maßgebenden Gesichtspunkte ist. Bei dem gesetzlich nicht geregelten Fall handelt es sich vielmehr um einen von dem geregelten durchaus verschiedenen Tatbestand, der jedoch von der gesetzlichen Regelung hätte berücksichtigt werden müssen, um den ihr zugrundeliegenden Zweck auch in derartigen Fällen zu erreichen[619]. Hierbei wird nicht der gesetzlich ungeregelte Fall dem gesetzlich geregelten gleichgestellt, sondern die bestehende gesetzliche Regelung wird hinsichtlich ihres unmittelbaren Anwendungsbereichs ausgedehnt[620]. Wegen der fehlenden Ähnlichkeit der Tatbestände fordert nicht der dem Analogieschluß zugrundeliegende Gleichheitssatz[621], sondern allein die ratio legis die Ergänzung des Gesetzes[622].

2. Die Regelungslücke als Voraussetzung einer teleologischen Extension des § 613a BGB

Hinsichtlich der für eine teleologische Extension des § 613a I S. 1 BGB erforderlichen Regelungslücke weist *Langenbucher* darauf hin, daß eine solche Lücke „auf den ersten Blick“ schon deshalb bejaht werden könne, weil § 613a BGB keine explizite Regelung für den Übergang gekündigter Arbeitnehmer vorsehe[623]. Wird der Blick bezüglich des Vorhandenseins einer Regelungslücke derart auf die Vorschrift des § 613a BGB beschränkt, kann dem grundsätzlich zugestimmt werden.

Die Existenz einer – durch teleologische Extension zu schließenden – Regelunglücke erscheint allerdings insofern zweifelhaft, als möglicherweise ein hinreichender Schutz der betroffenen Arbeitnehmer durch die aus § 242 BGB abgeleitete Pflicht des

---

616 Vgl. *Canaris*, Die Feststellung von Lücken im Gesetz, S. 89 ff.

617 Siehe auch *Larenz*, Methodenlehre der Rechtswissenschaft, S. 397; *Pawlowski*, Methodenlehre für Juristen, Rn. 453 und 497 ff.

618 *Langenbucher*, SAE 1998, S. 145, 148.

619 Siehe *Canaris*, Die Feststellung von Lücken im Gesetz, S. 90; *Larenz*, Methodenlehre der Rechtswissenschaft, S. 398.

620 *Canaris*, Die Feststellung von Lücken im Gesetz, S. 90.

621 Vgl. *Larenz*, Methodenlehre der Rechtswissenschaft, S. 374 f.; *Zippelius*, Juristische Methodenlehre, S. 69 und 73 f.

622 Siehe *Canaris*, Die Feststellung von Lücken im Gesetz, S. 90; *Larenz*, Methodenlehre der Rechtswissenschaft, S. 398. A. A. *Bydlinski*, Juristische Methodenlehre und Rechtsbegriff, S. 475, der die Unterscheidung von Analogie und teleologischer Extension als überflüssig erachtet und ausschließlich die Analogie heranziehen will.

623 Vgl. *Langenbucher*, SAE 1998, S. 145, 148.

Arbeitgebers zur Interessenwahrung gewährleistet ist. Ob das für eine richterliche Rechtsfortbildung und damit auch für die teleologische Extension des § 613a BGB erforderliche Vorhandensein einer Regelungslücke zu verneinen ist, wenn der in Rede stehende Tatbestand „lediglich" von Generalklauseln erfaßt wird, ist umstritten.

Vor dem Hintergrund, daß das Gesetz im Falle von Generalklauseln keine fest umrissenen Kriterien bietet, unter die der Richter unmittelbar subsumieren könnte, das Gesetz ihm vielmehr nur die Richtung weist, in der die Entscheidung zu suchen ist und es ihm im übrigen aber selbst überläßt, wie weit er bei der Entscheidungsfindung in diese Richtung gehen will, so daß seine Aufgabe nicht in der bloßen Subsumtion, sondern in der Konkretisierung des in der Generalklausel verkörperten Maßstabs unter Berücksichtigung der besonderen Umstände des Einzelfalls besteht, wird in diesen Fällen teilweise das Vorhandensein einer „Lücke intra legem" bejaht[624].

Die besseren Argumente sprechen allerdings gegen die Annahme einer Gesetzeslücke, wenn und soweit der betroffene Tatbestand von einer Generalklausel erfaßt wird[625]. Denn auch die Generalklausel enthält trotz ihres allgemeinen und unbestimmten Charakters zweifellos eine gesetzliche Regelung, so daß nur von „planmäßigen Auflockerungen der gesetzlichen Bindung zwecks Anpassung der Entscheidung an die besonderen Umstände des Einzelfalls und die wechselnden Anschauungen der Rechtsgemeinschaft"[626], keinesfalls jedoch von einer Unvollständigkeit der gesetzlichen Anordnungen im Sinne einer Lücke gesprochen werden kann[627]. Darüber hinaus ist darauf hinzuweisen, daß der Streit in erster Linie terminologischer Art ist, da auch diejenigen Autoren, die eine Lücke bejahen, diese durch Auslegung der Generalklauseln und nicht durch Rechtsfortbildung schließen[628].

Für die hier zu beurteilende Fallkonstellation bedeutet dies, daß eine Regelungslücke ausscheidet und somit eine Voraussetzung der teleologischen Extension des § 613a BGB nicht erfüllt ist, wenn sich der Wiedereinstellungsanspruch unter Rückgriff auf die aus § 242 BGB abgeleitete Interessenwahrungspflicht des Arbeitgebers stützen läßt.

a) Keine Regelungslücke bei Betriebsübergang vor Ablauf der Kündigungsfrist

Auch im vorliegenden Zusammenhang ist danach zu differenzieren, ob der Betriebsübergang als das potentiell den Wegfall des Kündigungsgrundes auslösende Ereignis noch während des Laufs der Kündigungsfrist oder aber erst nach Beendigung des Arbeitsverhältnisses eintritt.

---

624 Vgl. *Germann*, Probleme und Methoden der Rechtsfindung, S. 120 f.; *Klug*, Festschrift für Nipperdey Bd. I, S. 71, 74 f.; *Soell*, Das Ermessen der Eingriffsverwaltung, S. 160 ff. und 170 ff.

625 So auch *Canaris*, Die Feststellung von Lücken im Gesetz, S. 28 f.; *Engisch*, Einführung in das juristische Denken, S. 141; *ders.*, Festschrift für Sauer, S. 85, 88; *Larenz*, Methodenlehre der Rechtswissenschaft, S. 372 Fn. 13.

626 So *Engisch*, Einführung in das juristische Denken, S. 141.

627 Vgl. *Canaris*, Die Feststellung von Lücken im Gesetz, S. 28 mit zutreffendem Hinweis darauf, daß insoweit auch die „Planwidrigkeit" als Merkmal des Lückenbegriffs fehlt.

628 Vgl. *Soell*, Das Ermessen der Eingriffsverwaltung, S. 175 ff.

Erfolgt der Betriebsübergang in einem Zeitpunkt, in dem das Arbeitsverhältnis bereits gekündigt, wegen noch nicht abgelaufener Kündigungsfrist jedoch noch nicht beendet ist, so tritt der Erwerber gemäß § 613a I S. BGB in alle Rechte und Pflichten dieses Arbeitsverhältnisses ein[629].

Da der neue Inhaber des Betriebs nach § 613a I S. 1 BGB kraft Gesetzes ohne Einschränkungen an die Stelle des bisherigen Betriebsinhabers tritt, treffen ihn ab dem Zeitpunkt des Übergangs auch die bis dahin dem bisherigen Inhaber obliegenden, bis zum Ablauf der Kündigungsfrist in vollem Umfang „noch wirkenden" Interessenwahrungspflichten gegenüber denjenigen Arbeitnehmern, deren Arbeitsverhältnisse zwar bereits gekündigt, mangels abgelaufener Kündigungsfrist jedoch noch nicht beendet sind[630].

Führt der Betriebsübergang zu einem Wegfall des betriebsbedingten Kündigungsgrundes einer wegen beabsichtigter Stillegung ausgesprochenen Kündigung, weil der Arbeitsplatz wegen des Übergangs erhalten bleibt, so verdichtet sich die nunmehr den Betriebserwerber treffende Interessenwahrungspflicht zu einer Wiedereinstellungspflicht, mit der ein Anspruch auf Wiedereinstellung korrespondiert. Erfolgt der Übergang des Betriebs noch während des Laufs der Kündigungsfrist, läßt sich somit der Wiedereinstellungsanspruch auf die mit dem Betriebsübergang auf den neuen Inhaber übergehende, in vollem Umfang „noch wirkende" Interessenwahrungspflicht aus § 242 BGB stützen, so daß nach dem oben Gesagten eine Regelungslücke nicht gegeben ist und folglich eine teleologische Extension des § 613a I S. 1 BGB ausscheidet[631].

Das gilt auch für den Fall, daß der Kündigungsgrund bereits vor Eintritt des Betriebsübergangs weggefallen ist, der Übergang des Betriebs also nicht das den Wegfall des Kündigungsgrundes begründende Ereignis darstellt. Dann verdichtet sich die in vollem Umfang „noch wirkende" Interessenwahrungspflicht des bisherigen Inhabers gegenüber denjenigen Arbeitnehmern, deren Arbeitsverhältnisse zwar bereits gekündigt, wegen noch nicht abgelaufener Kündigungsfrist allerdings noch nicht beendet sind, bereits vor Übergang des Betriebs - unter den oben genannten Voraussetzungen - zu einer Wiedereinstellungspflicht. Kommt der bisherige Inhaber dieser Pflicht bis zum Eintritt des Betriebsübergangs nicht nach, tritt der neue Inhaber mit dem Übergang gemäß § 613a I S. 1 BGB in die bereits zur Wiedereinstellungspflicht verdichtete Interessenwahrungspflicht des bisherigen Betriebsinhabers ein.

Dies entspricht auch der Konstruktion des § 613a BGB als gesetzlich angeordneter Wechsel der Vertragspartner, wonach der Erwerber des Betriebs Schuldner aller

---

629 Siehe auch BAG AP Nr. 11 zu § 613a BGB; *Annuß*, ZinsO 2001, S. 49, 53; *Caspers*, Personalabbau und Betriebsänderung im Insolvenzverfahren, Rn. 221; KR-*Pfeiffer*, § 613a BGB Rn. 12; ErfK/*Preis*, § 613a BGB Rn. 68.

630 Dies übersieht *Langenbucher*, SAE 1998, S. 145, 147 f.; *dies*., ZfA 1999, S. 299, 306 und 310 f., wenn sie ausführt, daß das bislang bestehende Arbeitsverhältnis für den Betriebserwerber ohnehin nicht Grundlage eines Wiedereinstellungsanspruchs sein könne. Unzutreffend deshalb auch *Westera*, Der Wiedereinstellungsanspruch nach wirksamer Kündigung, S. 42.

631 So im Ergebnis auch *Oetker*, ZIP 2000, S. 643, 647; *ders*., DZWIR 2000, S. 461, 461. Ähnlich auch *Caspers*, Personalabbau und Betriebsänderung im Insolvenzverfahren, Rn. 221.

Verbindlichkeiten aus dem Arbeitsverhältnis wird, auch solcher, die bereits vor dem Übergang entstanden sind[632].

b) Regelungslücke bei Betriebsübergang nach Beendigung des Arbeitsverhältnisses

Anders gestaltet sich die Rechtslage, wenn der Betriebsübergang erst nach Beendigung des Arbeitsverhältnisses eintritt. In diesem Fall ist es ausgeschlossen, daß den Erwerber des Betriebs in vollem Umfang „noch wirkende" Interessenwahrungspflichten treffen, denn im Zeitpunkt des Übergangs besteht das Arbeitsverhältnis bereits nicht mehr[633].

Auch die nachvertraglichen Interessenwahrungspflichten stellen keinen tragfähigen Ansatz dar. Denn einerseits sind diese von ihrer dogmatischen Grundstruktur her auf die endgültige Abwicklung des Schuldverhältnisses gerichtet, zeichnen sich somit durch eine „Endbezogenheit" aus. Diesem endbezogenen Charakter steht die Pflicht zur Wiedereinstellung als Pflicht zur Neubegründung des Arbeitsverhältnisses durch Neuabschluß eines Arbeitsvertrages diametral entgegen[634]. Andererseits handelt es sich bei den nachvertraglichen Interessenwahrungspflichten per definitionem gerade nicht um Pflichten „aus den im Zeitpunkt des Übergangs bestehenden Arbeitsverhältnissen" so daß ein Eintritt des Betriebserwerbers in nachvertragliche Pflichten des bisherigen Inhabers gemäß § 613a I S. 1 BGB von vornherein ausscheidet[635]. Hieraus ergibt sich, daß bei einem Betriebsübergang nach Beendigung des Arbeitsverhältnisses hinsichtlich der Begründung eines Wiedereinstellungsanspruches ein Rückgriff auf nunmehr den neuen Betriebsinhaber treffende Interessenwahrungspflichten aus § 242 BGB ins Leere geht.

Da somit die Frage der Wiedereinstellung solcher Arbeitnehmer, denen wegen beabsichtigter Stillegung des Betriebs gekündigt wurde und deren Arbeitsverhältnisse im Zeitpunkt des Übergangs beendet sind, weder durch die Generalklausel des § 242 BGB in Gestalt der hieraus fließenden Interessenwahrungspflicht noch unmittelbar durch § 613a BGB, der sich auf die Überleitung der Rechte und Pflichten aus den im Zeitpunkt des Übergangs bestehenden Arbeitsverhältnissen beschränkt, eine Regelung erfährt, ist insoweit eine Lücke gegeben und damit die Türe zu einer teleologischen Extension grundsätzlich geöffnet.

Zu klären bleibt allerdings, ob auch die „Planwidrigkeit" dieser Lücke vorliegt oder ob vielmehr die Nichtanwendung des § 613a BGB für die hier in Rede stehende Fallkonstellation gerade gewollt ist[636]. Unter Berücksichtigung des besonderen methodologischen Zwecks des Lückenbegriffs, die Voraussetzungen der Ergänzung des Gesetzes

---

632 Vgl. *Oetker*, ZIP 2000, S. 643, 647 f. sowie allgemein ErfK/*Preis*, § 613a BGB Rn. 73; APS/*Steffan*, § 613a BGB Rn. 83.

633 Siehe auch *Caspers*, Personalabbau und Betriebsänderung im Insolvenzverfahren, Rn. 222.

634 Vgl. oben unter § 3 C III 4 c) bb).

635 Vgl. *Oetker*, ZIP 2000, S. 643, 650. Insoweit zutreffend auch *Langenbucher*, SAE 1998, S. 145, 147 f.; *dies.*, ZfA 1999, S. 299, 306.

636 Von letzterem geht offensichtlich *Caspers*, Personalabbau und Betriebsänderung im Insolvenzverfahren, Rn. 222 aus.

im Wege der Rechtsfortbildung festzulegen, ist die Frage der „Planwidrigkeit" vom Boden des geltenden Rechts aus zu beantworten, so daß es darauf ankommt, ob die dem Gesetz zugrundeliegende Regelungsabsicht - der mit dem Gesetz verfolgte Zweck - eine entsprechende Regelung fordert oder nicht[637].

Über das Kriterium der „Planwidrigkeit" erfolgt somit die notwendige Unterscheidung zwischen Gesetzeslücke und rechtspolitischem Fehler, indem der Frage nachgegangen wird, ob das Gesetz, gemessen an der ihm zugrundeliegenden Regelungsabsicht und dem von ihm verfolgten Zweck unvollständig ist oder ob lediglich die in ihm getroffene Entscheidung des Gesetzgebers einer kritischen rechtspolitischen Betrachtung nicht standhält, das Gesetz mithin vom Standpunkt eines künftigen besseren Rechts (de lege ferenda) aus betrachtet unvollständig erscheint. Während die Gesetzeslücke als Lücke de lege lata der richterlichen Lückenergänzung zugänglich ist, bleibt die Korrektur des rechtspolitischen Fehlers als Lücke de lege ferenda dem Gesetzgeber vorbehalten[638].

Die durch § 613a I S. 1 BGB ungeregelt gebliebene Frage der Wiedereinstellung solcher Arbeitnehmer, denen wegen beabsichtigter Stillegung gekündigt wurde und deren Arbeitsverhältnisse im Zeitpunkt des die Stillegungsentscheidung des bisherigen Arbeitgebers revidierenden Betriebsübergangs bereits beendet sind, ist vor dem Hintergrund der dem § 613a BGB zugrundeliegenden Regelungsabsicht und des von dieser Vorschrift verfolgten Zweckes als planwidrige Lücke und nicht als rechtspolitischer Fehler zu qualifizieren.

Vor Inkrafttreten des § 613a BGB galten für den Übergang von Arbeitsverhältnissen die allgemeinen Grundsätze der rechtsgeschäftlichen Vertragsübernahme, die die Zustimmung aller Beteiligten[639] und damit auch die Zustimmung des Betriebserwerbers voraussetzten. Dieser hatte folglich die Möglichkeit, die Übernahme einzelner oder aller Arbeitsverhältnisse abzulehnen. Dem Erwerber war es somit nicht verwehrt, aus der Betriebsgemeinschaft nur die jungen und leistungsfähigen Kräfte auszuwählen, jedoch von der Übernahme alter und kranker Arbeitnehmer abzusehen (sogenannte „Negativauslese"[640])[641]. Dies wollte der Gesetzgeber durch Anordnung eines Übergangs der Arbeitsverhältnisse kraft Gesetzes vermeiden.

§ 613a BGB konstituiert allerdings nicht lediglich ein Verbot der Negativauslese. Der Schutz vor einer solchen Negativauswahl stellt lediglich eine besondere Ausprägung des weit zu fassenden Schutzzwecks der Vorschrift dar, der auf eine lückenlose

---

637 Vgl. *Canaris*, Die Feststellung von Lücken im Gesetz, S. 32 f.; *Engisch*, Einführung in das juristische Denken, S. 142; *Larenz*, Methodenlehre der Rechtswissenschaft, S. 373.

638 Siehe zur Abgrenzung der Gesetzeslücke vom rechtspolitischen Fehler *Canaris*, Die Feststellung von Lücken im Gesetz, S. 33 f.; *Engisch*, Einführung in das juristische Denken, S. 142; *Larenz*, Methodenlehre der Rechtswissenschaft, S. 373 f.

639 Vgl. allgemein Palandt/*Heinrichs*, § 398 Rn. 38a.

640 Siehe hierzu *Pietzko*, Der Tatbestand des § 613a BGB, S. 34.

641 Vgl. allgemein zur Rechtsentwicklung vor Inkrafttreten des § 613a BGB KR-*Pfeiffer*, § 613a BGB Rn. 3; *Posth*, Arbeitsrechtliche Probleme beim Betriebsinhaberwechsel (§ 613a BGB), S. 18 ff.; APS/*Steffan*, § 613a BGB Rn. 4.

Bestandssicherung der Arbeitsverhältnisse abzielt[642]. Der umfassende Schutzzweck des § 613a BGB basiert auf dem Grundsatz des Gleichlaufs von Arbeitsplatz und Arbeitsverhältnis[643]. Die Arbeitsverhältnisse sollen hiernach gewissermaßen den Arbeitsplätzen folgen[644] und somit in ihrem Bestand geschützt werden, wenn die korrespondierenden Arbeitsplätze auch nach dem Übergang des Betriebes fortbestehen[645]. Die Einheit von Arbeitsplatz und Arbeitsverhältnis soll trotz des Betriebsübergangs aufrechterhalten werden[646], durch die Überleitung der Arbeitsverhältnisse soll die ursprüngliche betriebliche Einheit wiederhergestellt werden[647] Für den einzelnen Arbeitnehmer bedeutet dies, daß er sich im Falle eines Betriebsübergangs auf den Fortbestand seines Arbeitsverhältnisses verlassen kann, wenn sein Arbeitsplatz unter im wesentlichen gleichen Bedingungen weiterbesteht.

Vor dem Hintergrund dieses von § 613a BGB verfolgten Zweckes stellt es eine planwidrige Lücke dar, wenn die Arbeitsverhältnisse derjenigen Arbeitnehmer, denen im Vorgriff auf den endgültigen Wegfall des Arbeitsplatzes gekündigt wurde, im Falle eines späteren Betriebsübergangs, der ihre Arbeitsplätze unter im wesentlichen gleichen Bedingungen fortbestehen läßt, nur deshalb nicht nach § 613a BGB auf den neuen Inhaber übergehen, weil im Zeitpunkt des Übergangs die Kündigungsfrist schon abgelaufen ist. Denn dann wird die von § 613a BGB intendierte Einheit von Arbeitsplatz und Arbeitsverhältnis nicht erreicht, der Gleichlauf von Arbeitsplatz und Arbeitsverhältnis ist nicht gewährleistet und die Wiederherstellung der betrieblichen Einheit schlägt fehl. Diese planwidrige Lücke im Schutzsystem des § 613a BGB ist darauf zurückzuführen, daß die Vorschrift lediglich den „Normalfall" der Veräußerung eines laufenden, funktionsfähigen Betriebes im Auge hat. Der Erwerber eines solchen Betriebes soll dann in diejenigen Arbeitsverhältnisse eintreten, die diesem Betrieb zuzuordnen sind. Der „Ausnahmefall" des überraschenden Übergangs eines Betriebs, dessen Stillegung zuvor beabsichtigt war und durch Ausspruch betriebsbedingter Kündigungen bereits teilweise vollzogen wurde, blieb jedoch - im Hinblick auf den von der Regelung bezweckten Gleichlauf von Arbeitsplatz und Arbeitsverhältnis

---

642 Vgl. BAG AP Nr. 23 zu § 7 BetrAVG; BAG AP Nr. 24 zu § 613a BGB; *Pietzko*, Der Tatbestand des § 613a BGB, S. 36.

643 Vgl. *Pietzko*, Der Tatbestand des § 613a BGB, S. 36.

644 Vgl. *Beseler*, in: Beseler/Düwell/Göttling, Arbeitsrechtliche Probleme bei Betriebsübergang, Betriebsänderung, Unternehmensumwandlung, S. 36; *Herschel*, Anm. zu BAG AP Nr. 42 zu § 613a BGB; *Loritz*, RdA 1987, S. 65, 68.

645 Siehe *Langenbucher*, ZfA 1999, S. 299, 309.

646 Gegen die These, der Schutzzweck des § 613a BGB sei auf eine umfassende und lückenlose Bestandssicherung im Sinne einer Gewährung des Gleichlaufs von Arbeitsplatz und Arbeitsverhältnis gerichtet, läßt sich nicht § 613a IV S. 2 BGB ins Feld führen. Wenn aus dieser Vorschrift die Schlußfolgerung gezogen wird, daß Fragen des Kündigungsrechts, die nicht den Grundsatz des § 613a IV S. 1 BGB betreffen, „nicht erörtert" werden sollen, so daß es insoweit bei den bestehenden materiell-rechtlichen Aussagen und damit bei der ex ante Beurteilung des Kündigungsgrundes bleibe (so *Lisec*, Der Wiedereinstellungsanspruch des Arbeitnehmers nach betriebsbedingter Kündigung und Betriebsübergang, S. 39), wird übersehen, daß durch die Anerkennung eines Wiedereinstellungsanspruchs der Grundsatz der ex ante Beurteilung des Kündigungsgrundes gerade nicht berührt wird. Denn auch bei Anerkennung eines Anspruches auf Wiedereinstellung ist die Wirksamkeit der Kündigung ausschließlich nach den im Zeitpunkt des Zugangs der Kündigungserklärung gegebenen Umständen zu beurteilen.

647 *Pietzko*, Der Tatbestand des § 613a BGB, S. 36.

planwidrigerweise - unberücksichtigt[648]. Das dem § 613a BGB zugrundeliegende Prinzip des Gleichlaufs von Arbeitsplatz und Arbeitsverhältnis gebietet es, die aufgezeigte planwidrige Lücke durch Gewährung eines Wiedereinstellungsanspruchs zu schließen und somit die vom Gesetz gewollte Einheit von Arbeitsplatz und Arbeitsverhältnis aufrechtzuerhalten[649].

Für die Richtigkeit dieser Auffassung läßt sich darüber hinaus noch ins Feld führen, daß hiermit das befremdende Ergebnis vermieden wird, daß zwar einerseits vom tatbestandlichen Vorliegen eines Betriebsübergangs auszugehen ist, andererseits aber die zentrale, an diesen Tatbestand gemäß § 613a I S. 1 BGB anknüpfende Rechtsfolge, nämlich die Übernahme der Arbeitnehmer des Veräußerers, (teilweise) nicht eintritt[650].

Methodisch ist die Lückenausfüllung in Gestalt der Gewährung eines Wiedereinstellungsanspruchs nicht als Analogie, sondern als teleologische Extension des § 613a BGB zu qualifizieren. Es läßt sich nicht sagen, daß der vom Gesetz nicht geregelte Tatbestand – das rechtliche Schicksal der Arbeitsverhältnisse derjenigen Arbeitnehmer, denen wegen beabsichtigter Stillegung betriebsbedingt gekündigt wurde und deren Kündigungsfrist im Zeitpunkt des Übergangs, der zu einem Fortbestand ihrer Arbeitsplätze führt, bereits abgelaufen ist – dem geregelten – rechtliches Schicksal der Rechte und Pflichten aus den im Zeitpunkt des Übergangs bestehenden Arbeitsverhältnissen – ähnlich in dem Sinne sei, daß er ihm in allen für die gesetzliche Wertung wesentlichen Gesichtspunkten gleiche. Denn der gesetzlichen Wertung des § 613a BGB liegt als wesentlicher Aspekt auch die Vorstellung zugrunde, daß der Erwerber einen laufenden, funktionsfähigen Betrieb übernimmt und daß er aus diesem Grunde in diejenigen Arbeitsverhältnisse eintreten soll, die diesem Betrieb zuzuordnen sind.

Bei der Frage, ob den Arbeitnehmern, denen wegen beabsichtigter Stillegung betriebsbedingt gekündigt wurde und deren Arbeitsverhältnisse im Zeitpunkt des Übergangs bereits beendet sind, ein Wiedereinstellungsanspruch zusteht, handelt es sich im Hinblick auf diesen Aspekt um einen von dem in § 613a BGB geregelten durchaus verschiedenen Tatbestand, der aber in die gesetzliche Regelung hätte einbezogen werden müssen, um deren Zweck – Gleichlauf von Arbeitsplatz und Arbeitsverhältnis beim Betriebsübergang – auch in solchen Fällen zu erreichen. Nicht der Gleichheitssatz, sondern allein die ratio legis des § 613a BGB fordert die Ergänzung des Gesetzes in Form der Gewährung eines Wiedereinstellungsanspruchs. Der gesetzlich ungeregelte Fall wird nicht dem gesetzlich geregelten im Wege eines Ähnlichkeitsschlusses gleichgestellt, sondern § 613a BGB wird für seinen unmittelbaren Anwendungsbereich auf die hier in Rede stehende Fallkonstellation ausgedehnt[651].

---

648 Vgl. insoweit auch *Langenbucher*, ZfA 1999, S. 299, 309; *Oetker*, ZIP 2000, S. 643, 650.

649 Im Ergebnis ebenso *Langenbucher*, ZfA 1999, S. 299, 309; *Oetker*, ZIP 2000, S. 643, 650.

650 Siehe in diesem Zusammenhang auch die Ausführungen von *Kania*, Anm. zu BAG EzA § 1 KSchG Wiedereinstellungsanspruch Nr. 1, S. 18.

651 Im Ergebnis ebenso *Langenbucher*, ZfA 1999, S. 299, 306 ff., insbesondere 309 f.; *dies.*, SAE 1998, S. 145, 147 f.; *Oetker*, ZIP 2000, S. 643, 650; ErfK/*Preis*, § 613a BGB Rn. 145 a. E.; *Strathmann*, Der Wiedereinstellungsanspruch eines wirksam gekündigten Arbeitnehmers, S. 74 f.; *Zwanziger*, in: Kittner/Däubler/Zwanziger, KSchR, § 613a BGB Rn. 127. Wohl auch *Preis/Steffan*, DB 1998, S. 309, 312 und *Raab*, RdA 2000, S. 147, 159, 162.

Gegen diese Herleitung des Wiedereinstellungsanspruchs im Wege der teleologischen Extension läßt sich nicht unter Hinweis auf den Wortlaut des § 613a I BGB einwenden, diese Vorschrift diene nur insoweit der Sicherung von Arbeitsplätzen, als es um einen möglichst nahtlosen Übergang des Arbeitsverhältnisses auf den Erwerber gehe, so daß es alleiniges Ziel des § 613a I BGB sei, den Bestand des Arbeitsverhältnisses über den Zeitpunkt des Betriebsübergangs hinaus aufrechtzuerhalten[652]. Denn eine solche, am Wortlaut des § 613a BGB orientierte Argumentation verkennt, daß es bei der teleologischen Extension ja gerade um eine Erweiterung des – im Hinblick auf ihren Telos zu engen – Wortsinns einer Vorschrift geht[653]. Dies verbietet es aber, im vorliegenden Zusammenhang bezüglich der Frage nach dem Schutzzweck des § 613a BGB Rückschlüsse aus dessen Wortlaut zu ziehen.

3. Zeitliche Grenze für die Entstehung des auf eine teleologische Extension des § 613a BGB gestützten Wiedereinstellungsanspruchs

Der auf eine teleologische Extension des § 613a BGB gestützte Wiedereinstellungsanspruch ist somit hinsichtlich seiner Entstehung nicht durch den Ablauf der Kündigungsfrist zeitlich begrenzt[654]. Vielmehr entsteht der Anspruch auf Wiedereinstellung in diesem Fall nach der Beendigung des Arbeitsverhältnisses. Dies erscheint auch insofern konsequent, als einerseits gerade nicht auf nachvertragliche, von ihrer dogmatischen Grundstruktur her auf die Abwicklung der Vertragsbeziehung ausgerichtete Pflichten des Arbeitgebers, sondern auf die ratio legis des § 613a BGB – Gleichlauf von Arbeitsplatz und Arbeitsverhältnis - zurückgegriffen wird. Andererseits hat der bisherige Inhaber des Betriebs die Kündigung wegen der von ihm beabsichtigten Stillegung ausgesprochen und nicht der Betriebserwerber, dem im Einzelfall der Ablauf der Kündigungsfrist nicht einmal bekannt sein mag[655].

Kommt aber somit bei dem auf teleologische Extension gestützten Wiedereinstellungsanspruch eine zeitliche Begrenzung der Anspruchsentstehung durch Ablauf der Kündigungsfrist nicht in Betracht, stellt sich die Frage, ob insoweit eine andere Zeitgrenze besteht. Vor dem Hintergrund, daß dieser Anspruch mit dem in § 613a BGB grundgelegten Prinzip des Gleichlaufs von Arbeitsplatz und Arbeitsverhältnis im Wege einer teleologischen Extension, mithin mit einer Ausdehnung des unmittelbaren Anwendungsbereichs der gesetzlichen Regelung begründet wird, ist die zeitliche Grenze hinsichtlich der Entstehung des Anspruchs in der Vorschrift des § 613a BGB selbst zu suchen. Eine zeitliche Grenze für die Entstehung des Wiedereinstellungsanspruches ist

---

652 So aber *Lisec*, Der Wiedereinstellungsanspruch des Arbeitnehmers nach betriebsbedingter Kündigung und Betriebsübergang, S. 39.

653 Siehe nur *Larenz*, Methodenlehre der Rechtswissenschaft, S. 398.

654 Im Ergebnis ebenso – auch wenn der Wiedereinstellungsanspruch nicht ausdrücklich auf eine teleologische Extension des § 613a BGB gestützt wird – MünchArbR/*Berkowsky*, § 141 Rn. 50; *Beseler*, in: Beseler/Düwell/Göttling, Arbeitsrechtliche Probleme bei Betriebsübergang, Betriebsänderung, Unternehmensumwandlung, S. 38; APS/*Kiel*, § 1 KSchG Rn. 792; *Meyer*, BB 2000, S. 1032, 1034, 1036. Indifferent *Willemsen*, in: Willemsen/Hohenstatt/Schweibert, Umstrukturierung und Übertragung von Unternehmen, S. 705. A. A. *Westera*, Der Wiedereinstellungsanspruch nach wirksamer Kündigung, S. 74 f.

655 Zu diesem Gesichtspunkt *Langenbucher*, ZfA 1999, S. 299, 311.

folglich nur insoweit anzuerkennen, als nach einem bestimmten Zeitpunkt die tatbestandlichen Voraussetzungen des § 613a BGB nicht mehr vorliegen können[656].

Die Pflicht des neuen Betriebsinhabers resultiert letztlich aus der Tatsache, daß er den Betrieb übernimmt und damit den von § 613a BGB geforderten Gleichlauf von Arbeitsplatz und Arbeitsverhältnis in Gang setzt. Scheidet aber der Übergang des Betriebs im Sinne des § 613a BGB aus, kommt auch der von dieser Vorschrift geforderte, für ihre teleologische Extension herangezogene Gleichlauf von Arbeitsplatz und Arbeitsverhältnis nicht mehr in Betracht und ein entsprechender Anspruch auf Wiedereinstellung kann nicht mehr hierauf gestützt werden.

In den Fällen der sogenannten Auftragsnachfolge[657] kann ein Wiedereinstellungsanspruch folglich in aller Regel nicht mehr entstehen, wenn die Hauptbelegschaft auseinanderfällt und somit ein Betriebsübergang unmöglich wird. In anderen Fallkonstellationen scheidet ein Betriebsübergang und damit ein auf eine teleologische Extension des § 613a BGB gestützter Wiedereinstellungsanspruch aus, wenn der bisherige Arbeitgeber seine ursprünglich gefaßte Entscheidung vollständig durchgeführt, den Betrieb also vollständig stillgelegt hat. Denn nach der Rechtsprechung des Bundesarbeitsgerichts scheidet ein Betriebsübergang nach Stillegung – worunter die Auflösung der zwischen Arbeitgeber und Arbeitnehmer bestehenden Betriebs-, Produktions- oder Dienstleistungsgemeinschaft zu verstehen ist[658] - aus[659].

VI. Dispositionsschutzvorbehalt beim Wiedereinstellungsanspruch nach Betriebsübergang

Es stellt sich die Frage, ob die Grundsätze bezüglich des Dispositionsschutzvorbehaltes, die oben im Zusammenhang mit dem auf die Interessenwahrungspflicht des Arbeitgebers gestützten Wiedereinstellungsanspruch dargelegt worden sind, auch Geltung haben, wenn es um einen Wiedereinstellungsanspruch nach Betriebsübergang geht[660]. Unterschiede könnten sich insoweit ergeben, als nach der hier vertretenen Ansicht der Wiedereinstellungsanspruch nach Betriebsübergang einerseits auf die allgemeine Interessenwahrungspflicht des Arbeitgebers zu stützen ist (wenn es sich um Arbeitnehmer handelt, deren Arbeitsverhältnisse im Zeitpunkt des Betriebsübergangs noch nicht beendet sind), andererseits bezüglich der Rechtsgrundlage für einen solchen Anspruch aber auf eine teleologische Extension des § 613a BGB zurückzugreifen ist

656 So auch *Langenbucher*, ZfA 1999, S. 299, 311; *Raab*, RdA 2000, S. 147, 161 f.; *Zwanziger*, in: Kittner/Däubler/Zwanziger, KSchR, § 613a BGB Rn. 127. Ähnlich *Nicolai/Noack*, ZfA 2000, S. 87, 102 ff. Kritisch bezüglich dieser Ausdehnung des Wiedereinstellungsanspruchs über den Ablauf der Kündigungsfrist hinaus aber *Kania*, Anm. zu BAG EzA § 1 KSchG Wiedereinstellungsanspruch Nr. 1, S. 18 f.

657 Vgl. beispielsweise BAG AP Nr. 169 zu § 613a BGB.

658 Siehe auch *Kindscher*, Die Kündigung wegen Betriebsübergangs, S. 172 f.

659 Vgl. BAG AP Nr. 39 zu § 613a BGB; BAG AP Nr. 74 zu § 613a BGB; BAG AP Nr. 154 zu § 613a BGB; BAG AP Nr. 7 zu § 4 BetrVG 1972. Ebenso *Kindscher*, Die Kündigung wegen Betriebsübergangs, S. 171; *Willemsen*, in: Willemsen/Hohenstatt/Schweibert, Umstrukturierung und Übertragung von Unternehmen, S. 705 und 726.

660 Kritisch hierzu *Kania*, Anm. zu BAG EzA § 1 KSchG Wiedereinstellungsanspruch Nr. 1, S. 16.

(wenn es um Arbeitnehmer geht, deren Arbeitsverhältnisse im Zeitpunkt des Betriebsübergangs nicht mehr bestehen).

1. Betriebsübergang vor Ablauf der Kündigungsfrist

Tritt der den Wegfall des Kündigungsgrundes begründende Betriebsübergang noch während des Laufs der Kündigungsfrist ein, so tritt der Erwerber nach § 613a I S. 1 BGB in alle zum Veräußerer bestehenden Arbeitsverhältnisse ein, mithin auch in diejenigen, die zwar vor dem Übergang des Betriebes bereits ordentlich gekündigt wurden, deren Kündigungsfrist aber erst danach abläuft[661]. Da der neue Inhaber des Betriebs kraft Gesetzes ohne Einschränkungen an die Stelle des bisherigen Arbeitgebers tritt, treffen ihn auch die in vollem Umfang noch wirkenden Interessenwahrungspflichten gegenüber diesen Arbeitnehmern. Führt der Betriebsübergang zu einem Wegfall des Kündigungsgrundes, so verdichtet sich die nunmehr den Betriebserwerber treffende allgemeine Interessenwahrungspflicht zu einer konkreten Wiedereinstellungspflicht, mit der ein Anspruch auf Wiedereinstellung korrespondiert.

In dieser Konstellation, in der der Kündigungsgrund bereits vor Ablauf der Kündigungsfrist entfällt, folgt der Wiedereinstellungsanspruch somit hinsichtlich seiner rechtsdogmatischen Verankerung den allgemeinen Regeln und ist auf die Interessenwahrungspflicht aus § 242 BGB zu stützen. Auch die auf den neuen Betriebsinhaber übergehende und zur Begründung des Wiedereinstellungsanspruches herangezogene allgemeine Interessenwahrungspflicht findet ihre Grenze in höherrangigen Interessen des Erwerbers, die der Wiedereinstellung entgegenstehen. Daraus ergibt sich, daß auch der auf die allgemeine Interessenwahrungspflicht gestützte Wiedereinstellungsanspruch bei Betriebsübergang rechtsdogmatisch unter dem Vorbehalt steht, daß der Betriebserwerber mit Rücksicht auf die Wirksamkeit der Kündigung noch keine Dispositionen getroffen haben darf.

Diesem, unter rechtsdogmatischen Gesichtspunkten zuzugestehenden Dispositionsschutz zugunsten des Arbeitgebers dürfte hingegen keine praktische Bedeutung zukommen. Denn ein Dispositionsschutz kann auch hier nur in Betracht kommen, wenn der Arbeitgeber hinsichtlich des Fortbestands des Kündigungsgrundes gutgläubig ist. Bei einem Betriebsübergang, der zu einem Wegfall des Kündigungsgrundes führt, ist es jedoch für den Erwerber in der Regel evident, daß der Beschäftigungsbedarf für die zuvor wegen beabsichtigter Stillegung betriebsbedingt gekündigten Arbeitnehmer fortbesteht. Gutgläubige, mithin ohne positive Kenntnis vom Wegfall des Kündigungsgrundes in der Zwischenzeit vorgenommene Dispositionen des neuen Betriebsinhabers scheiden somit regelmäßig aus[662].

Auch der unter dem Gesichtspunkt des Dispositionsschutzes befürworteten Möglichkeit für den Arbeitgeber, zur Sicherung seines Personalbedarfs dem Arbeitnehmer eine Frist zu setzen, innerhalb derer sich der Arbeitnehmer gegenüber dem Arbeitgeber

---

661 Siehe allgemein BAG AP Nr. 11 zu § 613a BGB; KR-*Pfeiffer*, § 613a BGB Rn. 12; ErfK/*Preis*, § 613a BGB Rn. 68.

662 Im Ergebnis ebenso *Lisec*, Der Wiedereinstellungsanspruch des Arbeitnehmers nach betriebsbedingter Kündigung und Betriebsübergang, S. 99.

äußern muß, ob er die Wiedereinstellung verlangen will, wobei ein Verstreichenlassen der Frist dazu führt, daß der Arbeitgeber den Beschäftigungsbedarf dispositionsgeschützt anderweitig decken kann[663], kommt im vorliegenden Zusammenhang keine Bedeutung zu. Denn im Hinblick darauf, daß es sich bei dem den Wegfall des Kündigungsgrundes begründenden Betriebsübergang um einen gesetzlichen Vertragspartnerwechsel handelt, ist bezüglich der Angemessenheit einer solchen Frist in Anlehnung an die nach ganz herrschender Meinung für die Ausübung des Widerspruchsrechts geltende Frist[664] ebenfalls von einer Drei-Wochen-Frist auszugehen.

Für einen solcherart ausgestalteten Dispositionsschutz besteht aber vor dem Hintergrund kein Bedürfnis, daß der wegen beabsichtigter Betriebsstillegung gekündigte Arbeitnehmer den Wiedereinstellungsanspruch bei Betriebsübergang nach zutreffender Auffassung ohnehin entsprechend der Rechtsprechung zum Widerspruchsrecht unverzüglich, unter Heranziehung der teleologisch vergleichbaren Richtgröße des § 4 S. 1 KSchG spätestens innerhalb von drei Wochen nach Kenntniserlangung von den den Betriebsübergang ausmachenden tatsächlichen Umständen geltend zu machen hat[665]. Der Betriebserwerber erlangt hiernach „Dispositionsschutz", wenn er die zuvor wegen beabsichtigter Betriebsstillegung betriebsbedingt gekündigten Arbeitnehmer vom Betriebsübergang in Kenntnis setzt und diese nicht unverzüglich, spätestens innerhalb von drei Wochen ihre Wiedereinstellung für die Zeit nach Ablauf der Kündigungsfrist verlangen[666].

2. Betriebsübergang nach Ablauf der Kündigungsfrist

Nicht nur unter rechtspraktischen, sondern bereits unter rechtsdogmatischen Gesichtspunkten erscheint es hingegen zweifelhaft, einen Dispositionsschutzvorbehalt anzunehmen, wenn der den Wegfall des Kündigunsgrundes begründende Betriebsübergang erst nach Ablauf der Kündigungsfrist, mithin nach Beendigung des Arbeitsverhältnisses eintritt. In diesem Fall scheidet ein Rückgriff auf noch wirkende vertragliche Pflichten aus, vielmehr ist der Wiedereinstellungsanspruch aus einer teleologischen Extension des § 613a BGB[667] zu gewinnen. Bei einer solchen dogmatischen Verankerung im unmittelbaren normativen Umfeld des Betriebsinhaberwechsels im Sinne einer teleologischen Extension des § 613a BGB[668] entfällt aber das sonst zur Begründung des Dispositionsschutzvorbehalts vorgebrachte Argument, die aus § 242 BGB abgeleitete Interessenwahrungspflicht finde dort ihre Grenze, wo der Wiedereinstellung höherrangige Interessen des Arbeitgebers entgegenstehen. Für eine derartige Berücksichtigung dispositionsbedingter Interessen im Rahmen einer Abwägung verbleibt dann kein Raum[669].

---

663 Siehe oben unter § 3 C III 5 b.

664 Vgl. nur ErfK/*Preis*, § 613a BGB Rn. 87 m. w. N.

665 Siehe näher hierzu unten unter § 7 C.

666 Siehe hierzu auch die Gedanken von *Gussen*, Anm. zu BAG AP Nr. 5 zu § 1 KSchG 1969 Wiedereinstellung.

667 Der 8. Senat des Bundesarbeitsgericht rekurriert auf eine richtlinienkonforme Auslegung des § 613a BGB, vgl. BAG AP Nr. 169 zu § 613a BGB.

668 Entsprechendes gilt für die vom 8. Senat befürwortete richtlinienkonforme Auslegung des § 613a BGB.

669 Vgl. hierzu *Kania*, Anm. zu BAG EzA § 1 KSchG Wiedereinstellungsanspruch Nr. 1, S. 16.

Vor diesem Hintergrund erscheint es durchaus konsequent, daß der 8. Senat des Bundesarbeitsgerichts den von ihm auf eine richtlinienkonforme Auslegung des § 613a BGB gestützten „Fortsetzungsanspruch" nicht unter einen Dispositionsschutzvorbehalt stellt[670]. Entgegen der Einschätzung von *Peters* und *Thüsing*[671] hat der 8. Senat in dem Urteil vom 13.11.1997 den Dispositionsschutzvorbehalt nicht wegen mangelnder Entscheidungsrelevanz für den zu entscheidenden Sachverhalt ausgespart, sondern er hat die Konsequenz daraus gezogen, den Anspruch auf eine richtlinienkonforme Auslegung des § 613a BGB zu stützen[672]. Insoweit war sehr wohl ein Abweichen von der Rechtsprechung des 2. Senats intendiert[673].

Auch soweit in der Literatur zur Begründung eines Wiedereinstellungsanspruches bei Betriebsübergang auf § 613a BGB rekurriert wird, unterbleibt zumeist – konsequenterweise – ein Hinweis darauf, daß dieser Anspruch unter dem Vorbehalt anderweitiger Dispositionen des Arbeitgebers steht[674].

Scheidet somit nach zutreffender Ansicht ein Dispositionsschutzvorbehalt aus rechtsdogmatischen Gründen aus, soweit der Wiedereinstellungsanspruch im Wege einer teleologischen Extension des § 613a BGB[675] im unmittelbaren normativen Umfeld des Betriebsinhaberwechsels verankert wird, so besteht der Anspruch auch in diesem Fall nicht ohne Einschränkungen und der Arbeitgeber ist im Hinblick auf die Planungssicherheit keineswegs schutzlos gestellt. Denn auch wenn der den Wegfall des Kündigungsgrundes begründende Betriebsübergang erst nach Ablauf der Kündigungsfrist eintritt, muß der zuvor wegen beabsichtigter Betriebsstillegung betriebsbedingt gekündigte Arbeitnehmer den Anspruch auf Wiedereinstellung – entsprechend der Rechtsprechung zum Widerspruchsrecht – unverzüglich, unter Heranziehung der teleologisch vergleichbaren Richtgröße des § 4 S. 1 KSchG spätestens innerhalb von drei Wochen nach Kenntniserlangung von den den Betriebsübergang ausmachenden tatsächlichen Umständen geltend machen[676].

Der Erwerber des Betriebs hat es folglich selbst in der Hand, Dispositionsschutz und Planungssicherheit zu erlangen, indem er die betroffenen Arbeitnehmer vom

---

670 Vgl. BAG AP Nr. 169 zu § 613a BGB.

671 *Peters/Thüsing*, Anm. zu BAG EzA § 613a BGB Nr. 154, S. 7 f. Ähnlich – im Hinblick auf die Zumutbarkeit der Wiedereinstellung - auch *Lisec*, Der Wiedereinstellungsanspruch des Arbeitnehmers nach betriebsbedingter Kündigung und Betriebsübergang, S. 85 f.

672 Vgl. hierzu auch *Oetker*, DZWIR 2000, S. 461, 462.

673 Andere Einschätzung freilich bei *Peters/Thüsing*, Anm. zu BAG EzA § 613a BGB Nr. 154, S. 7 f., denen jedoch zuzugeben ist, daß der 8. Senat die Entscheidung des 2. Senats vom 27.02.1997 unpräzise wiedergibt.

674 So lassen beispielsweise die umfangreichen Ausführungen von *Langenbucher*, ZfA 1999, S. 299 ff. zum Wiedereinstellungsanspruch bei Betriebsübergang jeglichen Hinweis auf einen Dispositionsschutzvorbehalt vermissen. Vgl. auch *dies.*, SAE 1998, S. 145 ff. sowie *Otto*, Festschrift für Kraft, S. 451, 460. Anders hingegen *Raab*, RdA 2000, S. 147, 159, 161, der den Wiedereinstellungsanspruch zwar mit dem Schutzzweck des § 613a BGB begründet, ihn aber dennoch mit einem Dispositionsschutzvorbehalt versieht.

675 Beziehungsweise nach Ansicht des 8. Senats des Bundesarbeitsgerichts im Wege einer richtlinienkonformen Auslegung des § 613a BGB.

676 Vgl. unten § 7 C.

Betriebsübergang in Kenntnis setzt[677]. Verlangen diese daraufhin nicht unverzüglich, in Anlehnung an die Rechtsprechung zum Widerspruchsrecht spätestens innerhalb von drei Wochen ihre Wiedereinstellung, kann der Erwerber über die betreffenden, aufgrund des Betriebsübergangs fortbestehenden Arbeitsplätze anderweitig verfügen, ohne befürchten zu müssen, zu einem späteren Zeitpunkt diesbezüglichen Wiedereinstellungsansprüchen der gekündigten Arbeitnehmer ausgesetzt zu sein.

Freilich führt dies letztlich dazu, daß der Erwerber – besonders deutlich wird dies in Fällen der Auftragsnachfolge mit Übernahme wesentlicher Teile der Belegschaft des bisherigen Auftragnehmers – auch diejenigen Arbeitnehmer von der Tatsache des Betriebsübergangs in Kenntnis setzen muß, die er gerade nicht übernehmen möchte[678]. Darüber hinaus bedeutet es für den Arbeitgeber einen nicht unerheblichen organisatorischen Aufwand, zunächst mit allen entlassenen Arbeitnehmern Kontakt aufzunehmen und sie vom Betriebsübergang in Kenntnis zu setzen[679]. Will der Arbeitgeber aber Planungssicherheit und Dispositionsschutz erlangen, muß er dies auf sich nehmen[680]. Vor dem Hintergrund, daß gerade solche Arbeitnehmer besonders schutzbedürftig sind, deren Arbeitsverhältnisse im Zeitpunkt des Betriebsübergangs bereits beendet sind, da ihnen jeglicher Einblick in die betrieblichen Umstände fehlt, erscheint ein solches Ergebnis auch interessengerecht.

Scheidet somit bei einem im unmittelbaren normativen Umfeld des Betriebsinhaberwechsels verankerten Wiedereinstellungsanspruch zwar ein Dispositionsschutzvorbehalt aus rechtsdogmatischen Gründen aus, so besteht in rechtspraktischer Hinsicht doch Ergebnisidentität zu den Fallkonstellationen, in denen der Anspruch auf Wiedereinstellung bei Betriebsübergang auf die allgemeine Interessenwahrungspflicht zu stützen ist. In beiden Fällen ist der Erwerber geschützt, wenn er die zuvor wegen beabsichtigter Betriebsstillegung gekündigten Arbeitnehmer vom Betriebsübergang in Kenntnis setzt und diese daraufhin ihre Wiedereinstellung nicht unverzüglich, spätestens innerhalb von drei Wochen verlangen.

VII. Zwischenergebnis

Fallen die die Beendigung des Arbeitsverhältnisses tragenden Gründe aufgrund eines Betriebsübergangs weg, ist bezüglich der Verankerung des Wiedereinstellungsanspruchs danach zu differenzieren, ob der Betriebsübergang noch während des

---

677 Siehe hierzu auch die Ausführungen von *Gussen*, Anm. zu BAG AP Nr. 5 zu § 1 KSchG 1969 Wiedereinstellung.

678 Vgl. *Kleinebrink*, FA 1999, S. 138, 141; *Preis/Steffan*, DB 1998, S. 309, 311. Ähnlich *Gussen*, Anm. zu BAG AP Nr. 5 zu § 1 KSchG 1969 Wiedereinstellung. Siehe zur Informationspflicht des Erwerbers auch *Strathmann*, Der Wiedereinstellungsanspruch eines wirksam gekündigten Arbeitnehmers, S. 102.

679 Kritisch deshalb *Bartel*, SAE 1998, S. 318, 318.

680 Siehe hierzu auch *Nicolai/Noack*, ZfA 2000, S. 87, 104 mit dem zutreffenden Hinweis darauf, daß einerseits der Zeitraum zwischen dem Ablauf der Kündigungsfrist und dem unerwarteten Betriebsübergang in aller Regel nicht erheblich ist und daß es andererseits in den Tagen des Informationszeitalters für den Betriebserwerber keine unüberwindbaren organisatorischen Schwierigkeiten bedeutet, Kontakt mit allen entlassenen Arbeitnehmern aufzunehmen und sie über den Betriebsübergang zu informieren.

Laufs der Kündigungsfrist oder aber erst nach Beendigung des Arbeitsverhältnisses eintritt.

Erfolgt der Betriebsübergang in einem Zeitpunkt, in dem das Arbeitsverhältnis bereits gekündigt, wegen noch nicht abgelaufener Kündigungsfrist jedoch noch nicht beendet ist, läßt sich der Wiedereinstellungsanspruch auf die mit dem Betriebsübergang auf den neuen Inhaber übergehende, in vollem Umfang „noch wirkende" Interessenwahrungspflicht aus § 242 BGB stützen.

Wenn der Betriebsübergang erst nach Beendigung des Arbeitsverhältnisses eintritt, ergibt sich der Anspruch auf Wiedereinstellung aus einer teleologischen Extension des § 613a BGB, dem das Prinzip des Gleichlaufs von Arbeitsplatz und Arbeitsverhältnis zugrundeliegt. In diesem Fall ist für die Entstehung des Wiedereinstellungsanspruchs eine zeitliche Grenze nur insoweit anzuerkennen, als nach einem bestimmten Zeitpunkt die tatbestandlichen Voraussetzungen des § 613a BGB nicht mehr vorliegen können.

Der auf die allgemeine Interessenwahrungspflicht des Arbeitgebers gestützte Wiedereinstellungsanspruch bei Betriebsübergang vor Ablauf der Kündigungsfrist steht zwar unter rechtsdogmatischen Gesichtspunkten unter einem Dispositionsschutzvorbehalt, diesem Vorbehalt kommt jedoch in der Praxis keine Bedeutung zu.

Soweit der Wiedereinstellungsanspruch im Wege einer teleologischen Extension des § 613a BGB[681] im unmittelbaren normativen Umfeld des Betriebsinhaberwechsels zu verankern ist, scheidet ein Dispositionsschutzvorbehalt aus rechtsdogmatischen Gründen aus. Der Erwerber des Betriebs hat es jedoch selbst in der Hand, Planungssicherheit zu erlangen, indem er die betroffenen Arbeitnehmer vom Betriebsübergang in Kenntnis setzt. Diese haben dann den Anspruch auf Wiedereinstellung – entsprechend der Rechtsprechung zum Widerspruchsrecht – unverzüglich, unter Heranziehung der teleologisch vergleichbaren Richtgröße des § 4 S. 1 KSchG spätestens innerhalb von drei Wochen nach Kenntniserlangung von den den Betriebsübergang ausmachenden tatsächlichen Umständen geltend zu machen.

E. Die tarifvertragliche Wiedereinstellungsklausel

I. Historischer Rückblick: Die tarifvertragliche Wiedereinstellungsklausel nach Arbeitskämpfen während der Geltung der Tarifvertragsverordnung vom 23. 12. 1918

Während der Geltung der Tarifvertragsverordnung war die Frage, ob beziehungsweise unter welchen Voraussetzungen eine tarifvertragliche Wiedereinstellungsklausel einem Arbeitnehmer, dessen Arbeitsverhältnis im Zusammenhang mit dem Arbeitskampf aufgelöst wurde, einen unmittelbaren Anspruch auf Wiedereinstellung gegen seinen früheren Arbeitgeber einräumen kann, höchst umstritten und für die Arbeitnehmer von großer Wichtigkeit. Denn die Beendigung des Arbeitsverhältnisses war nach damaliger

681 Beziehungsweise nach Ansicht des 8. Senats im Wege einer richtlinienkonformen Auslegung des § 613a BGB.

Rechtsauffassung die regelmäßige Folge der Streikteilnahme. Der Arbeitnehmer mußte zunächst fristgerecht kündigen und den Ablauf der Kündigungsfrist abwarten, bevor er sich an einem Streik beteiligen konnte. Die Arbeitskampfbeteiligung ohne vorangehende fristgerechte Kündigung wurde als Vertragsbruch qualifiziert, der den Arbeitgeber zur fristlosen Entlassung des Arbeitnehmers wegen rechtswidriger, schuldhafter und beharrlicher Arbeitsverweigerung berechtigte[682] (sog. „individualrechtliche Betrachtungsweise“).

Ausgangspunkt des Streits war die in § 1 S. 1 TVVO getroffene Regelung:

> „Sind die Bedingungen für den Abschluß von Arbeitsverträgen zwischen Vereinigungen von Arbeitnehmern und einzelnen Arbeitgebern durch schriftlichen Vertrag geregelt (Tarifvertrag), so sind Arbeitsverträge zwischen den beteiligten Personen insoweit unwirksam, als sie von der tariflichen Regelung abweichen.“

Trotz des insoweit ungenauen[683] Wortlauts, der sich ausdrücklich auf die „Bedingungen für den Abschluß von Arbeitsverträgen“ bezieht, wurde die Vorschrift nach einhelliger Auffassung dahingehend interpretiert, daß lediglich für die Arbeitsbedingungen, die den Inhalt der Arbeitsverhältnisse bilden, eine normative Wirkung verankert werde. Vereinbarungen, die den Abschluß eines Arbeitsvertrages zum Gegenstand haben, könnten dagegen keine normative, einen unmittelbaren Anspruch des Arbeitnehmers begründende Wirkung entfalten. Sie sollten vielmehr nur zu einer schuldrechtlichen Verpflichtung der vertragschließenden Parteien führen[684]. Bei einem Firmentarifvertrag konnte dann die vertragschließende Gewerkschaft vom Arbeitgeber wegen der ihm obliegenden, durch den Tarifvertrag begründeten Erfüllungspflicht die Wiedereinstellung verlangen. Bei einem Verbandstarifvertrag stand der Gewerkschaft hingegen lediglich ein aus dem Tarifvertrag abzuleitender Einwirkungsanspruch gegen den Arbeitgeberverband zu, daß dieser seine Mitglieder zur Durchführung der Wiedereinstellung anhält[685].

Vor diesem Hintergrund konnte nur eine tarifvertragliche Klausel, die bereits vor Durchführung des Arbeitskampfes getroffen wurde und eine Pflicht des Arbeitgebers zur Wiedereinstellung solcher Arbeitnehmer vorsah, deren Arbeitsverhältnisse arbeitskampfbedingt beendet werden, als normativ wirkende, dem einzelnen Arbeitnehmer einen aufschiebend bedingten Anspruch gegen den Arbeitgeber auf Wiedereinstellung einräumende Inhaltsnorm im Sinne des § 1 S. 1 TVVO qualifiziert werden. Denn

---

682 Vgl. hierzu *Brox*, in: Brox/Rüthers, Arbeitskampfrecht, Rn. 288; *Däubler*, in: Däubler, Arbeitskampfrecht, Rn. 22 f.; *Gamillscheg*, Kollektives Arbeitsrecht Bd. I, S. 105.

683 Vgl. *Nikisch*, Arbeitsrecht Bd. II, S. 285 Fn. 1

684 Siehe hierzu *Grünhage*, Die Pflicht des Arbeitgebers zur Einstellung und Wiedereinstellung von Arbeitnehmern, S. 82 f.; *A. Hueck*, Festschrift für Hedemann, S. 131, 134; *Nipperdey*, in: Hueck/Nipperdey, Lehrbuch des Arbeitsrechts Bd. II (3./5. Aufl.), S. 85; *Säcker/Oetker*, Grundlagen und Grenzen der Tarifautonomie, S. 108; *Wiedemann*, in: Wiedemann, TVG, § 1 Rn. 479.

685 Vgl. *Wiedemann*, in: Wiedemann, TVG, § 1 Rn. 705.

insoweit ließ sich eine Einwirkung auf den Inhalt (noch) bestehender Arbeitsverhältnisse begründen[686].

Problematisch waren jedoch die Fälle, in denen die tarifvertragliche Wiedereinstellungsklausel nicht bereits vor dem Arbeitskampf, sondern – wie im Regelfall – erst nach der arbeitskampfbedingten Beendigung der Arbeitsverhältnisse im Rahmen eines Friedensabkommens vereinbart wurde. Der Qualifizierung einer solchen Wiedereinstellungsklausel als normativ wirkende Inhaltsnorm im Sinne des § 1 S. 1 TVVO stand entgegen, daß wegen der vorangegangenen arbeitskampfbedingten Beendigung keine Arbeitsverhältnisse mehr vorhanden waren, auf deren Inhalt die Klausel hätte einwirken können[687]. Folglich konnte einer solchen Wiedereinstellungsklausel nur schuldrechtliche, die Tarifparteien verpflichtende Wirkung beigemessen werden, während dem einzelnen Arbeitnehmer ein Anspruch auf Wiedereinstellung versagt werden mußte[688]. Um dem einzelnen Arbeitnehmer dennoch einen unmittelbaren Anspruch auf Wiedereinstellung gegen den Arbeitgeber einräumen zu können, wurden diverse, dogmatisch zweifelhafte Versuche unternommen, den Wiedereinstellungsklauseln über den Regelungstypus der Inhaltsnorm im Sinne des § 1 S. 1 TVVO normative Wirkung zu verleihen[689].

II. Die tarifvertragliche Wiedereinstellungsklausel nach dem Tarifvertragsgesetz

1. Korrektur des Rechtszustandes durch das Tarifvertragsgesetz

Den soeben geschilderten und als unbefriedigend empfundenen Rechtszustand während der Geltung der Tarifvertragsverordnung hat der Gesetzgeber mit der Verabschiedung des Tarifvertragsgesetzes im Jahre 1949 korrigiert. Die in §§ 1 I, 4 I TVG aufgezählten tarifvertraglichen Regelungstypen umfassen als zusätzlichen Typus normativer Tarifbestimmungen nunmehr ausdrücklich die Abschlußnormen. Den Tarifvertragsparteien wurde hierdurch die Möglichkeit eröffnet, auch nach der Beendigung der Arbeitsverhältnisse Wiedereinstellungsklauseln mit normativer Wirkung zu vereinbaren und somit den einzelnen Arbeitnehmern direkte, auf den Neuabschluß eines Arbeitsvertrages gerichtete Ansprüche gegen den tarifgebundenen Arbeitgeber einzuräumen.

Die den Gesetzgeber ursprünglich zur Etablierung von Abschlußnormen als zusätzlichen Typus normativer Tarifbestimmungen motivierende Fallgruppe der tariflichen

---

686 Zu diesem Gedanken *Nipperdey*, in: Hueck/Nipperdey, Lehrbuch des Arbeitsrechts Bd. II (3./5. Aufl.), S. 74 f. und 90.

687 *Nipperdey*, in: Hueck/Nipperdey, Lehrbuch des Arbeitsrechts Bd. II (3./5. Aufl.), S. 92 m. w. N. in Anm. 117.

688 Zum Teil wurde diese Konsequenz nur für Wiedereinstellungsklauseln angenommen, die in einem Verbandstarifvertrag inkorporiert waren. Eine firmentarifvertragliche Wiedereinstellungsklausel sei ein Vertrag zugunsten Dritter, so daß der einzelne Arbeitnehmer hieraus unmittelbar vom Arbeitgeber die Wiedereinstellung verlangen könne. Vgl. hierzu *Nipperdey*, in: Hueck/Nipperdey, Lehrbuch des Arbeitsrechts Bd. II (3./5. Aufl.), S. 96 f. m. w. N. in Anm. 117a.

689 Zusammenfassend hierzu *Nipperdey*, in: Hueck/Nipperdey, Lehrbuch des Arbeitsrechts Bd. II/1, S. 274 Anm. 114.

Wiedereinstellungsklauseln nach Arbeitskämpfen[690] hat aufgrund der namentlich durch die Rechtsprechung des Bundesarbeitsgerichts herbeigeführten Paradigmenwechsel im Bereich des Arbeitskampfrechts heute keine nennenswerte praktische Relevanz mehr:

Zunächst hat das Bundesarbeitsgericht in einem rechtsfortbildenden Beschluß seines Großen Senats vom 28.01.1955[691] die bis dahin herrschende „individualrechtliche Betrachtungsweise", nach der eine Streikbeteiligung des Arbeitnehmers ohne vorherige fristgerechte Kündigung als ein den Arbeitgeber zu fristloser Kündigung berechtigender Arbeitsvertragsbruch zu qualifizieren war, abgelehnt und die sogenannte „kollektivrechtliche Betrachtungsweise" entwickelt, bei der die Frage nach der Rechtmäßigkeit von streikbedingten Arbeitsniederlegungen ausschließlich auf kollektivrechtlicher Ebene zu beurteilen ist. Einer darüber hinausgehenden individualrechtlichen Rechtfertigung der auf einem gewerkschaftlichen Streikbeschluß beruhenden Arbeitsverweigerung bedarf es hiernach nicht[692].

Da somit die Arbeitnehmer einerseits nicht mehr gezwungen sind, zur Vermeidung eines Arbeitsvertragsbruchs vor der Streikteilnahme zu kündigen, der Arbeitgeber andererseits bei einer Streikteilnahme ohne vorangegangene Kündigung des Arbeitnehmers nicht mehr zur fristlosen Kündigung berechtigt ist, zieht die bloße Teilnahme an der Arbeitsniederlegung nicht mehr die grundsätzliche Beendigung des Arbeitsverhältnisses nach sich, so daß insoweit das Bedürfnis für entsprechende tarifliche Wiedereinstellungsklauseln entfallen ist.

Zu einer arbeitskampfbedingten Beendigung des Arbeitsverhältnisses konnte es aber nach wie vor durch eine lösende Aussperrung kommen, deren Zulässigkeit vom Großen Senat in dem Beschluß vom 28.01.1955 ausdrücklich betont wurde, so daß zumindest insoweit weiterhin tarifliche Wiedereinstellungsklauseln in Betracht kamen.

---

690 Vgl. zum Motiv des Gesetzgebers, insbesondere den tariflichen Wiedereinstellungsklauseln nach Arbeitskämpfen durch die gesetzliche Verankerung der Abschlußnormen als zusätzlichen Typus normativer Tarifbestimmungen zu normativer Wirkung zu verhelfen *Däubler*, Tarifvertragsrecht, Rn. 855; *Herschel*, ZfA 1973, S. 183, 187.

691 BAG AP Nr. 1 zu Art. 9 GG Arbeitskampf.

692 Der Große Senat des Bundesarbeitsgerichts begründete die Ablehnung der individualrechtlichen Betrachtungsweise insbesondere damit, daß der Arbeitskampf als einheitliches Geschehen betrachtet werden müsse, das individualrechtlich nicht anders behandelt werden dürfe als kollektivrechtlich. Die Teilnahme an einem nach kollektivrechtlichen Maßstäben rechtmäßigen Streik könne nicht auf individualrechtlicher Ebene als rechtswidrig angesehen werden.
Darüber hinaus sei ein Streik unter Einhaltung der unterschiedlich langen Kündigungsfristen weitgehend praktisch unmöglich und mache das Schwert des Streikes stumpf.
Vor allem aber berücksichtige die „individualrechtliche Betrachtungsweise" nicht, daß Arbeitsniederlegungen, die im Zuge eines Streiks erfolgen, in aller Regel nicht auf eine endgültige Beendigung der Arbeitsverhältnisse gerichtet seien, sondern nur ein Zwischenstadium darstellten, nach dessen Ablauf die Arbeit wieder aufgenommen werden soll. Die „individualrechtliche Betrachtungsweise" zwinge die Arbeitnehmer daher zu einer Kündigung , die sie gar nicht wollten und die sich somit als zu weitgehendes, arbeitsplatzgefährdendes Instrument darstelle.

In einem Beschluß vom 21.04.1971[693] beschränkte jedoch der Große Senat des Bundesarbeitsgerichts unter Hinweis auf den Verhältnismäßigkeitsgrundsatz die Zulässigkeit der lösenden Aussperrung auf Ausnahmefälle. In aller Regel komme nur eine suspendierende Aussperrung in Betracht[694]. Dies führte dazu, daß sowohl Streik als auch Aussperrung grundsätzlich nur noch suspendierende Wirkung haben und insoweit eine arbeitskampfbedingte Beendigung der Arbeitsverhältnisse regelmäßig ausscheidet. Folglich haben tarifliche Wiedereinstellungsklauseln nach Beendigung eines Arbeitskampfes im Verhältnis zur früheren Rechtslage heute nur noch marginale Bedeutung[695].

Dementsprechend werden tarifliche Wiedereinstellungsvereinbarungen in jüngerer Zeit verstärkt für andere Fallkonstellationen getroffen: Aus betriebsbedingten Gründen entlassene Arbeitnehmer sollen im Falle der Neubesetzung von Arbeitsplätzen unter bestimmten Voraussetzungen bevorzugt (wieder)eingestellt werden[696]. Arbeitnehmern, deren Arbeitsverhältnisse durch tarifliche Regelung wegen Berufsunfähigkeit beendet worden sind, wird nach Wiederherstellung der Berufsfähigkeit – unter der Voraussetzung eines freien geeigneten Arbeitsplatzes - ein Anspruch auf Wiedereinstellung eingeräumt[697]. Darüber hinaus werden tarifliche Wiedereinstellungklauseln auch in Verbindung mit tariflichem Elternurlaub vereinbart. Der Tarifvertrag eröffnet hierbei die Möglichkeit, das Arbeitsverhältnis nach Ablauf des

---

693 BAG AP Nr. 43 zu Art. 9 GG Arbeitskampf.

694 Dies wird von der Literatur weitestgehend anerkannt, wobei teilweise sogar die Zulässigkeit der lösenden Aussperrung gänzlich verneint wird. Vgl. *Brox*, in: Brox/Rüthers, Arbeitskampfrecht, Rn. 288 und 314; *Brox/Rüthers*, Arbeitsrecht, Rn. 328 f.; *Dütz*, Arbeitsrecht, Rn. 670 f.; *Hromadka/Maschmann*, Arbeitsrecht Bd. 2, S. 160 f. und 170 f.; *Loritz*, in: Zöllner/Loritz, Arbeitsrecht, S. 474, 477 f.; *Wollenschläger*, Arbeitsrecht, Rn. 375 und 378 f.

695 So auch *Becker*, in: Kittner/Zwanziger, Arbeitsrecht, Handbuch für die Praxis, § 30 Rn. 51; *Däubler*, Tarifvertragsrecht, Rn. 868; *Hromadka/Maschmann*, Arbeitsrecht Bd. 2, S. 170 f.; *Lieb*, Arbeitsrecht, Rn. 570; *Loritz*, in: Zöllner/Loritz, Arbeitsrecht, S. 480; MünchArbR/*Otto*, § 291 Rn. 9; *Rüthers*, in: Brox/Rüthers, Arbeitskampfrecht, Rn. 277 Fn. 519.

696 Siehe hierzu auch schon *Borrmann*, Der Schutz des sozialen Besitzstandes der Arbeitnehmer bei Rationalisierungsmaßnahmen, S. 245 f. Vgl. in diesem Zusammenhang beispielsweise § 13 VI Nr. 1 des Manteltarifvertrages für gewerbliche Arbeitnehmer und Angestellte in der chemischen Industrie in der Fassung vom 25.03.1983:
„1. Aus betriebsbedingten Gründen entlassene Arbeitnehmer, die länger als 12 Monate dem Betrieb angehört haben und deren Entlassung nicht mehr als 12 Monate zurückliegt, werden im Falle der Neubesetzung von für sie geeigneten Arbeitsplätzen bevorzugt wieder eingestellt ...".
Ähnlich für den Fall der witterungsbedingten Kündigung im Baugewerbe § 2 Ziffer 5 des Bundesrahmentarifvertrages für das Baugewerbe:
„Bei Entlassung wegen ungünstiger Witterung muß die Wiedereinstellung des Entlassenen erfolgen, wenn dessen Wiederbeschäftigung möglich ist. Der Arbeitnehmer hat hierauf einen Rechtsanspruch, wenn er sich unverzüglich nach Wiederaufnahme der Arbeit meldet. Der Arbeitgeber hat die Arbeitnehmer über die Wiederaufnahme der Arbeit zu unterrichten." (Vgl. hierzu auch BAG AP Nr. 106 zu § 1 TVG Auslegung).

697 Vgl. beispielsweise § 62 V des Manteltarifvertrages für Arbeiter der Länder in der bis zum 31.12.1984 geltenden Fassung und das hierzu ergangene Urteil des Bundesarbeitsgerichts vom 23.02.2000 (BAG AP Nr. 1 zu § 62 MTL II) sowie die inhaltlich ähnliche Regelung in § 59 V BAT und die hierzu ergangene Entscheidung des Bundesarbeitsgerichts vom 24.01.1996 (BAG AP Nr. 7 zu § 59 BAT).

gesetzlichen Erziehungsurlaubs zur Betreuung des Kindes aufzuheben und räumt dann unter bestimmten Voraussetzungen einen Anspruch auf Wiedereinstellung ein[698].

2. Einordnung der Wiedereinstellungsklausel in das System der tarifvertraglichen Regelungstypen

a) Die Wiedereinstellungsklausel als Abschlußnorm im Sinne der §§ 1 I, 4 I TVG

Unter Abschlußnormen im Sinne der §§ 1 I, 4 I TVG sind tarifvertragliche Regelungen zu verstehen, die das Zustandekommen neuer, die Wiederaufnahme alter oder die Fortsetzung unterbrochener Arbeitsverhältnisse zum Gegenstand haben[699]. Innerhalb der Abschlußnormen werden drei Gruppen unterschieden: Formvorschriften, Abschlußgebote und Abschlußverbote[700].

Da es einerseits die Absicht des historischen Gesetzgebers war, gerade den tariflichen Wiedereinstellungsklauseln nach Beendigung eines Arbeitskampfes durch die gesetzliche Etablierung des tarifvertraglichen Regelungstypus der Abschlußnormen in §§ 1 I, 4 I TVG normative Wirkung zu verleihen[701], und andererseits der Wortlaut des § 1 I TVG lapidar auf den „Abschluß von Arbeitsverhältnissen" abstellt, so erscheint es naheliegend, jede Vereinbarung eines Tarifvertrages, die für bestimmte Fälle eine Wiedereinstellung und damit den Neuabschluß eines Arbeitsvertrages vorsieht, als Abschlußnorm im gesetzlichen Sinne zu qualifizieren. Nach nahezu einhelliger Literaturansicht kann jedoch nicht jegliche tarifvertragliche Bestimmung, die dem Arbeitgeber die (Wieder)Einstellung von Arbeitnehmern gebietet, als Abschlußnorm in Gestalt eines Abschlußgebotes angesehen werden. Hierfür sei vielmehr erforderlich, daß der durch die jeweilige tarifvertragliche Regelung begünstigte Personenkreis bestimmt oder zumindest bestimmbar ist[702].

Die dogmatische Rechtfertigung dieses Bestimmtheitserfordernisses stößt jedoch auf Schwierigkeiten. Zu kurz greift insoweit die formale Behauptung, eine unmittelbare und zwingende Wirkung (§ 4 I TVG) könne ein Abschlußgebot nur dann haben, wenn der berechtigte und verpflichtete Personenkreis bestimmt oder bestimmbar ist[703],

---

698 Vgl. z. B. § 13. 4 des Manteltarifvertrages für die Metallindustrie Südbaden vom 08. 05. 1990: „Wiedereinstellung nach Zeiten der Kindeserziehung: Beschäftigte, die im Anschluß an den gesetzlichen Erziehungsurlaub zur Betreuung eines Kindes aus dem Betrieb ausscheiden, haben einmalig einen Anspruch auf Wiedereinstellung auf einem vergleichbaren und gleichwertigen Arbeitsplatz, es sei denn, ein geeigneter Arbeitsplatz ist zum Zeitpunkt der Wiedereinstellung nicht vorhanden und steht auf absehbare Zeit nicht zur Verfügung. Voraussetzung ist eine mindestens fünfjährige ununterbrochene Betriebszugehörigkeit. Der Anspruch ist bis zur Vollendung des 5. Lebensjahres des Kindes begrenzt ...".

699 Vgl. *Wiedemann*, in: Wiedemann, TVG, § 1 Rn. 479.

700 Hierzu *Buchner*, RdA 1966, S. 208, 208; *Löwisch*, in: Löwisch/Rieble, TVG, § 1 Rn. 63 ff.

701 Vgl. *Däubler*, Tarifvertragsrecht, Rn. 855; *Herschel*, ZfA 1973, S. 183, 187.

702 Vgl. nur *W. Blomeyer*, ZfA 1980, S. 1, 11 f.; *Buchner*, RdA 1966, S. 208, 208; *Loritz*, in: Zöllner/Loritz, Arbeitsrecht, S. 396; *Nipperdey*, in: Hueck/Nipperdey, Lehrbuch des Arbeitsrechts, Bd. II/1, S. 290; *Wiedemann*, in: Wiedemann, TVG, § 1 Rn. 486; a. A.: *Däubler*, Tarifvertragsrecht, Rn. 872.

703 So *W. Blomeyer*, ZfA 1980, S. 1, 11.

beziehungsweise eine normative Wirkung des Abschlußgebotes sei nicht möglich, wenn die begünstigten Arbeitnehmer nicht genau zu ermitteln sind[704]. Namentlich *Säcker* und *Oetker* haben zutreffend darauf hingewiesen, daß die geltende Rechtsordnung durchaus gesetzliche - und damit grundsätzlich unmittelbare und zwingende – Abschlußgebote kennt, bei denen der Kreis der Anspruchsberechtigten weder bestimmt noch bestimmbar ist[705]. Sie begründen in überzeugender Art und Weise das Erfordernis hinreichender Bestimmtheit mit dem gesetzgeberischen Leitbild der Rechtswirkungen normativer tarifvertraglicher Vorschriften, wonach die normativen tarifvertraglichen Bestimmungen von außen auf die bestehenden Arbeitsverhältnisse einwirken. Bei den Abschlußnormen sei ein solches Einwirken auf bestehende Arbeitsverhältnisse jedoch nicht möglich, weil noch gar kein Arbeitsverhältnis existiere, auf das eingewirkt werden könnte. Bei den von Abschlußnormen geregelten Lebenssachverhalten gehe es ja vielmehr gerade darum, die Begründung des Arbeitsverhältnisses einer tarifvertraglichen Regelung zuzuführen[706]. Wenn der Gesetzgeber den Abschlußnormen dennoch in § 4 I TVG unmittelbare Wirkung zuspreche, fingiere er somit ein Rechtsverhältnis, auf das die Abschlußnormen - in Einklang mit dem gesetzgeberischen Leitbild - von außen einwirken könnten. Ein Rechtsverhältnis, auch ein fingiertes, zeichne sich jedoch dadurch aus, daß die Parteien des Rechtsverhältnisses bestimmt oder zumindest bestimmbar sind[707].

Bei den tariflichen Wiedereinstellungsklauseln ist somit zu prüfen, ob sie dem Bestimmtheitserfordernis genügen, ob somit der Kreis der durch die Wiedereinstellungsvereinbarung begünstigten Arbeitnehmer bestimmt oder zumindest hinreichend bestimmbar ist. Da tarifvertragliche Vereinbarungen, die eine Wiedereinstellung vorsehen, zwangsläufig an die tatbestandliche Voraussetzung eines früheren Arbeitsverhältnisses zu einem bestimmten Arbeitgeber anknüpfen, und darüber hinaus für gewöhnlich auf einen konkreten Auflösungstatbestand (z. B. betriebsbedingte Kündigung) Bezug nehmen, ist der durch die Wiedereinstellungsklausel begünstigte Personenkreis in aller Regel im Sinne des Bestimmtheitserfordernisses hinreichend bestimmt, so daß die tarifliche Wiedereinstellungsklausel unter diesen Voraussetzungen als Abschlußnorm gemäß §§ 1 I, 4 I TVG qualifiziert werden kann[708].

b) Die tarifliche Wiedereinstellungsklausel als „Doppelnorm"

Wird die tarifvertragliche Wiedereinstellungsvereinbarung zeitlich vor der rechtswirksamen Beendigung des in Betracht zu ziehenden Arbeitsverhältnisses getroffen, kommt auch eine Zuordnung zum normativen Regelungstyp der Inhaltsnormen (vgl. §§ 1 I, 4 I TVG) in Frage, weil die tarifliche Wiedereinstellungsbestimmung insoweit – entsprechend der gesetzlichen Grundkonzeption – von außen auf den Inhalt eines (noch) bestehenden Arbeitsverhältnisses einwirken

---

704 So *Loritz*, in: Zöllner/Loritz, Arbeitsrecht, S. 396.

705 Vgl. die Nachweise bei *Säcker/Oetker*, Grundlagen und Grenzen der Tarifautonomie, S. 109 f.

706 Vgl. dazu auch die oben (§ 3 E I) dargestellte Entstehungsgeschichte der Abschlußnormen als normativer tarifvertraglicher Regelungstypus.

707 Ähnlich auch *Wiedemann*, in: Wiedemann, TVG, § 1 Rn. 486.

708 Siehe auch *Grünhage*, Die Pflicht des Arbeitgebers zur Einstellung und Wiedereinstellung von Arbeitnehmern, S. 181; MünchArbR/*Otto*, § 291 Rn. 18; *Senne*, AuArbR 1992, S. 301, 301.

kann. Der Wiedereinstellungsanspruch des begünstigten Arbeitnehmers fließt dann aus einer Inhaltsnorm des (beendeten, aber insoweit noch nachwirkenden) Arbeitsverhältnisses[709]. In einem solchen Fall kann die zugrundeliegende tarifliche Wiedereinstellungsklausel somit einerseits als eine auf (Neu)Abschluß eines Arbeitsvertrages gerichtete Abschlußnorm, andererseits als eine auf den Inhalt eines bestehenden Arbeitsverhältnisses einwirkende Inhaltsnorm eingeordnet werden.

Das wirft die Frage auf, ob es mit § 1 I TVG vereinbar ist, ein und dieselbe tarifvertragliche Bestimmung sowohl als Abschluß- als auch als Inhaltsnorm zu qualifizieren. Zwar begründet nach herrschender Ansicht § 1 I TVG insoweit eine sachlich-gegenständliche Schranke der tarifvertraglichen Regelungsbefugnis, als die Tarifvertragsparteien an die in dieser Vorschrift aufgezählten tarifvertraglichen Regelungstypen und die mit diesen verbundenen inhaltlichen Schranken gebunden sind[710]. Aus dieser Bindung läßt sich jedoch kein Ausschließlichkeitsprinzip herleiten, wonach eine Tarifvertragsnorm stets ausschießlich nur einem tarifvertraglichen Regelungstypus zurechenbar sein muß. Vielmehr sind Tarifvertragsnormen mit „Doppelcharakter" mit dem Wortlaut und dem Regelungszweck des § 1 I TVG durchaus zu vereinbaren[711]. Die Zuordnung einer tarifvertraglichen Bestimmung zum normativen Teil eines Tarifvertrages hängt somit lediglich davon ab, daß der von ihr geregelte Sachverhalt mindestens einem der in § 1 I TVG aufgezählten normativen tarifvertraglichen Regelungstypen entspricht.

Folglich stößt es auf keine rechtlichen Bedenken, eine tarifvertragliche Wiedereinstellungsvereinbarung, die zeitlich vor der rechtswirksamen Beendigung des konkreten Arbeitsverhältnisses geschlossen wird, sowohl als Inhalts- als auch als Abschlußnorm im Sinne des § 1 I TVG und damit als „Doppelnorm" zu qualifizieren[712].

3. Inhaltliche Gestaltungsfreiheit der Tarifvertragsparteien bei Vereinbarung einer Wiedereinstellungsklausel

Die Tarifvertragsparteien sind bezüglich der inhaltlichen Ausgestaltung der tariflichen Wiedereinstellungsklauseln im Rahmen der allgemeinen Grundrechtsbindungen[713] weitgehend frei. Dies gilt zunächst hinsichtlich der Bestimmung des anspruchsberechtigten Personenkreises. Die Sozialpartner können – unter Beachtung des verfassungsrechtlichen Gleichheitsgebotes – den Wiedereinstellungsanspruch auf

---

709 Vgl. zu diesem Gedanken auch *Löwisch*, in: Löwisch/Rieble, TVG, § 1 Rn. 68 und 668.

710 Vgl. *Biedenkopf*, Grenzen der Tarifautonomie, S. 105; *Loritz*, Tarifautonomie und Gestaltungsfreiheit des Arbeitgebers, S. 67 Fn. 13; *Löwisch*, in: Löwisch/Rieble, TVG, Grundlagen Rn.19; *Peters/Ossenbühl*, Die Übertragung von öffentlichrechtlichen Befugnissen auf die Sozialpartner, S. 18; *Säcker/Oetker*, Grundlagen und Grenzen der Tarifautonomie, S. 100 ff.; *Zöllner*, Tarifvertragliche Differenzierungsklauseln, S. 35 f.

711 *Däubler*, Tarifvertragsrecht, Rn. 807; *Säcker/Oetker*, Grundlagen und Grenzen der Tarifautonomie, S. 105 und 122; *Wiedemann*, in: Wiedemann, TVG, § 1 Rn. 276; *Zachert*, in: Kempen/Zachert, TVG, § 1 Rn. 37.

712 Im Ergebnis ebenso *Löwisch*, in: Löwisch/Rieble, TVG, § 1 Rn. 68 und 668.

713 Vgl. zur Bindung der Tarifvertragsparteien an die Grundrechte und zur dogmatischen Begründung hierfür *Kempen*, in: Kempen/Zachert, TVG, Grundl. Rn. 148 ff; *Säcker/Oetker*, Grundlagen und Grenzen der Tarifautonomie, S. 242 ff.; *Wiedemann*, TVG, Einl. Rn. 198 ff.

bestimmte Arbeitnehmergruppen beschränken und insbesondere an die Erfüllung bestimmter Anspruchsvoraussetzungen (beispielsweise bestimmte Dauer der Betriebszugehörigkeit) binden. Selbstverständlich besteht auch die Möglichkeit, Betriebe, die eine bestimmte Mindestgröße nicht erreichen, vom Anwendungsbereich einer tarifvertraglichen Wiedereinstellungsklausel auszunehmen.

Darüber hinaus haben die Tarifvertragsparteien die Möglichkeit, für den Fall, daß die Zahl der Anspruchsberechtigten die Zahl der zur Verfügung stehenden Arbeitsplätze übersteigt, Kriterien für die dann erforderliche Auswahl tarifvertraglich festzulegen. Nach einhelliger Ansicht sind sie dabei nicht an die Grundsätze über die soziale Auswahl nach § 1 III KSchG gebunden[714], so daß die tarifvertraglichen Auswahlkriterien auch andere als soziale Gesichtspunkte beinhalten dürfen[715]. Denn wenn die Tarifvertragsparteien konstitutiv im Rahmen der allgemeinen Grundrechtsbindungen Wiedereinstellungsansprüche begründen können, müssen sie im Rahmen derselben Bindungen auch für den Fall, daß die Zahl der hierdurch Anspruchsberechtigten die Zahl der zur Verfügung stehenden Arbeitsplätze übersteigt, Kriterien für die dann erforderliche Auswahl bestimmen dürfen, ohne hierbei an die auf den Kündigungsschutz bestehender Arbeitsverhältnisse gerichteten Grundsätze der Sozialauswahl nach § 1 III KSchG gebunden zu sein.

Aufgrund der den Tarifvertragsparteien obliegenden Grundrechtsbindungen ist ihre inhaltliche Gestaltungsfreiheit bezüglich der Wiedereinstellungsklausel aber insbesondere in zweierlei Hinsicht begrenzt:

Zum einen ist es ihnen verwehrt, einen zweiseitigen Kontrahierungszwang zu begründen und somit auch den Arbeitnehmer zum Neuabschluß eines Arbeitsvertrages zu verpflichten. Denn dies wäre mit der Arbeitsplatzwahlfreiheit des Arbeitnehmers aus Art. 12 I S. 1 GG unvereinbar, die ihm das Recht der freien Entscheidung über die Wahl der Beschäftigung durch den Abschluß eines entsprechenden Arbeitsvertrages einräumt[716].

Zum anderen kann die Bindung der Tarifvertragsparteien an das Grundrecht der Koalitionsfreiheit (Art. 9 III GG) im Einzelfall verbieten, nicht oder anders organisierte Arbeitnehmer, deren Arbeitsverträge auf den Tarifvertrag Bezug nehmen, vom Geltungsbereich der Wiedereinstellungsklausel auszunehmen beziehungsweise hinsichtlich einer erforderlichen Auswahlentscheidung unter mehreren Anspruchsberechtigten

---

714 Siehe hierzu *Däubler*, Tarifvertragsrecht, Rn. 877; *Löwisch*, in: Löwisch/Rieble, TVG, § 1 Rn. 669; *Wiedemann*, in: Wiedemann, TVG, § 1 Rn. 489; *Zachert*, in: Kempen/Zachert, TVG, § 1 Rn. 29.

715 An welchem Maßstab die Auswahl des Arbeitgebers zu messen ist, wenn der Tarifvertrag die Auswahlkriterien nicht festlegt, ist hingegen umstritten: Nach *Däubler*, Tarifvertragsrecht, Rn. 877 finden dann die Grundsätze über die Sozialauswahl nach § 1 III KSchG Anwendung, nach *Löwisch*, in: Löwisch/Rieble, TVG, § 1 Rn. 669 und *Wiedemann*, in: Wiedemann, TVG, § 1 Rn. 489 soll der weniger strenge Maßstab des § 315 BGB gelten. Vgl. hierzu auch die Ausführungen unter § 6.

716 Dazu, daß ein dem Arbeitnehmer obliegender Kontrahierungszwang mit Art. 12 I S. 1 GG unvereinbar ist *Badura*, Festschrift für Berber, S. 11, 21; MünchArbR/*Buchner*, § 39 Rn. 25 f.; *Zöllner*, Verhandlungen des 52. DJT Bd. I,Teil D, D 103.

einen Vorrang der organisierten Arbeitnehmer bezüglich der Wiedereinstellung anzuordnen[717]:

Art. 9 III GG schützt zunächst als Individualgrundrecht das Recht des einzelnen, eine Koalition zu gründen, einer bestehenden Koalition beizutreten sowie Mitglied einer Koalition zu bleiben („positive Koalitionsfreiheit"). Bei einer tarifvertraglichen Gestaltung, die anders Organisierte von der Wiedereinstellung ausnimmt, liegt somit ein Eingriff in deren positive Koalitionsfreiheit vor, wenn und soweit hierdurch Druck hinsichtlich eines Gewerkschaftwechsels ausgeübt wird.

Nach heute ganz überwiegender Meinung[718] wird die positive Koalitionsfreiheit ergänzt durch die gleichfalls aus Art. 9 III GG abzuleitende negative Koalitionsfreiheit im Sinne der Freiheit, einer Koalition fernzubleiben[719]. Ein solches Fernbleiberecht ergibt sich zwar nicht unmittelbar aus dem Wortlaut des Art. 9 III GG, es stellt jedoch die notwendige Kehrseite der positiven Koalitionsfreiheit dar. Denn die Freiheit, eine Koalition zu gründen beziehungsweise einer Koalition beizutreten, wäre nicht umfassend gewährleistet, wenn ein Zwang ausgeübt werden dürfte, sich einer bestimmten, bereits bestehenden Koalition anzuschließen.

Stellt sich die negative Koalitionsfreiheit somit als Korrelat der positiven Koalitionsfreiheit dar, ist es nur folgerichtig, sie ebenfalls dem Schutzbereich des Art. 9 III GG zuzuordnen. Eine tarifvertragliche Gestaltung, die nicht organisierten Arbeitnehmern einen Anspruch auf Wiedereinstellung vorenthält, greift in deren negative Koalitionsfreiheit ein, wenn und soweit sie dazu zwingt, der tarifschließenden Gewerkschaft beizutreten.

Die rechtliche Zulässigkeit derartiger tarifvertraglicher Differenzierungsklauseln ist nach wie vor im Hinblick auf ihre Vereinbarkeit mit der Koalitionsfreiheit der nicht beziehungsweise anders Organisierten umstritten. Teilweise werden sie für generell unzulässig erklärt[720]. Nach anderer Ansicht sind tarifvertragliche Differenzierungsklauseln nicht per se unzulässig. Es soll vielmehr darauf ankommen, ob die mit der Differenzierungsklausel verbundenen Vorteile für die Gewerkschaftsangehörigen beziehungsweise Nachteile für die nicht oder anders Organisierten einen noch

---

717 Vgl. zu diesem Aspekt *Löwisch*, in: Löwisch/Rieble, TVG, § 1 Rn. 669.

718 BVerfG 50, S. 290, 367; 55, S. 7, 21; 57, S. 220, 245; 64, S. 208, 213 f.; 73, S. 261, 270; BAG AP Nr. 13 zu Art. 9 GG; BAG AP Nr. 46 zu Art. 9 GG und BAG AP Nr. 47 zu Art. 9 GG; *Löwisch*, in: Löwisch/Rieble, TVG, § 1 Rn. 158; *Maunz*, in: Maunz/Dürig, GG, Art. 9 Rn. 105; *Nikisch*, Arbeitsrecht Bd. II, S. 28 ff.; *Wiedemann*, in: Wiedemann, TVG, Einl. Rn. 294; *Zöllner*, Tarifvertragliche Differenzierungsklauseln, S. 25; *ders.*, in: Zöllner/Loritz, Arbeitsrecht, S. 120.

719 Nach a. A. ist die negative Koalitionsfreiheit als Teil der allgemeinen Handlungsfreiheit lediglich dem Schutzbereich des Art. 2 I GG zuzuordnen und somit aufgrund der dort verankerten Schrankentrias Einschränkungen leichter zugänglich. Vgl. *Söllner*, Grundriß des Arbeitsrechts, S. 68 f.; *Nipperdey*, in: Hueck/Nipperdey, Lehrbuch des Arbeitsrechts Bd. II/1, S. 154 ff.

720 BAG AP Nr. 13 zu Art. 9 GG; *Loritz*, in: Zöllner/Loritz, Arbeitsrecht, S. 427; *Löwisch*, in: Löwisch/Rieble, TVG, § 1 Rn. 528 f.; *Rüthers*, in: Brox/Rüthers, Arbeitskampfrecht, Rn. 263; zum älteren Schrifttum vgl. die Nachweise bei *Zöllner*, Tarifvertragliche Differenzierungsklau-seln, S. 12 Fn. 6.

zulässigen Anreiz oder bereits einen unzulässigen Druck bezüglich des Beitritts zu der tarifschließenden Gewerkschaft begründen. Die Grenze zwischen noch zulässigem Anreiz und unzulässigem Druck sei überschritten, wenn von der tarifvertraglichen Differenzierungsklausel faktisch ein Beitrittszwang ausgeht[721]. Diese Schwelle zum Beitrittszwang wird hierbei nach quantitativen Kriterien bestimmt. Solange der tarifliche Vorteil wertmäßig unter dem Gewerkschaftsbeitrag liegt oder diesen nur geringfügig überschreitet, sei kein Beitrittszwang gegeben und die betreffende Differenzierungsklausel somit zulässig[722].

Der Streit, ob tarifvertragliche Differenzierungsklauseln generell als unzulässig zu betrachten sind oder im Einzelfall danach zu unterscheiden ist, ob lediglich ein zulässiger Anreiz oder bereits ein unzulässiger Zwang vorliegt, kann an dieser Stelle offenbleiben. Denn bei einer Differenzierungsklausel, die einen Anspruch auf Wiedereinstellung betrifft, geht es nicht lediglich um finanzielle Vor- beziehungsweise Nachteile, sondern um die Frage der Neubegründung eines Arbeitsverhältnisses und damit – gerade in Zeiten hoher Arbeitslosigkeit – um elementare Existenzbedingungen der betroffenen Arbeitnehmer. Der dem nicht beziehungsweise anders Organisierten aufgrund der tariflichen Differenzierungsklausel drohende Nicht-Erwerb eines Arbeitsplatzes stellt ein so großes, mit der Zahlung von Mitgliedsbeiträgen in keinster Weise aufzuwiegendes Opfer dar, so daß in jedem Falle die Grenze zum unzulässigen Beitrittszwang überschritten ist.

Indem das aufgrund der Wiedereinstellungsvereinbarung neu zu begründende Arbeitsverhältnis gewissermaßen als Hebel für die Zwecke der Gewerkschaft genutzt wird, ist eine solche Differenzierungsklausel hinsichtlich ihrer Wirkungsweise einem sogenannten „closed shop“, d. h. einem Verbot gegenüber dem Arbeitgeber, Unorganisierte beziehungsweise Andersorganisierte einzustellen, vergleichbar[723], was nach nahezu einhelliger Ansicht im deutschen Recht nicht zulässig ist[724]. Tarifliche Wiedereinstellungsklauseln, die nicht beziehungsweise anders Organisierte von ihrem Geltungsbereich ausnehmen, führen somit zu einem unzulässigen Beitrittszwang und sind mit der Koalitionsfreiheit aus Art. 9 III GG nicht zu vereinbaren.

III. Zwischenergebnis

Tarifvertragliche Wiedereinstellungsklauseln nach Beendigung eines Arbeitskampfes haben im Verhältnis zur früheren Rechtslage heute nur noch marginale Bedeutung. In

---

721 Vgl. *Däubler*, Tarifvertragsrecht, Rn. 1183, 1186 f.; *Kempen*, in: Kempen/Zachert, TVG, § 3 Rn. 122 ff.; *Söllner*, Grundriß des Arbeitsrechts, S. 71; *Wiedemann*, in: Wiedemann, TVG, Einl. Rn. 303 f.

722 Siehe hierzu *Däubler*, Tarifvertragsrecht, Rn. 1183; *Gamillscheg*, Die Differenzierung nach der Gewerkschaftszugehörigkeit, S. 63 f.; *Wiedemann*, in: Wiedemann, TVG, Einl. Rn. 303 f. Dieser Ansatz stößt allerdings dort an seine Grenze, wo es um tarifliche Leistungen geht, die einer objektiven wertmäßigen Quantifizierung nicht zugänglich sind.

723 *Löwisch*, in: Löwisch/Rieble, TVG, § 1 Rn. 669 spricht in diesem Zusammenhang von einem „teilweisen closed shop“.

724 Vgl. *Adomeit*, in: Hanau/Adomeit, Arbeitsrecht, S. 52; *Däubler*, Tarifvertragsrecht, Rn. 1211; *Löwisch*, in: Löwisch/Rieble, TVG, § 1 Rn. 669; *Söllner*, Grundriß des Arbeitsrechts, S. 69 f.; differenzierend *Kempen*, in: Kempen/Zachert, TVG, § 3 Rn. 126 f.

jüngerer Zeit werden tarifliche Wiedereinstellungsvereinbarungen verstärkt für andere Fallkonstellationen getroffen: Betriebsbedingt gekündigte Arbeitnehmer sollen im Falle der Neubesetzung von Arbeitsplätzen bevorzugt wiedereingestellt werden. Arbeitnehmern, deren Arbeitsverhältnisse durch tarifliche Regelung wegen Berufsunfähigkeit beendet worden sind, wird nach Wiederherstellung der Berufsfähigkeit ein Anspruch auf Wiedereinstellung eingeräumt.

Der durch eine tarifvertragliche Wiedereinstellungsvereinbarung begünstigte Personenkreis ist in aller Regel hinreichend bestimmt oder zumindest bestimmbar, so daß die entsprechende Klausel als Abschlußnorm gemäß §§ 1 I, 4 I TVG qualifiziert werden kann. Wird die tarifvertragliche Wiedereinstellungsvereinbarung zeitlich vor der rechtswirksamen Beendigung des in Betracht zu ziehenden Arbeitsverhältnisses getroffen, ist sie sowohl als Inhalts- als auch als Abschlußnorm im Sinne des § 1 I TVG und damit als „Doppelnorm" zu betrachten.

Bei der inhaltlichen Ausgestaltung der tariflichen Wiedereinstellungsklauseln sind die Tarifvertragsparteien im Rahmen der allgemeinen Grundrechtsbindungen weitgehend frei. Grenzen ergeben sich insbesondere in zweierlei Hinsicht: Zum einen kommt im Hinblick auf die Arbeitsplatzwahlfreiheit des Arbeitnehmers aus Art. 12 I S. 1 GG ein zweiseitiger Kontrahierungszwang nicht in Betracht. Zum anderen scheiden tarifliche Wiedereinstellungsklauseln, die nicht beziehungsweise anders Organisierte von ihrem Geltungsbereich ausnehmen, aus, da sie mit der Koalitionsfreiheit aus Art. 9 III GG nicht zu vereinbaren sind.

F. Die Wiedereinstellungsklausel in Betriebsvereinbarungen

Ein Anspruch auf Wiedereinstellung kann sich auch aus einer entsprechenden Klausel in einer Betriebsvereinbarung ergeben[725].

I. Die Wiedereinstellungsklausel als zulässiger Regelungsgegenstand einer freiwilligen Betriebsvereinbarung

Das Betriebsverfassungsgesetz enthält keine ausdrückliche Regelung darüber, welche Angelegenheiten die Betriebspartner mittels einer Betriebsvereinbarung regeln können. Der Gegenstandsbereich der Betriebsvereinbarung wird gesetzlich weder in genereller Weise positiv fixiert noch findet sich eine Vorschrift, die vorsieht, daß Betriebsvereinbarungen nur zulässig sein sollen, soweit das Betriebsverfassungsgesetz dies ausdrücklich vorsieht (vgl. hierzu § 73 I BPersVG). Unstreitig ist zwar, daß der Grundsatz der Vertragsfreiheit hinsichtlich des Abschlusses von Betriebsvereinbarungen nicht zur Anwendung kommt[726]. Wie jedoch der Gegenstandsbereich der Betriebsvereinbarung aus den im Betriebsverfassungsgesetz enthaltenen Anhaltspunkten abzuleiten ist, ist umstritten.

---

725 Siehe schon *Grünhage*, Die Pflicht des Arbeitgebers zur Einstellung und Wiedereinstellung von Arbeitnehmern, S. 192 f.

726 BAG AP Nr. 1 zu § 399 BGB; *Brune*, AR-Blattei SD, Nr. 520, Betriebsvereinbarung, Rn. 165; *Nikisch*, Arbeitsrecht Bd. III, S. 276.

1. Abgrenzung nach der „funktionellen Zuständigkeit" des Betriebsrates

Nach einer Ansicht sollen nur solche Angelegenheiten einer Regelung durch Betriebsvereinbarung zugänglich sein, die nach dem Betriebsverfassungsgesetz der „funktionellen Zuständigkeit" des Betriebsrates unterliegen, also zu seinem Aufgabenbereich gehören[727]. Für den Bereich der sozialen Angelegenheiten wird aus § 88 BetrVG gefolgert, daß grundsätzlich alle sozialen Angelegenheiten durch Betriebsvereinbarung geregelt werden können. Zur Begründung werden die nur beispielhafte Aufzählung in § 88 BetrVG („insbesondere") sowie die systematische Stellung dieser Bestimmung im Dritten Abschnitt („Soziale Angelegenheiten") herangezogen. Der Begriff der „sozialen Angelegenheiten" soll hierbei alle Arbeitsbedingungen im weitesten Sinne, mithin alle Regelungen umfassen, die die Rechte und Pflichten aus dem Arbeitsverhältnis betreffen[728], so daß nach dieser Ansicht aus § 88 BetrVG die Möglichkeit umfassender Regelung von Arbeitsbedingungen durch Betriebsvereinbarung folgt[729].

Nach den Prämissen dieser Auffassung stellt sich daher die Frage, ob der Tatbestand der Wiedereinstellung dem Begriff der „sozialen Angelgenheiten" im Sinne der §§ 88 ff. BetrVG zugeordnet werden kann. Da sich die Wiedereinstellung als (Neu)begründung eines Arbeitsverhältnisses durch (Neu)Abschluß eines Arbeitsvertrages darstellt, erscheint eine Zuordnung zu den „sozialen Angelgenheiten" zunächst zweifelhaft. Denn die (Wieder)Einstellung berührt insoweit unmittelbar den arbeitsvertraglichen Status der wiedereinzustellenden Arbeitnehmer, was jedoch rechtstypisch und rechtswesentlich für den Bereich der personellen Angelegenheiten im Sinne der §§ 92 ff. BetrVG ist[730].

Eine solche, auf die Begründung eines neuen Arbeitsverhältnisses beschränkte Sichtweise greift aber zu kurz. Sie übersieht, daß die Wiedereinstellung – im Gegensatz zu einer erstmaligen Einstellung - in Zusammenhang mit einem vorangehenden Arbeitsverhältnis steht. Eine auf Wiedereinstellung gerichtete Klausel stellt sich als Regelung dar, die die Rechte und Pflichten aus diesem, der Wiedereinstellung vorangehenden

---

727 *Berg*, in: Däubler/Kittner/Klebe, BetrVG, § 77 Rn. 37; *Brune*, AR-Blattei SD, Nr. 520, Betriebsvereinbarung, Rn. 165; *v. Hoyningen-Huene*, Betriebsverfassungsrecht, S. 215; *Löwisch*, AuR 1978, S. 97, 100; *Richardi*, BetrVG, § 77 Rn. 46 und 60 ff.; *Säcker*, in: Hueck/Nipperdey, Lehrbuch des Arbeitrechts Bd. II/2, S. 1262; *Travlos-Tzanetatos*, Die Regelungsbefugnis der Betriebspartner, S. 60 f.

728 Vgl. *Oetker*, NZA 1986, S. 148, 149; *ders.*, Die Mitbestimmung der Betriebs- und Personalräte bei der Durchführung von Berufsbildungsmaßnahmen, S. 63; *Säcker*, in: Hueck/Nipperdey, Lehrbuch des Arbeitsrechts Bd. II/2, S. 1353.

729 Nach einer Entscheidung des Großen Senats des Bundesarbeitsgerichts (BAG AP Nr. 46 zu § 77 BetrVG 1972) folgt aus § 88 BetrVG nicht nur eine umfassende Regelungsmöglichkeit bezüglich sozialer Angelegenheiten, sondern darüber hinaus auch hinsichtlich personeller und wirtschaftlicher Angelegenheiten. § 88 BetrVG wird insoweit als Auffangnorm betrachtet, die eine ausreichende Grundlage für alle Arten freiwilliger Betriebsvereinbarungen bildet.

730 Vgl. zu diesem Kriterium für die Abgrenzung zwischen sozialen und personellen Angelegenheiten: *Oetker*, NZA 1986, S. 148, 149; *ders.*, Die Mitbestimmung der Betriebs- und Personalräte bei der Durchführung von Berufsbildungsmaßnahmen, S. 63; *Säcker*, ZfA 1972, Sonderheft, S. 41 und 46 Fn. 18. Sieht man in § 88 BetrVG eine Auffangnorm, die eine ausreichende Grundlage für alle Arten freiwilliger Betriebsvereinbarungen bildet (so BAG AP Nr. 46 zu § 77 BetrVG 1972), ist die Zuordnung unerheblich.

Arbeitsverhältnis betrifft und die somit den sozialen Angelegenheiten im Sinne der §§ 87 ff. BetrVG zugeordnet werden kann, so daß insoweit eine Regelung durch freiwillige Betriebsvereinbarung nach § 88 BetrVG möglich ist.

2. Abgrenzung nach § 77 III BetrVG

Nach anderer Auffassung ist der Gegenstandsbereich der Betriebsvereinbarung aus § 77 III BetrVG abzuleiten: Hiernach können Arbeitsentgelte und sonstige Arbeitsbedingungen, die durch Tarifvertrag geregelt sind oder üblicherweise geregelt werden, nicht Gegenstand einer Betriebsvereinbarung sein, wenn der Tarifvertrag den Abschluß ergänzender Betriebsvereinbarungen nicht ausdrücklich zuläßt. Neben dieser negativen Abgrenzung des Regelungsbereiches der Betriebsvereinbarung enthalte die Vorschrift auch eine im Wege des Umkehrschlusses zu gewinnende positive Regelung der funktionellen Zuständigkeit der Betriebspartner für den Abschluß von Betriebsvereinbarungen dahingehend, daß alle Arbeitsentgelte und alle formellen wie materiellen Arbeitsbedingungen durch Betriebsvereinbarung geregelt werden können, wenn diese Gegenstände nicht durch Tarifvertrag geregelt sind oder üblicherweise geregelt werden.

Die Betriebsvereinbarung wird somit als eigenständiges, von den Mitbestimmungstatbeständen des Betriebsverfassungsgesetzes unabhängiges Institut verstanden, so daß die diesbezügliche Regelungskompetenz der Betriebspartner unabhängig von der Zuordnung zu den sozialen Angelegenheiten im Sinne der §§ 87 ff. BetrVG erfolgt[731].

Der Regelungsgegenstand der Wiedereinstellung ist als Arbeitsbedingung im Sinne des § 77 III BetrVG zu qualifizieren, da er die Rechte und Pflichten aus dem der Wiedereinstellung vorangehenden Arbeitsverhältnis betrifft, so daß auch nach dieser Auffassung die Wiedereinstellung – unter den Voraussetzungen des § 77 III BetrVG – zulässiger Regelungsgegenstand einer freiwilligen Betriebsvereinbarung ist.

II. Vorrang des Tarifvertrages und der Tarifüblichkeit nach § 77 III BetrVG

Unabhängig davon, ob der Gegenstandsbereich des betriebsverfassungsrechtlichen Regelungsinstruments der Betriebsvereinbarung aus § 88 BetrVG hergeleitet oder aber mit einem Umkehrschluß aus § 77 III BetrVG begründet wird, ist die Möglichkeit der Betriebspartner, im Rahmen einer Betriebsvereinbarung Regelungen über die Wiedereinstellung von Arbeitnehmern zu treffen, durch die Regelungssperre des § 77 III S. 1 BetrVG begrenzt:

Soweit der Regelungsgegenstand der Wiedereinstellung durch Tarifvertrag geregelt ist beziehungsweise üblicherweise geregelt wird, können Fragen der Wiedereinstellung

---

[731] So insbesondere *Kreutz*, Grenzen der Betriebsautonomie, S. 208 ff.; *ders.*, GK-BetrVG, § 77 Rn. 69 ff.; MünchArbR/*Matthes*, § 327 Rn. 51; auch der Große Senat des Bundesarbeitsgerichts greift zur Bestärkung einer aus § 88 BetrVG abgeleiteten umfassenden Regelungskompetenz auf einen Umkehrschluß aus § 77 III BetrVG zurück (BAG AP Nr. 46 zu § 77 BetrVG 1972). Vgl. außerdem auch BAG AP Nr. 23 zu § 77 BetrVG 1972; BAG AP Nr. 1 zu § 77 BetrVG 1972 Tarifvorbehalt.

nicht Gegenstand einer Betriebsvereinbarung sein, weil den Betriebspartnern dann bereits die funktionelle Zuständigkeit fehlt („zuständigkeitsbegrenzende Funktion des § 77 III S. 1 BetrVG im Sinne einer Regelungssperre[732]). Eine dennoch abgeschlossene Betriebsvereinbarung ist unwirksam[733]. § 77 III S. 1 BetrVG dient insoweit dem Zweck, durch Verankerung einer Vorrangkompetenz zugunsten der Tarifvertragsparteien die „ausgeübte und aktualisierte Tarifautonomie“ vor Aushöhlung und Bedeutungsminderung durch Betriebsvereinbarungen zu sichern[734].

Die Wiedereinstellung ist im Sinne des § 77 III S. 1 BetrVG durch Tarifvertrag geregelt, wenn ein Tarifvertrag mit diesbezüglichen Klauseln abgeschlossen worden ist und der Betrieb in den Geltungsbereich dieses Tarifvertrages fällt[735]. Die Reichweite der Sperrwirkung hängt – entsprechend dem Normzweck - von der durch Auslegung zu ermittelnden Reichweite der tariflichen Wiedereinstellungsklausel ab. Stellt sich beispielsweise die Wiedereinstellungsklausel als tarifvertragliche Regelung der Arbeitskampffolgen dar, ist durch Auslegung im Einzelfall zu ermitteln, ob die Tarifvertragsparteien hiermit den Regelungsgegenstand der Wiedereinstellung als solchen abschließend regeln wollten, so daß für anderweitige Regelungen der Wiedereinstellung durch Betriebsvereinbarung kein Raum verbliebe oder ob hiermit lediglich der Teilaspekt der Wiedereinstellung nach Beendigung des Arbeitskampfes einer tarifvertraglichen Regelung zugeführt werden sollte, darüber hinausgehende, vom Arbeitskampf unabhängige Wiedereinstellungsbereiche jedoch schlicht ungeregelt bleiben sollten. Maßgeblich ist insoweit, ob und in welchem Umfang in der positiven tariflichen Regelung ein Wille der Tarifvertragsparteien zur Negativregelung zum Ausdruck kommt. Läßt sich ein solcher Negativregelungswille nicht ermitteln, beschränkt sich die Sperrwirkung des § 77 III S. 1 BetrVG auf die positive tarifliche Regelung[736].

Die Sperrwirkung des § 77 III S. 1 BetrVG greift nicht nur ein, wenn und soweit die Wiedereinstellung tariflich geregelt ist, sondern auch, wenn insoweit zwar keine positive tarifliche Regelung besteht, aber diesbezüglich „Tarifüblichkeit“ gegeben ist. Dies ist der Fall, wenn die Wiedereinstellung bereits einmal Regelungsgegenstand eines Tarifvertrages war und davon auszugehen ist, daß die Tarifvertragsparteien sie auch in Zukunft wieder tarifvertraglich regeln werden[737]. Wie die tarifliche Wiedereinstellungsklausel entfaltet auch die dadurch begründete Tarifüblichkeit Sperrwirkung nur im Geltungsbereich des abgelaufenen Tarifvertrages und nur in der

---

732 Siehe *Fitting/Kaiser/Heither/Engels*, BetrVG, § 77 Rn. 86; *Kreutz*, GK-BetrVG, § 77 Rn. 63 und 78.

733 Vgl. zu der Frage, ob tarifnormwidrige Betriebsvereinbarungen gemäß § 134 BGB nichtig sind *Fischer*, Die tarifwidrigen Betriebsvereinbarungen, S. 135 ff.; *Fitting/Kaiser/Heither/Engels*, § 77 Rn. 88a.

734 *Fitting/Kaiser/Heither/Engels*, BetrVG, § 77 Rn. 61; *Kreutz*, GK-BetrVG, § 77 Rn. 66, jeweils m. w. N.

735 Zur streitigen Frage, ob es für die Auslösung der Sperrwirkung des § 77 III S. 1 BetrVG auf die Tarifgebundenheit des Arbeitgebers ankommt, vgl. *Fitting/Kaiser/Heither/Engels*, BetrVG, § 77 Rn. 68 m. w. N.

736 Vgl. auch *Fitting/Kaiser/Heither/Engels*, BetrVG, § 77 Rn. 74 und *Kreutz*, GK-BetrVG, § 77 Rn. 89 ff.

737 So *Kreutz*, GK-BetrVG, § 77 Rn. 96.

Reichweite, in der dieser die Wiedereinstellung einer tarifvertraglichen Regelung zugeführt hat[738].

Besonderheiten im Hinblick auf die Regelungssperre des § 77 III S. 1 BetrVG gelten, wenn die Wiedereinstellungsklausel Regelungsgegenstand eines Sozialplans (§ 112 I S. 2 BetrVG) ist. Um den Betriebsrat in bezug auf den Ausgleich und die Milderung der wirtschaftlichen Nachteile, die den Arbeitnehmern infolge der Betriebsänderung entstehen, eine ausreichende Handlungsfreiheit einzuräumen, bestimmt § 112 I S. 4 BetrVG, daß § 77 III BetrVG auf den Sozialplan nicht anzuwenden ist, obwohl dieser nach § 112 I S. 3 BetrVG die Wirkung einer Betriebsvereinbarung hat und somit eigentlich der Regelungssperre unterfiele.

Da Unternehmer und Betriebsrat hinsichtlich der inhaltlichen Ausgestaltung des Sozialplans im Rahmen der gesetzlichen Bestimmungen (insbesondere §§ 2 I, 74 II S. 2, 75 BetrVG) frei sind[739], kann Arbeitnehmern, die aufgrund der dem Sozialplan zugrundeliegenden Betriebsänderung entlassen werden, unter bestimmten Voraussetzungen ein Anspruch auf Wiedereinstellung für den Fall freiwerdender Stellen beziehungsweise der Neubesetzung von Arbeitsplätzen eingeräumt werden[740].

III. Die normative Wirkung der die Wiedereinstellung regelnden Betriebsvereinbarung

Soll dem einzelnen Arbeitnehmer durch eine Wiedereinstellungsklausel in einer Bertriebsvereinbarung ein eigener Anspruch auf Wiedereinstellung eingeräumt werden, setzt dies eine normative Wirkung der Betriebsvereinarung voraus. Nach § 77 IV S. 1 BetrVG gelten Betriebsvereinbarungen ebenso wie die Rechtsnormen eines Tarifvertrages (§ 4 I TVG) unmittelbar und zwingend. Da der Gesetzgeber im Rahmen des § 77 IV S. 1 BetrVG die normative Wirkung nicht explizit für die in § 1 TVG genannten Regelungstypen der Inhalts-, Abschluß- und Beendigungsnormen angeordnet hat, ist deren normative Wirkung im Rahmen einer Betriebsvereinbarung umstritten[741].

Unstreitig ist lediglich die normative Wirkung der Inhaltsnormen, also solcher Regelungen, die die Rechte und Pflichten und den sonstigen Inhalt von Arbeitsverhältnissen

---

738 Siehe hierzu allgemein *Kreutz*, GK-BetrVG, § 77 Rn. 100.

739 Vgl. *Fabricius*, GK-BetrVG, §§ 112, 112a Rn. 47: „In dem so abgesteckten Rahmen bleibt es der Phantasie von Betriebsrat und Unternehmer überlassen, die bestmöglichen Lösungen herauszufinden, denn es handelt sich nicht um Rechtsanwendung, sondern um eine Entwicklung von Soziallösungen ... “.

740 Vgl. zur Möglichkeit der Wiedereinstellungsklausel im Rahmen eines Sozialplans: *Däubler*, in: Däubler/Kittner/Klebe, BetrVG, §§ 112, 112a Rn. 113; *ders.*, in: Kittner/Däubler/Zwanziger, KSchR, Einl. Rn. 385; *Fabricius*, GK-BetrVG, §§ 112, 112a, Rn. 49 a. E.; *Gaul*, in: Gaul, Aktuelles Arbeitsrecht 2000, S. 156; *Heckelmann*, AR-Blattei SD, Nr. 1470, Der Sozialplan, Rn. 135; Küttner/*Kania*, Personalbuch 1999, Wiedereinstellungsanspruch, Rn. 1; *Zwanziger*, in: Däubler/Fischer/Zwanziger, Kündigungsschutz von A bis Z, S. 540; *ders.*, in: Kittner/Däubler/Zwanziger, KSchR, Einl. Rn. 390c sowie aus der Rechtsprechung BAG AP Nr. 85 zu § 99 BetrVG 1972. Siehe zur Möglichkeit, in einem Interessenausgleich eine Wiedereinstellungsklausel zu vereinbaren BAG AP Nr. 45 zu § 1 KSchG 1969 Soziale Auswahl.

741 Vgl. insbesondere *Kreutz*, GK-BetrVG, § 77 Rn. 173 ff.

festlegen[742]. Streitig ist hingegen die normative Wirkung von Betriebsvereinbarungsklauseln, die den Abschluß von Arbeitsverhältnissen zum Gegenstand haben. Diejenigen, die insoweit eine normative Wirkung verneinen, begründen dies mit dem überzeugenden Argument, daß sich die Wirkung der Betriebsvereinbarung nicht auf Arbeitnehmer erstrecken könne, die dem Betrieb nicht angehören[743].

Nach anderer Ansicht sollen Abschlußregelungen in Betriebsvereinbarungen normative Wirkung haben, weil keine Beeinträchtigung der Rechtsstellung des vom Gebot Begünstigten, der der betriebsverfassungsrechtlichen Normsetzungsbefugnis ja noch nicht unterworfen ist, verursacht werde, da es allein in seinen Willen gestellt sei, ein gebotsgemäßes Verhalten des Arbeitgebers ihm gegenüber im Klagewege zu erzwingen[744]. Diese, offensichtlich am Günstigkeitsprinzip angelehnte Auffassung vermag nicht zu überzeugen[745], denn es geht ja nicht darum, ob eine Beeinträchtigung der Rechtsstellung des vom Gebot Betroffenen verursacht wird, entscheidend ist vielmehr, daß die Betriebspartner schon keine Regelungskompetenz bezüglich solcher Arbeitnehmer haben, die (noch) gar nicht dem Betrieb angehören.

Hinsichtlich der normativen, einen Anspruch des einzelnen Arbeitnehmers begründenden Wirkung einer Betriebsvereinbarungsklausel, die die Wiedereinstellung vorsieht, kommt es somit entscheidend darauf an, ob insoweit eine Inhalts- oder aber eine Abschlußnorm vorliegt. Wird nur der unmittelbare Gegenstand der Wiedereinstellung, mithin die Neubegründung des Arbeitsverhältnisses durch Neuabschluß eines Arbeitsvertrages berücksichtigt, liegt eine Einordnung als Abschlußnorm nahe[746], so daß die normative Wirkung nach richtiger Ansicht abzulehnen wäre. Aber auch in diesem Zusammenhang ist darauf hinzuweisen, daß die Wiedereinstellung in engem sachlichen Zusammenhang mit dem vorangegangenen Arbeitsverhältnis steht. Die Wiedereinstellungsklausel hat hinsichtlich dieses Arbeitsverhältnisses den Charakter einer Inhaltsnorm[747].

IV. Zwischenergebnis

Der Gegenstand der Wiedereinstellung ist einer Regelung durch Betriebsvereinbarung zugänglich. Die Zuständigkeit der Betriebspartner, im Rahmen einer Betriebsvereinbarung Regelungen über die Wiedereinstellung von Arbeitnehmern zu treffen, wird grundsätzlich durch die Regelungssperre des § 77 III S. 1 BetrVG begrenzt. Nach § 112 I S. 4 BetrVG gilt dies ausnahmsweise nicht, wenn die Wiedereinstellungsklausel Regelungsgegenstand eines Sozialplans (§ 112 I S. 2 BetrVG) ist.

---

742 Siehe auch *Kreutz*, GK-BetrVG, § 77 Rn. 173.

743 Vgl. hierzu: *Kreutz*, GK-BetrVG, § 77 Rn. 174; *Marzen*, RdA 1966, S. 296, 299; *Nikisch*, Arbeitsrecht Bd. III, S. 291 f.

744 So *Säcker*, in: Hueck/Nipperdey, Lehrbuch des Arbeitsrechts Bd. II/2, S. 1269; *ders.*, AR-Blattei D, Betriebsvereinbarung I, C III 1c; im Ergebnis ebenso *Neumann-Duesberg*, Betriebsverfassungsrecht, S. 374 ff.

745 Ebenso *Kreutz*, GK-BetrVG, § 77 Rn. 175: „... ohne tragfähige Begründung".

746 So auch *Grünhage*, Die Pflicht des Arbeitgebers zur Einstellung und Wiedereinstellung von Arbeitnehmern, S. 193.

747 So im Ergebnis auch *Kreutz*, GK-BetrVG, § 77 Rn. 175; *Marzen*, RdA 1966, 296, 301.

Da die Wiedereinstellung in engem sachlichen Zusammenhang mit dem vorangegangenen Arbeitsverhältnis steht, hat eine Wiedereinstellungsklausel hinsichtlich dieses Arbeitsverhältnisses den Charakter einer Inhaltsnorm und entfaltet als solche normative Wirkung.

G. Anspruch auf Wiedereinstellung aufgrund betrieblicher Übung

Ein Anspruch auf Wiedereinstellung kann sich möglicherweise aus betrieblicher Übung ergeben.

I. Der Begriff der betrieblichen Übung und seine möglichen Erscheinungsformen hinsichtlich der Wiedereinstellung

Der Begriff der betrieblichen Übung, der auf eine Entscheidung des Bundesarbeitsgerichts aus dem Jahre 1956 zurückgeht[748], wird im allgemeinen definiert als regelmäßige Wiederholung bestimmter gleichförmiger Verhaltensweisen, die bei den Betriebsangehörigen den Eindruck einer Gesetzmäßigkeit beziehungsweise eines Brauches erweckt[749] und aus der sie schließen können, daß ihnen eine Leistung oder eine Vergünstigung auf Dauer gewährt werden soll[750].

Stellt ein Arbeitgeber zum wiederholten Male alle Arbeitnehmer des Betriebs oder eine bestimmte, abgrenzbare Gruppe von Arbeitnehmern nach vorangegangener Beendigung der Arbeitsverhältnisse wieder ein, ohne hierbei einen Freiwilligkeitsvorbehalt zu äußern, stellt sich die Frage, ob hierin eine einen Anspruch auf Wiedereinstellung begründende betriebliche Übung erblickt werden kann. Eine solche wiederholte, vorbehaltlose Wiedereinstellung ist insbesondere bei Saison- und Kampagnebetrieben beziehungsweise bei Betrieben, die bezüglich der Abfolge von Beschäftigungsperioden den Saison- und Kampagnebetrieben vergleichbar sind, in Betracht zu ziehen[751]. Denn im Hinblick auf die zeitliche Beschränkung der Beschäftigungsperioden ist es für den Arbeitgeber in diesen Fällen besonders attraktiv, auf bewährte Arbeitnehmer zurückzugreifen, um somit die sonst bei Neueinstellungen notwendige Einarbeitung zu vermeiden. Nach Beendigung des Arbeitsverhältnisses am Ende der Saison aufgrund betriebsbedingter Kündigung beziehungsweise wirksamer Befristung erfolgt dann die Wiedereinstellung zum Beginn der neuen Saison oder Kampagne.

Mehrmalige Wiedereinstellungen sind jedoch nicht denknotwendig auf Saison- und Kampagnebetriebe und mit ihnen vergleichbare Betriebe beschränkt und auch nicht an

---

[748] BAG AP Nr. 1 zu § 242 BGB Betriebliche Übung.

[749] *Hromadka*, NZA 1984, S. 241, 243; *Seiter*, Die Betriebsübung, S. 19; *Zöllner*, in: Zöllner/Loritz, Arbeitsrecht, S. 71.

[750] Vgl. BAG AP Nr. 27 zu § 242 BGB Betriebliche Übung; *G. Hueck/Fastrich*, AR-Blattei D, Betriebsübung I, A I; *Singer*, ZfA 1993, S. 487, 488.

[751] Vgl. insoweit die Sachverhalte, die den Urteilen des Bundesarbeitsgerichts vom 15. 03. 1984 (SAE 1985, S. 302 ff. mit Anmerkung *Mummenhoff*) und vom 29. 01. 1987 (SAE 1988, S. 75 ff. mit Anmerkung *Eich*) zugrundelagen.

die bei diesen typischerweise vorliegenden Beendigungstatbestände der betriebsbedingten Kündigung oder des Ablaufs einer wirksamen Befristung gebunden[752].

II. Die dogmatische Herleitung der betrieblichen Übung

Rechtsprechung und Rechtslehre haben zahlreiche Erklärungsmodelle konstruiert, um die betriebliche Übung und die aus ihr erwachsenden Rechtsfolgen dogmatisch zu begründen:

Nach früher herrschender Ansicht wurde die Betriebsübung als Quelle von Rechtsnormen qualifiziert und ihr insoweit eine normative Einwirkung auf die einzelnen Arbeitsverhältnisse zuerkannt. Ausgangspunkt für dieses normative Verständnis der Betriebsübung war eine Entscheidung des Reichsarbeitsgerichts vom 19.01.1938, in der das Gericht ausführt, daß sich bei regelmäßiger Gewährung bestimmter Leistungen das Recht des einzelnen Arbeitnehmers, unter denselben Voraussetzungen in derselben Weise behandelt zu werden wie die übrigen auch, daraus ergebe, daß „aus dem Gemeinschaftsleben im einzelnen Betrieb, aus der darin wurzelnden gegenseitigen Treue- und Fürsorgepflicht des Betriebsführes bereits konkrete Ordnungen erwachsen sind, mögen sie sich auch nur in einer feststehenden tatsächlichen Handhabung äußern, ohne die Gestalt bestimmter Einrichtungen oder Satzungen angenommen zu haben“[753].

Obwohl sich das Urteil bei richtigem Verständnis in erster Linie auf den Grundsatz der Gleichbehandlung bezog[754], wurde es dahingehend interpretiert, daß das Reichsarbeitsgericht mit der „konkreten Ordnung des Betriebs“ eine neue, selbständige Rechtsquelle mit normativer Wirkung kreieren wollte[755]. Kern dieser „Rechtsquellentheorie“ war somit die These, daß die in der Betriebsübung zum Ausdruck kommende Regel als objektives, auf die Arbeitsverhältnisse unmittelbar wie ein Gesetz einwirkendes Recht zu qualifizieren sei. Umstritten war hierbei, ob die Betriebsübung als Rechtsquelle eigener Art[756] oder als betriebliches Gewohnheitsrecht[757] einzuordnen ist.

Die Annahme einer normativ wirkenden betrieblichen Übung hat sich jedoch nicht durchsetzen können und ist heute als überholt zu bezeichnen. Sie ist mit dem geltenden

---

752 Vgl. insoweit die von *Hambitzer*, Der Wiedereinstellungsanspruch des Arbeitnehmers nach wirksamer Kündigung, S. 26 f. aufgezählten Beispiele der Verdachtskündigung und der krankheitsbedingten Kündigung, die von ihm selbst jedoch zu Recht als wenig praxisrelevant bezeichnet werden. Siehe auch *vom Stein*, Fehleinschätzungen bei der Kündigung von Arbeitsverhältnissen, S. 118.

753 Vgl. RAG ARS 33, S. 172, 176.

754 Vgl. die Ausführungen von *Seiter*, Die Betriebsübung, S. 30 ff.; kritisch hierzu allerdings *Säcker*, Gruppenautonomie und Übermachtkontrolle im Arbeitsrecht, S. 467 f. Fn. 29.

755 Vgl. die Nachweise bei *Seiter*, Die Betriebsübung, S. 30 Fn. 55; ähnlich auch LAG Bremen, SAE 1951, S. 141 ff. sowie LAG Bremen AP 54 Nr. 132.

756 So insbesondere LAG Bremen, SAE 1951, S. 141 ff. sowie aus der Literatur: *Brecher*, Festschrift für Schmidt-Rimpler, S. 181, 225 f.; *Brecht*, BB 1951, S. 965, 966; *Fauth*, BlStSozArbR 1958, S. 349, 350.

757 So *Denecke*, DArbR 1940, S. 141, 145; *Neumann-Duesberg*, MDR 1952, S. 691, 691; *Schmalzl*, NJW 1957, S. 1785, 1785; *Steinwedel*, DB 1963, S. 1572, 1573 sowie aus neuerer Zeit *Gamillscheg*, Festschrift für Hilger/Stumpf, S. 227, 246.

Recht nicht vereinbar. Denn der Gesetzgeber hat die Normsetzung auf betrieblicher Ebene im Betriebsverfassungsgesetz ausdrücklich geregelt und hierbei die zur Normsetzung befugten Organe, die Reichweite und insbesondere die Form der Normsetzung festgelegt. Hiernach soll die privatautonome Rechtsetzung auf dieser Ebene durch den Arbeitgeber und den Betriebsrat als Repräsentanten der Arbeitnehmerschaft des Betriebs allein in Gestalt der Betriebsvereinbarung erfolgen, wobei die in § 77 II S. 1 BetrVG zwingend angeordnete konstitutive Schriftform gewahrt werden muß[758].

Heute besteht somit zwar weitestgehende Übereinstimmung dahingehend, daß der Betriebsübung kein normativer Charakter zugesprochen werden kann, sondern daß sie vielmehr einen schuldrechtlichen Verpflichtungstatbestand darstellt. Umstritten ist jedoch weiterhin die rechtsdogmatische Begründung der aus einer betrieblichen Übung erwachsenden Verpflichtung. Hierbei stehen sich im wesentlichen zwei Erlärungsversuche gegenüber:

Nach der sogenannten „Vertragstheorie“[759] soll der Verpflichtungstatbestand der Betriebsübung nach den Regeln der Rechtsgeschäftslehre begründet werden. Die rechtsverbindliche Wirkung der betrieblichen Übung wird hiernach auf eine stillschweigende Vereinbarung der Arbeitsvertragsparteien gestützt. Die insoweit erforderlichen konkludenten Willenserklärungen sollen einerseits in dem fortgesetzten gleichförmigen Verhalten des Arbeitgebers, andererseits in der Entgegennahme der Leistungen durch die Arbeitnehmer zu erblicken sein[760].

Nach der sogenannten „Vertrauenstheorie“ handelt es sich bei der Betriebsübung um eine außerrechtsgeschäftliche Bindung des Arbeitgebers, die in den Bereich der Vertrauenshaftung einzuordnen ist. Zurechnungsgrund für die Bindung des Arbeitgebers ist hiernach das Vertrauen des Arbeitnehmers auf die Fortsetzung der bisherigen Übung. Dieses Vertrauen sei schutzwürdig, wenn und soweit sich der Arbeitnehmer in seinen Dispositionen auf den Fortbestand der Übung so einrichten durfte und auch tatsächlich eingerichtet hat, daß ein plötzlicher, einseitiger Abbruch durch den Arbeitgeber als ein gegen Treu und Glauben verstoßendes widersprüchliches Verhalten zu qualifizieren wäre.

---

758 Vgl. zur Kritik an der Rechtsquellentheorie auch: *G. Hueck/Fastrich*, AR-Blattei D, Betriebsübung I, A II 1 zu a) – c); MünchArbR/*Richardi*, § 13 Rn. 6; *ders*., Kollektivgewalt und Individualwille bei der Gestaltung des Arbeitsverhältnisses, S. 300; *Seiter*, Die Betriebsübung, S. 52 f. sowie die auf den rechtshistorischen Ursprung gegründete Kritik bei *Säcker*, Gruppenautonomie und Übermachtkontrolle im Arbeitsrecht, S. 480 f.

759 Diese wird inzwischen vom Bundesarbeitsgericht favorisiert, vgl. zur Rechtsprechung des 7. Senats: BAG AP Nr. 22 zu § 242 BGB Betriebliche Übung; BAG AP Nr. 29 zu § 242 BGB Betriebliche Übung; des 1. Senats: BAG AP Nr. 16 zu § 75 BPersVG; des 4. Senats: BAG AP Nr. 12 zu § 4 BAT; des 5.Senats: BAG AP Nr. 38 zu § 242 BGB Betriebliche Übung; des 6. Senats: BAG AP Nr. 14 zu § 77 BetrVG 1972; BAG AP Nr. 1 zu § 13 TV Ang Bundespost; BAG AP Nr. 27 zu § 242 Betriebliche Übung; BAG AP Nr. 33 zu § 242 BGB Betriebliche Übung; BAG AP Nr. 4 zu § 3 TV Arb Bundespost. Aus dem Schrifttum: *A. Hueck*, Festschrift für Lehmann Bd. II, S. 633, 636 ff.; *ders*., in: Hueck/Nipperdey, Lehrbuch des Arbeitsrechts Bd. I, S. 151 f.; *G. Hueck/Fastrich*, AR-Blattei D, Betriebsübung I, A II 2a; im Ergebnis ähnlich: *Säcker*, Gruppenautonomie und Übermachtkontrolle im Arbeitsrecht, S. 485 ff.

760 Statt aller *G. Hueck/Fastrich*, AR-Blattei D, Betriebsübung I, A II 2a, bb.

Die Bindung der Betriebsübung wird hierbei konstruktiv der Rechtsfigur der Verwirkung gegenübergestellt und als „Erwirkung“[761] bezeichnet. Gehe es bei der Verwirkung darum, daß der Berechtigte ein Recht längere Zeit hindurch nicht geltend gemacht hat und der Verpflichtete sich nach dem gesamten Verhalten des Berechtigten darauf einrichten durfte und auch eingerichtet hat, daß dieser das Recht auch in Zukunft nicht geltend machen werde, so daß sich die Rechtsausübung des Berechtigten nunmehr als widersprüchliches Verhalten darstellt[762], würden demgegenüber bei der betrieblichen Übung Ansprüche „erwirkt“, weil durch den Arbeitgeber in zurechenbarer Weise bei den Arbeitnehmern Vertrauen hinsichtlich der Fortsetzung der bisherigen Übung erweckt wurde[763].

Die „Vertragstheorie“ vermag nicht zu überzeugen. Die der Betriebsübung zugrundeliegenden regelmäßig wiederholten gleichförmigen Verhaltensweisen erfüllen bereits nicht den objektiven Tatbestand einer Willenserklärung. Die betriebliche Übung entsteht, weil sich der Arbeitgeber gerade nicht für die Zukunft dauerhaft binden – hierfür stünden ihm die gebräuchlichen rechtsgeschäftlichen Gestaltungsmittel wie Arbeitsvertrag, Zusage und Betriebsvereinbarung zur Verfügung – sondern insoweit eine gewisse Flexibiltät behalten will[764]. Daß ein Arbeitgeber, der es gerade vermeidet, eine zukünftige und dauerhafte Bindung aufgrund der gebräuchlichen rechtsgeschäftlichen Gestaltungsmittel zu begründen, durch regelmäßig wiederholte gleichförmige Verhaltensweise keine Verpflichtungserklärung abgibt, ist den betroffenen Arbeitnehmern in aller Regel auch bekannt, zumindest aber bei Anwendung der ihnen zumutbaren Sorgfalt erkennbar.

Fehlt es somit bereits am objektiven Tatbestand einer Willenserklärung, geht auch der vom Bundesarbeitsgericht[765] zur Rechtfertigung der „Vertragstheorie“ ins Feld geführte Hinweis auf die neuere Rechtsprechung des Bundesgerichtshofes, wonach das zum subjektiven Tatbestand der Willenserklärung gehörende Erklärungsbewußtsein (im Sinne des Bewußtseins des Handelnden, daß seine Handlung rechtserheblich ist) nicht mehr als notwendiger Bestandteil einer Willenserklärung angesehen wird[766], ins Leere. Denn auch hiernach ist der Empfänger nur dann in seinem Vertrauen auf die

761 Vgl. zu diesem Begriff *Hanau*, AcP Bd. 165 (1965), S. 220, 261.

762 Vgl. zur Verwirkung *Larenz*, Lehrbuch des Schuldrechts Bd. I, S. 134.

763 Vgl. zur Vertrauenstheorie: *Canaris*, Die Vertrauenshaftung im deutschen Privatrecht, S. 372 ff. (allgemein zur Erwirkung) sowie S. 386 ff. (speziell zur Erwirkung im Arbeitsrecht); *Hanau*, AcP Bd. 165 (1965), S. 220, 260 ff.; *Hromadka*, NZA 1984, S. 241, 244 f.; *Lieb*, Arbeitsrecht, Rn. 57; MünchArbR/*Richardi*, § 13 Rn. 19 f.; *Seiter*, Die Betriebsübung, S. 92 ff.; *ders.*, SAE 1969, S. 22 ff.; *Singer*, ZfA 1993, S. 487, 491 ff; *Wiedemann*, Anm. zu BAG AP Nr. 8 zu § 242 BGB Betriebliche Übung; *ders.*, Anm. zu BAG AP Nr. 121 zu § 242 BGB Ruhegehalt; *W. Weber*, DB 1974, S. 709, 712; *Zöllner*, in: Zöllner/Loritz, Arbeitsrecht, S. 71 f.; kritisch zur Vertrauenstheorie insbesondere *Säcker*, Gruppenautonomie und Übermachtkontrolle im Arbeitsrecht, S. 473 f., nach dessen Ansicht der die Haftung erwirkende Vertrauenstatbestand immer zugleich auch objektiver Erklärungstatbestand sei, so daß die Betriebsübung in die Rechtsgeschäftslehre eingeordnet werden könne und somit für eine außerrechtsgeschäftliche Vertrauenstheorie kein Raum bleibe.

764 Siehe *Seiter*, Die Betriebsübung, S. 90; *Singer*, ZfA 1993, S. 487, 492.

765 BAG AP Nr. 22 zu § 242 BGB Betriebliche Übung; BAG AP Nr. 1 zu § 1 BetrAVG Betriebliche Übung.

766 Vgl. hierzu BGHZ 91, S. 324, 329 f.; 109, S. 171, 177.

ihm als Willenserklärung erscheinende Handlung schutzbedürftig, wenn er bei Anwendung der ihm zumutbaren Sorgfalt zu dem Auslegungsergebnis kommen durfte, daß es sich um eine Willenserkärung handelt[767]. Vor diesem Hintergrund läuft ein Festhalten an der „Vertragstheorie" auf eine mit dem Gesetz nicht begründbare Fiktion einer Willenserklärung hinaus[768].

Die Ansicht, die dogmatische Einordnung der Betriebsübung könne dahinstehen, weil auch bei der „Vertragstheorie" Vertrauensgesichtspunkte einen wesentlichen Faktor bildeten, so daß es lediglich eine „unterschiedliche Akzentuierung" darstelle, ob der objektive Erklärungswert des Verhaltens unterstrichen oder der durch dieses Verhalten hervorgerufene Vertrauenstatbestand betont werde[769], ist unzutreffend.

Denn zum einen bestehen Unterschiede zwischen einem rechtsgeschäftlichen, an den objektiven Erklärungswert eines Verhaltens anknüpfenden Vertrauen und einem Vertrauen hinsichtlich der Verbindlichkeit und der Fortsetzung einer betrieblichen Übung. Das rechtsgeschäftliche Vertrauen richtet sich darauf, daß sich der Arbeitgeber verpflichten will, während sich das außerrechtsgeschäftliche Vertrauen im Sinne der „Vertrauenstheorie" darauf bezieht, daß sich der Arbeitgeber – unabhängig von seinem rechtsgeschäftlichen Willen – konsequent verhält[770]. Darüber hinaus wirken sich die beiden Theorien auch hinsichtlich der Problematik der Beendigung einer betrieblichen Übung aus. Während nach der „Vertragstheorie" bezüglich der geübten Regelung eine unmittelbare vertragliche Bindung begründet wird, die folglich dem Grundsatz pacta sunt servanda unterfällt und nur unter den Voraussetzungen einer Änderungskündigung einseitig durch den Arbeitgeber gelöst werden kann, besteht nach der „Vertrauenstheorie" für den Arbeitgeber im Grundsatz die Möglichkeit, durch Widerruf eine Beendigung des Vertrauenstatbestandes herbeizuführen und somit das Entstehen weiterer Ansprüche auszuschließen[771].

III. Die Wiedereinstellung als möglicher Gegenstand einer betrieblichen Übung

Wird die anspruchsbegründende Wirkung der Betriebsübung mit der „Vertrauenstheorie" auf einen außerrechtsgeschäftlichen Vertrauenstatbestand gestützt, kommt jede regelmäßig wiederholte, gleichförmige und berechtigtes Vertrauen der Arbeitnehmer begründende Verhaltensweise des Arbeitgebers und folglich unter diesen Voraussetzungen auch die Wiedereinstellung als Gegenstand einer Betriebsübung in Betracht[772]. Die Wiedereinstellung wurde auch von der Rechtsprechung als Gegenstand einer Betriebsübung anerkannt beziehungsweise in Betracht gezogen:

---

767 Vgl. zu sonstigen gewichtigen Einwänden gegen die „Vertragstheorie" *Lieb*, Arbeitsrecht, Rn. 59; *Singer*, ZfA 1993, S. 487, 491 f.; *Zöllner*, in: Zöllner/Loritz, Arbeitsrecht, S. 72.

768 So zu Recht: *Hromadka*, NZA 1984, S. 241, 243; MünchArbR/*Richardi*, § 13 Rn. 16; *Seiter*, Die Betriebsübung, S. 90.

769 So insbesondere *G. Hueck/Fastrich*, AR-Blattei D, Betriebsübung I, A II 2c; ähnlich *Hambitzer*, Der Wiedereinstellungsanspruch des Arbeitnehmers nach wirksamer Kündigung, S. 30 ff.; *Nebendahl*, NZA 1992, S. 289, 292.

770 Vgl. *Singer*, ZfA 1993, S. 487, 497.

771 Zu diesem Aspekt: *Lieb*, Arbeitsrecht, Rn. 61.

772 Die auf der „Vertragstheorie" beruhende These, daß Gegenstand einer Betriebsübung „alles das, aber auch nur das" sein könne, was auch als Inhalt eines Einzelarbeitsvertrages in Frage komme

Bereits in einem Urteil des Landesarbeitsgerichts Hamburg vom 14.05.1949[773] wird die Wiedereinstellung in Zusammenhang mit einer betrieblichen Übung erwähnt. Die beklagte Behörde hatte durch Beschluß zum Ausdruck gebracht, daß allen politisch belasteten Angestellten nach ihrer Entnazifizierung genauso wie den Beamten ein Recht auf Wiedereinstellung eingräumt werde. Nach Maßgabe dieses Beschlusses wurde einige Jahre lang verfahren, dann jedoch die Wiedereinstellung des Klägers verweigert.

Nach Auffassung des Gerichts habe die beklagte Behörde durch dieses „bestimmte, fortgesetzte und in die Erscheinung tretende Handeln gegenüber den betroffenen, ihr (...) verbunden gewesenen Bediensteten jedenfalls eine ganz konkrete Vertrauenslage im Hinblick auf eine Gleichbehandlung ihrer Beamten und Angestellten zur Frage der Weiterbeschäftigung nach ihrer Rehabiltierung geschaffen[774]". Der eigene Widerspruch gegen eine solche selbst hervorgerufene Vertrauenslage müsse „unter dem Gesichtspunkt der nicht zuzulassenden Ausübung eines Rechtsstandpunktes von Bedeutung werden können, ähnlich einem venire contra factum proprium." Die Behörde dürfe somit nicht hinter „die sich selbst gegebene Ordnung zurücktreten", so daß den betreffenden Angestellten grundsätzlich ein Wiedereinstellungsanspruch zuzuerkennen sei.

Im Anschluß an diese, auf den Grundsatz der Gleichbehandlung gerichteten Ausführungen ergänzt das Gericht mit der gleichen Argumentation, daß die beklagte Behörde auch dann an die bisher von ihr praktizierte Übung gebunden sei, wenn sie künftig generell gegenüber der Gruppe der Angestellten anders verfahren wolle[775]. Hiermit beschränkt sich das Gericht nicht mehr auf den Gleichbehandlungsgrundsatz, vielmehr spricht es die aus dem Grundsatz des venire contra factum proprium abgeleitete zukünftige Bindung bezüglich der Fortsetzung einer mehrmals wiederholten Verhaltensweise an[776].

Auch das Bundesarbeitsgericht hat in einem Urteil vom 29.01.1987, dem ein Fall zugrundelag, in dem ein Saisonarbeitnehmer nach Ablauf befristeter Arbeitsverhältnisse mehrmals wiedereingestellt worden war, unter Berufung auf Ausführungen von

---

(so z. B. *G. Hueck/Fastrich*, AR-Blattei D, Betriebsübung I, C I), ist insoweit nicht heranzuziehen. Sie würde aber ebenfalls zu dem Ergebnis führen, daß die Wiedereinstellung als Gegenstand einer betrieblichen Übung in Betracht kommt.

773 Vgl. LAG Hamburg, RdA 1950, S. 113.

774 LAG Hamburg, a. a. O., S. 114.

775 LAG Hamburg, a. a. O.

776 Vgl. in diesem Zusammenhang auch die Entscheidungen des LAG Hamburg vom 23.03.1949 und vom 20.05.1949, AP 50 Nr. 152, S. 522 f. und AP 50 Nr. 153, S. 525, in denen das Gericht einen Wiedereinstellungsanspruch auf eine „bestimmte Ordnung", nach der die Beklagte „eine Zeitlang verfahren hat" beziehungsweise auf eine Bindung aufgrund „einer gewissen und gerechtfertigten Ordnung hinsichtlich der Wiedereinstellung politisch belastet gewesener Angestellter" stützt.

Wank[777] in einem obiter dictum die Rechtsfigur der betrieblichen Übung als Grundlage für einen Wiedereinstellungsanspruch in Erwägung gezogen[778].

Kommt somit die Wiedereinstellung grundsätzlich als Gegenstand einer Betriebsübung in Betracht[779], so ist im konkreten Einzelfall zu prüfen, ob die Voraussetzungen einer Vertrauenshaftung erfüllt sind, ob mithin der Arbeitgeber durch regelmäßig wiederholte Wiedereinstellungen einen Vertrauenstatbestand gesetzt hat, auf den die Arbeitnehmer zu Recht vertraut haben. Hierbei ist davon auszugehen, daß der Tatbestand der wiederholten Wiedereinstellung allein keinen solchen Vertrauenstatbestand begründen kann[780]. Denn es entspricht der allgemeinen Lebenserfahrung und ist insoweit auch für die betreffenden Arbeitnehmer objektiv erkennbar, daß sich ein Arbeitgeber, der wiederholt Wiedereinstellungen vornimmt, nicht seiner Entscheidungsfreiheit begibt, ob beziehungsweise mit wem er in Zukunft ein Arbeitsverhältnis begründen möchte. Zum Tatbestand der wiederholten Wiedereinstellung müssen vielmehr besondere Umstände hinzutreten, die die Arbeitnehmer in ihrem Vertrauen bestärken, der Arbeitgeber werde die Übung auch in Zukunft fortsetzen[781].

Anhaltspunkte darüber, von welcher Qualität solche vertrauensbestärkenden Umstände sein müssen, lassen sich dem bereits oben erwähnten, in Zusammenhang mit wiederholt befristeten Arbeitsverträgen in einem Saisonbetrieb ergangenen Urteil des Bundesarbeitsgerichts vom 29.01.1987 entnehmen[782]. Das Gericht führt aus, daß sich ein anspruchsbegründender Vertrauenstatbestand ergeben könne, wenn der Arbeitgeber wiederholt vorbehaltlose Wiedereinstellungen vorgenommen hat und hierbei das Ende der alten und der Beginn der neuen Saison am Schwarzen Brett bekanntgegeben und darüber hinaus ein Weihnachtsgeld für die alte Saison mit einem Begleitschreiben gewährt wurde, in dem der Arbeitgeber seinen Wunsch für eine gute Zusammenarbeit im nächsten Jahr zum Ausdruck brachte.

Diese Gedanken lassen sich dahingehend verallgemeinern, daß vertrauensbestärkende Umstände insbesondere dann anzunehmen sind, wenn sich in der Verhaltensweise des Arbeitgebers ein Vorgriff auf spätere Wiedereinstellungen manifestiert, der geeignet

777 *Wank*, Anm. zu BAG AP Nr. 2 zu § 1 KSchG 1969 Soziale Auswahl.

778 BAG AP Nr. 1 zu § 620 BGB Saisonarbeit; vgl. auch die diesbezügliche Anm. von *Eich*, SAE 1988, S. 78, 80.

779 Vgl. hierzu auch *Boemke*, Schuldvertrag und Arbeitsverhältnis, S. 373; *Löwisch/Kaiser*, Anm. zu BAG AP Nr. 1 zu § 620 BGB Saisonarbeit; *Otto*, Festschrift für Kraft, S. 451, 466 f.; *Strathmann*, Der Wiedereinstellungsanspruch eines wirksam gekündigten Arbeitnehmers, S. 42 f.; *Westera*, Der Wiedereinstellungsanspruch nach wirksamer Kündigung, S. 45 Fn. 136. Kategorische Ablehnung aber bei *Heilmann*, Verdachtskündigung und Wiedereinstellung nach Rehabilitierung, S. 90.

780 So auch LAG Hamm, NZA 1986, S. 751, 752 sowie *Hambitzer*, Der Wiedereinstellungsanspruch des Arbeitnehmers nach wirksamer Kündigung, S. 34 f.; *Otto*, Festschrift für Kraft, S. 451, 466 f.; *Seiter*, Die Betriebsübung, S. 110.

781 Siehe hierzu auch *Otto*, Festschrift für Kraft, S. 451, 466 f., der ausführt, für einen Vertrauenstatbestand sei erforderlich, daß der Arbeitgeber „stets einen für den Arbeitnehmer erkennbaren und identischen Zusammenhang zwischen einer Entlassung wegen Arbeitsmangels und einer Wiedereinstellung bei geänderter Auftragslage" hergestellt habe.

782 BAG AP Nr. 1 zu § 620 BGB Saisonarbeit.

ist, aus der vagen Hoffnung der Arbeitnehmer auf Wiedereinstellung ein berechtigtes und schutzwürdiges Vertrauen zu machen.

Eine Indizwirkung hinsichtlich der Frage, ob ein berechtigtes Vertrauen der Arbeitnehmer in Betracht kommt, ist dem den jeweiligen Wiedereinstellungen vorangegangenen Beendigungstatbestand beizumessen:

Bei Kündigungen aus nicht betriebsbedingten Gründen[783] kommt ein schutzwürdiges Vertrauen grundsätzlich nicht in Frage. Denn der Arbeitgeber ist in derartigen Fallkonstellationen in aller Regel gezwungen, den weiter vorhandenen Arbeitsplatz des gekündigten Arbeitnehmers möglichst schnell wieder zu besetzen. Die Wiedereinstellung der zuvor aus anderen als betriebsbedingten Gründen gekündigten Arbeitnehmer macht dann eine Versetzung oder Kündigung der zwischenzeitlich eingestellten Arbeitnehmer erforderlich. Unter diesen, den Arbeitnehmern objektiv erkennbaren Umständen ist das Entstehen schutzwürdigen Vertrauens, daß der Arbeitgeber in Zukunft ebenso verfahren werde, in aller Regel ausgeschlossen[784].

Anders stellt sich die Situation dar, wenn der wiederholt vorgenommenen Wiedereinstellung als Beendigungstatbestand jeweils eine betriebsbedingte Kündigung vorangegangen ist. Dann besteht kein Erfordernis, die Arbeitsplätze der gekündigten Arbeitnehmer nach deren Entlassung möglichst schnell wieder mit neuen Arbeitskräften zu besetzen, da diese im Falle der betriebsbedingten Kündigung ja weggefallen sind. Die Frage der Neubesetzung dieser zunächst weggefallenen Arbeitsplätze stellt sich begriffsnotwendig erst dann, wenn sie aufgrund erhöhten Beschäftigungsbedarfs wieder entstanden sind und somit der ursprüngliche Kündigungsgrund weggefallen ist. Dann kann der Arbeitgeber die zuvor gekündigten Arbeitnehmer wiedereinstellen, ohne zuvor Versetzungen oder Kündigungen aussprechen zu müssen. Unter Berücksichtigung dieser, den Arbeitnehmern objektiv erkennbaren Interessenlage ist somit bei im Anschluß an betriebsbedingte Kündigungen wiederholt vorgenommenen Wiedereinstellungen das Entstehen schutzwürdigen Vertrauens der Arbeitnehmer, daß der Arbeitgeber auch in Zukunft betriebsbedingt entlassene Arbeitnehmer bei Wegfall des Kündigungsgrundes wiedereinstellen wird, grundsätzlich möglich[785].

Eine Indizwirkung bezüglich der Frage, ob ein schutzwürdiges Vetrauen der Arbeitnehmer in Betracht kommt, ist auch der Art des Betriebes beizumessen. Insbesondere bei Saison- und Kampagnebetrieben ist ein beständiger Wechsel von Entlassungen und Einstellungen vorgezeichnet. Die beschränkte Dauer der jeweiligen Arbeitsperioden legt es dem Arbeitgeber nahe, auf ihm bereits bekannte und bewährte Arbeitnehmer zurückzugreifen, um die bei der Einstellung betriebsfremder Personen erforderliche Einarbeitung zu vermeiden. Mehrfach vorgenommene Wiedereinstellungen lassen dann gegebenenfalls darauf schließen, daß der Arbeitgeber mit den betreffenden

---

[783] Dazu, daß in diesen Fällen das Entstehen einer betrieblichen Übung ohnehin eher theoretische Bedeutung hat, siehe oben § 3 G I.

[784] Vgl. *Hambitzer*, Der Wiedereinstellungsanspruch des Arbeitnehmers nach wirksamer Kündigung, S. 33.

[785] Siehe auch *Hambitzer*, Der Wiedereinstellungsanspruch des Arbeitnehmers nach wirksamer Kündigung, S. 33 f.

Arbeitnehmern zufrieden ist und beabsichtigt, sie auch zukünftig in einer unbestimmten Zahl von Arbeitsperioden zu beschäftigen.

Nicht gefolgt werden kann allerdings – zumindest vom Standpunkt der hier vertretenen „Vertrauenstheorie" – der von *Hambitzer* im vorliegenden Zusammenhang vorgebrachten Ansicht, als maßgebliches Kriterium hinsichtlich einer in Frage kommenden Bindung des Arbeitgebers könne auch darauf abgestellt werden, ob der Arbeitgeber auf die Bereitschaft seiner ehemaligen Arbeitnehmer, mit ihm erneut einen Arbeitsvertrag abzuschließen, zählen könne[786]. Hiermit wird objektiven Kriterien jegliche Bedeutung abgesprochen und das Entstehen schutzwürdigen Vertrauens in das Belieben der ehemaligen Arbeitnehmer gestellt.

Bezüglich des Entstehens eines schutzwürdigen Vertrauenstatbestandes stellt sich des weiteren die Frage, wie oft die Wiedereinstellung innerhalb welchen Zeitraums vorgenommen werden muß. Dies läßt sich – ebenso wie bei der der „Erwirkung" gegenüberstehenden Verwirkung - nicht generell sagen. Entscheidend sind vielmehr die Umstände des Einzelfalls. Nach richtiger Ansicht lassen sich insoweit insbesondere nicht die von der Rechtsprechung entwickelten und inzwischen zum Gewohnheitsrecht erstarkten Grundsätze zum Gratifikationsanspruch, wonach nach dreimaliger vorbehaltloser Zahlung eine zukünftige Bindung des Arbeitgebers bejaht wird[787], auf die hier in Rede stehende Fallgruppe übertragen[788], weil erhebliche Unterschiede bestehen zwischen einer Bindung bezüglich rein finanzieller Sonderzuwendungen und einer solchen, die sich auf die Neubegründung von Arbeitsverhältnissen bezieht.

Klärungsbedürftig erscheint schließlich noch die Frage, ob und inwieweit eine Betriebsübung, die die Wiedereinstellung von Arbeitnehmern zum Gegenstand hat, für neu in den Betrieb eintretende Arbeitnehmer gilt. Zum Teil wird insoweit lapidar darauf hingewiesen, daß es sich bei der Betriebsübung um eine „individuelle Ausformung des Vertrauensgedankens" handele und nicht um eine normative Regelung, so daß nur solche Arbeitnehmer schutzwürdiges Vertrauen entwickeln könnten, die bereits früher im Betrieb beschäftigt waren[789], nicht jedoch solche, die neu in den Betrieb eintreten.

Diese Argumentation überzeugt nicht. Vom zutreffenden Ausgangspunkt, daß die Betriebsübung keine normative Regelung darstellt, wird unzutreffenderweise die Schlußfolgerung gezogen, daß es sich um eine „individuelle Ausformung des Vertrauensgedankens" handele. Hierbei wird übersehen, daß der Betriebsübung sehr wohl kollektiver Charakter zukommt[790]. Folglich kann auch nicht von einer

---

786 *Hambitzer*, Der Wiedereinstellungsanspruch des Arbeitnehmers nach wirksamer Kündigung, S. 35.

787 Vgl. BAG AP Nr. 3, 4, 7, 26, 63 und 192 zu § 611 BGB Gratifikation.

788 Ebenso *Otto*, Festschrift für Kraft, S. 451, 466; *Wank*, Anm. zu BAG AP Nr. 2 zu § 1 KSchG 1969 Soziale Auswahl; *Seiter*, Die Betriebsübung, S. 100.

789 Vgl. *Wank*, Anm. zu BAG AP Nr. 2 zu § 1 KSchG 1969 Soziale Auswahl; BAG AP Nr. 1 zu § 620 BGB Saisonarbeit mit insoweit zustimmender Anm. von *Eich*, SAE 1988, S. 78, 80. Ähnlich auch *vom Stein*, Fehleinschätzungen bei der Kündigung von Arbeitsverhältnissen, S. 120 f.

790 Vgl. nur *Seiter*, Die Betriebsübung, S. 65.

individuellen, sondern nur von einer kollektiven Ausformung des Vertrauensgedankens gesprochen werden. Konsequenterweise ist es deshalb auch anzuerkennen, daß ein neu in den Betrieb eintretender Arbeitnehmer von einer bereits bestehenden Betriebsübung erfaßt wird[791]. Will ein Arbeitgeber verhindern, daß er aufgrund einer bestehenden betrieblichen Wiedereinstellungsübung auch neu eintretenden Arbeitnehmern gegenüber zu künftiger Wiedereinstellung verpflichtet wird, hat er dies somit bei der Einstellung klarzustellen[792].

IV. Zwischenergebnis

Da nach der „Vertrauenstheorie" jede regelmäßig wiederholte und gleichförmige Verhaltensweise des Arbeitgebers einen außerrechtsgeschäftlichen Vertrauenstatbestand begründen kann, kommt auch die Wiedereinstellung als Gegenstand einer Betriebsübung in Betracht.

Der Tatbestand der wiederholten Wiedereinstellung allein vermag einen solchen Vertrauenstatbestand jedoch nicht zu begründen. Es müssen vielmehr besondere Umstände hinzutreten, die die Arbeitnehmer in ihrem Vertrauen bestärken, der Arbeitgeber werde die Übung auch in Zukunft fortsetzen. Dies ist – ebenso wie die Frage, wie oft die Wiedereinstellung innerhalb welchen Zeitraums vorgenommen werden muß – nach den Umständen des Einzelfalls zu beurteilen.

Da ein neu in den Betrieb eintretender Arbeitnehmer von einer bereits bestehenden Betriebsübung erfaßt wird, muß der Arbeitgeber das Entstehen eines Vertrauenstatbestandes auf seiten des neu eintretenden Arbeitnehmers verhindern, wenn er einer aus der bestehenden Wiedereinstellungsübung resultierenden Pflicht ihm gegenüber entgehen will.

H. Wiedereinstellungsanspruch aufgrund des arbeitsrechtlichen Gleichbehandlungsgrundsatzes

Als selbständige Grundlage für einen Wiedereinstellungsanspruch wird teilweise auch der arbeitsrechtliche Gleichbehandlungsgrundsatz in Erwägung gezogen. Ausgehend von seinem Inhalt, wonach dem Arbeitgeber verboten ist, im wesentlichen gleichliegende Fälle aus unsachlichen oder sachfremden Gründen verschieden zu behandeln, und unter Berücksichtigung dessen, daß sich nach einhelliger Ansicht aus der Unzulässigkeit der Ungleichbehandlung auch ein Anspruch auf die die Gleichbehandlung herstellende Leistung ergeben kann[793], erscheint ein Wiedereinstellungsanspruch auf-

---

791 Vgl. für die Vertreter der Vertragstheorie *G. Hueck/Fastrich*, AR-Blattei D, Betriebsübung I, B II; für die Verteter der Vertrauenstheorie *Seiter*, Die Betriebsübung, S. 102 ff., der ein „abstraktes" beziehungsweise „typisiertes Vertrauen" der neu eintretenden Arbeitnehmer für die Begründung eines Vertrauenstatbestandes genügen läßt.

792 Siehe hierzu auch *Grünhage*, Die Pflicht des Arbeitgebers zur Einstellung und Wiedereinstellung von Arbeitnehmern, S. 159 ff.

793 Vgl. im Zusammenhang mit der Frage des Wiedereinstellungsanspruches *Strathmann*, Der Wiedereinstellungsanspruch eines wirksam gekündigten Arbeitnehmers, S. 46 sowie allgemein *Lieb*, Arbeitsrecht, Rn. 98; MünchArbR/*Richardi*, § 14 Rn. 1; *Zöllner*, in: Zöllner/Loritz, Arbeitsrecht, S. 220 und 223.

grund des arbeitsrechtlichen Gleichbehandlungsgrundsatzes in Fallkonstellationen denkbar, in denen der Arbeitgeber zunächst mehrere Arbeitnehmer entläßt und später von diesen nur einen Teil wiedereinstellt, während er anderen, vergleichbaren ehemaligen Arbeitnehmern die Wiedereinstellung aus unsachlichen Gründen verweigert.

Der Gleichbehandlungsgrundsatz wurde auch von der Rechtsprechung als Grundlage für einen Anspruch auf Wiedereinstellung diskutiert. Das Bundesarbeitsgericht führte diesbezüglich in einem Urteil vom 10.11.1977[794] aus: „Der Kläger kann sich schließlich auch nicht auf den Gleichbehandlungsgrundsatz berufen. Es lassen sich allerdings Fälle denken, in denen ein ausgeschiedener Arbeitnehmer seine Wiedereinstellung verlangen kann, weil der Arbeitgeber auch alle anderen vergleichbaren Arbeitnehmer wieder eingestellt hat“[795].

I. Dogmatische Fundierung des arbeitsrechtlichen Gleichbehandlungsgrundsatzes

Während sowohl der soeben geschilderte Inhalt des arbeitsrechtlichen Gleichbehandlungsgrundsatzes als auch seine grundsätzliche Geltung nahezu einhellig anerkannt sind[796], ist die dogmatische Fundierung dieses Grundsatzes, der unmittelbar im allgemeinen Gerechtigkeitsgebot im Sinne der Gewährleistung austeilender Gerechtigkeit wurzelt, nach wie vor umstritten.

Im wesentlichen stehen sich folgende Ansätze gegenüber[797]: *Bötticher*[798] vertritt die Ansicht, der Gleichbehandlungsgrundsatz sei auf den Vollzug einer selbstgesetzten Norm zurückzuführen. Der Arbeitgeber setze durch sein gleichförmiges Verhalten eine Norm und sei gehalten, nach dieser zu verfahren. *G. Hueck*[799] begründet den Gleichbehandlungsgrundsatz im Arbeitsrecht mit der Existenz eines Gemeinschaftsverhältnisses, das durch die Zugehörigkeit des Arbeitnehmers zur Belegschaft eines Betriebes begründet werde. *Söllner*[800] betont hingegen die Machtposition des Arbeitgebers gegenüber dem einzelnen Arbeitnehmer. Der Arbeitgeber habe die Macht, die Arbeitnehmer nach seiner Wahl gleich oder ungleich zu behandeln. Übe er solche Macht aus, dürfe er nicht willkürlich handeln. Die rechtsdogmatische Begründung liege somit darin, daß der Arbeitgeber seine Gestaltungsmacht nach § 315 I BGB im Zweifel nach

---

794 BAG AP Nr. 1 zu § 611 BGB Einstellungsanspruch.

795 Ähnlich bereits BAG AP Nr. 105 zu § 242 BGB Ruhegehalt. Vgl. außerdem BAG AP Nr. 2 zu § 1 KSchG 1969 Soziale Auswahl.

796 A. A. soweit ersichtlich nur *Bickel*, Über die Unmöglichkeit eines Grundsatzes der Gleichbehandlung im Arbeitsrecht, S. 53 ff., der eine rechtslogische, auf einen Mangel an inhaltlicher Bestimmtheit zurückzuführende Unmöglichkeit der Gleichbehandlung behauptet.

797 Siehe allgemein auch *Grünhage*, Die Pflicht des Arbeitgebers zur Einstellung und Wiedereinstellung von Arbeitnehmern, S. 40 ff.

798 *Bötticher*, RdA 1953, S. 161, 162 ff.; *ders*., RdA 1957, S. 317, 319; *ders*., Gleichbehandlung und Waffengleichheit, S. 51 ff. beziehungsweise 75 ff.

799 *G. Hueck*, Der Grundsatz der gleichmäßigen Behandlung im Privatrecht, S. 127 ff. und S. 169 ff.

800 *Söllner*, Grundriß des Arbeitsrechts, S. 273.

billigem Ermessen auszuüben habe, wobei die Gleichbehandlung ein wichtiges Erfordernis der Billigkeit sei[801].

Da keine der bisher vorgetragenen Theorien eine umfassende Erklärung und Rechtfertigung zu geben vermag, ist der arbeitsrechtliche Grundsatz der Gleichbehandlung als das Resultat eines Zusammenspiels mehrerer Rechtsgedanken zu begreifen, das gewohnheitsrechtlich anerkannt ist und sich in einer Vielzahl arbeitsrechtlicher Bestimmungen manifestiert (z. B. §§ 75 I BetrVG, 67 BPersVG, 1 III KSchG, 1 I S. 4 BetrAVG)[802].

II. Geltung des Gleichbehandlungsgrundsatzes für die Ausübung des Kündigungsrechts

Vor dem Hintergrund, daß die Geltung des Gleichbehandlungsgrundsatzes für Gestaltungsrechte umstritten ist, erscheint es in Fällen, in denen das Arbeitsverhältnis durch Kündigung beendet wurde, zweifelhaft, ob der Arbeitgeber im Rahmen der Wiedereinstellung, die sich insoweit gewissermaßen als „actus contrarius" der vorangegangenen Kündigung darstellt, überhaupt an den Grundsatz der Gleichbehandlung gebunden ist. Wenn die Geltung des Gleichbehandlungsgrundsatzes für das Gestaltungsrecht der Kündigung verneint wird, dann muß dies konsequenterweise auch für den „actus contrarius" der Wiedereinstellung gelten, so daß insoweit mangels entsprechender Bindung des Arbeitgebers im Rahmen der Wiedereinstellung eine einen Wiedereinstellungsanspruch des übergangenen Arbeitnehmers begründende Verletzung des Gleichbehandlungsgrundsatzes ausgeschlossen wäre[803].

Teilweise wird die Geltung des Gleichbehandlungsgrundsatzes für die Kündigung mit bloßem Hinweis darauf verneint, daß es sich hierbei um die Ausübung eines Gestaltungsrechts handele[804]. Dieser Auffassung liegt der Gedanke zugrunde, daß die Ausübung von Gestaltungsrechten grundsätzlich dem freien Belieben des Berechtigten unterliege[805]. Die Assoziation „Gestaltungsrecht und ungehinderte Ausübungsmöglichkeit" ist jedoch verfehlt[806]. Dies zeigt sich besonders deutlich für den hier in Rede stehenden Bereich der Kündigungsfreiheit, die beispielsweise durch die Bindung an bestimmte Fristen und im Rahmen des Kündigungsschutzgesetzes durch das Erfordernis bestimmter Kündigungsgründe erheblichen Beschränkungen unterworfen ist. Folglich erscheint es mit dem Charakter des Kündigungsrechts als Gestaltungsrecht

---

801 Vgl. zu weiteren dogmatischen Begründungsansätzen die ausführliche Darstellung von *Marhold/Beckers*, AR-Blattei SD, Nr. 800.1, Gleichbehandlung im Arbeitsverhältnis I, Rn. 7 ff.

802 So auch *Marhold/Beckers*, AR-Blattei SD, Nr. 800.1, Gleichbehandlung im Arbeitsverhältnis I, Rn. 45 f.

803 Vgl. zu diesem Gedanken *Bötticher*, RdA 1953, S. 161, 168 f.

804 BAG AP Nr. 41 zu Art. 9 GG Arbeitskampf; LAG Düsseldorf, BB 1955, S. 994; LAG Hamm, BB 1953, S. 59; LAG Hannover, RdA 1952, S. 156, 157 sowie *Bötticher*, RdA 1953, S. 161, 168. Vgl. auch *Heilmann*, Verdachtskündigung und Wiedereinstellung nach Rehabilitierung, S. 40 f.

805 So ausdrücklich *Bötticher*, RdA 1953, S. 161, 168.

806 So auch *Buchner*, RdA 1970, S. 225, 227.

durchaus vereinbar, seine Ausübung an den Grundsatz der Gleichbehandlung zu binden[807].

Andere lehnen die Geltung des Gleichbehandlungsgrundsatzes für die Kündigung damit ab, daß diese stets eine konkrete, an den gesamten individuellen Verhältnissen des Arbeitnehmers ausgerichtete Entscheidung sei. Da somit jeder Einzelfall sein spezifisches Gepräge trage, könnten insoweit keine dem Gleichbehandlungsgrundsatz unterfallende vergleichbare Tatbestände vorliegen[808]. Demzufolge könne beispielsweise die Tatsache, daß der Arbeitgeber im Falle einer von mehreren Arbeitnehmern gemeinsam begangenen Arbeitsvertragsverletzung nur einigen von ihnen kündigt, nicht unter dem Gesichtspunkt einer Verletzung des Gleichbehandlungsgrundsatzes berücksichtigt werden. Jedoch könne dies ein Indiz dafür sein, daß in Wahrheit kein wichtiger Grund beziehungsweise keine Verhaltensbedingtheit gegeben ist[809].

Trotz der Beteuerung, der Grundsatz der Gleichbehandlung könne für den Bereich der Kündigung keine Geltung beanspruchen, wird eine ungerechtfertigte Ungleichbehandlung somit über eine entsprechende Auslegung der Begriffe der Zumutbarkeit für § 626 I BGB und der Bedingheit für § 1 II KSchG im Ergebnis als unzulässig eingeordnet[810], so daß insoweit von einer zumindest mittelbaren Auswirkung des Gleichbehandlungsgrundsatzes gesprochen werden kann.

Heute setzt sich zunehmend die zutreffende Ansicht durch, der Grundsatz der Gleichbehandlung sei auch bei der Kündigung des Arbeitnehmers durch den Arbeitgeber zu beachten[811]. Zwar kommt dem Gleichbehandlungsgrundsatz bei Kündigungen nur geringe praktische Bedeutung zu, weil einerseits im Anwendungsbereich des Kündigungsschutzgesetzes § 1 III KSchG als gesetzliche Konkretisierung des

---

807 Im Ergebnis ebenso *Nikisch*, Arbeitsrecht Bd. I, S. 510; *Wiedemann*, Das Arbeitsverhältnis als Austausch- und Gemeinschaftsverhältnis, S. 102 f.

808 Vgl. dazu *A. Hueck*, in: Hueck/Nipperdey, Lehrbuch des Arbeitsrechts Bd. I, S. 428 ff. sowie *Nikisch*, Arbeitsrecht Bd. I, S. 510 f. Beide mit dem Hinweis darauf, daß der Arbeitgeber im Falle einer auf einer Pflichtverletzung beruhenden außerordentlichen Kündigung frei darin sei, ob beziehungsweise wem er verzeiht und damit den wichtigen Grund für die Kündigung beseitigt. Auch dies spreche dafür, daß insoweit eine individualisierende Behandlung geboten ist, die kein Raum für den Gleichbehandlungsgrundsatz lasse. Ähnlich im Hinblick auf die Wiedereinstellung auch *Lisec*, Der Wiedereinstellungsanspruch des Arbeitnehmers nach betriebsbedingter Kündigung und Betriebsübergang, S. 47 mit Hinweis darauf, daß sich die Wiederbegründung der einzelnen Arbeitsverhältnisse stets auf einzelne Fälle beziehe.

809 Vgl. hierzu: *A. Hueck*, in: Hueck/Nipperdey, Lehrbuch des Arbeitsrechts Bd. I, S. 429; *Nikisch*, Arbeitsrecht Bd. I, S. 511; BAG, DB 1979, S. 1659, 1660; BAG AP Nr. 3 zu § 2 KSchG 1969; LAG Düsseldorf, BB 1955, S. 994 und DB 1961, S. 1459, 1459.

810 Vgl. *Buchner*, RdA 1970, S. 225, 228; *Preis*, Prinzipien des Kündigungsrechts bei Arbeitsverhältnissen, S. 376.

811 *Buchner*, RdA 1970, S. 225, 228 f.; *Marhold/Beckers*, AR-Blattei SD, Nr. 800.1, Gleichbehandlung im Arbeitsverhältnis I, Rn. 189 ff.; *Preis*, in: Stahlhacke/Preis/Vossen, Kündigung und Kündigungsschutz im Arbeitsverhältnis, Rn. 196 ff.; MünchArbR/*Richardi*, § 14 Rn. 19; *T. Scholz*, Der Grundsatz der Gleichbehandlung bei der Kündigung eines Arbeitsverhältnisses, S. 77.

Gleichbehandlungsgrundsatzes zu qualifizieren ist[812] und es andererseits oftmals an der gleichen Betroffenheit vergleichbarer Arbeitnehmer im Sinne des Gleichbehandlungsgrundsatzes fehlt. Relevanz erlangt der Grundsatz der Gleichbehandlung infolgedessen aber insbesondere bei betriebsbedingten Kündigungen, die nicht dem Kündigungsschutzgesetz unterfallen und bei verhaltensbedingten Kündigungen, denen in sachlicher und zeitlicher Hinsicht ein gleichgelagerter Kündigungssachverhalt zugrundeliegt.

Kommt somit der Grundsatz der Gleichbehandlung unmittelbar (oder zumindest mittelbar) auch bei Kündigungen zur Anwendung, läßt sich der These, ein Anspruch auf Wiedereinstellung könne sich unmittelbar aus dem Gleichbehandlungsgrundsatz ergeben, nicht entgegenhalten, dieser sei bei der Wiedereinstellung als „actus contrarius" der Kündigung ebensowening zu beachten wie bei der Kündigung selbst.

III. Das Erfordernis eines Arbeitgeber und Arbeitnehmer verbindenden rechtlichen Bandes

Die eigentliche Problematik der Begründung eines auf den Grundsatz der Gleichbehandlung zu stützenden Anspruchs auf Wiedereinstellung besteht vielmehr darin, daß nach einhelliger Ansicht der Arbeitgeber zur Gleichbehandlung nur im Rahmen einer bestehenden Rechtsbeziehung verpflichtet ist. Notwendig ist ein festes rechtliches Band, ein „iuris vinculum" zwischen Arbeitgeber und Arbeitnehmer[813]. In aller Regel bildet das zwischen Arbeitgeber und Arbeitnehmer bestehende Arbeitsverhältnis das rechtliche Band, aus dem die Pflicht des Arbeitgebers zur Gleichbehandlung erwächst. Wird das Arbeitsverhältnis wirksam beendet, fällt insoweit das die Gleichbehandlungspflicht begründende „iuris vinculum" fort.

Für die hier in Frage stehenden Fälle bedeutet dies, daß sich ein hinsichtlich der Wiedereinstellung aus sachfremden Erwägungen ungleich behandelter Arbeitnehmer, dessen Arbeitsverhältnis im Zeitpunkt der potentiellen Ungleichbehandlung bereits wirksam beendet ist, zur Begründung eines Wiedereinstellungsanspruchs nicht auf die Verletzung des auf einem entsprechenden Arbeitsverhältnis beruhenden Gleichbehandlungsgrundsatzes berufen kann[814]. Nach der Beendigung des Arbeitsverhältnisses

---

812 Vgl. schon *Buchner*, RdA 1970, S. 225, 228; ebenso *Preis*, Prinzipien des Kündigungsrechts bei Arbeitsverhältnissen, S. 379 f.; MünchArbR/*Richardi*, § 14 Rn. 20 a. E.

813 Vgl. hierzu schon die Grundsatzentscheidung des Großen Senats des Bundesarbeitsgerichts zum Streikrecht vom 28.01.1955: BAG AP Nr. 1 zu Art. 9 GG Arbeitskampf; außerdem *Eich*, SAE 1988, S. 78, 80; *Heilmann*, Verdachtskündigung und Wiedereinstellung nach Rehabilitierung, S. 90; *A. Hueck*, Festschrift für Hedemann, S. 131, 139; *ders.*, in: Hueck/Nipperdey, Lehrbuch des Arbeitsrechts Bd. I, S. 423 f.; *G. Hueck*, Der Grundsatz der gleichmäßigen Behandlung im Privatrecht, S. 62 ff.; *Langer*, NZA 1991, Beilage Nr. 3, S. 23, 28 f.; *Nikisch*, RdA 1953, S. 81, 85; *vom Stein*, RdA 1991, S. 85, 92; *Strathmann*, Der Wiedereinstellungsanspruch eines wirksam gekündigten Arbeitnehmers, S. 47.

814 So auch *Eich*, SAE 1988, S. 78, 80; *Honstetter*, Die Prognoseentscheidung des Arbeitgebers im Kündigungsrecht, S. 173; *Langenbucher*, ZfA 1999, S. 299, 305; *Langer*, NZA 1991, Beilage Nr. 3, S. 23, 28 f.; *Lisec*, Der Wiedereinstellungsanspruch des Arbeitnehmers nach betriebsbedingter Kündigung und Betriebsübergang, S. 47; *Strathmann*, Der Wiedereinstellungsanspruch eines wirksam gekündigten Arbeitnehmers, S. 47; *Wank*, Anm. zu BAG AP Nr. 2 zu § 1 KSchG

läßt sich die Pflicht des Arbeitgebers zur Gleichbehandlung nur noch ausnahmsweise mit Nachwirkungen des Arbeitsverhältnisses begründen, wenn und soweit sich hieraus noch das Bestehen eines festen rechtlichen Bandes ergibt[815]. Anzuerkennen ist dies lediglich im Rahmen eines Ruhestandsverhältnisses, das als vereinbarte Nachwirkung des Arbeitsverhältnisses von besonderer Intensität anzusehen ist[816]. Von diesem Ausnahmefall abgesehen, vermögen die Nachwirkungen eines Arbeitsverhältnisses jedoch nicht, ein derart festes rechtliches Band zu begründen, das es rechtfertigen würde, den Arbeitgeber auch noch nach der Beendigung des Arbeitsverhältnisses an den Grundsatz der Gleichbehandlung zu binden.

Hieraus folgt, daß sich ein Anspruch auf Wiedereinstellung nur dann auf eine Verletzung des arbeitsrechtlichen Gleichbehandlungsgrundsatzes stützen läßt, wenn zunächst mehreren Arbeitnehmern aufgrund eines einheitlichen Lebenssachverhalts rechtswirksam gekündigt wurde, deren Arbeitsverhältnisse nunmehr im Zeitpunkt der potentiellen Ungleichbehandlung noch fortbestehen und wenn der Arbeitgeber sich bei der Auswahl der freiwillig[817] wiedereinzustellenden Arbeitnehmer von sachfremden Gesichtspunkten leiten läßt. Von diesem Ausnahmefall abgesehen scheidet die Möglichkeit eines auf einer Verletzung des arbeitsrechtlichen Gleichbehandlungsgrundsatzes zu gründenden Anspruchs auf Wiedereinstellung nach rechtswirksamer Beendigung des Arbeitsverhältnisses aus[818].

1969 Soziale Auswahl; *Westera*, Der Wiedereinstellungsanspruch nach wirksamer Kündigung, S. 45 Fn. 136. Nach Ansicht von *vom Stein*, RdA 1991, S. 85, 92 soll sich auch aus § 611a BGB ergeben, daß eine Pflicht zur Gleichbehandlung nur innerhalb eines bestehenden Arbeitsverhältnisses existieren kann. Denn wenn der arbeitsrechtliche Grundsatz der Gleichbehandlung ohne weiteres auch außerhalb eines bestehenden Arbeitsverhältnisses Geltung beanspruchen könnte, wäre es seiner Meinung nach nicht erforderlich gewesen, diese Vorschrift (im Hinblick auf die Einstellung) in das Bürgerliche Gesetzbuch einzufügen.

Diese Argumentation kann jedoch nicht überzeugen. Denn die Regelung des § 611a BGB erschöpft sich ja keineswegs in der Anordnung eines Diskriminierungsverbotes auch außerhalb eines bestehenden Arbeitsverhältnisses (nämlich bei der Einstellung). Vielmehr wird auch die Diskriminierung im bestehenden Arbeitsverhältnis (nämlich beim beruflichen Aufstieg, bei einer Weisung oder einer Kündigung) verboten. Hieraus ließe sich dann – bei Zugrundelegung der Argumentation von vom Stein – die mit der nahezu einhelligen Auffassung in Widerspruch stehende Schlußfolgerung ziehen, daß auch im bestehenden Arbeitsverhältnis eine Pflicht zur Gleichbehandlung nicht existiert, weil es anderenfalls insoweit ebensowenig erforderlich gewesen wäre, § 611a BGB einzufügen. Aus der bloßen Existenz der Vorschrift des § 611a BGB läßt sich somit nicht schließen, daß der Arbeitgeber nur innerhalb eines bestehenden Arbeitsverhältnisses zur Gleichbehandlung verpflichtet ist.

815 *G. Hueck*, Der Grundsatz der gleichmäßigen Behandlung im Privatrecht, S. 62.

816 Vgl. *Zöllner*, in: Zöllner/Loritz, Arbeitsrecht, S. 321.

817 Die gesuchte Wiedereinstellungsverpflichtung des Arbeitgebers kann erst das Ergebnis der Anwendung des arbeitsrechtlichen Gleichbehandlungsgrundsatzes sein, nicht aber bereits zu dessen Voraussetzungen gehören, so zutreffend *Lisec*, Der Wiedereinstellungsanspruch des Arbeitnehmers nach betriebsbedingter Kündigung und Betriebsübergang, S. 47.

818 Vgl. auch *Eich*, SAE 1988, S. 78, 80; *Hambitzer*, Der Wiedereinstellungsanspruch des Arbeitnehmers nach wirksamer Kündigung, S. 43 f.; *Heilmann*, Verdachtskündigung und Wiedereinstellung nach Rehabilitierung, S. 90; *Honstetter*, Die Prognoseentscheidung des Arbeitgebers im Kündigungsrecht, S. 172 f.; *A. Hueck*, Festschrift für Hedemann, S. 131, 139; *Langenbucher*, ZfA 1999, S. 299, 305; *Lisec*, Der Wiedereinstellungsanspruch des Arbeitnehmers nach betriebsbedingter Kündigung und Betriebsübergang, S. 48; *vom Stein*, RdA 1991, S. 85, 92; *ders.*,

IV. Zwischenergebnis

Ein auf den arbeitsrechtlichen Gleichbehandlungsgrundsatz gestützter Wiedereinstellungsanspruch scheitert in aller Regel an dem Fehlen eines Arbeitgeber und Arbeitnehmer verbindenden rechtlichen Bandes. Nur wenn zunächst mehreren Arbeitnehmern aufgrund eines einheitlichen Lebenssachverhalts rechtswirksam gekündigt wurde, deren Arbeitsverhältnisse im Zeitpunkt der potentiellen Ungleichbehandlung noch fortbestehen und wenn der Arbeitgeber bei der Auswahl der freiwillig wiedereinzustellenden Arbeitnehmer sachfremde Gesichtspunkte zugrundelegt, läßt sich ausnahmsweise ein Anspruch auf Wiedereinstellung auf eine Verletzung des arbeitsrechtlichen Gleichbehandlungsgrundsatzes stützen.

J. Individualvertragliche Wiedereinstellungsvereinbarung

Als Anspruchsgrundlage für den Anspruch auf Wiedereinstellung kommt schließlich auch eine individualvertragliche Wiedereinstellungsvereinbarung[819] in Betracht, die von den Arbeitsvertragsparteien nach dem Grundsatz der Vertragsfreiheit getroffen werden kann. In der Praxis spielt dies insbesondere bei Saison- und Kampagnebetrieben eine Rolle, da hier der Arbeitgeber ein besonderes Interesse daran hat, in der neuen Saison beziehungsweise Kampagne auf eingearbeitete, mit den betrieblichen Gegebenheiten vertraute Arbeitnehmer zurückgreifen zu können. Die Rechtswirksamkeit einer solchen Wiedereinstellungsvereinbarung setzt voraus, daß zwischen Arbeitgeber und Arbeitnehmer eine dahingehende vertragliche Einigung vorliegt, was nach den allgemeinen Regeln der Rechtsgeschäftslehre zu beurteilen ist.

I. Der Antrag des Arbeitgebers

1. Das Erfordernis eines Rechtsbindungswillens

Der ausdrückliche oder konkludente Antrag (§ 145 BGB) auf Abschluß einer individualvertraglichen Wiedereinstellungsvereinbarung wird in aller Regel vom Arbeitgeber ausgehen. Hierbei muß im Einzelfall stets genau geprüft werden, ob die Erklärung einen Willen des Arbeitgebers zu einer rechtlichen Bindung zum Ausdruck bringt, mithin ein rechtsgeschäftlich verbindliches Verhalten gegeben ist, oder ob lediglich eine Aufforderung gegenüber dem Arbeitnehmer vorliegt, seinerseits gegebenenfalls ein auf Neugründung des Arbeitsverhältnisses gerichtetes Vertragsangebot

---

Fehleinschätzungen bei der Kündigung von Arbeitsverhältnissen, S. 124; *Strathmann*, Der Wiedereinstellungsanspruch eines wirksam gekündigten Arbeitnehmers, S. 48.

819 Vgl. zur Möglichkeit einer individualvertraglichen Wiedereinstellungsvereinbarung *Becker*, in: Kittner/Zwanziger, Arbeitsrecht, Handbuch für die Praxis, § 30 Rn. 53; *Boemke*, Schuldvertrag und Arbeitsverhältnis, S. 373; *Borrmann*, Der Schutz des sozialen Besitzstandes der Arbeitnehmer bei Rationalisierungsmaßnahmen, S. 65 Fn. 177; *Bram/Rühl*, NZA 1990, S. 753, 754; *Gumpert*, BB 1961, S. 645, 646; *Honstetter*, Die Prognoseentscheidung des Arbeitgebers im Kündigungsrecht, S. 171; *A. Hueck*, Festschrift für Hedemann, S. 131, 134; *Langer*, NZA 1991, Beilage Nr. 3, S. 23, 24; *Ricken*, NZA 1998, S. 460, 464; *Senne*, AuArbR 1992, S. 301, 301; *Strathmann*, Der Wiedereinstellungsanspruch eines wirksam gekündigten Arbeitnehmers, S. 42.

zu unterbreiten (sogenannte „invitatio ad offerendum")[820]. Im Falle einer solchen invitatio ad offerendum unterliegt der Arbeitgeber hinsichtlich des zukünftigen Vertragsschlusses keinen rechtlichen Bindungen, er hat vielmehr die Möglichkeit, Angebote des Arbeitnehmers nach seinem Belieben abzulehnen.

Die Grenze zwischen verbindlichem Antrag und unverbindlicher Aufforderung, Angebote abzugeben, ist fließend. Maßgebend für die Abgrenzung ist nicht der innere Wille des Arbeitgebers, sondern die Auslegung seiner Erklärung nach dem objektiven Empfängerhorizont (§§ 133, 157 BGB). Entscheidend ist somit, ob der Arbeitnehmer als Erklärungsempfänger die Erklärung des Arbeitgebers nach Treu und Glauben unter Berücksichtigung der Verkehrssitte als rechtsverbindliches Angebot hinsichtlich des Abschlusses einer Wiedereinstellungsvereinbarung verstanden hat und auch verstehen durfte.

Zu fragen ist hierbei in erster Linie danach, ob das Verhalten des Arbeitgebers vom Arbeitnehmer als Vorgriff auf das künftige, durch Vollzug der Wiedereinstellungsvereinbarung neu zu begründende Arbeitsverhältnis verstanden werden durfte[821]. Ein solcher Vorgriff auf das in Zukunft zu begründende Arbeitsverhältnis kommt beispielsweise dann in Betracht, wenn der Arbeitgeber konkrete Äußerungen über den Vertragsinhalt, insbesondere hinsichtlich des Lohnes macht, wenn er Arbeitsutensilien des Arbeitnehmers während dessen Nichtbeschäftigung aufbewahrt, sowie wenn er versucht, den Arbeitnehmer davon abzuhalten, sich dauerhaft einen anderen Arbeitsplatz zu suchen.

Eine gewisse Indizwirkung bezüglich des Rechtsbindungswillens kommt darüber hinaus der zeitlichen Nähe der auf Wiedereinstellung gerichteten Erklärung des Arbeitgebers zum Beendigungstatbestand zu[822]: Grundsätzlich ist davon auszugehen, daß erst im Zusammenhang mit der feststehenden Beendigung des Arbeitsverhältnisses rechtsverbindliche Äußerungen bezüglich einer späteren Wiedereinstellung getätigt werden.

Fehlt ein eindeutiger Vorgriff auf das künftig zu begründende Arbeitsverhältnis, wird grundsätzlich nur bei einer Beendigung des Arbeitsverhältnisses aus betriebsbedingten Gründen ein rechtsverbindliches Wiedereinstellungsangebot des Arbeitgebers vorliegen. Denn im Zusammenhang mit anderen, nicht betrieblich bedingten Beendigungstatbeständen entspricht ein den Arbeitgeber bindendes Wiedereinstellungsangebot in aller Regel nicht seinem Willen, weil der Arbeitgeber in diesen Fällen den weiterhin bestehenden, nunmehr jedoch vakanten Arbeitsplatz mit einem anderen Arbeitnehmer besetzen muß, um einen reibungslosen Arbeitsablauf gewährleisten zu können.

---

820 Vgl. LAG Hessen, NZA-RR 1997, S. 369, 369 f. Siehe zur Abgrenzung auch *Heilmann*, Verdachtskündigung und Wiedereinstellung nach Rehabilitierung, S. 85 f. Das Erfordernis eines Rechtsbindungswillens betont zudem Küttner/*Kania*, Personalbuch 1999, Wiedereinstellungsanspruch, Rn. 1.

821 Vgl. hierzu auch *Mummenhoff*, SAE 1985, S. 305, 305.

822 Vgl. LAG Hessen, NZA-RR 1997, S. 369, 370.

Schließt der Arbeitgeber aber einen entsprechenden Arbeitsvertrag, kann er diese vertragliche Bindung nicht ohne weiteres beseitigen, wenn seine Pflicht aus der Wiedereinstellungsvereinbarung gegenüber dem ausgeschiedenen Arbeitnehmer akut wird, da er insoweit an Kündigungsfristen (§ 622 BGB) beziehungsweise eventuell sogar an das Vorliegen eines Kündigungsgrundes (§§ 1, 23 KSchG) gebunden ist. In einem solchen Fall wäre der Arbeitgeber – zumindest zeitweise – zwei Arbeitnehmern gegenüber verpflichtet, obwohl nach wie vor nur ein Arbeitsplatz zur Verfügung steht, was offensichtlich und damit auch für den Arbeitnehmer erkennbar nicht seinem Interesse entsprechen kann[823] [824].

Die Gefahr, daß der Arbeitgeber aufgrund einer Wiedereinstellungsvereinbarung zwei Arbeitnehmern gegenüber arbeitsvertraglich verpflichtet ist, obwohl insoweit nur ein Arbeitsplatz zur Verfügung steht, besteht bei einem betrieblich bedingten Beendigungstatbestand nicht, weil der dem beendigten Arbeitsverhältnis zugrundeliegende Arbeitsplatz erst dann wieder existent wird und dementsprechend auch erst dann ein Bedürfnis für eine Neubesetzung entstehen kann, wenn der betrieblich bedingte Beendigungstatbestand entfällt. Da in dieser Fallkonstellation somit einerseits für den Arbeitgeber nicht die Gefahr einer doppelten Inanspruchnahme besteht, er andererseits ein Interesse daran haben wird, den wieder entstandenen Arbeitsplatz mit einem erprobten und eingearbeiteten Arbeitnehmer zu besetzen, kann hier auch ohne eindeutigen Vorgriff auf das künftig zu begründende Arbeitsverhältnis ein Rechtsbindungswille des Arbeitgebers hinsichtlich der Wiedereinstellung in Betracht kommen.

2. Der Inhalt der Erklärung

Steht hiernach fest, daß ein rechtlich verbindliches Angebot des Arbeitgebers vorliegt, muß nunmehr im Einzelfall geklärt werden, welchen konkreten Inhalt die Erklärung hat.

In Betracht zu ziehen ist zunächst, daß das Wiedereinstellungsangebot des Arbeitgebers als Antrag auf Abschluß eines Vorvertrages zu qualifizieren ist. Ein solcher Vorvertrag begründet dann die Verpflichtung, als Hauptvertrag einen Arbeitsvertrag abzuschließen und führt somit zu einem vertraglich begründeten

---

823 Vgl. dazu auch *Hambitzer*, Der Wiedereinstellungsanspruch des Arbeitnehmers nach wirksamer Kündigung, S. 16.

824 Diese Gefahr kann der Arbeitgeber lediglich durch Vereinbarung einer dahingehenden auflösenden Bedingung ausschließen, daß das neue Arbeitsverhältnis enden soll, wenn der Arbeitgeber den ehemaligen Arbeitnehmer wiedereinstellen muß. War bisher die Frage, ob Arbeitsverträge überhaupt auflösend bedingt geschlossen werden können, umstritten (vgl. zum Meinungsstand BAG AP Nr. 4 zu § 620 BGB Bedingung; BAG AP Nr. 9 zu § 620 BGB Bedingung; BAG AP Nr. 10 zu § 620 BGB Bedingung; BAG AP Nr. 20 zu § 620 BGB Bedingung; BAG AP Nr. 23 zu § 620 BGB Bedingung; *Ehrich*, DB 1992, S. 1186, 1188 f.; *Enderlein*, RdA 1998, S.90, 91; *Herschel/Löwisch*, KSchG, § 1 Rn. 305; *Hromadka*, RdA 1983, S. 88, 92 ff.; *Schwerdtner*, Münchener Kommentar, § 620 Rn. 151), ist die Streitfrage nunmehr durch die in § 21 TzBfG angeordnete entsprechende Anwendung des § 14 TzBfG vom Gesetzgeber entschieden worden. Hiernach sind auflösende Bedingungen nicht generell unzulässig, bedürfen aber eines Sachgrundes. Im vorliegenden Zusammenhang kommt als Sachgrund für die auflösende Bedigung die Vertretung des bisherigen Arbeitnehmers in Betracht, §§ 21, 14 I S. 2 Nr. 3 TzBfG.

Kontrahierungszwang[825]. Der Vorvertrag kann so ausgestaltet sein, daß er beide Parteien zum Abschluß eines Hauptvertrages verpflichtet (gegenseitig verpflichtender Vorvertrag). Möglich ist jedoch auch, daß sich die Verpflichtung zum Abschluß des Hauptvertrages auf eine Partei beschränkt, die dann unter den im Vorvertrag genannten Voraussetzungen ein entsprechendes Hauptvertragsangebot der anderen Partei annehmen muß (einseitig verpflichtender Vorvertrag)[826]. Ob sich der Antrag des Arbeitgebers auf Abschluß eines gegenseitigen Vorvertrages oder auf Abschluß eines einseitig, lediglich den Arbeitgeber bindenden Vorvertrages richtet, hängt von den Umständen des Einzelfalls ab und muß gegebenenfalls durch Auslegung ermittelt werden.

Bei einem auf Wiedereinstellung des Arbeitnehmers gerichteten Vorvetrag bereitet die sonst bei Vorverträgen oftmals problematische und im einzelnen umstrittene Bestimmtheit des Hauptvertrages[827] in der Regel keine Schwierigkeiten. Wenn die Parteien bei Abschluß des Vorvertrages keine konkreten Vereinbarungen hinsichtlich der wesentlichen Vertragspunkte des Hauptvertrages getroffen haben, kann ihr Verhalten grundsätzlich dahingehend ausgelegt werden, daß dem zu schließenden Arbeitsvertrag derselbe Inhalt zugrundegelegt werden soll wie dem der Wiedereinstellung vorangegangenen Arbeitsvertrag, so daß der Inhalt des Hauptvertrages insoweit hinreichend bestimmbar ist.

Anders stellt sich die Situation dar, wenn das Angebot des Arbeitgebers auf Wiedereinstellung nicht als Antrag auf Abschluß eines Vorvertrages, sondern bereits als Antrag auf Abschluß eines – gegebenfalls aufschiebend bedingten[828] – Arbeitsvertrages zu qualifizieren ist. Ein solcher Antrag begründet für den Arbeitnehmer keinen Anspruch auf Wiedereinstellung, sondern ein dahingehendes Gestaltungsrecht, den Antrag anzunehmen[829]. Die Annahme eines derartigen Wiedereinstellungsangebotes durch den Arbeitnehmer führt nicht zu einer individualvertraglichen, einen Anspruch auf Wiedereinstellung im Sinne eines Neuabschlusses des Arbeitsvertrages begründenden Wiedereinstellungsvereinbarung. Vielmehr liegt in diesem Falle bereits

---

825 Da die Verpflichtung aus dem Vorvertrag auf der eigenen vorangegangenen Willensbindung des Verpflichteten beruht, handelt es sich hierbei nicht um einen mit der Vertragsfreiheit kollidierenden Kontrahierungszwang im engeren Sinne, vgl. hierzu *Larenz*, Lehrbuch des Schuldrechts Bd. I, S. 42 Fn. 6; *Nipperdey*, Kontrahierungszwang und diktierter Vertrag, S. 17.

826 Vgl. Staudinger/*Bork*, Vorbem. zu §§ 145 ff. Rn. 56; *Larenz/Wolf*, Allgemeiner Teil des Bürgerlichen Rechts, S. 463; *Ritzinger*, NJW 1990, S. 1201, 1201; *Flume*, Allgemeiner Teil des Bürgerlichen Rechts Bd. II, S. 615 bezeichnet den einseitig verpflichtenden Vorvertrag als „Optionsvertrag“.

827 Vgl. Staudinger/*Bork*, Vorbem. zu §§ 145 ff. Rn. 57; *Larenz/Wolf*, Allgemeiner Teil des Bürgerlichen Rechts, S. 463.

828 Vgl. hierzu auch *Heilmann*, Verdachtskündigung und Wiedereinstellung nach Rehabilitierung, S. 86 mit dem zutreffenden Hinweis darauf, daß der Abschluß eines aufschiebend bedingten Arbeitsvertrages nur ausnahmsweise vorliegen wird. Denn in diesem Fall muß der Arbeitnehmer bei Abschluß eines neuen Arbeitsvertrages berücksichtigen, daß er in einem nicht vorhersehbaren Zeitpunkt infolge der wiederauflebenden Arbeitspflicht wieder bei dem früheren Arbeitgeber tätig werden muß, so daß er gezwungen ist, tägliche Kündigung zu vereinbaren.

829 Vgl. Palandt/*Heinrichs*, § 145 Rn. 4.

unmittelbar der Neuabschluß des Arbeitsvertrages vor, so daß insoweit für einen hierauf gerichteten Anspruch kein Raum verbleibt.

Folglich ist stets sorgfältig danach zu differenzieren, ob Arbeitgeber und Arbeitnehmer lediglich die Verpflichtung, künftig einen Arbeitsvertrag zu schließen oder ob sie nicht unmittelbar - und gegebenfalls aufschiebend bedingt – die sich aus diesem ergebenden Rechte und Pflichten haben begründen wollen. Ein Anspruch auf Wiedereinstellung im Sinne eines Rechtes, vom Arbeitgeber den Neuabschluß des Arbeitsvertrages verlangen zu können, ergibt sich lediglich aus einer als Vorvertrag zu qualifizierenden Vereinbarung.

II. Die Annahme des Antrages durch den Arbeitnehmer

Nach den allgemeinen Regeln der Rechtsgeschäftslehre bedarf das auf Abschluß einer individualvertraglichen Wiedereinstellungsvereinbarung gerichtete Angebot des Arbeitgebers der Annahme durch den Arbeitnehmer. Entsprechend der gesetzlichen Systematik der §§ 147, 148 BGB steht es dem Arbeitgeber frei, ausdrücklich oder konkludent für die Annahme seines Antrages eine Frist zu bestimmen, § 148 BGB. Um möglichst bald Klarheit darüber zu erlangen, ob er überhaupt die Möglichkeit einer künftigen, auf einer individualvertraglichen Vereinbarung beruhenden Wiedereinstellungsverpflichtung in Betracht zu ziehen hat, bietet sich für den Arbeitgeber eine solche Annahmefristbestimmung an. Liegt keine Bestimmung einer Annahmefrist durch den Arbeitgeber vor, kann der Arbeitnehmer – im Regelfall des Wiedereinstellungsangebotes unter Anwesenden – das Angebot nur sofort, mithin so schnell wie objektiv möglich annehmen, § 147 I S. 1 BGB.

Die Annahme des Wiedereinstellungsantrages kann schließlich unter den Voraussetzungen des § 151 BGB durch nicht empfangsbedürftige Willenserklärung erfolgen. Die Entbehrlichkeit des Zugangs kraft Verkehrssitte sowie ein konkludenter Verzicht auf die Empfangsbedürftigkeit der Annahmeerklärung kommen – nach dem Vorbild des § 516 II BGB – namentlich bei Angeboten in Betracht, die sich auf für den Antragsempfänger lediglich vorteilhafte Rechtsgeschäfte beziehen[830].

Da ein Vorvertrag, der einseitig den Arbeitgeber bindet, nur diesen zum Abschluß des Hauptvertrages verpflichtet, während der Arbeitnehmer zwar den Abschluß des Hauptvertrages verlangen kann, aber nicht zu dessen Abschluß verpflichtet ist, stellt ein solcher Vertrag ein für den Arbeitnehmer lediglich vorteilhaftes Rechtsgeschäft dar. Bezüglich der Annahme eines hierauf gerichteten Antrages des Arbeitgebers liegt somit die Anwendung des § 151 BGB nahe. Die im Anwendungsbereich des § 151 BGB erforderliche, nach außen eindeutig hervortretende Betätigung eines Annahmewillens[831] kann dann beispielsweise darin bestehen, daß der Arbeitnehmer ihm gehörige Arbeitsutensilien an seinem Arbeitsplatz zurückläßt oder einem Kollegen zur Verwahrung übergibt.

---

830 Staudinger/*Bork*, § 151 Rn. 8 und 13; Palandt/*Heinrichs*, § 151 Rn. 4.
831 Palandt/*Heinrichs*, § 151 Rn. 2.

Schwierigkeiten können sich ergeben, wenn die Wiedereinstellungsvereinbarung im Zusammenhang mit einem Aufhebungsvertrag geschlossen wird. Nach der Rechtsprechung des Bundesarbeitsgerichts[832] ist ein Aufhebungsvertrag, in dem zugleich eine aufschiebend bedingte Wiedereinstellungsvereinbarung getroffen wird, unwirksam, wenn durch diese Vertragsgestaltung zwingende Kündigungs- beziehungsweise Kündigungsschutzvorschriften umgangen werden. Den zitierten Entscheidungen lagen jeweils einzelvertragliche Vereinbarungen zugrunde, nach denen das Arbeitsverhältnis zum Urlaubsende aufgelöst, dem Arbeitnehmer jedoch gleichzeitig die Wiedereinstellung zu den bisherigen Arbeitsbedingungen unter der Bedingung zugesagt wurde, daß die Wiedereinstellung spätestens an einem bestimmten, nach dem Urlaubsende liegenden Termin beantragt wird.

Das Bundesarbeitsgericht begründet die zur Unwirksamkeit des Aufhebungsvertrages führende Umgehung zwingender Kündigungs- und Kündigungsschutzvorschriften damit, daß bei beiden Parteien die grundsätzliche Bereitschaft zur Fortsetzung des Arbeitsverhältnisses auf unbestimmte Zeit gegeben sei. Lediglich im Falle der verspäteten Rückkehr aus dem Urlaub und der somit nicht rechtzeitigen Beantragung der Wiedereinstellung solle die endgültige Trennung eintreten.

Die sonst im Falle einer verspäteten Rückkehr aus dem Urlaub erforderliche Kündigung werde durch die zunächst durch den Aufhebungsvertrag herbeigeführte unbedingte Beendigung des Arbeitsverhältnisses vorweggenommen. Im Hinblick auf die beiderseitig angestrebte Fortsetzung des Arbeitsverhältnisses komme der unbedingten Beendigung jedoch bloß formelle Bedeutung zu. Der maßgebende, die endgültige Trennung der Parteien begründende Umstand liege vielmehr in der verspäteten Urlaubsrückkehr. Wenn der Arbeitgeber aber deshalb das Arbeitsverhältnis beenden wolle, müsse er ohne die Vereinbarung der unbedingten Aufhebung mit bedingter Wiedereinstellungszusage eine auf die verspätete Urlaubsrückkehr gestützte Kündigung aussprechen, die den einschlägigen Kündigungs- und Kündigungsschutzvorschriften unterliege und gegen die sich der Arbeitnehmer wehren könne.

Der unbedingte Aufhebungsvertrag mit einer unter der aufschiebenden Bedingung der rechtzeitigen Rückkehr aus dem Urlaub stehenden Wiedereinstellungsvereinbarung sei daher einem unter der aufschiebenden Bedingung der verspäteten Urlaubsrückkehr stehenden Aufhebungsvertrag vergleichbar[833] und deshalb unwirksam. Bei beiden Gestaltungen werde letztlich das mit den zwingenden Grundsätzen des Kündigungs- und Kündigungsschutzrechts nicht zu vereinbarende Ziel verfolgt, den Arbeitnehmer unter dem Druck des Arbeitsplatzverlustes zu einer rechtzeitigen Urlaubsrückkehr zu zwingen und ihm darüber hinaus die Möglichkeit zu nehmen, eine ohne die jeweilige Gestaltung für die Beendigung des Arbeitsverhältnisses erforderliche Kündigung gerichtlich anzugreifen.

---

832 Siehe BAG AP Nr. 8 zu § 620 BGB Bedingung; BAG AP Nr. 14 zu § 620 BGB Bedingung.

833 Zur Unwirksamkeit einer derartigen Gestaltung BAG AP Nr. 3 zu § 620 BGB Bedingung.

Geht es um die Beurteilung der Rechtswirksamkeit eines Aufhebungsvertrages mit Wiedereinstellungsvereinbarung in anderen Fallkonstellationen (z. B. betrieblich bedingter Aufhebungsvertrag mit Zusage der Wiedereinstellung für den Fall der Besserung der wirtschaftlichen Lage und einem entsprechenden Beschäftigungsbedarf), ist im Einzelfall zu prüfen, ob die vom Bundesarbeitsgericht zur Begründung der Unwirksamkeit des Aufhebungsvertrages herangezogenen Argumente übertragbar sind. Hierbei wird besonderes Augenmerk darauf zu legen sein, ob der unbedingten Beendigung des Arbeitsverhältnisses nur formelle Bedeutung im oben dargelegten Sinne beizumessen ist. Ist der Aufhebungsvertrag hiernach unwirksam, bleibt das arbeitsvertragliche Band zwischen Arbeitgeber und Arbeitnehmer unberührt, so daß es insoweit einer Wiedereinstellung des Arbeitnehmers - verstanden als Neuabschluß des Arbeitsvertrages - nicht bedarf.

Eine Unwirksamkeit des Aufhebungsvertrages kommt insbesondere im Fall des sogenannten „Lemgoer Modells" in Betracht, das in der Praxis vornehmlich in Fällen drohender Insolvenz zur Anwendung kommt[834]. Das Modell beruht auf der einvernehmlichen Auflösung des Arbeitsverhältnisses kurz vor einem voraussichtlichen Betriebsübergangs wobei der Aufhebungsvertrag eine entsprechende Wiedereinstellungsklausel bezogen auf den Betriebserwerber enthält[835]. Nach erfolgtem Inhaberwechsel stellt dann der Erwerber die ehemaligen Arbeitnehmer erneut ein und führt den alten Betrieb fort. Die Gründe für diese rechtstechnische Gestaltung wurzeln im haftungsrechtlichen Bereich. Der Erwerber soll von haftungsrechtlichen Verpflichtungen, wie sie § 613a BGB anordnet, freigestellt werden[836].

Mit Hilfe des „Lemgoer Modells" soll folglich ein Ziel erreicht werden, das die Rechtsordnung mit der Regelung des § 613a BGB gerade verhindern will, nämlich der Übergang der Arbeitsverhältnisse ohne gleichzeitigen Übergang bereits erworbener Besitzstände der Arbeitnehmer[837]. Das „Lemgoer Modell" ist daher als unzulässige Umgehung des § 613a BGB zu qualifizieren. Entscheidendes Kriterium für den Umgehungscharakter ist nicht die Art und Weise der Auflösung des Arbeitsverhältnisses, sondern deren Verknüpfung mit der Wiedereinstellung[838]. Durch die

---

[834] Vgl. zum „Lemgoer Modell" BAG AP Nr. 5 zu § 1 BetrAVG Betriebsveräußerung; *Burkard*, Der arbeitsrechtliche Aufhebungsvertrag und der arbeitsrechtliche Abwicklungsvertrag im Vergleich, S. 109; *Däubler*, in: Kittner/Däubler/Zwanziger, KSchR, Einl. Rn. 256; *Ernst*, Aufhebungsverträge zur Beendigung von Arbeitsverhältnissen, S. 141 f.; *Kreitner*, Kündigungsrechtliche Probleme beim Betriebsinhaberwechsel, S. 195.

[835] Nach einer anderen Spielart des „Lemgoer Modells" wird der Aufhebungsvertrag durch die Eigenkündigung des Arbeitnehmers ersetzt.

[836] Im Vordergrund steht hierbei, dem Pensionssicherungsverein vorhandene unverfallbare Versorgungsanwartschaften der betrieblichen Altersversorgung mit Auslösung des Sicherungsfalles im Sinne des § 7 I BetrAVG zu überbürden, vgl. *Kreitner*, Kündigungsrechtliche Probleme beim Betriebsinhaberwechsel, S. 195 f.

[837] So auch *Burkard*, Der arbeitsrechtliche Aufhebungsvertrag und der arbeitsrechtliche Abwicklungsvertrag im Vergleich, S. 110; *Ernst*, Aufhebungsverträge zur Beendigung von Arbeitsverhältnissen, S. 143.

[838] *Burkard*, Der arbeitsrechtliche Aufhebungsvertrag und der arbeitsrechtliche Abwicklungsvertrag im Vergleich, S. 110; *Ernst*, Aufhebungsverträge zur Beendigung von Arbeitsverhältnissen, S. 143; *Kreitner*, Kündigungsrechtliche Probleme beim Betriebsinhaberwechsel, S. 197.

Wiedereinstellungsklausel kommt zum Ausdruck, daß der Arbeitgeber kein Interesse daran hat, die vertraglichen Beziehungen zum Arbeitehmer aufzulösen. Vielmehr geht es ihm um den Verbleib des Arbeitnehmers im Betrieb, ohne zur Übernahme bestehender Altlasten verpflichtet zu sein. Das „Lemgoer Modell" ist folglich gerade kein Ausdruck der verfassungsrechtlich gewährleisteten Vertrags- und Berufsfreiheit des Arbeitnehmers. Entsprechende Aufhebungsverträge mit Wiedereinstellungsklausel sind wegen Umgehung des § 613a BGB gemäß § 134 BGB nichtig[839], die Arbeitsverhältnisse bleiben bestehen und gehen nach § 613a I BGB auf den Erwerber über, so daß sich die Frage der Wiedereinstellung nicht stellt.

IV. Die Wiedereinstellungszusage als zwingende Wirksamkeitsvoraussetzung einer Kündigung beziehungsweise Befristung

Daß die Arbeitsvertragsparteien nach dem Grundsatz der Vertragsfreiheit bei Beendigung des Arbeitsverhältnisses eine individualvertragliche Wiedereinstellungsvereinbarung treffen können, ist unbestritten. Nach in der Literatur vereinzelt geäußerter Ansicht[840] ist die verbindliche Wiedereinstellungszusage jedoch nicht bloß eine aus dem Grundsatz der Vertragsfreiheit fließende rechtliche Gestaltungsmöglichkeit. Vielmehr soll die Wirksamkeit der betriebsbedingten Kündigung im Bereich der Saison- und Kampagenbetriebe davon abhängen, daß der Arbeitgeber dem Arbeitnehmer zugleich das Angebot zum Abschluß eines Vorvertrages über eine Wiedereinstellung unterbreitet[841]. Saison- und Kampagnebetriebe zeichneten sich dadurch aus, daß die dringenden, einer Weiterbeschäftigung des Arbeitnehmers entgegenstehenden betrieblichen Erfordernisse in der Regel nur zeitlich begrenzt, nämlich bis zum Beginn der nächsten Saison beziehungsweise Kampagne vorliegen. Vor diesem Hintergrund sei insoweit aus der vom Gesetzgeber in Konkretisierung des verfassungsrechtlichen Sozialstaatsprinzips getroffenen, in § 1 KSchG zum Ausdruck gebrachten Wertung zugunsten eines grundsätzlichen Bestandsschutzes des Arbeitsverhältnisses und aus dem die Rechtsordnung durchdringenden Prinzip der Verhältnismäßigkeit das Erfordernis eines verbindlichen Wiedereinstellungsangebotes des Arbeitgebers im Sinne einer zusätzlichen Voraussetzung der rechtswirksamen Beendigung des Arbeitsverhältnisses durch betriebsbedingte Kündigung abzuleiten[842].

Den Interessen des Arbeitgebers soll einerseits dadurch Rechnung getragen werden, daß der Arbeitnehmer auch die wegen fehlenden Wiedereinstellungsangebotes des Arbeitgebers rechtsunwirksame Kündigung innerhalb der Dreiwochenfrist des § 4 S. 1 KSchG mit einer Kündigungsschutzklage angreifen muß[843]. Andererseits wird dem

839 *Bengelsdorf*, Aufhebungsvertrag und Abfindungsvereinbarungen, S. 10 f.; *Burkard*, Der arbeitsrechtliche Aufhebungsvertrag und der arbeitsrechtliche Abwicklungsvertrag im Vergleich, S. 110; *Weber/Ehrich/Hoß*, Handbuch der arbeitsrechtlichen Aufhebungsverträge, S. 267.

840 Für die betriebsbedingte Kündigung im Bereich der Saison- und Kampagnebetriebe: *Woltereck/Lewerenz*, AR-Blattei D, Saisonarbeit I, B IV 6; für den Fall der Befristung ArbG Rheine, DB 1985, S. 2303, 2303; für die Verdachtskündigung auch *vom Stein*, Fehleinschätzungen bei der Kündigung von Arbeitsverhältnissen, S. 143 ff.

841 Dies soll hinsichtlich der Wirksamkeit einer Befristung entsprechend gelten.

842 Vgl. auch für die Verdachtskündigung *vom Stein*, Fehleinschätzungen bei der Kündigung von Arbeitsverhältnissen, S. 143 ff.

843 *Woltereck/Lewerenz*, AR-Blattei D, Saisonarbeit I, B IV 6.

Arbeitgeber für den Fall, daß im Zeitraum zwischen Abschluß des Vorvertrages und der Wiedereinstellung des Arbeitnehmers Umstände eintreten, die die Kündigung eines Arbeitsverhältnisses nach § 1 KSchG sozial rechtfertigen würden, ein „Recht zur Kündigung" des Vorvertrages eingeräumt.

Diese Meinung kann nicht überzeugen[844]. Auch im Bereich der Saison- und Kampagnearbeit genießt ein Arbeitsverhältnis im Anwendungsbereich des Kündigungsschutzgesetzes Bestandsschutz nach Maßgabe des § 1 KSchG[845]. Hiernach ist eine betriebsbedingte Kündigung dann – und nur dann – sozial ungerechtfertigt und damit unwirksam, wenn sie nicht durch dringende betriebliche Erfordernisse bedingt ist, die einer Weiterbeschäftigung des Arbeitnehmers im Saison- oder Kampagnebetrieb entgegenstehen. Wenn mit dem Ende der Saison beziehungsweise der Kampagne die konkrete Beschäftigungsmöglichkeit der für die Saison oder Kampagne eingestellten Arbeitnehmer entfällt – ein solches Entfallen entspricht gewissermaßen der Definition eines Saison- oder Kampagnebetriebes - , liegen insoweit gemäß § 1 II S. 1 KSchG betriebliche Erfordernisse vor, die einer Weiterbeschäftigung der Saison- beziehungsweise Kampagnearbeitnehmer entgegenstehen. Eine hierauf gestützte Kündigung durch den Arbeitgeber wird vom Gesetz grundsätzlich anerkannt, das Bestandsschutzinteresse des Arbeitnehmers muß dann zurücktreten.

Auch aus der Voraussetzung der „dringenden" betrieblichen Erfordernisse, die als Ausprägung des Verhältnismäßigkeitsgrundsatzes zu verstehen ist[846], läßt sich mit dem Argument eines bloß vorübergehenden, nicht endgültigen Fortfalls des Arbeitsplatzes[847] nichts anderes schließen. Denn ob überhaupt oder in welchem Umfang in der neuen Saison Beschäftigungsbedarf und damit Arbeitsplätze entstehen werden, steht zum Zeitpunkt der Kündigung noch gar nicht fest. Aus dem Kündigungsschutzgesetz läßt sich somit für den Bereich der Saison- und Kampagnearbeit hinsichtlich der betriebsbedingten Kündigung des Arbeitsverhältnisses kein zusätzliches Wirksamkeitserfordernis in Gestalt einer verbindlichen Wiedereinstellungszusage des Arbeitgebers ableiten. Hierdurch würde - systematisch fehlerhaft – das Wiedereinstellungsinteresse des Arbeitnehmers bereits auf der Ebene der Wirksamkeit der Kündigung berücksichtigt, auf der jedoch nur das Bestandsinteresse Berücksichtigung finden darf.

---

844 Ablehnend auch *Gentges*, Prognoseprobleme im Kündigungsschutzrecht, S. 326 ff.; *Hambitzer*, Der Wiedereinstellungsanspruch des Arbeitnehmers nach wirksamer Kündigung, S. 24 ff.; *Hueck*, KSchG (9. Auflage), § 22 Rn. 6; *Wank*, Anm. zu BAG AP Nr. 2 zu § 1 KSchG 1969 Soziale Auswahl; BAG AP Nr. 1 zu § 620 BGB Saisonarbeit (bezüglich Befristung); distanziert auch *Reinfeld*, AR-Blattei SD, Nr. 1390, Saisonarbeit, Rn. 83.

845 Vgl. insoweit auch § 22 KSchG, der die Nichtgeltung des Kündigungsschutzgesetzes für Saison- und Kampagnebetriebe unter bestimmten Voraussetzungen lediglich für die Vorschriften des 3. Abschnitts festschreibt, die Geltung der §§ 1 bis 14, 15, 16 sowie §§ 23 ff. jedoch unberührt läßt.

846 *Preis*, in: Stahlhacke/Preis/Vossen, Kündigung und Kündigungsschutz im Arbeitsverhältnis, Rn. 616.

847 Hierzu *Preis*, in: Stahlhacke/Preis/Vossen, Kündigung und Kündigungsschutz im Arbeitsverhältnis, Rn. 629.

V. Lösung von der Bindung der Wiedereinstellungsvereinbarung

Haben die Arbeitsvertragsparteien eine verbindliche, einen Anspruch des Arbeitnehmers auf Neubegründung des Arbeitsverhältnisses begründende Wiedereinstellunsgsvereinbarung getroffen, stellt sich die Frage, ob respektive unter welchen Voraussetzungen ein zum Erlöschen des Wiedereinstellungsanspruchs führender Wegfall der Bindung des Arbeitgebers nach Abschluß der Wiedereinstellungsvereinbarung eintreten kann.

1. Die Kündigung der Wiedereinstellungsvereinbarung

Ausgehend von der Überlegung, daß die Situation nach einer mit Wiedereinstellungsvereinbarung verbundenen Beendigung des Arbeitsverhältnisses mit der Suspendierung eines Arbeitsverhältnisses[848] gewisse Ähnlichkeiten aufweist und ein suspendiertes Arbeitsverhältnis allgemeinen Bestandsschutz genießt, ließe sich die These aufstellen, daß die Wiedereinstellungsvereinbarung unter der Voraussetzung gekündigt werden kann, daß Umstände vorliegen, die auch die Kündigung des künftig aufgrund der Wiedereinstellungsvereinbarung zu begründenden Arbeitsverhältnisses rechtfertigen würden. Der Wiedereinstellungsvereinbarung käme dann der gleiche Bestandsschutz zu wie dem zu begründenden Arbeitsverhältnis[849].

Die These von der Angleichung des Bestandsschutzes der Wiedereinstellungsvereinbarung an den Bestandsschutz des zu begründenden Arbeitsverhältnisses vermag jedoch nicht zu überzeugen. Schon ihr Ausgangspunkt, die Vergleichbarkeit der Situation nach einer mit Wiedereinstellungsvereinbarung verbundenen Beendigung des Arbeitsverhältnisses mit einem suspendierten Arbeitsverhältnis, ist zumindest nicht in dem Sinne haltbar, daß hieraus ein gleichrangiger Bestandsschutz abgeleitet werden könnte. Denn trotz zuzugestehender Gemeinsamkeiten, die darin bestehen, daß Rechte und Pflichten aus dem Arbeitsverhältnis zunächst nicht mehr bestehen beziehungsweise ruhen, später jedoch durch den Vollzug der Wiedereinstellung wiederbegründet respektive durch Wiederaufnahme der Arbeit wiederaufleben können, bestehen doch gravierende Unterschiede.

Auch die Beendigung mit Wiedereinstellungsvereinbarung ist zunächst eine Beendigung des Arbeitsverhältnisses, sie führt zur Auflösung des arbeitsvertraglichen Bandes zwischen Arbeitgeber und Arbeitnehmer und damit zu einem Erlöschen der arbeitsvertraglichen Rechte und Pflichten. Die Suspendierung hat demgegenüber nicht das Erlöschen, sondern nur das Ruhen – im Regelfall einzelner – arbeitsvertraglicher Rechte und Pflichten zur Folge, das Arbeitsverhältnis als solches besteht jedoch fort. Die Beendigung des Arbeitsverhältnisses mit Wiedereinstellungsvereinbarung ist folglich nur sehr bedingt mit der Suspendierung des Arbeitsverhältnisses vergleichbar. Hieraus die Forderung abzuleiten, die Wiedereinstellungsvereinbarung müsse einem

[848] Bei einer Suspendierung ruhen einzelne oder alle Rechte und Pflichten des Arbeitsverhältnisses, wobei der Bestand des Arbeitsverhältnisses unberührt bleibt, vgl. *Zöllner*, in: Zöllner/Loritz, Arbeitsrecht, S. 169.

[849] Ähnlich für den Bereich der Saison- und Kampagnearbeit *Woltereck/Lewerenz*, AR-Blattei D, Saisonarbeit I, B III 3d.

gleichrangigen Bestandsschutz wie das suspendierte Arbeitsverhältnis unterstellt werden, erscheint deshalb nicht haltbar.

Darüber hinaus stellt sich auch die Frage, ob die Kündigung überhaupt als Beendigungstatbestand bezüglich der Wiedereinstellungsvereinbarung in Betracht zu ziehen ist[850]. Unter einer Kündigung ist ein einseitig rechtsgestaltender Akt einer Vertragspartei zu verstehen, der ein Dauerschuldverhältnis beendet[851]. Unter Dauerschuldverhältnissen sind solche Schuldverhältnisse zu verstehen, deren Abwicklung sich nicht in der Herbeiführung eines einmaligen Leistungserfolges erschöpft, sondern einen mehr oder minder langen Zeitraum ausfüllt, weil sie entweder in bestimmten Zeitabschnitten wiederkehrende einzelne Leistungen oder ein dauerndes Verhalten beinhalten[852]. Das sich an die Beendigung des Arbeitsverhältnisses anschließende und auf der Wiedereinstellungsvereinbarung beruhende „Wiedereinstellungsverhältnis" zwischen Arbeitgeber und Arbeitnehmer ist weder auf wiederkehrende Leistungen noch auf ein dauerndes Verhalten gerichtet. Es beinhaltet vielmehr die Verpflichtung, ein Arbeitsverhältnis unter bestimmten Voraussetzungen neu zu begründen. Die Abwicklung des „Wiedereinstellungsverhältnisses" erschöpft sich somit im Abschluß eines neuen Arbeitsvertrages, mithin in einem einmaligen Leistungserfolg. Von einem durch Kündigung zu beendenden Dauerschuldverhältnis kann daher keine Rede sein, so daß die Kündigung als Beendigungstatbestand bezüglich des „Wiedereinstellungsverhältnisses" ausscheidet.

2. Rücktritt von der Wiedereinstellungsvereinbarung aufgrund Rücktrittsvorbehaltes

Wie bei jedem anderen Vertrag kann auch bei einer individualvertraglichen Wiedereinstellungsvereinbarung von den Parteien ein vertragliches Rücktrittrecht im Sinne des § 346 I, 1. Alt. BGB vereinbart werden. Handelt es sich bei der Wiedereinstellungsvereinbarung um einen einseitig den Arbeitgeber bindenden Vorvertrag, könnte dem Arbeitgeber beispielsweise für den Fall ein Rücktrittsvorbehalt eingeräumt werden, daß die wirtschaftliche Lage des Unternehmens zu einem festgelegten Zeitpunkt nach Beendigung des Arbeitsverhältnisses gemessen an bestimmten Kriterien (z. B. Umsatz-, Gewinnentwicklung, Auftragsvolumen) unter einem gewissen Niveau bleibt. Macht der Arbeitgeber von seinem Rücktrittsrecht Gebrauch, führt dies zu einem Erlöschen des aus der Wiedereinstellungsvereinbarung erwachsenden Anspruchs des Arbeinehmers auf Neubegründung des Arbeitsverhältnisses.

3. Rücktritt von der Wiedereinstellungsvereinbarung aus § 313 III S. 1 BGB

Auch wenn die Parteien bei Abschluß des auf Neubegründung des Arbeitsverhältnisses gerichteten Vorvertrages kein vertragliches Rücktrittsrecht im Sinne des § 346 I, 1. Alt. BGB vereinbart haben, kann sich im Einzelfall ein Rücktrittsrecht des Arbeitgebers aus § 313 III S. 1 BGB ergeben, wenn sich die der Wiedereinstellungsvereinbarung zugrundegelegten Umstände (beziehungsweise wesentlichen Vorstellungen)

---

850 Hiervon gehen *Woltereck/Lewerenz*, AR-Blattei D, Saisonarbeit I, B II 4, B III 3d und B IV 6 offensichtlich ohne weiteres aus.

851 Vgl. nur *Larenz*, Lehrbuch des Schuldrechts Bd. I, S. 30; *Molitor*, Die Kündigung, S. 1.

852 *Oetker*, RdA 1997, S. 9, 11; *ders.*, Das Dauerschuldverhältnis und seine Beendigung, S. 99 ff.

nachträglich schwerwiegend verändert haben (beziehungsweise sich als falsch herausstellen) und die Parteien – hätten sie diese Veränderung (beziehungsweise Falsifizierung) vorausgesehen – die Vereinbarung nicht oder mit anderem Inhalt geschlossen hätten und wenn für den Arbeitgeber weder ein Festhalten am unveränderten Vorvertrag noch eine Anpassung des Vorvertrages zumutbar ist.

§ 313 BGB gilt für alle schuldrechtlichen Verträge und somit auch für den Vorvertrag[853]. Als Geschäftsgrundlage, deren Wegfall im Einzelfall ein Rücktrittsrecht des Arbeitgebers begründen kann, kommen die der Wiedereinstellungsvereinbarung zugrundegelegten Umstände und Vorstellungen in Betracht (§ 313 I, II BGB)[854]. Die Geschäftsgrundlage ist einerseits von nicht erkennbaren Erwartungen einer Partei abzugrenzen. Diesbezüglich stellt die Geschäftsgrundlage ein „Plus" dar. Andererseits gehört die Geschäftsgrundlage nicht zum Vertragsinhalt. Haben die Parteien bereits im Vertrag Regelungen für das Fehlen, den Wegfall oder die Veränderung bestimmter Umstände getroffen, was gegebenenfalls durch ergänzende Auslegung zu ermitteln ist, verbleibt für eine Anwendung des § 313 BGB kein Raum[855]. Im Verhältnis zum Vertragsinhalt ist die Geschäftsgrundlage als „Minus" zu qualifizieren.

Als Geschäftsgrundlage der Wiedereinstellungsvereinbarung kommt insbesondere in Betracht: die Vorstellung des Arbeitgebers, daß der Betrieb in Zukunft weitergeführt werden wird, eine Stillegung also nicht beabsichtigt ist, die Vorstellung, daß der Arbeitnehmer nach Beendigung des Arbeitsverhältnisses seine nachvertraglichen Pflichten nicht verletzen wird (z. B. Verschwiegenheitspflicht, nachvertragliches Wettbewerbsverbot), die Erwartung, daß nicht im nachhinein im Rahmen des beendeten Arbeitsverhältnisses begangene grobe Pflichtverletzungen des Arbeitnehmers bekannt werden, die den Arbeitgeber bei Fortbestand des Arbeitsverhältnisses zur außerordentlichen Kündigung berechtigt hätten sowie die Annahme, daß sich der Gesundheitszustand des Arbeitnehmers nicht so verschlechtern wird, daß dies dauerhaft einer sinnvollen Beschäftigung am alten Arbeitsplatz entgegensteht.

Um diese Vorstellungen des Arbeitgebers als Geschäftsgrundlage qualifizieren zu können, müssen sie für den Arbeitnehmer bei Abschluß der Wiedereinstellungsverein-

---

853 Vgl. - bezüglich der auf § 242 BGB gestützten Grundsätze vom Fehlen und Wegfall der Geschäftsgrundlage - BGHZ 47, S. 387, 393; BGH, NJW 1990, S. 1233, 1234.

854 Ähnlich die auf die „subjektive Formel" *Oertmanns* zurückgehende, im Rahmen des § 242 BGB herausgearbeitete Definition der Rechtsprechung. Hiernach sind Geschäftsgrundlage die bei Abschluß des Vertrages zutage getretenen, dem anderen Teil erkennbar gewordenen und von ihm nicht beanstandeten Vorstellungen der einen Partei oder die gemeinsamen Vorstellungen beider Parteien von dem Vorhandensein oder dem künftigen Eintritt bestimmter Umstände, sofern der Geschäftswille der Parteien auf diesen Vorstellungen aufbaut. Vgl. RGZ 103, S. 328, 332; BGHZ 25, S. 390, 392; 40, S. 334, 335; 128, S. 230, 236. Zu den zahlreichen anderen Ansätzen in der Literatur siehe die Nachweise bei Palandt/*Heinrichs*, § 242 Rn. 113; *Roth*, Münchener Kommentar, § 242 Rn. 602 ff.; Staudinger/*Schmidt*, § 242 Rn. 953 ff.

855 Vgl. § 313 I BGB. Hiernach ist Voraussetzung einer Vertragsanpassung, daß „einem Teil unter Berücksichtigung aller Umstände des Einzelfalles, insbesondere der vertraglichen oder gesetzlichen Risikoverteilung, das Festhalten am anveränderten Vertrag nicht zugemutet werden kann." Siehe darüber hinaus auch die Begründung zum Regierungsentwurf, BR-Drucks. 338/01, S. 405.

barung „erkennbar" gewesen sein. Denn nur, wenn der Arbeitnehmer an dem gestörten Vorstellungsbild des Arbeitgebers in bestimmter Weise teilnimmt, ist es gerechtfertigt, den Arbeitnehmer am Risiko des Auseinanderfallens von Vorstellung und Wirklichkeit auf seiten des Arbeitgebers zu beteiligen[856]. Welcher Grad von Erkennbarkeit zu fordern ist, hängt von den Umständen des Einzelfalls, insbesondere davon ab, ob Gesichtspunkte vorliegen, die für eine Risikozurechnung sprechen. Je mehr Kriterien für eine Risikozurechnung sprechen, desto geringer sind die Anforderungen, die an die Erkennbarkeit zu stellen sind[857].

Ein Vorvertrag, der lediglich den Arbeitgeber zum Abschluß eines Arbeitsvertrages verpflichtet, während der Arbeitnehmer zwar den Abschluß eines solchen Vertrages verlangen kann, aber hierzu nicht verpflichtet ist, stellt gewissermaßen von vornherein ein inäquivalentes Rechtsgeschäft dar. Aufgrund der einseitigen Begünstigung des Arbeitnehmers erscheint dieser grundsätzlich in geringerem Maße schutzwürdig, was für eine Risikozurechnung und damit für einen geringeren Grad von erforderlicher Erkennbarkeit spricht.

Erwartungen, die offensichtlich für den Arbeitgeber diese Inäquivalenz der Wiedereinstellungsvereinbarung kompensieren sollen, können als der Wiedereinstellungsvereinbarung immanente, „quasi selbstverständliche"[858] Grundannahmen betrachtet werden, die vom Arbeitgeber nicht artikuliert werden müssen, um für den Arbeitnehmer „erkennbar" zu sein. Als solche „quasi selbstverständliche" Grundannahme des Arbeitgebers bei Abschluß eines auf Wiedereinstellung gerichteten Vorvertrages wird jedenfalls seine Erwartung anzusehen sein, sich zur Wiedereinstellung eines zuverlässigen, ihm gegenüber loyalen und bezüglich der nach Wiedereinstellung zu verrichtenden Tätigkeit grundsätzlich leistungsfähigen Arbeitnehmers zu verpflichten.

Ist hiernach von der „Erkennbarkeit" der Vorstellungen des Arbeitgebers auszugehen, ist nach den Umständen des Einzelfalls zu prüfen, ob das Verhalten des Arbeitnehmers nach Treu und Glauben als bloße Kenntnisnahme oder als Einverständnis und Aufnahme der Vorstellung in die gemeinsame Grundlage des Geschäfts zu werten ist.

Schließlich muß das Fehlen oder der Wegfall der vom Arbeitgeber der Wiedereinstellungsvereinbarung zugrundegelegten und für den Arbeitnehmer erkennbaren und von ihm in die gemeinsame Grundlage des Geschäfts aufgenommenen Vorstellungen dazu führen, daß dem Arbeitgeber sowohl ein weiteres Festhalten an der unveränderten Wiedereinstellungsvereinbarung als auch eine Anpassung der Wiedereinstellungsvereinbarung nicht zugemutet werden kann, § 313 BGB[859]. Dies wird in aller Regel dann der Fall sein, wenn die Störung der Geschäftsgrundlage durch Tatsachen bedingt ist, die zur außerordentlichen Kündigung eines Arbeitsverhältnisses gemäß § 626 BGB

856 Vgl. *Roth*, Münchener Kommentar, § 242 Rn. 623.

857 *Roth*, Münchener Kommentar, § 242 Rn. 623.

858 Vgl. *Roth*, Münchener Kommentar, § 242 Rn. 781.

859 Zum Erfordernis der Unzumutbarkeit im Zusammenhang mit den auf § 242 BGB gestützten Grundsätzen über das Fehlen und den Wegfall der Geschäftsgrundlage BGHZ 2, S. 176, 188; 84, S. 1, 9; 128, S. 230, 238.

berechtigen würden[860]. Aber auch soweit die das Fehlen oder den Wegfall der Geschäftsgrundlage bedingenden Tatsachen lediglich eine ordentliche Kündigung nach § 1 KSchG rechtfertigen würden, kann ein Festhalten des Arbeitgebers an der Wiedereinstellungsvereinbarung unzumutbar sein. Denn es erscheint als nicht angemessen, das Wiedereinstellungsverhältnis einem stärkeren Bestandsschutz zu unterstellen als das Arbeitsverhältnis, das durch Vollzug der Wiedereinstellungsvereinbarung begründet werden soll.

VI. Zwischenergebnis

Ein Anspruch auf Wiedereinstellung kann sich aus einer individualvertraglichen Vereinbarung in Form eines – in der Regel einseitig den Arbeitgeber verpflichtenden – Vorvertrages ergeben.

Im Hinblick auf entsprechende Erklärungen des Arbeitgebers muß stets genau geprüft werden, ob ein Rechtsbindungswille gegeben ist, oder ob lediglich eine Aufforderung gegenüber dem Arbeitnehmer vorliegt, seinerseits gegebenenfalls ein auf Neugründung des Arbeitsverhältnisses gerichtetes Vertragsangebot zu unterbreiten. Maßgebend für die Abgrenzung ist die Auslegung der Erklärung nach dem objektiven Empfängerhorizont. Hierbei ist insbesondere danach zu fragen, ob das Verhalten des Arbeitgebers als Vorgriff auf das durch Vollzug der Wiedereinstellungsvereinbarung neu zu begründende Arbeitsverhältnis verstanden werden durfte. Die Annahme des Antrages durch den Arbeitnehmer kann unter den Voraussetzungen des § 151 BGB durch nicht empfangsbedürftige Willenserklärung erfolgen.

Schwierigkeiten können sich ergeben, wenn die Wiedereinstellungsvereinbarung im Zusammenhang mit einem Aufhebungsvertrag geschlossen wird. Eine Unwirksamkeit des Aufhebungsvertrages kann in Betracht kommen, wenn der unbedingten Beendigung des Arbeitsverhältnisses – wie beispielsweise beim „Lemgoer Modell“ - nur formelle Bedeutung beizumessen ist.

Die individualvertragliche Wiedereinstellungsvereinbarug ist eine aus dem Grundsatz der Vertragsfreiheit fließende rechtliche Gestaltungsmöglichkeit. Keinesfalls – auch nicht im Bereich der Saison- und Kampagnebetriebe – ist die Abgabe einer verbindlichen Wiedereinstellungszusage ein zusätzliches Wirksamkeitserfordernis für eine Kündigung.

Die Parteien können bei einer individualvertraglichen Wiedereinstellungsvereinbarung ein vertragliches Rücktrittrecht im Sinne des § 346 I, 1. Alt. BGB vereinbaren. Liegt ein solcher Rücktrittsvorbehalt nicht vor, kann sich im Einzelfall ein Rücktrittsrecht des Arbeitgebers aus § 313 III S. 1 BGB ergeben.

---

860 Vgl. insoweit auch BGH, NJW 1958, S. 1531, 1531; Staudinger/*Bork*, Vorbem. zu §§ 145 ff. Rn. 66.

§ 4 Entstehung, Fälligkeit und Inhalt des Wiedereinstellungsanspruches

A. Entstehung und Fälligkeit des Wiedereinstellungsanspruches

Klärungsbedürftig ist, in welchem Zeitpunkt der Anspruch auf Wiedereinstellung entsteht. Abzustellen ist insoweit entweder allgemein auf den Wegfall des Kündigungsgrundes oder - in den Fällen, in denen der Kündigungsgrund im zwar gekündigten, aber noch bestehenden Arbeitsverhältnis wegfällt - auf die Beendigung des Arbeitsverhältnisses.

In der älteren Literatur zur Wiedereinstellungsthematik wird teilweise der Standpunkt vertreten, der Wiedereinstellungsanspruch könne erst mit der Beendigung des Arbeitsverhältnisses entstehen. *Hambitzer*[861] führt in diesem Zusammenhang aus, daß ein Anspruch auf Wiedereinstellung „begrifflich erst nach Beendigung des Arbeitsverhältnisses entstehen kann.“ *Wank*[862] ist im Hinblick auf den Zeitraum zwischen dem Zugang der Kündigungserklärung und dem Ablauf der Kündigungsfrist der Auffassung, daß die Vorstellung eines Wiedereinstellungsanspruchs bei einem Arbeitnehmer, der noch in einem – wenn auch gekündigten – Arbeitsverhältnis steht, „schon logisch“ Schwierigkeiten bereite[863].

Der Ansicht, daß ein Wiedereinstellungsanspruch begrifflich erst nach der Beendigung des Arbeitsverhältnisses entstehen kann, kann nicht gefolgt werden. Sie differenziert nicht mit der gebotenen Schärfe zwischen der Entstehung und dem Inhalt des Anspruchs. Inhaltlich bezieht sich der Wiedereinstellungsanspruch denknotwendig auf den Zeitraum nach der durch die rechtswirksame Kündigung herbeigeführten Beendigung des Arbeitsverhältnisses, denn anderenfalls wären die Arbeitsvertragsparteien aus zwei parallel verlaufenden Arbeitsverhältnissen verpflichtet. Von dieser inhaltlichen Notwendigkeit scharf zu trennen ist jedoch die Frage der Entstehung des Anspruchs. Insoweit sprechen aber weder begiffliche noch rechtsdogmatische Gründe dafür, in den Fällen, in denen der Kündigungsgrund vor Ablauf der Kündigungsfrist wegfällt, die Anspruchsentstehung erst mit die Beendigung des Arbeitsverhältnisses zu bejahen.

Vor dem Hintergrund, daß die Rechtswirksamkeit einer im Zeitpunkt ihres Zugangs (§ 130 I S. 1 BGB) rechtswirksamen Kündigung durch den späteren Wegfall des Kündigungsgrundes nicht mehr berührt werden kann, steht vielmehr auch in diesen Fällen bereits mit dem Wegfall des Kündigungsgrundes - und nicht erst mit der Beendigung des Arbeitsverhältnisses - das Erfordernis einer Neubegründung der

---

861 *Hambitzer*, NJW 1985, S. 2239, 2242; *ders.*, Der Wiedereinstellungsanspruch des Arbeitnehmers nach wirksamer Kündigung, S. 4 und S. 110.

862 *Wank*, Anm. zu BAG AP Nr. 2 zu § 1 KSchG 1969 Soziale Auswahl. Ähnliche Gedanken finden sich auch bei *Langer*, NZA 1991, Beilage Nr. 3, S. 23, 23, 27 ff. und *Raab*, RdA 2000, S. 147, 157.

863 *Wank*, a. a. O. zieht hieraus die Konsequenz, daß unter dogmatischen Gesichtspunkten allein der Ansatz vertretbar sei, daß dem Arbeitgeber aufgrund späterer Umstände, die zu einem Wegfall des Kündigungsgrundes führen, die Berufung auf die wirksame Kündigung wegen Rechtsmißbrauchs zu versagen ist.

arbeitsvertraglichen Pflichten fest und der Entstehung eines hierauf gerichteten Anspruchs daher grundsätzlich nichts im Wege. Demzufolge ist hinsichtlich der Entstehung des Wiedereinstellungsanspruchs stets auf den Zeitpunkt abzustellen, in dem der Kündigungsgrund wegfällt[864]. Dies entspricht auch der dogmatischen Fundierung des Anspruchs. Fällt der die Kündigung tragende Grund nach Zugang der Kündigungserklärung aber vor Ablauf der Kündigungsfrist, mithin in einem zwar bereits gekündigten, aber noch mit allen Rechten und Pflichten fortbestehenden Arbeitsverhältnis weg, verdichtet sich bereits in diesem Moment die ursprünglich nicht näher konkretisierte Interessenwahrungspflicht des Arbeitgebers zu einer konkreten Wiedereinstellungspflicht, mit der ein entsprechender Anspruch des Arbeitnehmers korrespondiert.

Wenn darüber hinaus die Kenntnis des Arbeitgebers vom Wegfall des Kündigungsgrundes als Tatbestandsvoraussetzung des Wiedereinstellungsanspruchs bezeichnet wird[865], kann dem nicht gefolgt werden. Zunächst erscheint es unter rechtsdogmatischen Gesichtspunkten wenig überzeugend, die Entstehung eines Anspruchs von der Erfüllung rein subjektiver Tatbestandsmerkmale auf seiten des Anspruchsgegners abhängig zu machen. Außerdem kommt der Kenntnis des Arbeitgebers vom Wegfall des Kündigungsgrundes lediglich bei der Frage Bedeutung zu, ob beziehungsweise inwieweit sich der Arbeitgeber im Rahmen der Abwägung mit dem Bestandsinteresse des Arbeitnehmers auf eigene, gegenläufige Interessen berufen kann, die im Zusammenhang mit Dispositionen hinsichtlich des Arbeitsplatzes des gekündigten und nunmehr seine Wiedereinstellung begehrenden Arbeitnehmers stehen. Nur wenn solche Dispositionen überhaupt in Rede stehen, ist die Kenntnis des Arbeitgebers vom Wegfall des Kündigungsgrundes hinsichtlich der Frage von Bedeutung, ob dem gekündigten Arbeitnehmer ein Anspruch auf Wiedereinstellung zusteht.

Einer Klärung bedarf an dieser Stelle des weiteren, unter welchen Voraussetzungen von einem den Anspruch auf Wiedereinstellung begründenden „Wegfall" des betriebsbedingten Kündigungsgrundes auszugehen ist. In der höchstrichterlichen Rechtsprechung wurde ein Wiedereinstellungsanspruch insbesondere dann in Erwägung gezogen, wenn der vom Arbeitnehmer bis zum Ausspruch der Kündigung besetzte Arbeitsplatz entgegen der bei Zugang der Kündigungserklärung berechtigten Prognose bis zum Ablauf der Kündigungsfrist nicht entfallen ist. Vor dem Hintergrund, daß der Fortfall des Arbeitsplatzes den Grund einer betrieblichen Kündigung bildet, liegt in derartigen Fallkonstellationen ein Wegfall des Kündigunsgrundes vor.

Fraglich ist, ob ein einen Wiedereinstellungsanspruch begründender Wegfall des Kündigungsgrundes auch dann gegeben ist, wenn zwar der Arbeitsplatz - entsprechend der Prognose - wegfällt, aber eine weitere Voraussetzung für die soziale Rechtfertigung der ordentlichen Kündigung nachträglich entfällt. Dann käme ein Anspruch auf Wiedereinstellung allgemein in Betracht, wenn zwischen dem Zugang der Kündigungserklärung und dem Ablauf der Kündigungsfrist nicht vorhersehbare

---

864 So auch *Oetker*, ZIP 2000, S. 643, 650.

865 Siehe hierzu *Bram*, in: Bader/Bram/Dörner/Wenzel, KSchG, § 1 Rn. 70c; *Bram/Rühl*, NZA 1990, S. 753, 756; *Senne*, AuArbR 1992, S. 301, 302; *Westera*, Der Wiedereinstellungsanspruch nach wirksamer Kündigung, S. 62 f.

Umstände eintreten, die zur Rechtsunwirksamkeit der Kündigung geführt hätten, wenn die Kündigung - im Sinne einer hypothetischen Prüfung am Maßstab des Kündigungsschutzgesetzes - nach den geänderten Verhältnissen zu beurteilen wäre.

Der 7. Senat des Bundesarbeitsgerichts greift insoweit auf die Möglichkeit einer Weiterbeschäftigung des Arbeitnehmers auf einem freien vergleichbaren Arbeitsplatz[866] zurück[867] und nimmt dementsprechend einen Wiedereinstellungsanspruch auch in Fällen an, in denen sich eine anderweitige Beschäftigungsmöglichkeit auf einem unvorhergesehen frei werdenden oder neu geschaffenen Arbeitsplatz ergibt, auf den der Arbeitgeber den Arbeitnehmer ohne Änderung des Arbeitsvertrages einseitig umsetzen könnte. Da die Weiterbeschäftigungsmöglichkeit generell auf das gesamte Unternehmen, mithin auf alle Betriebe des Arbeitgebers zu erstrecken ist[868], hat diese These zur Konsequenz, daß ein Anspruch auf Wiedereinstellung nicht nur im Falle einer anderweitigen Beschäftigungsmöglichkeit im Betrieb in Betracht kommt, sondern auch dann, wenn unvorhergesehen ein vergleichbarer Arbeitsplatz in einem anderen Betrieb desselben Unternehmens frei beziehungsweise neu geschaffen wird[869].

Der Ansatz, wonach ein Anspruch auf Wiedereinstellung allgemein in Frage kommt, wenn zwischen Zugang der Kündigungserklärung und Ablauf der Kündigungsfrist nicht vorhersehbare Umstände eintreten, die bei einer hypothetischen Prüfung der Kündigung am Maßstab des Kündigungsschutzgesetzes dazu führen würden, daß die Kündigung des Arbeitnehmers sozial ungerechtfertigt wäre, hat darüber hinaus zur Folge, daß dem Arbeitnehmer auch dann ein Wiedereinstellungsanspruch zustehen kann, wenn die Weiterbeschäftigung nach zumutbaren Umschulungs- beziehungsweise

---

866 Vgl. dazu, daß die fehlende Weiterbeschäftigungsmöglichkeit des Arbeitnehmers Voraussetzung einer betriebsbedingten Kündigung ist KR-*Etzel*, § 1 KSchG Rn. 241 ff.; *Hueck/v. Hoyningen-Huene*, KSchG, § 1 Rn. 390 ff.; *Kiel/Koch*, Die betriebsbedingte Kündigung, Rn. 204 ff.

867 Siehe BAG AP Nr. 2 zu § 1 KSchG 1969 Wiedereinstellung (in dieser Entscheidung wurde das Bestehen eines Wiedereinstellungsanspruches allerdings im Ergebnis abgelehnt, da sich die Möglichkkeit einer anderweitigen Beschäftigung erst nach dem Ablauf der Kündigungsfrist ergab); BAG AP Nr. 6 zu § 1 KSchG 1969 Wiedereinstellung. Ähnlich *Hambitzer*, Der Wiedereinstellungsanspruch des Arbeitnehmers nach wirksamer Kündigung, S: 89 f.; *Bram*, in: Bader/Bram/Dörner/Wenzel, KSchG, § 1 Rn. 70c; *Hinrichs*, AiB 1997, S. 615, 616; KPK/*Meisel*, Teil H, § 1 Rn. 468 f.; *Preis*, Prinzipien des Kündigungsrechts bei Arbeitsverhält-nissen, S. 355; *vom Stein*, RdA 1991, S. 85, 89; *ders*., Fehleinschätzungen bei der Kündigung von Arbeitsverhältnissen, S. 259; *Strathmann*, Der Wiedereinstellungsanspruch eines wirksam gekündigten Arbeitnehmers, S. 83 f.; *Westera*, Der Wiedereinstellungsanspruch nach wirksamer Kündigung, S. 56 ff. Vgl. hierzu aber auch *Kort*, SAE 2001, S. 131, 135 f.; *Lisec*, Der Wiedereinstellungsanspruch des Arbeitnehmers nach betriebsbedingter Kündigung und Betriebsübergang, S. 77 ff.; *Nicolai/Noack*, ZfA 2000, S. 87, 100; *Oetker*, ZIP 2000, S. 1787, 1788 f.; *Raab*, RdA 2000, S. 147, 154.

868 Vgl. hierzu KR-*Etzel*, § 1 KSchG Rn. 242; *Hueck/v. Hoyningen-Huene*, KSchG, § 1 Rn. 391; *Preis*, in. Stahlhacke/Preis/Vossen, Kündigung und Kündigungsschutz im Arbeitsverhältnis, Rn. 635.

869 Siehe auch *Kort*, SAE 2001, S. 131, 136; *Oetker*, ZIP 2000, S. 1787, 1788; *Raab*, RdA 2000, S. 147, 154.

Fortbildungsmaßnahmen[870] oder unter geänderten Arbeitsbedingungen[871] möglich ist (§ 1 II S. 3 KSchG)[872].

Darüber hinaus ist in Erwägung zu ziehen, den Wiedereinstellungsanspruch auf Fälle zu erstrecken, in denen nach Zugang der Kündigungserklärung Veränderungen in den persönlichen Verhältnissen des auswahlrelevanten Personenkreises eintreten, die dazu führen, daß die vom Arbeitgeber zu treffende soziale Auswahl (§ 1 III KSchG) nunmehr in einem anderen Licht erscheint[873].

Angesichts der Herleitung des Wiedereinstellungsanspruchs aus einer vertraglichen Pflicht des Arbeitgebers, das durch § 1 KSchG gesetzlich geschützte Bestandsinteresse des Arbeitnehmers zu wahren, erscheint eine solche Ausdehnung zwar unter dogmatischen Gesichtspunkten durchaus konsistent[874].

Zu berücksichtigen ist aber in diesem Zusammenhang, daß dem Arbeitsverhältnis Interessengegensätze zugrundeliegen, so daß die Interessenwahrungspflicht dort ihre Grenze findet, wo gleich- oder höherrangige eigene Interessen des Arbeitgebers durch die Wahrung der Interessen des Arbeitnehmers vernachlässigt werden müßten. Eine generelle Erstreckung des Wiedereinstellungsanspruchs auf Fallkonstellationen, bei denen der Kündigungsgrund bestehen bleibt und sich im nachhinein lediglich eine Weiterbeschäftigungsmöglichkeit auf einem anderen Arbeitsplatz ergibt, überschreitet jedoch die Grenze der Interessenwahrungspflicht.

Dem Arbeitgeber kann nicht zugemutet werden, hinsichtlich aller im Unternehmen frei werdenden oder neu geschaffenen Arbeitsplätze zu überprüfen, ob diese – gegebenenfalls erst nach Durchführung einer entsprechenden Umschulung - mit zuvor gekündigten Arbeitnehmern besetzt werden können[875]. Denn die Prüfung, ob die frei

---

870 Dazu, daß der Arbeitgeber im Einzelfall verpflichtet sein kann, für den betroffenen Arbeitnehmer Umschulungs- oder Fortbildungsmaßnahmen durchzuführen KR-*Etzel*, § 1 KSchG Rn. 255; *Hueck/v. Hoyningen-Huene*, KSchG, § 1 Rn. 399; *Preis*, in: Stahlhacke/Preis/Vossen, Kündigung und Kündigungsschutz im Arbeitsverhältnis, Rn. 640.

871 KR-*Etzel*, § 1 KSchG Rn. 248 ff.; *Hueck/v. Hoyningen-Huene*, KSchG, § 1 Rn. 400; *Preis*, in: Stahlhacke/Preis/Vossen, Kündigung und Kündigungsschutz im Arbeitsverhältnis, Rn. 639 f.

872 Vgl. hierzu auch *Kort*, SAE 2001, S. 131, 136; *Oetker*, ZIP 2000, S. 1787, 1788; *Raab*, RdA 2000, S. 147, 154.

873 Eine solche nachträgliche Veränderung der Gesichtspunkte für die Sozialauswahl kommt beispielsweise beim Tod von unterhaltsberechtigten beziehungsweise -pflichtigen Angehörigen des auswahlrelevanten Personenkreises in Frage. Als Problem angesprochen bereits von *Kaiser*, ZfA 2000, S. 205, 231 f. und von *Zwanziger*, BB 1997, S. 42, 43. Vgl. in diesem Zusammenhang auch *Kort*, SAE 2001, S. 131, 136; *Oetker*, ZIP 2000, S. 1787, 1788; *Westera*, Der Wiedereinstellungsanspruch nach wirksamer Kündigung, S. 55 Fn. 184.

874 So auch *Oetker*, ZIP 2000, S. 1787, 1788.

875 Ablehnend gegenüber einer Erstreckung des Wiedereinstellungsanspruchs auf Fälle einer unvorhergesehenen Weiterbeschäftigungsmöglichkeit auf einem frei werdenden oder neu geschaffenen Arbeitsplatz *Kort*, SAE 2001, S. 131, 136 (ausnahmsweise Anerkennung eines Wiedereinstellungsanspruchs bei „Evidenzfällen" beziehungsweise bei Fällen, bei denen der Arbeitgeber durch sein eigenes Verhalten die Weiterbeschäftigungsmöglichkeit erst geschaffen hat); *Lisec*, Der Wiedereinstellungsanspruch des Arbeitnehmers nach betriebsbedingter Kündigung und Betriebsübergang, S. 80 f.; *Nicolai/Noack*, ZfA 2000, S. 87, 100; *Raab*, RdA 2000, S. 147,

gewordenen beziehungsweise neu geschaffenen Stellen die Möglichkeit einer Weiterbeschäftigung des gekündigten Arbeitnehmers eröffnen, ist für den Arbeitgeber mit erheblichem Aufwand verbunden. Offensichtlich ist dies insbesondere bei größeren Unternehmen, bei denen regelmäßig eine bestimmte Personalfluktuation gegeben ist und folglich stets freie Stellen entstehen[876].

Vor dem Hintergrund, daß die Möglichkeit einer Weiterbeschäftigung der zuvor gekündigten Arbeitnehmer auch im Hinblick auf andere Betriebe des Unternehmens zu erfolgen hätte, sähe sich der Arbeitgeber in dem in der Regel nicht unerheblichen Zeitraum bis zum Ablauf der jeweiligen Kündigungsfrist gravierenden Informationsproblemen ausgesetzt. Um diese lösen zu können, wäre der Arbeitgeber gezwungen, ein Informationssystem einzuführen, das sowohl Auskunft über die betriebsbedingt gekündigten Arbeitnehmer des Unternehmens als auch über alle frei werdenden und neu geschaffenen Arbeitsplätze auf Unternehmensebene gibt[877]. Angesichts dieser Konsequenzen ist eine Ausdehnung des Wiedereinstellungsanspruchs auf Fälle unvorhergesehener Weiterbeschäftigungsmöglichkeit abzulehnen.

Entsprechendes gilt für die nachträgliche Veränderung der Sozialdaten. Auch insoweit kann dem Arbeitgeber nicht zugemutet werden, nach Ausspruch der Kündigung bis zum Ablauf der Kündigungsfrist zu überprüfen, ob sich die persönlichen Verhältnisse des auswahlrelevanten Personenkreises verändert haben und die Sozialauswahl nunmehr in einem anderen Licht erscheinen lassen[878].

Nach der gesetzlichen Leistungszeitbestimmung des § 271 I BGB kann der Arbeitnehmer als Gläubiger die Wiedereinstellung sofort, also unmittelbar im Anschluß an den Wegfall des Kündigungsgrundes verlangen. Inhaltlich bezieht sich der Anspruch freilich auf die Zeit nach Beendigung des Arbeitsverhältnisses, weil die Arbeitsvertragsparteien sonst aus zwei parallel verlaufenden Arbeitsverhältnissen verpflichtet wären.

B. Inhalt des Wiedereinstellungsanspruches

I. Das Erfordernis der Neubegründung des Arbeitsverhältnisses durch Neuabschluß eines Arbeitsvertrages

Zur Bestimmung des Inhalts des Wiedereinstellungsanspruches ist von der Situation auszugehen, die diesem Anspruch zugrundeliegt. Im Raume steht eine im Zeitpunkt ihres Zugangs (§ 130 I S. 1 BGB) rechtswirksame Kündigung, deren tragender Grund später weggefallen ist. Vor dem Hintergrund, daß die Wirksamkeit einer Kündigung

---

154; *ders.*, RdA 2001, S. 248, 251 f. (ausnahmsweise Anerkennung eines Wiedereinstellungsanspruchs in „Evidenzfällen"). Bedenken äußernd auch *Oetker*, ZIP 2000, S. 1787, 1788 f.

876 Vgl. *Kort*, SAE 2001, S. 131, 136; *Raab*, RdA 2000, S. 147, 154.

877 Vgl. dazu, daß die Erstreckung des Wiedereinstellungsanspruchs auf Fälle einer unvorhergesehenen Weiterbeschäftigungsmöglichkeit – namentlich bei dezentraler Unternehmensorganisation - zu erheblichen Informationsproblemen führen und zu gravierenden Änderungen in der Organisation des Personalwesens zwingen kann, *Oetker*, ZIP 2000, S. 1787, 1788 f.

878 Im Ergebnis ebenso *Kort*, SAE 2001, S. 131, 136. Vgl. auch *Oetker*, ZIP 2000, S. 1787, 1788.

ausschließlich nach den objektiven Verhältnissen im Zeitpunkt des Zugangs der Kündigungserklärung zu beurteilen ist, später eintretende Veränderungen bezüglich der Kündigungsgründe die Wirksamkeit einer Kündigung somit nicht beeinträchtigen können, führt die im Zeitpunkt ihres Zugangs von einem Kündigungsgrund getragene, rechtswirksame Kündigung trotz späteren Wegfalls des Kündigungsgrundes in jedem Falle zur Beendigung des bisherigen Arbeitsverhältnisses[879].

Daraus folgt, daß der dem Wegfall des Kündigungsgrundes Rechnung tragende Wiedereinstellungsanspruch stets auf die Neubegründung des Arbeitsverhältnisses gerichtet ist[880]. Da das neu zu begründende Arbeitsverhältnis eine vertragliche Grundlage erfordert, bezieht sich der Anspruch des Arbeitnehmers folglich auf Abgabe einer entsprechenden, auf einen Vertragsschluß gerichteten Willenserklärung des Arbeitgebers. Mit dem Wiedereinstellungsanspruch des Arbeitnehmers korrespondiert mithin ein Kontrahierungszwang des Arbeitgebers[881].

Unter Berücksichtigung dieser, dem Wiedereinstellungsanspruch zugrundeliegenden Situation sind sämtliche Ansätze, die das Erfordernis der Neubegründung des Arbeitsverhältnisses durch Neuabschluß eines Arbeitsvertrages unmittelbar oder mittelbar in Zweifel ziehen, strikt abzulehnen[882].

So wird zum Teil unzutreffenderweise davon ausgegangen, der dem Arbeitnehmer nach Wegfall des Kündigungsgrundes zustehende Anspruch richte sich inhaltlich darauf, daß der Arbeitgeber darauf verzichtet, sich auf die wirksame Kündigung und als deren Rechtsfolge auf die Beendigung des Arbeitsverhältnisses zu berufen und stattdessen das gekündigte Arbeitsverhältnis fortsetzt[883].

---

879 So auch *Strathmann*, Der Wiedereinstellungsanspruch eines wirksam gekündigten Arbeitnehmers, S. 17.

880 Siehe auch *Caspers*, Personalabbau und Betriebsänderung im Insolvenzverfahren, Rn. 216; *Hambitzer*, Der Wiedereinstellungsanspruch des Arbeitnehmers nach wirksamer Kündigung, S. 5; *Hromadka/Maschmann*, Arbeitsrecht Bd. 1, S. 447 Fn. 709; *Kleinebrink*, FA 1999, S. 138, 140; *Lisec*, Der Wiedereinstellungsanspruch des Arbeitnehmers nach betriebsbedingter Kündigung und Betriebsübergang, S. 124; *Rahmstorf*, Die Druckkündigung des Arbeitgebers, S. 95 Fn. 561 und S. 108 f.; *Senne*, AuArbR 1992, S. 301, 301; *Strathmann*, Der Wiedereinstellungsanspruch eines wirksam gekündigten Arbeitnehmers, S. 17 f.; *vom Stein*, RdA 1991, S. 85, 88; *Westera*, Der Wiedereinstellungsanspruch nach wirksamer Kündigung, S. 91 f.; *Zwanziger*, in: Kittner/Däubler/Zwanziger, KSchR, Einl. Rn. 390a.

881 Vgl. bereits oben § 2 A.

882 Siehe hierzu auch die Ausführungen von *Heilmann*, Verdachtskündigung und Wiedereinstellung nach Rehabilitierung, S. 84 f.; *Lisec*, Der Wiedereinstellungsanspruch des Arbeitnehmers nach betriebsbedingter Kündigung und Betriebsübergang, S. 123 f.; *Rahmstorf*, Die Druckkündigung des Arbeitsverhältnisses, S. 95 und 117; *vom Stein*, RdA 1991, S. 85, 88; *Strathmann*, Der Wiedereinstellungsanspruch eines wirksam gekündigten Arbeitnehmers, S. 17 f.; *Westera*, Der Wiedereinstellungsanspruch nach wirksamer Kündigung, S. 90 ff.

883 So beispielsweise LAG Köln, LAGE § 611 BGB Einstellungsanspruch Nr. 1, S. 3 und 7; LAG Düsseldorf, LAGE § 1 KSchG Betriebsbedingte Kündigung Nr. 35, S. 3 f.; ErfK/*Ascheid*, § 1 KSchG Rn. 159 und 437; *Langer*, NZA 1991, Beilage Nr. 3, S. 23, 27 ff.; *Mathern*, NJW 1996, S. 818, 820; *Preis*, Anm. zu LAG Köln, LAGE § 611 BGB Einstellungsanspruch Nr. 1, S. 23 f.; *Stahlhacke*, Das dringende betriebliche Erfordernis, S. 26; *Wank*, Anm. zu BAG AP Nr. 2 zu § 1 KSchG 1969 Soziale Auswahl; *Zwanziger*, BB 1997, S. 42, 45 f.; *ders.*, in: Kittner/Däubler/Zwanziger, KSchR (4. Auflage), Einl. Rn. 510. Ähnlich MünchArbR/*Berkowsky*, §

Dies kann schon deshalb nicht überzeugen, weil der Arbeitgeber sich nicht auf die Wirksamkeit der Kündigung „berufen" muß. Vielmehr tritt die Beendigung des Arbeitsverhältnisses unabhängig von der weiteren Entwicklung der Umstände ein, wenn dem Arbeitnehmer eine rechtswirksame Kündigung zugegangen ist[884]. Darüber hinaus spricht gegen ein solches Verständnis, daß hiermit letztlich der Beurteilungszeitpunkt bezüglich der Rechtswirksamkeit der Kündigung verschoben würde und insoweit Umstände Berücksichtigung fänden, die erst nach Zugang der Kündigung entstanden sind, so daß die rechtsgestaltende Wirkung der Kündigung bis auf weiteres in der Schwebe bliebe[885]. Hinge die Wirksamkeit der Kündigung davon ab, daß der Kündigungsgrund über den Zeitpunkt des Zugangs der Kündigungserklärung hinaus bis zum Ablauf der Kündigungsfrist fortbesteht, stünde die Kündigung letztlich unter einer auflösenden Bedingung. Dies wäre jedoch mit dem Grundsatz der Bedingungsfeindlichkeit von Gestaltungsrechten nicht zu vereinbaren[886]. Zwar wird auch durch die Neubegründung des Arbeitsverhältnisses die Kündigung in ihrer das Arbeitsverhältnis beendenden Wirkung faktisch wieder aufgehoben[887], ihre Wirksamkeit bleibt aber rechtsdogmatisch unberührt[888].

Aus diesen Gründen kann auch der Auffassung nicht gefolgt werden, die im Hinblick auf den Inhalt des Anspruches zwischen „echter Wiedereinstellung" (wenn der Kündigungsgrund erst nach Ablauf der Kündigungsfrist wegfällt) und „bloßer Fortsetzung" des bisherigen Vertrages (wenn der Kündigungsgrund vor Ablauf der Kündigungsfrist wegfällt) differenziert[889] und nur im Falle einer „echten Wiedereinstellung" das Erfordernis einer Neubegründung des Arbeitsverhältnisses bejaht, während in den Fällen der „bloßen Fortsetzung" der Anspruch auf das Einverständnis des Arbeitgebers mit der Fortsetzung des bisherigen Arbeitsverhältnisses beziehungsweise auf die Rücknahme der Kündigung gerichtet sei[890].

---

134 Rn. 84, der den Arbeitgeber für den Fall, daß der Kündigungs-grund während des noch bestehenden Arbeitsverhältnisses wegfällt, als verpflichtet ansieht, dem Arbeitnehmer die Rücknahme der Kündigung anzubieten.

884 So auch BAG AP Nr. 1 zu § 1 KSchG 1969 Wiedereinstellung; BAG AP Nr. 4 zu § 1 KSchG 1969 Wiedereinstellung.

885 Vgl. hierzu BAG AP Nr. 1 zu § 1 KSchG 1969 Wiedereinstellung; LAG Hamburg, LAGE § 611 BGB Einstellungsanspruch Nr. 2, S. 6; *Boewer*, NZA 1999, S. 1121, 1125; *Westera*, Der Wiedereinstellungsanspruch nach wirksamer Kündigung, S. 92.

886 Siehe hierzu *Belling*, RdA 1996, S. 223, 237; *Kaiser*, ZfA 2000, S. 205, 211; *Nicolai/Noack*, ZfA 2000, S. 87, 89 f.; *Strathmann*, Der Wiedereinstellungsanspruch eines wirksam gekündigten Arbeitnehmers, S. 20.

887 Kritisch deshalb bereits *Molitor*, SAE 1957, S. 5, 6 mit dem Hinweis darauf, daß die Wiedereinstellungspflicht in Widerspruch zu der Tatsache stehe, daß das bisherige Vertragsverhältnis durch die Kündigung beendet ist.

888 So auch LAG Hamburg, LAGE § 611 BGB Einstellungsanspruch Nr. 2, S. 6.

889 Ablehnend insoweit auch *Strathmann*, Der Wiedereinstellungsanspruch eines wirksam gekündigten Arbeitnehmers, S. 17 f.

890 Siehe hierzu insbesondere MünchArbR/*Berkowsky*, § 134 Rn. 84, 85, 87 und 94; *Beseler*, in: Beseler/Düwell/Göttling, Arbeitsrechtliche Probleme bei Betriebsübergang, Betriebsänderung, Unternehmensumwandlung, S. 39; *Honstetter*, Die Prognoseentscheidung des Arbeitgebers im Kündigunsgrecht, S. 154 ff.; *Preis*, Prinzipien des Kündigungsrechts bei Arbeitsverhältnissen, S. 354 f.; *ders.*, DB 1988, S. 1387, 1393; *ders.*, Anm. zu LAG Köln, LAGE § 611 BGB

Zwar ist auch die Diktion des Bundesarbeitsgerichts insoweit nicht einheitlich[891]. So ist beispielsweise im Leitsatz der für die Wiedereinstellungsthematik wegweisenden Entscheidung des 2. Senats vom 27.02.1997 von einem „Anspruch auf Fortsetzung des Arbeitsverhältnisses“ die Rede[892]. Im Rahmen der Entscheidungsgründe wird dann darauf hingewiesen, daß der „Wiedereinstellungsanspruch“ ein notwendiges Korrektiv dafür darstelle, daß die Rechtsprechung allein aus Gründen der Rechtssicherheit, Verläßlichkeit und Klarheit bei der Prüfung des Kündigungsgrundes auf den Zeitpunkt des Zugangs der Kündigungserklärung abstellt[893]. Auch in anderen höchstrichterlichen Entscheidungen wird die in Rede stehende Rechtsposition des Arbeitnehmers einerseits als „Anspruch auf Fortsetzung des Arbeitsverhältnisses“[894], andererseits als „Anspruch auf Wiedereinstellung“[895] bezeichnet.

Anders als im oben genannten Schrifttum vorgeschlagen, soll hiermit jedoch nicht zwischen einer „echten Wiedereinstellung“ und einer „bloßen Fortsetzung“ differenziert werden[896]. Denn auch in den Entscheidungen, in denen von einem „Fortsetzungsanspruch“ die Rede ist, wird das Erfordernis der Begründung eines neuen Arbeitsverhältnisses durch Abschluß eines neuen Arbeitsvertrages betont[897]. Mit dem Gedanken der „Fortsetzung“ will das Bundesarbeitsgericht lediglich zum Ausdruck bringen, daß der dem Arbeitnehmer nach Wegfall des Kündigungsgrundes zustehende Anspruch zu einer faktischen Beseitigung der Beendigungswirkung der wirksamen Kündigung durch Begründung eines neuen, inhaltsgleichen Arbeitsverhältnisses führt[898].

Um Mißverständnissen entgegenzuwirken und das Erfordernis einer Neubegründung des Arbeitsverhältnisses durch Neuabschluß eines Arbeitsvertrages hinreichend deutlich zu machen, sollte die hier in Rede stehende Rechtsposition des Arbeitnehmers ausschließlich als Wiedereinstellungsanspruch bezeichnet werden[899].

Einstellungsanspruch Nr. 1, S. 23 f.; *Raab*, RdA 2000, S. 147, 157. Ähnliches Verständnis auch bei *Confurius*, in: Stahmer/Kerls/Confurius, Praxishandbuch Kündigung, Teil 8/3.5, S. 3.

891 Kritisch hierzu *Strathmann*, Der Wiedereinstellungsanspruch eines wirksam gekündigten Arbeitnehmers, S. 16; *Westera*, Der Wiedereinstellungsanspruch nach wirksamer Kündigung, S. 88 f.

892 BAG AP Nr. 1 zu § 1 KSchG 1969 Wiedereinstellung.

893 BAG AP Nr. 1 zu § 1 KSchG 1969 Wiedereinstellung.

894 BAG AP Nr. 169 zu § 613a BGB; BAG AP Nr. 185 zu § 613a BGB; BAG AP Nr. 4 zu § 1 KSchG 1969 Wiedereinstellung; BAG AP Nr. 5 zu § 1 KSchG 1969 Wiedereinstellung.

895 BAG AP Nr. 2 zu § 1 KSchG 1969 Wiedereinstellung; BAG AP Nr. 4 zu § 1 KSchG 1969 Wiedereinstellung; BAG AP Nr. 36 zu § 1 KSchG 1969 Krankheit; BAG AP Nr. 37 zu § 1 KSchG 1969 Krankheit; BAG AP Nr. 45 zu § 1KSchG 1969 Soziale Auswahl; BAG AP Nr. 6 zu § 1 KSchG 1969 Wiedereinstellung.

896 So auch *Westera*, Der Wiedereinstellungsanspruch nach wirksamer Kündigung, S. 89.

897 Siehe beispielsweise BAG AP Nr. 169 zu § 613a BGB; BAG AP Nr. 4 zu § 1 KSchG 1969 Wiedereinstellung.

898 Siehe hierzu auch *Boewer*, NZA 1999, S. 1177, 1177 f.; *Hromadka/Maschmann*, Arbeitsrecht Bd. 1, S. 447 Fn. 709.

899 Ebenso *Westera*, Der Wiedereinstellungsanspruch nach wirksamer Kündigung, S. 91 f. und 140.

II. Der Inhalt des neu zu begründenden Arbeitsverhältnisses

Kann der hier in Rede stehende Anspruch des Arbeitnehmers somit aus rechtsdogmatischen Gründen – unabhängig davon, in welchem Zeitpunkt der Kündigungsgrund wegfällt – stets nur auf die Begründung eines neuen Arbeitsverhältnisses durch Neuabschluß eines Arbeitsvertrages gerichtet sein, stellt sich nunmehr die Frage, wie der Inhalt des neu zu begründenden Arbeitsverhältnisses zu bestimmen ist.

1. Abschluß des neuen Arbeitsvertrages zu den Bedingungen des bisherigen Arbeitsvertrages

Wie jeder andere Kontrahierungszwang muß sich insoweit auch der Wiedereinstellungsanspruch des Arbeitnehmers auf die Inhaltsfreiheit erstrecken. Denn würde er sich auf die bloße Negation der Abschlußfreiheit beschränken und den Arbeitgeber lediglich zum Vertragsschluß als solchen verpflichten, könnte der Arbeitgeber den Vertragsinhalt zu seinen Gunsten ausgestalten beziehungsweise durch überzogene inhaltliche Forderungen seiner Kontrahierungspflicht entgehen[900].

Ausgehend von dieser Überlegung ist der Inhalt des neu zu begründenden Arbeitsverhältnisses keinesfalls zwischen den Parteien frei auszuhandeln. Vor dem Hintergrund, daß der Wiedereinstellungsanspruch nach zutreffender Ansicht im Regelfall auf der vertraglichen, den Vorgaben des Kündigungsschutzgesetzes und der staatlichen Schutzpflicht aus Art. 12 I GG Rechnung tragenden Nebenleistungspflicht des Arbeitgebers zur Wahrung des Bestandsinteresses des Arbeitnehmers beruht, ist vielmehr im Hinblick auf den Inhalt des neu abzuschließenden Vertrages grundsätzlich auf die dem bisherigen Arbeitsverhältnis zugrundeliegenden Vertragsbedingungen zurückzu-greifen. Der Wiedereinstellungsanspruch richtet sich demnach in der Regel auf Abschluß eines neuen Arbeitsvertrages zu den bisherigen Vertragsbedingungen[901].

---

900 Vgl. allgemein zur gegenseitigen Abhängigkeit von Abschluß- und Inhaltsfreiheit beim Kontrahierungszwang *Belke*, Die Geschäftsverweigerung im Recht der Wettbewerbsbeschränkungen, S. 413; *Bydlinski*, AcP Bd. 180 (1980), S. 1, 5; *Kilian*, AcP Bd. 180 (1980), S. 47, 77; *Kramer*, Münchener Kommentar, Vor § 145 Rn. 9; *Nipperdey*, Kontrahierungszwang und diktierter Vertrag, S. 31.

901 So im Ergebnis auch BAG AP Nr. 169 zu § 613a BGB; BAG AP Nr. 4 zu § 1 KSchG 1969 Wiedereinstellung; BAG AP Nr. 5 zu § 1 KSchG 1969 Wiedereinstellung; BAG AP Nr. 45 zu § 1 KSchG 1969 Soziale Auswahl; *Annuß*, BB 1998, S. 1582, 1587; *Beckschulze*, DB 1998, S. 417, 419; *Boewer*, NZA 1999, S. 1177, 1181; *Bram/Rühl*, NZA 1990, S. 753, 757; *Gentges*, Prognoseprobleme im Kündigungsschutzrecht, S. 365; *Grünhage*, Die Pflicht des Arbeitgebers zur Einstellung und Wiedereinstellung von Arbeitnehmern, S. 5; *Hambitzer*, Der Wiedereinstellungsanspruch des Arbeitnehmers nach wirksamer Kündigung, S. 151; *Hoefs*, Die Verdachtskündigung, S. 304; *Lisec*, Der Wiedereinstellungsanspruch des Arbeitnehmers nach betriebsbedingter Kündigung und Betriebsübergang, S. 125 f.; *Müller-Glöge*, NZA 1999, S. 449, 455; *Oetker*, ZIP 2000, S. 643, 650; *vom Stein*, RdA 1991, S. 85, 88; *Strathmann*, Der Wiedereinstellungsanspruch eines wirksam gekündigten Arbeitnehmers; *Westera*, Der Wiedereinstellungsanspruch nach wirksamer Kündigung, S. 92; *Zwanziger*, in: Kittner/Däubler/Zwanziger, KSchR, Einl. Rn. 390o.

2. Neubegründung des Arbeitsverhältnisses mit den bis zur Beendigung des bisherigen Arbeitsverhältnisses erworbenen sozialen Besitzständen

Das neue Arbeitsverhältnis ist darüber hinaus stets mit den bis zur Beendigung des bisherigen Arbeitsverhältnisses erworbenen sozialen Besitzständen zu begründen[902] [903]. Wenn zur Rechtfertigung des Wiedereinstellungsanspruches die am Zweck des Kündigungsschutzgesetzes ausgerichtete Pflicht des Arbeitgebers zur Wahrung des Bestandsinteresses des Arbeitnehmers herangezogen wird, ist die Berücksichtigung der im bisherigen Arbeitsverhältnis erdienten Besitzstände geradezu zwingende Konsequenz.

Denn der durch das Kündigungsschutzgesetz vermittelte, dem Bestandsinteresse des Arbeitnehmers Rechnung tragende Bestandsschutz soll die mit dem Verlust des Arbeitsplatzes verbundenen Folgen für die persönlichen Verhältnisse des Arbeitnehmers vermeiden. Darüber hinaus soll auch die Zugehörigkeit zum Betrieb, von der für den Arbeitnehmer zahlreiche rechtliche Positionen abhängen, einen gewissen Schutz erfahren[904].

---

902 Vgl. auch BAG AP Nr. 169 zu § 613a BGB („Wahrung des Besitzstandes"); BAG AP Nr. 4 zu § 1 KSchG 1969 Wiedereinstellung („Anrechnung der bisherigen Betriebszugehörigkeit"); BAG AP Nr. 5 zu § 1 KSchG 1969 Wiedereinstellung („Anrechnung der früheren Beschäftigungsdauer"); *Belling*, RdA 1996, S. 223, 238; *Boewer*, NZA 1999, S. 1177, 1181 („Beibehaltung der früheren Rechtsstellung"); *Bram/Rühl*, NZA 1990, S. 753, 757 („Wahrung des Status, insbesondere Anrechnung der Vordienstzeiten"); *Grünhage*, Die Pflicht des Arbeitgebers zur Einstellung und Wiedereinstellung von Arbeitnehmern, S. 5 („Wiedereinräumung alter Rechte und Anwartschaften"); *Hambitzer*, Der Wiedereinstellungsanspruch des Arbeitnehmers nach wirksamer Kündigung, S. 151 f.; *Heilmann*, Verdachtskündigung und Wiedereinstellung nach Rehabilitierung, S. 107 ff.; *Hoefs*, Die Verdachtskündigung, S. 304; *Kleinebrink*, FA 1999, S. 138, 140; *Lisec*, Der Wiedereinstellungsanspruch des Arbeitnehmers nach betriebsbedingter Kündigung und Betriebsübergang, S. 125 und 137; *Müller-Glöge*, NZA 1999, S. 449, 455 („Wahrung des Besitzstandes"); *Strathmann*, Der Wiedereinstellungsanspruch des wirksam gekündigten Arbeitnehmers, S. 88; *Walker*, SAE 1998, S. 103, 107 („Erhaltung aller Rechte, die auf der Dauer der bisherigen Betriebszugehörigkeit beruhen"); *Westera*, Der Wiedereinstellungsanspruch nach wirksamer Kündigung, S. 94 f. („Wahrung des Besitzstandes").

903 Strikt hiervon zu trennen ist die Frage, welche rechtliche Behandlung der Unterbrechungszeitraum zwischen der Beendigung des bisherigen Arbeitsverhältnisses und seiner Neubegründung im Wege der Wiedereinstellung erfährt. Dies wird nicht immer hinreichend beachtet. So verweist beispielsweise *Kaiser*, ZfA 2000, S. 205, 233 Fn. 115 im Zusammenhang mit der Frage, ob für den Kündigungsschutz, die betriebliche Altersversorgung etc. frühere Betriebszugehörigkeitszeiten berücksichtigt werden können, unter anderem auf *Belling*, RdA 1996, S. 223, 238 und *Bram/Rühl*, NZA 1990, S. 753, 757 und behauptet, diese Autoren knüpften die Wahrung des Besitzstandes bei Wiedereinstellung an die Voraussetzungen, die das Bundesarbeitsgericht für kurzfristige Unterbrechungen im Hinblick auf § 1 I KSchG aufgestellt hat. Sowohl *Belling*, a. a. O. als auch *Bram/Rühl*, a. a. O. vertreten jedoch, daß die Wiedereinstellung in jedem Falle unter Wahrung des Status zu erfolgen hat. Lediglich in bezug auf die Frage, ob der Unterbrechungszeitraum zwischen Beendigung des Arbeitsverhältnisses und dessen Wiederbegründung als Betriebszugehörigkeit zu bewerten ist, plädieren sie für einen Rückgriff auf die Rechtsprechung des Bundesarbeitsgerichts zu kurzfristigen Unterbrechungen im Zusammenhang mit § 1 I KSchG.

904 Siehe nur *Herschel/Löwisch*, KSchG, Vor § 1 Rn. 1 f.

Diese, dem durch das Kündigungsschutzgesetz vermittelten Bestandsschutz zugrundeliegenden Gedanken müssen dann aber konsequenterweise auch bei der am Zweck dieses Gesetzes ausgerichteten Konkretisierung der Interessenwahrungspflicht hin zu einer Wiedereinstellungspflicht dahingehend Berücksichtigung finden, daß die mit der Beendigung des bestandsgeschützten Arbeitsverhältnisses verbundenen Folgen für die persönlichen Verhältnisse des Arbeitnehmers vermieden werden und auch die Betriebszugehörigkeit einen rechtlichen Schutz erfährt. Mit anderen Worten: Es wäre nicht nur inkonsequent, sondern auch widersprüchlich, einerseits zur dogmatischen Begründung des Wiedereinstellungsanspruches auf den durch das Kündigungsschutzgesetz vermittelten Bestandsschutz und auf das der Interessenwahrungspflicht des Arbeitgebers unterfallende berechtigte Bestandsinteresse des Arbeitnehmers zurückzugreifen, andererseits aber bei der mit der Wiedereinstellung einhergehenden Neubegründung die im Rahmen des bestandsgeschützten Arbeitsverhältnisses bereits erworbenen sozialen Besitzstände außer Betracht zu lassen. Die Pflicht zur Wiedereinstellung kann somit nur bedeuten, daß die hiermit verbundene Neubegründung unter Wahrung der im bisherigen, in seinem Bestand geschützten Arbeitsverhältnis erworbenen sozialen Besitzstände zu erfolgen hat[905].

Unter sozialen Besitzständen, die im Rahmen des neu zu begründenden Arbeitsverhältnisses zu wahren sind, sind alle für den Arbeitnehmer rechtlich vorteilhaften Positionen zu verstehen, die auf dem Bestand des bisherigen Arbeitsverhältnisses beziehungsweise auf der hiermit verbundenen Dauer der Betriebszugehörigkeit beruhen. Die Wahrung der sozialen Besitzstände bei Neubegründung des Arbeitsverhältnisses hat folglich vielerlei Aspekte:

a) Im bisherigen Arbeitsverhältnis erfüllte Wartezeiten als soziale Besitzstände

Zu berücksichtigen sind vom Arbeitnehmer im bisherigen Arbeitsverhältnis bereits erfüllte Wartefristen wie insbesondere § 1 I KSchG, § 4 BUrlG, § 3 III EFZG sowie § 8 I BetrVG.

Vor dem Hintergrund, daß ein Wiedereinstellungsanspruch nach einer ordentlichen Kündigung abzulehnen ist, wenn das Kündigungsschutzgesetz nicht eingreift, da die ordentliche Kündigung in diesem Fall nicht an einschränkende tatbestandliche Voraussetzungen in Gestalt eines rechtfertigenden Grundes geknüpft ist[906], kommt ein

---

[905] Es überzeugt hingegen nicht, dieses Ergebnis mit einem Rekurs auf die Rechtsprechung des Bundesarbeitsgerichts zur Anrechnung früherer Arbeitsverhältnisse auf die Wartezeit des § 1 I KSchG (vgl. beispielsweise BAG AP Nr. 2 zu § 1 KSchG 1969 Wartezeit) zu begründen (so aber *Strathmann*, Der Wiedereinstellungsanspruch eines wirksam gekündigten Arbeitnehmers, S. 88). Denn im Zusammenhang mit der von der Rechtsprechung befürworteten Anrechnung früherer Arbeitsverhältnisse geht es um privatautonom neu begründete Arbeitsverhältnisse zwischen den bisherigen Arbeitsvertragsparteien wohingegen beim Wiedereinstellungsanspruch die Pflicht des Arbeitgebers zur Neubegründung des Arbeitsverhältnisses in Rede steht.

[906] Vgl. hierzu *Appel*, in: Kittner/Zwanziger, Arbeitsrecht, Handbuch für die Praxis, § 107 Rn. 3; *Beckschulze*, DB 1998, S. 417, 418; *Boewer*, NZA 1999, S. 1121, 1130; *Bram/Rühl*, NZA 1990, S. 753, 756; *Caspers*, Personalabbau und Betriebsänderung im Insolvenzverfahren, Rn. 212; APS/*Kiel*, § 1 KSchG Rn. 787; *Kiel/Koch*, Die betriebsbedingte Kündigung, Rn. 856; *Lisec*, Der Wiedereinstellungsanspruch des Arbeitnehmers nach betriebsbedingter Kündigung und

Anspruch auf Wiedereinstellung insoweit grundsätzlich nur bei einem Arbeitnehmer in Betracht, dessen bisheriges Arbeitsverhältnis ohne Unterbrechung länger als sechs Monate bestanden hat, § 1 I KSchG. Ist hiernach die Erfüllung der Wartezeit des § 1 I KSchG Voraussetzung für den Wiedereinstellungsanspruch, hat dies zur Konsequenz, daß die Neubegründung unter Wahrung der im bisherigen Arbeitsverhältnis erworbenen Besitzstände grundsätzlich dazu führt, daß auch hinsichtlich des neubegründeten Arbeitsverhältnisses von einer erfüllten Wartezeit im Sinne des § 1 I KSchG, mithin von einem unmittelbar mit seiner Begründung in seinem Bestand durch das Kündigungsschutzgesetz geschützten Arbeitsverhältnis auszugehen ist.

Da keine der oben genannten Wartezeiten über ein sechsmonatiges Bestehen des Arbeitsverhältnisses beziehungsweise der Betriebszugehörigkeit hinausgeht, hat ein Arbeitnehmer, dem ein Wiedereinstellungsanspruch zusteht, der mithin die sechsmonatige Wartezeit des § 1 I KSchG erfüllt hat, im Rahmen des bisherigen Arbeitsverhältnisses auch die Wartezeiten gemäß § 4 BUrlG, § 3 III EFZG beziehungsweise § 8 I BetrVG erfüllt, so daß diese Wartezeiten auch hinsichtlich des unter Wahrung der im bisherigen Arbeitsverhältnis erworbenen Besitzstände neu begründeten Arbeitsverhältnisses von Anfang an als erfüllt anzusehen sind. Konkret bedeutet das:

Der Anspruch auf Entgeltfortzahlung im Krankheitsfall entsteht somit für den wiedereingestellten Arbeitnehmer nicht erst nach vierwöchiger ununterbrochener Dauer des über den geltend gemachten Wiedereinstellungsanspruch neu begründeten Arbeitsverhältnisses (vgl. § 3 III EFZG), sondern bereits unmittelbar mit der Neubegründung.

Der wiedereingestellte Arbeitnehmer erwirbt das passive Wahlrecht bezüglich der Wahl des Betriebsrats nicht erst sechs Monate nach der Wiedereinstellung (vgl. § 8 I S. 1 BetrVG), sondern ebenfalls unmittelbar mit der Neubegründung des Arbeitsverhältnisses.

Entsprechendes gilt für den Anspruch auf Urlaub. Der volle Urlaubsanspruch wird nicht erst nach sechsmonatigem Bestehen des über den geltend gemachten Wiedereinstellungsanspruch neu begründeten Arbeitsverhältnisses erworben (vgl. § 4 BUrlG), sondern gleichfalls bereits mit der Neubegründung.

Schwierigkeiten entstehen in diesem Zusammenhang jedoch dann, wenn die Beendigung des bisherigen und die Begründung des neuen Arbeitsverhältnisses in dasselbe Kalenderjahr fallen und dem Arbeitnehmer im Rahmen des bisherigen Arbeitsverhältnisses bereits Urlaub gewährt worden ist beziehungsweise Urlaub, der wegen

---

Betriebsübergang, S. 62 ff.; *Oetker*, ZIP 2000, S. 643, 647; *Otto*, Festschrift für Kraft, S. 451, 453; *Rahmstorf*, Die Druckkündigung des Arbeitsverhältnisses, S. 102; *Senne*, AuArbR 1992, S. 301, 303; *Strathmann*, Der Wiedereinstellungsanspruch eines wirksam gekündigten Arbeitnehmers, S. 89; *Westera*, Der Wiedereinstellungsanspruch nach wirksamer Kündigung, S. 53; *Zwanziger*, in: Kittner/Däubler/Zwanziger, KSchR, Einl. Rn. 390e. A. A. *Hambitzer*, Der Wiedereinstellungsanspruch des Arbeitnehmers nach wirksamer Kündigung, S. 85 ff., der den Bestandsschutz des bisherigen Arbeitsverhältnisses lediglich als Abwägungselement qualifiziert. A. A. in bezug auf die Verdachtskündigung auch *Hoefs*, Die Verdachtskündigung, S. 296 („unangemessene Einschränkung").

Beendigung des bisherigen Arbeitsverhältnisses nicht mehr gewährt werden konnte, gemäß § 7 IV BUrlG abgegolten worden ist.

Da sich der Wiedereinstellungsanspruch auf die vertragliche Pflicht des Arbeitgebers gründet, das durch das Kündigungsschutzgesetz geschützte Bestandsinteresse des Arbeitnehmers zu wahren, darf der Arbeitnehmer durch die Wiedereinstellung letztlich nicht besser gestellt werden als bei ununterbrochenem Fortbestand des bisherigen Arbeitsverhältnisses. Deshalb ist auf den mit der Neubegründung des Arbeitsverhältnisses entstehenden vollen Urlaubsanspruch der für das laufende Kalenderjahr im Rahmen des bisherigen Arbeitsverhältnisses bereits gewährte oder abgegoltene Urlaub anzurechnen.

Dies ergibt sich aus § 6 I BUrlG. Sowohl Wortlaut als auch Telos stehen einer unmittelbaren Anwendung dieser Vorschrift auf den Fall der Wiedereinstellung nicht entgegen. Zwar zeichnet sich der vom Regelungsgehalt des § 6 I BUrlG typischerweise erfaßte Sachverhalt dadurch aus, daß der Arbeitnehmer den Arbeitgeber wechselt, mithin bisheriger und neuer Arbeitgeber personenverschieden sind, was bei der Wiedereinstellung in aller Regel nicht der Fall ist. Dennoch bestehen keine durch-greifenden Bedenken gegen eine grammatikalische Auslegung dahingehend, daß zwischen dem „früheren Arbeitgeber" im Sinne des § 6 I BUrlG und dem neuen Arbeitgeber Personenidentität bestehen kann. Denn der Wortsinn der Formulierung „früherer Arbeitgeber" bezieht sich lediglich auf den Arbeitgeber eines in der Vergangenheit existenten, nunmehr nicht mehr bestehenden Arbeitsverhältnisses, ohne daß hiermit zugleich das Erfordernis einer Personenverschiedenheit zwischen früherem und neuem Arbeitgeber postuliert würde.

Auch der Telos des § 6 I BUrlG, bei aufeinanderfolgenden Arbeitsverhältnissen das Entstehen von Doppelansprüchen auszuschließen, spricht für eine Anwendung der Vorschrift auf den Fall der Wiedereinstellung. Denn auch bei der Wiedereinstellung liegen in Gestalt des bisherigen sowie des über den geltend gemachten Wiedereinstellungsanspruch neu begründeten Arbeitsverhältnisses zwei aufeinanderfolgende Arbeitsverhältnisse vor und es gilt zu verhindern, daß der Arbeitnehmer durch ein wiedereinstellungsbedingtes Entstehen von Doppelansprüchen letztlich besser gestellt wird als bei ununterbrochenem Fortbestand des Arbeitsverhältnisses.

b) Der im bisherigen Arbeitsverhältnis erworbene Dispositionsschutz gemäß § 622 II BGB als sozialer Besitzstand

Zu den sozialen Besitzständen, die bei der Neubegründung zu wahren sind, zählt darüber hinaus der im bisherigen Arbeitsverhältnis erworbene Dispositionsschutz nach Maßgabe des § 622 II BGB. Dies bedeutet einerseits, daß eine im bisherigen Arbeitsverhältnis bereits gemäß § 622 II BGB eingetretene Verlängerung der Kündigungsfrist bei der Bestimmung der für das neu begründete Arbeitsverhältnis maßgeblichen Kündigungsfrist zu berücksichtigen ist. Andererseits, daß auch für den Fall, daß eine solche Verlängerung der Kündigungsfrist im bisherigen Arbeitsverhältnis noch nicht eingetreten ist, der Zeitraum, in dem das bisherige Arbeitsverhältnis bestand, bei der

Bestimmung der Bestandsdauer des neu begründeten Arbeitsverhältnisses in Ansatz zu bringen ist.

c) Soziale Besitzstände im Bereich der betrieblichen Altersversorgung

Die Wahrung der im bisherigen Arbeitsverhältnis erworbenen sozialen Besitzstände hat schließlich auch im Bereich der betrieblichen Altersversorgung weitreichende Konsequenzen:

Steht dem Arbeitnehmer bei Beendigung des bisherigen Arbeitsverhältnisses eine nach § 1 BetrAVG unverfallbare Anwartschaft auf Leistungen der betrieblichen Altersversorgung zu, so ist auch bezüglich des über den geltend gemachten Wiedereinstellungsanspruch neu begründeten Arbeitsverhältnisses von einer von Anfang an bestehenden Unverfallbarkeit auszugehen. Der Arbeitnehmer muß demnach im Rahmen des neu begründeten Arbeitsverhältnisses bezüglich der Unverfallbarkeitsvoraussetzungen des § 1 BetrAVG nicht wieder „bei Null" anfangen. Endet auch das neu begründete Arbeitsverhältnis vor Eintritt des Versorgungsfalles, so ist dementsprechend bei der sich am Verhältnis von tatsächlicher zu möglicher Betriebszugehörigkeit orientierenden Berechnung des dem Arbeitnehmer aufgrund der unverfallbaren Anwartschaft zustehenden Teilanspruchs (vgl. das sogenannte „ratierliche Berechnungsverfahren" des § 2 BetrAVG) bezüglich der Bestimmung der tatsächlichen Zugehörigkeit des Arbeitnehmers zum Betrieb auch der Betriebszugehörigkeitszeitraum des bisherigen Arbeitsverhältnisses in Rechnung zu stellen.

Sind die Unverfallbarkeitsvoraussetzungen des § 1 BetrAVG im Zeitpunkt der Beendigung des bisherigen Arbeitsverhältnisses noch nicht erfüllt, so ist bei dem aufgrund des Wiedereinstellungsanspruchs neu zu begründenden Arbeitsverhältnis hinsichtlich der Voraussetzungen der Unverfallbarkeit der Zeitraum zu berücksichtigen, in dem für den Arbeitnehmer im Rahmen des bisherigen Arbeitsverhältnisses eine Versorgungszusage bestand beziehungsweise die Betriebszugehörigkeit gegeben war (vgl. § 1 I S. 1 BetrAVG).

3. Anspruch auf befristete Wiedereinstellung

Die inhaltliche Ausgestaltung des Wiedereinstellungsanspruchs dahingehend, daß der Arbeitnehmer grundsätzlich den Neuabschluß eines Arbeitsvertrages zu den dem bisherigen Arbeitsverhältnis zugrundeliegenden Vertragsbedingungen unter Wahrung des Besitzstands verlangen kann, steht allerdings unter dem Vorbehalt der Zumutbarkeit für den Arbeitgeber.

Die Neubegründung des Arbeitsverhältnisses zu bisherigen Vertragsbedingungen erweist sich unter Zumutbarkeitsgesichtspunkten bei ursprünglich unbefristeten Arbeitsverhältnissen als problematisch, wenn mit dem Wegfall des Kündigungsgrundes zugleich feststeht, daß dieser Wegfall nur vorübergehender Natur ist. Ein solcher von vornherein lediglich vorübergehender Wegfall des Kündigungsgrundes kommt beispielsweise in Betracht, wenn durch die Anschaffung einer Maschine Arbeitsplätze wegrationalisiert werden sollen, dementsprechend betriebsbedingte Kündigungen ausgesprochen werden und sich während des Laufs der Kündigungsfrist herausstellt, daß sich die Anschaffung beziehungsweise Lieferung der Maschine für einen fest bestimmten Zeitraum verzögert[907]. Denkbar ist ein von vornherein lediglich vorübergehender Wegfall des Kündigungsgrundes auch im Falle betriebsbedingter Kündigungen wegen des Verlustes eines wichtigen Großauftrages, wenn der Arbeitgeber noch vor Ablauf der Kündigungsfrist einen zeitlich begrenzten Anschlußauftrag erhält[908].

Bereits diese beiden Beispiele verdeutlichen, daß in der Praxis durchaus Fallkonstellationen entstehen können, in denen einerseits zwar der die Kündigung tragende Grund wegfällt, andererseits jedoch schon mit dem Wegfall des Kündigungsgrundes feststeht, daß es sich nicht um einen endgültigen, sondern nur um einen vorübergehenden Wegfall handelt, der Kündigungsgrund mithin in jedem Falle zu einem bestimmten späteren Zeitpunkt wieder eintreten wird.

Könnte ein Arbeitnehmer, dessen bisheriges Arbeitsverhältnis auf einem unbefristeten Arbeitsvertrag beruhte, in derartigen Fallkonstellationen die Neubegründung des Arbeitsverhältnisses zu den bisherigen Vertragsbedingungen beanspruchen, führte dies zum Abschluß eines wiederum unbefristeten neuen Arbeitsvertrages unter Wahrung der im bisherigen Arbeitsverhältnis erworbenen Besitzstände. In Anbetracht des nicht endgültigen, sondern von vornherein nur vorübergehenden Wegfalls des Kündigungsgrundes wäre der Arbeitgeber gezwungen, das über den geltend gemachten Wiedereinstellungsanspruch neu begründete, unbefristete Arbeitsverhältnis erneut zu kündigen, wobei er sich zusätzlich dem Problem ausgesetzt sähe, daß bei der Bestimmung der hierbei zu beachtenden Kündigungsfrist (vgl. § 622 BGB) wegen der zu wahrenden Besitzstände nicht nur der Zeitraum, in dem das neu begründete Arbeitsverhältnis bestanden hat, sondern auch die Bestandsdauer des bisherigen Arbeitsverhältnisses zu beachten wäre.

Da die zur Begründung des Wiedereinstellungsanspruchs herangezogene Interessenwahrungspflicht des Arbeitgebers letztlich nicht weiterreichen kann als der die Wiedereinstellungsverpflichtung begründende Wegfall des Kündigungsgrundes, kommt in den Fällen eines nur vorübergehenden Wegfalls des Kündigungsgrundes eine Pflicht des Arbeitgebers zum Abschluß eines unbefristeten Arbeitsvertrages, mithin zum Vertragsschluß für einen Zeitraum, für den bereits im Zeitpunkt des Wegfalls des Kündigungrundes feststeht, daß der ursprünglich vorhandene, vorübergehend weggefallene Kündigungsgrund wieder vorliegen wird, nicht in Betracht. Eine derartige Pflicht des Arbeitgebers würde vielmehr die Zumutbarkeitsgrenze und damit als unverhältnismäßiger Eingriff in die Vertragsfreiheit des Arbeitgebers auch das verfassungsrechtlich vorgegebene Spielfeld für den Wiedereinstellungsanspruch überschreiten[909].

---

907 Siehe auch *Beckschulze*, DB 1998, S. 417, 419.

908 Siehe hierzu *Oetker*, ZIP 2000, S. 643, 650.

909 Vgl. hierzu insbesondere *Beckschulze*, DB 1998, S. 417, 419; *Oetker*, ZIP 2000, S. 643, 650. A. A. aber *Lisec*, Der Wiedereinstellungsanspruch des Arbeitnehmers nach betriebsbedingter Kündigung und Betriebsübergang, S. 127 f. mit dem Hinweis darauf, daß der Arbeitgeber auch im Rahmen des neu abgeschlossenen Arbeitsvertrages die Möglichkeit zur rechtzeitigen

Fraglich ist dann aber, ob der mit Wegfall des Kündigungsgrundes entstandene Anspruch auf Wiedereinstellung gänzlich an der Zumutbarkeitsgrenze scheitert, oder ob der Inhalt des Anspruchs in den hier in Rede stehenden Fallkonstellationen eines nur vorübergehenden Wegfalls des Kündigungsgrundes zu modifizieren ist. In der Literatur ist insoweit der Vorschlag unterbreitet worden, daß in den Fällen eines nur vorübergehenden Wegfalls des Kündigungsgrundes der bisher unbefristet beschäftigte Arbeitnehmer die Wiedereinstellung ausnahmsweise nicht zu den bisherigen Vertragsbedingungen und damit unbefristet, sondern lediglich für den Zeitraum beanspruchen kann, für den das Vorliegen des die Kündigung tragenden Grundes hinausgeschoben ist[910].

Diesem Vorschlag ist zuzustimmen. Er trägt der eingangs dargelegten, der Wiedereinstellungsproblematik zugrundeliegenden verfassungsrechtlichen Ausgangslage Rechnung: Dem durch Art. 12 I GG geschützten Interesse des Arbeitnehmers am Erhalt seines Arbeitsplatzes steht das ebenfalls durch Art. 12 I GG geschützte Interesse des Arbeitgebers gegenüber, nicht zu einem Vertrag mit einem Arbeitnehmer gezwungen zu werden, den er nicht weiterbeschäftigen will. Die kollidierenden Grundrechtspositionen der Arbeitsvertragsparteien sind somit im Wege der praktischen Konkordanz zu ihrer jeweils größtmöglichen Entfaltung zu bringen, ohne hierbei das Grundrecht des anderen praktisch völlig auszuhöhlen.

Der Anspruch auf befristete Wiedereinstellung verwirklicht im Falle eines nur vorübergehenden Wegfalls des Kündigungsgrundes den Grundsatz der praktischen Konkordanz. Denn einerseits wird hierdurch eine Aushöhlung der Berufsausübungsfreiheit (Art. 12 I GG) des Arbeitgebers in Form einer Verpflichtung zum Vertragsschluß für einen Zeitraum, für den bereits feststeht, daß der ursprünglich vorhandene und später weggefallene Kündigungsgrund wieder vorliegt, vermieden und dem Umstand Rechnung getragen, daß aus Gründen der Zumutbarkeit die Interessenwahrungspflicht nicht weiterreichen kann als der Wegfall des Kündigungsgrundes. Andererseits bringt der Anspruch auf befristete Wiedereinstellung das ebenfalls durch Art. 12 I GG geschützte Interesse des Arbeitnehmers am Erhalt seines Arbeitsplatzes zu seiner größtmöglichen Entfaltung, indem er den – wenn auch nur vorübergehenden – Wegfall des Kündigungsgrundes nicht gänzlich unberücksichtigt läßt, sondern dem Bestandsinteresse des Arbeitnehmers unter Beachtung der Zumutbarkeitsgrenze auf seiten des Arbeitgebers Rechnung trägt.

Demgegenüber wäre es mit dem Grundsatz der praktischen Konkordanz nicht zu vereinbaren, im Falle eines nur vorübergehenden Wegfalls des Kündigungsgrundes

---

Kündigung habe, so daß eine Überschreitung der Zumutbarkeitsgrenze durch die Verpflichtung zum Abschluß eines unbefristeten Arbeitsvertrages nicht gegeben sei.

910 Siehe zu diesem Vorschlag *Beckschulze*, DB 1998, S. 417, 419; KR-*Etzel*, § 1 KSchG Rn. 569; *Oetker*, ZIP 2000, S. 643, 650; *Strathmann*, Der Wiedereinstellungsanspruch eines wirksam gekündigten Arbeitnehmers, S. 89; *Westera*, Der Wiedereinstellungsanspruch nach wirksamer Kündigung, S. 93 f. sowie *Zwanziger*, in: Kittner/Däubler/Zwanziger, KSchR, Einl. Rn. 390p. A. A. *Lisec*, Der Wiedereinstellungsanspruch des Arbeitnehmers nach betriebsbedingter Kündigung und Betriebsübergang, S. 127 f., die auch bezüglich eines nur vorübergehenden Wegfalls des Kündigungsgrundes für eine Pflicht des Arbeitgebers zum Abschluß eines unbefristeten Arbeitsvertrages eintritt.

den Wiedereinstellungsanspruch eines bislang unbefristet beschäftigten Arbeitnehmers unter Hinweis auf einen unverhältnismäßigen Eingriff in die Vertragsfreiheit des Arbeitgebers per se an der Zumutbarkeitsgrenze scheitern zu lassen und das Bestandsinteresse des Arbeitnehmers insoweit gänzlich unberücksichtigt zu lassen, da dann die Berufsfreiheit des Arbeitnehmers nicht zu ihrer größtmöglichen Entfaltung gebracht würde.

Ist somit unter rechtsdogmatischen Gesichtspunkten der Figur des Anspruchs auf befristete Wiedereinstellung zwar grundsätzlich zuzustimmen, so wird ihr in der Rechtspraxis lediglich eine auf Ausnahmefälle beschränkte Rolle zukommen. Die inhaltliche Modifizierung des Anspruches auf Wiedereinstellung zu den bisherigen Vertragsbedingungen hin zu einem Anspruch auf zeitlich begrenzte Wiedereinstellung kann nur in Betracht kommen, wenn mit Sicherheit feststeht, daß der Kündigungsgrund nicht endgültig, sondern lediglich für einen bestimmten Zeitraum weggefallen, mithin gewissermaßen zeitlich hinausgeschoben ist. Bloße Zweifel an der Endgültigkeit des Wegfalls des die Kündigung tragenden Grundes vermögen hingegen keine inhaltliche Modifizierung des Anspruchs herbeizuführen. Ist zwischen den Arbeitsvertragsparteien streitig, ob der Kündigungsgrund endgültig oder lediglich vorübergehend weggefallen ist, so trägt der Arbeitgeber die Beweislast für einen lediglich vorübergehenden Wegfall[911]. Er hat dann konkret darzulegen und zu beweisen, ab welchem Zeitpunkt der ursprünglich vorhandene und später weggefallene Kündigungsgrund wieder vorliegen wird.

Die rechtliche Umsetzung der Befristung bereitet hingegen keine Schwierigkeiten. Zwar scheidet die kalendermäßige Befristung ohne Vorliegen eines sachlichen Grund (§ 14 II S. 1 TzBfG) aus, da zwischen dem die Wiedereinstellung begehrenden Arbeitnehmer und dem Arbeitgeber bereits zuvor ein Arbeitsverhältnis bestanden hat (§ 14 II S. 2 TzBfG)[912]. Der sachliche Grund für die nur befristete Wiedereinstellung ist jedoch in dem nur vorübergehenden Wegfall des Kündigungsgrundes zu erblicken. Da insoweit feststeht, daß der ursprünglich vorhandene, später weggefallene Kündigungsgrund in einem bestimmten Zeitpunkt wieder vorliegt, ist die Wiedereinstellung nur für einen begrenzten Zeitraum, mithin die Befristung des neu abzuschließenden Arbeitsvertrages sachlich gerechtfertigt im Sinne des § 14 I S. 2 Nr. 1 TzBfG[913].

---

911 Näher hierzu unten unter § 8 E III.

912 Nach Maßgabe des bis zum 31. 12. 2000 geltenden Beschäftigungsförderungsgesetzes war eine Befristung ohne Sachgrund (§ 1 I, II BeschFG) unzulässig, wenn zu einem vorhergehenden Arbeitsvertrag mit demselben Arbeitgeber ein enger sachlicher Zusammenhang bestand, § 1 III BeschFG. Da sich der Wiedereinstellungsanspruch aus der vertraglichen Nebenleistungspflicht des Arbeitgebers zur Interessenwahrung ergibt und die Wiedereinstellungsverpflichtung daher ihren Anknüpfungspunkt im vorhergehenden Arbeitsverhältnis hat, besteht zwischen beiden Arbeitsverträgen ein enger sachlicher Zusammenhang im Sinne des § 1 III BeschFG. Vgl. hierzu auch *Beckschulze*, DB 1998, S. 417, 419; *Lisec*, Der Wiedereinstellungsanspruch des Arbeitnehmers nach betriebsbedingter Kündigung und Betriebsübergang, S. 127; *Westera*, Der Wiedereinstellungsanspruch nach wirksamer Kündigung, S. 93 Fn. 380.

913 So auch – vor Inkrafttreten des § 14 TzBfG - *Beckschulze*, DB 1998, S. 417, 419. Vgl. darüber hinaus *Westera*, Der Wiedereinstellungsanspruch nach wirksamer Kündigung, S. 93.

An der Berechtigung des Arbeitgebers zum Abschluß eines befristeten Vertrages kann im vorliegenden Zusammenhang auch deshalb kein Zweifel bestehen, weil es sich letztlich um eine Befristung im Interesse des Arbeitnehmers handelt. Denn bei einem nur vorübergehenden Wegfall des Kündigungsgrundes besteht – wie bereits ausgeführt wurde - schon aus verfassungsrechtlichen Gründen keine Alternative in Gestalt einer unbefristeten Wiedereinstellung, so daß sich insoweit nur noch die Frage stellt, ob der Anspruch auf Wiedereinstellung zu den bisherigen Vertragsbedingungen aus eben diesen verfassungsrechtlichen Gründen gänzlich zu versagen oder ob der Inhalt des Anspruchs in diesem Falle im Sinne einer Wiedereinstellung auf begrenzte Zeit zu modifizieren ist. Die Situation beim Anspruch auf befristete Wiedereinstellung ist insoweit vergleichbar mit einer Befristung, die sich an ein wirksam beendetes unbefristetes Arbeitsverhältnis anschließt und eine Übergangsregelung aus sozialen Gründen darstellt. Unter Hinweis darauf, daß es sinnwidrig wäre, dem Arbeitnehmer die Möglichkeit einer Überbrückung zu versagen, wenn der Arbeitgeber berechtigterweise die Weiterbeschäftigung des Arbeitnehmers verweigern kann, wird die Zulässigkeit der Befristung auch in diesem Falle bejaht[914].

C. Zwischenergebnis

Der Wiedereinstellungsanspruch entsteht in dem Zeitpunkt, in dem der Kündigungsgrund wegfällt. Die Kenntnis des Arbeitgebers vom Wegfall des Kündigungsgrundes ist keine Voraussetzung für die Entstehung des Wiedereinstellungsanspruchs. Ihr kommt lediglich im Rahmen des Dispositionsschutzvorbehalts Bedeutung zu.

Ein den Anspruch auf Wiedereinstellung begründender „Wegfall des Kündigungsgrundes“ ist bei der betriebsbedingten Kündigung nur gegeben, wenn der vom Arbeitnehmer bis zum Ausspruch der Kündigung besetzte Arbeitsplatz entgegen der bei Zugang der Kündigungserklärung berechtigten Prognose bis zum Ablauf der Kündigungsfrist nicht entfallen ist. Eine Ausdehnung des Wiedereinstellungsanspruchs auf Fallkonstelationen, in denen zwischen dem Zugang der Kündigungserklärung und dem Ablauf der Kündigungsfrist nicht vorhersehbare Umstände eintreten, die zur Rechtsunwirksamkeit der Kündigung geführt hätten, wenn die Kündigung - im Sinne einer hypothetischen Prüfung am Maßstab des Kündigungsschutzgesetzes - nach den geänderten Verhältnissen zu beurteilen wäre, ist aus Gründen der Zumutbarkeit abzulehnen.

Da die Wirksamkeit einer Kündigung ausschließlich nach den objektiven Verhältnissen im Zeitpunkt des Zugangs der Kündigungserklärung zu beurteilen ist, führt die in diesem Zeitpunkt von einem Kündigungsgrund getragene, rechtswirksame Kündigung trotz späteren Wegfalls des Kündigungsgrundes in jedem Falle zur Beendigung des bisherigen Arbeitsverhältnisses. Folglich bezieht sich der Wiedereinstellungsanspruch stets auf Abgabe einer auf eine vertragliche Neubegründung des Arbeitsverhältnisses gerichteten Willenserklärung des Arbeitgebers. Um das Erfordernis einer Neubegründung des Arbeitsverhältnisses hinreichend deutlich zu machen, sollte die in Rede

---

914 Vgl. hierzu MünchArbR/*Wank*, § 116 Rn. 123 m. w. N.

stehende Rechtsposition des Arbeitnehmers ausschließlich als Wiedereinstellungsanspruch bezeichnet werden.

Der Wiedereinstellungsanspruch richtet sich in der Regel auf den Abschluß eines neuen Arbeitsvertrages zu den bisherigen Vertragsbedingungen. Darüber hinaus ist das neue Arbeitsverhältnis stets mit den bis zur Beendigung des bisherigen Arbeitsverhältnisses erworbenen sozialen Besitzständen zu begründen.

Wenn mit dem Wegfall des Kündigungsgrundes zugleich feststeht, daß dieser Wegfall nur vorübergehender Natur ist, kommt ausnahmsweise ein Anspruch auf befristete Wiedereinstellung für den Zeitraum in Betracht, in dem das Vorliegen des Kündigungsgrundes hinausgeschoben ist.

§ 5 Rechtliche Wirkungen der Wiederbegründung des Arbeitsverhältnisses

Ist der Inhalt des Wiedereinstellungsanspruchs im Kern davon geprägt, daß zugunsten des berechtigten Arbeitnehmers ein neues Arbeitsverhältnis zu begründen ist, weil das bisherige Arbeitsverhältnis durch rechtswirksame Gestaltungserklärung in Form der Kündigung beendet wurde, so daß sich der Anspruch auf Abgabe einer Willenserklärung des Arbeitgebers richtet, so erhebt sich nunmehr die Frage, welche rechtlichen Wirkungen dem Abschluß des Arbeitsvertrages zukommen.

A. Zeitpunkt der Wiederbegründung der vertraglichen Pflichten

Klärungsbedürftig ist hierbei insbesondere die Frage, zu welchem Zeitpunkt die vertraglichen Pflichten durch den mit der Wiedereinstellung verbundenen Neuabschluß wiederbegründet werden, wenn die Annahmeerklärung des Arbeitgebers erst nach Beendigung des bisherigen Arbeitsverhältnisses abgegeben beziehungsweise durch rechtskräftiges, dem Wiedereinstellungsbegehren des Arbeitnehmers stattgebendes Urteil nach § 894 I ZPO fingiert wird[915]. In Betracht zu ziehen ist insoweit einerseits eine rückwirkende Wiederbegründung der vertraglichen Pflichten, so daß das Arbeitsverhältnis durch die abgegebene beziehungsweise fingierte (§ 894 I ZPO) Annahmeerklärung des Arbeitgebers auch für die Vergangenheit wiederbegründet wird. Andererseits ist es denkbar, der abgegebenen beziehungsweise fingierten Einverständniserklärung des Arbeitgebers lediglich ex nunc Wirkung beizumessen, so daß eine Begründung des Arbeitsverhältnisses auch für die Vergangenheit ausscheidet.

Der Vorteil der Annahme einer rückwirkenden Wiederbegründung des Arbeitsverhältnisses liegt auf der Hand: So weit die Rückwirkung reicht[916], kann von einem bereits bestehenden arbeitsvertraglichen Band zwischen Arbeitgeber und Arbeitnehmer ausgegangen werden. Mit Hilfe der Rückwirkung kann dann der in der Vergangenheit liegende Unterbrechungszeitraum insbesondere im Hinblick auf Warte- und Anwartschaftszeiten berücksichtigt werden, hinsichtlich der Frage der Vergütung für den

---

915 Die hier zu behandelnde Problematik stellt sich nicht, wenn man dem Arbeitgeber aufgrund des nachträglichen Wegfalls des Kündigungsgrundes die Berufung auf die – wirksame – Kündigung wegen Rechtsmißbrauchs versagt (so beispielsweise ErfK/*Ascheid*, § 1 KSchG Rn. 159, 398 und 437; *Mathern*, NJW 1996, S. 818, 820 f.; *Wank*, Anm. zu BAG AP Nr. 2 zu § 1 KSchG 1969 Soziale Auswahl; *Zwanziger*, BB 1997, S. 42, 45 f.; *ders.*, in: Kittner/Däubler/Zwanziger, KSchR (4. Auflage), Einl. Rn. 510). Denn wenn der Arbeitgeber sich nicht auf die Wirksamkeit seiner Kündigung berufen darf, ist diese als nicht existent zu betrachten, so daß das bisherige Arbeitsverhältnis gar nicht beendet wurde, folglich die Begründung eines neuen Arbeitsverhältnisses durch Neuabschluß eines Arbeitsvertrages nicht erforderlich ist. Gegen diese Lösung spricht jedoch, daß auf einem Umweg doch wieder der Beurteilungszeitpunkt für die Wirksamkeit der Kündigung verschoben wird und zur Beurteilung Gründe herangezogen werden, die erst nach Zugang der Kündigungserklärung entstanden sind (so auch BAG AP Nr. 1 zu § 1 KSchG 1969 Wiedereinstellung; BAG AP Nr. 4 zu § 1 KSchG 1969 Wiedereinstellung; *Walker*, SAE 1998, S. 103, 107).

916 Fällt der Kündigungsgrund vor der Beendigung des Arbeitsverhältnisses weg und macht der Arbeitnehmer den Anspruch auch vor diesem Zeitpunkt geltend, käme eine Rückwirkung bis zu dem Zeitpunkt der Vertragsbeendigung in Frage. Macht der Arbeitnehmer den Anspruch erst nach Beendigung des Arbeitsverhältnisses geltend, wäre eine Rückwirkung bis zu dem Zeitpunkt der Geltendmachung in Betracht zu ziehen.

Interimszeitraum ist ein Rückgriff auf § 615 BGB möglich. Bei Annahme einer lediglich ex nunc wirkenden Wiederbegründung kann dagegen bezüglich des vergangenen Unterbrechungszeitraums nicht von einem bereits bestehenden Arbeitsverhältnis zwischen Arbeitgeber und Arbeitnehmer ausgegangen werden. Dann erhebt sich allerdings die Frage, ob der Unterbrechungszeitraum – insbesondere im Hinblick auf Warte- und Anwartschaftszeiten sowie den entgangenen Arbeitsverdienst – rechtlich berücksichtigungsfähig ist.

Die Frage der rechtlichen Wirkungen des aufgrund eines geltend gemachten Wiedereinstellungsanspruchs wiederbegründeten Arbeitsverhältnisses wird von der arbeitsrechtlichen Literatur und Rechtsprechung kontrovers diskutiert:

I. Rückwirkende Wiederbegründung beziehungsweise Fortsetzung des Arbeitsverhältnisses

Raab[917] tritt für eine Rückwirkung ein. Falle der die Kündigung tragende Grund vor der Beendigung des Arbeitsverhältnisses weg, gehe es letztlich – trotz der Tatsache, daß die Kündigung wirksam bleibt, wenn sie im Zeitpunkt des Zugangs sozial gerechtfertigt war – um eine nahtlose Fortsetzung des Arbeitsverhältnisses. Verlange der Arbeitnehmer vor Ablauf der Kündigungsfrist die Fortsetzung des Arbeitsverhältnisses und nehme der Arbeitgeber das in dem Fortsetzungsverlangen liegende Angebot des Arbeitnehmers an, so erscheine es gekünstelt, davon auszugehen, daß das bisherige Arbeitsverhältnis mit Ablauf der Kündigungsfrist endet und ein neues Arbeitsverhältnis begründet wird. Vielmehr bleibe in diesem Fall das bisherige Arbeitsverhältnis als „Schuldverhältnis im weiteren Sinne“ bestehen. Komme der Arbeitgeber der ihm obliegenden Pflicht zur Annahme des Angebots des Arbeitnehmers bis zur Beendigung des Arbeitsverhältnisses nicht nach, könne der Arbeitnehmer die Fortsetzung des bisherigen Arbeitsverhältnisses mit rückwirkender Kraft verlangen[918]. Die Neubegründung des Arbeitsverhältnisses sei nur erforderlich, wenn der Arbeitnehmer die „Fortsetzung“ erst nach Ablauf der Kündigungsfrist geltend macht. Weigere sich der Arbeitgeber, das Angebot des Arbeitnehmers anzunehmen, könne der Arbeitnehmer verlangen, daß das Arbeitsverhältnis rückwirkend – zu dem Zeitpunkt, in dem der Arbeitnehmer den Anspruch auf Wiedereinstellung geltend gemacht hat – neu begründet wird.

Im Hinblick auf die gerichtliche Durchsetzung des Anspruchs entfalte die Fortsetzungsvereinbarung nach Rechtskraft des stattgebenden Urteils (§ 894 I ZPO) dementsprechend rückwirkende Kraft auf den Zeitpunkt des Ablaufs der Kündigungsfrist, wenn der Arbeitnehmer noch vor der Beendigung des Arbeitsverhältnisses die Fortsetzung verlangt hat. Hat der Arbeitnehmer den Anspruch erst nach der Beendigung des Arbeitsverhältnisses geltend gemacht, werde mit Rechtskraft des stattgebenden Urteils das Arbeitsverhältnis rückwirkend zu dem Zeitpunkt der Geltendmachung wiederbegründet.

---

917 *Raab*, RdA 2000, S. 147, 157 f.; *ders.*, RdA 2001, S. 248, 249.

918 *Raab* vertritt insoweit folglich nicht eine rückwirkende Neubegründung des Arbeitsverhältnisses, vielmehr verzichtet er sogar auf das Erfordernis des Abschlusses eines neuen Arbeitsvertrages und befürwortet eine rückwirkende Fortsetzung des bisherigen Arbeitsverhältnisses.

Zur Begründung seines Standpunktes rekurriert *Raab* auf einen Vergleich mit der Situation einer „Rücknahme“ der Kündigung[919]. Die „Rücknahme“ der Kündigung durch den Arbeitgeber sei nach herrschender Meinung[920] als Angebot auf Fortsetzung des bisherigen Arbeitsverhältnisses zu qualifizieren. Nehme der Arbeitnehmer dieses Angebot an, bestehe das bisherige Arbeitsverhältnis mit dem alten Inhalt fort. Kommt die Rücknahmevereinbarung erst nach Ablauf der Kündigungsfrist zustande, wird ihr rückwirkende Kraft zum Ablauf der Frist beigemessen, so daß eine nahtlose Fortsetzung des Arbeitsverhältnisses vorliegt[921]. Da der Fortsetzungsanspruch des Arbeitnehmers bei Wegfall des Kündigungsgrundes in der Sache nichts anderes sei als ein Anspruch auf Rücknahme der Kündigung, weil der Arbeitnehmer vom Arbeitgeber das Einverständnis hinsichtlich der Fortsetzung des Arbeitsverhältnisses verlange, seien auch die Rechtsfolgen des Fortsetzungsanspruchs dieselben wie bei einer vereinbarten Rücknahme der Kündigung.

Auch *Ziemann*[922] stellt den Anspruch in Zusammenhang mit der vereinbarten Rücknahme einer Kündigung. Er vertritt die Meinung, ein auf die Annahme des Angebots auf einvernehmliche Aufhebung der Kündigung gerichteter Fortsetzungsanspruch werde der Situation gerechter als ein Anspruch auf Neubegründung des Arbeitsverhältnisses. Ebenso wie bei der Vereinbarung der Rücknahme einer Kündigung gehe es um die nahtlose Fortsetzung des bisherigen Arbeitsverhältnisses. Der über den geltend gemachten Fortsetzungsanspruch zustandegekommenen Rücknahmevereinbarung sei insoweit rückwirkende Kraft beizumessen.

Die dargelegten Meinungen können nicht überzeugen. Die ihnen zugrundeliegende und insbesondere zur Rechtfertigung einer Rückwirkung herangezogene These der Vergleichbarkeit mit der vereinbarten Rücknahme einer Kündigung erweist sich als nicht tragfähig. Denn der sich bei Wegfall des Kündigungsgrundes ergebende Anspruch des Arbeitnehmers stellt keineswegs einen Anspruch auf Rücknahme der Kündigung dar und ist mit einem solchen auch in der Sache keinesfalls vergleichbar.

Ein solches Verständnis verkennt, daß die im Zeitpunkt ihres Zugangs zu Recht erfolgte Kündigung hinsichtlich ihrer Gestaltungswirkung unangetastet bleiben muß. Dies verbietet es aber, im Zusammenhang mit der Wiedereinstellungsproblematik in der Sache von einem Anspruch auf Rücknahme der Kündigung auszugehen. Mit der Wirksamkeit der Kündigung steht die Beendigung des Arbeitsverhältnisses fest. Nachträglich eintretende Umstände vermögen die Wirksamkeit der im Zeitpunkt ihres Zugangs wirksamen Kündigung nicht mehr zu beeinflussen. Hiermit läßt sich nicht vereinbaren, die dem Arbeitnehmer bei Wegfall des Kündigungsgrundes zustehende Rechtsposition sachlich dahingehend zu qualifizieren, daß der Arbeitnehmer vom Arbeitgeber die Rücknahme der wirksamen, rechtlich nicht zu beanstandenden

---

919 *Raab*, RdA 2000, S. 147, 157; *ders.*, RdA 2001, S. 248, 249.

920 Siehe nur KR-*Friedrich*, § 4 KSchG Rn. 55 und 58; *Preis*, in: Stahlhacke/Preis/Vossen, Kündigung und Kündigungsschutz im Arbeitsverhältnis, Rn. 124.

921 Vgl. hierzu KR-*Friedrich*, § 4 KSchG Rn. 55; *Preis*, in: Stahlhacke/Preis/Vossen, Kündigung und Kündigungsschutz, Rn. 125.

922 *Ziemann*, MDR 1999, S. 716, 720.

Kündigung verlangen kann und über diesen Weg gegebenenfalls von einer Fortsetzung des bisherigen – wirksam beendeten – Arbeitsverhältnisses auszugehen[923].

Vor diesem Hintergrund erscheint es entgegen der Auffassung *Raabs*[924] auch keinesfalls „gekünstelt“, anzunehmen, daß das alte Arbeitsverhältnis mit Ablauf der Kündigungsfrist endet und ein neues Areitsverhältnis begründet wird, wenn das Arbeitsverhältnis bei Änderung der maßgeblichen Umstände noch gar nicht beendet war und der Arbeitgeber ein in dem „Fortsetzungsverlangen“ des Arbeitnehmers liegendes Angebot annimmt. Ganz unabhängig davon, in welchem Zeitpunkt der Wegfall des Kündigungsgrundes eintritt beziehungsweise in welchem Zeitpunkt der Arbeitnehmer einen solchen Wegfall geltend macht, löst die – im allein maßgeblichen Zeitpunkt des Zugangs (§ 130 I S. 1 BGB) – wirksame Kündigung das Arbeitsverhältnis in jedem Falle auf.

Führt aber eine im Zeitpunkt ihres Zugangs wirksame Kündigung zu einer Auflösung des Arbeitsverhältnisses, dann kann dieses gerade nicht nahtlos – gegebenfalls gar mit rückwirkender Kraft – fortgesetzt werden, sondern es bedarf in jedem Falle einer Neubegründung des Arbeitsverhältnisses durch Neuabschluß eines Arbeitsvertrages[925]. Bei einer anderen Betrachtung wäre der Grundsatz tangiert, daß die Wirksamkeit einer Kündigung nach den im Zeitpunkt ihres Zugangs bestehenden Verhältnissen zu beurteilen ist. Denn der Anspruch auf – gegebenenfalls rückwirkende – Fortsetzung des Arbeitsverhältnisses würde insoweit faktisch zu einer Ausdehnung des maßgeblichen Beurteilungszeitpunktes führen. Wird hingegen die Neubegründung des Arbeitsverhältnisses gefordert, bleibt die Wirksamkeit der Kündigung zumindest rechtsdogmatisch bestehen. Es erscheint nicht einsichtig, warum dieser rechtsdogmatisch stringente Weg „gekünstelt“ sein soll[926].

Gegen die These der Vergleichbarkeit mit der vereinbarten Rücknahme einer Kündigung spricht des weiteren, daß es sich bei einer solchen Rücknahmevereinbarung und der damit gegebenenfalls verbundenen Rückwirkung um einen Ausfluß der den Parteien zustehenden Vertrags- und Dispositionsfreiheit[927] handelt[928]. Beide Parteien

---

923 Siehe hierzu auch APS/*Kiel*, § 1 KSchG Rn. 802; *Kiel/Koch*, Die betriebsbedingte Kündigung, Rn. 871; *Strathmann*, Der Wiedereinstellungsanspruch eines wirksam gekündigten Arbeitnehmers, S. 15 f.

924 *Raab*, RdA 2000, S. 147, 157.

925 Vgl. auch *Heilmann*, Verdachtskündigung und Wiedereinstellung nach Rehabilitierung, S. 85.

926 Siehe zum ganzen auch LAG Hamburg, LAGE § 611 BGB Einstellungsanspruch Nr. 2, S. 6 sowie *Rahmstorf*, Die Druckkündigung des Arbeitsverhältnisses, S. 95; *vom Stein*, RdA 1991, S. 85, 88.

927 Dies betont auch *Ziemann*, MDR 1999, S. 716, 720.

928 In diesem Zusammenhang sei auch auf die mietrechtliche Rechtsprechung des Bundesgerichtshofes (Vgl. BGH, JZ 1999, S. 410, 411) hingewiesen, wonach bei der Beurteilung der Wirkungen, die einer Vereinbarung über die Aufhebung der Kündigungsfolgen zukommen, danach zu unterscheiden ist, ob die Vereinbarung vor Ablauf der Kündigungsfrist, also vor der Beendigung des Mietverhältnisses getroffen wird, oder erst danach. Komme die Rücknahmevereinbarung während des noch bestehenden Mietverhältnisses zustande, läge ein Vertrag des Inhalts vor, daß sich die Mietparteien gegenseitig so behandeln wollen, wie wenn die Kündigung nicht erfolgt wäre. Der gekündigte Vertrag bleibe dann grundsätzlich zu den bisherigen Bedingungen unverändert in Kraft. Komme die Rücknahmevereinbarung hingegen erst nach Beendigung des

handeln bei der einvernehmlichen Rücknahme der Kündigung durch Vertrag aufgrund freien, rechtsgeschäftlichen Willens. Die vom Arbeitgeber aus freien Stücken angebotene und vom Arbeitnehmer freiwillig angenommene Rücknahme der Kündigung führt hierbei zu einer nahtlosen und gegebenenfalls rückwirkenden Fortsetzung des Arbeitsverhältnisses. Nur diese rechtsgeschäftliche Basis der Rücknahmevereinbarung rechtfertigt es, daß der Arbeitgeber die vereinbarten Bezüge nach § 615 BGB rückwirkend zu zahlen hat, ohne daß zu prüfen ist, ob die Kündigung rechtsunwirksam gewesen ist oder nicht. Denn auf diese Prüfung hat der Arbeitgeber gerade aus freien Stücken verzichtet, so daß er sich bezüglich des Annahmeverzugs so behandeln lassen muß, als ob die Kündigung unwirksam gewesen wäre.

Bei den hier in Rede stehenden Fallkonstellationen geht es jedoch keineswegs um eine Fortsetzung beziehungsweise Wiederbegründung des Arbeitsverhältnisses aufgrund freien, rechtsgeschäftlichen Willens. Vielmehr wird dem Arbeitnehmer ein entsprechender Anspruch eingeräumt, so daß für die Betätigung eines freien, rechtsgeschäftlichen Willens des Arbeitgebers kein Raum verbleibt. Vor diesem Hintergrund erscheint es unbillig, dem Arbeitgeber ebenso wie bei einer von ihm freiwillig abgeschlossenen Rücknahmevereinbarung rückwirkend und verschuldensunabhängig die Verpflichtung aufzuerlegen, für die Vergangenheit Annahmeverzugslohn gemäß § 615 BGB zu zahlen.

Ohne entschieden für einen ex tunc wirkenden Fortsetzungsanspruch einzutreten, weisen *Preis* und *Steffan*[929] im Zusammenhang mit dem Wiedereinstellungsanspruch beim Betriebsübergang hinsichtlich der Frage, ob und aus welchen rechtlichen Gesichtspunkten für den Zeitraum zwischen Betriebsübergang und Abschluß des Arbeitsvertrages den zunächst nicht übernommenen Arbeitnehmern, deren Arbeitsverhältnisse im Zeitpunkt des Übergangs wegen zuvor ausgesprochenen betriebsbedingten Kündigungen bereits beendet waren, ein Anspruch auf Arbeitsentgelt zusteht, darauf hin, daß der Systematik des § 613a BGB eher ein rückwirkender Fortsetzungsanspruch entspreche. Denn im Anwendungsbereich dieser Vorschrift werde nicht das Arbeitsverhältnis zum alten Betriebsinhaber beendet und zum Betriebserwerber neu begründet, sondern das bisherige Arbeitsverhältnis setze sich zum Zeitpunkt des Betriebsübergangs mit dem Betriebserwerber fort, während es zum alten Inhaber des Betriebs erlösche. Unter Berücksichtigung dieser Systematik des § 613a BGB sei der Anspruch des Arbeitnehmers als ein zum Zeitpunkt des Betriebsübergangs rückwirkender Fortsetzungsanspruch zu qualifizieren.

Diese, an der Systematik des § 613a BGB ausgerichtete Argumentation zur Rechtfertigung eines ex tunc wirkenden Anspruches ist vordergründig. Gerade bei der von *Preis* und *Steffan* herangezogenen Fallgruppe des – auf eine teleologische Extension des § 613a BGB zu stützenden - Wiedereinstellungsanspruches solcher Arbeitnehmer, deren Arbeitsverhältnisse im Zeitpunkt des den Wegfall des Kündigungsgrundes

---

Mietverhältnisses zustande, scheide eine Fortsetzung des früheren Vertragsverhältisses aus, da ein solches nicht mehr bestehe. Eine privatautonome, rückwirkende Wiederbegründung eines aufgelösten Rechtsverhältnisses komme nicht in Betracht (vgl. hierzu auch *Kaiser*, ZfA 2000, S. 205, 233).

929 *Preis/Steffan*, DB 1998, S. 309, 312.

auslösenden Betriebsübergangs bereits beendet waren, entspricht die Situation nicht der Systematik des § 613a BGB. Denn für die zunächst nicht übernommenen Arbeitnehmer besteht im Zeitpunkt des Betriebsübergangs gar kein Arbeitsverhältnis mehr, das – rückwirkend – fortgesetzt werden könnte[930]. Mangles Anknüpfungspunktes ginge die rückwirkende Fortsetzung somit ins Leere.

Auch *von Stebut*[931] ordnet die Wiedereinstellungspflicht systematisch als rückwirkende Vertragsfortsetzung ein, weil hierdurch die Rechte und Anwartschaften des Arbeitnehmers aus dem an sich beendeten Arbeitsverhältnis wiederaufleben könnten[932]. Hiermit werden aber lediglich die Rechtsfolgen einer rückwirkenden Vertragsfortsetzung dargelegt, ohne eine dogmatisch zufriedenstellende Begründung für eine derartige Rückwirkung zu geben. Die Frage, wie ein Arbeitsverhältnis, das durch eine – im allein maßgeblichen Beurteilungszeitpunkt des Zugangs – wirksame Kündigung, deren Wirksamkeit durch nachträglich eintretende Umstände nicht mehr beeinflußt werden kann, beendet wurde, mit rückwirkender Kraft wiederaufleben kann, bleibt unbeantwortet.

Einen rückwirkenden Vertragsschluß befürwortet – im Zusammenhang mit einem im Schadensersatzrecht zu verankernden Wiedereinstellungsanspruch – unter Hinweis auf den Gedanken der Naturalrestitution auch *Heilmann*[933]. Da der Anspruch auf Wiedereinstellung nach zutreffender Auffassung jedoch nicht auf schadensersatzrechtliche Regelungen gestützt werden kann, läßt sich eine Rückwirkung des Vertragsschlusses nicht mit dem Gedanken der Naturalrestitution rechtfertigen.

Tragfähiger als die bisher genannten, für eine Rückwirkung plädierenden Meinungen erscheint der ebenfalls eine Rückwirkung befürwortende Ansatz von *Oetker*[934]. Vor dem Hintergrund, daß das bisherige Arbeitsverhältnis durch rechtswirksame Gestaltungserklärung beendet wurde, hält er strikt – unabhängig davon, in welchem Zeitpunkt der Kündigungsgrund wegfällt beziehungsweise ein solcher Wegfall geltend gemacht wird – am Erfordernis der Begründung eines neuen Arbeitsverhältnisses durch Neuabschluß eines Arbeitsvertrages fest[935].

Die Frage, wie durch Rückwirkung ein wirksam beendetes Rechtsverhältnis wiederauflebt und anschließend fortgesetzt werden kann, stellt sich somit nicht. Die Bedenken, auf die eine Rückwirkung der Neubegründung des Arbeitsverhältnisses stößt, hält er unter Hinweis auf den gesamten Inhalt des Wiedereinstellungsanspruchs für überwindbar. Zum Inhalt des über den geltend gemachten Wiedereinstellungsanspruch neu begründeten Arbeitsverhältnisses gehöre auch dessen Beginn, der danach

---

930 Dies erkennen auch *Preis/Steffan*, DB 1998, S. 309, 312.

931 *V. Stebut*, Der soziale Schutz als Regelungsproblem des Vertragsrechts, S. 127.

932 Vgl. auch *v. Stebut*, NJW 1985, S. 289, 296 hinsichtlich der strukturell vergleichbaren Situation bei der Eigenbedarfskündigung im Wohnraummietrecht gemäß § 564b II Nr. 2 BGB. Auch insoweit tritt er im Falle des nachträglichen Wegfalls des Eigenbedarfs für einen Anspruch auf Fortsetzung des Mietverhältnisses ein, so daß das durch Kündigung beendete Mietverhältnis mit rückwirkender Kraft wiederauflebe.

933 *Heilmann*, Verdachtskündigung und Wiedereinstellung nach Rehabilitierung, S. 93.

934 *Oetker*, ZIP 2000, S. 643, 653.

935 Vgl. hierzu *Oetker*, ZIP 2000, S. 643, 650.

zu bestimmen sei, wann der Kündigungsgrund wegfällt beziehungsweise wann der Arbeitnehmer den Wiedereinstellungsanspruch geltend macht[936].

Falle der Kündigungsgrund noch vor der Beendigung des Arbeitsverhältnisses weg und mache der Arbeitnehmer den Anspruch auf Wiedereinstellung noch vor diesem Zeitpunkt geltend, dann richte sich der Anspruch auf die Neubegründung des Arbeitsverhältnisses unmittelbar im Anschluß an das bisherige Arbeitsverhältnis. Abgesehen von einer „juristischen Sekunde“ gehen bei diesem Verständnis mithin das bisherige und das über den geltend gemachten Wiedereinstellungsanspruch neu begründete Arbeitsverhältnis unmittelbar ineinander über.

Entstehe der Wiedereinstellungsanspruch erst nach der Beendigung des Arbeitsverhältnisses, weil der Kündigungsgrund erst nach diesem Zeitpunkt wegfällt beziehungsweise mache der Arbeitnehmer einen bereits vor der Beendigung des Arbeitsverhältnisses entstandenen Wiedereinstellungsanspruch erst nach diesem Zeitpunkt geltend, beginne das neu zu begründende Arbeitsverhältnis im Zeitpunkt der Geltendmachung des Anspruchs. Beziehe sich der Inhalt des Wiedereinstellungsanspruchs auf die Neubegründung eines Arbeitsverhältnisses, dessen Beginn in der Vergangenheit liegt, sei der Arbeitgeber folglich zur rückwirkenden Neubegründung verpflichtet. Der zum Inhalt des Wiedereinstellungsanspruchs zu zählende Beginn des neuen Arbeitsverhältnisses sei dementsprechend auch integraler Bestandteil des auf Wiedereinstellung gerichteten Klageantrags und infolgedessen auch des stattgebenden Urteils.

Der Beginn des neu zu begründenden Arbeitsverhältnisses pflanzt sich bei diesem Verständnis gewissermaßen vom Inhalt des Anspruchs über den Antrag der Wiedereinstellungsklage bis hin zu dem einer solchen Klage stattgebenden Urteil fort. Folglich begründet ein rechtskräftiges, der Wiedereinstellungsklage stattgebendes Urteil das neue Arbeitsverhältnis nach § 894 I ZPO auch für die Vergangenheit. Eine Sichtweise, wonach die Neubegründung des Arbeitsverhältnisses nur ex nunc mit der tatsächlich abgegebenen beziehungsweise durch stattgebendes, rechtskräftiges Wiedereinstellungsurteil gemäß § 894 I S. 1 BGB fingierten Willenserklärung des Arbeitgebers zustandekommt[937], sei somit zu formal auf den Vertragsabschluß ausgerichtet.

Nach bisheriger Rechtslage sah sich jedoch auch dieser Ansatz dem folgenden, gegen eine Rückwirkung des über den geltend gemachten Wiedereinstellungsanspruch neubegründeten Arbeitsverhältnisses sprechenden Einwand ausgesetzt. Der rückwirkenden Neubegründung des Arbeitsverhältnisses durch Abschluß eines entsprechenden Arbeitsvertrages stand entgegen, daß ein solcher Vertrag auf eine für den

---

936 *Oetker*, ZIP 2000, S. 643, 651.

937 Vgl. hierzu insbesondere *Boewer*, NZA 1999, S. 1177, 1181 und 1182; *Meinel/Bauer*, NZA 1990, S. 575, 581 sowie jüngst auch BAG AP Nr. 6 zu § 1 KSchG 1969 Wiedereinstellung und BAG, NZA 2001, S. 1135, 1135. Außerdem *Annuß*, BB 1998, S. 1582, 1587; *Belling*, RdA 1996, S. 223, 238 f.; *Gentges*, Prognoseprobleme im Kündigungsschutzrecht, S. 365; *Kaiser*, ZfA 2000, S. 205, 233; APS/*Kiel*, § 1 KSchG Rn. 802; *Preis*, Anm. zu LAG Köln, LAGE § 611 BGB Einstellungsanspruch Nr. 1, S. 33 f.; *vom Stein*, Fehleinschätzungen bei der Kündigung von Arbeitsverhältnissen, S. 178; *Strathmann*, Der Wiedereinstellungsanspruch eines wirksam gekündigten Arbeitnehmers, S. 104; *Westera*, Der Wiedereinstellungsanspruch nach wirksamer Kündigung, S. 114; *Zwanziger*, in: Kittner/Däubler/Zwanziger, KSchR, Einl. Rn. 390t.

Arbeitnehmer teilweise unmögliche Leistung gerichtet ist[938]. Der Vertrag, der nach erfüllter Verpflichtung zustandekäme, wäre insoweit nach § 306 BGB a. F. nichtig gewesen[939]. Denn aufgrund des Fixschuldcharakters der Arbeitspflicht[940] kann die Arbeitsleistung nur zur genau bestimmten Zeit erbracht werden, so daß der Arbeitnehmer für die Vergangenheit mangels Nachholbarkeit keine arbeitsvertraglichen Dienste mehr erbringen kann. Möglich ist ihm lediglich, die sich aus dem wiederbegründeten Dauerschuldverhältnis ergebende Arbeitspflicht zukünftig zu erfüllen, so daß von einer teilweisen Unmöglichkeit auszugehen ist.

Ein auf eine teilweise unmögliche Leistung gerichteter Vertrag war jedoch in jedem Falle nach § 306 BGB a. F. so weit nichtig, wie der unmögliche Teil reichte[941]. Der Umstand, daß die Gegenleistung des Arbeitgebers in Form der Gewährung des Arbeitslohnes möglich bleibt, änderte nichts an der Nichtigkeit. Denn § 306 BGB a. F. setzte seinem Wortlaut nach nur voraus, daß die Erbringung „einer" nach dem Vertrag geschuldeten Leistung unmöglich ist[942]. Die Verpflichtung, einen nichtigen Vertrag abzuschließen, konnte aber nicht bestehen[943].

Übertragen auf die prozessuale Ebene bedeutete dies, daß eine gemäß § 894 I S. 1 ZPO mit Rechtskraft des der Wiedereinstellungsklage stattgebenden Urteils als abgegeben geltende, auf Abschluß eines in der Vergangenheit liegenden Arbeitsvertrages gerichtete Willenserklärung insoweit von der Nichtigkeitsfolge des § 306 BGB a. F. erfaßt worden wäre. Die Verurteilung des Arbeitgebers zur Abgabe einer auf einen nichtigen Vertrag gerichteten Willenserklärung war jedoch nicht möglich[944].

Dieses Ergebnis entsprach im übrigen auch der ständigen Rechtsprechung des Bundesarbeitsgerichts zu Regelungen in Tarifverträgen zur Beschäftigungssicherung, die die Übernahme von Auszubildenden in ein Arbeitsverhältnis nach erfolgreich bestandener Abschlußprüfung vorsehen[945]. Im Zusammenhang mit dem durch eine derartige

---

938 So schon *Hambitzer*, Der Wiedereinstellungsanspruch des Arbeitnehmers nach wirksamer Kündigung, S. 155 ff.

939 Vgl. hierzu auch *Bram*, in: Bader/Bram/Dörner/Wenzel, KSchG, § 1 Rn. 73; *Strathmann*, Der Wiedereinstellungsanspruch eines wirksam gekündigten Arbeitnehmers, S. 104; *Westera*, Der Wiedereinstellungsanspruch nach wirksamer Kündigung, S. 114 f.

940 Vgl. zum Fixschuldcharakter der Arbeitspflicht *Beuthien*, RdA 1972, S. 20, 22; *Dütz*, Arbeitsrecht, Rn. 187; *Emmerich*, Münchener Kommentar, § 275 Rn. 37; *Lieb*, Arbeitsrecht, Rn. 180 und 188; *Müller-Glöge*, Münchener Kommentar, § 611 Rn. 15; *Nikisch*, Arbeitsrecht Bd. I, S. 242; Staudinger/*Richardi*, § 611 Rn. 336 und 460; *Zöllner*, in: Zöllner/Loritz, Arbeitsrecht, S. 227 f.

941 Palandt/*Heinrichs*, § 306 Rn. 6; Staudinger/*Löwisch*, § 306 Rn. 5; *Thode*, Münchener Kommentar, § 306 Rn. 15.

942 Vgl. auch Staudinger/*Löwisch*, § 306 Rn. 13.

943 Siehe allgemein bereits *Nipperdey*, Kontrahierungszwang und diktierter Vertrag, S. 110 und S. 132.

944 So auch BAG AP Nr. 1 zu § 62 MTL II; BAG AP Nr. 6 zu § 1 KSchG 1969 Wiedereinstellung. Zuvor bereits *Boewer*, NZA 1999, S. 1177, 1181; *ders.*, in: Kündigung und Kündigungsschutz in der betrieblichen Praxis, S. 294. Siehe außerdem *Kort*, SAE 2001, S. 131, 132.

945 Vgl. BAG AP Nr. 154 zu § 1 TVG Tarifverträge: Metallindustrie; BAG AP Nr. 155 zu § 1 TVG Tarifverträge: Metallindustrie; BAG AP Nr. 158 zu § 1 TVG Tarifverträge: Metallindustrie.

Tarifvereinbarung begründeten Anspruch auf Abschluß eines Arbeitsvertrages[946] betonte das Gericht, daß die Verurteilung zur Abgabe einer Willenserklärung, die auf einen in der Vergangenheit liegenden Vertragsschluß gerichtet ist, nicht in Betracht kam, weil die beanspruchte Willenserklärung zu einem Vertrag geführt hätte, dessen Erfüllung wegen Zeitablaufs zwischenzeitlich unmöglich geworden und der somit nach § 306 BGB a. F. nichtig war.

Zwar bestand in diesen Fällen die Besonderheit, daß sich der durch tarifvertragliche Regelung begründete Anspruch in aller Regel auf den Abschluß eines – üblicherweise auf sechs beziehungsweise zwölf Monate - befristeten Arbeitsverhältnisses bezog, das sich – dem Zweck der Tarifvereinbarung (Umsetzung der in der Ausbildung erworbenen Kenntnisse sowie Bemessung des Arbeitslosengeldes an dem im befristeten Arbeitsverhältnis erzielten Verdienst und nicht an der niedrigeren Ausbildungsvergütung) entsprechend – direkt an die Berufsausbildung anschließt. Diese Besonderheit wirkte sich jedoch nur dahingehend aus, daß mit Ablauf des mit der Beendigung der Berufsausbildung beginnenden, der Befristung entsprechenden Zeitraumes die Erfüllung des über die tarifvertragliche Abschlußpflicht zu begründenden Vertrages wegen Zeitablaufs nicht nur teilweise, sondern vollständig unmöglich geworden war, weil insoweit auch die Möglichkeit der zukünftigen Erfüllung der Arbeitspflicht entfiel.

Fraglich ist, ob die aufgezeigte Argumentation noch tragfähig ist. Denn im Rahmen des Gesetzes zur Modernisierung des Schuldrechts, das am 01.01.2002 in Kraft getreten ist, wurde die vielfach als interessenwidrig erachtete und deshalb restritiv ausgelegte Vorschrift des § 306 BGB a. F. aufgehoben[947]. Nunmehr bestimmt § 311a I BGB, daß es der Wirksamkeit eines Vertrages nicht entgegensteht, daß der Schuldner nach § 275 I bis III BGB nicht zu leisten braucht und das Leistungshindernis schon bei Vertragsschluß vorliegt[948]. Aus der Bezugnahme auf § 275 I bis III BGB ergibt sich, daß – im Gegensatz zu § 306 BGB a. F.[949] – nicht lediglich die Fälle der anfänglich objektiven Unmöglichkeit, sondern vielmehr auch die der anfänglich subjektiven Unmöglichkeit gesetzlich geregelt sind.

Die in § 311a BGB angeordnete Wirksamkeit des Vertrages steht nicht in Widerspruch zu § 275 BGB. Zwar gilt § 275 BGB – wegen der „geradezu a-priorischen Richtigkeit“[950] des römisch-rechtlichen Satzes „impossibilium nulla est obligatio“ – auch für

946 Vgl. hierzu BAG AP Nr. 2 zu § 611 BGB Übernahme ins Arbeitsverhältnis.

947 Vgl. zur Kritik an § 306 BGB a. F., in deren Zentrum neben der Nichtigkeitsfolge der Wegfall der Gegenleistungspflicht sowie die Begrenzung des Ersatzanspruchs auf das negative Interesse standen, *Grunewald*, JZ 2001, S. 433, 434; Palandt/*Heinrichs*, § 306 Rn. 1; *Thode*, Münchener Kommentar, § 306 Rn. 3.

948 Da sich die Abkehr von § 306 a. F. BGB nicht von selbst versteht und die Rechtslage ausdrücklich aus dem Gesetz selbst hervorgehen soll, ist § 311a I BGB lediglich klarstellende Funktion beizumessen. Vgl. hierzu die Begründung zum Regierungsentwurf zu § 311a I BGB, BR-Drucks. 338/01, S. 378 sowie *Canaris*, JZ 2001, S. 499, 505. Siehe in diesem Zusammenhang auch die Kritik von *Huber*, ZIP 2000, S. 2137, 2149 hinsichtlich des Diskussionsentwurfs des Schuldrechtsmodernisierungsgesetzes, der kein Pendant zu § 311a I BGB enthielt und die schlichte Aufhebung des § 306 a. F. BGB für ausreichend erachtete.

949 Vgl. Palandt/*Heinrichs*, § 306 Rn. 3 f.

950 So *Canaris*, JZ 2001, S. 499, 506.

die anfängliche Unmöglichkeit, so daß ein Anspruch auf die Primärleistung von vornherein nicht in Betracht kommt. Dies begründet aber keineswegs eine dogmatische Unvereinbarkeit mit der von § 311a I BGB angeordneten Wirksamkeit des Vertrages, sondern bedeutet lediglich, daß ein Vertrag ohne Primärleistungspflichten entsteht[951]. Der nach § 311a I BGB wirksame Vertrag bildet die Grundlage für einen etwaigen Surrogationsanspruch nach § 285 BGB und für die Ersatzansprüche nach § 311a II BGB[952].

In Anbetracht der von § 311a I BGB für den Fall der anfänglichen Unmöglichkeit angeordneten Wirksamkeit des Vertrages entfällt das im Zusammenhang mit § 306 BGB a. F. entwickelte Argument, die Verpflichtung zum Abschluß eines nichtigen Vertrages könne nicht bestehen und die Verurteilung des Arbeitgebers zur Abgabe einer auf einen nichtigen Vertrag gerichteten Willenserklärung sei nicht möglich.

Aber auch vor dem Hintergrund des § 311a I BGB kann die zum Zwecke der Lückenschließung hinsichtlich des Unterbrechungszeitraums konstruierte Rückwirkung des über den geltend gemachten Wiedereinstellungsanspruch neubegründeten Arbeitsverhältnisses nicht überzeugen. Durch die von § 311a I BGB angeordnete Wirksamkeit des auf eine anfänglich unmögliche Leistung gerichteten Vertrages werden – wie soeben dargelegt wurde – keine primären Leistungspflichten begründet.

Ein hinsichtlich des in der Vergangenheit liegenden Unterbrechungszeitraums wegen des Fixschuldcharakters der Arbeitspflicht auf eine teilweise anfänglich unmögliche Leistung gerichteter rückwirkender Arbeitsvertrag vermag trotz der in § 311a I BGB angeordneten Wirksamkeit in bezug auf die Frage der Vergütung für den Interimszeitraum den durch die Rückwirkung angestrebten Rekurs auf § 615 BGB nicht zu rechtfertigen. Denn § 615 BGB gibt keinen selbständigen Anspruch, sondern bewirkt, daß – abweichend von dem Grundsatz „ohne Arbeit kein Lohn“ (§ 614 BGB) – der Vergütungsanspruch aus § 611 I BGB, mithin der Anspruch des Arbeitnehmers auf die Primärleistung erhalten bleibt[953]. Vermag aber ein rückwirkender, auf eine anfänglich unmögliche Leistung gerichteter und nach § 311a I BGB wirksamer Vertrag keinen Anspruch auf die Primärleistung zu begründen, muß im vorliegenden Zusammenhang ein Rückgriff auf § 615 BGB, der einen bestehenden Primäranspruch aufrechterhalten soll, ausscheiden. Die Frage der Vergütung des Arbeitnehmers bezüglich des Interimszeitraums läßt sich folglich keineswegs durch einen Rekurs auf § 615 BGB, sondern – entsprechend der Konzeption des § 311a I BGB, wonach der wirksame Vertrag Grundlage sekundärer, nicht jedoch primärerAnsprüche ist – nur auf der Sekundärebene beantworten.

Da sich die Funktion des nach § 311a I BGB wirksamen Vertrages darin erschöpft, Grundlage für einen etwaigen Surrogationsanspruch nach § 285 BGB und vor allem

---

951 Siehe hierzu auch die Begründung zum Regierungsentwurf des § 311a I BGB, BR-Drucks. 338/01, S. 379 sowie *Canaris*, JZ 2001, S. 499, 506 jeweils mit dem Hinweis darauf, daß dies seit langem eine anerkannte dogmatische Kategorie darstellt.

952 Vgl. die Begründung zum Regierungsentwurf des § 311a I BGB, BR-Drucks. 338/01, S. 379; *Canaris*, JZ 2001, S. 499, 506.

953 Siehe Palandt/*Putzo*, § 615 Rn. 3; *Schaub*, Münchener Kommentar, § 615 Rn. 45.

für die Ersatzansprüche nach § 311a II BGB zu sein, so daß sich die Rechtsfolgen des Vertrages stets auf die Sekundärebene beschränken, erscheint es darüber hinaus nicht vertretbar, von einem vollwertigen, die Berücksichtigung des Unterbrechungszeitraums hinsichtlich der Erfüllung von Warte- und Anwartschaftszeiten rechtfertigenden arbeitsvertraglichen Band auszugehen.

Daß die Anwendung des § 311a BGB im vorliegenden Kontext zu keinen interessengerechten Ergebnissen führt, ergibt sich schließlich auch aus folgender Überlegung: Zwar läßt sich mit Hilfe des § 311a I BGB nunmehr – im Gegensatz zur Rechtslage nach § 306 BGB a. F. – die Wirksamkeit eines auf eine anfänglich unmögliche Leistung gerichteten Arbeitsvertrages begründen. Hinsichtlich der auf die Sekundärebene beschränkten Rechtsfolgen eines solchen Vertrages ist jedoch gemäß § 311a II BGB der Schuldner der anfänglich unmöglichen Leistung ersatzpflichtig. Dies wäre vorliegend jedoch nicht der die Wiedereinstellung verweigernde Arbeitgeber, sondern der die Wiedereinstellung begehrende Arbeitnehmer, dem es aufgrund des Fixschuldcharakters der Arbeitspflicht nicht möglich ist, für den vergangenen Unterbrechungszeitraum arbeitsvertragliche Dienste zu erbringen.

Vor dem Hintergrund der sich auf die Sekundärebene beschränkenden Funktion des § 311a I BGB erscheint es nach alledem überzeugender, auf die dogmatisch fragwürdige Figur eines – gegebenenfalls im Zusammenhang mit einer gesetzlichen Fiktion (§ 894 I S. 1 BGB) stehenden – rückwirkenden Vertragsschlusses zu verzichten und statt dessen im Hinblick auf die Lückenschließung bezüglich des Unterbrechungs-zeitraumes sogleich unmittelbar auf das schadensersatzrechtliche Regelungsinstrumentarium zu rekurrieren[954].

II. Wiederbegründung der vertraglichen Pflichten mit ex nunc Wirkung

Die vertraglichen Pflichten des über den geltend gemachten Wiedereinstellungsanspruch neu begründeten Arbeitsverhältnisses entstehen somit lediglich mit ex nunc Wirkung ab dem Zeitpunkt der Abgabe der Annahmeerklärung durch den Arbeitgeber beziehungsweise deren Ersetzung durch ein der Wiedereinstellungsklage stattgebendes, rechtskräftiges Urteil (§ 894 I ZPO)[955].

Die Richtigkeit dieser Sichtweise sehen *Meinel* und *Bauer*[956] unter Hinweis auf die vor dem Inkrafttreten des Gesetzes zur Modernisierung des Schuldrechts bestehende

---

954 Näher hierzu unten unter § 5 B II.

955 Vgl. BAG AP Nr. 6 zu § 1 KSchG 1969 Wiedereinstellung; BAG, NZA 2001, S. 1135, 1135; MünchArbR/*Berkowsky*, § 134 Rn. 95; *Bram*, in: Bader/Bram/Dörner/Wenzel, KSchG, § 1 Rn. 73; *Hambitzer*, Der Wiedereinstellungsanspruch des Arbeitnehmers nach wirksamer Kündigung, S. 155; APS/*Kiel*, § 1 KSchG Rn. 802; *Kiel/Koch*, Die betriebsbedingte Kündigung, Rn. 871; *Kort*, SAE 2001, S. 131, 132; *Linck*, FA 2000, S. 334, 338; *Strathmann*, Der Wiedereinstellungsanspruch eines wirksam gekündigten Arbeitnehmers, S. 104; *Strobel*, Die Rechtsfigur der Verdachtskündigung, S. 283 f.; *Westera*, Der Wiedereinstellungsanspruch nach wirksamer Kündigung, S. 114; *Zwanziger*, in: Kittner/Däubler/Zwanziger, KSchR, Einl. Rn. 390t. Siehe darüber hinaus *Nipperdey*, Kontrahierungszwang und diktierter Vertrag, S. 118.

956 *Meinel/Bauer*, NZA 1999, S. 575, 581. Ebenso *Westera*, Der Wiedereinstellungsanspruch nach wirksamer Kündigung, S. 114.

Parallelproblematik im kaufrechtlichen Gewährleistungsrecht bestätigt[957]. Dort sei ebenfalls anerkannt gewesen, daß der zum Vollzug der Wandelung beziehungsweise Minderung nach § 465 BGB a. F. erforderlichen Einverständniserklärung des Verkäufers, auf deren Abgabe der Käufer gemäß § 462 BGB a. F. einen Anspruch hatte, lediglich ex nunc Wirkung beizumessen war, so daß entsprechende Rückabwicklungsansprüche aus vollzogener Wandelung beziehungsweise Minderung erst ab dem Zeitpunkt der Abgabe der Einverständniserklärung entstanden beziehungsweise ab dem Zeitpunkt einer Ersetzung durch ein rechtskräftiges, stattgebendes Urteil, das – nach der zu §§ 462, 465 BGB a. F. herrschenden „modifizierten Vertragstheorie" – selbst dann, wenn es explizit nur auf Rückzahlung des (zu viel) gezahlten Kaufpreises ging, zugleich die Vollziehung der Wandelung respektive Minderung im Wege richterlicher Gestaltung enthielt[958].

Für eine lediglich ex nunc wirkende Neubegründung der arbeitsvertraglichen Pflichten spricht schließlich noch, daß sich die Rechtslage bei dem auf Neuabschluß des Arbeitsvertrages gerichteten Wiedereinstellungsanspruch grundsätzlich nicht von sonstigen zivilrechtlichen Kontrahierungszwängen unterscheidet. Insoweit ist jedoch allgemein anerkannt, daß im Falle einer Verweigerung des Vertragsabschlusses durch den zum Kontrahieren Verpflichteten dem erzwungenen Abschluß keine Rückwirkung beizumessen ist[959]. Auch im Zusammenhang mit dem als vertraglicher Kontrahierungszwang zu qualifizierenden Vorvertrag wird im Falle eines zunächst verweigerten und damit verzögerten Abschlusses des Hauptvertrages eine Rückwirkung nicht in Erwägung gezogen[960].

B. Die Lückenschließung hinsichlich des Unterbrechungszeitraums

Scheidet somit nach zutreffender Auffassung eine Rückwirkung des über den geltend gemachten Wiedereinstellungsanspruch neu begründeten Arbeitsverhältnisses aus, kommt mithin insoweit ein in der Vergangenheit bereits bestehendes arbeitsvertragliches Band zwischen Arbeitgeber und Arbeitnehmer nicht in Betracht, stellt sich die Frage, ob beziehungsweise mit welchem Instrumentarium eine Lückenschließung

---

957 Nach dem nunmehr geltenden kaufrechtlichen Gewährleistungsrecht besteht die von *Meinel* und *Bauer* angesprochene Parallelproblematik nicht mehr. Denn nach §§ 437 Nr. 2, 1. Alt., 440, 323, 326 V BGB kann der Käufer im Falle eines Sachmangels durch Erklärung gegenüber dem Verkäufer (§ 349 BGB) von dem Vertrag zurücktreten oder gemäß §§ 437 Nr. 2, 2. Alt., 441 BGB den Kaufpreis durch Erklärung gegenüber dem Verkäufer mindern. Da Rücktritt und Minderung als Gestaltungsrechte konzipiert sind, ist nunmehr mit der Erklärung des Käufers das Rechtsverhältnis umgestaltet. Eine entsprechende Einverständniserklärung des Verkäufers ist folglich - im Gegensatz zu § 465 BGB a. F. - nicht mehr erforderlich. Die durch §§ 465, 467 BGB a. F. hervorgerufenen Probleme der Vertrags- und Herstellungstheorie können somit nicht mehr auftreten. Vgl. hierzu auch *H. P. Westermann*, JZ 2001, S. 530, 538.

958 Siehe dazu nur *Larenz*, Lehrbuch des Schuldrechts Bd. II/1, S. 55 f.; Palandt/*Putzo*, § 465 Rn. 5.

959 Vgl. hierzu auch *Preis*, Anm. zu LAG Köln, LAGE § 611 BGB Einstellungsanspruch Nr. 1, S. 34. Allgemein zur Rechtslage bei verweigertem Vertragsabschluß trotz zivilrechtlichen Kontrahierungszwanges Staudinger/*Bork*, Vor zu §§ 145 ff. Rn. 31; *Kramer*, Münchener Kommentar, Vor § 145 Rn. 12; *Nipperdey*, Kontrahierungszwang und diktierter Vertrag, S. 118; Soergel/*Wolf*, Vor § 145 Rn. 51 sowie aus der Rechtsprechung BGH, NJW 1974, S. 1903, 1904.

960 Vgl. zur Situation beim Vorvertrag BGHZ 108, S. 380, 384; Staudinger/*Bork*, Vor §§ 145 ff. Rn. 65; *Kramer*, Münchener Kommentar, Vor § 145 Rn. 49; Soergel/*Wolf*, Vor § 145 Rn. 68.

hinsichtlich des Unterbrechungszeitraumes – insbesondere in bezug auf Warte- und Anwartschaftszeiten sowie den entgangenen Arbeitsverdienst – möglich ist[961].

I. Orientierung an der Rechtsprechung des Bundesarbeitsgerichts zur Anrechnung früherer Arbeitsverhältnisse auf die Wartezeit des § 1 I KSchG bezüglich der Berücksichtigung des Unterbrechungszeitraums als Betriebszugehörigkeit

Bezüglich der Frage, ob der Unterbrechungszeitraum zwischen Beendigung des Arbeitsverhältnisses und dessen Wiederbegründung als „Betriebszugehörigkeit" zu bewerten ist, schlagen *Bram* und *Rühl*[962] sowie *Belling*[963] vor, sich an der Rechtsprechung des Bundesarbeitsgerichts zur Anrechnung früherer Arbeitsverhältnisse auf die Wartezeit des § 1 I KSchG zu orientieren[964]. Nach dem bloßen Wortlaut des § 1 I KSchG wäre für das Erfüllen der Wartezeit jede rechtliche Unterbrechung des Arbeitsverhältnisses schädlich. Unter Hinweis auf Sinn und Zweck des Gesetzes tritt die Rechtsprechung indessen für eine Anrechnung der Zeiten eines früheren Arbeitsverhältnisses mit demselben Arbeitgeber auf die Wartezeit nach § 1 I KSchG ein, wenn zwischen beiden Arbeitsverhältnissen ein enger sachlicher Zusammenhang besteht.

Vor dem Hintergrund, daß das Bundesarbeitsgericht hinsichtlich der Frage, ob ein derartiger enger sachlicher Zusammenhang zwischen beiden Arbeitsverhältnissen vorliegt, eine stark am Einzelfall orientierte Würdigung vornimmt, wobei nicht nur die Dauer der Unterbrechung, sondern eine ganze Reihe anderer Faktoren berücksichtigt wird, erscheint es jedoch bereits zweifelhaft, ob die vorgeschlagene Orientierung an dieser Rechtsprechung zu praktikablen Kriterien führt.

Des weiteren ist zu berücksichtigen, daß den von der Rechtsprechung im Hinblick auf die Wartezeit nach § 1 I KSchG entschiedenen und den hier in Rede stehenden Fällen völlig unterschiedliche Sachverhalte zugrundeliegen. Geht es im Zusammenhang mit der Anrechnung früherer Arbeitsverhältnisse um privatautonom neu begründete Arbeitsverhältnisse zwischen den bisherigen Arbeitsvertragsparteien, steht beim Wiedereinstellungsanspruch die Pflicht des Arbeitgebers zur Neubegründung des Arbeitsverhältnisses im Vordergrund.

Auch die von der Rechtsprechung bezüglich der Anrechnung früherer Arbeitsverhältnisse auf die Wartezeit des § 1 I KSchG noch tolerierten Unterbrechungszeiträume werden den praktischen Bedürfnissen des Wiedereinstellungsanspruchs nicht gerecht. Ungeachtet der vom Bundesarbeitsgericht betonten Einzelfallwürdigung werden in

---

961 Die Frage der Lückenschließung erhebt sich zum einen, wenn der Arbeitgeber die Erfüllung des vom Arbeitnehmer geltend gemachten Wiedereinstellungsanspruchs verweigert. Zum anderen, wenn der Arbeitgeber schon die Unterrichtung des Arbeitnehmers vom Wegfall des betriebsbedingten Kündigungsgrundes unterläßt, vgl. hierzu auch *Westera*, Der Wiedereinstellungsanspruch nach wirksamer Kündigung, S. 113.

962 *Bram/Rühl*, NZA 1990, S. 753, 757.

963 *Belling*, RdA 1996, S. 223, 238.

964 Vgl. zu dieser Rechtsprechung BAG AP Nr. 2 zu § 1 KSchG 1969 Wartezeit; BAG AP Nr. 7 zu § 1 KSchG 1969 Wartezeit.

aller Regel nur kurzfristige rechtliche Unterbrechungen von einigen Tagen oder wenigen Wochen[965] als unschädlich angesehen. Bei Übertragung dieser Rechtsprechung auf den Wiedereinstellungsanspruch käme eine Bewertung des Unterbrechungszeitraumes als Betriebszugehörigkeit nur in solchen Fällen in Betracht, in denen zwischen der Beendigung des alten und der Begründung des neuen Arbeitsverhältnisses lediglich einige Tage oder wenige Wochen liegen, während eine Berücksichtigung dieses Zeitraumes ausscheiden müßte, wenn sich der Arbeitgeber beharrlich seiner Wiedereinstellungspflicht widersetzt und der Wiedereinstellungsanspruch vom Arbeitnehmer – gegebenenfalls über mehrere Instanzen – gerichtlich durchgesetzt werden muß.

Der Orientierung an der Rechtsprechung zur Anrechnung früherer Arbeitsverhältnisse auf die Wartezeit des § 1 I KSchG steht schließlich auch entgegen, daß hierbei ausschließlich eine Anrechnung der Dauer des alten Arbeitsverhältnisses anerkannt wird, während die – hier ja gerade interessierende – Unterbrechungszeit nach einhelliger Ansicht nicht anzurechnen ist[966].

II. Schadensersatzrechtliche Lückenschließung

Überzeugender erscheint der Ansatz, wonach die Lückenschließung bezüglich des Unterbrechungszeitraumes unter Rückgriff auf das schadensersatzrechtliche Regelungsinstrumentarium zu erfolgen hat[967]. Auch der 7. Senat des Bundesarbeitsgerichts hat sich in einem Urteil vom 28.06.2000 dieser Auffassung angeschlossen und den auf Wiedereinstellung klagenden Arbeitnehmer hinsichtlich des Zeitraums zwischen Beendigung des bisherigen und Beginn des über den geltend gemachten Wiedereinstellungsanspruch neu begründeten Arbeitsverhältnisses, in dem der Arbeitgeber dem Arbeitnehmer die Wiederbegründung des Arbeitsverhältnisses zu Unrecht verweigert hat, auf Schadensersatzansprüche verwiesen[968].

---

965 Vgl. die Nachweise bei KR-*Etzel*, § 1 KSchG Rn. 120.

966 Vgl. hierzu LAG Hamm, LAGE § 1 KSchG Nr. 10, S. 2f.; LAG Baden-Württemberg, LAGE § 1 KSchG Nr. 7, S. 2 sowie KR-*Etzel*, § 1 KSchG Rn. 120 a. E.; *Hueck/v. Hoyningen-Huene*, KSchG, § 1 Rn. 89. Offengelassen von BAG AP Nr. 2 zu § 1 KSchG 1969 Wartezeit.

967 Vgl. zu diesem Ansatz *Annuß*, BB 1998, S. 1582, 1587; MünchArbR/*Berkowsky*, § 134 Rn. 95; *Boewer*, NZA 1999, S. 1177, 1181 und 1182 f.; *ders.*, in: Kündigung und Kündigungsschutz in der betrieblichen Praxis, S. 294; *Bram*, in: Bader/Bram/Dörner/Wenzel, KSchG, § 1 Rn. 73; *Confurius*, in: Stahmer/Kerls/Confurius, Praxishandbuch Kündigung, Teil 8/3.5, S. 9; *Hambitzer*, Der Wiedereinstellungsanspruch des Arbeitnehmers nach wirksamer Kündigung, S. 155 ff.; *Heilmann*, Verdachtskündigung und Wiedereinstellung nach Rehabilitierung, S. 93; APS/*Kiel*, § 1 KSchG Rn. 802; *Kort*, SAE 2001, S. 131, 132; *Linck*, FA 2000, S. 334, 338; *Meinel/Bauer*, NZA 1999, S. 575, 581; *Preis*, Anm. zu LAG Köln, LAGE § 611 BGB Einstellungsanspruch Nr. 1, S. 34; *Preis/Steffan*, DB 1998, S. 309, 312 f.; *Strathmann*, Der Wieder-einstellungsanspruch eines wirksam gekündigten Arbeitnehmers, S. 105 f.; *Strobel*, Die Rechtsfigur der Verdachtskündigung, S. 284; *Westera*, Der Wiedereinstellungsanspruch nach wirksamer Kündigung, S. 115 f.; *Zwanziger*, in: Kittner/Däubler/Zwanziger, KSchR, Einl. Rn. 390t.

968 Siehe BAG AP Nr. 6 zu § 1 KSchG 1969 Wiedereinstellung. Vgl. auch die Rechtsprechung des Senats zur tarifvertraglichen Übernahmepflicht des Arbeitgebers gegenüber Auszubildenden BAG AP Nr. 154 zu § 1 TVG Tarifverträge: Metallindustrie; BAG AP Nr. 155 zu § 1 TVG Tarifverträge: Metallindustrie.

1. Rechtsgrundlage für die schadensersatzrechtliche Lückenschließung

Der 7. Senat des Bundesarbeitsgerichts[969] sowie *Boewer*[970] benennen als Rechtsgrundlage für Schadensersatzansprüche bezüglich des Unterbrechungszeitraums die §§ 284, 286, § 280 I BGB a. F.[971] sowie §§ 249, 251 I BGB. *Preis* und *Steffan*[972] weisen lediglich darauf hin, daß mit dem Wiedereinstellungsanspruch des Arbeitnehmers ein Abschlußzwang des Arbeitgebers korrespondiert, der ein – dem durch Eintritt in Vertragsverhandlungen vergleichbares – gesetzliches, auf die Abgabe einer Willenserklärung des Arbeitgebers gerichtetes Schuldverhältnis erzeuge. Weigere sich der zur Wiedereinstellung verpflichtete Arbeitgeber, den neuen Arbeitsvertrag abzuschließen, könne er wegen Nichterfüllung der Wiedereinstellungspflicht „unter Anwendung der §§ 276, 278 BGB" zum Schadensersatz verurteilt werden. *Westera*[973] stützt Schadensersatzansprüche bezüglich des Unterbrechungszeitraums im Falle einer verweigerten Wiedereinstellung ausschließlich auf die Verzugsvorschriften der §§ 284, 286 BGB a. F.[974]

Bei der vom 7. Senat des Bundesarbeitsgerichts und von *Boewer* benannten Kette der §§ 284, 286, 280 I BGB a. F. sowie §§ 249, 251 BGB bleibt unklar, wie bei der schadensersatzrechtlichen Lückenschließung des Unterbrechungszeitraums konkret zwischen Schuldnerverzug (§§ 284, 286 BGB a. F.) und Unmöglichkeit (§ 280 I BGB a. F.) abzugrenzen ist. Da der Schuldnerverzug voraussetzt, daß die Leistung noch möglich ist, dauernde Unmöglichkeit den Verzug des Schuldners somit ausschließt[975], ist eine solche Abgrenzung auch im vorliegenden Zusammenhang unentbehrlich.

Zunächst hat man sich an dieser Stelle nochmals vor Augen zu führen, zu welcher Leistung der Arbeitgeber aufgrund des Wiedereinstellungsanspruchs verpflichtet ist. Mit dem mit Wegfall des Kündigungsgrundes entstehenden und auch fällig werdenden (§ 271 I BGB) Anspruch des Arbeitnehmers auf Wiedereinstellung korrespondiert die Pflicht des Arbeitgebers zum Abschluß eines neuen Arbeitsvertrages. Fordert der Arbeitnehmer den Arbeitgeber nach Wegfall des Kündigungsgrundes aufgrund des somit bereits entstandenen und fälligen Wiedereinstellungsanspruchs bestimmt und eindeutig zum Abschluß eines neuen Arbeitsvertrages auf und verweigert der Arbeitgeber daraufhin bewußt die Abgabe einer entsprechenden Willenserklärung, so kommt

---

969 BAG AP Nr. 6 zu § 1 KSchG 1969 Wiedereinstellung.

970 *Boewer*, NZA 1999, S. 1177, 1181 und 1182 f.; *ders.*, in: Gaul, Aktuelles Arbeitsrecht 2000, S. 483. Ebenso *Kort*, SAE 2001, S. 131, 132 und *Zwanziger*, in: Kittner/Däubler/Zwanziger, KSchR, Einl. Rn. 390t.

971 Nach nunmehr geltender Rechtslage ergibt sich im Falle des Schuldnerverzugs der Anspruch auf Ersatz des Verzögerungsschadens aus §§ 280 I, II, 286 BGB. Der Anspruch auf Schadensersatz wegen nachträglicher Unmöglichkeit der Leistung ist jetzt auf §§ 280 I, III, 283 BGB zu stützen.

972 *Preis/Steffan*, DB 1998, S. 309, 313.

973 *Westera*, Der Wiedereinstellungsanspruch nach wirksamer Kündigung, S. 115 f.

974 Nach Inkrafttreten des Gesetzes zur Modernisierung des Schuldrechts ist der Anspruch auf Ersatz des Verzögerungsschadens im Falle des Schuldnerverzugs nunmehr auf §§ 280 I, II, 286 BGB zu stützen.

975 Vgl. nur Palandt/*Heinrichs*, § 284 Rn. 3; *Larenz*, Lehrbuch des Schuldrechts Bd. I, S. 344; Staudinger/*Löwisch*, Vorbem. zu §§ 284 ff. Rn. 3.

der Arbeitgeber durch Zugang der in der bestimmten und eindeutigen Leistungsaufforderung liegenden Mahnung[976] des Arbeitnehmers in Schuldnerverzug, § 284 I S. 1 BGB a. F.[977] [978].

Hinsichtlich des vom Arbeitgeber als Schuldner der Wiedereinstellung zu beweisenden[979] Nichtvertretenmüssens im Sinne des § 285 BGB a. F.[980] kann sich der Arbeitgeber nicht unter Hinweis auf vereinzelte, die Existenz eines Wiedereinstellungsanspruchs kategorisch negierende Literaturmeinungen auf eine unklare Rechtslage beziehungsweise auf einen entschuldbaren Rechtsirrtum berufen[981]. Denn einerseits darf sich der Schuldner bei unklarer Rechtslage nicht einfach auf die ihm günstige Ansicht verlassen[982]. Andererseits wurde die Möglichkeit eines Wiedereinstellungsanspruchs bei Wegfall des Kündigungsgrundes durch die mit dem Urteil des 2. Senats vom 27.02.1997[983] eingeleitete Kette höchstrichterlicher Entscheidungen[984] auch vom Bundesarbeitsgericht grundsätzlich anerkannt. Ein Nichtvertretenmüssen im Sinne des § 285 BGB a. F. scheidet jedoch in aller Regel aus, wenn der Schuldner einer dem Gläubiger günstigen, höchstrichterlichen Rechtsprechung zuwiderhandelt[985].

Innerhalb des hier interessierenden Unterbrechungszeitraums wird allerdings aus dem nach §§ 284 I, 285 BGB a. F. eingetretenen Schuldnerverzug des Arbeitgebers unmittelbar ein Fall teilweiser Unmöglichkeit[986]. Denn bezüglich jeder in diesen Zeitraum fallenden und verstreichenden Sekunde, in der der Arbeitgeber die Wiedereinstellung verweigert, wird die ihm obliegende Leistung – Abschluß eines neuen Arbeitsvertrages – im Hinblick darauf teilweise unmöglich, daß insoweit ein in die Vergangenheit wirkender Vertragsschluß ausscheidet und nur eine ex nunc wirkende Neubegründung des Arbeitsverhältnisses in Betracht kommt. Innerhalb des hier zu untersuchenden Unterbrechungszeitraums besteht der Schuldnerverzug des Arbeitgebers mithin nur für eine „juristische Sekunde". Mit Ablauf dieser Sekunde tritt bereits

---

976 Vgl. allgemein Palandt/*Heinrichs*, § 284 Rn. 17; *Larenz*, Lehrbuch des Schuldrechts Bd. I, S. 345; Staudinger/*Löwisch*, § 284 Rn. 23.

977 Ebenso *Westera*, Der Wiedereinstellungsanspruch nach wirksamer Kündigung, S. 115 f. Vgl. allgemein auch *Nipperdey*, Kontrahierungszwang und diktierter Vertrag, S. 132. Nach § 284 I S. 2 BGB ersetzt die Erhebung einer Wiedereinstellungsklage die Mahnung.

978 § 284 I S. 1 BGB a. F. entspricht nunmehr der wortgleiche § 286 I S. 1 BGB

979 Vgl. allgemein Palandt/*Heinrichs*, § 285 Rn. 1 a. E.; *Larenz*, Lehrbuch des Schuldrechts Bd. I, S. 347; Staudinger/*Löwisch*, § 286 Rn. 35.

980 Nunmehr § 286 IV BGB.

981 Das Risiko eines entschuldbaren Irrtums des Arbeitgebers über das Bestehen einer Pflicht zur Wiedereinstellung ist folglich zu vernachlässigen. A. A. wohl *Raab*, RdA 2001, S. 248, 249.

982 Siehe *Larenz*, Lehrbuch des Schuldrechts Bd. I, S. 347 f. m. w. N.

983 BAG AP Nr. 1 zu § 1 KSchG 1969 Wiedereinstellung.

984 Siehe zuletzt BAG AP Nr. 6 zu § 1 KSchG 1969 Wiedereinstellung sowie BAG, NZA 2001, S. 1935 f.

985 Vgl. hierzu Staudinger/*Löwisch*, § 285 Rn. 23.

986 Anders *Strathmann*, Der Wiedereinstellungsanspruch eines wirksam gekündigten Arbeitnehmers, S. 105, die den Schadensersatzanspruch des Arbeitnehmers im Falle einer vom Arbeitgeber pflichtwidrig unterlassenen Mitteilung hinsichtlich des Wegfalls des Kündigungsgrundes auf Schuldnerverzug gemäß §§ 284, 286 I, 249, 251 I BGB stützt. Ebenso für den Fall der verweigerten Wiedereinstellung *Westera*, Der Wiedereinstellungsanspruch nach wirksamer Kündigung, S. 115 f.

insoweit Unmöglichkeit ein, als ein diese Sekunde rückwirkend erfaßender Vertragsschluß nicht in Betracht kommt. Folglich liegt eine während des Schuldnerverzugs eintretende Unmöglichkeit vor, so daß die schadensersatzrechtliche Lückenschließung letztlich auf § 280 I BGB a. F.[987] zu stützen ist.

Die Unmöglichkeit beruht auch auf einem vom Arbeitgeber nach § 276 I BGB zu vertretenden Umstand, nämlich auf seiner bewußten und gewollten Abschlußverweigerung. Da die Unmöglichkeit der Leistung in diesem Fall darüber hinaus nicht nur adäquate, sondern vielmehr zwangsläufige Folge des Verzuges ist, bedarf es keines Rückgriffes auf die haftungserweiternde Vorschrift des § 287 S. 2 BGB[988].

2. Art, Inhalt und Umfang des vom Arbeitgeber zu leistenden Schadensersatzes

Art, Inhalt und Umfang des vom Arbeitgeber aus § 280 I BGB a. F. zu leistenden Schadensersatzes richten sich nach den §§ 249 ff. BGB. Nach dem das Schadensersatzrecht beherrschenden Prinzip der Naturalrestitution (§ 249 S. 1 BGB) ist der Schaden grundsätzlich durch Herstellung des gleichen wirtschaftlichen Zustandes, der ohne das schädigende Ereignis bestehen würde, auszugleichen, während Geldersatz nur in den vom Gesetz ausdrücklich vorgesehenen Fällen geschuldet ist (Vorrang der Naturalrestitution[989]).

Im vorliegenden Zusammenhang würde die tatsächliche Herstellung des Zustandes, wie er ohne das die Ersatzpflicht begründende Ereignis sein würde, bedeuten, daß der Arbeitgeber den von ihm zu Unrecht verweigerten Abschluß eines neuen Arbeitsvertrages mit Wirkung für die Vergangenheit nachholt. Da die Naturalrestitution nach § 249 S. 1 BGB somit im Ergebnis zu der jetzt nicht mehr geschuldeten, weil gar nicht mehr möglichen Erfüllung führen würde, geht der Anspruch aus § 280 I BGB a. F. grundsätzlich gemäß § 251 I BGB wegen nicht möglicher Naturalrestitution auf Schadensersatz in Geld[990].

Im Hinblick auf den Umfang der Geldentschädigung bezüglich eines Anspruchs aus § 280 I BGB a. F. hat der Schuldner dem Gläubiger den Schaden zu ersetzen, der durch die Nichterfüllung entsteht. Der Anspruch richtet sich folglich auf das Erfüllungsinteresse[991]. Die nach § 251 I BGB zu errechnende Entschädigung - das sogenannte „Wert- oder Summeninteresse" - entspricht der Wertminderung, die das Vermögen des Geschädigten durch das schädigende Ereignis erlitten hat. Bei der hier in Rede stehenden schadensersatzrechtlichen Lückenschließung hinsichtlich des

---

987 Nunmehr §§ 280 I, III, 283 BGB.

988 Vgl. hierzu Palandt/*Heinrichs*, § 287 Rn. 2; Staudinger/*Löwisch*, § 287 Rn. 15.

989 Siehe *Larenz*, Lehrbuch des Schuldrechts Bd. I, S. 467 f.; *Oetker*, Münchener Kommentar, § 249 Rn. 307.

990 So auch *Hambitzer*, Der Wiedereinstellungsanspruch des Arbeitnehmers nach wirksamer Kündigung, S. 156. Dazu, daß im Rahmen des § 280 I BGB der Anspruch in aller Regel auf Schadensersatz in Geld gerichtet ist, da eine Herstellung in Natur wegen der Unmöglichkeit der Leistung im allgemeinen ausgeschlossen ist *Emmerich*, Münchener Kommentar, § 280 Rn. 11; Palandt/*Heinrichs*, § 280 Rn. 5; *Larenz*, Lehrbuch des Schuldrechts Bd. I, S. 333; Staudinger/*Löwisch*, § 280 Rn. 11.

991 Vgl. nur Staudinger/*Löwisch*, § 280 Rn. 12.

Unterbrechungszeitraums ist folglich danach zu fragen, inwieweit das Vermögen des Arbeitnehmers durch die Weigerung des Arbeitgebers, nach Wegfall des Kündigungsgrundes einen neuen Arbeitsvertrag abzuschließen, in seinem Wert gemindert ist.

a) Der infolge der Vertragsverweigerung entgangene Arbeitsverdienst

Im Vordergrund des Interesses steht hierbei zunächst der das Zwischenstadium betreffende Arbeitsverdienst. Da eine Vertragsbegründung mit Wirkung für die Vergangenheit nicht möglich ist, scheidet insoweit ein Annahmeverzug des Arbeitgebers gemäß § 615 BGB mangels bestehenden Arbeitsverhältnisses aus, so daß eine Vermögensminderung auf seiten des Arbeitnehmers vorliegt, deren Höhe der entgangenen vertragsgemäßen Vergütung entspricht[992]. Der Arbeitnehmer ist hierbei so zu stellen, als hätte er während des Unterbrechungszeitraums weitergearbeitet. Zu berücksichtigen sind insoweit alle Leistungen mit Entgeltcharakter, die dem Arbeitnehmer mit Rücksicht auf das Arbeitsverhältnis zufließen und sich im weitesten Sinne als Ertrag seiner Arbeit darstellen[993].

Da der Schadensersatzanspruch nicht dazu führen darf, daß sich der Geschädigte durch den Schadensfall besser als ohne das schädigende Ereignis stellt[994], muß sich der Arbeitnehmer in analoger Anwendung des § 11 KSchG anrechnen lassen, was er durch anderweitige Arbeit im Unterbrechungszeitraum verdient hat (§ 11 Nr. 1 KSchG analog), was er hätte verdienen können, wenn er es nicht böswillig unterlassen hätte, eine ihm zumutbare Arbeit anzunehmen (§ 11 Nr. 2 KSchG analog) und was ihm an öffentlich-rechtlichen Leistungen infolge Arbeitslosigkeit gezahlt worden ist (§ 11 Nr. 3 KSchG analog)[995].

b) Wertmindernde Positionen im Bereich der betrieblichen Altersversorgung

Fraglich ist, welche wertmindernden Positionen darüber hinaus bei der Bemessung des Entschädigungsanspruches gegebenenfalls zu berücksichtigen sind. Zu denken ist hierbei an das Recht der betrieblichen Altersversorgung. Zwar führt der Wiedereinstellungsanspruch dazu, daß das neue Arbeitsverhältnis mit den sozialen Besitzständen zu begründen ist, die in dem bisherigen, rechtswirksam beendeten Arbeitsverhältnis erworben wurden[996], so daß auch im Rahmen der betrieblichen Altersversorgung bereits erdiente Anwartschaften im Hinblick auf die Dauer einer Versorgungszusage beziehungsweise der Dauer der Betriebszugehörigkeit (vgl. § 1 I BetrAVG) Berücksichtigung finden.

---

992 Vgl. hierzu auch *Boewer*, NZA 1999, S. 1177, 1181 und 1182 f.; *Strathmann*, Der Wiedereinstellungsanspruch eines wirksam gekündigten Arbeitnehmers, S. 106.

993 Siehe hierzu auch *Hambitzer*, Der Wiedereinstellungsanspruch des Arbeitnehmers nach wirksamer Kündigung, S. 157; *Strathmann*, Der Wiedereinstellungsanspruch eines wirksam gekündigten Arbeitnehmers, S. 106.

994 Vgl. allgemein zum schadensersatzrechtlichen Bereicherungsverbot *Oetker*, Münchener Kommenar, § 249 Rn. 18 m. w. N.

995 Siehe zu Fragen der Anrechnung auch *Strathmann*, Der Wiedereinstellungsanspruch eines wirksam gekündigten Arbeitnehmers, S. 106.

996 Vgl. oben unter § 4 B II 2.

Eine wertmindernde, bei der Bemessung des Entschädigungsanspruchs in Rechnung zu stellende Position kann sich jedoch hinsichtlich des Zeitraums ergeben, in dem der Arbeitgeber die Wiederbegründung des Arbeitsverhältnisses zu Unrecht verweigert hat: Da während der Unterbrechungsperiode zwischen den Parteien kein arbeitsvertragliches Band besteht, kann dieser Zeitraum weder hinsichtlich der Versorgungszusagedauer noch bezüglich der Dauer der Betriebszugehörigkeit im Sinne des § 1 I BetrAVG berücksichtigt werden. Folglich sind Fallkonstellationen denkbar, in denen die Unverfallbarkeitsvoraussetzungen des § 1 BetrAVG wegen der vom Arbeitgeber zu Unrecht verweigerten Wiederbegründung des Arbeitsverhältnisses nicht erfüllt werden, so daß bei später eintretendem Versorgungsfall kein Anspruch auf Leistungen der betrieblichen Altersversorgung besteht.

Zur Illustrierung einer derartigen Konstellation sei der folgende Beispielsfall angeführt: Für den Arbeitnehmer hat die Versorgungszusage im Zeitpunkt der Beendigung des bisherigen Arbeitsverhältnisses bereits seit acht Jahren bestanden. Der Arbeitgeber verweigert nach Wegfall des Kündigungsgrundes zu Unrecht die vom Arbeitnehmer noch vor der Beendigung geltend gemachte Wiederbegründung des Arbeitsverhältnisses, so daß der Arbeitnehmer gezwungen ist, den Wiedereinstellungsanspruch gerichtlich durchzusetzen. Das der Wiedereinstellungsklage des Arbeitnehmers stattgebende Urteil wird ein Jahr nach der Beendigung des bisherigen Arbeitsverhältnisses rechtskräftig. Hinsichtlich des über den gerichtlich geltend gemachten Wiedereinstellungsanspruch gemäß § 894 I S. 1 BGB ex nunc neu begründeten Arbeitsverhältnisses ist die achtjährige Zusagedauer des bisherigen Arbeitsverhältnisses zu berücksichtigen (Neubegründung mit den im bisherigen Arbeitsverhältnis bereits erdienten sozialen Besitzständen). Mangels Rückwirkung der Wiederbegründung kommt aber eine Berücksichtigung des einjährigen Unterbrechungszeitraums bezüglich der Zusagedauer nicht in Betracht.

Scheidet der Arbeitnehmer nunmehr eineinhalb Jahre nach Rechtskraft des Wiedereinstellungsurteils aus dem wiederbegründeten Arbeitsverhältnis aus, hat die Versorgungszusage neuneinhalb Jahre bestanden, so daß die erforderliche zehnjährige Zusagedauer des § 1 I S. 1, 1. Alt. BetrAVG nicht erfüllt ist. Da diese Zehnjahresfrist bis auf den letzten Tag erfüllt sein muß, wird somit die verfallbare Anwartschaft - bei Bestehen einer Verfallklausel - mit dem Ausscheiden des Arbeitnehmers beendet, es entsteht keine unverfallbare Anwartschaft[997]. Hätte der Arbeitgeber hingegen seine Wiedereinstellungspflicht umgehend erfüllt, hätte die Versorgungszusage zehneinhalb Jahre bestanden und die Zehnjahresfrist des § 1 I S. 1, 1. Alt. BetrAVG wäre bei Beendigung des wiederbegründeten Arbeitsverhältnisses erfüllt. Tritt nach dem Ausscheiden des Arbeitnehmers aus dem wiederbegründeten Arbeitsverhältnis ein von der Versorgungszusage erfaßter Versorgungsfall ein, wird das Vermögen des Arbeitnehmers insoweit gemindert, als ihm nun wegen der zu Unrecht verweigerten Wiederbegründung des Arbeitsverhältnisses keine aus einer unverfallbaren Anwartschaft erwachsenden Ansprüche auf Leistungen der betrieblichen Altersversorgung gemäß §§ 1, 2 BetrAVG zustehen. Für diese Wertminderung hat der Arbeitgeber im Rahmen der

---

997 Vgl. auch *Blomeyer/Otto*, BetrAVG, § 1 Rn. 81 und 87; MünchArbR/*Förster/Rühmann* § 107 Rn. 16.

schadensersatzrechtlichen Lückenschließung bezüglich des Unterbrechungszeitraums einzustehen.

Eine bei der Bemessung des Entschädigungsanspruchs zu berücksichtigende Wertminderung im Bereich der betrieblichen Altersversorgung kann sich darüber hinaus ergeben, wenn der Arbeitnehmer aus dem über den geltend gemachten Wiedereinstellungsanspruch neu begründeten Arbeitsverhältnis mit einer gemäß § 1 BetrAVG unverfallbaren Versorgungsanwartschaft ausscheidet und später ein von der Versorgungszusage erfaßter Versorgungsfall eintritt. Da der Arbeitnehmer im Falle eines vorzeitigen Ausscheidens aus dem Arbeitsverhältnis noch nicht diejenigen Arbeitsleistungen erbracht hat, auf die die gesamte Versorgungszusage des Arbeitgebers zugeschnitten war, kann ein mit einer unverfallbaren Anwartschaft ausgeschiedener Arbeitnehmer im Versorgungsfall nicht den vollen Rentenanspruch erhalten, sondern nur einen Teilbetrag.

Der Berechnung dieses Teilanspruchs ist grundsätzlich das sogenannte „ratierliche Berechnungsverfahren" des § 2 I BetrAVG zugrundezulegen, das sich – dem Vorbild der Unverfallbarkeitsrechtsprechung des Bundesarbeitsgerichts entsprechend[998] - am Verhältnis von tatsächlicher zu möglicher Betriebszugehörigkeit orientiert[999]. Um den Wert der unverfallbaren Anwartschaft zu berechnen, ist hierbei die tatsächliche zur insgesamt möglichen Betriebszugehörigkeit ins Verhältnis zu setzen. Dies ergibt den sogenannten „Unverfallbarkeitsfaktor" m/n, wobei „m" die tatsächliche Betriebszugehörigkeit und „n" die mögliche Betriebszugehörigkeit darstellen. Da der sich aus einer gemäß § 1 BetrAVG unverfallbaren Anwartschaft ergebende Teilanspruch („T") eines vor Eintritt des Versorgungsfalls ausgeschiedenen Arbeitnehmers und der erreichbare Vollanspruch („V") auf betriebliche Altersversorgung bis zum Erreichen der vertraglich vorgesehenen Altersgrenze oder dem Eintritt eines anderen Versorgungsfalls im gleichen Verhältnis zueinander stehen sollen, errechnet sich der Teilanspruch nach folgender Formel:

$$T = V \times m/n$$

Hinsichtlich der tatsächlichen Betriebszugehörigkeit (m) ist auf die Zeit abzustellen, während der der Arbeitnehmer effektiv in einem Arbeitsverhältnis zum Betrieb gestanden hat[1000].

Im Zusammenhang mit der hier in Rede stehenden Fallkonstellation können folglich nur die Tage[1001], in denen das bisherige, rechtswirksam beendete Arbeitsverhältnis bestanden hat, sowie die Tage des Bestands des über den geltend gemachten Wiedereinstellungsanspruch ex nunc neu begründeten Arbeitsverhältnisses Berücksichtigung finden. Mangels Rückwirkung der Wiederbegründung des Arbeitsverhältnisses stand

998 Vgl. BAG AP Nr. 156 zu § 242 BGB Ruhegehalt.

999 Für Direktversicherungen (§ 1 II BetrAVG) und Pensionskassen (§ 1 III BetrAVG) existiert ein an die versicherungsrechtlichen Besonderheiten angepaßtes alternatives Berechnungsverfahren, vgl. § 2 II S. 2 bis 6 BetrAVG beziehungsweise § 2 III S. 2 und 3 BetrAVG.

1000 Vgl. *Blomeyer/Otto*, BetrAVG, § 2 Rn. 38 f.; MünchArbR/*Förster/Rühmann*, § 107 Rn. 55.

1001 Dazu, daß die Berechnung der tatsächlichen Betriebszugehörigkeit grundsätzlich nach Tagen zu erfolgen hat *Blomeyer/Otto*, BetrAVG, § 2 Rn. 47; MünchArbR/*Förster/Rühmann*, § 107 Rn. 55.

der Arbeitnehmer hingegen in dem Zeitraum, in dem der Arbeitgeber die Wiedereinstellung zu Unrecht verweigerte, in keinem Arbeitsverhältnis zum Betrieb, so daß die in diesen Zeitraum fallenden Tage bei der Berechnung der tatsächlichen Betriebszugehörigkeit (m) außer Ansatz bleiben müssen. Ist somit die berücksichtigungsfähige Dauer der tatsächlichen Betriebszugehörigkeit im Vergleich zu einer sofortigen Erfüllung des Wiedereinstellungsanspruchs um den Zeitraum verkürzt, in dem der Arbeitgeber die Wiederbegründung des Arbeitsverhältnisses zu Unrecht verweigerte, wirkt sich dies auf den „Unverfallbarkeitsfaktor" zuungunsten des Arbeitnehmers aus. Denn je kürzer die tatsächliche Betriebszugehörigkeit (m) ist, desto größer fällt die bei der Berechnung des Teilanspruchs vorzunehmende ratierliche Kürzung des Vollanspruchs aus.

Der Arbeitgeber ist folglich ersatzpflichtig für den Differenzbetrag zwischen dem sich bei sofortiger Erfüllung der Wiedereinstellungsverpflichtung ergebenden Teilanspruch (T 1) und dem Teilanspruch (T 2), bei dem hinsichtlich der tatsächlichen Betriebszugehörigkeit lediglich die Tage, in denen das bisherige, rechtswirksam beendete Arbeitsverhältnis bestanden hat, sowie die Tage des Bestands des über den geltend gemachten Wiedereinstellungsanspruch ex nunc neu begründeten Arbeitsverhältnisses berücksichtigungsfähig sind.

Auch wenn das durch den geltend gemachten Anspruch auf Wiedereinstellung neu begründete Arbeitsverhältnis bei Eintritt des Versorgungsfalls noch besteht, kommt eine bei der Bemessung des Entschädigungsanspruchs zu berücksichtigende Vermögensminderung auf seiten des Arbeitnehmers in solchen Fällen in Betracht, in denen die Leistungen der betrieblichen Altersversorgung nach Maßgabe eines dienstzeitabhängigen Versorgungsmodells berechnet werden[1002]. Denn auch hinsichtlich der Dienstzeitdauer sind dann lediglich die Zeiten des bisherigen, nunmehr rechtswirksam beendeten Arbeitsverhältnisses sowie des aufgrund der Wiedereinstellungsverpflichtung ex nunc neu begründeten Arbeitsverhältnisses in Rechnung zu stellen, während der Zeitraum, in dem der Arbeitgeber unberechtigterweise die Neubegründung des Arbeitsverhältnisses verweigerte, mangels eines zwischen den Parteien bestehenden arbeitsvertraglichen Bandes unberücksichtigt bleiben muß.

Bleibt der sich hieraus zu errechnende Vollanspruch (V 1) auf betriebliche Altersversorgung wegen der Nichtberücksichtigungsfähigkeit des Unterbrechungszeitraums hinter dem Vollanspruch (V 2) zurück, der dem Arbeitnehmer bei sofortiger Erfüllung der Wiedereinstellungsverpflichtung zustünde, ist der Arbeitgeber für den Versorgungsausfall in Höhe des Differenzbetrages ersatzpflichtig.

c) Wertmindernde Positionen im Bereich des Urlaubsrechts

Fraglich ist, ob eine bei der Bemessung des Entschädigungsanspruches zu berücksichtigende Wertminderung hinsichtlich des Vermögens des Arbeitnehmers im Bereich des Urlaubsrechts in Betracht zu ziehen ist[1003]. Zu denken ist in diesem

---

1002 Vgl. hierzu allgemein *Blomeyer/Otto*, BetrAVG, Einl. Rn. 345 ff.; MünchArbR/*Förster/Rühmann*, § 105 Rn. 72.

1003 Vgl. zu diesem Gedanken auch *Oetker*, ZIP 2000, S. 1787, 1787.

Zusammenhang an Urlaubsansprüche, die der Arbeitnehmer erworben hätte, wenn der Arbeitgeber den neuen Arbeitsvertrag entsprechend dem Begehren des Arbeitnehmers sofort abgeschlossen hätte[1004]. Wie bereits dargelegt wurde, wird der volle Urlaubsanspruch im Falle der Wiedereinstellung nicht erst nach sechsmonatigem Bestehen des über den geltend gemachten Wiedereinstellungsanspruch neu begründeten Arbeitsverhältnisses erworben (vgl. § 4 BUrlG), sondern unmittelbar mit der Neubegründung, weil das neue Arbeitsverhältnis mit den bis zur Beendigung des bisherigen Arbeitsverhältnisses erworbenen sozialen Besitzständen zu begründen ist. Hinsichtlich einer Wertminderung des Vermögens des Arbeitnehmers infolge nicht erworbener Urlaubsansprüche aufgrund des zu Unrecht verweigerten Abschlusses eines neuen Arbeitsvertrages ist demnach zu differenzieren.

Fallen die Beendigung des bisherigen und die Begründung des neuen Arbeitsverhältnisses in dasselbe Kalenderjahr, scheidet eine Wertminderung infolge nicht erworbener Urlaubsansprüche von vornherein aus. Denn der Arbeitnehmer erwirbt unmittelbar mit der Neubegründung des Arbeitsverhältnisses den vollen Urlaubsanspruch, muß sich gegebenenfalls hierbei jedoch den im Rahmen des bisherigen Arbeitsverhältnisses für das laufende Kalenderjahr bereits gewährten beziehungsweise wegen Beendigung des bisherigen Arbeitsverhältnisses abgegoltenen Urlaub gemäß § 6 I BUrlG anrechnen lassen. Die zu Unrecht verweigerte Wiederbegründung des Arbeitsverhältnisses führt demzufolge insoweit nicht zu einer Wertminderung dergestalt, daß der Arbeitnehmer Urlaubsansprüche, die er bei sofortiger Erfüllung des Wiedereinstellungsanspruches erworben hätte, nicht erworben hat.

Fallen die Beendigung des bisherigen und die wiedereinstellungsbedingte Begründung des neuen Arbeitsverhältnisses nicht in dasselbe Kalenderjahr, kommt eine Wertminderung wegen nicht erworbener Urlaubsansprüche nicht in Betracht, soweit das Kalenderjahr betroffen ist, in das die Neubegründung des Arbeitsverhältnisses fällt. Denn auch hier erwirbt der Arbeitnehmer unmittelbar mit der Neubegründung des Arbeitsverhältnisses den vollen Urlaubsanspruch für das laufende Kalenderjahr. Eine Wertminderung kommt allerdings bei dieser Fallkonstellation in Frage, soweit es um das Kalenderjahr geht, in das die Beendigung des Arbeitsverhältnisses fällt, beziehungsweise um Kalenderjahre, die zwischen dem Kalenderjahr der Beendigung des bisherigen Arbeitsverhältnisses und dem Kalenderjahr der Neubegründung liegen.

Bezüglich des Kalenderjahres, in das die Beendigung fällt, führt die zu Unrecht verweigerte Wiederbegründung des Arbeitsverhältnisses dazu, daß der Arbeitnehmer nicht – wie bei sofortiger Erfüllung des Wiedereinstellungsanspruches – unmittelbar mit der Neubegründung den vollen Urlaubsanspruch – unter Anrechnung des für das laufende Kalenderjahr bereits gewährten beziehungsweise wegen Beendigung abgegoltenen Urlaubs - erwerben kann. Vielmehr verbleibt es wegen des zu Unrecht verweigerten Neuabschlusses bei dem bereits gewährten beziehungsweise abgegoltenen Urlaub. Eine Wertminderung besteht dann in der Höhe, in der der gewährte respektive abgegoltene Urlaub hinter dem vollen Urlaubsanspruch zurückbleibt, den

1004 Dazu, daß das Entstehen des Urlaubsanspruches an das Bestehen eines Arbeitsverhältnisses gebunden ist MünchArbR/*Leinemann*, § 89 Rn. 36.

der Arbeitnehmer bei sofortiger Erfüllung des Wiedereinstellungsanspruches erworben hätte.

Hinsichtlich der Kalenderjahre, die zwischen dem Kalenderjahr der Beendigung des bisherigen Arbeitsverhältnisses und dem Kalenderjahr der Neubegründung liegen, führt die zu Unrecht verweigerte Wiedereinstellung dazu, daß der Arbeitnehmer für diese Kalenderjahre überhaupt keine Urlaubsansprüche erwirbt. Denn der mit der Neubegründung des Arbeitsverhältnisses verbundene Erwerb des vollen Urlaubsanspruches bezieht sich nur auf das Kalenderjahr, in das die Neubegründung fällt. Eine Wertminderung besteht damit insoweit, als der Arbeitnehmer bezüglich der Kalenderjahre zwischen Beendigung und Neubegründung Urlaubsansprüche infolge des verweigerten Neuabschlusses des Arbeitsvertrages nicht erwerben konnte, die er aber erworben hätte, wenn der Arbeitgeber den neuen Arbeitsvertrag entsprechend dem Begehren des Arbeitnehmers abgeschlossen hätte.

Zu klären bleibt, in welcher Form eine Wertminderung infolge entgangener Urlaubsansprüche zu kompensieren ist. In Betracht kommt hierbei die Möglichkeit, den Arbeitnehmer auch insoweit in Geld zu entschädigen. Ein infolge unberechtigter Vertragsverweigerung des Arbeitgebers gar nicht erst entstandener Urlaubsanspruch ist jedoch strukturell vergleichbar mit einem ursprünglich zwar entstandenen, mit Ende des Kalenderjahres beziehungsweise des Übertragungszeitraums (§ 7 III S. 1 und 2 BUrlG) aber wegen Unmöglichkeit der Erfüllung untergegangenen, mithin nicht mehr bestehenden Urlaubsanspruch.

Im Hinblick auf einen solchermaßen erloschenen Urlaubsanspruch steht dem Arbeitnehmer nach ganz herrrschender Meinung ein Schadensersatzanspruch nach § 280 I BGB a. F. zu, wenn er den entstandenen Urlaubsanspruch rechtzeitig gegenüber dem Arbeitgeber geltend gemacht hat und dieser mit der Urlaubsgewährung in Verzug gekommen ist[1005]. Da die Erfüllung dieses Schadensersatzanspruches aus § 280 I BGB a. F. durch eine der untergegangenen Verpflichtung gleichartige Leistung möglich ist, richtet sich der Anspruch nicht auf eine Entschädigung in Geld nach § 251 I BGB, sondern ausnahmsweise auf Gewährung von Arbeitsbefreiung in dem Umfang, in dem der Urlaubsanspruch erloschen ist. An die Stelle des ursprünglichen Erfüllungsanspruchs tritt somit nach dem Grundsatz der Naturalrestitution ein Ersatzurlaubsanspruch als Schadensersatzanspruch in gleicher Höhe[1006].

Unter Berücksichtigung der strukturellen Vergleichbarkeit eines zunächst zwar entstandenen, mit Ende des Kalenderjahres beziehungsweise des Übertragungszeitraumes (§ 7 III S. 1 und 2 BUrlG) aber wegen Unmöglichkeit der Erfüllung untergegangenen und damit nicht mehr bestehenden Urlaubsanspruches mit einem wegen unberechtigter Vertragsverweigerung des Arbeitgebers gar nicht erst entstandenen

---

1005 Vgl. BAG AP Nr.16 zu § 3 BUrlG Rechtsmißbrauch; *Dersch/Neumann*, BUrlG, § 7 Rn. 71, 74 und 89; ErfK/*Dörner*, § 7 BUrlG Rn. 61; *Leinemann/Linck*, Urlaubsrecht, § 7 BurlG Rn. 138; MünchArbR/*Leinemann*, § 91 Rn. 20.

1006 Vgl. hierzu BAG AP Nr. 16 zu § 3 BUrlG Rechtsmißbrauch; BAG AP Nr. 5 zu § 44 SchwbG; *Dersch/Neumann*, BUrlG, § 7 Rn. 71 und 74; ErfK/*Dörner*, § 7 BUrlG Rn. 61; *Leinemann/Linck*, Urlaubsrecht, § 7 BUrlG Rn. 141 ff.; MünchArbR/*Leinemann*, § 91 Rn. 21 f.

Urlaubsanspruch, erscheint es sachgerecht, die infolge entgangener Urlaubsansprüche eingetretene Wertminderung ebenfalls durch Gewährung von Arbeitsbefreiung und nicht durch eine Geldleistung zu kompensieren.

d) Wertmindernde Positionen im Bereich des Sozialversicherungsrechts

Fraglich ist, ob die Nichterfüllung der Wiedereinstellungspflicht zu einer im Rahmen des Schadensersatzes zu berücksichtigenden Wertminderung des Vermögens des Arbeitnehmers im Bereich des Sozialversicherungsrechts führen kann.

aa) Vermögensminderung bei der gesetzlichen Rentenversicherung, SGB VI

Im Bereich der gesetzlichen Rentenversicherung (SGB VI) erscheinen wertmindernde, im Rahmen des Schadensersatzes zu berücksichtigende Positionen vor dem Hintergrund denkbar, daß ein Anspruch auf Rente – abgesehen vom Erfordernis des Eintritts eines Versicherungsfalls – neben dem Vorliegen der jeweiligen besonderen versicherungsrechtlichen und persönlichen Voraussetzungen die Erfüllung der für die jeweilige Rente erforderlichen Mindestversicherungszeit (Wartezeit) voraussetzt, § 34 I SGB VI[1007].

Das Erfordernis der Wartezeit ist Ausdruck des Versicherungsprinzips in der gesetzlichen Rentenversicherung. Es soll sicherstellen, daß nur Versicherte, die eine Mindestzeit Mitglieder der Versichertengemeinschaft waren, Leistungen erhalten, so daß die Versichertengemeinschaft vor ungerechtfertigten Inanspruchnahmen von Leistungen geschützt wird[1008]. Auf die allgemeine Wartezeit von fünf Jahren (vgl. § 50 I S. 1 SGB VI), deren Erfüllung insbesondere Voraussetzung für einen Anspruch auf Regelaltersrente und auf Rente wegen Erwerbsminderung ist (vgl. §§ 50 I S. 1 Nr. 1, 35 SGB VI beziehungsweise §§ 50 I S. 1 Nr. 2, 43 SGB VI), werden gemäß § 51 I SGB VI lediglich Kalendermonate mit Beitragszeiten im Sinne des § 55 SGB VI angerechnet.

Sollte die Nichterfüllung der Wiedereinstellungspflicht dazu führen, daß die Zeit des verweigerten Vertragsabschlusses nicht als Beitragszeit zu qualifizieren ist, wäre eine Wertminderung denkbar, wenn bei einer rechtzeitigen Erfüllung der Wiedereinstellungsverpflichtung eine frühzeitigere Erfüllung der allgemeinen Wartezeit im Hinblick auf den Anspruch auf Regelaltersrente (§ 35 SGB VI) beziehungsweise eine Erfüllung der allgemeinen Wartezeit vor Eintritt der Erwerbsminderung im Falle einer Rente wegen verminderter Erwerbsfähigkeit (§ 43 I S. 1 Nr. 3 beziehungsweise § 43 II S. 1 Nr. 3 SGB VI) vorliegen würde.

Die Erfüllung der Wiedereinstellungspflicht durch Neuabschluß eines Arbeitsvertrages und entsprechende hierauf beruhende Beschäftigung begründet die Versicherungspflicht des wiedereingestellten Arbeitnehmers gemäß § 1 S. 1 Nr. 1 SGB VI in Verbin-

---

1007 Vgl. für den Anspruch auf Regelaltersrente § 35 Nr. 2 SGB VI und für den Anspruch auf Rente wegen teilweiser beziehungsweise voller Erwerbsminderung § 43 I S. 1 Nr. 3 beziehungsweise § 43 II S. 1 Nr. 3 SGB VI

1008 Vgl. *Gitter/Schmitt*, Sozialrecht, S. 211; *Kreikebohm/v. Koch*, in: Schulin HS-RV, § 29 Rn. 1.

dung mit § 7 I SGB IV. Aus der Versicherungspflicht folgt die Beitragspflicht. Der wiedereingestellte Arbeitnehmer und der Arbeitgeber tragen die Beiträge gemäß § 168 I Nr. 1 SGB VI je zur Hälfte. Die Beitragszahlung richtet sich nach § 174 I SGB VI, §§ 28d bis 28n und 28r SGB IV. Da insoweit Pflichtbeiträge gezahlt werden, liegen ab dem Zeitpunkt der Wiedereinstellung auf die allgemeine Wartezeit anrechenbare (vgl. § 51 I SGB VI) Pflichtbeitragszeiten im Sinne des § 55 I S. 1 SGB VI vor.

Solange der Arbeitgeber jedoch die Neubegründung des Arbeitsverhältnisses und eine hierauf beruhende Beschäftigung unter Verletzung der ihm obliegenden Wiedereinstellungspflicht verweigert, scheidet die Begründung einer Versicherungspflicht des die Wiedereinstellung begehrenden Arbeitnehmers gemäß §§ 1 S. 1 Nr. 1 SGB VI in Verbindung mit § 7 SGB IV aus, so daß auch keine entsprechende Pflicht zur Beitragszahlung entsteht. Mangels Beitragszahlung stellt die Zeit des verweigerten Vertragsschlusses unter diesem Gesichtspunkt keine auf die allgemeine Wartezeit anrechenbare Beitragszeit im Sinne des § 55 I S. 1 SGB VI dar. Vor diesem Hintergrund sind theoretisch durchaus Fallkonstellationen denkbar, in denen die verweigerte Wiedereinstellung dazu führt, daß die allgemeine Wartezeit hinsichtlich der Regelaltersrente (§ 35 Nr. 2 SGB VI) erst zu einem späteren Zeitpunkt erfüllt wird als bei rechtzeitiger Wiedereinstellung beziehungsweise daß die allgemeine Wartezeit bezüglich einer Rente wegen Erwerbsminderung – anders als bei rechtzeitiger Erfüllung der Wiedereinstellungsverpflichtung – nicht vor Eintritt der Erwerbsminderung erfüllt wird (§ 43 I S. 1 Nr. 3 SGB VI).

In der Praxis werden solche Fallkonstellationen jedoch keine Rolle spielen. Denn der die Wiedereinstellung begehrende Arbeitnehmer wird in aller Regel in der Zeit, in der der Arbeitgeber den Neuabschluß des Arbeitsvertrages und die Beschäftigung des Arbeitnehmers verweigert, Entgeltersatzleistungen in Form des Arbeitslosengeldes (§§ 117 ff. SGB III) oder der Arbeitslosenhilfe (§§ 190 ff. SGB III) beziehen und somit gemäß § 3 S. 1 Nr. 3 SGB VI in dieser Zeit versicherungspflichtig sein. Die Bestimmung der Versicherungspflicht für Bezieher von Entgeltersatzleistungen nach § 3 S. 1 Nr. 3 SGB VI hat zur Folge, daß die entsprechenden Zeiten als Pflichtbeitragszeiten zu bewerten sind[1009]. Die Zeiten, in denen der die Wiedereinstellung begehrende Arbeitnehmer aufgrund der verweigerten Wiedereinstellung Arbeitslosengeld beziehungsweise Arbeitslosenhilfe bezieht, sind folglich als Pflichtbeitragszeiten im Sinne des § 55 I S. 1 SGB VI auf die allgemeine Wartezeit (§ 50 I SGB VI) gemäß § 51 I SGB VI anrechenbar, so daß die Weigerung des Vertragsabschlusses in aller Regel nicht dazu führt, daß ein Anspruch auf Altersrente erst zu einem späteren Zeitpunkt entsteht beziehungsweise ein Anspruch auf Rente wegen Erwerbsminderung scheitert, weil die allgemeine Wartezeit vor Eintritt der Erwerbsminderung nicht erfüllt ist. Auf die Frage, ob beziehungsweise wann ein Anspruch auf Rente wegen Erwerbsminderung oder auf Altersrente dem Grunde nach entsteht, hat die Verletzung der Wiedereinstellungspflicht mithin regelmäßig keinen Einfluß.

Zu prüfen bleibt, ob eine im Rahmen des Schadensersatzes zu berücksichtigende Wertminderung des Vermögens des Arbeitnehmers infolge der Vertragsverweigerung des

[1009] Vgl. nur *Gitter/Schmitt*, Sozialrecht, S. 202; *Voelzke*, in: Schulin HS-RV, § 16 Rn. 182.

Arbeitgebers im Hinblick auf die Höhe der Rentenansprüche in Betracht kommt. Die Grundsätze der Berechnung der Rente bestimmt § 63 SGB VI, wonach sich die Höhe einer Rente vor allem nach der Höhe der während des Versicherungslebens durch Beiträge versicherten Arbeitsentgelte und Arbeitseinkommen richtet (§ 63 I SGB VI).

Von den bei der Berechnung der Höhe einer Versichertenrente in der gesetzlichen Rentenversicherung maßgebenden Faktoren (Summe der persönlichen Entgeltpunkte im Sinne der §§ 63 II, 66, 70 ff. SGB VI, Rentenartfaktor im Sinne des § 67 SGB VI und aktueller Rentenwert im Sinne des § 68 SGB VI) ist im vorliegenden Zusammenhang nur die Summe der persönlichen Entgeltpunkte von Interesse. Denn sowohl der Rentenartfaktor, durch den das Sicherungsziel der jeweiligen Rentenart im Verhältnis zu einer Altersrente bestimmt wird (§ 63 IV SGB VI) als auch der aktuelle Rentenwert, durch den sichergestellt wird, daß sich die jeweilige Lohn- und Gehaltsentwicklung auf die Rentenhöhe auswirkt (vgl. §§ 65, 68 f. SGB VI) sind gesetzlich (§ 67 SGB VI) beziehungsweise durch Rechtsverordnung (§ 68 f. SGB VI) bestimmt, so daß die Verletzung der Wiedereinstellungspflicht durch den Arbeitgeber auf diese Faktoren keine Auswirkungen haben kann.

Die Summe der persönlichen Entgeltpunkte stellt demgegenüber den individuellen Faktor bei der Rentenberechnung dar. Sie ist Ausdruck der individuellen Beitragsleistung und stellt sicher, daß die Rentenhöhe entscheidend von den Beitragsleistungen des Versicherten abhängig ist[1010]. Die persönlichen Entgeltpunkte sind Verhältniszahlen, die dem Versicherten jährlich zugeschrieben werden. Sie drücken aus, in welchem Verhältnis das Arbeitsentgelt des Versicherten zum Durchschnittsentgelt aller Versicherten im jeweiligen Versicherungsjahr stand. Dabei ergibt die Versicherung eines Arbeitsentgelts in Höhe des Durchschnittsentgelts aller Versicherten während eines Kalenderjahres einen vollen Entgeltpunkt (vgl. § 63 II SGB VI). Die persönlichen Entgeltpunkte markieren somit gewissermaßen die jeweilige „Rangstelle des Versicherten innerhalb der Versichertengemeinschaft“[1011]. Nach §§ 66 I Nr. 1, 70 I S. 1 SGB VI werden für Beitragszeiten (§ 55 SGB VI) Entgeltpunkte ermittelt, indem die individuelle Beitragsbemessungsgrundlage des Versicherten durch das jeweilige Durchschnittsentgelt aller Versicherten geteilt wird.

Kommt der Arbeitgeber seiner Wiedereinstellungspflicht nach, ist der wiedereingestellte Arbeitnehmer gemäß § 1 S. Nr. 1 SGB VI versicherungspflichtig. Mit der Versicherungspflicht wird die Beitragspflicht begründet. Nach § 161 I SGB VI sind die beitragspflichtigen Einnahmen die Beitragsbemessungsgrundlage. Für den wiedereingestellten Arbeitnehmer sind beitragspflichtige Einnahmen das Arbeitsentgelt aus der versicherungspflichtigen Beschäftigung (§ 162 Nr. 1 SGB VI in Verbindung mit § 14 SGB IV). Da die Wiedereinstellung in aller Regel zu den Bedingungen vorzunehmen ist, die dem bisherigen Arbeitsverhältnis zugrundelagen, entsprechen die beitragspflichtigen Einnahmen des wiedereingestellten Arbeitnehmers den beitragspflichtigen Einnahmen im bisherigen Arbeitsverhältnis.

1010 Siehe *Gitter/Schmitt*, Sozialrecht, S. 229

1011 Vgl. BVerfGE 54, S. 11, 28.

Verweigert der Arbeitgeber hingegen die Erfüllung der Wiedereinstellungspflicht in Gestalt der vertraglichen Neubegründung des Arbeitsverhältnisses, so wird der die Wiedereinstellung begehrende Arbeitnehmer in aller Regel in dem Zeitraum der Vertragsverweigerung Entgeltersatzleistungen in Form des Arbeitslosengeldes (§§ 117 ff. SGB III) oder der Arbeitslosenhilfe (§§ 190 ff. SGB III) beziehen und somit gemäß § 3 S. 1 Nr. 3 SGB VI der Versicherungspflicht unterliegen. Dies hat zur Folge, daß die Zeiten des Bezugs der genannten Entgeltersatzleistungen als Pflichtbeitragszeiten zu qualifizieren sind[1012]. Die Ermittlung der persönlichen Entgeltpunkte richtet sich somit auch in diesem Fall nach § 70 I S. 1 SGB VI, wonach die Beitragsbemessungsgrundlage des Versicherten durch das jeweilige Durchschnittsentgelt aller Versicherten zu teilen ist. Für den nach § 3 S. 1 Nr. 3 SGB VI versicherungspflichtigen, die Wiedereinstellung begehrenden Arbeitnehmer sind nach § 161 I SGB VI ebenfalls die beitragspflichtigen Einnahmen die Beitragsbemessungsgrundlage.

Bei Personen, die Arbeitslosengeld beziehungsweise Arbeitslosenhilfe beziehen, sind die beitragspflichtigen Einnahmen nach § 166 Nr. 2 beziehungsweise nach § 166 Nr. 2a SGB VI zu bestimmen.

Beitragspflichtige Einnahmen des die Wiedereinstellung begehrenden und Arbeitslosengeld beziehenden Arbeitnehmers sind gemäß § 166 Nr. 2 SGB VI 80 vom Hundert des dem Arbeitslosengeld zugrundeliegenden Arbeitsentgelts. Dem Arbeitslosengeld liegt gemäß § 129 SGB III das pauschalierte Nettoentgelt (Leistungsentgelt) zugrunde, das sich aus dem Bruttoentgelt ergibt, das der Arbeitslose im Bemessungszeitraum (§§ 130 f. SGB III) erzielt hat (Bemessungsentgelt). Beitragspflichtige Einnahme des Beziehers von Arbeitslosenhilfe sind nach § 166 Nr. 2a SGB VI 80 vom Hundert des dieser Leistung zugrundeliegenden Arbeitsentgelts, vervielfältigt mit dem Wert, der sich ergibt, wenn die zu zahlende Arbeitslosenhilfe durch die ohne Berücksichtigung von Einkommen zu zahlende Arbeitslosenhilfe geteilt wird[1013], höchstens jedoch die sich bei entsprechender Anwendung von Nr. 2 ergebenden Einnahmen.

Auch der Arbeitslosenhilfe liegt gemäß §§ 195, 198 S. 2 Nr. 4 SGB III das Leistungsentgelt als pauschaliertes Nettoentgelt zugrunde. Sowohl beim Bezug von Arbeitslosengeld als auch im Falle des Bezugs von Arbeitslosenhilfe bleibt somit die bei der Ermittlung der persönlichen Entgeltpunkte zu berücksichtigende individuelle Beitragsbemessungsgrundlage des die Wiedereinstellung begehrenden Arbeitnehmers hinter der individuellen Beitragsbemessungsgrundlage zurück, die sich im Falle einer sofortigen Erfüllung des Wiedereinstellungsanspruches ergäbe. Insoweit führt die Vertragsverweigerung des Arbeitgebers zu vergleichsweise niedrigeren persönlichen Entgeltpunkten. Der Arbeitnehmer erwirbt innerhalb der Versichertengemeinschaft eine entsprechend schlechtere Rangstelle. Für den sich hieraus ergebenden Rentenschaden ist der Arbeitgeber schadensersatzpflichtig.

1012 Siehe *Gitter/Schmitt*, Sozialrecht, S. 202; *Voelzke*, in: Schulin HS-RV, § 16 Rn. 182

1013 Durch diese mit dem Wachstums- und Beschäftigungsförderungsgesetz vom 25.09.1996 eingefügte Regelung wird bei Bezug von Arbeitslosenhilfe, die wegen der Anrechnung von Einkommen im Rahmen der Bedürftigkeitsprüfung nach §§ 193, 194 SGB III in geringerer Höhe gezahlt wird, auch die Bemessungsgrundlage für die Beitragsberechnung zur Rentenversicherung herabgesetzt.

hh) Vermögensminderung im Rahmen der gesetzlichen Unfallversicherung

Zu prüfen ist, ob die Vertragsverweigerung des Arbeitgebers zu einer im Rahmen des Schadensersatzes zu berücksichtigenden Wertminderung des Vermögens des Arbeitnehmers im Bereich der gesetzlichen Unfallversicherung (SGB VII) führen kann.

Von vornherein ausgeschlossen ist hierbei eine Wertminderung dergestalt, daß der die Wiedereinstellung begehrende Arbeitnehmer innerhalb des Zeitraums, in dem der Arbeitgeber die Neubegründung des Arbeitsverhältnisses verweigert, einen Unfall erleidet, für den infolge der verweigerten Wiedereinstellung kein unfallversicherungsrechtlicher Schutz besteht, während für den Unfall bei rechtzeitiger Erfüllung des Wiedereinstellungsanspruches Versicherungsschutz nach dem Recht der gesetzlichen Unfallversicherung bestanden hätte. Denn einerseits führt die verweigerte Wiedereinstellung ja gerade dazu, daß der die Wiedereinstellung begehrende Arbeitnehmer tatsächlich keine dem Willen des Unternehmers entsprechende Tätigkeit mehr ausübt, andererseits würde auch eine tatsächliche Beschäftigung ohne vorangegangene vertragliche Neubegründung des Arbeitsverhältnisses Versicherungsschutz gemäß § 2 I Nr. 1 SGB VII in Verbindung mit § 7 I SGB IV begründen.

Das Augenmerk ist vielmehr auf die Frage zu richten, ob die verweigerte Wiedereinstellung dadurch zu einer Wertminderung führen kann, daß unfallversicherungsrechtliche Ansprüche des wiedereingestellten Arbeitnehmers, der nach seiner Wiedereinstellung einen Arbeitsunfall erleidet beziehungsweise an einer Berufskrankheit erkrankt, hinter den Ansprüchen zurückbleiben, die dem Arbeitnehmer in diesen Fällen bei einer sofortigen Wiedereinstellung zustünden. In Betracht zu ziehen ist ein Rentenschaden. Liegen die in § 56 I und II SGB VII genannten Voraussetzungen für einen Anspruch auf Rente im Rahmen der gesetzlichen Unfallversicherung vor, regelt § 56 III SGB VII die Höhe eines solchen Anspruchs. Hiernach wird bei Verlust der Erwerbsfähigkeit Vollrente geleistet. Diese beträgt zwei Drittel des Jahresarbeitsverdienstes. Bei Minderung der Erwerbsfähigkeit wird Teilrente geleistet, die in der Höhe des Vomhundertsatzes der Vollrente festgesetzt wird, der dem Grad der Minderung der Erwerbsfähigkeit entspricht. Die Berechnung der Jahresrente wird somit nach folgender Formel vorgenommen:

Jahresrente = 2/3 Jahresarbeitsverdienst x Minderung der Erwerbsfähigkeit in %

Zu prüfen ist somit, ob die Vertragsverweigerung zu einem – im Vergleich mit der Situation bei sofortiger Erfüllung der Wiedereinstellungsverpflichtung – geringeren Jahresarbeitsverdienst führen kann. Die Berechnung des Jahresarbeitsverdienstes ist in den §§ 81 ff. SGB VII geregelt. Nach § 82 I S. 1 SGB VII ist der Jahresarbeitsverdienst eines versicherten Arbeitnehmers der Gesamtbetrag der Arbeitsentgelte im Sinne des § 14 SGB IV in den zwölf Kalendermonaten vor dem Monat, in dem der Versicherungsfall eingetreten ist.

Ein vergleichsweise geringerer Jahresarbeitsverdienst infolge der Vertragsverweigerung kommt somit in Betracht, wenn die zwölf Kalendermonate vor dem Monat, in dem der Versicherungsfall eingetreten ist, in den Unterbrechungszeitraum hineinreichen[1014]. Denn im Unterbrechungszeitraum bezieht der die Wiedereinstellung begehrende Arbeitnehmer mangels eines rechtswirksamen Arbeitsverhältnisses kein Arbeitsentgelt, sondern in aller Regel Entgeltersatzleistungen in Form von Arbeitslosengeld (§§ 117 ff. SGB III) oder Arbeitslosenhilfe (§§ 190 ff. SGB III), die in ihrer Höhe hinter dem Arbeitsentgelt zurückbleiben, das der Arbeitnehmer nach seiner Wiedereinstellung beanspruchen könnte („Wiedereinstellung zu den bisherigen Vertragsbedingungen")[1015]. Allerdings wird nach § 82 II S. 1 SGB VII für Zeiten, in denen der Versicherte in dem in § 82 I S. 1 SGB VII genannten Zeitraum (zwölf Kalendermonate vor dem Monat, in dem der Versicherungsfall eingetreten ist) kein Arbeitsentgelt bezogen hat, nicht die Entgeltersatzleistung, sondern das Arbeitsentgelt zugrundegelegt, das seinem durchschnittlichen Arbeitsentgelt in den mit Arbeitsentgelt belegten Zeiten dieses Zeitraums entspricht.

Eine Anwendung des § 82 II S. 1 SGB VII auf die hier in Rede stehende Fallkonstellation führt dazu, daß für die in den Zeitraum nach § 82 I S. 1 SGB VII fallenden Unterbrechungszeiten, in denen der Arbeitgeber die Erfüllung der Wiedereinstellungsverpflichtung verweigert und der Arbeitnehmer Entgeltersatzleistungen bezogen hat, das Arbeitsentgelt zugrundezulegen ist, das dem durchschnittlichen Arbeitsentgelt in den mit Arbeitsentgelt belegten Zeiten dieses Zeitraums entspricht. Da das im Rahmen des neu begründeten Arbeitsverhältnisses zu zahlende Arbeitsentgelt dem im bisherigen Arbeitsverhältnis geschuldeten Arbeitsentgelt entspricht („Wiedereinstellung zu den bisherigen Vertragsbedingungen") bleibt die Vertragsverweigerung des Arbeitgebers bei einer Berechnung des Jahresarbeitsverdienstes nach § 82 II S. 1 SGB VII ohne Auswirkung auf die Höhe des Jahresarbeitsverdienstes: Im Falle einer sofortigen Wiedereinstellung durch den Arbeitgeber hätte der Arbeitnehmer in den entsprechenden Zeiten das Arbeitsentgelt verdient, das dem bisherigen Arbeitsverhältnis zugrundelag („Wiedereinstellung zu den bisherigen Vertragsbedingungen"). Bei der Bestimmung des Arbeitsentgelts, das für Unterbrechungszeiten infolge der Vertragsverweigerung nach § 82 II S. 1 SGB VII zugrundezulegen ist, ist auf das durchschnittliche Arbeitsentgelt in den mit Arbeitsentgelt belegten Zeiten, die in den Zeitraum nach § 82 I S. 1 SGB VII fallen, abzustellen. Auch dieses durchschnittliche Arbeitsentgelt, das der Arbeitnehmer nach seiner Wiedereinstellung erzielt hat, entspricht – da die Wiedereinstellung zu den bisherigen Vertragsbedingungen erfolgt – dem im bisherigen Arbeitsverhältnis zu zahlenden Arbeitsentgelt.

Zu prüfen bleibt, ob die Vertragsverweigerung durch den Arbeitgeber zu einem vergleichsweise geringeren Verletztengeld des Arbeitnehmers führt, der nach seiner Wiedereinstellung infolge eines Versicherungsfalls arbeitsunfähig ist oder wegen einer Maßnahme der Heilbehandlung eine ganztägige Erwerbstätigkeit nicht ausüben kann

---

[1014] Da die Wiedereinstellung zu den im bisherigen Arbeitsverhältnis geltenden Vertragsbedingungen erfolgt, mithin das im neu begründeten Arbeitsverhältnis geschuldete Arbeitsentgelt dem im bisherigen Arbeitsverhaltnis zu zahlenden Arbeitsentgelt entspricht, scheidet eine Auswirkung der Vertragsverweigerung auf den der Berechnung der Jahresrente zugrundezulegenden Jahresarbeitsverdienst im Sinne des § 82 I S. 1 SGB VII aus, wenn sich der Versicherungsfall zwölf Monate nach der Wiedereinstellung oder später ereignet.

[1015] Vgl. zur Höhe des Arbeitslosengeldes §§ 129 ff, SGB III und zur Höhe der Arbeitslosenhilfe § 195 SGB III.

(vgl. § 45 I Nr. 1 SGB VII). Die Berechnung des Verletztengeldes erfolgt grundsätzlich nach § 47 I SGB VII in Verbindung mit § 47 I und II SGB V. Bei einer Vergütung nach Arbeitsstunden sind gemäß § 47 II S. 1 SGB V Bemessungszeitraum für die Berechnung des Regelentgelts mindestens die letzten abgerechneten vier Wochen vor Beginn der Arbeitsunfähigkeit. Ist das Arbeitsentgelt nach Monaten bemessen oder erfolgt die Vergütung nach anderen Maßstäben, ist Bemessungszeitraum der letzte abgerechnete Kalendermonat vor dem Beginn der Arbeitsunfähigkeit vgl. § 47 II S. 3 SGB V.

Liegt die Wiedereinstellung schon so lange zurück, daß der jeweilige Bemessungszeitraum erfüllt ist (vier abgerechnete Wochen beziehungsweise ein abgerechneter Kalendermonat vor dem Beginn der Arbeitsunfähigkeit) bleibt die Vertragsverweigerung des Arbeitgebers ohne Auswirkung auf die Höhe des Verletztengeldes. Denn die Wiedereinstellung erfolgt zu dem Arbeitsentgelt, das dem bisherigen Arbeitsverhältnis zugrundelag. Der Berechnung des Verletztengeldes des verspätet wiedereingestellten Arbeitnehmers ist somit ebenso wie bei einem Arbeitnehmer, dessen Wiedereinstellungsanspruch sofort erfüllt wird, das Arbeitsentgelt des bisherigen Arbeitsverhältnisses zugrundezulegen.

Fraglich ist, wie Fallkonstellationen zu beurteilen sind, in denen die verweigerte Wiedereinstellung dazu führt, daß der für die Berechnung des Regelentgelts maßgebende Bemessungszeitraum von dem wiedereingestellten Arbeitnehmer nicht erreicht wird. In diesen Fällen ist jedoch das vom Beginn des Beschäftigungsverhältnisses an bis zum Tag vor Eintritt der Arbeitsunfähigkeit erzielte Arbeitsentgelt der Berechnung des Regelentgelts zugrundezulegen[1016]. Da auch der verspätet wiedereingestellte Arbeitnehmer das Arbeitsentgelt bezieht, das dem bisherigen Arbeitsverhältnis zugrundelag, führt die Vertragsverweigerung des Arbeitgebers somit nicht zu einer Schlechterstellung des Arbeitnehmers hinsichtlich des Anspruches auf Verletztengeld gemäß §§ 45 ff. SGB VII.

cc) Vermögensminderung im Bereich der gesetzlichen Krankenversicherung

Bei der gesetzlichen Krankenversicherung stellt sich die Situation wie folgt dar: Mit Ablauf der Kündigungsfrist und der Weigerung des Arbeitgebers, den Arbeitnehmer wiedereinzustellen und entsprechend zu beschäftigen, endet die Mitgliedschaft des bis dato versicherungspflichtig beschäftigten Arbeitnehmers (vgl. §§ 5 I Nr. 1, 190 II SGB V) und damit der Anknüpfungspunkt für Leistungsansprüche im Rahmen der gesetzlichen Krankenversicherung (vgl. auch § 19 II SGB V). Vor diesem Hintergrund erscheint eine schadensersatzrechtlich zu berücksichtigende Wertminderung des Vermögens des Arbeitnehmers denkbar, die daraus resultiert, daß im Unterbrechungszeitraum ein Versicherungsfall eintritt, für den der die Wiedereinstellung begehrende

1016 Vgl. allgemein *Benz*, in: Schulin HS-UV, § 47 Rn. 41 f.; *Fröhlke*, in: Lauterbach, Unfallversicherung, § 47 SGB VII Rn. 15 ff.; KassKomm/*Höfler*, § 47 SGB V Rn. 20 und 25a; *Schmitt*, SGB VII, § 47 Rn. 13.

Arbeitnehmer infolge der Nichterfüllung der Wiedereinstellungspflicht[1017] keinen krankenversicherungsrechtlichen Schutz genießt.

Auch bei der gesetzlichen Krankenversicherung ist jedoch zu berücksichtigen, daß der die Wiedereinstellung begehrende Arbeitnehmer im Unterbrechungszeitraum in aller Regel Entgeltersatzleistungen in Form von Arbeitslosengeld oder Arbeitslosenhilfe beziehen und deshalb nach § 5 I Nr. 2 SGB V versicherungspflichtig sein wird. Die Mitgliedschaft beginnt dann gemäß § 186 Ia SGB V mit dem Tag, von dem an die Leistung bezogen wird, die Beiträge sind von der Bundesanstalt für Arbeit (so beim Arbeitslosengeld, § 251 IVa SGB V) beziehungsweise vom Bund (so bei der Arbeitslosenhilfe, § 251 IV SGB V) zu tragen. Da in diesem Fall somit krankenversicherungsrechtlicher Schutz besteht, führt die verweigerte Wiedereinstellung insoweit nicht zu einer im Rahmen des Schadensersatzes zu berücksichtigenden Wertminderung auf seiten des die Wiedereinstellung begehrenden Arbeitnehmers.

Zu prüfen bleibt, ob die vom Arbeitgeber verweigerte Wiedereinstellung dadurch den Wert des Vermögens mindern kann, daß krankenversicherungsrechtliche Ansprüche des wiedereingestellten Arbeitnehmers, in dessen Person nach der Wiedereinstellung ein Versicherungsfall eintritt, hinter den Ansprüchen zurückbleiben, die ihm im Falle einer sofortigen Wiedereinstellung zustünden. Zu denken ist in diesem Zusammenhang an den Anspruch auf Krankengeld, §§ 44 ff. SGB V. Die Höhe des Krankengeldes richtet sich nach § 47 I S. 1 SGB V, wonach das Krankengeld 70 vom Hundert des erzielten regelmäßigen Arbeitsentgelts beträgt, soweit es der Beitragsberechnung unterliegt (sogenanntes „Regelentgelt", vgl. § 47 I S. 1 SGB V). Die Berechnung des Krankengeldes erfolgt nach § 47 II SGB V. Liegt eine Vergütung nach Arbeitsstunden vor, sind mindestens die letzten abgerechneten vier Wochen vor Beginn der Arbeitsunfähigkeit Bemessungszeitraum für die Berechnung des Regelentgelts (§ 47 II S. 1 SGB V). Erfolgt die Vergütung nach Monaten oder nach anderen Maßstäben, ist Bemessungszeitraum der letzte abgerechnete Kalendermonat vor dem Beginn der Arbeitsunfähigkeit (§ 47 II S. 3 SGB V).

Bezüglich der Frage, ob die vom Arbeitgeber verweigerte Wiedereinstellung zu einer Minderung des Vermögens des Arbeitnehmers führen kann, gelten die Ausführungen zum Verletztengeld entsprechend: Wenn die Wiedereinstellung bereits so lange zurückliegt, daß der jeweilige Bemessungszeitraum erfüllt ist, hat die Weigerung des Arbeitgebers keine Auswirkungen auf die Höhe des Krankengeldes, da die Wiedereinstellung zu den bisherigen Vertragsbedingungen erfolgt, so daß der Berechnung des Krankengeldes sowohl bei einem pflichtgemäß wiedereingestellten als auch bei einem erst verspätet wiedereingestellten Arbeitnehmer das im bisherigen Arbeitsverhältnis vereinbarte Arbeitsentgelt zugrundezulegen ist. Wenn die zunächst verweigerte Wiedereinstellung dazu führt, daß der für die Berechnung des Regelentgelts einschlägige Bemessungszeitraum im Zeitpunkt des Eintritts des Versicherungsfalls nicht erfüllt ist, hat sich die Berechnung des Regelentgelts an dem Arbeitsentgelt zu orientieren, das der wiedereingestellte Arbeitnehmer vom Beginn des

[1017] Die Erfüllung der Wiedereinstellungspflicht führt zu einer neuen versicherungspflichtigen Beschäftigung im Sinne des § 5 I Nr. 1 SGB V in Verbindung mit § 7 I SGB IV und begründet eine neue Mitgliedschaft in der gesetzlichen Krankenversicherung nach § 186 I SGB V.

Beschäftigungsverhältnisses bis zum Tag vor Eintritt der Arbeitsunfähigkeit erzielt hat[1018]. Da die Wiedereinstellung zu den bisherigen Vertragsbedingungen – mithin auch zu dem Arbeitsentgelt, das dem bisherigen Arbeitsverhältnis zugrundelag – erfolgt, führt die Vertragsverweigerung des Arbeitgebers somit auch dann nicht zu einem vergleichsweise niedrigeren Krankengeld, wenn der für die Berechnung des Regelentgelts maßgebende Bemessungszeitraum infolge der verspäteten Wiedereinstellung im Zeitpunkt des Eintritts des Versicherungsfalls nicht erfüllt ist.

dd) Vermögensminderung bei der sozialen Pflegeversicherung

Fraglich ist, ob sich die Vertragsverweigerung des Arbeitgebers dahingehend auswirken kann, daß eine Vermögensminderung im Rahmen der sozialen Pflegeversicherung (SGB XI) eintritt. § 33 II S. 1 SGB XI legt als Voraussetzung für Leistungen der Pflegeversicherung das Zurücklegen bestimmter Vorversicherungszeiten fest. Ab 01.01.2000 werden gemäß § 33 II S. 1 Nr. 5 SGB XI Pflegeversicherungsleistungen nur gewährt, wenn in den letzten zehn Jahren vor der Antragstellung mindestens fünf Jahre Versicherungszugehörigkeit bestand. Nach § 49 I S. 1 SGB XI beginnt die Mitgliedschaft bei einer Pflegekasse mit dem Tag, an dem die Voraussetzungen des § 20 oder des § 21 SGB XI vorliegen. Gemäß § 49 I S. 2 SGB XI endet sie mit dem Tod des Mitglieds oder mit Ablauf des Tages, an dem die Voraussetzungen des § 20 oder § 21 SGB XI entfallen[1019].

Zwar führt die Weigerung des Arbeitgebers, den Arbeitnehmer wiedereinzustellen, dazu, daß das bisherige Beschäftigungsverhältnis mit Ablauf der Kündigungsfrist endet und somit auch die Versicherungspflicht und die Mitgliedschaft in der sozialen Pflegeversicherung nach § 49 I S. 2, 20 I S. 2 Nr. 1 SGB XI ihr Ende finden. Da der die Wiedereinstellung begehrende Arbeitnehmer im Unterbrechungszeitraum in aller Regel Entgeltersatzleistungen in Form des Arbeitslosengeldes beziehungsweise der Arbeitslosenhilfe bezieht, wird die Versicherungspflicht und die Mitgliedschaft insoweit nach Maßgabe der §§ 49 I S. 1 , 20 I S. 2 Nr. 2 SGB XI neu begründet, so daß sich die Vertragsverweigerung des Arbeitgebers nicht negativ auf die erforderlichen Vorversicherungszeiten im Sinne des § 33 II SGB XI auswirkt.

ee) Vermögensminderungen bezüglich arbeitsförderungsrechtlicher Leistungen

Zu prüfen bleibt schließlich, ob die Vertragsverweigerung des Arbeitgebers zu einer im Rahmen des Schadensersatzes zu berücksichtigenden Minderung des Vermögens des Arbeitnehmers im Hinblick auf arbeitsförderungsrechtliche Leistungen nach Maßgabe des SGB III führen kann.

Zu denken ist in diesem Zusammenhang an den Anspruch auf Arbeitslosengeld gemäß §§ 117 ff. SGB III[1020]. Dieser hat neben der Arbeitslosigkeit (§§117 I Nr. 1, 118 ff. SGB III) und der persönlichen Arbeitslosmeldung (§§ 117 I Nr. 2, 122 SGB III) zur Voraussetzung, daß der Arbeitnehmer die Anwartschaftszeit erfüllt hat (§§ 117 I Nr. 3,

---

1018 Vgl. KassKomm/*Höfler*, § 47 SGB V Rn. 20 und 25a.

1019 Sofern nicht das Recht zur Weiterversicherung gemäß § 26 SGB XI ausgeübt wird.

1020 Vgl. hierzu auch *Oetker*, ZIP 2000, S. 1787, 1787.

123 SGB III). Durch die Bestimmung, daß nur derjenige die Anwartschaftszeit erfüllt und damit einen Anspruch auf Arbeitslosengeld hat, der mindestens zwölf Monate[1021] in einem Versicherungspflichtverhältnis im Sinne des § 24 SGB III gestanden hat, soll sichergestellt werden, daß das Arbeitslosengeld als Versicherungsleistung nur solchen Arbeitslosen zusteht, die sich an der Finanzierung von arbeitsförderungsrechtlichen Leistungen beteiligt haben und somit in einer engeren Beziehung zur Arbeitslosenversicherung stehen[1022].

Wie sich aus dem Zusammenspiel der §§ 123 S. 1, 124 SGB III ergibt, ist es jedoch nicht ausreichend, daß der Arbeitslose irgendwann für mindestens zwölf Monate in einem Versicherungspflichtverhältnis gestanden und damit eine engere Beziehung zur Arbeitslosenversicherung begründet hat. Vielmehr muß das Versicherungspflichtverhältnis in einem engen zeitlichen Rahmen vor der Arbeitslosigkeit - in der sogenannten „Rahmenfrist" (§ 124 SGB III) – bestanden haben.

Vor dem Hintergrund dieser Voraussetzungen eines Anspruchs auf Arbeitslosengeld sind – wie die nachfolgenden Fallbeispiele demonstrieren – hinsichtlich der Wiedereinstellungsthematik durchaus Fallkonstellationen denkbar, in denen die Vertragsverweigerung des Arbeitgebers eine schadensersatzrechtlich zu berücksichtigende Vermögensminderung auf seiten des Arbeitnehmers begründet:

Fallbeispiel 1: Der Arbeitnehmer hat bei Beendigung des bisherigen Arbeitsverhältnisses in der Rahmenfrist des § 124 SGB III nur acht Monate in einem Versicherungspflichtverhältnis gestanden. Der Unterbrechungszeitraum beträgt 30 Monate. Nach sechs Monaten wird das im Rahmen der Wiedereinstellung neu begründete Arbeitsverhältnis beendet. In diesem Fall hat der Arbeitnehmer innerhalb der Rahmenfrist des § 124 SGB III nur sechs Monate in einem Versicherungspflichtverhältnis gestanden, so daß ein Anspruch auf Arbeitslosengeld nicht gegeben ist. Hätte der Arbeitgeber hingegen den Wiedereinstellungsanspruch sofort erfüllt, hätte – bei entsprechender Kündigung des im Rahmen der Wiedereinstellung neu begründeten Arbeitsverhältnisses – innerhalb der Rahmenfrist des § 124 SGB III 36 Monate ein Pflichtversicherungsverhältnis bestanden, die Anwartschaftszeit wäre somit erfüllt und ein Anspruch auf Arbeitslosengeld gegeben.

Fallbeispiel 2: Bei Beendigung des bisherigen Arbeitsverhältnisses hat der Arbeitnehmer innerhalb der Rahmenfrist des § 124 SGB III 15 Monate in einem Versicherungspflichtverhältnis gestanden, die Anwartschaftszeit ist somit erfüllt. Nach acht Monaten Unterbrechungszeitraum wird das Arbeitsverhältnis im Rahmen der Wiedereinstellung vertraglich neu begründet, endet jedoch bereits nach sechs Monaten. Innerhalb der nach § 124 II SGB III verkürzten Rahmenfrist[1023] hat somit nur sechs Monate ein Versicherungspflichtverhältnis bestanden, die Anwartschaftszeit ist folglich nicht

[1021] Dem Zeitraum von zwölf Kalendermonaten entsprechen gemäß § 339 SGB III 360 Kalendertage.

[1022] Vgl. *Brand*, in: Niesel, SGB III, § 123 Rn. 3; *Eichenhofer*, Sozialrecht, Rn. 475.

[1023] Die Verkürzung der Rahmenfrist nach § 124 II SGB III bezweckt, daß Beschäftigungszeiten nicht mehrmals eine Anwartschaftszeit begründen können, vgl. *Brand*, in: Niesel, SGB III, § 124 Rn. 3.

erfüllt und ein Anspruch auf Arbeitslosengeld mithin nicht gegeben. Hätte der Arbeitgeber hingegen den Wiedereinstellungsanspruch sofort erfüllt, hätte innerhalb der verkürzten Rahmenfrist des § 124 II SGB III 14 Monate ein Versicherungspflichtverhältnis bestanden, die Anwartschaftszeit wäre erfüllt und ein Anspruch auf Arbeitslosengeld gegeben.

Die Vertragsverweigerung des Arbeitgebers muß allerdings nicht zwangsläufig zu einer Vermögensminderung auf seiten des Arbeitnehmers führen, wie der folgende Beispielsfall 3 zeigt: Bei Beendigung des bisherigen Arbeitsverhältnisses hat innerhalb der Rahmenfrist zehn Monate ein Versicherungspflichtverhältnis bestanden, nämlich die zehn Monate unmittelbar vor der Beendigung. Die Anwartschaftszeit ist somit nicht erfüllt. Nach einem Unterbrechungszeitraum von 24 Monaten wird das Arbeitsverhältnis im Rahmen der Wiedereinstellung neu begründet, endet jedoch bereits nach zwei Monaten. Innerhalb der Rahmenfrist des § 124 I SGB III[1024] stand der Arbeitnehmer mithin zwölf Monate in einem Versicherungspflichtverhältnis, die Anwartschaftszeit ist erfüllt und ein Anspruch auf Arbeitslosengeld gegeben. Die Vertragsverweigerung bleibt insoweit also ohne Wirkung.

Führt aber die Vertragsverweigerung des Arbeitgebers dazu, daß der Arbeitnehmer in der jeweils maßgeblichen Rahmenfrist die Anwartschaftszeit nicht erreicht, wäre aber bei sofortiger Erfüllung des Wiedereinstellungsanspruches die Anwartschaftszeit erfüllt worden, so ist der Arbeitgeber bei Eintritt der Arbeitslosigkeit für den sozialversicherungsrechtlichen Schaden ersatzpflichtig. Dieser besteht darin, daß der Arbeitnehmer mangels Erfüllung der Anwartschaftszeit keinen Anspruch auf Arbeitslosengeld hat, sondern von vornherein auf einen Anspruch auf originäre Arbeitslosenhilfe beschränkt ist, der einerseits gemäß § 195 SGB III nur 57 % beziehungsweise 53 % des Leistungsentgelts beträgt[1025] umfaßt und andererseits – im Gegensatz zu dem Anspruch auf Arbeitslosengeld – von der Bedürftigkeit des Arbeitnehmers abhängt (vgl. §§ 190 I Nr. 5, 193 SGB III).

Bleibt die Vertragsverweigerung hinsichtlich der Erfüllung der Anwartschaftszeit und damit bezüglich der Frage, ob dem Arbeitnehmer ein Anspruch auf Arbeitslosengeld dem Grunde nach zusteht, ohne Auswirkungen, so bleibt zu prüfen, ob sich in diesen Fällen eine Vermögensminderung auf seiten des Arbeitnehmers infolge der vom Arbeitgeber verweigerten Wiedereinstellung im Hinblick auf die Dauer des Anspruches ergeben kann. Die Dauer des zeitlich befristeten Anspruches auf Arbeitslosengeld ist nach §§ 127 f. SGB III zu bestimmen. Gemäß § 127 I S. 1 SGB III richtet sich die Dauer des Anspruchs unter anderem nach der Dauer der Versicherungspflichtverhältnisse im Sinne des § 24 SGB III, die innerhalb der um vier Jahre erweiterten Rahmenfrist (§ 124 I SGB III) liegen.

Da während des Zeitraums, in dem der Arbeitgeber die Wiedereinstellung des Arbeitnehmers verweigert, kein Versicherungspflichtverhältnis im Sinne des § 24 SGB III

1024 Die Rahmenfrist ist in diesem Fall nicht gemäß § 124 II SGB III verkürzt, da in der vorangegangenen Rahmenfrist eine Anwartschaftszeit nicht erfüllt war.

1025 Beim Arbeitslosengeld sind es 67 % beziehungsweise 60 % des Leistungsentgelts, vgl. § 129 SGB III.

besteht, während bei bei sofortiger Erfüllung des Wiedereinstellungsanspruchs durch Neuabschluß eines Arbeitsvertrages und entsprechender Beschäftigung in diesem Zeitraum bereits ein Versicherungspflichtverhältnis aufgrund versicherungspflichtiger Beschäftigung nach §§ 24 I, 1. Alt., 25 I SGB III bestanden hätte, führt die Vertragsverweigerung des Arbeitgebers insoweit zu einer vergleichsweise geringeren Anspruchsdauer und folglich zu einer ersatzpflichtigen Vermögensminderung auf seiten des Arbeitnehmers[1026].

Denkbar ist schließlich auch eine schadensersatzrechtlich zu berücksichtigende Vermögensminderung hinsichtlich des Anspruchs auf Arbeitslosenhilfe, §§ 190 ff. SGB III. Dies soll anhand des folgenden Beispielsfalls illustriert werden:

Bei Beendigung des bisherigen Arbeitsverhältnisses haben innerhalb der Rahmenfrist für die Dauer von sieben Monaten Versicherungspflichtverhältnisse bestanden – nämlich die sieben Monate unmittelbar vor der Beendigung - , so daß die Anwartschaftszeit nicht erfüllt ist und ein Anspruch auf Arbeitslosengeld nicht besteht. Nach einem Unterbrechungszeitraum von drei Monaten wird das Arbeitsverhältnis im Rahmen der Wiedereinstellung neu begründet und nach weiteren drei Monaten beendet. Bei der in Betracht kommenden originären Arbeitslosenhilfe (§ 191 I Nr. 2 SGB III) beträgt die sogenannte Vorfrist gemäß § 192 SGB III grundsätzlich ein Jahr. Innerhalb der in diesem Falle nach § 192 S. 4 SGB III verkürzten Vorfrist hat der wiedereingestellte Arbeitnehmer nur drei Monate in Beschäftigung gestanden (§§ 24 I, 1. Alt., 25 I SGB III). Die besondere Anspruchsvoraussetzung des § 191 I Nr. 2 SGB ist somit nicht erfüllt, ein Anspruch auf Arbeitslosenhilfe mithin nicht gegeben. Hätte der Arbeitgeber hingegen die Wiedereinstellungsverpflichtung sofort erfüllt, hätte der Arbeitnehmer innerhalb der einschlägigen Vorfrist sechs Monate in Beschäftigung gestanden, so daß ihm ein Anspruch auf Arbeitslosenhilfe zustünde.

C. Zwischenergebnis

Die vertraglichen Pflichten des über den geltend gemachten Wiedereinstellungsanspruch neu begründeten Arbeitsverhältnisses entstehen lediglich mit ex nunc Wirkung ab dem Zeitpunkt der Abgabe der Annahmeerklärung durch den Arbeitgeber beziehungsweise deren Ersetzung durch ein der Wiedereinstellungsklage stattgebendes, rechtskräftiges Urteil (§ 894 I ZPO).

Einer rückwirkenden Neubegründung des Arbeitsverhältnisses durch Abschluß eines entsprechenden Arbeitsvertrages stand nach bisheriger Rechtslage entgegen, daß ein solcher Vertrag wegen des Fixschuldcharakters der Arbeitspflicht auf eine für den Arbeitnehmer teilweise unmögliche Leistung gerichtet und insoweit nach § 306 BGB a. F. nichtig gewesen wäre. Auch vor dem Hintergrund des § 311a I BGB kann eine zum Zwecke der Lückenschließung hinsichtlich des Unterbrechungszeitraums

---

1026 Übertragen auf Beispielsfall 3 bedeutet dies: Innerhalb der verlängerten Rahmenfrist bestehen für zwölf + X Monate Versicherungspflichtverhaltnisse (X = restliche Versicherungspflichtverhältnisse innerhalb der verlängerten Rahmenfrist). Bei sofortiger Wiedereinstellung hätten für die Dauer von 36 Monaten + X Monate Versicherungspflichtverhältnisse bestanden (zehn Monate + 24 Monate + zwei Monate + X). Die Differenz beträgt mithin 24 Monate.

konstruierte Rückwirkung des über den geltend gemachten Wiedereinstellungsanspruch neubegründeten Arbeitsverhältnisses nicht überzeugen, da sich die Funktion des nach § 311a I BGB wirksamen Vertrages darin erschöpft, Grundlage für etwaige Sekundäransprüche nach §§ 285, 311a BGB zu sein.

Die Lückenschließung bezüglich des Unterbrechungszeitraumes hat unter Rückgriff auf das schadensersatzrechtliche Regelungsinstrumentarium zu erfolgen. Anspruchsgrundlage sind insoweit §§ 280 I, III, 283 BGB. Der Anspruch richtet sich gemäß § 251 I BGB wegen nicht möglicher Naturalrestitution auf Schadensersatz in Geld. Wertmindernde, im Rahmen des Schadensersatzanspruchs zu berücksichtigende Positionen können sich insbesondere hinsichtlich des im Unterbrechungszeitraum entgangenen Arbeitsverdienstes, im Bereich der betrieblichen Altersversorgung, des Urlaubsrechts sowie des Sozialversicherungsrechts ergeben.

§ 6 Konkurrierende Wiedereinstellungsansprüche

A. Überblick

Für den Fall, daß der Arbeitgeber betriebsbedingte Kündigungen gegenüber mehreren Arbeitnehmern ausgesprochen hat, sich anschließend die betrieblichen Umstände jedoch lediglich insoweit ändern, daß nicht für alle gekündigten Arbeitnehmer wieder Arbeitsplätze vorhanden sind, ergibt sich das Problem „konkurrierender Wiedereinstellungsansprüche“. Eine derartige Situation kann beispielsweise entstehen, wenn der Arbeitgeber aufgrund einer von ihm beabsichtigten Betriebsstillegung mehreren Arbeitnehmern betriebsbedingt gekündigt hat und anschließend die Stillegungsabsicht nur hinsichtlich einzelner Teile des Betriebs aufgibt oder wenn im Falle eines unerwarteten Betriebsübergangs nach dem neuen Arbeitgeberkonzept die Wiedereinstellung aller zuvor gekündigten Arbeitnehmer nicht möglich ist[1027].

Zwar besteht Einigkeit dahingehend, daß der Arbeitgeber insoweit nicht verpflichtet ist, alle gekündigten Arbeitnehmer wiedereinzustellen, da ansonsten die Zumutbarkeitsgrenze überschritten würde[1028]. Umstritten ist allerdings die Frage, ob der Arbeitgeber hinsichtlich der von ihm zu treffenden Auswahlentscheidung einer rechtlichen Bindung unterliegt und daher insoweit bestimmte Kriterien - insbesondere soziale Gesichtspunkte - zu berücksichtigen hat oder ob er völlig frei darüber entscheiden kann, welche Arbeitnehmer er wiedereinstellt. Unter denjenigen, die für eine rechtliche Bindung der Auswahlentscheidung eintreten, ist wiederum streitig, welcher rechtliche Maßstab für diese Bindung heranzuziehen ist und auf welchen Personenkreis sie sich erstreckt.

Bevor auf die einzelnen Ansichten näher eingegangen wird, ist zunächst unter rechtsdogmatischen Gesichtspunkten klarzustellen, daß grundsätzlich allen Arbeitnehmern, die dem potentiell auswahlrelevanten Personenkreis zuzurechnen sind, aufgrund der Änderung der betrieblichen Verhältnisse Ansprüche auf Wiedereinstellung zustehen, mithin von bestehenden Wiedereinstellungsansprüchen auszugehen ist[1029]. Denn der Wegfall des Kündigungsgrundes ist für jeden einzelnen Arbeitnehmer im Hinblick auf die weiterbestehenden Beschäftigungsmöglichkeiten auch dann zu bejahen, wenn eine Zuordnung, welchen Arbeitnehmer die weiterbestehende Beschäftigungsmöglichkeit betrifft, nicht möglich ist[1030].

Als problematisch erweist sich hierbei allerdings, daß es im Grunde überhaupt kein Auswahlermessen des Arbeitgebers geben dürfte, wenn doch allen betroffenen

---

1027 Dazu, daß in diesen Fällen de facto die Feststellung, welchen Arbeitnehmer die weiterbestehende Beschäftigungsmöglichkeit bertrifft, oftmals nicht getroffen werden kann, so daß insoweit ein entsprechender Regelungsbedarf besteht *Lisec*, Der Wiedereinstellungsanspruch des Arbeitnehmers nach betriebsbedingter Kündigung und Betriebsübergang, S. 129 f.

1028 Vgl. hierzu *Oetker*, ZIP 2000, S. 643, 651; *ders.*, ZIP 2000, S. 1787, 1789; *Raab*, RdA 2000, S. 147, 157.

1029 So auch *Appel*, in Kittner/Zwanziger, Arbeitsrecht, Handbuch für die Praxis, § 107 Rn. 7.

1030 Siehe hierzu auch *Lisec*, Der Wiedereinstellungsanspruch des Arbeitnehmers nach betriebsbedingter Kündigung und Betriebsübergang, S. 132.

Arbeitnehmern ein Anspruch auf Wiedereinstellung zusteht. Vielmehr kämen für den Arbeitgeber, der keinen Beschäftigungsbedarf für alle Wiedereinzustellenden hat, nur die Wiedereinstellung und eine sofortige Kündigung – unter Beachtung der sozialen Auswahl nach § 1 III KSchG - der den Beschäftigungsbedarf übersteigenden Arbeitnehmer in Betracht. Daraus ergibt sich, daß es sich um Ansprüche handelt, die zwar schon bestehen, allerdings nur unter Vorbehalt[1031]. Das Problem, wie dieser Vorbehalt inhaltlich auszufüllen ist, spiegelt sich in der Frage wider, inwieweit die Auswahlentscheidung des Arbeitgebers einer rechtlichen Bindung unterliegt.

B. Das Meinungsspektrum hinsichtlich der Frage einer rechtlichen Bindung des Arbeitgebers bei der Auswahlentscheidung

Das zur Frage der rechtlichen Bindung des Arbeitgebers bezüglich der Auswahlentscheidung vertretene Meinungsspektrum setzt sich im wesentlichen aus drei Positionen zusammen:

Zum einen wird vertreten, die Auswahlentscheidung des Arbeitgebers stehe – wie auch sonst beim Vertragsschluß – im freien Ermessen des Arbeitgebers. Der Maßstab billigen Ermessens beziehungsweise die Berücksichtigung sozialer Belange komme nicht in Frage. Der Wiedereinstellungsanspruch führe somit lediglich dazu, daß der Arbeitgeber die Auswahl unter den zuvor gekündigten Arbeitnehmern durchführen müsse[1032].

Zum anderen wird dafür plädiert, die Entscheidung des Arbeitgebers dürfe nicht willkürlich sein, sondern müsse nach billigem Ermessen erfolgen. Als Maßstab der rechtlichen Bindung wird insoweit auf §§ 315, 242 BGB verwiesen. Der Arbeitgeber habe die Auswahl somit anhand betrieblicher Belange und sozialer Gesichtspunkte zu treffen[1033].

1031 Vgl hierzu *Wank*, Anm zu BAG AP Nr 2 zu § 1 KSchG 1969 Soziale Auswahl Ähnlich auch *Mummenhoff*, SAE 1985, S 305, 307, der das Problem dahingehend umschreibt, daß mehr Arbeitnehmer einen „grundsätzlich aus Treu und Glauben begründeten" Wiedereinstellungsanspruch geltend machen als Arbeitsplatze zur Verfügung stehen Siehe außerdem *Lisec*, Der Wiedereinstellungsanspruch des Arbeitnehmers nach betriebsbedingter Kündigung und Betriebsubergang, S 132, die von einer Modifizierung des Anspruchsinhalts dergestalt ausgeht, daß die betroffenen Arbeitnehmer die Wiedereinstellung nach Maßgabe des Ergebnisses eines Auswahlverfahrens verlangen können.

1032 Vgl. *Raab*, RdA 2000, S. 147, 157. Ähnlich weitgehend auch MünchArbR/*Berkowsky*, § 134 Rn. 92; *ders* , Die betriebsbedingte Kündigung, S. 171 f., der für ein „Prioritätsprinzip" eintritt, wonach derjenige Arbeitnehmer einen Anspruch auf Wiedereinstellung hat, der diesen zuerst gegenüber dem Arbeitgeber geltend macht. Im Anschluß an *Berkowsky* ebenfalls grundsätzlich für ein Prioritätsprinzip eintretend *Caspers*, Personalabbau und Betriebsänderung im Insolvenzverfahren, Rn 218 Kategorische Ablehnung der Berücksichtigung sozialer Gesichtspunkte bezüglich der Wiedereinstellung auch bei *Wank*, Anm. zu BAG AP Nr 2 zu § 1 KSchG 1969 Soziale Auswahl

1033 So grundsatzlich BAG AP Nr 6 zu § 1 KSchG 1969 Wiedereinstellung; offengelassen hingegen von BAG AP Nr 45 zu § 1 KSchG 1969 Soziale Auswahl sowie von BAG AP Nr 4 zu § 1 KSchG 1969 Wiedereinstellung („zumindest" eine den §§ 242, 315 BGB genugende Auswahlentscheidung), LAG Koln, LAGE § 611 BGB Einstellungsanspruch Nr 1, S 7 („So kann der Arbeitgeber nicht willkurlich auswahlen "), *Appel*, in Kittner/Zwanziger, Arbeitsrecht,

Schließlich wird die Auffassung vertreten, die Auswahlentscheidung des Arbeitgebers sei an § 1 III KSchG analog zu messen, so daß der Arbeitgeber der Wiedereinstellungsentscheidung – ebenso wie der Kündigungsentscheidung – grundsätzlich soziale Gesichtspunkte zugrundezulegen habe (§ 1 III S. 1 KSchG analog), die nur dann nicht zum Tragen kämen, soweit berechtigte betriebliche Bedürfnisse die Wiedereinstellung eines oder mehrerer bestimmter Arbeitnehmer bedingen und damit der Auswahl nach sozialen Gesichtspunkten entgegenstehen (§ 1 III S. 2 KSchG analog)[1034].

C. Stellungnahme

I. Freies Ermessen des Arbeitgebers bei der Auswahlentscheidung

Die – jüngst insbesondere von *Raab*[1035] verfochtene – Ansicht, wonach die Auswahlentscheidung des Arbeitgebers „wie auch sonst beim Vertragsschluß“ im freien Ermessen des Arbeitgebers stehe, so daß der Wiedereinstellungsanspruch allein dazu führe, daß der Arbeitgeber die Auswahl unter den zuvor gekündigten Arbeitnehmern durchführen muß[1036], vermag nicht zu überzeugen.

Handbuch für die Praxis, § 107 Rn 7, ErfK/*Ascheid*, § 1 KSchG Rn 437, *Bram/Rühl*, NZA 1990, S 753, 757 (Anlegung „sachlicher Kriterien“, die in der Regel auch Berücksichtigung sozialer Gesichtspunkte beinhalten), *Kort*, SAE 2001, S 131, 137 f, *Linck*, FA 2000, S 334, 337, *Lisec*, Der Wiedereinstellungsanspruch des Arbeitnehmers nach betriebsbedingter Kündigung und Betriebsübergang, S 135, *Mummenhoff*, SAE 1985, S 305, 307 („So hätte der Arbeitgeber bei seiner Auswahl nicht willkürlich vorgehen dürfen“), *ders*., JuS 1987, S. 893, 896, *Oetker*, ZIP 2000, S 643, 651; *Otto*, Festschrift für Kraft, S. 451, 466; *vom Stein*, Fehleinschätzungen bei der Kündigung von Arbeitsverhältnissen, S 262 f., *ders*., RdA 1991, S. 85, 89, *Strathmann*, Der Wiedereinstellungsanspruch eines wirksam gekündigten Arbeitnehmers, S 89 ff; *Wank*, Festschrift für Hanau, S. 295, 311 f.

1034 Vgl zur analogen Anwendung des § 1 III KSchG hinsichtlich der Auswahlentscheidung des Arbeitgebers *Boewer*, NZA 1999, S. 1177, 1179, *Bram*, in: Bader/Bram/Dörner/Wenzel, KSchG, § 1 Rn 315, MünchArbR/*Buchner*, § 40 Rn 114; *Dornieden*, AiB 1998, S. 410, KR-*Etzel*, § 1 KSchG Rn. 569; *Hambitzer*, NJW 1985, S. 2239, 2241; *ders*., Der Wiedereinstellungsanspruch des Arbeitnehmers nach wirksamer Kündigung, S. 139 ff., *Hergenröder*, Anm. zu BAG EzA § 1 KSchG Wiedereinstellungsanspruch Nr. 3, S. 22 ff, APS/*Kiel*, § 1 KSchG Rn. 795 f, *Kiel/Koch*, Die betriebsbedingte Kündigung, Rn 864 f.; *Kittner*, in: Kittner/Däubler/Zwanziger, KSchR (4 Auflage), § 1 KSchG Rn 56d; *Manske*, FA 1998, S 143, 147; *Meinel/Bauer*, NZA 1999, S 575, 579; KPK/*Meisel*, Teil H, § 1 Rn 468b; *Nicolai/Noack*, ZfA 2000, S. 87, 106 ff, ErfK/*Preis*, § 613a BGB Rn 146, *ders*., Anm. zu LAG Köln, LAGE § 611 BGB Einstellungsanspruch Nr 1, S 30 f, APS/*Steffan*, § 613a BGB Rn 184; *Weller/Dorndorf*, in Heidelberger Kommentar, KSchG, § 1 Rn 947; *Westera*, Der Wiedereinstellungsanspruch nach wirksamer Kündigung, S 101 f, *Zwanziger*, in Kittner/Däubler/Zwanziger, KSchR, Einl Rn. 390i und § 613a BGB Rn 129; *ders*, BB 1997, S 42, 43 Wohl auch *Beckschulze*, DB 1998, S 417, 420, nach dessen Ansicht die analoge Anwendung des § 1 III KSchG – in der vom 01 10 1996 bis zum 31 12 1998 geltenden Fassung – letztlich zu dem gleichen Ergebnis führt wie die Anwendung der §§ 315, 242 BGB In die Richtung des § 1 III KSchG tendierend auch BAG AP Nr 4 zu § 1 KSchG 1969 Wiedereinstellung.

1035 *Raab*, RdA 2000, S 147, 157; *ders*, RdA 2001, S. 248, 252

1036 Ähnlich MünchArbR/*Berkowsky*, § 134 Rn. 89, nach dessen Ansicht weder die Grundsätze der Sozialauswahl nach § 1 III KSchG analog noch der Maßstab billigen Emessens gelte, sondern vielmehr das „Prioritätsprinzip“, wonach derjenige Arbeitnehmer einen Anspruch auf vorrangige Wiedereinstellung hat, der diesen zuerst gegenüber dem Arbeitgeber geltend macht.

Da der Wiedereinstellungsanspruch nach zutreffender Ansicht auf der am Zweck des Kündigungsschutzgesetzes konkretisierten Interessenwahrungspflicht des Arbeitgebers beruht[1037], erscheint es mit diesem dogmatischen Fundament nicht vereinbar, im Falle konkurrierender Wiedereinstellungsansprüche die vom Arbeitgeber zu treffende Auswahlentscheidung in dessen freies Ermessen zu stellen[1038].

Denn einerseits erfordert die zur Anspruchsbegründung herangezogene Pflicht zur Interessenwahrung im Falle konkurrierender Wiedereinstellungsansprüche, daß der Arbeitgeber grundsätzlich auch soziale Interessen der betroffenen Arbeitnehmer wahrt. Es wäre inkonsequent, zur Begründung der Ansprüche zunächst auf die Interessenwahrungspflicht des Arbeitgebers zu rekurrieren, den Arbeitgeber dann aber bei einer Konkurrenz bestehender Wiedereinstellungsansprüche von jeglicher Verpflichtung zu Interessenwahrung freizusprechen und die von ihm zu treffende Auswahlentscheidung in sein freies Ermessen zu stellen[1039].

Andererseits spricht gegen eine keinerlei rechtliche Bindung unterliegende Auswahlentscheidung des Arbeitgebers, daß zur Konkretisierung der Interessenwahrungspflicht auf den Zweck des Kündigungsschutzgesetzes zurückzugreifen ist. Das Bestandsinteresse des Arbeitnehmers wird erst zu einem berechtigten, durch die Interessenwahrungspflicht zu schützenden Interesse, weil der Zweck der in § 1 II KSchG genannten Rechtfertigungstatbestände verlangt, daß deren Voraussetzungen auch dann noch erfüllt sind, wenn der Arbeitsplatzverlust eintritt. Im Hinblick auf die in § 1 III KSchG getroffene Wertentscheidung, daß bei der Verteilung von Arbeitsplätzen zwischen Arbeitnehmern, denen ein Arbeitsplatzverlust droht, soziale Gesichtspunkte zu berücksichtigen sind, legt es die am Zweck des Kündigungsschutzgesetzes ausgerichtete Konkretisierung der Interessenwahrungspflicht nahe, daß der Arbeitgeber hinsichtlich der zur Wiedereinstellungspflicht verdichteten Interessenwahrungspflicht soziale Aspekte nicht gänzlich unberücksichtigt lassen darf[1040].

1037 Ähnlich auch *Raab*, RdA 2000, S. 147, 151 f., nach dessen Ansicht der Wiedereinstellungsanspruch als „Instrument zur Verwirklichung der Wertentscheidungen des Kündigungsschutzgesetzes" in Form einer „systemimmanenten Rechtsfortbildung" zu qualifizieren ist. Vgl. auch *Raab*, RdA 2001, S. 248, 250.

1038 Siehe auch *Strathmann*, Der Wiedereinstellungsanspruch eines wirksam gekündigten Arbeitnehmers, S. 92 f., die ausführt, daß § 1 III KSchG als Konkretisierung des Sozialstaatsprinzips des Art. 20 I GG zu verstehen ist. Vor diesem Hintergrund sei es nicht zu rechtfertigen, daß der Arbeitgeber bei der betriebsbedingten Kündigung eine Sozialauswahl zu treffen habe, bei konkurrierenden Wiedereinstellungsansprüchen hingegen völlig frei von sozialen Erwägungen entscheiden können soll. Vgl. des weiteren *Westera*, Der Wiedereinstellungsanspruch nach wirksamer Kündigung, S. 101.

1039 Vgl. in diesem Zusammenhang *vom Stein*, Fehleinschätzungen bei der Kündigung von Arbeitsverhältnissen, S. 263; *ders.*, RdA 1991, S. 85, 89. Siehe auch *Lisec*, Der Wiedereinstellungsanspruch des Arbeitnehmers nach betriebsbedingter Kündigung und Betriebsübergang, S. 135, die darauf hinweist, daß sich die Begrenzung der Auswahlfreiheit des Arbeitgebers bereits da-raus ergebe, daß zwischen Arbeitgeber und Arbeitnehmer ein auf Wiedereinstellung nach Maß-gabe eines Auswahlverfahrens gerichtetes Schuldverhältnis bestehe, das gerade auch die recht-liche Anerkennung des Interesses der Arbeitnehmer am Fortbestand ihrer Verdienstmöglichkeit zum Gegenstand habe.

1040 Insoweit erscheinen die Ausführungen von *Raab*, RdA 2000, S. 147, 151 f. und 157 nicht konsequent. Einerseits bezeichnet er den Wiedereinstellungsanspruch als „systemimmanente

II. Rechtliche Bindung des Arbeitgebers gemäß §§ 315 I, 242 oder nach § 1 III KSchG analog?[1041]

Erweist sich die These einer im freien Ermessen des Arbeitgebers stehenden Auswahlentscheidung im Falle konkurrierender Wiedereinstellungsansprüche als nicht überzeugend, stellt sich nunmehr die Frage, in welchem Umfang diese Entscheidung einer rechtlichen Bindung unterliegt. Wie bereits oben kurz dargelegt wurde, stehen sich diesbezüglich zwei Meinungen gegenüber:

Nach einer Ansicht ist die Auswahlentscheidung gemäß § 315 I BGB nach billigem Ermessen zu treffen, um nicht gegen Treu und Glauben (§ 242 BGB) zu verstoßen. Hierbei sollen betriebliche Belange und soziale Gesichtspunkte zu berücksichtigen sein. Eine willkürliche Entscheidung sei somit ausgeschlossen[1042]. Betriebliche Belange und soziale Aspekte werden hierbei in ihrem Verhältnis zueinander durchaus unterschiedlich gewichtet.

So betont der 2. Senat des Bundesarbeitsgerichts in der Entscheidung vom 04.12.1997[1043], daß die sozialen Belange „ohne Vorrang der betrieblichen Interessen" angemessen zu berücksichtigen seien. Der 7. Senat des Gerichts führt in seiner Entscheidung vom 28.06.2000[1044] aus, daß der Arbeitgeber „anhand betrieblicher Belange und sozialer Gesichtspunkte eine den §§ 242, 315 BGB genügende Auswahl-

---

Rechtsfortbildung" zur Verwirklichung der Wertentscheidungen des Kündigungsschutzgesetzes, andererseits läßt er hinsichtlich der Frage, ob den Arbeitgeber eine Pflicht zur sozialen Auswahl bei einer Mehrheit von Anspruchsberechtigten trifft, die in § 1 III KSchG getroffene Wertentscheidung völlig außer Betracht, wenn er die Auswahlentscheidung in das freie Ermessen des Arbeitgebers stellt. Konsequent dagegen der Ansatz von *Berkowsky* (MünchArbR, § 134 Rn. 84 und 89 ff), der hinsichtlich der Begründung des Wiedereinstellungsanspruchs jeglichen Rekurs auf das Kündigungsschutzgesetz – und somit auch auf die in § 1 III KSchG getroffene Wertentscheidung – vermeidet und – allerdings wenig überzeugend – allein im Gesichtspunkt des Vertrauensschutzes eine tragfähige Grundlage erblickt. Das von ihm für die Problematik konkurrierender Wiedereinstellungsansprüche herangezogene „Prioritätsprinzip", wonach derjenige Arbeitnehmer einen Anspruch auf vorrangige Wiedereinstellung hat, der diesen zuerst gegen den Arbeitgeber geltend macht, widerspricht insoweit nicht dem von ihm vertretenen dogmatischen Fundament des Anspruchs.

1041 Kritisch zu der Frage, inwiefern sich der Maßstab der §§ 315, 242 BGB von dem des § 1 III KSchG (analog) inhaltlich überhaupt unterscheidet, *Beckschulze*, DB 1998, S. 417, 420; Küttner/*Kania*, Personalbuch 1999, Wiedereinstellungsanspruch, Rn. 4; *Lisec*, Der Wiedereinstellungsanspruch des Arbeitnehmers nach betriebsbedingter Kündigung und Betriebsübergang, S. 135 Fn. 1049. Vgl. auch *Meyer*, BB 2000, S. 1032, 1032; *Strathmann*, Der Wiedereinstellungsanspruch eines wirksam gekündigten Arbeitnehmers, S. 95 f.; MünchArbR/*Wank*, § 124 Rn. 60;

1042 So grundsätzlich – mit unterschiedlicher Nuancierung – BAG AP Nr. 4 zu § 1 KSchG 1969 Wiedereinstellung; BAG AP Nr. 6 zu § 1 KSchG 1969 Wiedereinstellung; BAG AP Nr. 45 zu § 1 KSchG 1969 Soziale Auswahl; LAG Köln, LAGE § 611 BGB Einstellungsanspruch Nr. 1, S. 7; *Bram/Rühl*, NZA 1990, S. 753, 757; *Lisec*, Der Wiedereinstellungsanspruch des Arbeitnehmers nach betriebsbedingter Kündigung und Betriebsübergang, S. 135; *Mummenhoff*, SAE 1985, S. 305, 307 f.; *ders.*, JuS 1987, S. 893, 896; *Oetker*, ZIP 2000, S. 643, 651; *ders.*, ZIP 2000, S. 1787, 1789; *Otto*, Festschrift für Kraft, S. 451, 466; *vom Stein*, Fehleinschätzungen bei der Kündigung von Arbeitsverhältnissen, S. 262 f.; *ders.*, RdA 1991, S. 85, 89.

1043 BAG AP Nr. 4 zu § 1 KSchG 1969 Wiedereinstellung.

1044 BAG AP Nr. 6 zu § 1 KSchG 1969 Wiedereinstellung.

entscheidung" zu treffen habe. Demgegenüber räumt beispielsweise *vom Stein*[1045] den betrieblichen Belangen Priorität ein, wenn er ausführt, der Arbeitgeber dürfe bei der Auswahl der wiedereinzustellenden Arbeitnehmer zunächst berücksichtigen, wer für die zu verrichtende Arbeit besser qualifiziert ist. Erst bei gleicher Qualifikation habe sich der Arbeitgeber von sozialen Gesichtspunkten leiten zu lassen. Dieser, den Maßstab der §§ 242, 315 BGB favorisierenden Auffassung steht die Meinung gegenüber, wonach der Auswahlentscheidung des Arbeitgebers § 1 III KSchG in analoger Anwendung zugrundezulegen ist[1046].

Vor dem Hintergrund, daß nach der hier vertretenen Ansicht der Wiedereinstellungsanspruch des Arbeitnehmers auf der am Zweck des Kündigungsschutzgesetzes konkretisierten Interessenwahrungspflicht des Arbeitgebers beruht, erscheint es naheliegender, hinsichtlich der Problematik konkurrierender Wiedereinstellungsansprüche eine analoge Anwendung des § 1 III KSchG in Betracht zu ziehen[1047].

Eine Analogie setzt zunächst eine Lücke im Sinne einer planwidrig fehlenden Regelung voraus[1048]. Nach welchen Kriterien die Auswahl unter mehreren Arbeitnehmern vorzunehmen ist, wenn nicht genügend Arbeitsplätze für die Wiedereinstellung aller zuvor gekündigten Arbeitnehmer vorhanden sind, ist gesetzlich nicht geregelt.

Diese Unvollständigkeit beruht – insbesondere in Anbetracht dessen, daß der Wiedereinstellungsanspruch keine spezialgesetzliche Regelung erfahren hat – auch nicht auf einer bewußten Nichtregelung des Gesetzgebers. Dem Schweigen des Gesetzes kann somit nicht entnommen werden, daß die im Falle konkurrierender Wieder-

---

1045 *Vom Stein*, Fehleinschätzungen bei der Kündigung von Arbeitsverhältnissen, S. 263; *ders.*, RdA 1991, S. 85, 89 f.

1046 Vgl. *Boewer*, NZA 1999, S. 1177, 1179; MünchArbR/*Buchner*, § 40 Rn. 114; *Hambitzer*, Der Wiedereinstellungsanspruch des Arbeitnehmers nach wirksamer Kündigung, S. 139 ff.; *ders.*, NJW 1985, S. 2239, 2241; *Hergenröder*, Anm. zu BAG EzA § 1 KSchG Wiedereinstellungsanspruch Nr. 3, S. 22 ff.; APS/*Kiel*, § 1 KSchG Rn. 795 f.; *Kittner*, in: Kittner/Däubler/Zwanziger, KSchR (4. Auflage), § 1 KSchG Rn. 56d; *Meinel/Bauer*, NZA 1999, S. 575, 579; *Nicolai/Noack*, ZfA 2000, S. 87, 106 ff.; ErfK/*Preis*, § 613a BGB Rn. 146; *ders.*, Anm. zu LAG Köln, LAGE § 611 BGB Einstellungsanspruch Nr. 1, S. 30 f.; *Weller/Dorndorf*, in: Heidelberger Kommentar, KSchG, § 1 Rn. 947; *Westera*, Der Wiedereinstellungsanspruch nach wirksamer Kündigung, S. 101 f.; *Zwanziger*, in: Kittner/Däubler/Zwanziger, KSchR, Einl. Rn. 390i und § 613a BGB Rn. 129; *ders.*, BB 1997, S. 42, 43. Grundsätzlich auch *Beckschulze*, DB 1998, S. 417, 420.

1047 Vgl. insoweit auch *Weller/Dorndorf*, in: Heidelberger Kommentar, KSchG, § 1 Rn. 947, die darauf hinweisen, daß der Anspruch auf Wiedereinstellung (im Falle einer aus betriebsbedingten Gründen ausgesprochenen Kündigung) letztlich im Recht der betriebsbedingten Kündigung begründet sei, so daß die Analogie zu § 1 III KSchG naherliege als die zu § 315 BGB. Siehe darüber hinaus *Boewer*, NZA 1999, S. 1177, 1179, für den sich die Parallelität zu § 1 III KSchG „geradezu aufdrangt", da es darum gehe, über den Wiedereinstellungsanspruch den in § 1 KSchG geregelten Bestandsschutz zu sichern. Ähnliche Gedanken bei APS/*Kiel*, § 1 KSchG Rn. 795 f.; *Strathmann*, Der Wiedereinstellungsanspruch eines wirksam gekündigten Arbeitnehmers, S. 90; *Zwanziger*, in: Kittner/Däubler/Zwanziger, KSchR, Einl. Rn. 390i.

1048 Vgl. zum Begriff der Lücke *Engisch*, Einführung in das juristische Denken, S. 138 ff.; *Larenz*, Methodenlehre der Rechtswissenschaft, S. 370 ff.

einstellungsansprüche zu treffende Auswahlentscheidung nicht nach den Kriterien des § 1 III KSchG erfolgen soll.

Zu prüfen bleibt, ob der vom Gesetz nicht geregelte Tatbestand der Auswahl der wiedereinzustellenden Arbeitnehmer im Falle konkurrierender Wiedereinstellungsansprüche mit dem Tatbestand, für den § 1 III KSchG eine gesetzliche Regelung vorsieht, in den für die rechtliche Wertung maßgebenden Hinsichten übereinstimmt, mithin die für einen Analogieschluß erforderliche „Ähnlichkeit“ gegeben ist[1049]. Erforderlich ist somit zunächst die Offenlegung der für die in der gesetzlichen Regelung des § 1 III KSchG zum Ausdruck kommenden Wertung maßgeblichen Gesichtspunkte:

Die soziale Auswahl nach § 1 III KSchG dient der personellen Konkretisierung der zur Kündigung führenden dringenden betrieblichen Erfordernisse des § 1 II S. 1 KSchG[1050]. Denn anders als bei der personen- beziehungsweise verhaltensbedingten Kündigung besteht im Falle einer betriebsbedingten Kündigung keine direkte Beziehung zwischen Kündigungsgrund und dem konkret zu entlassenden individuellen Arbeitnehmer, da der Begriff der dringenden betrieblichen Erfordernisse lediglich dadurch gekennzeichnet ist, daß in einem bestimmten Betrieb in einem bestimmten Zeitpunkt mehr Arbeitnehmer angestellt sind als Arbeitskräftebedarf vorhanden ist[1051].

Wie diese Beziehung zwischen Kündigungsgrund und dem konkret zu entlassenden Arbeitnehmer im Sinne einer personellen Konkretisierung herzustellen ist, regelt § 1 III KSchG dahingehend, daß der Arbeitgeber eine am Grad der relativen sozialen Schutzbedürftigkeit orientierte Auswahl des beziehungsweise der zu kündigenden Arbeitnehmer aus einer durch das Arbeitsplatzdefizit abstrakt beroffenen Gruppe von Arbeitnehmern zu treffen hat[1052].

Die Auswahlentscheidung des Arbeitgebers als Instrument zur personellen Konkretisierung der zur Kündigung führenden dringenden betrieblichen Erfordernisse des § 1 II S. 1 KSchG ist somit gemäß § 1 III KSchG dahingehend determiniert, daß aus einem Kreise vergleichbarer Arbeitnehmer nach dem Maßstab der jeweils geringsten sozialen Schutzbedürftigkeit die konkret zu kündigenden Arbeitnehmer auszuwählen sind. Die Vorschrift des § 1 III KSchG verfolgt hierbei das Ziel, im Verhältnis der Arbeitnehmer zueinander Gerechtigkeit bei dem gravierenden Eingriff des Arbeitsplatzverlustes walten zu lassen[1053] in dem Sinne, daß derjenige Arbeitnehmer

---

1049 Vgl auch *Engisch*, Einführung in das juristische Denken, S 147; *Larenz*, Methodenlehre der Rechtswissenschaft, S. 381.

1050 Vgl. BAG AP Nr. 23 zu § 1 KSchG 1969 Soziale Auswahl; MünchArbR/*Berkowsky*, § 139 Rn 11 ff; *Dorndorf*, in Heidelberger Kommentar, KSchG, § 1 Rn. 1010; *Hueck/v. Hoyningen-Huene*, KSchG, § 1 Rn. 432; *Kittner*, in Kittner/Däubler/Zwanziger, KSchR, § 1 KSchG Rn. 419

1051 Siehe MunchArbR/*Berkowsky*, § 139 Rn. 11; *Dorndorf*, in Heidelberger Kommentar, KSchG, § 1 Rn 1010, KR-*Etzel*, § 1 KSchG, Rn. 558 (4 Auflage), *Hueck/v Hoyningen-Huene*, KSchG, § 1 Rn 433.

1052 Vgl zu theoretisch denkbaren anderen Möglichkeiten, die Beziehung zwischen Kündigungsgrund und zu kundigendem Arbeitnehmer herzustellen MunchArbR/*Berkowsky*, § 139 Rn 12 ff

1053 So *Herschel/Löwisch*, KSchG, Vor § 1 Rn 6 und § 1 Rn 211, *Lowisch*, KSchG, Vor § 1 Rn 10 und § 1 Rn 329

zu entlassen ist, den die Kündigung relativ am wenigsten hart trifft[1054], der auf seinen Arbeitsplatz am wenigsten angewiesen ist[1055].

Die Situation im Falle konkurrierender Wiedereinstellungsansprüche stimmt mit diesen, der gesetzlichen Regelung des § 1 III KSchG zugrundeliegenden maßgeblichen Gesichtspunkten überein. Denn hier hat sich die am Zweck des Kündigungsschutzgesetzes konkretisierte Interessenwahrungspflicht des Arbeitgebers gegenüber den zuvor gekündigten Arbeitnehmern bereits zur Wiedereinstellungspflicht verdichtet, mit der ein Wiedereinstellungsanspruch dieser Arbeitnehmer korrespondiert. Die Enttäuschung einer bereits zum Rechtsanspruch verdichteten Aussicht auf Neubegründung des Arbeitsverhältnisses ist mit dem kündigungsbedingten Arbeitsplatzverlust strukturell vergleichbar[1056].

Geht es bei § 1 III KSchG darum, welcher Arbeitnehmer aus einer durch das Arbeitsplatzdefizit abstrakt betroffenen Gruppe den Verlust seines Arbeitsplatzes hinzunehmen hat, stellt sich im Falle konkurrierender Wiedereinstellungsansprüche die Frage, wessen zu einem Rechtsanspruch verdichtete Aussicht auf Neubegründung des Arbeitsverhältnisses unberücksichtigt bleibt. Hier wie dort erhebt sich die Frage, nach welchen Kriterien Arbeitsplätze zu verteilen sind, wenn die Zahl der konkurrierenden Arbeitnehmer den Arbeitskräftebedarf übersteigt[1057].

Die Richtigkeit dieser Sichtweise wird bestätigt, wenn man sich vor Augen führt, daß – im nachhinein betrachtet – die Kündigung nicht gegenüber allen Arbeitnehmern hätte ausgesprochen werden dürfen, weil der Arbeitskräftebedarf letztlich nur teilweise entfallen ist. Aus der ex-post-Sicht betrachtet wäre somit von vornherein insoweit eine Sozialauswahl nach § 1 III KSchG zu treffen gewesen[1058].

Ist die Situation im Falle konkurrierender Wiedereinstellungsansprüche hinsichtlich der der gesetzlichen Regelung des § 1 III KSchG zugrundeliegenden maßgeblichen Gesichtspunkte somit durchaus vergleichbar, so bleibt zu klären, ob die zwischen beiden Tatbeständen verbleibenden Unterschiede nicht von solcher Art und solchem Gewicht sind, daß sie die Übertragung der für die soziale Auswahl bei einer betriebsbedingten Kündigung in § 1 III KSchG gesetzlich vorgegebenen Regel auf den vom

---

1054 Vgl. *Hueck/v. Hoyningen-Huene*, KSchG, § 1 Rn. 423 a. E.

1055 BAG EzA § 1 KSchG Betriebsbedingte Kündigung Nr. 11; MünchArbR/*Berkowsky*, § 139 Rn. 15; *Kittner*, in: Kittner/Däubler/Zwanziger, KSchR, § 1 KSchG Rn. 419.

1056 So auch *Meinel/Bauer*, NZA 1999, S. 575, 579. Ähnlich *Hambitzer*, Der Wiedereinstellungsanspruch des Arbeitnehmers nach wirksamer Kündigung, S. 143.

1057 Vgl. hierzu auch *Hergenröder*, Anm. zu BAG EzA § 1 KSchG Wiedereinstellungsanspruch Nr. 3, S. 22: „Auch die Interessenlage ist vergleichbar. Denn es geht darum, den sozialen Besitzstand des Arbeitnehmers zu sichern." Ähnlich *Zwanziger*, in: Kittner/Däubler/Zwanziger, KSchR, § 613a BGB Rn. 129: „Richtigerweise ist hier § 1 III KSchG entsprechend heranzuziehen, weil er die maßgebliche Vorschrift für die Verteilung von Arbeitsplätzen zwischen Arbeitnehmern, die ihren Arbeitsplatz verlieren können, ist."

1058 Siehe zu diesem Gedanken *Hergenröder*, Anm. zu BAG EzA § 1 KSchG Wiedereinstellungsanspruch Nr. 3, S. 22 f. Ähnlich auch *Nicolai/Noack*, ZfA 2000, S. 87, 107.

Gesetz zwar nicht geregelten, aber vergleichbaren Tatbestand konkurrierender Wiedereinstellungsansprüche ausschließen[1059].

Als zwischen beiden Tatbeständen verbleibender Unterschied läßt sich anführen, daß es bei § 1 III KSchG darum geht, wem gegenüber die einseitige, rechtsgestaltende Kündigungserklärung abzugeben ist, während im Falle konkurrierender Wiedereinstellungsansprüche die Frage zu beantworten ist, mit welchem Arbeitnehmer ein Arbeitsvertrag zu schließen ist und insoweit nicht nur eine Willenserklärung des Arbeitgebers, sondern auch eine solche des Arbeitnehmers erforderlich ist[1060]. In die gleiche Richtung stößt der gegen die Analogie des § 1 III KSchG vorgebrachte Einwand, daß bei der Begründung eines Arbeitsverhältnisses – anders als bei der Beendigung – der Grundsatz der Vertragsfreiheit den Vorrang vor der Berücksichtigung sozialer Aspekte habe[1061].

Diese Einwände greifen nicht durch. Zwar ist zu konzedieren, daß die Wiedereinstellung konstruktiv der Neueinstellung – bei der § 1 III KSchG weder direkt noch analog anzuwenden ist – näher steht als der Kündigung, da auch bei der Wiedereinstellung ein neues Arbeitsverhältnis begründet wird. Da es sich jedoch um eine bereits zum Rechtsanspruch verdichtete Aussicht auf Abschluß eines Arbeitsvertrages handelt, reduziert sich dieser Unterschied auf rein formal-juristische Gesichtspunkte, die die materielle Ähnlichkeit beider Tatbestände nicht überwiegen[1062].

Auch aus den Ausführungen eines in diesem Zusammenhang oft zitierten Urteils des Bundesarbeitsgerichts vom 15.03.1984[1063], wonach das geltende Arbeitsrecht weder eine „sozialwidrige Einstellung“ noch eine „sozial ungerechtfertigte Nichteinstellung“ kenne und der Grundsatz der Vertragsfreiheit bei der Begründung eines Arbeitsverhältnisses anders als bei der Beendigung den Vorrang habe, ergibt sich nichts anderes. Denn insoweit hat das Bundesarbeitsgericht – zutreffenderweise – lediglich klargestellt, daß das Gebot der sozialen Auswahl nach § 1 III KSchG nicht in dem Sinne für die Wiedereinstellung gilt, daß es unmittelbar selbst einen Wiedereinstellungsanspruch begründen kann[1064]. Bei der hier in Rede stehenden Problematik der konkurrierenden Wiedereinstellungsansprüche geht es jedoch keineswegs um die Frage der Anspruchsbegründung, sondern darum, welche der aufgrund der Interessenwahrungspflicht des Arbeitgebers bereits begründeten Wiedereinstellungsansprüche unberücksichtigt bleiben.

1059 Vgl. hierzu allgemein *Larenz*, Methodenlehre der Rechtswissenschaft, S. 382.

1060 So BAG AP Nr 6 zu § 1 KSchG 1969 Wiedereinstellung.

1061 Siehe beispielsweise *Mummenhoff*, JuS 1987, S 893, 895.

1062 Vgl. hierzu auch *Hambitzer*, Der Wiedereinstellungsanspruch des Arbeitnehmers nach wirksamer Kündigung, S. 140 f; *Hergenröder*, Anm zu BAG EzA § 1 KSchG Wiedereinstellungsanspruch Nr 3, S. 23, *Meinel/Bauer*, NZA 1999, S. 575, 579.

1063 BAG AP Nr 2 zu § 1 KSchG 1969 Soziale Auswahl

1064 Vgl hierzu auch *Bram/Ruhl*, NZA 1990, S 753, 757, *Langer*, NZA 1991, Beilage Nr 3, S. 23, 29, *Otto*, Festschrift für Kraft, S. 451, 466, *Preis*, Anm zu LAG Koln, LAGE § 611 BGB Einstellungsanspruch Nr 1, S 30; *Strathmann*, Der Wiedereinstellungsanspruch eines wirksam gekundigten Arbeitnehmers, S 91 f

Da die zwischen beiden Tatbeständen verbleibenden Unterschiede somit nicht von solcher Art und solchem Gewicht sind, daß sie einer Übertragung der in § 1 III KSchG bezüglich der Auswahl der betriebsbedingt zu kündigenden Arbeitnehmer getroffenen gesetzlichen Wertung auf die Situation konkurrierender Wiedereinstellungsansprüche entgegenstehen, ist ein Analogieschluß gerechtfertigt.

Eine analoge Anwendung des § 1 III KSchG hinsichtlich der dem Arbeitgeber im Rahmen der Wiedereinstellung obliegenden Auswahlentscheidung hat darüber hinaus auch den Vorteil, daß sie den Rückgriff auf eine von Rechtsprechung und Literatur herausgearbeitete Systematik ermöglicht, so daß keine eigenen Kriterien – wie sie bei einer Anwendung der §§ 242, 315 BGB notwendig wären – für die soziale Auswahl bei der Wiedereinstellung entwickelt werden müssen[1065]. Auch bezüglich der Frage, inwieweit betriebliche Belange bei der Auswahlentscheidung Berücksichtigung finden dürfen und wie diese Belange im Verhältnis zu sozialen Gesichtspunkten zu gewichten sind, eröffnet die Analogie – im Hinblick auf die vom Gesetzgeber in § 1 III S. 2 KSchG getroffene Wertentscheidung, die zu dieser Vorschrift ergangene Rechtsprechung und veröffentlichte Literatur – die Möglichkeit, der Auswahlentscheidung des Arbeitgebers vergleichsweise praktikable und rechtssichere Korsettstangen einzuziehen.

Hiernach ist – in Analogie zu § 1 III S. 2 KSchG - das Ergebnis der sozialen Auswahl bei der Wiedereinstellung zu korrigieren, wenn betriebstechnische, wirtschaftliche oder sonstige berechtigte betriebliche Bedürfnisse die Wiedereinstellung eines oder mehrerer bestimmter Arbeitnehmer bedingen und damit der Auswahl nach sozialen Gesichtspunkten entgegenstehen. Eine solche Korrektur der sozialen Auswahl durch berechtigte betriebliche Bedürfnisse setzt zwar einerseits nicht voraus, daß der Arbeitgeber in eine „gewisse Zwangslage" gebracht würde, wenn er auf die Wiedereinstellung anderer, sozial weniger schutzwürdiger Arbeitnehmer verzichten müßte, andererseits stehen aber reine Nützlichkeitserwägungen des Arbeitgebers einer sozialen Auswahl nicht entgegen. Vielmehr ergibt sich aus dem Umstand, daß § 1 III S. 2 KSchG bereits „berechtigte betriebliche Bedürfnisse" für einen Ausschluß der sozialen Auswahl genügen läßt, daß hiermit weniger strenge Anforderungen verbunden sind als bei den in § 1 II S. 1 KSchG erwähnten „dringenden betrieblichen Erfordernissen", so daß „berechtigte betriebliche Bedürfnisse" im Sinne des § 1 III S. 2 KSchG analog gegeben sind, wenn die Wiedereinstellung eines bestimmten Arbeitnehmers erforderlich ist[1066].

III. Der auswahlrelevante Personenkreis

Unter denjenigen, die für eine analoge Anwendung des § 1 III KSchG bezüglich der vom Arbeitgeber im Falle konkurrierender Wiedereinstellungsansprüche zu treffenden Auswahlentscheidung eintreten, ist umstritten, wie der für diese Auswahl relevante Personenkreis zu ermitteln ist:

1065 So auch *Nicolai/Noack*, ZfA 2000, S 87, 108

1066 Vgl zum ganzen - hinsichtlich der unmittelbaren Anwendung des § 1 III S 2 KSchG – *Preis*, in: Stahlhacke/Preis/Vossen, Kündigung und Kündigungsschutz im Arbeitsverhaltnis, Rn 675b m w N

Einerseits wird vertreten, die Sozialauswahl bei der Wiedereinstellung erstrecke sich auch auf diejenigen Arbeitnehmer, denen der Arbeitgeber bislang nicht gekündigt hatte. Der zur Wiedereinstellung verpflichtete Arbeitgeber habe folglich bei seiner Auswahlentscheidung auch noch beziehungsweise wieder besetzte Arbeitsplätze zu berücksichtigen und sei somit gegebenenfalls zur Freikündigung eines solchen Arbeitsplatzes verpflichtet, um den Wiedereinstellungsanspruch eines bereits gekündigten Arbeitnehmers erfüllen zu können. Gestützt wird diese Ansicht auf das Argument, daß aus der ex-post-Sicht betrachtet die Kündigung jedenfalls nicht gegenüber allen Arbeitnehmern hätte ausgesprochen werden dürfen, so daß von vornherein eine Sozialauswahl nach § 1 III KSchG zu treffen gewesen wäre, die sich auf die vergleichbare Gesamtbelegschaft, nicht nur auf die gekündigten Arbeitnehmer zu beziehen gehabt hätte[1067].

Die besseren Argumente sprechen jedoch für die Auffassung, die den auswahlrelevanten Personenkreis ausschließlich auf bereits gekündigte Arbeitnehmer beschränkt, so daß Arbeitnehmer, deren Arbeitsverhältnisse bislang nicht gekündigt sind, nicht in die zu treffende Auswahlentscheidung einzubeziehen sind und eine entsprechende Pflicht des Arbeitgebers zur Freikündigung ausscheidet[1068].

Allerdings erweist sich das in diesem Zusamenhang von *Boewer*[1069] vorgetragene Argument, daß der Arbeitgeber nicht dazu verpflichtet sein könne, für die Wiedereinstellung eines sozial schutzwürdigeren Arbeitnehmers einen freien Arbeitsplatz im Wege der Freikündigung zu schaffen, weil dieses Problem bereits in die Kündigungsschutzklage gehöre und dort abschließend zu entscheiden sei, in einer Vielzahl der hier in Rede stehenden Fallkonstellationen als nicht tragfähig.

Denn vor dem Hintergrund, daß für eine Sozialauswahl nur dort Raum ist, wo zwischen Arbeitnehmern, die im Betrieb verbleiben, und solchen, die entlassen werden sollen, ausgewählt werden muß, kommt eine Sozialauswahl nicht in Betracht, wenn – wie im Falle der im vorliegenden Zusammenhang im Mittelpunkt stehenden beabsichtigten Betriebsstillegung – allen Arbeitnehmern des Betriebs gekündigt wird. Dies gilt auch dann, wenn der Arbeitgeber einigen Arbeitnehmern wegen der Länge ihrer Kündigungsfristen in einem früheren Zeitpunkt kündigt als anderen. Entscheidend ist allein, daß der Arbeitgeber – wie typischerweise bei geplanter

---

1067 So *Meinel/Bauer*, NZA 1999, S. 575, 579; *Nicolai/Noack*, ZfA 2000, S. 87, 108 f. Vgl auch - für den Fall, daß der nachträgliche Wegfall des Kündigungsgrundes durch einen unerwarteten Betriebsübergang herbeigeführt wird – *Lisec*, Der Wiedereinstellungsanspruch des Arbeitnehmers nach betriebsbedingter Kündigung und Betriebsübergang, S 130 ff., die dafür eintritt, daß bei der Übernahme einer organisierten Gesamtheit von Arbeitnehmern auch diejenigen Arbeitnehmer in eine zu treffende Auswahlentscheidung einzubeziehen seien, deren Übernahme durch den Erwerber freiwillig erfolgt ist

1068 So BAG AP Nr 4 zu § 1 KSchG 1969 Wiedereinstellung, *Boewer*, NZA 1999, S 1177, 1179, *Hergenroder*, Anm zu BAG EzA § 1 KSchG Wiedereinstellungsanspruch Nr 3, S 23 f, *Linck*, FA 2000, S 334, 337; *Zwanziger*, in Kittner/Daubler/Zwanziger, KSchR, Einl Rn 390j Vgl auch *Strathmann*, Der Wiedereinstellungsanspruch eines wirksam gekündigten Arbeitnehmers, S 85 f, *Westera*, Der Wiedereinstellungsanspruch nach wirksamer Kundigung, S 83 und S 102

1069 *Boewer*, NZA 1999, S 1177, 1179

Stillegung des Betriebs – beabsichtigt, allen Arbeitnehmern zum gleichen Kündigungstermin zu kündigen[1070]. Werden bei einer nur teilweisen Schließung Gruppen vergleichbarer Arbeitnehmer vollständig entlassen, so verbleibt für eine Sozialauswahl ebenfalls kein Raum[1071].

Scheidet somit in den Fällen einer beabsichtigten Betriebs(teil)stillegung in aller Regel von vornherein eine Sozialauswahl aus, geht das von *Boewer* vorgebrachte Argument, der Arbeitgeber könne nicht dazu verpflichtet sein, für die Wiedereinstellung eines sozial schutzwürdigeren Arbeitnehmers einen freien Arbeitsplatz durch Freikündigung zu schaffen, weil dieses Problem bereits in die Kündigungsschutzklage gehöre und dort abschließend zu entscheiden sei, ins Leere.

Die Einbeziehung bislang ungekündigter Arbeitnehmer in die vom Arbeitgeber zu treffende Auswahlentscheidung muß vielmehr aussscheiden, weil es bei der Sozialauswahl im Rahmen der Wiedereinstellung lediglich darum geht, welche Wiedereinstellungsansprüche im Falle einer Anspruchskonkurrenz unberücksichtigt bleiben und nicht darum, de facto ein zusätzliches Kündigungsschutzverfahren zu installieren. Betroffen sind somit von vornherein nur solche Arbeitnehmer, denen bereits gekündigt wurde und deren Kündigung nunmehr aufgrund der veränderten betrieblichen Verhältnisse in einem anderen Licht erscheint.

Mit dieser, der Sozialauswahl bei der Wiedereinstellung zugrundeliegenden Funktion, das Problem der Anspruchskonkurrenz einer Lösung zuzuführen, die in Einklang mit der dogmatischen Fundierung der konkurrierenden Ansprüche steht, läßt es sich nicht vereinbaren, in die Sozialauswahl auch solche Arbeitnehmer einzubeziehen, denen bislang nicht gekündigt wurde und denen mithin kein konkurrierender Wiedereinstellungsanspruch zusteht.

Darüber hinaus wären – worauf insbesondere *Hergenröder*[1072] zutreffenderweise hinweist – auch die Grenzen der Zumutbarkeit für den Arbeitgeber überschritten, wenn er dazu gezwungen würde, für die Wiedereinstellung eines sozial schutzwürdigeren Arbeitnehmers einen noch oder wieder besetzten Arbeitsplatz frei zu kündigen[1073]. Denn der Arbeitgeber sähe sich dann möglicherweise zwei Klagen ausgesetzt, die ein und denselben Arbeitsplatz betreffen, wobei der Betriebsrat grundsätzlich auch noch

---

1070 Vgl hierzu MünchArbR/*Berkowsky*, § 139 Rn 24, KR-*Etzel*, § 1 KSchG Rn. 683

1071 MünchArbR/*Berkowsky*, § 139 Rn 24

1072 *Hergenröder*, Anm zu BAG EzA § 1 KSchG Wiedereinstellungsanspruch Nr 3, S 23 Ähnlich *Westera*, Der Wiedereinstellungsanspruch nach wirksamer Kündigung, S 83

1073 In diese Richtung tendierend auch BAG AP Nr 4 zu § 1 KSchG 1969 Wiedereinstellung A A *Nicolai/Noack*, ZfA 2000, S 87, 109 mit dem Hinweis darauf, daß das Bundesarbeitsgericht eine Pflicht des Arbeitgebers zum Freikündigen eines geeigneten Arbeitsplatzes schon angenommen hat. Die insoweit zitierte Entscheidung (BAG AP Nr. 148 zu § 626 BGB) betraf jedoch den Sonderfall einer außerordentlichen betriebsbedingten Kündigung mit sozialer Auslauffrist gegenüber einem tariflich „unkündbaren“ Arbeitnehmer und läßt sich daher nicht verallgemeinernd auf die Situation konkurrierender Wiedereinstellungsansprüche übertragen

die Möglichkeit hätte, der Entlassung des bisher noch nicht gekündigten Arbeitnehmers mit der Folge des § 102 V BetrVG zu widersprechen[1074].

D. Zwischenergebnis

Wenn der Arbeitgeber betriebsbedingte Kündigungen gegenüber mehreren Arbeitnehmern ausgesprochen hat, sich anschließend die betrieblichen Umstände jedoch lediglich insoweit ändern, daß nicht für alle gekündigten Arbeitnehmer wieder Arbeitsplätze vorhanden sind, hat der Arbeitgeber die erforderliche Auswahlentscheidung nach Maßgabe des § 1 III KSchG analog zu treffen. Folglich sind soziale Gesichtspunkte gemäß § 1 III S. 1 KSchG analog zu berücksichtigen, es sei denn berechtigte betriebliche Bedürfnisse bedingen die Wiedereinstellung eines oder mehrerer bestimmter Arbeitnehmer und stehen damit der Auswahl nach sozialen Gesichtspunkten entgegen (§ 1 III S. 2 KSchG analog).

Der auswahlrelevante Personenkreis beschränkt sich ausschließlich auf bereits gekündigte Arbeitnehmer. Arbeitnehmer, deren Arbeitsverhältnisse bislang nicht gekündigt sind, sind nicht in die zu treffende Auswahlentscheidung einzubeziehen, so daß eine entsprechende Pflicht des Arbeitgebers zur Freikündigung ausscheidet.

[1074] Der von *Hergenröder*, Anm zu BAG EzA § 1 KSchG Wiedereinstellungsanspruch Nr 3, S 23 f für die Unzumutbarkeit der Freikündigung zusätzlich ins Feld geführte Aspekt, daß der Betriebsrat darüber hinaus bezüglich der Wiedereinstellung des zuvor gekündigten Arbeitnehmers seine Zustimmung nach § 99 BetrVG verweigern könne, greift hingegen nicht durch, da nach zutreffender Auffassung im Falle eines Wiedereinstellungsanspruchs mangels Vorliegens des von § 99 BetrVG teleologisch vorausgesetzten Entscheidungsspielraums für eine Beteiligung des Betriebsrats kein Raum verbleibt, vgl hierzu unten unter § 10

§ 7 Zeitliche Schranke für die Geltendmachung des Wiedereinstellungsanspruchs

Einer Klärung bedürftig ist des weiteren die Frage, ob beziehungsweise welche zeitlichen Schranken für die Geltendmachung des Wiedereinstellungsanspruchs zu beachten sind. Hiervon strikt zu trennen ist die Frage, bis zu welchem Zeitpunkt der Wegfall der die Beendigung des Arbeitsverhältnisses tragenden Umstände zu berücksichtigen ist. Während es im folgenden um die zeitlichen Schranken für die Geltendmachung eines bereits entstandenen Anspruchs geht, geht es bei der Frage, bis zu welchem Zeitpunkt Tatsachenänderungen berücksichtigungsfähig sind, noch um die Entstehung des Wiedereinstellungsanspruchs. Dies wird zum Teil nicht mit der nötigen Stringenz beachtet:

Unter Bezugnahme auf ein Urteil des 7. Senats des Bundesarbeitsgerichts, wonach ein Arbeitnehmer keinen Wiedereinstellungsanspruch hat, wenn eine betriebsbedingte Kündigung sozial gerechtfertigt ist und eine anderweitige Beschäftigungsmöglichkeit erst nach Ablauf der Kündigungsfrist entsteht[1075], in dem mithin die Frage entschieden wurde, bis zu welchem Zeitpunkt Tatsachenänderungen berücksichtigungsfähig sind, führt beispielsweise *Beckschulze*[1076] unter der Überschrift „Frist für die Geltendmachung des Wiedereinstellungsanspruchs“ aus, daß der Ablauf der Kündigungsfrist als „Endzeitpunkt“ (wohl für die Geltendmachung) angesehen werden müsse. Wenige Sätze später betont er, daß nunmehr davon auszugehen sei, daß sich ein Wiedereinstellungsanspruch während des gesamten Laufs der Kündigungsfrist „ergeben“ könne und nimmt damit Stellung hinsichtlich der Frage bis zu welchem Zeitpunkt Tatsachenänderungen bezüglich der Entstehung eines Wiedereinstellungsanspruchs berücksichtigungsfähig sind.

Auch *Zwanziger*[1077] differenziert insoweit nicht klar genug. Unter der Überschrift „Zeitliche Begrenzung“ betont er zunächst, daß nur solche Sachverhalte, die wirklich nach Zugang der Kündigung neu aufgetaucht sind, einen Wiedereinstellungsanspruch „begründen“ können, bezieht sich somit auf die Frage der Entstehung des Anspruchs. Anschließend führt er unter Bezugnahme auf eine in der Literatur ausdrücklich in bezug auf die Geltendmachung vertretene Ansicht[1078] aus, § 4 KSchG könne für eine „zeitliche Begrenzung des Wiedereinstellungsanspruchs“ nicht entsprechend herangezogen werden, bezieht sich mithin auf die Frage der Geltendmachung. Wenige Sätze später unterstreicht er, daß auch der Ablauf eines Kündigungsschutzprozesses kein Maßstab sein könne und zitiert *Bram* und *Rühl*[1079], die diese zeitliche Grenze aber gerade nicht im Zusammenhang mit der Geltendmachung, sondern ausdrücklich in bezug auf die Frage diskutieren, bis zu welchem Zeitpunkt ein Wiedereinstellungsanspruch materiell entstehen kann. Schließlich trifft er die Aussage, es verbleibe bei der allgemeinen Grenze der Verwirkung, bezieht sich somit wieder auf die zeitliche

---

1075 BAG AP Nr 2 zu § 1 KSchG 1969 Wiedereinstellung

1076 *Beckschulze*, DB 1998, S 417, 418

1077 *Zwanziger*, BB 1997, S 42, 45

1078 *Hambitzer*, NJW 1985, S 2239, 2242

1079 *Bram/Ruhl*, NZA 1991, S 753, 756

Grenze der Geltendmachung eines bereits entstandenen Wiedereinstellungsanspruchs[1080].

Hinsichtlich der zeitlichen Schranke für die Geltendmachung des Wiedereinstellungsanspruchs werden unterschiedliche Ansichten vertreten:

A. Analoge Anwendung der §§ 4, 7 KSchG

Hambitzer hat insoweit die These entwickelt, die Geltendmachung des Wiedereinstellungsanspruchs sei an die Frist des § 4 KSchG gebunden, der insoweit analog zu gelten habe[1081].

Die für einen Analogieschluß erforderliche Voraussetzung einer Regelungslücke im Sinne einer planwidrigen Unvollständigkeit[1082] sieht er darin erfüllt, daß einerseits eine zeitliche Begrenzung der Geltendmachung des Wiedereinstellungsanspruchs gesetzlich nicht normiert, andererseits im Hinblick auf die „Lückenhaftigkeit der gesetzlichen Regelung des Wiedereinstellungsanspruchs" eine bewußte gesetzliche Lücke nicht anzunehmen sei[1083].

Den Nachweis, daß die zeitliche Begrenzung der Geltendmachung des Wiedereinstellungsanspruchs als Bereich, für den die rechtliche Regelung zu vermissen ist, mit der Kündigungsschutzklage als Bereich, für den die Regelung vorhanden ist, diejenigen Momente gemeinsam hat, auf denen die vorhandene rechtliche Regelung des § 4 KSchG beruht, sieht er mit dem Hinweis darauf als geführt an, daß die Rechtslage hinsichtlich des Bestehens eines Wiedereinstellunganspruchs in ähnlicher Weise komplex sei wie die Frage der Wirksamkeit einer am Kündigungsschutzgesetz zu messenden Kündigung.

Bei einer Kündigung, die dem Kündigungsschutzgesetz standhalten muß, bedürfe es - im Gegensatz zu einer Kündigung von Arbeitsverhältnissen, für die das Kündigungsschutzgesetz keine Anwendung findet - eines Kündigungsgrundes, die Kündigung komme nur als letztes Mittel in Betracht und bei der betriebsbedingten Kündigung

---

1080 Unklarheiten auch bei *Appel*, in Kittner/Zwanziger, Arbeitsrecht, Handbuch für die Praxis, § 107 Rn 6, *Dornieden*, AiB 1998, S 410, *Hromadka/Maschmann*, Arbeitsrecht Bd 1, S 448 und bei *Linck*, FA 2000, S. 334, 335
Deutliche Differenzierung hingegen bei *Caspers*, Personalabbau und Betriebsanderung im Insolvenzverfahren, Rn 214 Fn 160; *Hoefs*, Die Verdachtskundigung, S 301 f, *Kort*, SAE 2001, S 131, 131 f und *Lisec*, Der Wiedereinstellungsanspruch des Arbeitnehmers nach betriebsbedingter Kündigung und Betriebsübergang, S. 101 f; *Westera*, Der Wiedereinstellungsanspruch nach wirksamer Kündigung, S. 127 Fn. 565

1081 Vgl *Hambitzer*, NJW 1985, S 2239, 2242; *ders.*, Der Wiedereinstellungsanspruch des Arbeitnehmers nach wirksamer Kündigung, S. 165 ff. Ebenso – für den Fall des Betriebsübergangs – *Kleinebrink*, FA 1999, S. 138, 140 f und *Willemsen*, in Willemsen/Hohenstatt/Schweibert, Umstrukturierung und Übertragung von Unternehmen, S 726 f

1082 Allgemein zum Begriff der Lucke: *Engisch*, Einführung in das juristische Denken, S 138 ff, *Larenz*, Methodenlehre der Rechtswissenschaft, S 370 ff

1083 *Hambitzer*, Der Wiedereinstellungsanspruch des Arbeitnehmers nach wirksamer Kundigung, S 165

habe darüber hinaus eine soziale Auswahl zu erfolgen. Angesichts dieser Hürden, die eine am Kündigungsschutzgesetz zu messende Kündigung überwinden muß, bestehe bei den Parteien des Arbeitsvertrages oftmals Ungewißheit über deren Wirksamkeit.

Dieser Rechtslage vergleichbar sei die dem Wiedereinstellungsanspruch zugrundeliegende. Hier bedürfe es zunächst der Prüfung, ob der Kündigungsgrund tatsächlich weggefallen ist. Darüber hinaus habe eine umfassende Abwägung der Interessen von Arbeitgeber und Arbeitnehmer zu erfolgen. Sei somit die Frage, ob ein Wiedereinstellungsanspruch besteht, für die Arbeitsvertragsparteien oftmals nicht eindeutig zu entscheiden, bestehe daher ebenso ein Bedürfnis nach Klarstellung wie im Falle einer am Kündigungsschutzgesetz zu messenden Kündigung. Folglich sei die diesem Bedürfnis nach Klarstellung für den kündigungsschutzgesetzlichen Bereich Rechnung tragende Vorschrift des § 4 KSchG auch für die Geltendmachung des Wiedereinstellungsanspruchs einschlägig und im Wege der Analogie auf diese zu übertragen[1084], so daß der Arbeitnehmer den Anspruch auf Wiedereinstellung innerhalb einer Drei-Wochen-Frist durch Erhebung einer entsprechenden Klage geltend zu machen habe. Eine Versäumung dieser Frist[1085] führe analog § 7 KSchG grundsätzlich[1086] zu einem Verlust des Anspruchs[1087].

Hinsichtlich der Frage, in welchem Zeitpunkt die Drei-Wochen-Frist analog § 4 S. 1 KSchG zu laufen beginnt, vertritt *Hambitzer* die Auffassung, dies sei grundsätzlich der Moment, in dem die tatbestandlichen Voraussetzungen des Wiedereinstellungsanspruchs – mithin der Wegfall des Kündigungsgrundes und das Vorliegen von Umständen, die ein vorrangiges Interesse des Arbeitnehmers an seiner Wiedereinstellung begründen – erstmalig erfüllt sind[1088]. Eine Ausnahme von diesem Grundsatz sei für den Fall zu machen, daß der Kündigungsgrund vor Ablauf der Kündigungsfrist wegfällt. Da der Wiedereinstellungsanspruch erst nach Beendigung des Arbeitsverhältnisses entstehen könne, werde die Drei-Wochen-Frist des § 4 KSchG analog in diesem Fall frühestens mit dem Ablauf der Kündigungsfrist in Gang gesetzt[1089].

1084 *Hambitzer*, NJW 1985, S. 2239, 2242; *ders.*, Der Wiedereinstellungsanspruch des Arbeitnehmers nach wirksamer Kündigung, S. 166 f.

1085 Nach einer Auffassung handelt es sich bei der Frist des § 4 KSchG um eine materielle Ausschlußfrist (so *Birk*, JuS 1985, S. 782, 785; KR-*Friedrich*, § 4 KSchG Rn. 217; *Lepke*, DB 1991, S. 2034, 2038; *Zöllner*, in: Zöllner/Loritz, Arbeitsrecht, S. 303; *Zwanziger*, in: Kittner/Däubler/Zwanziger, KSchR, § 4 KSchG Rn. 28), nach anderer Ansicht um eine prozessuale Klageerhebungsfrist, deren Versäumung jedoch ebenfalls zur Abweisung der Klage als unbegründet führen soll (so BAG AP Nr. 14 zu § 4 KSchG 1969; *Hueck/v. Hoyningen-Huene*, KSchG, § 4 Rn. 83; *Vollkommer*, AcP Bd. 161 (1962), S. 332, 342 ff.; *Vossen*, in: Stahlhacke/Preis/Vossen, Kündigung und Kündigungsschutz im Arbeitsverhältnis, Rn. 1110a).

1086 Konsequenterweise vertritt *Hambitzer* die Möglichkeit einer nachträglichen Klagezulassung analog § 5 KSchG, vgl. *Hambitzer*, NJW 1985, S. 2239, 2242; *ders.*, Der Wiedereinstellungsanspruch des Arbeitnehmers nach wirksamer Kündigung, S. 169 ff.

1087 *Hambitzer*, Der Wiedereinstellungsanspruch des Arbeitnehmers nach wirksamer Kündigung, S. 167.

1088 *Hambitzer*, Der Wiedereinstellungsanspruch des Arbeitnehmers nach wirksamer Kündigung, S. 168 f.

1089 *Hambitzer*, Der Wiedereinstellungsanspruch des Arbeitnehmers nach wirksamer Kündigung, S. 169.

Zu einer im Ergebnis ebenfalls am Rechtsmaßstab der §§ 4, 7 KSchG orientierten Beurteilung der zeitlichen Grenze für die Geltendmachung des Wiedereinstellungsanspruchs gelangen *Meinel* und *Bauer*[1090]. Ausgehend von einem Urteil des Bundesarbeitsgerichts vom 12.11.1998, das die Frage eines Anspruches auf Wiedereinstellung im Falle eines nach zunächst erfolgter Kündigung wegen beabsichtigter Betriebsstillegung eingetretenen Betriebsübergangs zum Gegenstand hatte und in dem das Gericht einerseits ausführte, daß der Wiedereinstellungsanspruch „noch während des Bestehens oder zumindest unverzüglich nach Kenntniserlangung von den den Betriebsübergang ausmachenden tatsächlichen Umständen“ geltend gemacht werden muß[1091], andererseits erkennen ließ, daß es bezüglich der Konkretisierung der Unverzüglichkeit einen Rekurs auf die in §§ 4, 7 KSchG geregelte Drei-Wochen-Frist befürwortet[1092], treten *Meinel* und *Bauer* für eine dahingehende Verallgemeinerung dieser Ausführungen ein, daß der Wiedereinstellungsanspruch generell „unverzüglich“ geltend zu machen und der Begriff der Unverzüglichkeit anhand des Rechtsmaßstabes der §§ 4, 7 KSchG zu konkretisieren sei[1093].

Denn bei der Frage nach der zeitlichen Grenze für die Geltendmachung des Wiedereinstellungsanspruchs gehe es um die „Rechtssicherheit im Kündigungsschutzrecht“, die gerade durch die Regelung der §§ 4, 7 KSchG gewährleistet werden solle[1094]. Um den Verlust des Anspruches analog § 7 KSchG zu vermeiden, müsse der Arbeitnehmer diesen somit spätestens innerhalb von drei Wochen nach Kenntniserlangung der anspruchsbegründenden Tatsachenänderungen geltend machen, wobei zur Fristwahrung eine außergerichtliche Erklärung des Arbeitnehmers gegenüber dem Arbeitgeber nicht ausreiche, sondern vielmehr die Erhebung einer Wiedereinstellungsklage erforderlich sei[1095].

Den dargestellten Ansichten, die die Frage nach einer zeitlichen Schranke für die Geltendmachung des Wiedereinstellungsanspruchs im Wege eines Analogieschlusses aus §§ 4, 7 KSchG beantworten, kann nicht gefolgt werden[1096], denn die Voraussetzungen für einen juristisch haltbaren Analogieschluß sind nicht gegeben.

1090 *Meinel/Bauer*, NZA 1999, S 575, 580 Ähnlich auch APS/*Kiel*, § 1 KSchG Rn 801 sowie *Kiel/Koch*, Die betriebsbedingte Kündigung, Rn 870 Analoge Anwendung der §§ 4, 7 KSchG, wenn der Arbeitgeber beziehungsweise der Betriebsübernehmer die Wiedereinstellung ablehnt Dann habe der Arbeitnehmer die den Anspruch spätestens drei Wochen nach der Ablehnung gerichtlich geltend zu machen. Reagiere der Arbeitgeber nicht auf das Wiedereinstellungsverlangen, verwirke der Anspruch nach allgemeinen Grundsätzen

1091 Vgl BAG AP Nr 5 zu § 1 KSchG 1969 Wiedereinstellung

1092 BAG AP Nr. 5 zu § 1 KSchG 1969 Wiedereinstellung.

1093 Ebenso ArbG Frankfurt a. M , NZA-RR 1999, S. 580; *Westera*, Der Wiedereinstellungsanspruch nach wirksamer Kündigung, S. 131 f.

1094 Vgl *Meinel/Bauer*, NZA 1999, S 575, 580. Siehe auch *Kiel/Koch*, Die betriebsbedingte Kündigung, Rn 870.

1095 *Meinel/Bauer*, NZA 1999, S. 575, 580, *Westera*, Der Wiedereinstellungsanspruch nach wirksamer Kündigung, S 132 Siehe auch *Kiel/Koch*, Die betriebsbedingte Kündigung, Rn 870, nach deren Auffassung der Arbeitnehmer den Anspruch gemäß §§ 4, 7 KSchG spätestens drei Wochen nach der Ablehnung der Wiedereinstellung gerichtlich geltend zu machen hat

1096 Ausdrücklich gegen eine zeitliche Begrenzung der Geltendmachung des Wiedereinstellungsanspruchs im Wege einer analogen Anwendung der §§ 4, 7 KSchG auch *Beckschulze*, DB 1998, S 417, 418, *Boewer*, NZA 1999, S 1177, 1183, *ders* , in Kündigung und Kündigungsschutz in

Eine Analogie ist die Übertragung der für einen bestimmten Tatbestand im Gesetz vorgesehenen Regelung auf einen Tatbestand, der vom Gesetz zwar nicht geregelt wird, dem gesetzlich geregelten Tatbestand jedoch ähnlich ist. Die Übertragung der Regelung gründet sich darauf, daß der gesetzlich nicht geregelte Tatbestand mit dem gesetzlich geregelten die für die gesetzliche Bewertung maßgeblichen Gesichtspunkte gemeinsam hat, ihm insoweit also ähnelt und somit beide Tatbestände – entsprechend dem Gleichheitsgrundsatz – gleich zu behandeln sind[1097]. Der Begriff der Ähnlichkeit wird zum „Angelpunkt" des Analogieschlusses[1098].

Hinsichtlich der Feststellung derartiger Gemeinsamkeiten ist zunächst erforderlich, die für den gesetzlich geregelten Tatbestand maßgebenden Gesichtspunkte herauszuarbeiten, um anschließend der Frage nachgehen zu können, ob einerseits für den gesetzlich nicht geregelten Tatbestand diese Gesichtspunkte gleichermaßen gelten und andererseits die zwischen den Tatbeständen verbleibenden Unterschiede nicht von solcher Art und solchem Gewicht sind, daß sie eine Ungleichbehandlung rechtfertigen[1099].

Für die im vorliegenden Zusammenhang insoweit zu vergleichenden Tatbestände der in §§ 4, 7 KSchG gesetzlich geregelten Frist für die Erhebung der Kündigungsschutzklage einerseits und der gesetzlich nicht geregelten zeitlichen Schranke für die Geltendmachung des Anspruchs auf Wiedereinstellung ergibt sich dabei folgendes:

Der gesetzlichen Regelung der §§ 4, 7 KSchG liegt als maßgebender Gesichtspunkt der Gedanke zugrunde, möglichst bald Klarheit über den Weiterbestand beziehungsweise über das Ende des Arbeitsverhältnisses zu schaffen[1100]. Die Frage der Wirksamkeit der Kündigung soll nicht für längere Zeit in der Schwebe gelassen werden. Die von ihrer Zielsetzung her als Überlegungsfrist für den Arbeitnehmer zu qualifizierende Frist des § 4 KSchG soll insbesondere dem Arbeitgeber alsbald Klarheit darüber verschaffen, ob der Arbeitnehmer die Kündigung hinnimmt oder ihre Unwirksamkeit gerichtlich geltend machen will[1101].

Daß diese Gesichtspunkte gleichermaßen für den gesetzlich nicht geregelten Tatbestand der zeitlichen Grenze für die Geltendmachung des Wiedereinstellungsanspruchs

---

der betrieblichen Praxis, S. 296 f.; *Bram/Rühl*, NZA 1990, S. 753, 757; *Hoefs*, Die Verdachtskündigung, S. 302; *Oetker*, ZIP 2000, S 643, 651; *Raab*, RdA 2000, S 147, 154; *Rahmstorf*, Die Druckkündigung des Arbeitsverhältnisses, S 112 f., KPK/*Ramrath*, Teil H, § 4 Rn. 151; *Sollner/Meyer*, AR-Blattei D, Arbeitsvertrag-Arbeitsverhältnis X, Nachwirkungen des Arbeitsvertrages, A IV 2; *vom Stein*, Fehleinschätzungen bei der Kündigung von Arbeitsverhältnissen, S. 190 f; *Strathmann*, Der Wiedereinstellungsanspruch eines wirksam gekündigten Arbeitnehmers, S 107; *Ziemann*, MDR 1999, S 716, 721; *Zwanziger*, BB 1997, S 42, 45; *ders.*, in Kittner/Daubler/Zwanziger, KSchR, Einl Rn 390h

1097 Vgl *Engisch*, Einführung in das juristische Denken, S 147, *Larenz*, Methodenlehre der Rechtswissenschaft, S. 381, *Zippelius*, Juristische Methodenlehre, S 69

1098 So *Engisch*, Einführung in das juristische Denken, S 147

1099 Vgl hierzu *Larenz*, Methodenlehre der Rechtswissenschaft, S 381 f, *Zippelius*, Juristische Methodenlehre, S 69

1100 Vgl nur BAG AP Nr 35 zu § 4 KSchG 1969, KR-*Friedrich*, § 4 KSchG Rn 10, *Hueck/v Hoyningen-Huene*, KSchG, § 4 Rn. 2

1101 Vgl BAG AP Nr 32 zu § 4 KSchG 1969

gelten könnten, erscheint zwar auf den ersten Blick vor dem Hintergrund denkbar, daß sich auch bei dem Anspruch auf Wiedereinstellung die Frage nach einem „Weiterbestand" des Arbeitsverhältnisses in Gestalt seiner Neubegründung beziehungsweise nach seiner (endgültigen) Beendigung stellt. Bei näherer Betrachtung zeigt sich jedoch, daß die zwischen dem in §§ 4, 7 KSchG gesetzlich geregelten Tatbestand der Befristung der Kündigungsschutzklage einerseits und dem gesetzlich nicht geregelten Tatbestand der zeitlichen Schranke für die Geltendmachung des Anspruchs auf Wiedereinstellung andererseits verbleibenden Unterschiede von solcher Art und solchem Gewicht sind, daß sie die Übertragung der in §§ 4, 7 KSchG verkörperten gesetzlichen Wertung auf den Bereich des Wiedereinstellungsanspruchs nicht zulassen.

Dies ergibt sich daraus, daß der Gesetzgeber in § 4 KSchG für Arbeitsverhältnisse im Anwendungsbereich des Kündigungsschutzgesetzes, mithin in einem speziell abgegrenzten Bereich, für speziell bestimmte Unwirksamkeitsgründe, nämlich die Sozialwidrigkeit im Falle einer ordentlichen Kündigung beziehungsweise das Fehlen eines wichtigen Grundes im Falle einer außerordentlichen Kündigung (vgl. § 13 I S. 2 KSchG), die Geltendmachung der Unwirksamkeit einer zeitlichen Beschränkung unterworfen und damit eine Ausnahme von dem Grundsatz konstituiert hat, daß die Erhebung einer Klage nicht an Klagefristen gebunden ist. Den Ausnahmecharakter betont der Gesetzgeber auch in § 13 III KSchG, wonach andere Unwirksamkeitsgründe ohne Einhaltung einer Frist geltend gemacht werden können[1102].

Wenn auch die Aussage, Ausnahmevorschriften seien eng auszulegen, dürften mithin nicht ausgedehnt werden und seien folglich einer analogen Anwendung nicht zugänglich[1103], in dieser Allgemeinheit nicht zutrifft[1104], sondern vielmehr davon auszugehen ist, daß in den Grenzen des der Ausnahmevorschrift zugrundeliegenden Grundgedankens eine Analogie statthaft ist, so sind an eine solche Analogie doch strenge Anforderungen zu stellen. Denn sonst droht die Gefahr, daß durch die analoge Anwendung der als Ausnahme konzipierten Vorschrift letztlich die Regelungsabsicht des Gesetzgebers in ihr Gegenteil verkehrt wird, indem die Ausnahme im Wege der Analogie zur Regel wird. Hieraus ergibt sich, daß den verbleibenden Unterschieden zwischen dem zu beurteilenden Tatbestand und dem gesetzlich geregelten nur ein marginales Gewicht zukommen darf, damit nicht statt der Analogie der Umkehrschluß (argumentum e contrario) Platz greift und somit wegen Fehlens der besonderen Voraussetzungen der Ausnahmevorschrift deren spezifische Rechtsfolge versagt bleiben muß.

Zwischen den hier zu beurteilenden Tatbeständen bestehen jedoch gravierende Unterschiede. Denn mit der Kündigungsschutzklage greift der Arbeitnehmer unmittelbar die Wirksamkeit eines Gestaltungsrechts an und wendet sich durch die Geltendmachung bestimmter Unwirksamkeitsgründe direkt gegen die Beendigung des Arbeitsverhältnisses, so daß insoweit eine Bestandsschutzstreitigkeit im engeren Sinne vorliegt.

[1102] Siehe hierzu auch *Strathmann*, Der Wiedereinstellungsanspruch eines wirksam gekündigten Arbeitnehmers, S. 107.

[1103] Vgl. insoweit RGZ 153, S. 1, 23; BGHZ 2, S. 237, 244; 4, S. 219, 222; 11, S. 135, 143.

[1104] Vgl. *Engisch*, Einführung in das juristische Denken, S. 151 f.; *Larenz*, Methodenlehre der Rechtswissenschaft, S. 355.

Demgegenüber stellt der Arbeitnehmer mit der Geltendmachung des Wiedereinstellungsanspruchs die Rechtswirksamkeit der Beendigung des Arbeitsverhältnisses keineswegs in Frage, vielmehr macht er einen Anspruch auf Neubegründung des wirksam beendeten Arbeitsverhältnisses durch Abschluß eines neuen Arbeitsvertrages mit der Begründung geltend, daß die die wirksame Beendigung des Arbeitsverhältnisses tragenden Umstände weggefallen sind.

Vor diesem Hintergrund läßt sich der Streit um die Wiedereinstellung als Bestandsschutzstreitigkeit im weiteren Sinne bezeichnen, die aufgrund der aufgezeigten qualitativen Unterschiede zu dem als Bestandsschutzstreitigkeit im engeren Sinne zu qualifizierenden Kündigungsschutzverfahren nach Maßgabe des Kündigungsschutzgesetzes die strengen Anforderungen einer analogen Anwendung der Ausnahmevorschrift des § 4 KSchG nicht zu erfüllen vermag[1105]. Vielmehr ist insoweit die – aufgrund des Ausnahmecharakters des § 4 KSchG niedrig anzusetzende – Schwelle zum Umkehrschluß überschritten, so daß wegen Fehlens der besonderen Voraussetzungen des § 4 KSchG dessen spezifische Rechtsfolge versagt bleiben muß.

Ein weiterer erheblicher und gegen eine Analogie sprechender Unterschied besteht darin, daß der Wegfall der die Beendigung des Arbeitsverhältnisses tragenden Umstände im Gegensatz zum Zugang einer Kündigungserklärung in zeitlicher Hinsicht bei weitem nicht so klar fixierbar ist, daß er als maßgebendes Ereignis für den Beginn einer vergleichsweise kurz bemessenen und aufgrund ihrer Ausschlußwirkung mit weitreichenden Konsequenzen verbundenen Frist in Frage käme[1106].

Darüber hinaus erscheint es in diesem Zusammenhang äußerst fraglich, ob das mit der analogen Anwendung der §§ 4, 7 KSchG verfolgte Ziel der Rechtssicherheit tatsächlich auf diesem Wege erreicht werden könnte. Wird der zeitlich schwer zu fixierende Wegfall der die Beendigung des Arbeitsverhältnisses tragenden Umstände als das für den Beginn der dreiwöchigen Ausschlußfrist des § 4 KSchG analog maßgebende Ereignis betrachtet, so wird sich aufgrund der Schwierigkeiten der zeitlichen Fixierung und vor dem Hintergrund, daß die die Beendigung des Arbeitsverhältnisses tragenden Umstände namentlich bei der betriebsbedingten Kündigung dem Bereich des Arbeitgebers zuzurechnen sind, in vielen Fällen die Frage einer nachträglichen Zulassung der Geltendmachung des Wiedereinstellungsanspruchs analog § 5 KSchG stellen[1107].

1105 Vgl in diesem Zusammenhang insbesondere *Oetker*, ZIP 2000, S 643, 651, der ebenfalls die qualitativen Unterschiede zwischen Kündigungsschutz- und Wiedereinstellungsklage betont und deshalb eine analoge Anwendung des § 4 KSchG ablehnt. Ähnlich auch *Hoefs*, Die Verdachtskündigung, S 302, *Strathmann*, Der Wiedereinstellungsanspruch eines wirksam gekündigten Arbeitnehmers, S 107 f

1106 So zutreffend *Bram/Rühl*, NZA 1990, S. 753, 757; *Honstetter*, Die Prognoseentscheidung des Arbeitgebers im Kündigungsrecht, S 167, *Rahmstorf*, Die Druckkündigung des Arbeitsverhältnisses, S 113; *Strathmann*, Der Wiedereinstellungsanspruch eines wirksam gekündigten Arbeitnehmers, S 108 Für den Wiedereinstellungsanspruch nach Verdachtskündigung auch *Hoefs*, Die Verdachtskündigung, S 302

1107 Vgl hierzu auch *Bram/Rühl*, NZA 1990, S 753, 757, die in diesem Zusammenhang darauf hinweisen, daß der Streit um die Wiedereinsetzung analog § 5 KSchG, der im Kündigungsrechtsstreit die Ausnahme bilde, bei der Wiedereinstellung zur Regel werde. Ebenso *Rahmstorf*, Die Druckkündigung des Arbeitsverhältnisses, S 113

Schließlich steht die Ablehnung einer analogen Anwendung der §§ 4, 7 KSchG auf die Geltendmachung des Anspruchs auf Wiedereinstellung im Einklang mit der Rechtsprechung des Bundesarbeitsgerichts zur gerichtlichen Geltendmachung der Unwirksamkeit einer Befristung vor Inkrafttreten des Arbeitsrechtlichen Beschäftigungsförderungsgesetzes vom 25.09.1996 zum 01.10.1996. Obwohl – im Gegensatz zur Konstellation beim Wiedereinstellungsanspruch – einerseits durch die Geltendmachung der Unwirksamkeit einer Befristung unmittelbar die Beendigung des Arbeitsverhältnisses angegriffen wird, mithin eine Bestandsschutzstreitigkeit im engeren Sinne vorliegt und andererseits das vereinbarte Ende des befristeten Arbeitsvertrages beziehungsweise der Zugang einer Nichtverlängerungsmitteilung des Arbeitgebers zeitlich klar fixierbare und somit hinsichtlich des Beginns der Ausschlußfrist des § 4 KSchG durchaus taugliche Ereignisse darstellen, hat das Bundesarbeitsgericht bezüglich der Geltendmachung der Unwirksamkeit einer Befristung die entsprechende Anwendung des § 4 KSchG verneint und dies mit dem Hinweis darauf begründet, das Arbeitsverhältnis werde hier nicht einseitig und rechtsgestaltend beendet, so daß kein rechtlicher Schwebezustand bestehe, der eine analoge Anwendung der §§ 4, 7 KSchG rechtfertigen könnte[1108].

Wie im Hinblick auf die Geltendmachung der Unwirksamkeit einer Befristung[1109] ist es somit nach Maßgabe des in Art. 20 III GG verankerten Gewaltenteilungsprinzips Aufgabe des Gesetzgebers, die Geltendmachung des Wiedereinstellungsanspruchs an eine Frist zu binden und damit eine weitere Ausnahme[1110] vom Grundsatz der prozessual unbefristeten Durchsetzbarkeit von Ansprüchen vorzusehen[1111].

B. Verwirkung

Scheidet somit bezüglich der zeitlichen Grenze für die Geltendmachung des Wiedereinstellungsanspruchs eine analoge Anwendung der §§ 4, 5, 7 KSchG aus, verbleibt es insoweit – sofern keine tariflichen Ausschlußfristen gegeben sind[1112] – bei der allgemeinen Grenze der Verwirkung[1113].

1108 BAG AP Nr 54 zu § 620 BGB Befristeter Arbeitsvertrag; BAG AP Nr 14 zu § 1 BeschFG 1985. In der Literatur wurde hingegen vielfach eine analoge Anwendung der §§ 4, 7 KSchG befürwortet, vgl. *W Blomeyer*, RdA 1967, S 406, 411, *Böttcher*, BB 1955, S. 673, 674 f., *Hueck/v. Hoyningen-Huene*, KSchG (11 Auflage), § 1 Rn. 406; *Zöllner*, in: Zöllner/Loritz, Arbeitsrecht (4 Auflage), S 239 Fn. 6.

1109 Vgl. die seit dem 01. 10. 1996 geltende Regelung des § 1V BeschFG, wonach der Arbeitnehmer, wenn er die Unwirksamkeit einer Befristung geltend machen will, innerhalb von drei Wochen nach dem vereinbarten Ende des befristeten Arbeitsvertrages Klage beim Arbeitsgericht auf Feststellung erheben muß, daß das Arbeitsverhältnis aufgrund der Befristung nicht beendet ist. Macht er die Unwirksamkeit der Befristung nicht rechtzeitig geltend, wird die Wirksamkeit der Befristung gemaß § 1 V S 2 BeschFG in Verbindung mit § 7, 1 Hs. KSchG analog fingiert

1110 Vgl. als weitere de lege lata bestehende Ausnahme § 113 II InsO.

1111 Vgl. auch *Honstetter*, Die Prognoseentscheidung des Arbeitgebers im Kündigungsrecht, S. 167

1112 Siehe hierzu auch *Oetker*, ZIP 2000, S 643, 651

1113 So im Ergebnis auch *Boewer*, NZA 1999, S. 1177, 1183, *Bram*, in Bader/Bram/Dörner/Wenzel, KSchG, § 1 Rn 73a; *Bram/Ruhl*, NZA 1990, S 753, 757, *Caspers*, Personalabbau und Betriebsänderung im Insolvenzverfahren, Rn 214 Fn 160, KR-*Etzel*, § 1 KSchG Rn 569 a E, *Hoefs*, Die Verdachtskündigung, S 302, *Oetker*, ZIP 2000, S 643, 651, *Raab*, RdA 2000, S 147, 154,

Verwirkung bedeutet, daß der Berechtigte sein Recht verliert[1114], weil er über einen längeren Zeitraum hinweg von diesem Recht keinen Gebrauch gemacht und dadurch bei dem Verpflichteten den Eindruck erweckt hat, mit der Beanspruchung des Rechts werde in Zukunft nicht mehr zu rechnen sein[1115]. Die Verwirkung stellt sich insoweit als typischer Unterfall der unzulässigen Rechtsausübung wegen widersprüchlichen Verhaltens dar, weil die plötzliche und unerwartete Ausübung des Rechts im Widerspruch zu der vorangegangenen länger andauernden Nichtausübung steht, die bei dem Verpflichteten einen entsprechenden Vertrauenstatbestand begründete. Ausgehend von diesen Überlegungen sind zwei Momente als Voraussetzung einer Verwirkung zu unterscheiden: zum einen das „Zeitmoment", zum anderen das „Umstandsmoment"[1116].

Mit dem „Zeitmoment" ist gemeint, daß rechtliche Wirklichkeit und tatsächliche Wirklichkeit über einen längeren Zeitraum hinweg dadurch auseinanderfallen, daß einerseits der Berechtigte sein Recht nicht ausgeübt, andererseits der Verpflichtete das ihm auferlegte Sollen nicht beachtet hat. Übertragen auf die Konstellation bei der Wiedereinstellung setzt das Zeitmoment somit voraus, daß der Arbeitnehmer den Anspruch auf Wiedereinstellung über eine längere Zeitspanne hinweg nicht geltend gemacht und auch der Arbeitgeber nicht von sich aus die Wiedereinstellung angeboten hat. Die Bestimmung des Zeitraumes, in dem die rechtliche und die tatsächliche Wirklichkeit in diesem Sinne auseinandergefallen sein müssen, richtet sich nach den Umständen des Einzelfalls, so daß die Festlegung fester Zeitgrenzen nicht möglich ist[1117]. Auch in diesem Zusammenhang verbietet sich somit insbesondere eine strikte Orientierung an der Drei-Wochen-Frist des § 4 S. 1 KSchG[1118].

Söllner/Meyer, AR-Blattei D, Arbeitsvertrag-Arbeitsverhältnis X, Nachwirkungen des Arbeitsvertrages, A IV 2; *vom Stein*, Fehleinschätzungen bei der Kündigung von Arbeitsverhältnissen, S. 191, *Strathmann*, Der Wiedereinstellungsanspruch eines wirksam gekündigten Arbeitnehmers, S 108 ff; *Zwanziger*, BB 1997, S. 42, 45; *ders.*, in: Kittner/Däubler/Zwanziger, KSchR, Einl. Rn 390h. Für den Fall, daß der Arbeitgeber auf das Wiedereinstellungsbegehren nicht reagiert auch APS/*Kiel*, § 1 KSchG Rn. 801; *Kiel/Koch*, Die betriebsbedingte Kündigung, Rn 870

1114 Es ist streitig, ob die Verwirkung zum Erloschen des Rechts führt oder nur seiner Ausübung dauernd entgegensteht, vgl. *Larenz*, Lehrbuch des Schuldrechts Bd. I, S 271 Fn 11 m. w N

1115 Vgl allgemein zum Begriff der Verwirkung Palandt/*Heinrichs*, § 242 Rn 87, *Roth*, Münchener Kommentar, § 242 Rn 464 ff; Staudinger/*Schmidt*, § 242 Rn 516 a E, Soergel/*Teichmann*, § 242 Rn 332

1116 Vgl zu dieser Einteilung Palandt/*Heinrichs*, § 242 Rn 93 und 95, *Roth*, Munchener Kommentar, § 242 Rn. 469; Staudinger/*Schmidt*, § 242 Rn. 534

1117 Vgl. *Roth*, Münchener Kommentar, § 242 Rn 469 ff.; Staudinger/*Schmidt*, § 242 Rn 540 ff

1118 Anders APS/*Kiel*, § 1 KSchG Rn 801; *Kiel/Koch*, Die betriebsbedingte Kündigung, Rn 870, nach deren Auffassung für das Zeitmoment die Dreiwochenfrist des § 4 S 1 KSchG ab vollständiger Tatsachenkenntnis als Anhaltspunkt herangezogen werden kann A A auch BAG AP Nr 54 zu § 620 BGB Befristeter Arbeitsvertrag hinsichtlich der Verwirkung der Geltendmachung der Unwirksamkeit einer Befristung vor Inkrafttreten des § 1 V BeschFG Das Gericht führt hier explizit aus, daß zur Konkretisierung des bei der Verwirkung zu beachtenden Zeitmoments die Drei-Wochen-Frist des § 4 KSchG herangezogen werden könne. Auf diese Rechtsprechung rekurriert im Zusammenhang mit der Verwirkung des Wiedereinstellungsanspruchs auch *Strathmann*, Der Wiedereinstellungsanspruch eines wirksam gekundigten Arbeitnehmers, S 110

Mit dem „Umstandsmoment" ist gemeint, daß der Zeitablauf für sich allein nicht genügt, um die Rechtsfolgen der Verwirkung auszulösen. Vielmehr müssen zu dem reinen Nichtgeltendmachen besondere Umstände hinzutreten, die die späte Geltendmachung des Rechts als Verstoß gegen Treu und Glauben erscheinen lassen[1119]. Erforderlich ist ein Vertrauenstatbestand dergestalt, daß der Verpflichtete tatsächlich darauf vertraut hat und auch bei verständiger Würdigung aller Umstände darauf vertrauen durfte, der Berechtigte wolle und werde sein Recht nicht mehr ausüben.

Kommt insoweit der Frage Bedeutung zu, ob der Verpflichtete im Hinblick auf die Nichtgeltendmachung des Rechts Vermögensdispositionen getroffen hat[1120], so werden Überschneidungen mit dem bereits bei der Frage des Entstehens eines Wiedereinstellungsanspruchs zu berücksichtigenden Dispositionsschutz des Arbeitgebers deutlich. Nur wenn die betreffenden Dispositionen des Arbeitgebers nicht so schwer wiegen, daß sie bereits dem Entstehen eines Anspruchs auf Wiedereinstellung entgegenstehen, so daß sich die Frage der Verwirkung gar nicht mehr stellen kann, können sie im Rahmen des „Umstandsmoments" hinsichtlich der Verwirkung eines entstandenen Anspruchs herangezogen werden.

Auch beim „Umstandsmoment" sind die Umstände des Einzelfalls entscheidend. Von Bedeutung kann sein, ob der Arbeitnehmer eine Kündigungsschutzklage erhoben und der Kündigungsschutzprozeß noch nicht seinen rechtskräftigen Abschluß gefunden hat. Zwar unterscheidet sich die Kündigungsschutzklage qualitativ von der Wiedereinstellungsklage, weil diese unmittelbar die Wirksamkeit der Kündigung angreift, während jene die Wirksamkeit der Kündigung nicht nur unangetastet läßt, sondern gerade voraussetzt. Durch die Erhebung einer Kündigungsschutzklage und das Führen eines Kündigungsschutzprozesses bringt der Arbeitnehmer aber - zumindest formal - zum Ausdruck, daß er noch Interesse an seinem Arbeitsplatz hat, was bezüglich der Frage der Verwirkung eines Wiedereinstellungsanspruchs als Indiz gegen das Vorliegen des „Umstandsmomentes" sprechen kann[1121].

Im Einzelfall kann darüber hinaus die Arbeitsaufnahme an anderer Stelle als Indiz für eine Verwirkung in Betracht kommen. Soweit allerdings vertreten wird, die Aufnahme anderweitiger Tätigkeit „nach Kenntnis des Wiedereinstellungsanspruchs" führe grundsätzlich zur Verwirkung, während dies vor Kenntnis des Anspruchs unschädlich sei[1122], kann dem in dieser Allgemeinheit nicht gefolgt werden. Denn die „Kenntnis des Wiedereinstellungsanspruchs" erweist sich – nicht nur wegen ihrer rein subjektiven Ausrichtung – als wenig praktikables Abgrenzungskriterium hinsichtlich der mit so weitreichenden Konsequenzen verbundenen Frage der Verwirkung. Ebenso wie

---

1119 Vgl. zum „Umstandsmoment" Palandt/*Heinrichs*, § 242 Rn 95; *Roth*, Münchener Kommentar, § 242 Rn 472 ff; Staudinger/*Schmidt*, § 242 Rn 535

1120 Vgl hierzu Palandt/*Heinrichs*, § 242 Rn 95, Soergel/*Teichmann*, § 242 Rn 341; im Grundsatz auch *Roth*, Münchener Kommentar, § 242 Rn. 499 ff, der jedoch betont, daß es entscheidend auf die Unzumutbarkeit der spaten Rechtsausübung für den Verpflichteten ankomme, die sich nicht unbedingt aus wirtschaftlichen Dispositionen ergeben müsse

1121 Vgl auch *Strathmann*, Der Wiedereinstellungsanspruch eines wirksam gekündigten Arbeitnehmers, S 111, *Zwanziger*, BB 1997, S 42, 45

1122 So *Bram/Ruhl*, NZA 1990, S 753, 757, *Strathmann*, Der Wiedereinstellungsanspruch eines wirksam gekundigten Arbeitnehmers, S 111 f

sich die zeitliche Fixierung des – nach objektiven Kriterien zu beurteilenden – Wegfalls des Kündigungsgrundes im Einzelfall erheblichen Schwierigkeiten ausgesetzt sieht[1123], ist auch die zeitliche Bestimmung der Kenntnis des Arbeitnehmers vom Wiedereinstellungsanspruch problematisch und damit jedenfalls ungeeignet, als Zäsur hinsichtlich der Frage zu dienen, ob die Aufnahme einer anderweitigen Tätigkeit zur Verwirkung führt.

Statt auf die Kenntnis des Arbeitnehmers bezüglich des Wiedereinstellungsanspruchs ist auch insoweit auf die Umstände des Einzelfalls abzustellen. So ist im Falle einer vorangegangenen Verdachtskündigung die Aufnahme einer anderweitigen Tätigkeit im Anschluß an einen rechtskräftigen, auf erwiesener Unschuld beruhenden Freispruch hinsichtlich der Frage der Verwirkung eines Wiedereinstellungsanspruchs sicherlich anders zu bewerten als die Arbeitsaufnahme an anderer Stelle, nachdem der betriebsbedingt gekündigte Arbeitnehmer zuvor von Umständen erfahren hat, die für einen Wegfall des Kündigungsgrundes sprechen.

C. Der Wiedereinstellungsanspruch als fristgebundene Rechtsposition beim Betriebsübergang

Besteht somit für die Geltendmachung des allgemeinen Wiedereinstellungsanspruches lediglich die Grenze der Verwirkung, so stellt sich die Frage, ob dies auch für den Sonderfall gilt, daß es nach dem Zugang einer wegen beabsichtigter Betriebsstillegung ausgesprochenen betriebsbedingten Kündigung zu einem Übergang des Betriebs gemäß § 613a BGB kommt.

Eine derartige Fallgestaltung ist dadurch gekennzeichnet, daß die schutzwürdigen Interessen des Betriebserwerbers durch die Geltendmachung des Anspruchs auf Wiedereinstellung in gleicher Weise tangiert werden wie bei der Ausübung des dem Arbeitnehmer im Falle eines Betriebsübergangs zustehenden Widerspruchrechts[1124]. So wie der Erwerber des Betriebs im Hinblick auf das Widerspruchsrecht ein schutzwürdiges Interesse daran hat, alsbald nach dem Betriebsübergang zu erfahren, in welche Arbeitsverhältnisse er eintritt, hat er auch im Hinblick auf etwaige Wiedereinstellungsansprüche solcher Arbeitnehmer, denen von dem Veräußerer vor dem Betriebsübergang wegen beabsichtigter Stillegung rechtswirksam betriebsbedingt gekündigt wurde, ein schutzwürdiges Interesse daran, alsbald nach Übergang des Betriebs Klarheit darüber zu erlangen, gegenüber welchen Arbeitnehmern er zu einer vertraglichen Neubegründung des Arbeitsverhältnisses verpflichtet ist. Sowohl hinsichtlich der Ausübung des Widerspruchrechts als auch bezüglich der Geltendmachung des Wiedereinstellungsanspruchs geht es mithin um das schutzwürdige Interesse des Betriebserwerbers, alsbald nach dem Übergang des Betriebs hinsichtlich

---

[1123] So auch *Bram/Rühl*, NZA 1990, S. 753, 757 im Zusammenhang mit der Frage, ob §§ 4, 7 KSchG bezüglich der Geltendmachung des Wiedereinstellungsanspruchs analog anzuwenden sind

[1124] Vgl zum Widerspruchsrecht des Arbeitnehmers beim Betriebsübergang BAG AP Nr 1 zu § 613a BGB, BAG AP Nr 8 zu § 613a BGB, BAG AP Nr 21 zu § 613a BGB; BAG AP Nr 55 zu § 613a BGB, BAG AP Nr 177 zu § 613a BGB; EuGH AP Nr 97 zu § 613a BGB sowie *Annuß*, ZinsO 2001, S 49, 54 f

der Zahl der von ihm zu übernehmenden Arbeitnehmer mit hinreichender Sicherheit Dispositionen treffen zu können.

Angesichts dieser Gleichheit der Interessenlage auf seiten des Betriebserwerbers postulierte der 8. Senat in seiner Entscheidung vom 12.11.1998[1125] hinsichtlich des Wiedereinstellungsanspruchs beim Betriebsübergang zutreffenderweise den Grundsatz vom „Gleichklang" zum Widerspruchsrecht[1126].

Bezüglich der Ausübung des Widerspruchrechts gelten die folgenden Grundsätze: Das Widerspruchsrecht kann in der Regel nur bis zu dem Zeitpunkt ausgeübt werden, zu dem der Betrieb auf den neuen Inhaber übergeht[1127]. Vor dem Übergang besteht grundsätzlich keine Erklärungsfrist[1128]. Da der Arbeitnehmer nicht immer weiß, ob und wann ein Betriebsübergang stattgefunden hat, steht ihm – wenn ihm der bevorstehende Betriebsübergang nicht rechtzeitig mitgeteilt wurde – auch noch nach dem Betriebsübergang ein Widerspruchsrecht zu[1129]. In diesem Fall unterliegt die Ausübung des Widerspruchsrechts - in Fortführung des in § 569a BGB a. F. (jetzt § 563 BGB) verkörperten Rechtsgedankens[1130] - einer materiellrechtlichen Ausschlußfrist. Der Arbeitnehmer hat das Widerspruchsrecht unverzüglich, mithin ohne schuldhaftes Zögern (vgl. § 121 I S. 1 BGB) auszuüben[1131].

Das unscharfe Zeitmoment der Unverzüglichkeit wird hierbei in Anlehnung an die teleologisch vergleichbare Richtgröße der Drei-Wochen-Frist des § 4 S. 1 KSchG präzisiert[1132], da der Arbeitnehmer bei einem Widerspruch gegen den Betriebsübergang ebenso wie im Falle einer gegen eine Beendigungs- oder Änderungskündigung gerichteten Kündigungsschutzklage sein bisheriges Arbeitsverhältnis erhalten will.

1125 BAG AP Nr 5 zu § 1 KSchG 1969 Wiedereinstellung

1126 Vgl zum Gedanken des Gleichklangs auch LAG Hamm, DZWIR 2000, S. 457, 460; *Beseler*, in Beseler/Düwell/Gottling, Arbeitsrechtliche Probleme bei Betriebsübergang, Betriebsänderung, Unternehmensumwandlung, S 39, *Boewer*, NZA 1999, S 1177, 1180; *Confurius*, in Stahmer/Kerls/Confurius, Praxishandbuch Kündigung, Teil 8/3.5, S 5; *Oetker*, ZIP 2000, S 643, 651, *ders* , DZWIR 2000, S 461, 462 ff Kritisch aber *Gussen*, Anm zu BAG AP Nr 5 zu § 1 KSchG 1969 Wiedereinstellung, der betont, daß sich das Widerspruchsrecht des Arbeitnehmers vom Wiedereinstellungsanspruch grundlegend unterscheidet.

1127 BAG AP Nr 10 zu § 613a BGB; BAG AP Nr. 177 zu § 613a BGB

1128 BAG AP Nr. 177 zu § 613a BGB.

1129 Dem Widerspruchsrecht kommt dann Rückwirkung zu, so daß das nach § 613a I S 1 BGB bereits auf den Erwerber übergegangene Arbeitsverhältnis rückwirkend beendet und das Arbeitsverhältnis zum Veräußerer wiederhergestellt wird, vgl. BAG AP Nr 103 zu § 613a BGB

1130 Nach § 569a I und II BGB tritt in ein Mietverhältnis über Wohnraum, in dem der Mieter mit seinem Ehegatten oder einem anderen Familienangehörigen einen gemeinsamen Hausstand führt, mit dem Tod des Mieters der Ehegatte oder andere Familienangehörige ein. Wie bei § 613a I S. 1 BGB wird also auch hier zunachst ein Rechtsverhältnis mit einem neuen Vertragspartner begründet Nach § 569a I S 2 und II S 3 BGB hat der Ehegatte beziehungsweise der andere Familienangehorige allerdings das Recht, innerhalb eines Monats, nachdem sie von dem Tod des Mieters Kenntnis erlangt haben, dem Vermieter gegenuber zu erklaren, daß sie das Mietverhaltnis nicht fortsetzen wollen Hiermit gilt ihr Eintritt in das Mietverhaltnis als nicht erfolgt Auch in den Fallen des § 569a BGB kann somit der Ubergang eines Rechtsverhältnisses durch einseitige Willenserklarung nachtraglich und ruckwirkend verhindert werden

1131 BAG AP Nr 102 zu § 613a BGB

1132 Vgl BAG AP Nr 102 zu § 613a BGB, BAG AP Nr 177 zu § 613a BGB

Auch das neuere Schrifttum stimmt dieser zeitlichen Grenzziehung für die Ausübung des Widerspruchsrechts weitgehend zu[1133]. Die Drei-Wochen-Frist beginnt hierbei mit der Unterrichtung, folglich mit der Kenntniserlangung des Arbeitnehmers vom Betriebsübergang zu laufen[1134].

Wird dem Gleichklang zwischen der Ausübung des Widerspruchsrechts und der Geltendmachung des Wiedereinstellungsanspruchs Rechnung getragen und werden die für die Ausübung des Widerspruchsrechts geltenden Grundsätze sinngemäß auf die Geltendmachung des Wiedereinstellungsanspruchs übertragen, so hat der Arbeitnehmer den Anspruch auf Wiedereinstellung – in Anlehnung an die in § 4 S. 1 KSchG vorgesehene, teleologisch vergleichbare Richtgröße – spätestens innerhalb von drei Wochen nach Kenntnis der für den Betriebsübergang maßgebenden Tatsachen geltend zu machen[1135].

Klärungsbedürftig bleibt die Frage, ob zur Wahrung der Geltendmachungsfrist des Wiedereinstellungsanspruchs nach Betriebsübergang eine außergerichtliche Erklärung des Arbeitnehmers ausreicht oder ob eine gerichtliche Geltendmachung zu fordern ist.

Meinel und *Bauer*[1136] plädieren dafür, daß der Wiedereinstellungsanspruch innerhalb von drei Wochen nach Kenntniserlangung von den anspruchsauslösenden Tatsachen gerichtlich geltend gemacht werden muß[1137]. Dies sei die notwendige Konsequenz aus der Analogie zu den §§ 4, 7 KSchG. Gegen das Erfordernis einer Klageerhebung

---

1133 Siehe KR-*Pfeiffer*, § 613a BGB Rn. 63; ErfK/*Preis*, § 613a BGB Rn. 87; *Schaub*, Münchener Kommentar, § 613a BGB Rn. 60; MünchArbR/*Wank*, § 124 Rn 99; *Zwanziger*, in: Kittner/Däubler/Zwanziger, KSchR, § 613a BGB Rn. 49

1134 Vgl BAG AP Nr 177 zu § 613a BGB.

1135 Im Ergebnis ebenso BAG AP Nr 5 zu § 1 KSchG 1969 Wiedereinstellung, LAG Hamm, DZWIR 2000, S. 457, 460; *Beseler*, in. Beseler/Düwell/Göttling, Arbeitsrechtliche Probleme bei Betriebsübergang, Betriebsänderung, Unternehmensumwandlung, S 39; *Boewer*, NZA 1999, S 1177, 1180, *Bram*, in Bader/Bram/Dörner/Wenzel, KSchG, § 1 Rn 73a; *Confurius*, in Stahmer/Kerls/Confurius, Praxishandbuch Kündigung, Teil 8/3.5, S 5, APS/*Kiel*, § 1 KSchG Rn 507 und 792; *Kiel/Koch*, Die betriebsbedingte Kündigung, Rn. 485; *Langenbucher*, SAE 1998, S 145, 149, *Meyer*, BB 2000, S 1032, 1034; *Müller-Gloge*, NZA 1999, S. 449, 456, *Oetker*, ZIP 2000, S 643, 651, *ders* , DZWIR 2000, S 461, 462 f , ErfK/*Preis*, § 613a BGB Rn 147, *Preis/Steffan*, DB 1998, S 309, 311, APS/*Steffan*, § 613a BGB Rn 185, MünchArbR/*Wank*, § 124 Rn 59 a E , *Willemsen*, in Willemsen/Hohenstatt/Schweibert, Umstrukturierung und Übertragung von Unternehmen, S 726 f., *Zwanziger*, in: Kittner/Däubler/Zwanziger, KSchR, § 613a BGB Rn 128 Für die Zeit nach Ablauf der Kündigungsfrist auch *Lisec*, Der Wiedereinstellungsanspruch des Arbeitnehmers nach betriebsbedingter Kündigung und Betriebsübergang, S. 120. Siehe außerdem *Meinel/Bauer*, NZA 1999, S. 575, 580 sowie *Westera*, Der Wiedereinstellungsanspruch nach wirksamer Kündigung, S. 131 f., die allerdings die Frist für die Geltendmachung des Wiedereinstellungsanspruchs nicht nur im Falle eines Betriebsübergangs an den §§ 4, 7 KSchG anlehnen wollen. Kritisch zur Kenntnis des Arbeitnehmers als maßgebendes Kriterium für den Fristbeginn *Gussen*, Anm zu BAG AP Nr 5 zu § 1 KSchG 1969 Wiedereinstellung. Gegen eine materielle Ausschlußfrist hingegen *Raab*, RdA 2000, S 147, 161, der im Falle des Fristablaufs lediglich von einem Dispositionsschutz zugunsten des Arbeitgebers ausgeht Für die Grenze der Verwirkung plädiert *Hinrichs*, AiB 1997, S 615, 616

1136 *Meinel/Bauer*, NZA 1999, S 575, 580

1137 Ebenso *Westera*, Der Wiedereinstellungsanspruch nach wirksamer Kündigung, S 132

könne nicht eingewandt werden, daß das Bundesarbeitsgericht hinsichtlich der Wahrung der Drei-Wochen-Frist beim Widerspruchsrecht keine gerichtliche Geltendmachung verlangt, sondern die außergerichtliche Erklärung gegenüber dem Betriebsveräußerer als ausreichend betrachtet. Denn das Recht zum Widerspruch sei ein einseitiges Gestaltungsrecht des Arbeitnehmers, das als solches – im Gegensatz zum Wiedereinstellungsanspruch – gar nicht eingeklagt werden könne, sondern seine rechtsgestaltende Wirkung durch einseitige, empfangsbedürftige Willenserklärung entfalte. Darüber hinaus müsse auch im Hinblick auf die Vergleichbarkeit der Interessenlage die Analogie zu den §§ 4, 7 KSchG beim Wiedereinstellungsanspruch weitergehen als beim Widerspruchsrecht. Denn vor dem Hintergrund, daß die Interessenlage beim Wiedereinstellungsanspruch der Interessenlage in der Kündigungssituation entspreche, sei hinsichtlich des Wiedereinstellungsanspruchs – anders als beim Widerspruchsrecht – eine umfassende Analogie zum Kündigungsrecht gerechtfertigt.

Der These vom Erfordernis einer gerichtlichen Geltendmachung des Wiedereinstellungsanspruchs zur Fristwahrung kann nicht gefolgt werden. Ihr liegt die unzutreffende Prämisse zugrunde, daß es sich bei dem argumentativen Rückgriff auf die Drei-Wochen-Frist des § 4 S. 1 KSchG um eine Analogie handelt[1138]. Soweit aber von Rechtsprechung und Literatur hinsichtlich der Bemessung der Erklärungsfrist für die Ausübung des Widerspruchsrechts auf § 4 S. 1 KSchG rekurriert wird, geschieht dies lediglich, um das unscharfe Zeitmoment der Unverzüglichkeit einer Präzisierung zuzuführen. Die Drei-Wochen-Frist des § 4 S. 1 KSchG gibt hierbei lediglich eine teleologisch vergleichbare Richtgröße vor. Ein Zwang zur gerichtlichen Geltendmachung des Widerspruchsrechts soll durch den Rekurs auf § 4 S. 1 KSchG hingegen keinesfalls begründet werden[1139].

Vor diesem Hintergrund ist es aber konsequent, zur Wahrung des Gleichklangs zwischen Ausübung des Widerspruchsrechts und Geltendmachung des Wiedereinstellungsanspruchs auch hinsichtlich der Geltendmachung des Anspruchs auf Wiedereinstellung für die Wahrung der an den §§ 4, 7 KSchG angelehnten Frist weder eine Klageerhebung noch eine Prozeßhandlung zu verlangen[1140]. Auch in bezug auf den Wiedereinstellungsanspruch hat der Rückgriff auf §§ 4, 7 KSchG somit nur Bedeutung für die Fristberechnung, ist jedoch für die Form der Geltendmachung ohne Belang. Der Arbeitnehmer muß daher spätestens innerhalb von drei Wochen nach Kenntniserlangung von den tatsächlichen Umständen, die den Betriebsübergang begründen, den Anspruch auf Wiedereinstellung geltend machen. Da es allerdings keinen Zwang zur gerichtlichen Geltendmachung gibt, kann der Arbeitnehmer hierzu grundsätzlich bei dem neuen Inhaber des Betriebs persönlich vorstellig werden und von ihm die Wiedereinstellung zu unveränderten Bedingungen verlangen.

1138 Für eine Analogie allerdings auch *Kleinebrink*, FA 1999, S. 138, 140.

1139 Vgl. LAG Hamm, DZWIR 2000, S. 457, 460; *Oetker*, DZWIR 2000, S. 461, 463.

1140 So im Ergebnis auch LAG Hamm, DZWIR 2000, S. 457, 460 f.; *Oetker*, DZWIR 2000, S. 461, 463 f. Auch das Bundesarbeitsgericht sieht die außergerichtliche Geltendmachung des Wiedereinstellungsanspruchs als ausreichend an, um die unter Rekurs auf die §§ 4, 7 KSchG bemessene Geltendmachungsfrist zu wahren, vgl. BAG AP Nr. 5 zu § 1 KSchG 1969 Wiedereinstellung.

Dem Arbeitnehmer bleibt es unbenommen, den Wiedereinstellungsanspruch direkt in Form einer Klageerhebung geltend zu machen[1141]. Da die Rechtsordnung ihn hierzu jedoch nicht zwingt, trägt er in diesem Fall aber das Risiko, daß die Klage dem Erwerber des Betriebs nicht innerhalb der Drei-Wochen-Frist nach Kenntniserlangung von den den Betriebsübergang ausmachenden Umständen zugestellt wird. In der Sphäre des Gerichts anzusiedelnde Zustellungsverzögerungen fallen hierbei – da das Gericht bezüglich der Geltendmachung des Wiedereinstellungsanspruchs gegenüber dem Betriebserwerber als Bote fungiert[1142] - in den Risikobereich des Arbeitnehmers. Da der Arbeitnehmer – im Gegensatz zur Ausschlußfrist des § 4 S. 1 KSchG – nicht zur gerichtlichen Geltendmachung des Wiedereinstellungsanspruchs gezwungen ist, muß insoweit auch ein Rückgriff auf § 270 III ZPO ausscheiden, weil diese Vorschrift nur dann Anwendung findet, wenn zur Fristwahrung eine Klageerhebung oder eine andere Prozeßhandlung erforderlich ist[1143].

Nach alledem erweist sich der Wiedereinstellungsanspruch nach Betriebsübergang als fristgebundene Rechtsposition, die in Anlehnung an die §§ 4, 7 KSchG in der Regel[1144] innerhalb von drei Wochen nach Kenntniserlangung von den den Betriebsübergang ausmachenden tatsächlichen Umständen gegenüber dem Betriebserwerber geltend zu machen ist.

D. Zwischenergebnis

Die Geltendmachung des Wiedereinstellungsanspruchs ist nicht an eine nach § 4 KSchG analog zu bestimmende Frist gebunden. Vielmehr gilt grundsätzlich nur die Grenze der Verwirkung.

Um dem Gleichklang zwischen der Ausübung des Widerspruchsrechts und der Geltendmachung des Wiedereinstellungsanspruchs Rechnung zu tragen, ist der Wiedereinstellungsanspruch bei Betriebsübergang ausnahmsweise unverzüglich, in Anlehnung an die in § 4 S. 1 KSchG vorgesehene, teleologisch vergleichbare Richtgröße in der Regel spätestens innerhalb von drei Wochen nach Kenntnis der für den Betriebsübergang maßgebenden Tatsachen geltend zu machen. Zur Wahrung der

1141 So auch LAG Hamm, DZWIR 2000, S 457, 461, *Oetker*, DZWIR 2000, S 461, 464

1142 Vgl *Oetker*, DZWIR 2000, S 461, 464

1143 So auch LAG Hamm, DZWIR 2000, S 457, 460, das in diesem Zusammenhang zu Recht darauf hinweist, daß § 270 III ZPO aus diesem Grunde weder für die Wahrung der Drei-Wochen-Frist, die § 2 S 2 KSchG für die Erklärung des Vorbehalts bei einer Änderungskündigung festlegt, noch für die Wahrung der Zwei-Wochen-Frist zur Zurückweisung einer Kündigung mangels Vorlage einer Vollmachtsurkunde gemäß § 174 S. 1 BGB Anwendung findet (vgl hierzu auch BAG AP Nr. 49 zu § 2 KSchG 1969 sowie LAG Hamm, ZinsO 2000, S 351) Vgl allgemein zu § 270 III ZPO *Thomas*, in Thomas/Putzo, ZPO, § 270 Rn 5.

1144 Bei atypisch gelagerten Fallgestaltungen sollten geringfügige Fristüberschreitungen toleriert werden, vgl *Oetker*, DZWIR 2000, S. 461, 464, der es ablehnt, der Drei-Wochen-Frist den Charakter einer starren Hochstgrenze zu verleihen und dafür plädiert, den vom 2. Senat des Bundesarbeitsgerichts in dem Urteil vom 22 04 1993 (BAG AP Nr. 102 zu § 613a BGB) in bezug auf die Frist zur Ausübung des Widerspruchsrechts angedeuteten Vorbehalt („Regelfrist“) auch beim Wiedereinstellungsanspruch stets mitzubedenken

Geltendmachungsfrist ist die Erhebung der Wiedereinstellungsklage nicht erforderlich. Vielmehr ist eine außergerichtliche Erklärung des Arbeitnehmers ausreichend.

§ 8 Prozessuale Behandlung des Wiedereinstellungsanspruchs

Im folgenden soll untersucht werden, wie der Anspruch auf Wiedereinstellung prozessual zu behandeln ist.

A. Formulierung und Inhalt des Klageantrags

Weigert sich der Arbeitgeber, dem Wiedereinstellungsbegehren zu entsprechen, so kann der Arbeitnehmer den ihm zustehenden Anspruch im Klagewege durchsetzen. Aus prozessualer Sicht ist hierbei zunächst zu klären, wie der vom Arbeitnehmer zu stellende Klageantrag zu formulieren ist.

I. Leistungsantrag auf Abgabe einer Annahmeerklarung

Für die Formulierung des Klageantrags ist zunächst die dem Wiedereinstellungsanspruch zugrundeliegende materielle Rechtslage von Bedeutung. Da der Anspruch des Arbeitnehmers auf Wiedereinstellung das Vorliegen eines rechtswirksamen Beendigungstatbestandes zur Voraussetzung hat und inhaltlich auf die Neubegründung eines Arbeitsverhältnisses durch Neuabschluß eines Arbeitsvertrages gerichtet ist, ergibt sich im Hinblick auf seine prozessuale Umsetzung, daß der Klageantrag des Arbeitnehmers grundsätzlich auf die Verurteilung des Arbeitgebers zur Abgabe einer entsprechenden Willenserklärung zu richten ist[1145]. Bezieht sich das Rechtsschutzbegehren des Arbeitnehmers somit auf ein positives Tun des Arbeitgebers, ist der Wiedereinstellungsanspruch grundsätzlich im Wege der Leistungsklage geltend zu machen[1146].

Hinsichtlich der vom Arbeitgeber abzugebenden, für den Neuabschluß des Arbeitsvertrages erforderlichen Willenserklärung stellt sich die Frage, ob der Klageantrag des Arbeitnehmers insoweit auf Abgabe eines Vertragsangebotes oder auf Abgabe einer Annahmeerklärung des Arbeitgebers zu richten ist.

Da die Bedingungen des neu abzuschließenden Arbeitsvertrages grundsätzlich denjenigen des vorangegangenen, rechtswirksam beendeten Vertrages entsprechen und somit bereits feststehen, erscheint das Rechtsschutzbedürfnis für eine Klage auf

---

1145 Vgl auch *Appel*, in: Kittner/Zwanziger, Arbeitsrecht, Handbuch für die Praxis, § 107 Rn 5, *Strathmann*, Der Wiedereinstellungsanspruch eines wirksam gekündigten Arbeitnehmers, S 108 und 112 sowie allgemein zur Durchsetzung der Verpflichtung zum Abschluß eines Vertrages *Nipperdey*, Kontrahierungszwang und diktierter Vertrag, S. 117

1146 So auch *Beseler*, in: Beseler/Düwell/Göttling, Arbeitsrechtliche Probleme bei Betriebsübergang, Betriebsänderung, Unternehmensumwandlung, S. 39; *Strathmann*, Der Wiedereinstellungsanspruch eines wirksam gekündigten Arbeitnehmers, S. 108. In seiner Entscheidung vom 27.02.1997 hat das Bundesarbeitsgericht zwar ausdrücklich einen Feststellungsantrag für zulässig erachtet (vgl BAG AP Nr 1 zu § 1 KSchG 1969 Wiedereinstellung). Dies hing jedoch damit zusammen, daß dieser auf Anregung des Landesarbeitsgerichts gestellt worden war und sich die Erwerberin des Betriebs in einem Parallelprozeß dem Ausgang des auf Feststellung gerichteten Verfahrens unterworfen hatte Fur die grundsatzliche Zulassigkeit einer Feststellungsklage bezuglich der Durchsetzung der Verpflichtung zum Abschluß eines Vertrages pladiert auch *Nipperdey*, Kontrahierungszwang und diktierter Vertrag, S 130

Abgabe eines Vertragsangebotes durch den Arbeitgeber zweifelhaft. Denn der Arbeitnehmer kann insoweit mit der Klage ein eigenes Angebot unterbreiten, ohne der Unsicherheit ausgesetzt zu sein, ob für den Arbeitgeber die Verpflichtung besteht, sein Einverständnis bezüglich aller Einzelheiten dieses Angebotes zu erklären. Folglich besteht für den Arbeitnehmer kein schützenswertes Interesse daran, mit der Wiedereinstelungsklage lediglich die Abgabe eines Vertragsangebotes des Arbeitgebers zu verfolgen. Der die Wiedereinstellung begehrende Arbeitnehmer hat vielmehr mit seinem Klageantrag ein eigenes Angebot zu unterbreiten und dessen Annahme durch den Arbeitgeber zu verlangen[1147].

Da demzufolge mit der Rechtskraft eines der Wiedereinstellungsklage stattgebenden Urteils gemäß § 894 I S. 1 ZPO die Annahmeerklärung des Arbeitgebers fingiert wird und somit der Arbeitsvertrag unmittelbar zustandekommt, darf sich der Klageantrag nicht auf die bloße Begründung des Arbeitsverhältnisses als solche beschränken. Um dem Bestimmtheitsgebot der §§ 46 II S. 1 ArbGG, 253 II Nr. 2 ZPO zu genügen, muß der Antrag des Arbeitnehmers vielmehr das zu begründende Arbeitsverhältnis im Hinblick auf die zugrundezulegenden Arbeitsbedingungen und die Dauer inhaltlich hinreichend konkretisieren[1148]. Ein entsprechend formulierter Antrag könnte beispielsweise wie folgt lauten:

„Der Beklagte wird verurteilt, das Angebot des Klägers auf Abschluß eines unbefristeten Arbeitsvertrages zu den bisherigen Arbeitsbedingungen aus dem Arbeitsvertrag vom ... unter Wahrung der erdienten sozialen Besitzstände anzunehmen."

In bezug auf die Schadensersatzansprüche des Arbeitnehmers hinsichtlich des Unterbrechungszeitraums ist zu differenzieren. Soweit die Bezifferung solcher Ansprüche zur Zeit der Erhebung der Klage möglich und zumutbar ist, hat sie der Arbeitnehmer im Wege der Leistungsklage geltend zu machen[1149]. Dies gilt insbesondere für den infolge der Vertragsverweigerung des Arbeitgebers entgangenen Arbeitsverdienst. Ein diesbezüglicher Klageantrag des Arbeitnehmers lautet:

1147 Im Ergebnis ebenso BAG AP Nr 1 zu § 62 MTL II; *Boewer*, in: Kündigung und Kündigungsschutz in der betrieblichen Praxis, S 294, *Bram*, in. Bader/Bram/Dörner/Wenzel, KSchG, § 1 Rn 73, *Bram/Rühl*, NZA 1990, S 753, 758 mit zusätzlichem Hinweis auf die Rechtsprechung des Bundesgerichtshofs bezüglich der Klage auf Abschluß eines Vertrages, dessen Inhalt in einem Vorvertrag bereits festgelegt ist (BGH, NJW 1984, S 479, 480). Außerdem *Boewer*, NZA 1999, S 1177, 1182, *Caspers*, Personalabbau und Betriebsänderung im Insolvenzverfahren, Rn 223, *Linck*, FA 2000, S. 334, 338, *Oetker*, ZIP 2000, S. 643, 650, 652, *Raab*, RdA 2000, S. 147, 158, *Zwanziger*, in Kittner/Däubler/Zwanziger, KSchR, Einl Rn 390s und Rn 390t Siehe allgemein auch *Nipperdey*, Kontrahierungszwang und diktierter Vertrag, S 102 A A *Hoefs*, Die Verdachtskündigung, S 303; *Senne*, AuArbR 1992, S 301, 301

1148 Siehe hierzu auch *Linck*, FA 2000, S 334, 338, *Oetker*, ZIP 2000, S 643, 652, *Westera*, Der Wiedereinstellungsanspruch nach wirksamer Kündigung, S 126 f, *Ziemann*, MDR 1999, S 716, 719 f

1149 Dazu, daß in solchen Fallen eine Feststellungsklage mangels Feststellungsinteresses in der Regel unzulassig ist Stein/Jonas/*Schumann*, ZPO, § 256 Rn 87; *Thomas*, in Thomas/Putzo, ZPO, § 256 Rn 18.

„Der Beklagte wird verurteilt, an den Kläger DM ... nebst Zinsen hieraus in Höhe von acht Prozentpunkten über dem Basiszinssatz seit dem ... zu bezahlen."

Soweit die Bezifferung der den Unterbrechungszeitraum betreffenden Schadensersatzansprüche im Zeitpunkt der Klageerhebung nicht tunlich ist, kann der Arbeitnehmer einen entsprechenden Feststellungsantrag stellen. Dies kommt im vorliegenden Zusammenhang namentlich im Hinblick auf sich allmählich entwickelnde Schadensersatzansprüche im Bereich der betrieblichen Altersversorgung und des Sozialversicherungsrechts in Betracht[1150]. Ein entsprechender Antrag ist wie folgt zu formulieren:

„Es wird festgestellt, daß der Beklagte verpflichtet ist, dem Kläger allen Schaden zu ersetzen, der dem Kläger aus der Vertragsverweigerung des Beklagten vom ... noch entstehen wird."

II. Möglichkeit einer auf Erfüllung der Hauptpflichten aus dem zu begründenden Arbeitsverhältnis gerichteten Klage

Klärungsbedürftig hinsichtlich der Formulierung des Klageantrags ist darüber hinaus, ob der Arbeitnehmer stets zunächst auf Abgabe der Annahmeerklärung des Arbeitgebers klagen muß, um dann im Falle eines stattgebenden rechtskräftigen Urteils die Erfüllung der Pflichten des gemäß § 894 I S. 1 ZPO im Wege gesetzlicher Fiktion zustandegekommenen Vertrages – gegebenenfalls wiederum im Klagewege – vom Arbeitgeber verlangen zu können.

1. Problemstellung

Der 2. Senat des Bundesarbeitsgerichts gewährt dem Arbeitnehmer in diesem Zusammenhang die Möglichkeit, sofort auf Erfüllung der Hauptpflichten aus dem zu begründenden Arbeitsverhältnis, mithin auf Weiterbeschäftigung[1151] zu klagen[1152]. Hiermit wird es dem Arbeitgeber insbesondere unmöglich gemacht, die tatsächliche Beschäftigung des Arbeitnehmers bis zum Zeitpunkt der Rechtskraft eines der Klage auf Abgabe der Annahmeerklärung stattgebenden Urteils mit dem Hinweis darauf zu verweigern, daß erst hierdurch ein neuer Arbeitsvertrag begründet werde, vorher eine entsprechende Verpflichtung zur Beschäftigung mithin nicht bestehe.

Auch über den Weg der vorläufigen Vollstreckbarkeit eines der Klage auf Abgabe der Annahmeerklärung stattgebenden Urteils läßt sich eine Pflicht des Arbeitgebers zur

---

1150 Vgl. hierzu allgemein auch Stein/Jonas/*Schumann*, ZPO, § 256 Rn. 88.

1151 Vgl. zur Beschäftigungspflicht des Arbeitgebers BAG AP Nr. 14 zu § 611 BGB Beschäftigungspflicht sowie *Ruhl/Kassebohm*, NZA 1995, S. 497 ff.

1152 Vgl. BAG AP Nr. 1 zu § 1 KSchG 1969 Wiedereinstellung. Ebenso *Appel*, in: Kittner/Zwanziger, Arbeitsrecht, Handbuch für die Praxis, § 107 Rn. 5, *Hromadka/Maschmann*, Arbeitsrecht Bd. 1, S. 449, *Weller/Dorndorf*, in: Heidelberger Kommentar, KSchG, § 1 Rn. 947a, *Zwanziger*, in: Kittner/Däubler/Zwanziger, KSchR, Einl. Rn. 390u. Siehe auch *Nipperdey*, Kontrahierungszwang und diktierter Vertrag, S. 118. Ausdrücklich offengelassen hingegen vom 7. Senat des Bundesarbeitsgerichts, vgl. BAG AP Nr. 2 zu § 1 KSchG 1969 Wiedereinstellung.

tatsächlichen Beschäftigung des die Wiedereinstellung begehrenden Arbeitnehmers nicht herleiten: Aus einer nach Maßgabe des § 62 I S. 1 ArbGG kraft Gesetzes angeordneten vorläufigen Vollstreckbarkeit eines solchen Urteils folgt keinesfalls ein „vorläufiger“ Eintritt der Wirkung des § 894 ZPO in dem Sinne, daß die Erklärung als unter auflösender Bedingung der Aufhebung des Urteils abgegeben[1153] und damit ein entsprechend auflösend bedingter Arbeitsvertrag als zustandegekommen gilt, der die Grundlage für eine Beschäftigungspflicht des Arbeitgebers bilden könnte. Dies ergibt sich einerseits aus dem Regelungszweck des § 894 ZPO, die Figur einer „vorläufigen Willenserklärung“ und die damit verbundene Rechtsunsicherheit zu verhindern[1154]. Andererseits aus der Sondervorschrift des § 895 ZPO, die ebenfalls nicht die bedingte Abgabe der Willenserklärung, sondern lediglich die Bewilligung des Schuldners bezüglich der Eintragung von Sicherungsmitteln fingiert, wenn der Schulder durch ein vorläufig vollstreckbares Urteil zur Abgabe einer Willenserklärung verurteilt ist, aufgrund deren eine Eintragung in das Grundbuch erfolgen soll.

Wird dem Arbeitnehmer hingegen – im Einklang mit dem 2. Senat des Bundesarbeitsgerichts – die Möglichkeit eröffnet, sofort auf Erfüllung der Pflichten aus dem zu begründenden Arbeitsverhältnis, also unmittelbar auf Weiterbeschäftigung zu klagen, kann dieser aus einem obsiegenden, nach Maßgabe des § 62 I S. 1 ArbGG kraft Gesetzes vorläufig vollstreckbaren Urteil hinsichtlich der tatsächlichen Beschäftigung vorläufig vollstrecken.

Dieser vom 2. Senat des Bundesarbeitsgerichts skizzierte Weg ist in der Literatur allerdings mit dem Hinweis darauf kritisiert worden, daß es sich bei einer Klage auf Abgabe einer Willenserklärung und einer solchen auf tatsächliche Beschäftigung um unterschiedliche Streitgegenstände handele. Der die Wiedereinstellung begehrende Arbeitnehmer könne somit nicht von vornherein unmittelbar auf Beschäftigung klagen. Ihm verbleibe lediglich die Möglichkeit, für den Fall, daß der Arbeitgeber während der prozessualen Auseinandersetzung um den Wiedereinstellungsanspruch zum Ausdruck bringt, im Falle eines rechtskräftigen stattgebenden Urteils das aufgrund des gemäß § 894 I ZPO fingierten Arbeitsvertrages begründete Arbeitsverhältnis nicht vollziehen zu wollen, seine auf Abgabe der Annahmeerklärung des Arbeitgebers gerichtete Klage um einen Weiterbeschäftigungsanspruch auf der Grundlage des mit Rechtskraft durch die Fiktion des § 894 I ZPO zustandegekommenen Arbeitsvertrages zu erweitern[1155].

2. Parallelproblematik im bisherigen kaufrechtlichen Gewährleistungsrecht

Es stell sich die Frage, ob diese Bedenken durchgreifen, oder ob der Konstruktion des 2. Senats des Bundesarbeitsgerichts gefolgt werden kann. Auf der Suche nach einer mit der Wiedereinstellung insoweit vergleichbaren Konstellation fällt zunächst die vor

---

[1153] Vgl. hierzu Stein/Jonas/*Brehm*, ZPO, § 894 Rn 17, *Schilken*, Münchener Kommentar, ZPO, § 894 Rn 11

[1154] Deshalb scheidet bei einem Wiedereinstellungsanspruch auch eine einstweilige Anordnung aus, vgl hierzu *Hoefs*, Die Verdachtskündigung, S 303

[1155] So *Boewer*, NZA 1999, S 1177, 1182, *ders.*, in Kündigung und Kündigungsschutz in der betrieblichen Praxis, S. 294; *Westera*, Der Wiedereinstellungsanspruch nach wirksamer Kündigung, S 125

dem Inkrafttreten des Gesetzes zur Modernisierung des Schuldrechts bestehende Parallelproblematik im kaufrechtlichen Gewährleistungsrecht ins Auge[1156]: Das Bürgerliche Gesetzbuch hatte die kaufrechtlichen Sachmängelgewährleistungsrechte der Wandelung und Minderung (vgl. § 462 BGB a. F.) nicht als Gestaltungsrechte, sondern als Ansprüche des Käufers ausgestaltet. So bestimmte § 462 BGB a. F., der Käufer könne Wandelung oder Minderung „verlangen". § 467 S. 1, 1. Hs. BGB a. F. überging bei der Verweisung in das Rücktrittsrecht gerade den die gestaltende Rücktrittserklärung betreffenden § 349 BGB und § 477 I S. 1 BGB a. F. sprach ausdrücklich vom „Anspruch auf Wandelung oder auf Minderung" und regelte dessen Verjährung. Wie sich aus § 465 BGB a. F. ergab, richtete sich dieser Anspruch inhaltlich darauf, daß sich der Verkäufer mit der Wandelung beziehungsweise Minderung einverstanden erklärt und damit deren Vollzug herbeiführt.

Nach der auf *Bötticher*[1157] zurückgehenden „modifizierten Vertragstheorie" (oder auch „Theorie vom richterlichen Gestaltungsakt")[1158] war an der vertraglichen Konstruktion der Wandelung beziehungsweise Minderung festzuhalten, so daß zunächst der Kaufvertrag aufgehoben (so im Falle der Wandelung) beziehungsweise abgeändert (so im Falle der Minderung) werden mußte, bevor Rückgewähransprüche des Käufers entstehen konnten. Wenn jedoch der Verkäufer den für die Aufhebung beziehungsweise Änderung des Kaufvertrages erforderlichen Vertrag nicht freiwillig abschloß, konnte der Käufer seine Klage sofort auf Leistung richten, war mithin nicht gezwungen, zunächst auf Einwilligung des Verkäufers in die Umgestaltung des Vertrages zu klagen. In dem Verlangen nach Leistung lag hierbei sinngemäß das Begehren nach Vollziehung des Gewährleistungsrechts. Das einer solchen Leistungsklage des Käufers stattgebende Urteil vollzog dann zugleich das Gewährleistungsrecht. Die Umgestaltung des Kaufvertrages erfolgte insoweit – implizit – durch richterliche Gestaltung[1159] [1160].

Nach dem nunmehr geltenden kaufrechtlichen Gewährleistungsrecht kann der Käufer im Falle eines Sachmangels durch Erklärung gegenüber dem Verkäufer von dem Vertrag zurücktreten (§§ 437 Nr. 2, 1. Alt., 440, 323, 326 V BGB) oder den Kaufpreis durch Erklärung gegenüber dem Verkäufer mindern (§§ 437 Nr. 2, 2. Alt., 441 BGB). Da Rücktritt und Minderung als Gestaltungsrechte konzipiert sind, ist mit der Erklärung des Käufers das Rechtsverhältnis umgestaltet. Eine entsprechende

---

1156 Vgl zu diesem Ansatz *Meinel/Bauer*, NZA 1999, S 575, 581; *Strobel*, Die Rechtsfigur der Verdachtskündigung, S. 286 Siehe auch bereits *Nipperdey*, Kontrahierungszwang und diktierter Vertrag, S. 118.

1157 *Bötticher*, Die Wandlung als Gestaltungsakt

1158 Vgl. hierzu *Fikentscher*, Schuldrecht, Rn. 722; *Herberger*, Rechtsnatur, Aufgabe und Funktion der Sachmängelhaftung nach dem Bürgerlichen Gesetzbuch, S 116 ff; *Larenz*, Lehrbuch des Schuldrechts Bd II/1, S 55 f., *ders*, NJW 1951, S 497 ff, im Grundsatz auch Palandt/*Putzo*, § 465 Rn 6 a E

1159 *Larenz*, Lehrbuch des Schuldrechts Bd II/1, S 55 spricht unter Bezugnahme auf *Bötticher* insoweit von einem „verdeckten Gestaltungsurteil"

1160 Anders argumentierten die Vertreter der „strengen Vetragstheorie" (vgl hierzu die Nachweise bei Staudinger/*Honsell*, § 465 Rn 2, Soergel/*Huber*, § 462 Rn 50) und der „Herstellungstheorie" (vgl *A Blomeyer*, AcP Bd 151 (1950/1951), S 97 ff, *Erman*, JZ 1960, S 41, 44 ff, *Leser*, Der Rucktritt vom Vertrag, S 237 ff, *Raape*, Festschrift für Lehmann, S 159 ff)

Einverständniserklärung des Verkäufers ist folglich – im Gegensatz zu § 465 BGB a. F. – nicht mehr erforderlich. Auch wenn somit die durch §§ 465, 467 BGB a. F. hervorgerufenen Probleme nach Inkrafttreten des Gesetzes zur Modernisierung des Schuldrechts nicht mehr auftreten können[1161], läßt sich die zu ihrer Lösung entwickelte und über Jahrzehnte von der herrschenden Meinung befürwortete „modifizierte Vertragstheorie" im vorliegenden Zusammenhang argumentativ fruchtbar machen

3. Übertragung der „modifizierten Vertragstheorie" auf die Wiedereinstellungsproblematik

Bei Übertragung der Konstruktion der „modifizierten Vertragstheorie" auf die Wiedereinstellungsproblematik ergibt sich folgendes: Weigert sich der Arbeitgeber, den für die Neubegründung des Arbeitsverhältnisses erforderlichen Arbeitsvertrag mit dem die Wiedereinstellung begehrenden Arbeitnehmer abzuschließen, ist dieser nicht gezwungen, zunächst auf Abgabe einer entsprechenden Willenserklärung des Arbeitgebers zu klagen, um dann im Falle eines stattgebenden rechtskräftigen Urteils die Erfüllung der Pflichten des gemäß § 894 I S. 1 ZPO im Wege gesetzlicher Fiktion zustandegekommenen Vertrages – gegebenenfalls wiederum klageweise – vom Arbeitgeber verlangen zu können[1162]. Der Arbeitnehmer kann vielmehr sofort auf Erfüllung der Pflichten aus dem zu begründenden Arbeitsverhältnis, mithin unmittelbar auf Weiterbeschäftigung klagen. Das einer solchen Klage stattgebende Urteil ist dann hinsichtlich der tatsächlichen Beschäftigung vorläufig vollstreckbar (vgl. § 62 I S. 1 ArbGG), während das arbeitsvertragliche Band nach Maßgabe des § 894 I ZPO erst mit der Rechtskraft des Urteils entsteht.

4. Parallelproblematik beim Vorvertrag

Auch die Situation beim Vorvertrag weist mit der dem Wiedereinstellungsanspruch zugrundeliegenden Ähnlichkeiten auf. Der Vorvertrag ist ein schuldrechtlicher Vertrag, in dem die Verpflichtung zum späteren Abschluß eines anderen schuldrechtlichen Vertrages, des sogenannten Hauptvertrages, übernommen wird. Der Vorvertrag begründet somit einen Abschlußzwang auf vertraglicher Grundlage[1163].

Ebenso wie der Wiedereinstellungsanspruch ist der durch Abschluß eines Vorvertrages begründete Anspruch auf Abschluß eines Vertrages gerichtet, so daß sich auch beim Vorvertrag die Frage stellt, ob sich die Klage aus dem Vorvertrag stets auf den Abschluß des Hauptvertrages, mithin auf Abgabe einer entsprechenden Abschlußerklärung der anderen Partei zu richten hat und eine Klage auf Leistung des aus dem abzuschließenden Hauptvertrag Geschuldeten erst dann möglich ist, wenn die andere Partei sich mit dem Abschluß des Hauptvertrages einverstanden erklärt hat beziehungsweise ihre Erklärung durch ein der Klage aus dem Vorvertrag stattgebendes rechtskräftiges Urteil fingiert worden ist (§ 894 I S. 1 ZPO). Der Weg, den der aus dem Vorvertrag Anspruchsberechtigte bei diesem Verständnis zurückzulegen hätte,

---

1161 Vgl auch *H. P. Westermann*, JZ 2001, S 530, 538

1162 Dies entspräche der heute nicht mehr vertretenen „strengen Vertragstheorie"

1163 Vgl. Staudinger/*Bork*, Vorbem zu §§ 145 ff Rn 51; *Kramer*, Münchener Kommentar, Vor § 145 Rn 43, Soergel/*Wolf*, Vor § 145 Rn 57

entspräche demjenigen des wandelungs- beziehungsweise minderungsberechtigten Käufers bei Zugrundelegung der „strengen Vertragstheorie“.

Da der aus dem Vorvertrag Berechtigte hierbei gegebenenfalls dazu gezwungen wäre, nacheinander zwei Klagen zu erheben, um die aus dem Hauptvertrag geschuldete Leistung zu erlangen, besteht nach nahezu einhelliger Auffassung die Möglichkeit, die Klage auf Erfüllung der aus dem Hauptvertrag geschuldeten Leistung mit der vorrangigen, auf den Vorvertrag gestützten Klage auf Abschluß des Hauptvertrages zu verbinden[1164].

Über die Möglichkeit einer solchen Klageverbindung hinausgehend hat es der Bundesgerichtshof in einer Entscheidung vom 21.04.1972[1165] als zulässig erachtet, daß der aus dem Vorvertrag Berechtigte die aus dem Hauptvertrag geschuldete Leistung „isoliert“, mithin ohne gleichzeitige Klage auf Abschluß des Hauptvertrages einklagt, wenn schutzwürdige Interessen des Klägers an vorzeitiger Leistung bestehen und der Beklagte kein Interesse hat, die Leistung bis zum Abschluß des Hauptvertrages hinauszuzögern.

5. Übertragung auf die Wiedereinstellungsproblematik

Ist diese Entscheidung im Bereich vorvertraglicher Regelungen sicherlich nicht ohne weiteres verallgemeinerungsfähig[1166], so lassen sich die zu ihrer Begründung vom Bundesgerichtshof angeführten Argumente doch auf die Situation beim Wiedereinstellungsanspruch übertragen.

Einerseits hat auch der Arbeitnehmer, dem ein Anspruch auf Wiedereinstellung zusteht, ein schutzwürdiges Interesse an vorzeitiger Leistung, mithin an tatsächlicher Beschäftigung bereits vor Rechtskraft eines einer Klage auf Abgabe der Annahmeerklärung seitens des Arbeitgebers stattgebenden Urteils. Denn die Chance einer Rückkehr in den Betrieb nimmt auch bei bestehendem Anspruch auf Wiedereinstellung mit der Dauer der faktischen Trennung vom Arbeitsplatz ab. Darüber hinaus wird durch die Nichtweiterbeschäftigung über einen längeren Zeitraum hinweg die Erlangung beziehungsweise Erhaltung beruflicher Qualifikationen und Fachkenntnisse in Frage gestellt.

1164 Vgl aus der Rechtsprechung BGH, NJW 1986, S 2822, 2824 = BGHZ 98, S. 130, 134 f ; BGH, NJW 1986, S 2820, 2821; BGH, NJW 1975, S 443, 444; BGH, NJW-RR 1995, S. 1327, 1329 (Enger noch BGH, WM 1971, S. 44, 45, wo die Möglichkeit einer Klageverbindung unerwähnt bleibt und lediglich darauf hingewiesen wird, daß die Klage auf Leistung des aus dem Hauptvertrag Geschuldeten im allgemeinen erst dann möglich sei, wenn der Vertragsgegner in den Abschluß des Hauptvertrages gewilligt hat oder seine Erklarung durch Urteil ersetzt worden ist) Aus der Literatur Staudinger/*Bork*, Vorbem zu §§ 145 ff Rn 67, Palandt/*Heinrichs*, Einf v § 145 Rn 22, *Kramer*, Munchener Kommentar, Vor § 145 Rn 49, *Larenz*, Lehrbuch des Schuldrechts Bd II/1, S 56, Soergel/*Wolf*, Vor § 145 Rn 68

1165 BGH, NJW 1972, S 1189, 1190 f

1166 Dies wird auch vom Bundesgerichtshof betont, vgl BGH, NJW 1986, S 2822, 2824 sowie BGH, NJW-RR 1995, S 1327, 1329

Andererseits steht dem kein schutzwürdiges Interesse des Arbeitgebers gegenüber, die Leistung, also die Beschäftigung des Arbeitnehmers, bis zum Abschluß des Arbeitsvertrages – gegebenenfalls im Wege der gesetzlichen Fiktion seines Einverständnisses gemäß § 894 I ZPO – hinauszuzögern. Wenn die Wiedereinstellung zu einer unzumutbaren Belastung des Arbeitgebers führt, besteht schon kein entsprechender Anspruch des Arbeitnehmers, so daß auch eine unmittelbare Klage auf Beschäftigung keinen Erfolg hat. Ist ihm die Wiedereinstellung hingegen zumutbar, entgeht der Arbeitgeber vielmehr der Gefahr, Schadensersatz leisten zu müssen, ohne eine Arbeitsleistung erhalten zu haben.

Folglich läßt sich auch die Rechtsprechung des Bundesgerichtshofes zum Vorvertrag, nach der es ausnahmsweise zulässig ist, die aus dem Hauptvertrag geschuldete Leistung ohne gleichzeitige Klage auf Abschluß des Hauptvertrages zu fordern, auf die dem Wiedereinstellungsanspruch zugrundeliegende Konstellation übertragen und somit zur Rechtfertigung der Möglichkeit, mit der Wiedereinstellungsklage sofort auf Beschäftigung zu klagen, heranziehen.

B. Das Verhältnis zwischen Wiedereinstellungsklage und Kündigungsschutzklage

In prozessualer Hinsicht wirft auch das Verhältnis zwischen Wiedereinstellungsklage und Kündigungsschutzklage eine Reihe von Fragen auf:

I. Möglichkeit einer „isolierten" Wiedereinstellungsklage

Klärungsbedürftig ist hierbei zunächst die Frage, ob der Arbeitnehmer den Anspruch auf Wiedereinstellung „isoliert" gerichtlich geltend machen kann, ohne die vorausgegangene Kündigung rechtzeitig (§ 4 S. 1, §§ 5 und 6 KSchG) angegriffen zu haben. Es könnte in diesem Zusammenhang dahingehend argumentiert werden, daß der Rechtsgedanke des § 7 KSchG, wonach eine Kündigung, die nicht rechtzeitig im Sinne der §§ 4 S. 1, 5, 6 KSchG angegriffen wird, als sozial gerechtfertigt gilt, der Geltendmachung eines Wiedereinstellungsanspruches entgegensteht[1167]. Denn Sinn und Zweck der Befristung der Klagemöglichkeit und der nach Ablauf der Frist eintretenden Fiktion des § 7 KSchG ist die Herstellung alsbaldiger Klarheit über Fortbestand oder Ende des Arbeitsverhältnisses. Nach Ablauf der Dreiwochenfrist soll der Arbeitgeber auf die Wirksamkeit der ausgesprochenen Kündigung vertrauen dürfen und ohne Risiko die erforderlichen unternehmerischen Dispositionen treffen können[1168].

1167 Angedeutet vom Bundesarbeitsgericht in einer Entscheidung vom 21.02 1985 (BAG, DB 1985, S 1746), in der es um einen Wiedereinstellungsanspruch nach Wegfall eines betriebsbedingten Kündigungsgrundes ging Nachdem auf die Rechtsprechung und Literatur zum Wieder-einstellungsanspruch nach Verdachtskündigung hingewiesen wurde, führt das Gericht aus: „Der vorliegende Sachverhalt unterscheidet sich von dieser Fallgestaltung dadurch, daß die Kündigung zunächst einmal nach § 7 KSchG schon deshalb wirksam geworden ist, weil der Kläger sie nicht rechtzeitig angegriffen hat Die Bejahung eines Wiedereinstellungsanspruchs in einem solchen Falle wäre mit der gesetzgeberischen Entscheidung in den §§ 4, 5 KSchG kaum vereinbar" Dem folgend *Gentges*, Prognoseprobleme im Kündigungsschutzrecht, S 317, KPK/*Meisel*, Teil H, § 1 Rn 471 Siehe außerdem die Entscheidung des Arbeitsgerichts Wilhelmshaven vom 03 08 1976, ARSt 1977, S. 171

1168 Vgl nur KR-*Friedrich*, § 4 KSchG Rn 10

Wird die Geltendmachung des Wiedereinstellunganspruchs durch den gekündigten Arbeitnehmer zugelassen, ohne daß er rechtzeitig Kündigungsschutzklage gegen die ausgesprochene Kündigung erhoben hat, so führt ein der Wiedereinstellungsklage stattgebendes Urteil faktisch zu einer Beseitigung des nach Ablauf der dreiwöchigen Klagefrist entstandenen rechtssicheren Zustandes, weil hierdurch die Kündigungswirkung – Beendigung des Arbeitsverhältnisses - wieder aufgehoben wird.

Trotz dieser Überlegungen vermag die These, daß der Arbeitnehmer einen Wiedereinstellungsanspruch nur dann verfolgen kann, wenn er rechtzeitig Kündigungsschutzklage gegen die Kündigung erhoben hat, nicht zu überzeugen.

Einerseits unterscheidet sich die als Leistungsklage zu qualifizierende Wiedereinstellungsklage wesentlich von der auf Feststellung der Unwirksamkeit der Kündigung gerichteten Kündigungsschutzklage im Sinne des § 4 KSchG. Im Gegensatz zur Kündigungsschutzklage wird mit der Klage auf Wiedereinstellung die Wirksamkeit der Kündigung gerade nicht angegriffen, sondern vielmehr die Neubegründung des Arbeitsverhältnisses durch Neuabschluß eines Arbeitsvertrages geltend gemacht, was schon begrifflich eine wirksame Kündigung voraussetzt. Schon aufgrund dieser erheblichen Unterschiede kann die Verfristung der Kündigungsschutzklage gemäß § 7 KSchG nicht der Wiedereinstellungsklage entgegenstehen.

Andererseits ist es nicht sinnvoll, den Arbeitnehmer zu zwingen, die – wirksame – Kündigung mit einer rechtzeitig zu erhebenden und angesichts der Wirksamkeit der Kündigung von vornherein aussichtslosen Kündigungsschutzklage anzugreifen, nur um später im Falle eines Wegfalls des Kündigungsgrundes die Wiedereinstellung verlangen zu können.

Als Ergebnis ist insoweit festzuhalten, daß der Arbeitnehmer den Anspruch auf Wiedereinstellung gerichtlich geltend machen kann, ohne gegen die vorausgegangene Kündigung rechtzeitig Kündigungsschutzklage erhoben zu haben[1169].

II. Wiedereinstellung nach rechtskräftiger Abweisung der Kündigungsschutzklage

Das Verhältnis zwischen Wiedereinstellungs- und Kündigungsschutzklage spielt auch dann eine Rolle, wenn im Zeitpunkt des Wegfalls des Kündigungsgrundes eine vom

---

1169 Im Ergebnis ebenso *Appel*, in: Kittner/Zwanziger, Arbeitsrecht, Handbuch für die Praxis, § 107 Rn. 3; MünchArbR/*Berkowsky*, § 134 Rn. 84 und § 144 Rn. 18; *ders.*, Die betriebsbedingte Kündigung, S. 171; *Boewer*, NZA 1999, S. 1121, 1130; *Caspers*, Personalabbau und Betriebsänderung im Insolvenzverfahren, Rn. 213; APS/*Dorner*, § 1 KSchG Rn. 74 a E.; *Hambitzer*, NJW 1985, S. 2239, 2241; *ders.*, Der Wiedereinstellungsanspruch des Arbeitnehmers nach wirksamer Kündigung, S. 80; *Hanel*, Personal 1987, S. 262, 263; *Hauck*, in Heidelberger Kommentar, KSchG, § 4 Rn. 168; *Hoefs*, Die Verdachtskündigung, S. 297; *Honstetter*, Die Prognoseentscheidung des Arbeitgebers im Kündigungsrecht, S. 180; APS/*Kiel*, § 1 KSchG Rn. 801; *Kiel/Koch*, Die betriebsbedingte Kündigung, Rn. 870; *Kort*, SAE 2001, S. 131, 131; *Lakies*, NJ 1997, S. 664, 665; *Linck*, FA 2000, S. 334, 338; *Lowisch*, KSchG, § 1 Rn. 82; *Westera*, Der Wiedereinstellungsanspruch nach wirksamer Kündigung, S. 132 f.; *Ziemann*, MDR 1999, S. 716, 720; für die betriebsbedingte Kündigung auch *Schwerdtner*, Münchener Kommentar (2. Auflage), Vor § 620 Rn. 406; *Stahlhacke*, Das dringende betriebliche Erfordernis, S. 26.

Arbeitnehmer gegen die Kündigung erhobene Kündigungsschutzklage bereits durch rechtskräftiges Urteil abgewiesen worden ist. Dann stellt sich die Frage, ob die Rechtskraft des die Kündigungsschutzklage abweisenden Urteils einer Klage auf Wiedereinstellung entgegensteht[1170]. Für ihre Beantwortung ist entscheidend, wie weit die Rechtskraft eines die Kündigungsschutzklage abweisenden Urteils reicht. Nach § 46 II S. 1 ArbGG in Verbindung mit §§ 495, 322 I ZPO erstreckt sich die Rechtskraft eines Urteils lediglich auf den entschiedenen Streitgegenstand. Der Streitgegenstand einer Kündigungsschutzklage nach § 4 S. 1 KSchG ist umstritten.

Rechtsprechung und herrschende Lehre vertreten die von *A. Hueck*[1171] begründete Lehre vom punktuellen Streitgegenstand. Danach ist Streitgegenstand der Kündigungsschutzklage nach § 4 S. 1 KSchG die Wirksamkeit einer bestimmten Kündigung, mithin die Auflösung beziehungsweise Nichtauflösung des Arbeitsverhältnisses gerade durch die angegriffene Kündigung zu dem in ihr vorgesehenen Termin (so bei der ordentlichen Kündigung und der außerordentlichen Kündigung mit Auslauffrist) oder - im Falle der fristlosen Kündigung - im Zeitpunkt ihres Wirksamwerdens[1172].

Dem steht die Lehre vom bestandsrechtlichen Streitgegenstandsbegriff gegenüber, nach der der Fortbestand des Arbeitsverhältnisses im Zeitpunkt der letzten mündlichen Verhandlung in der Tatsacheninstanz den Streitgegenstand der Kündigungsschutzklage nach § 4 S. 1 KSchG bildet[1173].

Für die Lehre vom punktuellen Streitgegenstand spricht schon der Wortlaut des § 4 S. 1 KSchG. Aus der Formulierung „ ... Klage ... auf Feststellung, daß das Arbeitsverhältnis durch die Kündigung nicht aufgelöst ist.“ geht hervor, daß Streitgegenstand der Kündigungsschutzklage nicht das Bestehen des Arbeitsverhältnisses insgesamt, sondern lediglich dessen Auflösung beziehungsweise Nichtauflösung durch die angegriffene Kündigung ist[1174].

Die Lehre vom punktuellen Streitgegenstand hat im Falle der rechtskräftigen Abweisung der Kündigungsschutzklage zur Folge, daß damit rechtskräftig feststeht, daß das Arbeitsverhältnis durch die angegriffene Kündigung aufgelöst ist[1175].

1170 Dies wird bejaht von *Boudon*, EwiR 1998, S 323, 324, *Moos*, RdA 1962, S 301, 302 f Fn 13, im Grundsatz ebenso *Grunsky*, ZfA 1977, S 167, 184

1171 Vgl *A Hueck*, Festschrift für Nipperdey, S 99, 107

1172 Vgl aus der Rechtsprechung BAG AP Nr 17 zu § 3 KSchG, BAG AP Nr 18 zu § 3 KSchG; BAG AP Nr 40 zu § 3 KSchG; BAG AP Nr 3 zu § 4 KSchG 1969; BAG AP Nr 17 zu § 4 KSchG 1969, BAG AP Nr. 19 zu § 4 KSchG 1969; BAG AP Nr. 28 zu § 4 KSchG 1969; BAG AP Nr. 50 zu § 256 ZPO sowie aus der Literatur *Boemke*, RdA 1995, S. 211, 213; *Boewer*, NZA 1997, S 359, 360; KR-*Friedrich*, § 4 KSchG Rn. 227; *Hueck/v. Hoyningen-Huene*, KSchG, § 4 Rn 70; *Löwisch*, KSchG, § 4 Rn. 11

1173 Vgl *Bötticher*, Festschrift für Herschel, S. 181 ff.; *Güntner*, AuR 1974, S. 97, 108 ff.; *ders*, DB 1975, S 1267, 1270 f.

1174 Zu diesem und weiteren Argumenten für die Lehre vom punktuellen Streitgegenstand vgl. KR-*Friedrich*, § 4 KSchG Rn 227, *Hueck/v Hoyningen-Huene*, KSchG, § 4 Rn 70 ff

1175 Vgl KR-*Friedrich*, § 4 KSchG Rn 250, *Hueck/v Hoyningen-Huene*, KSchG, § 4 Rn. 81, *Löwisch*, KSchG, § 4 Rn 75, *Vossen*, in Stahlhacke/Preis/Vossen, Kündigung und Kündigungsschutz im Arbeitsverhältnis, Rn 1157

Mit der Wiedereinstellungsklage greift der Arbeitnehmer jedoch keineswegs die durch die Kündigung herbeigeführte und rechtskräftig festgestellte Auflösung des Arbeitsverhältnisses an. Vielmehr begehrt er mit der Klage auf Wiedereinstellung die Neubegründung des durch die Kündigung aufgelösten Arbeitsverhältnisses. Da Wiedereinstellungsklage und Kündigungsschutzklage somit unterschiedliche Streitgegenstände haben[1176], steht die Rechtskraft eines die Kündigungsschutzklage abweisenden Urteils einer Klage auf Wiedereinstellung nicht entgegen[1177].

III. Möglichkeit der Verbindung von Kündigungsschutz- und Wiedereinstellungsklage

Das Verhältnis zwischen Wiedereinstellungs- und Kündigungsschutzklage ist auch hinsichtlich einer Verbindung beider Klagen von Bedeutung. Die Frage nach der Verbindung einer Kündigungsschutzklage mit einer Klage auf Wiedereinstellung stellt sich für den gekündigten Arbeitnehmer insbesondere dann, wenn er Zweifel hinsichtlich der Unwirksamkeit der Kündigung hat und zugleich Indizien für einen Wegfall des die Kündigung – womöglich – tragenden Grundes vorliegen. In dieser Konstellation bieten sich für den Arbeitnehmer theoretisch zwei Möglichkeiten an. Er kann einerseits in erster Linie die ihm gegenüber ausgesprochene Kündigung mit einer Kündigungsschutzklage nach § 4 S. 1 KSchG angreifen und in zweiter Linie - für den Fall der Wirksamkeit der Kündigung - einen Antrag auf Wiedereinstellung stellen. Andererseits besteht für ihn die Möglichkeit, primär seine Wiedereinstellung zu verfolgen und den Kündigungsschutzantrag nur für den Fall zu stellen, daß eine unwirksame Kündigung vorliegt.

Hinsichtlich beider Vorgehensweisen ist danach zu differenzieren, ob der Arbeitnehmer bereits bei der Klageerhebung neben dem von ihm primär verfolgten Antrag zugleich den in zweiter Linie verfolgten Antrag stellt (anfängliche Eventualklagenhäufung), oder ob der Arbeitnehmer bei der Erhebung der Klage zunächst nur den Kündigungsschutzantrag beziehungsweise den Antrag auf Wiedereinstellung stellt und erst anschließend, nach Rechtshängigkeit der Klage, in demselben Rechtsstreit daneben den in zweiter Linie verfolgten Anspruch geltend macht (nachträgliche Eventualklagenhäufung). Die skizzierten Vorgehensweisen des Arbeitnehmers sollen

[1176] So auch *Hoefs*, Die Verdachtskündigung, S. 297; *Nägele*, in: Tschöpe, Anwalts-Handbuch Arbeitsrecht, S. 1124; *Rahmstorf*, Die Druckkündigung des Arbeitsverhältnisses, S. 96; *Strathmann*, Der Wiedereinstellungsanspruch eines wirksam gekündigten Arbeitnehmers, S. 113 f.; *Westera*, Der Wiedereinstellungsanspruch nach wirksamer Kündigung, S. 125. A. A. *Zwanziger*, in Kittner/Däubler/Zwanziger, KSchR (4. Auflage), Einl. Rn. 510.

[1177] Im Ergebnis ebenso, jedoch mit anderer Begründung *Beckschulze*, DB 1998, S. 417, 418; *Zwanziger*, BB 1997, S. 42, 46; *ders.*, in: Kittner/Däubler/Zwanziger, KSchR, Einl. Rn. 708. Vgl. auch *Appel*, in Kittner/Zwanziger, Arbeitsrecht, Handbuch für die Praxis, § 107 Rn. 3; MünchArbR/*Berkowsky*, § 144 Rn. 18; *ders.*, Die betriebsbedingte Kündigung, S. 171; *Hambitzer*, Der Wiedereinstellungsanspruch des Arbeitnehmers nach wirksamer Kündigung, S. 77 f.; *Hoefs*, Die Verdachtskündigung, S. 302 f.; *Honstetter*, Die Prognoseentscheidung des Arbeitgebers im Kündigungsrecht, S. 167 und 180; *Lisec*, Der Wiedereinstellungsanspruch des Arbeitnehmers nach betriebsbedingter Kündigung und Betriebsübergang, S. 67; *Strobel*, Die Rechtsfigur der Verdachtskündigung, S. 288 ff.; *Westera*, Der Wiedereinstellungsanspruch nach wirksamer Kündigung, S. 126 Fn. 559.

im folgenden bezüglich der mit ihnen verbundenen prozeßrechtlichen Fragestellungen näher untersucht werden:

1. Anfängliche Eventualklagenhäufung:

In Rechtsprechung und Literatur ist durchweg anerkannt, daß der Kläger im Zivilprozeß bei der Klageerhebung grundsätzlich neben dem Hauptantrag zugleich einen Hilfsantrag im Wege der Klagenhäufung gemäß § 260 ZPO stellen kann, über den nur im Falle der Erfolglosigkeit des Hauptantrages zu entscheiden ist[1178]. Dies gilt jedenfalls dann, wenn Haupt- und Hilfsanspruch in rechtlichem oder wirtschaftlichem Zusammenhang stehen[1179].

Der Zulässigkeit einer solchen Eventualklagenhäufung steht der Grundsatz der Bedingungsfeindlichkeit von Prozeßhandlungen nicht entgegen. Hiernach ist es zwar grundsätzlich unzulässig, Prozeßhandlungen vom Eintritt bestimmter Bedingungen abhängig zu machen, weil Einleitung und Fortgang des Prozesses keinen Schwebezustand vertragen, während dessen Ungewißheit herrscht, ob die Prozeßhandlung wirksam (aufschiebende Bedingung) beziehungsweise unwirksam wird (auflösende Bedingung)[1180]. Ein solcher Schwebezustand entsteht jedoch nur bei Abhängigkeit von Ereignissen außerhalb des Prozesses, mithin bei Vorliegen einer sogenannten außerprozessualen Bedingung.

Dagegen wird keine derartige Unsicherheit in das Verfahren getragen, wenn ein Prozeß unbedingt in Gang gekommen ist und die Wirksamkeit einer Prozeßhandlung von einem innerprozessualen Vorgang abhängig gemacht wird, mithin eine sogenannte innerprozessuale Bedingung gegeben ist. Denn in diesem Fall wird durch das Gericht im Laufe des Rechtsstreits verbindlich geklärt, ob die gesetzte Bedingung eingetreten ist[1181]. Bei der Eventualklagenhäufung wird die Wirksamkeit des hilfsweise gestellten Antrags an den Eintritt einer innerprozessualen Bedingung, nämlich an eine bestimmte Entscheidung über den Hauptantrag geknüpft.

Da die genannten Grundsätze des Zivilprozesses gemäß § 46 II S. 1 ArbGG auch im arbeitsgerichtlichen Verfahren Geltung beanspruchen und auch der von der herrschenden Meinung geforderte rechtliche beziehungsweise wirtschaftliche Zusammenhang zwischen der Kündigungsschutz- und der Wiedereinstellungsklage besteht – beide Klagen verfolgen das Ziel, die Existenz eines Arbeitsverhältnisses zwischen den

---

1178 Vgl. RGZ 144, S. 71, 73 f.; BGHZ 11, S. 192, 194 = NJW 1954, S. 757, 757; *Jauernig*, Zivilprozeßrecht, S. 329 f.; *Musielak*, Grundkurs ZPO, Rn 152; *Rosenberg/Schwab/Gottwald*, Zivilprozeßrecht, S 562 f.; Stein/Jonas/*Schumann*, ZPO, § 260 Rn 15 ff.

1179 Vgl *Jauernig*, Zivilprozeßrecht, S 330; *Lüke*, Münchener Kommentar, ZPO, § 260 Rn 12, *Musielak*, ZPO, Rn 152; *Rosenberg/Schwab/Gottwald*, Zivilprozeßrecht, S. 563; Stein/Jonas/*Schumann*, ZPO, § 260 Rn 20 Für unbeschränkte Zulässigkeit der Eventualklagenhäufung *Kion*, Eventualverhältnisse im Zivilprozeß, S 69, *Merle*, ZZP Bd 83 (1970), S 436, 440

1180 Vgl hierzu RGZ 144, S 71, 72 f., *Jauernig*, Zivilprozeßrecht, S 119 f., *Rosenberg/Schwab/Gottwald*, Zivilprozeßrecht, S 356

1181 Zur Zulässigkeit innerprozessualer Bedingungen *Jauernig*, Zivilprozeßrecht, S 120, *Putzo*, in Thomas/Putzo, ZPO, Einl III Rn 14, *Rosenberg/Schwab/Gottwald*, Zivilprozeßrecht, S 356

Parteien zu sichern - , besteht für den Arbeitnehmer die Möglichkeit, beide Klagen im Wege der anfänglichen Eventualklagenhäufung zu verbinden[1182].

Weil im Falle zulässigen Eventualvorbringens auch der Eventualanspruch sofort rechtshängig wird[1183], wahrt der Arbeitnehmer, der mit dem Hauptantrag seine Wiedereinstellung verfolgt und den Kündigungsschutzantrag lediglich hilfsweise stellt, die materielle Ausschlußfrist des § 4 S. 1 KSchG, wenn die Eventualklage drei Wochen nach Zugang der Kündigung beim Arbeitsgericht erhoben wird.

2. Erfordernis eines ausdrücklich gestellten Wiedereinstellungsantrags

Klärungsbedürftig ist darüber hinaus, wie das Gericht bei Vorliegen der Voraussetzungen eines Wiedereinstellungsanspruchs zu entscheiden hat, wenn der gekündigte Arbeitnehmer neben dem auf Feststellung der Unwirksamkeit gerichteten Kündigungsschutzantrag nach § 4 S. 1 KSchG nicht ausdrücklich hilfsweise einen auf Wiedereinstellung gerichteten Leistungsantrag gestellt hat.

Hinsichtlich der Berücksichtigung der eine Wiedereinstellung rechtfertigenden Umstände ist das Gericht nach § 46 II S. 1 ArbGG in Verbindung mit §§ 495, 308 I S. 1 ZPO an die von den Parteien gestellten Anträge gebunden und somit nicht befugt, dem Arbeitnehmer etwas zuzusprechen, was nicht beantragt ist.

In der Literatur wird in diesem Zusammenhang vereinzelt die Auffassung vertreten, daß es eines ausdrücklichen Antrags des Arbeitnehmers auf Wiedereinstellung nicht bedürfe. Ergäbe sich für das Gericht aus dem im Rahmen des Kündigungsschutzprozesses festgestellten Sachverhalt, daß die Voraussetzungen eines Wiedereinstellungsanspruchs erfüllt sind, sei vielmehr ohne weiteres der Kündigungsschutzklage stattzugeben[1184].

Begründet wird dieser Standpunkt damit, daß das Bestehen eines Wiedereinstellungsanspruchs bereits von Amts wegen bei der Entscheidung über den Kündigungsschutzantrag zu berücksichtigen sei. Denn lägen die Voraussetzungen eines Wiedereinstellungsanspruchs vor, beriefe sich der Arbeitgeber hinsichtlich der wirksamen Kündigung auf etwas, das er in Anbetracht der mit dem Wiederinstellungsanspruch verbundenen Verpflichtung zur Neubegründung des Arbeitsverhältnisses in der Sache sofort

---

1182 Im Ergebnis ebenso *Boewer*, in Kündigung und Kündigungsschutz in der betrieblichen Praxis, S 295; *Bram/Rühl*, NZA 1990, S. 753, 757; *Caspers*, Personalabbau und Betriebsänderung im Insolvenzverfahren, Rn 223, *Hambitzer*, Der Wiedereinstellungsanspruch des Arbeitnehmers nach wirksamer Kündigung, S 177 f, *Hauck*, in Heidelberger Kommentar, KSchG, § 4 Rn 168, *Nagele*, BB 1998, S 1686, 1689; *vom Stein*, Fehleinschätzungen bei der Kündigung von Arbeitsverhältnissen, S 162 f, *Strathmann*, Der Wiedereinstellungsanspruch eines wirksam gekündigten Arbeitnehmers, S 113 f, *Strobel*, Die Rechtsfigur der Verdachtskündigung, S 306 f, *Walker*, SAE 1998, S 103, 103

1183 Vgl nur RGZ 117, S 112, 114, BGH, NJW 1984, S 371, *Jauernig*, Zivilprozeßrecht, S 330, *Merle*, ZZP Bd 83 (1970), S 436, 442, *Rosenberg/Schwab/Gottwald*, Zivilprozeßrecht, S 563, Stein/Jonas/*Schumann*, ZPO, § 260 Rn 22 und § 261 Rn 5.

1184 So *Zwanziger*, BB 1997, S 42, 45 f, *ders*, in Kittner/Däubler/Zwanziger, KSchR (4 Auflage), Einl. Rn 510

wieder zurückgeben müßte, was als unzulässige Rechtsausübung gegen den Grundsatz von Treu und Glauben (§ 242 BGB) verstoße („dolo agit, qui petit, quod statim redditurus est“) und deshalb unzulässig sei[1185]. Obwohl die Wirksamkeit einer Kündigung durch eine Änderung des maßgeblichen Sachverhalts nach ihrem Zugang nicht berührt werden soll[1186], wirke sich das Bestehen eines Wiedereinstellungsanspruchs dahingehend aus, daß die Kündigung als unwirksam zu behandeln sei[1187].

Dieser Auffassung kann nicht gefolgt werden[1188]. Der Einwand des Rechtsmißbrauchs erscheint bereits vor dem Hintergrund als nicht tragfähig, daß im Falle des Zugangs einer wirksamen Kündigung die Beendigung des Arbeitsverhältnisses unabhängig von der weiteren Entwicklung der Umstände ipso iure eintritt. Der Arbeitgeber braucht sich nicht auf die Wirksamkeit der Kündigung zu „berufen“, er übt insoweit gar kein Recht aus[1189]. Außerdem wird bei Zugrundelegung dieser Ansicht über den Umweg der Wiedereinstellung der Beurteilungszeitpunkt für die Wirksamkeit der Kündigung letztlich doch verschoben[1190]. Durchgreifende Bedenken ergeben sich darüber hinaus im Hinblick auf die Verteilung des Prozeßrisikos. Es wäre sachlich nicht gerechtferigt, den Arbeitgeber selbst bei Wirksamkeit der ausgesprochenen Kündigung im Kündigungsschutzprozeß unterliegen zu lassen. Vielmehr muß der Arbeitgeber darauf vertrauen dürfen, daß das Gericht die im maßgeblichen Zeitpunkt des Zugangs (§ 130 I S. 1 BGB) wirksame Kündigung auch dann als solche behandelt und dementsprechend der Kündigungsschutzklage nicht stattgibt, wenn die Voraussetzungen eines Wiedereinstellungsanspruchs gegeben sind[1191].

Nach einer anderen Meinung kann auf einen ausdrücklichen, auf Wiedereinstellung gerichteten Antrag verzichtet werden, weil der Feststellungsantrag, daß das Arbeitsverhältnis durch die angegriffene Kündigung nicht aufgelöst worden ist, als geringeres Begehren den Antrag enthalte, den Arbeitgeber zur Wiedereinstellung zu verpflichten[1192]. Bei Zugrundelegung dieses Standpunktes besteht folglich für das

---

1185 Vgl *Zwanziger*, BB 1997, S 42, 45, *ders* , in Kittner/Daubler/Zwanziger, KSchR (4 Auflage), Einl Rn 510

1186 So ausdrucklich *Zwanziger*, BB 1997, S 42, 45

1187 Vgl insoweit *Zwanziger*, in. Kittner/Däubler/Zwanziger, KSchR (4. Auflage), Einl. Rn 510.

1188 Siehe hierzu schon *Strobel*, Die Rechtsfigur der Verdachtskündigung, S 304 Vgl nunmehr auch *Zwanziger* in Kittner/Daubler/Zwanziger, KSchR, Einl Rn 390v

1189 Vgl auch BAG AP Nr 1 zu § 1 KSchG 1969 Wiedereinstellung sowie *Gentges*, Prognoseprobleme im Kundigungsschutzrecht, S. 366

1190 So auch BAG AP Nr. 1 zu § 1 KSchG 1969 Wiedereinstellung. Vgl auch *Strathmann*, Der Wiedereinstellungsanspruch eines wirksam gekündigten Arbeitnehmers, S. 51 f. und 65.

1191 Vgl. hierzu *Belling*, RdA 1996, S. 223, 239; *Preis*, Anm. zu LAG Köln, LAGE § 611 BGB Einstellungsanspruch Nr. 1, S. 33; *ders*., in: Stahlhacke/Preis/Vossen, Kündigung und Kündigungsschutz im Arbeitsverhältnis, Rn 582; *Strathmann*, Der Wiedereinstellungsanspruch eines wirksam gekündigten Arbeitnehmers, S 113; *Walker*, SAE 1998, S. 103, 103; *Westera*, Der Wiedereinstellungsanspruch nach wirksamer Kündigung, S 125

1192 Vgl KR-*Hillebrecht* (4 Auflage), § 626 BGB Rn 182; *Nagele*, in Tschope, Anwalts-Handbuch Arbeitsrecht, S 1125, KPK/*Ramrath*, Teil H, § 4 Rn 151; *Strobel*, Die Verdachtskündigung, S 307 ff Auch *Bram* halt es im Einzelfall für möglich, daß das Wiedereinstellungsbegehren im Kündigungsschutzantrag enthalten ist, vgl *Bram*, in Bader/Bram/Dorner/Wenzel, KSchG, § 1 Rn 73 Ebenso *Bram/Ruhl*, NZA 1990, S 753, 758, ahnlich *Hoefs*, Die Verdachtskundigung, S 304

Gericht die Möglichkeit, auf die Kündigungsschutzklage des Arbeitnehmers hin den Arbeitgeber zur Wiedereinstellung zu verurteilen, ohne gegen § 46 II S. 1 ArbGG in Verbindung mit §§ 495, 308 I S. 1 ZPO zu verstoßen[1193].

Diese Auffassung, die den Wiedereinstellungsantrag als ein im Kündigungsschutzantrag enthaltenes Minus qualifiziert, vermag einer kritischen Betrachtung nicht standzuhalten. Zum einen stellt der als Leistungsantrag zu formulierende und auf Abgabe einer Willenserklärung des Arbeitgebers zu richtende Antrag auf Wiedereinstellung gegenüber dem auf Feststellung, daß das Arbeitsverhältnis durch die angegriffene Kündigung nicht aufgelöst worden ist, gerichteten Kündigungsschutzantrag kein Minus, sondern ein Aliud dar[1194]. Zum anderen sprechen auch rechtstatsächliche Gesichtspunkte dagegen, den Wiedereinstellungsantrag als ein im Kündigungsschutzantrag enthaltenes Minus anzusehen[1195]. Wenn auch die oftmals aufgestellte Behauptung, das Kündigungsschutzgesetz verdiene seinen Namen nicht und sei in Wahrheit ein reines Abfindungsgesetz, sicherlich übertrieben ist, so läßt sich doch nicht verleugnen, daß ein großer Teil der im Kündigungsschutzprozeß klagenden Arbeitnehmer nicht an den Arbeitsplatz zurückkehrt, sondern sich vergleichsweise gegen Zahlung einer Abfindung mit der Auflösung des Arbeitsverhältnisses einverstanden erklärt und mit der Erhebung der Kündigungsschutzklage von vornherein das Ziel verfolgt, insoweit eine günstige Verhandlungsposition zu erlangen. Auch vor diesem Hintergrund erscheint die Annahme, daß der Kündigungsschutzantrag den auf Neubegründung des Arbeitsverhältnisses gerichteten Wiedereinstellungsantrag enthalte, als nicht haltbar.

Demzufolge ist richtigerweise davon auszugehen, daß in dem Feststellungsantrag der Kündigungsschutzklage nicht das Begehren auf Wiedereinstellung enthalten ist,

---

[1193] Dazu, daß das Gericht weniger zusprechen darf als beantragt *Thomas*, in: Thomas/Putzo, ZPO, § 308 Rn. 3.

[1194] Im Ergebnis ebenso *Belling*, RdA 1996, S. 223, 240; *Boewer*, in: Kündigung und Kündigungsschutz in der betrieblichen Praxis, S. 295 Fn. 1; *Busch*, MDR 1995, S. 217, 222 f.; *Confurius*, in: Stahmer/Kerls/Confurius, Praxishandbuch Kündigung, Teil 2/4.7, S. 3; *Honstetter*, Die Prognoseentscheidung des Arbeitgebers im Kündigungsrecht, S. 166; *Kiel/Koch*, Die betriebsbedingte Kündigung, Rn. 869, *Kleinebrink*, FA 1999, S. 138, 141; *Lisec*, Der Wiedereinstellungsanspruch des Arbeitnehmers nach betriebsbedingter Kündigung und Betriebsübergang, S. 67; *Oetker*, ZIP 2000, S. 643, 652; *Preis*, in: Stahlhacke/Preis/Vossen, Kündigung und Kündigungsschutz im Arbeitsverhältnis, Rn. 582; *vom Stein*, RdA 1991, S. 85, 88; *Strathmann*, Der Wiedereinstellungsanspruch eines wirksam gekündigten Arbeitnehmers, S. 113 f.; *Walker*, SAE 1998, S. 103, 103. Auf die Umstände des Einzelfalls abstellen wollen hingegen *Bram/Rühl*, NZA 1990, S. 753, 758, ähnlich auch LAG Frankfurt am Main, LAGE § 626 BGB Verdacht strafbarer Handlung Nr. 4, S. 2.

[1195] Vgl. zu dieser Überlegung insbesondere *Preis*, Prinzipien des Kündigungsrechts bei Arbeitsverhältnissen, S. 348 f. mit Hinweis auf eine empirische Untersuchung von *Falke/Holand/Rhode/Zimmermann*, nach der 10, 3 % der gekündigten Arbeitnehmer vor allem eine Abfindung erreichen, 51 % dem Arbeitgeber zeigen wollen, daß er nicht machen kann was er will und lediglich 32, 6 % vor allem ihren Arbeitsplatz nicht verlieren wollen (vgl. *Falke/Holand/Rhode/Zimmermann*, Kündigungspraxis und Kündigungsschutz in der Bundesrepublik Deutschland, S. 401); ähnlich auch *vom Stein*, Fehleinschätzungen bei der Kündigung von Arbeitsverhältnissen, S. 163 f.; *Strathmann*, Der Wiedereinstellungsanspruch eines wirksam gekündigten Arbeitnehmers, S. 114; *Westera*, Der Wiedereinstellungsanspruch nach wirksamer Kündigung, S. 125

sondern daß der Arbeitnehmer den Antrag auf Wiedereinstellung – gegebenenfalls nach richterlichem Hinweis gemäß § 139 ZPO – ausdrücklich stellen muß[1196].

3. Nachträgliche Eventualklagenhäufung

Wenn der gekündigte Arbeitnehmer bereits eine Kündigungsschutzklage (beziehungsweise eine Wiedereinstellungsklage) erhoben hat (§ 46 II S. 1 ArbGG in Verbindung mit §§ 495, 253 I ZPO), besteht für ihn grundsätzlich die Möglichkeit, einen Antrag auf Wiedereinstellung (beziehungsweise einen Kündigungsschutzantrag) hilfsweise im Wege einer nachträglichen Eventualklagenhäufung geltend zu machen.

Hinsichtlich der Zulässigkeit einer nachträglichen Klagenhäufung besteht indessen Streit, ob insoweit die Regeln über eine Änderung der Klage gemäß §§ 263 ff. ZPO zur Anwendung kommen. Während die herrschende Meinung die nachträgliche Klagenhäufung als Klageänderung qualifiziert beziehungsweise entsprechend den Vorschriften über die Klageänderung behandelt[1197], geht eine Mindermeinung davon aus, daß die nachträgliche Klagenhäufung weder direkt noch entsprechend den §§ 263 ff. ZPO unterfalle und somit unabhängig davon zulässig sei, ob der Beklagte in sie einwilligt oder das Gericht sie für sachdienlich erachtet[1198].

Da die nachträgliche Klagenhäufung zu einer Erschwerung der prozessualen Situation des Beklagten führt, weil dieser einerseits gezwungen wird, seine Verteidigungsstrategie nunmehr auch auf den neuen prozessualen Anspruch zu erstrecken, andererseits der Gefahr einer Verzögerung des Rechtsstreits aufgrund der Befassung des Gerichts mit dem nachgeschobenen – und womöglich nicht sachdienlichen – Anspruch ausgesetzt wird, ist eine Interessenkonstellation gegeben, die vom Normzweck des § 263 ZPO abgedeckt wird[1199] so daß eine (zumindest analoge) Anwendung des § 263 ZPO naheliegt.

Wenn in diesem Zusammenhang darauf hingewiesen wird, der Beklagte sei gegen diese, mit der nachträglichen Klagenhäufung verbundenen Nachteile durch die Möglichkeit einer Prozeßtrennung gemäß § 145 ZPO beziehungsweise des Erlasses eines Teilurteils gemäß § 301 ZPO in ausreichendem Maße geschützt[1200], so kann dem nicht gefogt werden. Denn die Entscheidung hinsichtlich einer Prozeßtrennung nach § 145

1196 So auch APS/*Kiel*, § 1 KSchG Rn. 800

1197 Vgl. BAG AP Nr. 8 zu § 626 BGB Ausschlußfrist; BGH, WM 1981, S 798, 799; BGH, NJW 1985, S 1841, 1842; *J. Blomeyer*, JuS 1970, S 123, 125; *Hartmann*, in: Baumbach/Lauterbach/Albers/Hartmann, ZPO, § 263 Rn. 4; *Luke*, Münchener Kommentar, ZPO, § 263 Rn 21, *Rosenberg*, ZZP Bd. 53 (1928), S 385, 404 f, *Thomas*, in Thomas/Putzo, ZPO, § 263 Rn 1 und § 264 Rn. 4

1198 So insbesondere Stein/Jonas/*Schumann*, ZPO, § 264 Rn 11 und nunmehr auch *Rosenberg/Schwab/Gottwald*, Zivilprozeßrecht, S 560

1199 So auch *J Blomeyer*, JuS 1970, S 123, 125; *Lüke*, Munchener Kommentar, ZPO, § 263 Rn 21, *Walther*, Klageanderung und Klagerucknahme, S 73 f

1200 So wiederum Stein/Jonas/*Schumann*, ZPO, § 264 Rn 11 und *Rosenberg/Schwab/Gottwald*, Zivilprozeßrecht, S 560

ZPO steht im Ermessen des Gerichts und ist unabhängig von Anträgen der Parteien[1201]. Dem Beklagten verbleibt insoweit lediglich die Möglichkeit, eine entsprechende Anordnung anzuregen. Im übrigen ist er vom Entscheidungsprozeß hinsichtlich einer Verfahrenstrennung ausgeschlossen. Demgegenüber kommt dem Beklagten bei Anwendung des § 263 ZPO eine gewichtigere, aktivere Rolle zu. In diesem Fall ist es zunächst an ihm, entweder seine Einwilligung in die nachträgliche Klagenhäufung zu erklären und hiermit die Frage der Sachdienlichkeit unerheblich zu machen[1202] oder jedoch der Änderung der Klage zu widersprechen und somit deren Zulässigkeit davon abhängig zu machen, ob das Gericht die Klageänderung für sachdienlich erachtet[1203]. Entsprechendes gilt bezüglich der Position des Beklagten beim Teilurteil gemäß § 301 ZPO. Auch der Erlaß eines Teilurteils steht, wie sich aus § 301 II ZPO ergibt, im Ermessen des Gerichts[1204], wobei der Beklagte weder ein entsprechendes Antragsrecht hat noch ein Rechtsmittel dagegen einlegen kann, daß das Gericht trotz Entscheidungsreife eines Teils des Rechtsstreits von einem Teilurteil abgesehen hat[1205].

Hat der Arbeitnehmer bereits eine Kündigungsschutzklage (beziehungsweise eine Wiedereinstellungsklage) erhoben, kann er somit nachträglich hilfsweise einen Wiedereinstellungsantrag (beziehungsweise einen Kündigungsschutzantrag) stellen, wenn insoweit die Voraussetzungen einer zulässigen Klageänderung gemäß § 46 II S. 1 ArbGG in Verbindung mit §§ 495, 263 ZPO vorliegen. Erforderlich ist demnach entweder die Einwilligung des Arbeitgebers in die nachträgliche Klagenhäufung des Arbeitnehmers, die gemäß § 46 II S. 1 ArbGG in Verbindung mit §§ 495, 267 ZPO unwiderlegbar vermutet wird, wenn sich der Arbeitgeber im Rahmen der streitigen Verhandlung[1206] ohne Widerspruch in der Sache zur neuen Klage erklärt, oder die Bejahung der Sachdienlichkeit der nachträglichen Eventualklagenhäufung durch das Gericht. Sachdienlichkeit im Sinne des § 263 ZPO liegt vor, wenn im Hinblick auf die Prozeßwirtschaftlichkeit die im anhängigen Rechtsstreit bisher gefundenen Ergebnisse eine verwertbare Entscheidungsgrundlage bleiben, die Änderung der endgültigen Ausräumung des sachlichen Streits dient und einen neuen Rechtsstreit zwischen den Parteien vermeidet[1207].

1201 Siehe *Peters*, Münchener Kommentar, ZPO, § 145 Rn 7; *Reichold*, in Thomas/Putzo, ZPO, § 145 Rn 3

1202 Vgl. dazu, daß die Frage der Sachdienlichkeit unerheblich ist, wenn der Beklagte in die Klageänderung einwilligt *Lüke*, Münchener Kommentar, ZPO, § 263 Rn 31

1203 Insoweit steht dem Gericht allerdings ebenfalls ein Ermessensspielraum zu, vgl. BGH, NJW 1985, S 1841, 1842; BGH, WM 1983, S 1162, 1163, BGH, WM 1981, S. 798 und S 657, 658; BGH NJW-RR 1987, S 58, *Hartmann*, in Baumbach/Lauterbach/Albers/Hartmann, ZPO, § 263 Rn 30, *Rosenberg/Schwab/Gottwald*, Zivilprozeßrecht, S 577; *Thomas*, in. Thomas/Putzo, ZPO, § 263 Rn 10, wobei eine die Sachdienlichkeit bejahende Entscheidung des Gerichts wegen gesetzlich angeordneter Unanfechtbarkeit gemäß § 268 ZPO vom Beklagten nicht angegriffen werden kann

1204 Vgl auch Stein/Jonas/*Leipold*, ZPO, § 301 Rn 15, *Rosenberg/Schwab/Gottwald*, Zivilprozeßrecht, S 309; *Thomas*, in Thomas/Putzo, ZPO, § 301 Rn. 4

1205 Siehe *Musielak*, Münchener Kommentar, ZPO, § 301 Rn. 16; *Rosenberg/Schwab/Gottwald*, Zivilprozeßrecht, S. 309.

1206 Dazu, daß § 267 ZPO im Rahmen der Guteverhandlung (§ 54 ArbGG) keine Anwendung findet *Lüke*, Münchener Kommentar, ZPO, § 267 Rn 3, Stein/Jonas/*Schumann*, ZPO, § 267 Rn 6

1207 Vgl *Rosenberg/Schwab/Gottwald*, Zivilprozeßrecht, S 576, Stein/Jonas/*Schumann*, ZPO, § 263 Rn. 12, *Thomas*, in Thomas/Putzo, ZPO, § 263 Rn. 8

Hat der Arbeitnehmer zunächst eine Kündigungsschutzklage erhoben und stellt er nunmehr hilfsweise einen auf Wiedereinstellung gerichteten Antrag, so wird diese nachträgliche Eventualklagenhäufung in aller Regel die Voraussetzungen der Sachdienlichkeit erfüllen, weil die im Rahmen des Kündigungsschutzprozesses bezüglich der Frage der Wirksamkeit der angegriffenen Kündigung gefundenen Ergebnisse hinsichtlich der Entscheidung über den Wiedereinstellungsantrag eine verwertbare Grundlage bleiben, stellt sich doch auch hier insofern die Frage der Wirksamkeit der Kündigung, als die Wiedereinstellung das Vorliegen eines rechtswirksamen Beendigungstatbestandes voraussetzt. Ist der Arbeitnehmer – für den Fall der Wirksamkeit der von ihm angegriffenen Kündigung – davon überzeugt, daß die tragenden Umstände der Kündigung nach deren Zugang jedenfalls weggefallen sind, würde die Zurückweisung des nachträglich hilfsweise geltend gemachten Wiedereinstellungsantrags eine weitere, nunmehr auf Wiedereinstellung gerichtete Klage des Arbeitnehmers geradezu herausfordern. Durch Zulassung des nachträglich hilfsweise gestellten Wiedereinstellungsantrags wird somit in dieser Situation auch ein neuer Prozeß vermieden und die endgültige Beilegung des sachlichen Streits zwischen Arbeitnehmer und Arbeitgeber gefördert[1208].

Diese Überlegungen gelten entsprechend, wenn der Arbeitnehmer zunächst eine Wiedereinstellungsklage erhoben hat und nachträglich hilfsweise einen Kündigungsschutzantrag stellt. In dieser Konstellation ist jedoch folgendes zu berücksichtigen: Zwar kann grundsätzlich die Geltendmachung der Unwirksamkeit der Kündigung durch einen entsprechenden Hilfsantrag erfolgen[1209]. Hinsichtlich der Erfolgsaussichten eines solchermaßen nachträglich hilfsweise geltend gemachten Kündigungsschutzantrages ist freilich die Ausschlußfrist des § 4 S. 1 KSchG[1210] zu beachten. Erfolgt die nachträgliche hilfsweise Erhebung der Kündigungsschutzklage (vgl. § 46 II S. 1 ArbGG in Verbindung mit §§ 495, 253 I, 261 II ZPO) nicht innerhalb von drei Wochen nach Zugang der Kündigung, wird die Rechtsunwirksamkeit einer sozial ungerechtfertigten Kündigung gemäß § 7, 1. Hs. KSchG rückwirkend geheilt, mit der Folge, daß der Kündigungsschutzantrag als unbegründet abzuweisen ist[1211].

1208 Vgl. zur Moglichkeit, den Wiedereinstellungsanspruch im Wege der nachträglichen Eventualklagenhäufung geltend zu machen auch *Westera*, Der Wiedereinstellungsanspruch nach wirksamer Kündigung, S 126.

1209 Vgl. auch BAG AP Nr. 33 zu § 3 KSchG; KR-*Friedrich*, § 4 KSchG Rn. 24; *Herschel/Löwisch*, KSchG, § 4 Rn. 8, *Hueck/v. Hoyningen-Huene*, KSchG, § 4 Rn. 9.

1210 Nach einer Auffassung handelt es sich bei dieser Frist um eine materielle Ausschlußfrist (so *Birk*, JuS 1985, S. 782, 785; KR-*Friedrich*, § 4 KSchG Rn. 217; *Lepke*, DB 1991, S. 2034, 2038; *Zöllner*, in. Zöllner/Loritz, Arbeitsrecht, S 303), nach anderer Ansicht um eine prozessuale Klageerhebungsfrist, deren Versäumung jedoch ebenfalls zur Abweisung der Klage als unbegründet führen soll (so BAG AP Nr 14 zu § 4 KSchG 1969; *Hueck/v. Hoyningen-Huene*, KSchG, § 4 Rn 83, *Vollkommer*, AcP Bd 161 (1962), S. 332, 342 ff; *Vossen*, in Stahlhacke/Preis/Vossen, Kündigung und Kündigungsschutz im Arbeitsverhältnis, Rn. 1110a).

1211 Vgl dazu, daß eine Kündigungsschutzklage bei Versäumung der Drei-Wochen-Frist des § 4 S 1 KSchG als unbegrundet abzuweisen ist BAG AP Nr 7 zu § 3 KSchG, BAG AP Nr 1 zu § 6 KSchG, BAG AP Nr 14 zu § 4 KSchG 1969, KR-*Friedrich*, § 4 KSchG Rn 217, *Hueck/v Hoyningen-Huene*, KSchG, § 4 Rn 83, *Vossen*, in Stahlhacke/Pries/Vossen, Kundigung und Kundigungsschutz im Arbeitsverhaltnis, Rn 1110a und 1120

Daran vermag auch die verlängerte Anrufungsfrist nach § 6 KSchG nichts zu ändern. Denn für eine solche Verlängerung ist erforderlich, daß der Arbeitnehmer innerhalb von drei Wochen nach Kündigungszugang die Unwirksamkeit der Kündigung aus anderen Gründen als der Sozialwidrigkeit im Sinne des § 1 II, III KSchG klageweise geltend gemacht hat. Auch wenn dies nicht ausschließlich in Fällen angenommen wird, in denen der Arbeitnehmer unmittelbar auf Feststellung der Unwirksamkeit klagt, sondern von der herrschenden Meinung eine entsprechende Anwendung des § 6 KSchG befürwortet wird, wenn der Arbeitnehmer mit einer Leistungsklage Ansprüche geltend macht, die auf die Unwirksamkeit der Kündigung gestützt werden[1212], so gilt dies für den im Wege der Leistungsklage geltend zu machenden Wiedereinstellungsanspruch nicht. Denn dieser stützt sich gerade nicht auf die Unwirksamkeit der Kündigung, sondern setzt vielmehr eine rechtswirksame Kündigung voraus. Mit der Wiedereinstellungsklage wird lediglich der Wegfall der die Kündigung tragenden Umstände geltend gemacht, während die Wirksamkeit der Kündigung nicht angegriffen, sondern vielmehr vorausgesetzt wird.

C. Passivlegitimation

Zu klären ist des weiteren, gegen wen sich die Klage auf Wiedereinstellung zu richten hat. Zweifel können sich diesbezüglich nur bei einem Wiedereinstellungsanspruch im Rahmen eines Betriebsübergangs gemäß § 613a BGB ergeben. In dieser Fallkonstellation kommen sowohl der Veräußerer als auch der Erwerber des Betriebs als Klagegegner in Betracht.

Die Rechtsprechung des Bundesarbeitsgerichts ist insoweit nicht einheitlich. In der Entscheidung vom 27.02.1997 bejahte der 2. Senat die Passivlegitimation des bisherigen Arbeitgebers[1213]. Demgegenüber ging der 8. Senat in den Urteilen vom 13.11.1997[1214] und vom 12.11.1998[1215] davon aus, daß der Betriebserwerber der richtige Klagegegner ist.

Den genannten Entscheidungen lagen allerdings unterschiedlich strukturierte Sachverhalte zugrunde: In dem Urteil vom 27.02.1997 bejahte der 2. Senat einen Wiedereinstellungsanspruch gegen den bisherigen Arbeitgeber im Zusammenhang mit einem noch während des Laufs der Kündigungsfrist durch die Übernahme von materiellen Betriebsmitteln vollzogenen Betriebsübergang. In den eine Passivlegitimation des Betriebserwerbers befürwortenden Entscheidungen des 8. Senats ging es hingegen um Fallkonstellationen, in denen der Betriebsübergang erst nach Ablauf der Kündigungsfrist durch eine willentliche Übernahme der Hauptbelegschaft erfolgte. Es bleibt bis zu weiteren, klärenden Entscheidungen abzuwarten, ob die divergierenden Ausführungen der Senate Ausdruck einer unterschiedlichen Rechtsauffassung über die Passivlegiti-

---

1212 Vgl BAG AP Nr 3 zu § 5 KSchG; BAG AP Nr 2 zu § 13 KSchG 1969, KR-*Friedrich*, § 6 KSchG Rn 23 ff, *Hueck/v. Hoyningen-Huene*, KSchG, § 6 Rn. 4, *Vossen*, in: Stahlhacke/Preis/Vossen, Kündigung und Kündigungsschutz im Arbeitsverhältnis, Rn. 1116, a A *Güntner*, DB 1976, S 148, 150 und RdA 1953, S. 249 ff.

1213 BAG AP Nr. 1 zu § 1 KSchG 1969 Wiedereinstellung

1214 BAG AP Nr 169 zu § 613a BGB

1215 BAG AP Nr 5 zu § 1 KSchG 1969 Wiedereinstellung

mation hinsichtlich der Wiedereinstellungsklage beim Betriesbübergang oder nur Resultat der Verschiedenheit der zugrundeliegenden Sachverhalte sind[1216].

Auch in der Literatur wird die Frage der Passivlegitimation im Zusammenhang mit der Wiedereinstellungsklage beim Betriebsübergang kontrovers diskutiert. Teilweise wird nach dem Zeitpunkt des Betriebsübergangs beziehungsweise der Geltendmachung des Anspruchs differenziert. Wenn der Betriebsübergang vor Ablauf der Kündigungsfrist eingetreten ist und der Arbeitnehmer die Wiedereinstellungsklage vor der Beendigung des Arbeitsverhältnisses erhoben hat, soll der bisherige Arbeitgeber passiv legitimiert sein. Erfolgt der Betriebsübergang nach Beendigung des Arbeitsverhältnisses oder erhebt der Arbeitnehmer die Klage auf Wiedereinstellung nach Ablauf der Kündigungsfrist, sei hingegen der Betriebserwerber der richtige Gegner der Wiedereinstellungsklage[1217].

Nach zutreffender Auffassung ist bei der Klage auf Wiedereinstellung beim Betriebsübergang ausschließlich der Betriebserweber passivlegitimiert[1218]. Dies ergibt sich aus der Zwecksetzung des § 613a BGB, die darin besteht, im Falle eines Betriebsübergangs das Arbeitsverhältnis von dem vertragschließenden Arbeitgeber zu lösen und an denjenigen zu koppeln, dem der Arbeitsplatz zugeordnet ist und der die Leitungsmacht über die wirtschaftliche Einheit ausübt[1219]. Folglich muß sich auch die Wiedereinstellungsklage beim Beriebsübergang gegen den Erwerber des Betriebs richten, da bei diesem der Arbeitsplatz fortbesteht. Aus der Sicht des bisherigen Arbeitgebers bleibt es bei dem Wegfall des Bedarfs an Arbeitskräften[1220]. Gegen ihn kann nur eine Kündigungsschutzklage mit dem Ziel erhoben werden, die soziale Rechtfertigung der Kündigung nach § 1 KSchG und ihre Zulässigkeit nach § 613a IV BGB zu überprüfen[1221].

D. Die Darlegungs- und Beweislast im Wiedereinstellungsprozeß

Da es sich bei dem Anspruch auf Wiedereinstellung um einen selbständigen arbeitsrechtlichen Anspruch handelt, durch dessen Geltendmachung die Wirksamkeit einer

---

1216 So auch die Einschätzung von *Westera*, Der Wiedereinstellungsanspruch nach wirksamer Kündigung, S 134.

1217 Vgl. *Boewer*, NZA 1999, S. 1177, 1183. Ähnlich *Kleinebrink*, FA 1999, S. 138, 141, der jedoch zusätzlich danach differenziert, ob der Betriebsübergang auf der Übernahme materieller beziehungsweise immaterieller Betriebsmittel oder auf der willentlichen Übernahme der Hauptbelegschaft beruht. Nur bei einem Betriebsübergang, der während des Laufs der Kündigungsfrist aufgrund einer Übernahme materieller oder immaterieller Betriebsmittel erfolgt, sei der bisherige Arbeitgeber passivlegitimiert

1218 Im Ergebnis ebenso *Caspers*, Personalabbau und Betriebsanderung im Insolvenzverfahren, Rn 221, *Lakies*, NJ 1997, S 664, 665 *Langenbucher*, SAE 1998, S 145, 149, *dies.*, ZfA 1999, S 299, 323, *Westera*, Der Wiedereinstellungsanspruch nach wirksamer Kündigung, S 135 Grundsatzlich auch *Preis/Steffan*, DB 1998, S 309, 310, *Raab*, RdA 2000, S 147, 163

1219 Vgl *Raab*, RdA 2000, S 147, 163, *Westera*, Der Wiedereinstellungsanspruch nach wirksamer Kundigung, S 135

1220 Siehe hierzu auch *Raab*, RdA 2000, S 147, 163, *Westera*, Der Wiedereinstellungsanspruch nach wirksamer Kundigung, S 135

1221 Vgl *Langenbucher*, ZfA 1999, S 299, 323

vorangegangenen Kündigung nicht angegriffen wird, sind hinsichtlich der Darlegungs- und Beweislast für das Bestehen eines solchen Anspruchs die für den Kündigungsschutzprozeß geltenden Regeln nicht übertragbar[1222], sondern es gelten die allgemeinen Regeln. Hiernach trägt der Arbeitnehmer als Anspruchsteller die Darlegungs- und Beweislast für die rechtsbegründenden Tatbestandsmerkmale, der Arbeitgeber als Anspruchsgegner trägt sie für die rechtshindernden, rechtsvernichtenden und rechtshemmenden Merkmale[1223]. Der die Rechtsfolge der Wiedereinstellung in Anspruch nehmende Arbeitnehmer hat folglich den Tatbestand ihrer Entstehung, der diese Rechtsfolge bekämpfende Arbeitgeber hat hingegen den Tatbestand ihrer Nichtentstehung, ihrer Umgestaltung oder ihres Untergangs darzulegen und zu beweisen. Hieraus ergibt sich im einzelnen:

I. Die Darlegungs- und Beweislast des Arbeitnehmers

Der Arbeitnehmer hat zunächst darzulegen und zu beweisen, daß zwischen ihm und dem beklagten Arbeitgeber ein Arbeitsverhältnis bestand, das rechtswirksam beendet wurde. Da ein Anspruch auf Wiedereinstellung grundsätzlich das Eingreifen des Kündigungsschutzgesetzes zur Voraussetzung hat[1224], so erstreckt sich die Darlegungs- und Beweislast des Arbeitnehmers demzufolge auch auf die Voraussetzungen für die Anwendung des Kündigungsschutzgesetzes (vgl. §§ 1 I, 23 I S. 2 KSchG). Darüber hinaus ist der Arbeitnehmer darlegungs- und beweisbelastet hinsichtlich des Wegfalls der die Beendigung des Arbeitsverhältnisses tragenden Umstände. Liegt ein Fall konkurrierender Wiedereinstellungsansprüche vor, weil nach betriebsbedingter Kündigung nur einige der betroffenen Arbeitnehmer wiedereingestellt werden können und möchte der klagende, nicht wiedereingestellte Arbeitnehmer geltend machen, die vom Arbeitgeber hinsichtlich der Wiedereinstellung getroffene Auswahl sei fehlerhaft, so trägt der Arbeitnehmer auch insoweit die Darlegungs- und Beweislast[1225].

[1222] So ausdrücklich *Beckschulze*, DB 1998, S. 417, 421; *Oetker*, ZIP 2000, S. 643, 653; *Westera*, Der Wiedereinstellungsanspruch nach wirksamer Kündigung, S. 135; *Zwanziger*, BB 1997, S. 42, 46. Vgl. auch *Appel*, in: Kittner/Zwanziger, Arbeitsrecht, Handbuch für die Praxis, § 107 Rn. 9; *Kleinebrink*, FA 1999, S. 138, 141; *Rahmstorf*, Die Druckkündigung des Arbeitsverhältnisses, S. 103; *Zwanziger*, in: Kittner/Däubler/Zwanziger, KSchR, Einl. Rn. 390x.

[1223] Vgl. zur ungeschriebenen Grundregel der Beweislast im Zivilprozeßrecht nur Zoller/*Greger*, ZPO, Vor § 284 Rn. 17; Stein/Jonas/*Leipold*, ZPO, § 286 Rn. 37; *Prütting*, Münchener Kommentar, ZPO, § 286 Rn. 108 ff.

[1224] Siehe auch *Appel*, in: Kittner/Zwanziger, Arbeitsrecht, Handbuch für die Praxis, § 107 Rn. 3; *Beckschulze*, DB 1998, S. 417, 418 Fn. 14; *Boewer*, NZA 1999, S. 1121, 1130; *Bram/Rühl*, NZA 1990, S. 753, 756; *Caspers*, Personalabbau und Betriebsänderung im Insolvenzverfahren, Rn. 212; *Heilmann*, Verdachtskündigung und Wiedereinstellung nach Rehabilitierung, S. 92; APS/*Kiel*, § 1 KSchG Rn. 787; *Lisec*, Der Wiedereinstellungsanspruch des Arbeitnehmers nach betriebsbedingter Kündigung und Betriebsübergang, S. 64; *Oetker*, ZIP 2000, S. 643, 647; *Otto*, Festschrift für Kraft, S. 451, 453; *Rahmstorf*, Die Druckkündigung des Arbeitgebers, S. 102; *Senne*, AuArbR 1992, S. 301, 303; *Strathmann*, Der Wiedereinstellungsanspruch eines wirksam gekündigten Arbeitnehmers, S. 89; *Westera*, Der Wiedereinstellungsanspruch nach wirksamer Kündigung, S. 53; *Zwanziger*, in: Kittner/Däubler/Zwanziger, KSchR, Einl. Rn. 390e.

[1225] Bejaht man bezüglich der Wiedereinstellungsauswahl eine Analogie zu § 1 III KSchG, so läßt sich dies bereits aus der entsprechenden Anwendung des § 1 III S. 3 KSchG ableiten.

Hinsichtlich der genannten Tatsachen ist vom Arbeitnehmer grundsätzlich das Erbringen des vollen Beweises zu verlangen. Aus Gründen der Rechtssicherheit und der gerechten Risikoverteilung gilt dies insbesondere bezüglich des Wegfalls der die Beendigung des Arbeitsverhältnisses tragenden Umstände. Nur wenn insoweit der volle Beweis des Arbeitnehmers erbracht wird, ist eine Korrektur des durch die wirksame Beendigung des Arbeitsverhältnisses geschaffenen Zustands gerechtfertigt[1226].

II. Erleichterungen hinsichtlich der Darlegungs- und Beweislast des Arbeitnehmers

Fraglich ist allerdings, ob unter Umständen zugunsten des Arbeitnehmers ausnahmsweise Erleichterungen der Beweislast in Betracht zu ziehen sind. Soweit in der Literatur zu dieser Frage Stellungnahmen vorliegen, erschöpfen sich diese in allgemeinen Äußerungen. *Bram* und *Rühl* tragen in diesem Kontext vor, die „Grundsätze der abgestuften Darlegungslast" könnten eingreifen, wenn es um „Einzelheiten aus der Sphäre des Arbeitgebers" gehe[1227]. Ähnlich äußert sich *Boewer*, der für eine Differenzierung nach „Risikobereichen" eintritt. Falle die Prognosekorrektur nicht in den „Risikobereich" des Arbeitnehmers, sondern in den des Arbeitgebers, sei eine „abgestufte Darlegungslast" geboten[1228]. *Kiel* und *Koch*[1229] plädieren dafür, daß hinsichtlich der vom Arbeitnehmer zu beweisenden Voraussetzungen eines Wiedereinstellungsanspruchs „eine nach § 138 ZPO umgekehrt abgestufte Darlegungs- und Beweislast" gelte, so daß sich der Arbeitgeber auf auf einen schlüssigen Arbeitnehmervortrag substantiiert erklären müsse.

Bevor näher auf diese Vorschläge eingegangen wird, soll zunächst das Rechtsinstitut der „abgestuften Darlegungslast" dargestellt werden. Nach der Rechtsprechung des Bundesarbeitsgerichts ist die Darlegungslast im Kündigungsschutzprozeß bezüglich der Tatbestandsmerkmale einer ordentlichen Kündigung wie folgt „abgestuft":

1226 Vgl auch *Boewer*, in Kündigung und Kundigungsschutz in der betrieblichen Praxis, S 296, *ders* , NZA 1999, S 1121, 1130, *Heilmann*, Verdachtskündigung und Wiedereinstellung nach Rehabilitierung, S. 78, *Honstetter*, Die Prognoseentscheidung des Arbeitgebers im Kündigungsrecht, S. 158; *Meinel/Bauer*, NZA 1999, S. 575, 578; *Preis*, Prinzipien des Kündigungsrechts bei Arbeitsverhältnissen, S. 356 f.; *ders.*, Anm. zu LAG Köln, LAGE § 611 BGB Einstellungsanspruch Nr. 1, S. 23, *Westera*, Der Wiedereinstellungsanspruch nach wirksamer Kündigung, S. 56 und S 135 f.; *Ziemann*, MDR 1999, S. 718, 721. In diese Richtung tendierend auch BAG AP Nr. 27 zu § 626 BGB Verdacht strafbarer Handlung, wonach im Falle einer auf den Verdacht einer strafbaren Handlung gestützten Kündigung die bloße Einstellung des staatsanwaltlichen Ermittlungsverfahrens keinen Wegfall der die Kündigung tragenden Umstände darstellt und somit keinen Anspruch auf Wiedereinstellung begründet. Ähnlich BAG AP Nr. 37 zu § 1 KSchG 1969 Krankheit, wonach im Falle einer personenbedingten Kündigung eine Entziehungskur wahrend der Kündigungsfrist lediglich die negative Prognose erschüttert, jedoch keine positive Prognose begründet, die Alkoholkrankheit werde nicht mehr zum Ausbruch kommen Jüngst auch BAG, NZA 2001, S 1135, 1136, wonach die Besorgnis der wiederholten Erkrankung ausgeraumt sein muß

1227 *Bram/Ruhl*, NZA 1990, S 753, 758 Ahnlich *Honstetter*, Die Prognoseentscheidung des Arbeitgebers im Kundigungsrecht, S 167 f, *Westera*, Der Wiedereinstellungsanspruch nach wirksamer Kundigung, S 136

1228 *Boewer*, NZA 1999, S 1177, 1183, *ders* , in Kundigung und Kundigungsschutz in der betieblichen Praxis, S 296, unter Berufung auf *Boewer* auch *Ziemann*, MDR 1999, S 716, 721

1229 APS/*Kiel*, § 1 KSchG Rn 803; *Kiel/Koch*, Die betriebsbedingte Kundigung, Rn 872

Bei Erhebung der Klage muß der Arbeitnehmer auf der ersten Stufe gemäß § 46 II S. 1 ArbGG in Verbindung mit §§ 495, 253 II Nr. 2 ZPO neben den Anwendungsvoraussetzungen des Kündigungsschutzgesetzes nur den Klagegrund bezeichnen und behaupten, die Kündigung sei sozial nicht gerechtfertigt und damit rechtsunwirksam. Da der Arbeitgeber nach § 1 II S. 4 KSchG die Tatsachen, die die Kündigung bedingen, darlegen und gegebenenfalls beweisen muß, werden insoweit auf dieser ersten Stufe entgegen der sonst geltenden allgemeinen Grundsätze an die Darlegungslast des Arbeitnehmers nur sehr geringe Anforderungen gestellt.

Auf der zweiten Stufe hat grundsätzlich der Arbeitgeber die Gründe, welche die Kündigung sozial rechtfertigen, darzulegen beziehungsweise zu beweisen. Innerhalb der zweiten Stufe erfolgt hierbei eine weitere „Abstufung":

Im Falle einer krankheitsbedingten Kündigung kann sich der Arbeitgeber hinsichtlich der von ihm dazulegenden und zu beweisenden negativen Gesundheitsprognose zunächst auf die Angabe von in der Vergangenheit liegenden Fehlzeiten beschränken, die zwar nichts über die Entwicklung in der Zukunft aussagen, jedoch eine gewisse Indizwirkung entfalten. Hat der Arbeitgeber hiermit zunächst seine Darlegungslast erfüllt, ist es nunmehr Sache des Arbeitnehmers, die Indizwirkung der bisherigen Fehlzeiten zu erschüttern und vorzutragen, daß seine früheren Erkrankungen so beschaffen waren, daß sie nichts darüber aussagen, ob auch in Zukunft ständig weitere Krankheiten zu befürchten sind, woraufhin der Arbeitgeber diese Tatsachenbehauptungen entkräften muß[1230]. Im Falle einer verhaltensbedingten Kündigung genügt der Arbeitgeber seiner Darlegungslast hinsichtlich der Rechtswidrigkeit der in Rede stehenden Vertragsverletzung zunächst dadurch, daß er den Vorwurf einer Vertragsverletzung erhebt. Der Arbeitnehmer hat dann diesen Vorwurf unter konkreter Angabe der Gründe, aus denen er die Berechtigung zu dem vorgeworfenen Verhalten herleiten will, zu bestreiten, woraufhin es wieder Sache des Arbeitgebers ist, die vom Arbeitnehmer vorgebrachten Tatsachenbehauptungen zu widerlegen[1231].

Hinsichtlich der - nach neuerer Rechtsprechung nicht mehr nur für die betriebsbedingte Kündigung, sondern auch für die verhaltensbedingte[1232] und die personenbedingte Kündigung[1233] erforderlichen - fehlenden Weiterbeschäftigungsmöglichkeit kommt der Arbeitgeber seiner Darlegungslast zunächst schon mit der bloßen Behauptung nach, daß eine Weiterbeschäftigung nicht möglich ist. Es obliegt dann dem Arbeitnehmer, konkret darzulegen, wie er sich eine anderweitige Beschäftigung vorstellt. Erst im Anschluß hieran ist es wiederum Sache des Arbeitgebers darzulegen und zu beweisen, daß die vom Arbeitnehmer konkret behauptete anderweitige Beschäftigung nicht möglich ist[1234].

Auf der dritten Stufe des Systems der „abgestuften Darlegungslast" ist zwischen den Kündigungsgründen, die aus der Sphäre des Arbeitnehmers und solchen, die aus der

---

[1230] Vgl BAG AP Nr 4 zu § 1 KSchG 1969 Krankheit
[1231] BAG AP Nr 112 zu § 626 BGB
[1232] BAG AP Nr 3 zu § 1 KSchG 1969 Abmahnung
[1233] BAG AP Nr 4 zu § 1 KSchG 1969 Krankheit
[1234] Vgl BAG AP Nr 4 zu § 1 KSchG 1969 Betriebsbedingte Kündigung

Sphäre des Arbeitgebers stammen zu differenzieren. Bei der verhaltens- und der personenbedingten Kündigung muß der Arbeitgeber darlegen und beweisen, daß er eine umfassende Interessenabwägung vorgenommen hat, die zu einem Vorrang seines Auflösungsinteresses gegenüber dem Bestandsinteresse des Arbeitnehmers geführt hat. Anstelle einer derartigen Interessenabwägung gilt für die betriebsbedingte Kündigung auf der dritten Stufe hinsichtlich der Sozialauswahl gemäß § 1 III S. 3 KSchG, wonach an sich der Arbeitnehmer die Darlegungs- und Beweislast für eine fehlerhafte Sozialauswahl trägt, ein „besonderes System der abgestuften Darlegungs- und Beweislast": Hiernach hat zuerst der Arbeitnehmer zu bestreiten, daß die soziale Auswahl korrekt erfolgt ist. Unterläßt er dies, hat der Arbeitgeber keine Veranlassung, zur sozialen Auswahl Stellung zu nehmen. Bestreitet der Arbeitnehmer die Richtigkeit der Sozialauswahl und benennt er andere Arbeitnehmer, die weniger schutzbedürftig sein sollen, so hat er im Falle des Bestreitens durch den Arbeitgeber die entsprechenden Behauptungen zu beweisen. Wenn jedoch der Arbeitnehmer nicht in der Lage ist, substantiiert zur sozialen Auswahl Stellung zu nehmen und er aus diesem Grunde den Arbeitgeber auffordert, ihm die Gründe mitzuteilen, die ihn zu der getroffenen Auswahlentscheidung veranlaßt haben, geht insoweit zunächst die Darlegungslast auf den Arbeitgeber über. Ist der Arbeitgeber dem Auskunftsverlangen nachgekommen, fällt die Darlegungslast wieder voll auf den Arbeitnehmer zurück. Dieser hat nunmehr vorzutragen, welche von dem Arbeitgeber in die Auswahl einbezogenen Arbeitnehmer weniger schutzbedürftig oder welche vom Arbeitgeber nicht benannten Arbeitnehmer bei der Auswahl zusätzlich zu berücksichtigen sein sollen[1235].

Boewer interpretiert nun die von ihm für den Fall, daß die Prognosekorrektur in den „Risikobereich" des Arbeitgebers fällt, geforderte „abgestufte Darlegungslast" dahingehend, daß es insoweit zunächst genüge, wenn der Arbeitnehmer „greifbare Anhaltspunkte" für einen Prognoseirrtum des Arbeitgebers vorträgt. Dann sei es Sache des Arbeitgebers, näher zu substantiieren, daß seine Prognose und und die tatsächliche Entwicklung übereinstimmen. Erst im Anschluß hieran habe der Arbeitnehmer darzulegen und zu beweisen, daß ein Prognoseirrtum vorliegt[1236].

Unter Berücksichtigung der eingangs getroffenen Feststellung, daß hinsichtlich der Darlegungs- und Beweislast im Wiedereinstellungsprozeß die Grundsätze aus dem Kündigungsschutzprozeß gerade nicht herangezogen werden können, weil es sich bei dem Anspruch auf Wiedereinstellung um einen selbständigen arbeitsrechtlichen Anspruch handelt, durch dessen Geltendmachung die Wirksamkeit der vorangegangenen Kündigung nicht angegriffen wird, erscheint ein solcher Rekurs auf die vom Bundesarbeitsgericht gerade für den Kündigungsschutzprozeß entwickelten „Grundsätze der abgestuften Darlegungslast" zunächst nicht unproblematisch. Bei näherer Betrachtung zeigt sich jedoch, daß die „abgestufte Darlegungslast" kein Rechtsinstitut eigener Art im Kündigungsschutzprozeß darstellt, sondern auf allgemeine zivilprozessuale Grundsätze zurückgeführt werden kann[1237]:

1235 Vgl. zum „besonderen System der abgestuften Darlegungslast" bei der Sozialauswahl gemäß § 1 III S. 3 KSchG BAG AP Nr. 12 zu § 1 KSchG 1969 Betriebsbedingte Kündigung.

1236 Vgl. *Boewer*, NZA 1999, S. 1177, 1183.

1237 Vgl. *v. Altrock*, DB 1987, S. 433, 435 ff., ähnlich auch *Dudenbostel*, AuR 1984, S. 298, 300 ff.

Ausgangspunkt ist hierbei zunächst § 138 II ZPO, wonach sich jede Partei über die von dem Gegner behaupteten Tatsachen zu erklären hat. Die Erklärungslast setzt allerdings grundsätzlich eine substantiierte Tatsachenbehauptung des Gegners voraus[1238]. Kennt die darlegungs- und beweisbelastete Partei jedoch die für einen substantiierten Tatsachenvortrag erforderlichen Tatsachen nicht beziehungsweise nicht in dem hierfür notwendigen Umfang, erhebt sich die Frage, ob ihr dies stets zum Nachteil gereicht, oder ob ausnahmsweise die Anforderungen an eine hinreichende Substantiierung zunächst herabgesetzt werden können, so daß der erforderliche Tatsachenstoff erst von dem nicht darlegungs- und beweisbelasteten Gegner nach § 138 II ZPO in den Prozeß einzuführen ist.

Auch wenn sich aus § 138 ZPO nach herrschender und zutreffender Ansicht keine allgemeine prozessuale Erklärungspflicht der nicht darlegungs- und beweisbelasteten Partei ableiten läßt[1239], weil hierdurch eine Verlagerung der prozessualen Darlegungslast auf die gegnerische Partei begründet und der Boden des Beibringungsgrundsatzes verlassen würde, so schließt dies nicht aus, im Einzelfall unter Berücksichtigung der zwischen den Parteien bestehenden Rechtsbeziehungen und der Interessenlage die Nähe einer Partei zu den maßgebenden Tatsachen sowie ihre Möglichkeit der Informationsgewinnung hinsichtlich der Darlegungs- und Beweislast in Rechnung zu stellen[1240]. Bringt das zwischen den Parteien bestehende Rechtsverhältnis es seinem Wesen nach mit sich, daß der Berechtigte außerhalb des von ihm darzulegenden und zu beweisenden Geschehensablaufes steht und die maßgebenden Tatsachen nicht kennt, während der Gegner die Kenntnis besitzt und ihm nähere Angaben zuzumuten sind, erscheint es gerechtfertigt, die Darlegungslast zunächst durch eine allgemeine Behauptung des Berechtigten als erfüllt anzusehen und dem Gegner insoweit eine Pflicht zu substantiiertem Bestreiten, gewissermaßen eine „sekundäre Behauptungslast"[1241] aufzuerlegen[1242].

1238 Vgl. nur Stein/Jonas/*Leipold*, ZPO, § 138 Rn 22

1239 Vgl *v Altrock*, DB 1987, S 433, 436, *Arens*, ZZP Bd 96 (1983), S 1, 16 ff, Stein/Jonas/*Leipold*, ZPO, § 138 Rn 22, *Rosenberg/Schwab/Gottwald*, Zivilprozeßrecht, S 679 f, a A insbesondere *Sturner*, Die Aufklarungspflicht der Parteien des Zivilprozesses, S 378

1240 Vgl hierzu *Dudenbostel*, AuR 1984, S 298, 301, Stein/Jonas/*Leipold*, ZPO, § 138 Rn. 22a.

1241 So *Gottwald*, BB 1979, 1780, 1782

1242 Stein/Jonas/*Leipold*, ZPO, § 138 Rn 28a, *Reichold*, in. Thomas/Putzo, ZPO, § 138 Rn 12 Vgl auch die Rechtsprechung des Bundesgerichtshofes zum Arzthaftungsprozeß, wonach der insoweit darlegungs- und beweisbelastete Patient zunächst nur allgemeine Tatsachenbehauptungen zum seiner Meinung nach fehlerhaften Operations- und Behandlungsablauf vortragen muß, woraufhin der behandelnde Arzt dem klagenden Patienten Aufschluß über sein Vorgehen in dem Umfang zu geben hat, in dem ihm das möglich und zumutbar ist, so daß der klagende Patient mit dem entsprechenden Tatsachenmaterial versorgt ist und nunmehr seiner Darlegungslast in vollem Umfang nachkommen kann (BGH, NJW 1978, S 1681, 1682) sowie die vom Bundesgerichtshof zunächst zum unlauteren Wettbewerb entwickelte Rechtsprechung, wonach eine „sekundäre Darlegungslast" des Beklagten gegeben ist, wenn der außerhalb des Geschehensablaufs stehende Klager keine Möglichkeit hat, den Sachverhalt von sich aus zu ermitteln, der Beklagte aber ohne weiteres in der Lage ist, die erforderliche und ihm zumutbare Aufklärung zu geben (BGH, NJW 1961, S 826, 828; NJW 1962, S 2149, 2150; NJW 1974, S 1822, 1822 f) Diese Grundsatze werden nunmehr auch außerhalb des Wettbewerbsrechts herangezogen (BGH, NJW 1983, S 687, 688, 1986, S 3193, 3194, 1987, S 1201, 1201, NJW 1987, S 2008, 2009, NJW 1989, S 161, 162, NJW 1990, S 3151, 3151 f, NJW 1999, S 579, 580

Stellt die „abgestufte Darlegungslast“ somit kein auf den Kündigungsschutzprozeß beschränktes Rechtsinstitut eigener Art, sondern vielmehr eine auf allgemeinen zivilprozessualen Grundsätzen basierende spezifische Terminologie im Kündigungsschutzprozeß dar, bestehen grundsätzlich keine Bedenken, dieses Instrument zur Erleichterung der Darlegungs- und Beweislast auch im Wiedereinstellungsprozeß heranzuziehen.

Dies wird insbesondere in Betracht kommen, soweit die die Beendigung des Arbeitsverhältnisses tragenden Umstände, deren Wegfall vom Arbeitnehmer darzulegen und zu beweisen ist, dem Bereich des Arbeitgebers zuzurechnen sind, wie dies namentlich bei der betriebsbedingten Kündigung der Fall ist. Wenn der Arbeitnehmer insoweit nicht in der Lage ist, substantiiert zum Wegfall derartiger Umstände vorzutragen, ist zunächst eine dahingehende allgemeine Behauptung als ausreichend zu betrachten und dem Arbeitgeber eine „sekundäre Behauptungslast“ aufzuerlegen, wonach dieser näher zu substantiieren hat, daß die für die Beendigung des Arbeitsverhältnisses maßgebenden und seiner Sphäre zuzurechnenden Umstände nicht weggefallen sind. Ist der Arbeitgeber dieser „sekundären Behauptungslast“ nachgekommen, fällt die Darlegungslast wieder auf den klagenden Arbeitnehmer zurück, der nunmehr in vollem Umfang seine Darlegungs- und Beweislast erfüllen muß.

Auch wenn nach betriebsbedingter Kündigung nur einige der betroffenen Arbeitnehmer wiedereingestellt werden können, mithin ein Fall konkurrierender Wiedereinstellungsansprüche vorliegt, kommt hinsichtlich der vom Arbeitnehmer geltend zu machenden fehlerhaften Auswahlentscheidung des Arbeitgebers ein Rekurs auf die „Grundsätze der abgestuften Darlegungslast“ in Frage[1243]. Ist der Arbeitnehmer nicht in der Lage, in substantiierter Art und Weise zu der vom Arbeitgeber in bezug auf die Wiedereinstellung getroffenen Auswahl Stellung zu nehmen und fordert er aus diesem Grunde den Arbeitgeber auf, ihm die Gründe mitzuteilen, die ihn zu der getroffenen Auswahlentscheidung veranlaßt haben, geht auch insoweit zunächst die Darlegungslast auf den Arbeitgeber über. Sobald der Arbeitgeber dem Auskunftsverlangen nachgekommen ist, fällt die Darlegungslast wieder voll auf den Arbeitnehmer zurück, der nunmehr vorzutragen und zu beweisen hat, welche der wiedereingestellten Arbeitnehmer weniger schutzbedürftig sein sollen.

III. Die Darlegungs- und Beweislast des Arbeitgebers

Entsprechend der zivilprozessualen Grundregel hat demgegenüber der Arbeitgeber als Gegner des Anspruchs die Darlegungs- und Beweislast für alle diejenigen Tatsachen zu tragen, die dem geltend gemachten Anspruch auf Wiedereinstellung im Sinne einer rechtshindernden, rechtsvernichtenden oder rechtshemmenden Einwendung entgegenstehen. Der Arbeitgeber ist folglich darlegungs- und beweisbelastet bezüglich der Gründe, die seiner Meinung nach das Wiedereinstellungsinteresse des Arbeitnehmers überwiegen und damit die Unzumutbarkeit der Wiedereinstellung begründen sollen.

[1243] Bejaht man eine Bindung der Auswahlentscheidung an § 1III KSchG analog, liegt es nahe, die Analogie auf das vom Bundesarbeitsgericht insoweit entwickelte „besondere System der Darlegungslast“ bei der Sozialauswahl zu erstrecken

Er hat demnach insbesondere darzulegen und im Falle des Bestreitens zu beweisen, daß er über den Arbeitsplatz des die Wiedereinstellung begehrenden Arbeitnehmers bereits anderweitig disponiert hat und daß diese Disposition rechtlich schutzwürdig ist[1244].

Will der Arbeitgeber im Hinblick auf die Zumutbarkeitsgrenze dem ursprünglich unbefristet angestellten Arbeitnehmer, der seine Wiedereinstellung zu den bisherigen Vertragsbedingungen, mithin den Abschluß eines unbefristeten Arbeitsvertrages beansprucht, entgegenhalten, die unbefristete Wiedereinstellung sei für ihn unzumutbar, weil die die Beendigung des Arbeitsverhältnisses tragenden Gründe nicht endgültig, sondern lediglich für einen bereits feststehenden, zeitlich begrenzten Zeitraum weggefallen seien, so trifft den Arbeitgeber grundsätzlich auch insoweit die Darlegungs- und Beweislast[1245], da es sich hierbei um eine ihn begünstigende Tatsache handelt. Etwas anderes gilt nur, wenn nicht der Arbeitgeber dem den Abschluß eines unbefristeten Arbeitsvertrages verlangenden Arbeitnehmer die zeitliche Begrenzung der Wiedereinstellungsmöglichkeit entgegenhält, sondern der Arbeitnehmer von vornherein eine befristete Wiedereinstellung begehrt. In diesem Falle trägt der Arbeitnehmer die Darlegungs- und Beweislast dafür, daß die die Beendigung des Arbeitsverhältnisses tragenden Umstände (zumindest) für einen bestimmten Zeitraum weggefallen sind[1246], da es insoweit um den Nachweis eines anspruchsbegründenden Tatbestandsmerkmals geht.

Schließlich erstreckt sich die Darlegungs- und Beweislast des Arbeitgebers auch auf die Verwirkung eines zunächst entstandenen Wiedereinstellungsanspruchs[1247]. Der Arbeitgeber hat folglich darzulegen und zu beweisen, daß einerseits der Arbeitnehmer den Anspruch auf Wiedereinstellung über einen längeren Zeitraum hinweg nicht ausgeübt und dadurch den Eindruck erweckt habe, hiermit sei auch in Zukunft nicht mehr zu rechnen und daß er andererseits im Hinblick auf die Nichtgeltendmachung Vermögensdispositionen getroffen habe.

Hinsichtlich der Nichtgeltendmachung des Wiedereinstellungsanspruchs ist wiederum eine „abgestufte Darlegungslast" – in diesem Fall zugunsten des Arbeitgebers - in Betracht zu ziehen, weil die relevanten Tatsachen insoweit aus der Sphäre des Arbeitnehmers stammen. Der Arbeitgeber genügt der ihm obliegenden Darlegungslast zunächst durch die allgemeine Behauptung, der Arbeitnehmer habe den Anspruch auf Wiedereinstellung über einen längeren Zeitraum hinweg nicht geltend gemacht. Dann ist es Sache des Arbeitnehmers, aufgrund der ihm obliegenden „sekundären Behauptungslast" substantiiert darzulegen, wann und unter welchen Umständen er den Wiedereinstellungsanspruch in der fraglichen Zeit ausgeübt hat. Erst anschließend

---

1244 Vgl hierzu auch *Boewer*, NZA 1999, S 1177, 1183; *Oetker*, ZIP 2000, S 643, 653; *Westera*, Der Wiedereinstellungsanspruch nach wirksamer Kündigung, S 136; *Ziemann*, MDR 1999, S 716, 721

1245 So auch *Oetker*, ZIP 2000, S 643, 653, a A. *Beckschulze*, DB 1998, S 417, 419, 421, der dem Arbeitnehmer stets die Darlegungs- und Beweislast auferlegen will.

1246 Vgl Oetker, ZIP 2000, S 643, 653

1247 Beziehungsweise auf ein Verstreichenlassen der an § 4 S 1 KSchG anzulehnenden Geltendmachungsfrist im Falle eines Betriebsübergangs

obliegt dem Arbeitgeber der Beweis der Unrichtigkeit dieser Darlegungen des Arbeitnehmers[1248].

E. Streitwert und Kosten des Wiedereinstellungsverfahrens

Da die Arbeitsgerichte unabhängig vom Streitwert immer als erstinstanzliche Gerichte zuständig sind (vgl. § 8 I ArbGG), stellen sich im arbeitsgerichtlichen Verfahren und somit auch im Wiedereinstellungsprozeß keine Probleme hinsichtlich eines Zuständigkeitsstreitwertes.

Dagegen gelten für den Gebührenstreitwert nach § 1 IV GKG – vorbehaltlich besonderer Bestimmungen im Arbeitsgerichtsgesetz – die allgemeinen Vorschriften. Ausgehend von der Überlegung, daß der Wiedereinstellungsantrag inhaltlich darauf gerichtet ist, den beklagten Arbeitgeber zur Abgabe einer Willenserklärung zu verurteilen, könnte insoweit gemäß §§ 1 IV, 11 II, 12 I S. 1 GKG in Verbindung mit § 3 ZPO eine Streitwertbestimmung nach freiem gerichtlichem Ermessen in Betracht zu ziehen sein. Maßgeblich wäre dann, wie hoch das Interesse des Arbeitnehmers an der Abgabe der auf Wiedereinstellung gerichteten Willenserklärung des Arbeitgebers zu bewerten ist[1249].

Für die Bestimmung des Gebührenstreitwertes im arbeitsgerichtlichen Verfahren enthält § 12 VII ArbGG allerdings eine besondere, den allgemeinen Vorschriften vorgehende Regelung im Sinne des § 1 IV GKG, die das dem Gericht nach § 3 ZPO eingeräumte freie Ermessen beschränkt[1250] und den sozialen Zweck verfolgt, Streitigkeiten, bei denen in der Regel die wirtschaftliche Lebensgrundlage des Arbeitnehmers betroffen ist, kostenmäßig besonders günstig zu gestalten[1251]. So bestimmt § 12 VII S. 1, 1. Hs. ArbGG, daß für die Wertberechnung bei „Rechtsstreitigkeiten über das Bestehen, das Nichtbestehen oder die Kündigung eines Arbeitsverhältnisses" höchstens der Betrag des für die Dauer eines Vierteljahres zu leistenden Arbeitsentgelts maßgebend ist.

Fraglich ist, ob das Wiedereinstellungsverfahren als derartige Bestandsstreitigkeit zu qualifizieren ist. Wie sich bereits aus der Formulierung des Gesetzes ergibt[1252], ist der

---

1248 Vgl allgemein zur „abgestuften Darlegungslast" hinsichtlich des „Zeitmoments" der Verwirkung Palandt/*Heinrichs*, § 242 Rn 97; *Roth*, Münchener Kommentar, § 242 Rn 482; Staudinger/*Schmidt*, § 242 Rn 576; Soergel/*Teichmann*, § 242 Rn 344 sowie aus der Rechtsprechung BGH, NJW 1958, S. 1188, 1188 f

1249 Vgl allgemein dazu, daß bei einer Klage auf Abgabe einer Willenserklärung das Interesse des Klägers an antragsgemäßer Abgabe nach § 3 ZPO zu schätzen ist *Putzo*, in Thomas/Putzo, ZPO, § 3 Rn 6, Stein/Jonas/*Roth*, ZPO, § 3 Rn 41 („Abgabe einer Willenserklärung") sowie aus der Rechtsprechung LAG Munchen, JurBüro 1987, S 1382

1250 Vgl auch *Germelmann*, in Germelmann/Matthes/Prütting, ArbGG, § 12 Rn 89, *Philippsen/Dorner*, NZA 1987, S 113, 113, Stein/Jonas/*Roth*, ZPO, § 2 Rn 123

1251 Vgl hierzu *Germelmann*, in Germelmann/Matthes/Prutting, ArbGG, § 12 Rn 89, *Tschischgale/Satzky*, Das Kostenrecht in Arbeitssachen, S 34 sowie aus der Rechtsprechung BAG AP Nr 9 zu § 12 ArbGG 1979

1252 Vgl insoweit auch den Wortlaut des § 12 VII S. 1 ArbGG mit dem Wortlaut des § 2 I Nr 3b ArbGG.

Begriff der Bestandsstreitigkeit im Sinne des § 12 VII S. 1 ArbGG umfassend zu verstehen[1253]. Neben den typischen Kündigungsschutzstreitigkeiten und den entsprechenden Rechtsstreitigkeiten nicht unter das Kündigungsschutzgesetz fallender Arbeitnehmer wird jeder Rechtsstreit erfaßt, bei dem in irgendeiner Weise der Bestand oder das Zustandekommen eines Arbeitsverhältnisses in Frage steht[1254].

Trotz dieses weiten Verständnisses des Begriffes der Bestandsstreitigkeit im Sinne des § 12 VII S. 1 ArbGG ist eine unmittelbare Anwendung dieser Vorschrift auf das Wiedereinstellungsverfahren nicht mehr vom Wortlaut des Gesetzes gedeckt. Denn beim Wiedereinstellungsprozeß streiten die Parteien weder über die Kündigung noch über das Bestehen beziehungsweise Nichtbestehen eines Arbeitsverhältnisses. Der Streit bezieht und beschränkt sich vielmehr auf die Frage, ob der Arbeitgeber zur Abgabe einer auf Neuabschluß des Arbeitsvertrages gerichteten Willenserklärung verpflichtet ist. Erst die Abgabe der Willenserklärung beziehungsweise deren Fiktion gemäß § 894 I ZPO führt zum Bestehen eines Arbeitsverhältnisses[1255].

Allerdings ist § 12 VII S. 1 ArbGG insoweit entsprechend anzuwenden[1256]. Denn das Wiedereinstellungsverfahren als Bereich, für den die rechtliche Regelung zu vermissen ist, hat mit den in § 12 VII S. 1 ArbGG geregelten Bestandsstreitigkeiten die Momente gemeinsam, auf denen diese rechtliche Regelung beruht, so daß nach dem Gleichheitsgrundsatz eine gleiche Behandlung beider Tatbestände geboten und die insoweit bestehende Wertungslücke zu schließen ist.

§ 12 VII S. 1 ArbGG verfolgt den sozialen Zweck, diejenigen Streitigkeiten, bei denen es regelmäßig um die wirtschaftliche Lebensgrundlage des Arbeitnehmers geht, unter Kostengesichtspunkten besonders günstig zu gestalten, um auf diesem Wege zu erreichen, daß Arbeitnehmer in diesen für sie existenziellen Bereichen nicht aus Angst vor hohen Prozeßkosten die Anrufung eines Arbeitsgerichts unterlassen.

Dies trifft aber gleichermaßen auf die Wiedereinstellung zu. Ebenso wie die Bestandsstreitigkeiten des § 12 VII S. 1 ArbGG betrifft auch die Wiedereinstellung die wirtschaftliche Lebensgrundlage des Arbeitnehmers, da erst durch die Wiedereinstellung das wirksam beendete Arbeitsverhältnis neu begründet und damit die Basis für zukünftige Beschäftigung und Lohnzahlung geschaffen wird. Folglich ist nach dem

---

1253 Siehe auch *Germelmann*, in Germelmann/Matthes/Prütting, ArbGG, § 12 Rn. 90, Stein/Jonas/*Roth*, ZPO, § 2 Rn 124.

1254 So *Tschischgale/Satzky*, Das Kostenrecht in Arbeitssachen, S 34.

1255 Ebenso für den Fall der Klage auf Abgabe einer auf Aufhebung eines Arbeitsverhältnisses gerichteten Willenserklärung LAG München, JurBüro 1987, S. 1382; a. A. wohl *Boewer*, NZA 1999, S 1177, 1184, *ders.*, in. Kündigung und Kündigungsschutz in der betrieblichen Praxis, S 297, der zwar zunächst von einer „entsprechenden Anwendung" des § 12 VII ArbGG spricht, dann jedoch unter Hinweis auf die weite Auslegung dieser Vorschrift das Wiedereinstellungsverfahren unter den Begriff der Bestandsstreitigkeit subsumiert Auch *Strathmann*, Der Wiedereinstellungsanspruch eines wirksam gekündigten Arbeitnehmers, S. 115 sowie *Westera*, Der Wiedereinstellungsanspruch nach wirksamer Kündigung, S 136 gehen von einer unmittelbaren Anwendbarkeit des § 12 VII ArbGG aus

1256 Vgl *Ziemann*, MDR 1999, S 716, 721, wohl auch *Bram/Ruhl*, NZA 1990, S 753, 758 („in Anlehnung an § 12 VII ArbGG")

Telos des § 12 VII S. 1 ArbGG auch bezüglich des Wiedereinstellungsverfahrens zu verhindern, daß der Arbeitnehmer aus Angst vor hohen Prozeßkosten von einer Anrufung des Arbeitsgerichts absieht und sich mit der wirksamen Beendigung des Arbeitsverhältnisses abfindet. In analoger Anwendung des § 12 VII S. 1 ArbGG ist somit für die Wertberechnung des Wiedereinstellungsverfahrens im Regelfall[1257] von einem Dreimonatsverdienst als Gebührenstreitwert auszugehen.

Wird neben einem Kündigungsschutzantrag hilfsweise der Wiedereinstellungsantrag geltend gemacht und wird über ihn entschieden, stellt sich die Frage, ob eine Zusammenrechnung von Haupt- und Hilfsanspruch gemäß § 19 I S. 2 GKG zu erfolgen hat, oder ob nur der Wert des höheren Anspruchs maßgebend ist (§ 19 I S. 3 GKG). Entscheidend ist insoweit, ob Haupt- und Hilfsantrag „denselben Gegenstand" im Sinne des § 19 I S. 3 GKG betreffen. Der vom prozessualen Streitgegenstandsbegriff zu unterscheidende kostenrechtliche Gegenstandsbegriff des § 19 I S. 3 GKG[1258] wird dahingehend interpretiert, daß „derselbe Gegenstand" betroffen ist, wenn sich die geltend gemachten Ansprüche gegenseitig ausschließen mit der Folge, daß die Zuerkennung des einen Anspruchs notwendigerweise die Aberkennung des anderen Anspruchs zur Konsequenz hat. Das Gericht darf folglich nicht beiden Anträgen gleichzeitig stattgeben können[1259].

Hieraus ergibt sich, daß Kündigungsschutzantrag und Wiedereinstellungsantrag „denselben Gegenstand" im Sinne des § 19 I S. 3 GKG betreffen. Denn durch die Zuerkennung des Kündigungsschutzantrages wird festgestellt, daß das Arbeitsverhältnis durch die angegriffene Kündigung nicht rechtswirksam beendet wurde, so daß notwendigerweise für einen Anspruch auf Wiedereinstellung, der ja gerade einen wirksamen Beendigungstatbestand voraussetzt, kein Raum verbleibt[1260]. Schließen sich Kündigungsschutz- und Wiedereinstellungsantrag somit aus, betreffen sie mithin „denselben Gegenstand" im Sinne des § 19 I S. 3 GKG, ist insoweit hinsichtlich des Gebührenstreitwerts keine Zusammenrechnung gemäß § 19 I S. 2 GKG vorzunehmen, sondern nur der Wert des höheren Anspruchs heranzuziehen (§ 19 I S. 3 GKG)[1261]. Da

---

1257 Vgl zu dem Streit, ob es sich bei dem in § 12 VII S. 1 ArbGG genannten Vierteljahresverdienst um einen Regelstreitwert handelt, der ausnahmsweise nur dann unterschritten werden darf, wenn das wirtschaftliche Interesse des Arbeitnehmers am Ausgang des Rechtsstreits unter drei Monatseinkommen liegt, oder ob der Vierteljahresverdienst lediglich eine Obergrenze des Streitwerts bildet, bis zu deren Erreichen das Gericht nach § 3 ZPO ein freies Ermessen auszuüben hat, *Germelmann*, in. Germelmann/Matthes/Prutting, ArbGG, § 12 Rn. 93 ff. m w N , BAG AP Nr 9 zu § 12 ArbGG 1979.

1258 Entspräche der kostenrechtliche Gegenstandsbegriff dem prozessualen Streitgegenstandsbegriff, wurde dies zu einem Leerlaufen des § 19 I S 3 GKG führen, da Haupt- und Hilfsanspruch immer verschiedene prozessuale Streitgegenstände betreffen

1259 Vgl *Hartmann*, Kostengesetze, § 19 GKG Rn 10; *Markl/Meyer*, GKG, § 19 Rn 2 und 12

1260 Ebenso schließt die – eine wirksame Kündigung voraussetzende – Zuerkennung eines Wiedereinstellungsanspruchs einen erfolgreichen Kundigungsschutzantrag aus

1261 A A *Boewer*, NZA 1999, S 1177, 1184; *ders* , in· Kundigung und Kündigungsschutz in der betrieblichen Praxis, S 297 f, der unter Hinweis darauf, daß es sich um „unterschiedliche Streitgegenstande" handele, für eine Zusammenrechnung nach § 19 I S 2 GKG eintritt Ebenfalls für eine Zusammenrechnung *Strathmann*, Der Wiedereinstellungsanspruch eines wirksam gekundigten Arbeitnehmers, S 115, *Westera*, Der Wiedereinstellungsanspruch nach wirksamer Kundigung, S 136 f.

nach der hier vertretenen Auffassung die Bestimmung des Gebührenstreitwerts des Wiedereinstellungsverfahrens in analoger Anwendung des § 12 VII S. 1 ArbGG zu erfolgen hat und somit vom Regelstreitwert in Höhe eines Vierteljahresverdienstes auszugehen ist, wird der Gebührenstreitwert des Wiedereinstellungsverfahrens in aller Regel dem des Kündigungsschutzverfahrens entsprechen, so daß dann – mangels Vorliegens eines „höheren Anspruchs" – von einem Dreimonatsverdienst auszugehen ist.

F. Zwischenergebnis

Der Wiedereinstellungsanspruch ist im Wege der Leistungsklage geltend zu machen. Der die Wiedereinstellung begehrende Arbeitnehmer hat mit seinem Klageantrag ein eigenes Angebot zu unterbreiten und dessen Annahme durch den Arbeitgeber zu verlangen. Der Klageantrag bezieht sich folglich auf die Verurteilung des Arbeitgebers zur Abgabe einer auf einen Neuabschluß des Arbeitsvertrages gerichteten Annahmeerklärung. Um dem Bestimmtheitsgebot der §§ 46 II S. 1 ArbGG, 253 II Nr. 2 ZPO zu genügen, muß der Antrag das zu begründende Arbeitsverhältnis im Hinblick auf die zugrundezulegenden Arbeitsbedingungen und die Dauer inhaltlich hinreichend konkretisieren.

Der Arbeitnehmer ist nicht gezwungen, stets zunächst auf Abgabe der Annahmeerklärung des Arbeitgebers zu klagen, um dann im Falle eines stattgebenden rechtskräftigen Urteils die Erfüllung der Pflichten des gemäß § 894 I S. 1 ZPO im Wege gesetzlicher Fiktion zustandegekommenen Vertrages – gegebenenfalls wiederum im Klagewege – vom Arbeitgeber verlangen zu können. Er hat die Möglichkeit, sofort auf Erfüllung der Hauptpflichten aus dem zu begründenden Arbeitsverhältnis, mithin auf Weiterbeschäftigung zu klagen und aus einem obsiegenden, nach Maßgabe des § 62 I S. 1 ArbGG kraft Gesetzes vorläufig vollstreckbaren Urteil hinsichtlich der tatsächlichen Beschäftigung vorläufig zu vollstrecken.

Es besteht die Möglichkeit einer „isolierten" Wiedereinstellungsklage: Der Arbeitnehmer kann den Anspruch auf Wiedereinstellung gerichtlich geltend machen, ohne gegen die vorausgegangene Kündigung rechtzeitig Kündigungsschutzklage erhoben zu haben.

Da Wiedereinstellungsklage und Kündigungsschutzklage unterschiedliche Streitgegenstände haben, steht die Rechtskraft eines die Kündigungsschutzklage abweisenden Urteils einer Klage auf Wiedereinstellung nicht entgegen.

Der Arbeitnehmer kann Kündigungsschutz- und Wiedereinstellungsklage im Wege der anfänglichen beziehungsweise nachträglichen Eventualklagenhäufung verbinden.

In dem Feststellungsantrag der Kündigungsschutzklage ist nicht das Begehren auf Wiedereinstellung enthalten. Vielmehr hat der Arbeitnehmer den Antrag auf Wiedereinstellung – gegebenenfalls nach richterlichem Hinweis gemäß § 139 ZPO – ausdrücklich zu stellen.

Die Klage auf Wiedereinstellung hat sich grundsätzlich gegen den Arbeitgeber zu richten, der die Kündigung ausgesprochen hat. Bei der Klage auf Wiedereinstellung nach Betriebsübergang ist ausschließlich der Betriebserweber passivlegitimiert.

Hinsichtlich der Darlegungs- und Beweislast für das Bestehen eines Wiedereinstellungsanspruchs sind die für den Kündigungsschutzprozeß geltenden Regeln nicht übertragbar. Es gelten die allgemeinen Regeln der Darlegungs- und Beweislast. Soweit es um Einzelheiten aus der Sphäre des Arbeitgebers geht, gilt der Grundsatz der abgestuften Darlegungslast, der kein Rechtsinstitut eigener Art im Kündigungsschutzprozeß darstellt, sondern auf allgemeine zivilprozessuale Grundsätze zurückgeführt werden kann.

In analoger Anwendung des § 12 VII S. 1 ArbGG ist für die Wertberechnung des Wiedereinstellungsverfahrens im Regelfall von einem Dreimonatsverdienst als Gebührenstreitwert auszugehen. Wird neben einem Kündigungsschutzantrag hilfsweise der Wiedereinstellungsantrag geltend gemacht und wird über ihn entschieden, findet keine Zusammenrechnung gemäß § 19 I S. 2 GKG statt, sondern es ist nur der Wert des höheren Anspruchs heranzuziehen (§ 19 I S. 3 GKG).

§ 9 Möglichkeit einer vorsorglichen Kündigung des im Rahmen der Wiedereinstellung neu zu begründenden Arbeitsverhältnisses

A. Die Interessenlage auf seiten des Arbeitgebers

Einer Klärung bedürftig ist die Frage, ob der Arbeitgeber die Möglichkeit hat, das im Rahmen der Wiedereinstellung neu zu begründende Arbeitsverhältnis bereits nach Geltendmachung eines entsprechenden Anspruchs durch den Arbeitnehmer vorsorglich zu kündigen, oder ob er vielmehr dazu gezwungen ist, zunächst eine rechtskräftige Entscheidung über den Wiedereinstellungsanspruch abzuwarten und erst danach das - im Falle seines Unterliegens – wiederbegründete Arbeitsverhältnis zu kündigen[1262].

Diese Frage ist für den Arbeitgeber von erheblichem Interesse. Denn die Wiedereinstellung ist unter Wahrung der im bisherigen Arbeitsverhältnis erdienten sozialen Besitzstände vorzunehmen. Zu den sozialen Besitzständen in diesem Sinne zählt auch der im bisherigen Arbeitsverhältnis erworbene Dispositionsschutz nach Maßgabe des § 622 II BGB. Dies bedeutet, daß der Arbeitgeber bei der ordentlichen Kündigung des im Rahmen der Wiedereinstellung neu begründeten Arbeitsverhältnisses gegebenenfalls eine mehrmonatige Kündigungsfrist zu beachten hat.

Ist eine solche Kündigung aber an das Vorliegen einer rechtskräftigen Entscheidung über den Wiedereinstellungsanspruch geknüpft, so muß der Arbeitgeber zunächst den rechtskräftigen Abschluß des – gegebenenfalls über mehrere Instanzen geführten – Wiedereinstellungsprozesses abwarten und kann erst danach das – im Falle seines Unterliegens – wiederbegründete Arbeitsverhältnis – unter Beachtung einer gegebenenfalls mehrmonatigen Kündigungsfrist – ordentlich kündigen.

Kann der Arbeitgeber hingegen bereits nach Geltendmachung des Wiedereinstellungsanspruchs durch den Arbeitnehmer das im Rahmen der Wiedereinstellung neu zu begründende Arbeitsverhältnis vorsorglich kündigen, hat dies für ihn den Vorteil, daß die von ihm hierbei zu beachtende Kündigungsfrist schon nach Zugang der Kündigungserklärung (§ 130 I S. 1 BGB) zu laufen beginnt und folglich im Zeitpunkt einer rechtskräftigen Entscheidung über den Wiedereinstellungsanspruch bereits – zumindest teilweise – abgelaufen sein wird.

[1262] Unzutreffender Ansatz bei *Confurius*, in Stahmer/Kerls/Confurius, Praxishandbuch Kündigung, Teil 2/4 7, S 4 f, der im vorliegenden Zusammenhang dem Arbeitgeber empfiehlt, vorsorglich eine weitere Kündigung auszusprechen, wenn er der Überzeugung ist, daß er auch unter den neuen Bedingungen den gekündigten Arbeitnehmer nicht wieder beschäftigen und einstellen kann Denn durch Ausspruch einer vorsorglichen weiteren Kündigung entgehe der Arbeitgeber dem Risiko, daß seine erste Kundigung womoglich gänzlich für unwirksam erklärt wird und das Arbeitsverhaltnis im ubrigen unverandert fortbesteht Diese Ansicht verkennt, daß der Wiedereinstellungsanspruch das Vorliegen eines rechtswirksamen Beendigungstatbestandes voraussetzt und der Wegfall des Kundigungsgrundes gerade nicht zur Unwirksamkeit der Kündigung führt Deshalb kann es nicht um eine weitere, vorsorgliche Kundigung des bisherigen Arbeitsverhaltnisses gehen, sondern nur um die Kundigung des infolge des Wiedereinstellungsanspruchs neu zu begrundenden Arbeitsverhaltnisses

B. Bedingungsfeindlichkeit der Kündigung

Der Zulässigkeit einer solchen vorsorglichen Kündigung könnte allerdings entgegenstehen, daß das einseitige und rechtsgestaltende Rechtsgeschäft der Kündigung grundsätzlich bedingungsfeindlich ist. Der Grundsatz der Bedingungsfeindlichkeit beruht auf dem Gedanken, daß der Gekündigte nicht in eine ungewisse Lage bezüglich der Beendigung des Arbeitsverhältnisses gebracht werden soll[1263].

Vor dem Hintergrund dieses den Grundsatz der Bedingungsfeindlichkeit tragenden Gedankens ist einzelfallbezogen zu differenzieren: So ist zum Beispiel eine bedingte Kündigung unwirksam, wenn der Eintritt der Bedingung von der Beurteilung des Kündigenden abhängt[1264]. Demgegenüber ist eine bedingte Kündigung wirksam, wenn der Eintritt der Bedingung allein vom Willen des Kündigungsempfängers abhängt (sogenannte Potestativbedingung), da der Gekündigte hierdurch nicht in eine ungewisse Lage hinsichtlich der Beendigung des Arbeitsverhältnisses gebracht wird[1265].

Für die an dieser Stelle zu beurteilende vorsorgliche Kündigung des im Rahmen der Wiedereinstellung neu zu begründenden Arbeitsverhältnisses stellt sich die Situation wie folgt dar: Der Arbeitgeber kündigt bereits nach Geltendmachung des Wiedereinstellungsanspruchs durch den Arbeitnehmer das im Rahmen der Wiedereinstellung neu zu begründende Arbeitsverhältnis. Die Kündigung steht folglich unter der Bedingung eines rechtskräftigen, dem Wiedereinstellungsverlangen des Arbeitnehmers stattgebenden Urteils, durch das gemäß § 894 I S. 1 ZPO die für die Neubegründung des Arbeitsverhältnisses erforderliche Willenserklärung des Arbeitgebers gesetzlich fingiert wird.

Hinsichtlich der Frage, ob dies eine unzulässige Bedingung darstellt, ist – unter Berücksichtigung des dem Grundsatz der Bedingungsfeindlichkeit zugrundeliegenden Gedankens – entscheidend darauf abzustellen, ob der Arbeitnehmer hierdurch einer mit dem Grundsatz der Rechtsklarheit nicht zu vereinbarenden Ungewißheit über die Beendigung des Arbeitsverhältnisses ausgesetzt wird.

Dies ist jedoch nicht der Fall. Denn die hier in Rede stehende Bedingung ist als Rechtsbedingung zu qualifizieren. Die Kündigung wird für den Fall ausgesprochen, daß dem Arbeitnehmer ein Anspruch auf Wiedereinstellung zusteht, das Arbeitsverhältnis somit vertraglich neu zu begründen ist und eine entsprechende, dem Wiedereinstellungsverlangen stattgebende rechtskräftige Entscheidung ergeht. Der Arbeitnehmer weiß, daß das – für den Fall seines Obsiegens – neu zu begründende Arbeitsverhältnis auf jeden Fall beendet werden soll. Die Bedingung bezieht sich nur darauf, daß ein Vertragsverhältnis besteht, das durch Kündigung aufgelöst werden kann, nicht aber auf die Beendigung selbst.

1263 Vgl zum Grundsatz der Bedingungsfeindlichkeit der Kundigung KR-*Etzel*, § 1 KSchG Rn 179, *Preis*, in Stahlhacke/Preis/Vossen, Kundigung und Kundigungsschutz im Arbeitsverhaltnis, Rn 134 f, MunchArbR/*Wank*, § 118 Rn 44, *Zollner*, in Zollner/Loritz, Arbeitsrecht, S 275

1264 Vgl KR-*Etzel*, § 1 KSchG Rn 179

1265 Vgl nur *Preis*, in Stahlhacke/Preis/Vossen, Kundigung und Kundigungsschutz im Arbeitsverhaltnis, Rn 134, KR-*Rost*, § 2 KSchG Rn 15, MunchArbR/*Wank*, § 118 Rn 45

Die Situation ist insoweit vergleichbar mit einer vorsorglichen Kündigung, die für den Fall ausgesprochen wird, daß das Arbeitsverhältnis nicht bereits aus anderen Gründen (zum Beispiel durch eine andere, bereits erklärte Kündigung) aufgelöst sein sollte. Auch in diesem Fall bezieht sich die Bedingung nicht auf die Beendigung als solche, sondern lediglich darauf, daß unter rechtlichen Gesichtspunkten überhaupt noch ein Vertragsverhältnis existiert, das durch die Kündigung beendet werden kann. Insoweit liegt mithin ebenfalls eine zulässige Rechtsbedingung vor. Eine derartige vorsorgliche Kündigung ist demensprechend nach allgemeiner Meinung zulässig[1266].

C. Möglichkeit der Kündigung eines rechtlich noch nicht existenten Arbeitsverhältnisses

Steht somit die grundsätzliche Bedingungsfeindlichkeit der Kündigung des Arbeitsverhältnisses der hier in Rede stehenden vorsorglichen Kündigung des im Rahmen der Wiedereinstellung neu zu begründenden Arbeitsverhältnisses zwar nicht entgegen, so bleibt dennoch die Frage zu klären, ob ein Schuldverhältnis, das rechtlich noch gar nicht existiert, das vielmehr erst in Zukunft – unter der Rechtsbedingung, daß ein dem Wiedereinstellungsverlangen stattgebendes rechtskräftiges Urteil ergeht – mit Wirkung ex nunc[1267] zur Entstehung gelangen wird, bereits rechtswirksam gekündigt werden kann, so daß die vom Arbeitgeber zu beachtende Kündigungsfrist schon vor dem Entstehen des rechtlichen Bandes zu laufen beginnt.

I. Rückgriff auf die übrigen unter dem Stichwort der vorsorglichen Kündigung diskutierten Fallgestaltungen

Hinsichtlich der Beantwortung dieser Frage erweist sich ein Rückgriff auf die übrigen unter dem Stichwort der vorsorglichen Kündigung diskutierten Fallgestaltungen als fruchtlos: Die Rechtsfigur der vorsorglichen Kündigung ist einerseits anerkannt, wenn sich der Kündigende vorbehält, die Kündigung unter bestimmten Umständen zurückzunehmen[1268]. Andererseits findet die vorsorgliche Kündigung Anerkennung, wenn der Arbeitgeber sie für den Fall ausspricht, daß das Arbeitsverhältnis nicht bereits aus anderen Gründen beendet sein sollte[1269]. Beiden Fallgruppen liegen somit – im Gegensatz zu der hier in Rede stehenden vorsorglichen Kündigung des im Rahmen der Wiedereinstellung neu zu begründenden Arbeitsverhältnisses – Sachverhaltskon-

---

1266 Vgl. BAG AP Nr. 5 zu § 3 KSchG; KR-*Etzel*, § 1 KSchG Rn. 178; *Preis*, in: Stahlhacke/Preis/Vossen, Kündigung und Kündigungsschutz im Arbeitsverhältnis, Rn. 137; KR-*Rost*, § 2 KSchG Rn. 54; MünchArbR/*Wank*, § 118 Rn. 48.

1267 Da das im Rahmen der Wiedereinstellung neu begründete Arbeitsverhältnis lediglich mit Wirkung ex nunc zustandekommt, kann im vorliegenden Kontext nicht dahingehend argumentiert werden, im Falle eines Obsiegens des Arbeitnehmers im Wiedereinstellungsprozeß bestehe bereits - infolge einer rückwirkenden Wiederbegründung des Arbeitsverhältnisses - im Zeitpunkt des Zugangs der vorsorglichen Kündigung ein vertragliches Band zwischen Arbeitgeber und Arbeitnehmer.

1268 Vgl. *Preis*, in: Stahlhacke/Preis/Vossen, Kündigung und Kündigungsschutz im Arbeitsverhältnis, Rn. 137; KR-*Rost*, § 2 KSchG Rn. 54; MünchArbR/*Wank*, § 118 Rn. 47.

1269 Vgl. *Preis*, in: Stahlhacke/Preis/Vossen, Kündigung und Kündigungsschutz im Arbeitsverhältnis, Rn. 137; KR-*Etzel*, § 1 KSchG Rn. 178; KR-*Rost*, § 2 KSchG Rn. 54; MünchArbR/*Wank*, § 118 Rn. 48.

stellationen zugrunde, die sich dadurch auszeichnen, daß ein bereits beziehungsweise noch bestehendes Arbeitsverhältnis beendet werden soll.

II. Vergleich mit einer ordentlichen Kündigung vor Dienstantritt

Auch die nach heutiger allgemeiner Ansicht bestehende Möglichkeit einer ordentlichen Kündigung bereits vor Dienstantritt[1270] kann im vorliegenden Zusammenhang nicht unmittelbar fruchtbar gemacht werden. Der ordentlichen Kündigung vor Dienstantritt liegen Fallkonstellationen zugrunde, in denen der Abschluß des Vertrages und der Dienstantritt zeitlich auseinanderfallen[1271]. Auch in diesen Fällen geht es folglich um die Kündigung eines bereits existierenden, durch Abschluß des Arbeitsvertages in Kraft getretenen Vertragsverhältnisses, dessen Aktualisierung jedoch durch vertragliche Vereinbarung hinausgeschoben ist.

Allerdings lassen sich die zu der Frage der Kündigung vor Dienstantritt vorgebrachten Argumente auf die hier zu beurteilende Frage der Zulässigkeit einer vorsorglichen Kündigung des im Rahmen der Wiedereinstellung neu zu begründenden Arbeitsverhältnisses mittelbar übertragen: Gegen die – insbesondere von der früheren Rechtsprechung des Reichsarbeitsgerichts[1272] vertretene – Ansicht, eine Kündigung des Arbeitsverhältnisses vor Dienstantritt scheide aus, weil dies mit dem Wesen der Kündigung nicht vereinbar sei, wurde ins Feld geführt, daß sie auf der rein begrifflichen, dogmatisch nicht haltbaren Erwägung beruhe, wonach unter einer Kündigung die Auflösung eines schon begonnenen Dauerrechtsverhältnisses zu verstehen sei[1273]. Diese Ansicht übersehe, daß das Vertragsverhältnis bereits mit Abschluß des Arbeitsvertrages in Kraft trete, auch wenn seine Aktualisierung aufgrund des vertraglich vereinbarten Auseinanderfallens von Vertragsabschluß und Dienstantritt hinausgeschoben ist[1274].

Entscheidendes Gewicht im Hinblick auf die Frage der Zulässigkeit der Kündigung kommt damit nicht dem Dienstantritt als Aktualisierung des Arbeitsverhältnisses zu, sondern ausschließlich dem Abschluß des Vertrages, der das Vertragsverhältnis in Kraft treten läßt. Diese Argumentation beruht auf dem zutreffenden Gedanken, daß die Kündigung als einseitiges, rechtsgestaltendes Rechtsgeschäft, das auf die Beendigung eines Dauerschuldverhältnisses gerichtet ist, ihrem Wesen nach zwar nicht ein durch Dienstantritt aktualisiertes, wohl aber ein infolge eines Vertragsabschlusses existierendes Arbeitsverhältnis voraussetzt. Gegenstand der Kündigung kann hiernach nur ein

1270 Vgl hierzu *Berger-Delhey*, DB 1989, S 380 f; *Preis*, in Stahlhacke/Preis/Vossen, Kündigung und Kündigungsschutz im Arbeitsverhältnis, Rn 114 ff; KR-*Spilger*, § 622 BGB Rn 127, MunchArbR/*Wank*, § 118 Rn 39 ff, *Zollner*, in Zollner/Loritz, Arbeitsrecht, S 281 Verneinend jedoch noch LAG Bremen AP 52 Nr 94, S 448 ff, *Molitor*, Die Kundigung, S 19 ff sowie *Nikisch*, Arbeitsrecht Bd I, S 698

1271 Vgl *Preis*, in Stahlhacke/Preis/Vossen, Kundigung und Kundigungsschutz im Arbeitsverhaltnis, Rn 114

1272 Vgl RAG RAS 18, S 257

1273 Vgl *A Hueck*, in Hueck/Nipperdey, Lehrbuch des Arbeitsrechts Bd I, S 555

1274 Siehe BAG AP Nr 1 zu § 620 BGB

bestehendes Arbeitsverhältnis sein[1275]. Dies ergibt sich auch aus dem Wortlaut des Gesetzes, vgl. §§ 622, 626 BGB.

Gegen eine vorsorgliche Kündigung des im Rahmen der Wiedereinstellung mit Wirkung ex nunc neu zu begründenden Arbeitsverhältnisses spricht schließlich auch die folgende Überlegung. Wird hinsichtlich des für die Beurteilung der Rechtswirksamkeit der Kündigung maßgeblichen Zeitpunktes mit der ganz herrschenden Meinung auf den Zugang der Kündigungserklärung (§ 130 I S. 1 BGB) abgestellt[1276], ergibt sich das Problem, daß die Prüfung des Kündigungsgrundes auf einen Zeitpunkt bezogen wird, in dem das zu kündigende Arbeitsverhältnis noch gar nicht besteht. Vor dem Hintergrund, daß sich ein Wiedereinstellungsprozeß über mehrere Instanzen erstrecken kann, erscheint es nicht sachgerecht, die Rechtswirksamkeit der Kündigung anhand von Umständen zu beurteilen, die gegebenenfalls Jahre vor der Entstehung des arbeitsvertraglichen Bandes bestehen und sich bis zur Rechtskraft eines der Wiedereinstellungsklage des Arbeitnehmers stattgebenden Urteils verändern können.

Als Alternative bliebe die Möglichkeit, der Prüfung der Rechtswirksamkeit der vorsorglichen Kündigung die Umstände zugrundezulegen, die im Zeitpunkt der rechtskräftigen, der Wiedereinstellungsklage stattgebenden Entscheidung vorliegen. Dieser Ansatz sieht sich jedoch dem Einwand ausgesetzt, daß von dem der Rechtssicherheit dienenden Grundsatz abgewichen wird, daß für die Beurteilung der Rechtswirksamkeit der Kündigung auf den Zeitpunkt des Zugangs der Kündigungserklärung abzustellen ist. Die Rechtswirksamkeit der Kündigung bliebe bis zum rechtskräftigen Abschluß des Wiedereinstellungsprozesses in der Schwebe, was mit dem Grundsatz der Rechtssicherheit unvereinbar und für den Arbeitnehmer unzumutbar wäre.

D. Zwischenergebnis

Eine bereits vor der wiedereinstellungsbedingten vertraglichen Neubegründung des Arbeitsverhältnisses vom Arbeitgeber ausgesprochene vorsorgliche Kündigung geht mangels eines bestehenden Arbeitsverhältnisses, gegen das sich die Kündigung richten könnte, ins Leere und entfaltet keine rechtlichen Wirkungen. Der Arbeitgeber ist gezwungen, zunächst den rechtskräftigen Abschluß des Wiedereinstellungsprozesses abzuwarten. Das im Falle seines Unterliegens mit der Rechtskraft des Urteils (vgl. § 894 I S. 1 ZPO) vertraglich wiederbegründete Arbeitsverhältnis kann er dann nach Maßgabe der allgemeinen Grundsätze kündigen.

Dieses Ergebnis ist auch interessengerecht. Denn einerseits kommt hierbei der die Wiedereinstellung erkämpfende Arbeitnehmer, der im Hinblick auf den Wegfall des Kündigungsgrundes mit der vertraglichen Neubegründung des Arbeitsverhältnisses rechnet, in den Genuß des vollen Dispositionsschutzes nach § 622 BGB. Andererseits wird die unrechtmäßige Verweigerung der Wiedereinstellung durch den Arbeitgeber sanktioniert.

1275 Vgl allgemein auch *Zollner*, in Zollner/Loritz, Arbeitsrecht, S 275

1276 Siehe nur KR-*Etzlel*, § 1 KSchG Rn 259, *Hueck/v Hoyningen-Huene*, KSchG, § 1 Rn 156, *Kittner*, in Kittner/Daubler/Zwanziger, KSchR, § 1 KSchG Rn 56

§ 10 *Die Wiedereinstellung des Arbeitnehmers und die Beteiligung des Betriebsrats*

Ist der Arbeitgeber zur Wiedereinstellung eines Arbeitnehmers verpflichtet, stellt sich aus betriebsverfassungsrechtlicher Sicht die Frage, ob ein vorhandener Betriebsrat vor der erneuten Einstellung nach Maßgabe des § 99 BetrVG zu beteiligen ist.

A. Die Wiedereinstellung als Einstellung im Sinne des § 99 BetrVG

Ein solches Beteiligungsrecht des Betriebsrats setzt voraus, daß es sich bei der Wiedereinstellung um eine Einstellung gemäß § 99 BetrVG handelt. Der Begriff der Einstellung im Sinne des § 99 BetrVG ist Gegenstand eines Meinungsstreits[1277]. Das Bundesarbeitsgericht geht in seiner neueren Rechtsprechung[1278] davon aus, daß eine Einstellung nur noch die tatsächliche Beschäftigung im Betrieb sei, während es auf die Begründung eines entsprechenden Arbeitsverhältnisses durch Abschluß eines Arbeisvertrages überhaupt nicht mehr ankomme[1279]. Dem steht die Meinung gegenüber, daß unter Einstellung im Sinne des § 99 BetrVG sowohl die Begründung eines Arbeitsverhältnisses durch Abschluß eines Arbeitsvertrages, mithin die Willensübereinstimmung von Arbeitgeber und Arbeitnehmer über die tatsächliche Arbeitsaufnahme, als auch die damit zusammenhängende, in zeitlicher Hinsicht vorhergehende, nachfolgende oder zusammenfallende tatsächliche Beschäftigung im Betrieb zu verstehen sei[1280]. Sofern die Begründung des Arbeitsverhältnisses und die tatsächliche Beschäftigung zeitlich auseinanderfallen, soll hiernach die zeitlich erste Maßnahme mitbestimmungspflichtig sein[1281].

Im Zusammenhang mit der hier interessierenden Frage der Wiedereinstellung eines Arbeitnehmers kann dieser Meinungsstreit auf sich beruhen. Denn die Wiedereinstellung beinhaltet sowohl die Neubegründung des wirksam beendeten Arbeitsverhältnisses durch den Abschluß eines Arbeitsvertrages als auch die - darauf beruhende – tatsächliche Beschäftigung des wiedereinzustellenden Arbeitnehmers im Betrieb. Nach beiden Ansichten stellt die Wiedereinstellung somit begrifflich eine Einstellung im Sinne des § 99 BetrVG dar[1282]. Folglich sind im Grundsatz die Voraussetzungen des

---

1277 Vgl zur Entwicklung des Einstellungsbegriffes im Sinne des § 99 BetrVG *Hunold*, NZA 1990, S 461 ff

1278 Vgl. BAG AP Nr 98 zu § 99 BetrVG 1972; bestatigt durch BAG AP Nr 9 zu § 72 LPVG NW

1279 Ebenso *Galperin/Lowisch*, BetrVG, § 99 Rn 10, *v Hoyningen-Huene*, Betriebsverfassungsrecht, S. 313, *Lowisch*, BetrVG, § 99 Rn 3; MünchArbR/*Matthes*, § 344 Rn. 8.

1280 So *Kittner*, in: Däubler/Kittner/Klebe, BetrVG, § 99 Rn. 37; *Fitting/Kaiser/Heither/Engels*, BetrVG, § 99 Rn. 28; *Kraft*, GK-BetrVG, § 99 Rn 20 f.; *Schlochauer*, in: Hess/Schlochauer/Glaubitz, BetrVG, § 99 Rn 15 ff. sowie aus der früheren Rechtsprechung des Bundesarbeitsgerichts BAG AP Nr 2 zu § 99 BetrVG 1972, BAG AP Nr 9 zu § 99 BetrVG 1972

1281 Statt aller *Fitting/Kaiser/Heither/Engels*, BetrVG, § 99 Rn 30.

1282 Die Wiedereinstellung wird grundsätzlich als Einstellung im Sinne des § 99 BetrVG qualifiziert von BAG, NZA 2001, S. 893, 895; *Appel*, in Kittner/Zwanziger, Arbeitsrecht, Handbuch für die Praxis, § 107 Rn 8, *Beckschulze*, DB 1998, S 417, 420 f., *Bram/Ruhl*, NZA 1991, S 753, 758, *Furier*, AiB 1999, S 246, 249, *Herschel*, BlStSozArbR 1977, S 113, 116 (für die Wiedereinstellung nach Verdachtskundigung), *Hoefs*, Die Verdachtskundigung, S 300, *Langer*, NZA 1991, Beilage Nr 3, S 23, 29, *Nagele*, BB 1998, S 1686, 1689 (der jedoch den

Mitbestimmungstatbestandes des § 99 BetrVG erfüllt, so daß im Prinzip eine Beteiligung des Betriebsrates bezüglich der Wiedereinstellung zu erfolgen hat.

B. Die Beteiligung des Betriebsrates bei der Wiedereinstellung und der Telos des § 99 BetrVG

Fraglich ist allerdings, ob eine Beteiligung des Betriebsrates im Rahmen der Wiedereinstellung auch dem Sinn und Zweck dieses Mitbestimmungstatbestandes entspricht.

I. Vergleichbarkeit mit der „Rücknahme" einer Kündigung

Möglicherweise läßt sich die Situation der Wiedereinstellung mit derjenigen vergleichen, in der eine Kündigung vor Ablauf der Kündigungsfrist durch eine Vereinbarung zwischen Arbeitgeber und Arbeitnehmer „zurückgenommen" wird[1283], weil in beiden Fällen die auf die Beendigung des Arbeitsverhältnisses gerichtete Gestaltungswirkung der Kündigung im Ergebnis rückgängig gemacht wird. Für die Fälle der „Rücknahme" der Kündigung ist weitestgehend anerkannt, daß die hierauf beruhende Fortsetzung des Arbeitsverhältnisses nicht als Einstellung im Sinne des § 99 BetrVG zu behandeln und somit auch kein Mitbestimmungsrecht des Betriebsrates gegeben ist[1284], so daß dementsprechend auch für die Fälle der Fortsetzung des Arbeitsverhältnisses aufgrund der Wiedereinstellung des Arbeitnehmers eine Beteiligung des Betriebsrates nach § 99 BetrVG ausscheiden könnte[1285].

Die Situation der Wiedereinstellung ist jedoch mit derjenigen der „Rücknahme" einer Kündigung vor Ablauf der Kündigungsfrist durch Vereinbarung zwischen Arbeitgeber und Arbeitnehmer nicht vergleichbar. Bei der „Rücknahme" der Kündigung vor Ablauf der Kündigungsfrist liegt weder ein erneuter Abschluß eines Arbeitsvertrages noch eine erneute Eingliederung des zuvor gekündigten Arbeitnehmers vor. Von einer Erneuerung des Arbeitsverhältnisses kann deshalb keine Rede sein. Gerade dieser Gesichtspunkt rechtfertigt es aber, eine Einstellung im Sinne des § 99 BetrVG abzulehnen[1286].

Wiedereinstellungsanspruch selbst als Einstellung im Sinne des § 99 BertrVG qualifiziert); *vom Stein*, Fehleinschätzungen bei der Kündigung von Arbeitsverhältnissen, S. 181 (für die Wiedereinstellung nach Verdachtskündigung), *Strathmann*, Der Wiedereinstellungsanspruch eines wirksam gekündigten Arbeitnehmers, S. 96 ff., wohl auch *Boewer*, NZA 1999, S. 1177, 1181, zweifelnd *Zwanziger*, in Kittner/Däubler/Zwanziger, KSchR, Einl. Rn 390q A. A. *Boudon*, EWiR 1998, S. 323, 324

1283 Da die Kündigung als einseitige Willenserklärung im Zeitpunkt des Wirksamwerdens – dies ist nach § 130 I S. 1 BGB der Zeitpunkt des Zugangs – die Rechtsgestaltung unmittelbar herbeiführt, kann der Erklärende sie nach diesem Zeitpunkt nicht mehr einseitig zurücknehmen. Die „Rücknahme" der Kündigung ist dann nur noch durch eine Vereinbarung mit dem Gekündigten möglich, vgl. *Preis*, in Stahlhacke/Preis/Vossen, Kündigung und Kündigungsschutz im Arbeitsverhältnis, Rn. 121 ff.

1284 Vgl. *Fitting/Kaiser/Heither/Engels*, BetrVG, § 99 Rn. 39, *Kraft*, GK-BetrVG, § 99 Rn. 32, *Schlochauer*, in Hess/Schlochauer/Glaubitz, BetrVG, § 99 Rn. 23. A. A. jedoch *Kittner*, in Däubler/Kittner/Klebe, BetrVG, § 99 Rn. 46

1285 Vgl. hierzu auch *Beckschulze*, DB 1998, S. 417, 421, *Westera*, Der Wiedereinstellungsanspruch nach wirksamer Kündigung, S. 106

1286 Vgl. nur *Kraft*, GK-BetrVG, § 99 Rn. 32

Vollkommen anders stellt sich die Situation bei der Wiedereinstellung dar: Hier führt zunächst ein rechtswirksamer Beendigungstatbestand zu einer Auflösung des Arbeitsverhältnisses. Durch die Wiedereinstellung wird dann dieses Arbeitsverhältnis durch Neuabschluß eines Arbeitsvertrages wieder begründet. Erforderlich ist insoweit in jedem Falle ein erneuter Vertragsschluß. Erfolgt die Wiedereinstellung erst nach Beendigung des Arbeitsverhältnisses, ist darüber hinaus auch eine erneute Eingliederung des Arbeitnehmers notwendig.

Folglich greifen die Argumente, die es rechtfertigen, bei der „Rücknahme“ der Kündigung die Anwendbarkeit des § 99 BetrVG zu verneinen, bei der Wiedereinstellung gerade nicht, so daß sich insoweit keine gegen eine Beteiligung des Betriebsrates hinsichtlich der Wiedereinstellung sprechenden Gründe ableiten lassen[1287].

II. Vergleichbarkeit mit den Fällen der Verlängerung einer Befristung

Für eine dem Telos des § 99 BetrVG entsprechende Beteiligung des Betriebsrats bei der Wiedereinstellung könnte sprechen, daß nach ganz überwiegender Ansicht ein entsprechendes Mitbestimmungsrecht gegeben ist, wenn ein befristetes Arbeitsverhältnis verlängert wird[1288]. Begründet wird dies damit, daß der Betriebsrat im Zeitpunkt der Einstellung lediglich Gelegenheit gehabt habe, sich zu der befristeten Einstellung zu äußern. Seine Zustimmung beziehe sich somit nur auf die zeitlich befristete Eingliederung des Arbeitnehmers. Werde aber ein befristetes Arbeitsverhältnis verlängert, ändere sich die zeitliche Dimension der Eingliederung und damit gegebenenfalls auch die hiermit verbundenen Auswirkungen auf die Belegschaft des Betriebs, so daß nach Sinn und Zweck des § 99 BetrVG eine erneute Zustimmung des Betriebsrats erforderlich sei[1289].

Da die Wiedereinstellung insoweit mit der Verlängerung eines befristeten Arbeitsverhältnisses eine Parallelität aufweist, als es in beiden Fallgestaltungen darum geht, die an sich wirksame Beendigung des Arbeitsverhältnisses rückgängig zu machen, könnte dahingehend argumentiert werden, daß auch die Wiedereinstellung einer Zustimmung des Betriebsrates bedarf[1290].

1287 Im Ergebnis ebenso *Nagele*, BB 1998, S. 1686, 1689; *Strathmann*, Der Wiedereinstellungsanspruch eines wirksam gekündigten Arbeitnehmers, S. 98 f. A. A. *Beckschulze*, DB 1998, S. 417, 421.

1288 Vgl. *Fitting/Kaiser/Heither/Engels*, BetrVG, § 99 Rn. 36; *v. Hoyningen-Huene*, Betriebsverfassungsrecht, S. 313; *Kittner*, in: Däubler/Kittner/Klebe, BetrVG, § 99 Rn. 45; *Kraft*, GK-BetrVG, § 99 Rn. 25; *Löwisch*, BetrVG, § 99 Rn. 4; MünchArbR/*Matthes*, § 352 Rn. 15; *Richardi*, BetrVG, § 99 Rn. 34; *Weiss/Weyand*, BetrVG, § 99 Rn. 8 sowie aus der Rechtsprechung BAG AP Nr. 9 zu § 99 BetrVG 1972; BAG AP Nr. 54 zu § 99 BetrVG 1972; BAG AP Nr. 82 zu § 99 BetrVG 1972; BAG AP Nr. 32 zu § 118 BetrVG 1972. A. A. *Schlochauer*, in: Hess/Schlochauer/Glaubitz, BetrVG, § 99 Rn. 23; *Stege/Weinspach*, BetrVG, §§ 99–101 Rn. 19 f.

1289 Vgl. zur Argumentation *Kraft*, GK-BetrVG, § 99 Rn. 25; BAG AP Nr. 82 zu § 99 BetrVG 1972 sowie BAG AP Nr. 32 zu § 118 BetrVG 1972.

1290 Vgl. zu diesem Gedanken auch *Lisec*, Der Wiedereinstellungsanspruch des Arbeitnehmers nach betriebsbedingter Kündigung und Betriebsübergang, S. 138; *Oetker*, ZIP 2000, S. 643, 652;

Die Situation der Neubegründung eines Arbeitsverhältnisses aufgrund eines entsprechenden Wiedereinstellungsanspruchs des Arbeitnehmers ist allerdings nur auf den ersten Blick mit derjenigen einer „Entfristung" eines befristeten Arbeitsverhältnisses vergleichbar. Denn die Verlängerung eines wirksam befristeten Arbeitsverhältnisses beruht auf einer freien Entscheidung des Arbeitgebers, die er beispielsweise dann treffen wird, wenn er mit der Arbeitsleistung des befristet eingestellten Arbeitnehmers zufrieden ist und daher auch in Zukunft auf dessen Mitarbeit nicht verzichten möchte. Anders gestaltet sich hingegen die Situation bei der hier in Rede stehenden Wiedereinstellung. Steht dem Arbeitnehmer ein gegen den Arbeitgeber gerichteter Anspruch auf Wiedereinstellung zu, steht die Wiedereinstellung gerade nicht im freien Belieben des Arbeitgebers, vielmehr ist er zur Neubegründung des Arbeitsverhältnisses durch Neuabschluß eines Arbeitsvertrages und zu einer hierauf beruhenden tatsächlichen Beschäftigung verpflichtet[1291].

III. Mitbestimmung des Betriebsrates und Entscheidungsspielraum des Arbeitgebers

Der entscheidende, gegen ein Beteiligungsrecht des Betriebsrats bezüglich der Wiedereinstellung sprechende Gesichtspunkt ergibt sich aus der folgenden Überlegung: Ist der Arbeitgeber aufgrund des Wiedereinstellungsanspruchs zum Neuabschluß des Arbeitsvertrages und zur tatsächlichen Beschäftigung des Arbeitnehmers verpflichtet, fehlt der von § 99 BetrVG teleologisch vorausgesetzte Entscheidungsspielraum des Arbeitgebers[1292]. Besteht aber insoweit aufgrund des mit dem Wiedereinstellungsanspruch verbundenen Kontrahierungszwangs und der hieraus resultierenden Beschäftigungspflicht schon kein Bestimmungs- und Entscheidungsrecht des Arbeitgebers, stellt sich ein Beteiligungsrecht des Betriebsrats als reine Formalität ohne Sinngehalt dar[1293].

Strathmann, Der Wiedereinstellungsanspruch eines wirksam gekundigten Arbeitnehmers, S. 97 f

1291 Vgl hierzu auch *Oetker*, ZIP 2000, S 643, 652 Trotz dieses gravierenden Unterschiedes für eine Vergleichbarkeit jedoch *Lisec*, Der Wiedereinstellungsanspruch des Arbeitnehmers nach betriebsbedingter Kündigung und Betriebsübergang, S. 138.

1292 Vgl auch *Fitting/Kaiser/Heither/Engels*, BetrVG, § 99 Rn. 39 a. E. Auf das Kriterium des Entscheidungsspielraums stellt auch das Bundesarbeitsgericht in einem Urteil vom 05.04.2001 (BAG, NZA 2001, S. 893, 895) ab Dieser Entscheidung lag eine Wiedereinstellungszusage der Arbeitgeberin zugrunde, wonach der Arbeitnehmer im Falle der Wiedereinstellung „im Rahmen der dann gegebenen Möglichkeiten im Bereich Sicherheitstechnik" beschäftigt werden sollte (BAG, NZA 2001, S. 893, 893). Da sich diese Wiedereinstellungszusage nicht auf den ursprünglichen Arbeitsplatz des wiedereinzustellenden Arbeitnehmers beschränkt, führte das Bundesarbeitsgericht aus, daß die nach Beendigung eines vorangegangenen Arbeitsverhältnisses durch Neuabschluß eines Arbeitsvertrages erfolgende Wiedereinstellung jedenfalls dann eine mitbestimmungspflichtige Einstellung darstelle, wenn dem Arbeitgeber hinsichtlich des Einsatzes des Arbeitnehmers nicht jeglicher Entscheidungsspielraum fehlt (BAG, NZA 2001, S 893, 895)

1293 So im Ergebnis auch *Appel*, in Kittner/Zwanziger, Arbeitsrecht, Handbuch für die Praxis, § 107 Rn 8, *Beckschulze*, DB 1998, S 417, 421, *Boewer*, NZA 1999, S 1177, 1181 f, *Hambitzer*, Der Wiedereinstellungsanspruch des Arbeitnehmers nach wirksamer Kundigung, S 146 f, *Herschel*, BlStSozArbR 1977, S 113, 116, *Honstetter*, Die Prognoseentscheidung des Arbeitgebers im Kundigungsrecht, S 160 und 178 Fn 703, *Kleinebrink*, FA 1999, S 138, 140, *Langer*, NZA 1991, Beilage Nr 3, S 23, 29, *Oetker*, ZIP 2000, S 643, 652, *Strathmann*, Der

Den vorstehenden Überlegungen entspricht es, wenn das betriebsverfassungsrechtliche Schrifttum nahezu einhellig eine Mitbestimmung des Betriebsrats nach § 99 BetrVG ausschließt, wenn die Entstehung beziehungsweise Fortsetzung des Arbeitsverhältnisses nicht auf einem unmittelbaren, dahingehenden Entschluß des Arbeitgebers beruht, sondern vom Gesetz vorgeschrieben wird[1294]. Als Paradebeispiele sind hierbei § 78a II BetrVG und § 613 a I BGB zu betrachten, bei denen nach allgemeiner Ansicht eine Beteiligung des Bertriebsrats nach § 99 BetrVG mangels Entscheidungsspielraums des Arbeitgebers ausscheidet[1295].

Wenn *vom Stein*[1296] in diesem Zusammenhang gegen eine Vergleichbarkeit der Situation bei der Wiedereinstellung mit den Fallgestaltungen des § 78a II BetrVG beziehungsweise § 613a I BGB vorbringt, daß sowohl bei § 78a II BetrVG als auch bei § 613a I BGB keine „echten" rechtsgeschäftlichen Begründungstatbestände vorlägen, so kann dem zwar insoweit gefolgt werden, als im Falle des § 78a II BetrVG ein Arbeitsverhältnis durch ein von dem Auszubildenden wahrgenommenes gesetzliches Gestaltungsrecht ohne beziehungsweise sogar gegen den Willen des Arbeitgebers begründet wird und im Falle des Betriebsübergangs nach § 613a I BGB der Betriebserwerber unabhängig von seinem rechtsgeschäftlichen Willen in die arbeitsvertraglichen Rechte und Pflichten des bisherigen Arbeitgebers eintritt. Wenn er jedoch demgegenüber die Wiedereinstellung als „echten" rechtsgeschäftlichen Begründungstatbestand „wie jede andere Einstellung auch" bezeichnet, so übersieht er den entscheidenden, für eine Vergleichbarkeit sprechenden Aspekt, daß der Arbeitgeber auch bei der Wiedereinstellung – ebenso wie in den Fällen des § 78 a II BetrVG respektive des § 613a I BGB - keine Entscheidungsfreiheit hat, sondern vielmehr einem dem Wiedereinstellungsanspruch des Arbeitnehmers korrespondierenden Kontrahierungszwang unterliegt. Von einem Begründungstatbestand „wie bei jeder anderen Einstellung auch" kann vor diesem Hintergrund bei der Wiedereinstellung keine Rede sein.

Ebenso wie in den Fällen, in denen die Entstehung oder Fortsetzung des Arbeitsverhältnisses nicht auf einem entsprechenden Entschluß des Arbeitgebers beruht, sondern gesetzlich vorgeschrieben ist, scheidet somit auch bei der vom Arbeitnehmer aufgrund

---

Wiedereinstellungsanspruch eines wirksam gekündigten Arbeitnehmers, S. 99, *Zwanziger*, in Däubler/Fischer/Zwanziger, Kündigungsschutz von A bis Z, S. 540, *ders.*, in Kittner/Däubler/Zwanziger, KSchR, Einl. Rn. 390q, ähnlich auch *vom Stein*, Fehleinschätzungen bei der Kündigung von Arbeitsverhältnissen, S. 183 f.; *Westera*, Der Wiedereinstellungsanspruch nach wirksamer Kündigung, S. 110 f. Für ein Beteiligungsrecht des Betriebsrats plädieren hingegen *Bram/Rühl*, NZA 1990, S. 753, 758, *Furier*, AiB 1999, S. 246, 249, *Hoefs*, Die Verdachtskündigung, S. 300 f.; *Kittner*, in: Kittner/Däubler/Klebe, BetrVG, § 99 Rn. 48; *Lisec*, Der Wiedereinstellungsanspruch des Arbeitnehmers nach betriebsbedingter Kündigung und Betriebsübergang, S. 138 f.; *Nägele*, BB 1998, S. 1686, 1689; *Richardi*, BetrVG, § 99 Rn. 44; *Ziemann*, MDR 1999, S. 716, 720.

1294 Vgl. *Fitting/Kaiser/Heither/Engels*, BetrVG, § 99 Rn. 39; *Galperin/Löwisch*, BetrVG, § 99 Rn. 14b; *Kittner*, in: Däubler/Kittner/Klebe, BetrVG, § 99 Rn. 49; *Kraft*, GK-BetrVG, § 99 Rn. 31, *Löwisch*, BetrVG, § 99 Rn. 5; MünchArbR/*Matthes*, § 344 Rn. 21, *Richardi*, BetrVG, § 99 Rn. 41, *Schlochauer*, in Hess/Schlochauer/Glaubitz, BetrVG, § 99 Rn. 23, *Stege/Weinspach*, BetrVG, §§ 99-101 Rn. 191. Aus der Rechtsprechung BAG AP Nr. 3 zu § 99 BetrVG 1972

1295 So auch *Strathmann*, Der Wiedereinstellungsanspruch eines wirksam gekündigten Arbeitnehmers, S. 99

1296 *Vom Stein*, Fehleinschätzungen bei der Kündigung von Arbeitsverhältnissen, S. 182

eines entsprechenden Anspruchs erzwungenen Wiedereinstellung ein Beteiligungsrecht des Betriebsrats nach § 99 BetrVG mangels Entscheidungsspielraums des Arbeitgebers grundsätzlich aus.

IV. Beteiligung des Betriebsrates bei konkurrierenden Wiedereinstellungsansprüchen

Eine andere Betrachtung ist nur in dem Sonderfall gerechtfertigt, daß zunächst mehreren Arbeitnehmern betriebsbedingt gekündigt worden ist und sich dann anderweitige Beschäftigungsmöglichkeiten ergeben, die allerdings lediglich die Wiedereinstellung eines Teils der gekündigten Arbeitnehmer ermöglichen. In dieser Situation konkurrierender Wiedereinstellungsansprüche ist der Arbeitgeber verpflichtet, hinsichtlich der von ihm in bezug auf die Wiedereinstellung vorzunehmenden Auswahlentscheidung soziale Gesichtspunkte nach § 1 III KSchG analog zu berücksichtigen. Dies rechtfertigt es, dem Betriebsrat in diesen Fällen ausnahmsweise insoweit ein Beteiligungsrecht nach § 99 BetrVG zuzugestehen, so daß er die Möglichkeit hat, bei einer aus seiner Sicht fehlerhaften Sozialauswahl seine Zustimmung zur Wiedereinstellung eines vermeintlich sozial weniger schutzbedürftigen Arbeitnehmers nach § 99 II Nr. 1 BetrVG wegen eines Verstosses gegen § 1 III KSchG analog zu verweigern[1297].

C. Zwischenergebnis

Da der Arbeitgeber aufgrund des Wiedereinstellungsanspruchs zum Neuabschluß des Arbeitsvertrages und zur tatsächlichen Beschäftigung des Arbeitnehmers verpflichtet ist, fehlt der von § 99 BetrVG teleologisch vorausgesetzte Entscheidungsspielraum des Arbeitgebers. Ein Mitbestimmungsrecht des Betriebsrats besteht deshalb bei der Wiedereinstellung grundsätzlich nicht. Im Fall konkurrierender Wiedereinstellungsansprüche hat der Betriebsrat ausnahmsweise die Möglichkeit, bei einer aus seiner Sicht fehlerhaften Sozialauswahl seine Zustimmung zur Wiedereinstellung eines vermeintlich sozial weniger schutzbedürftigen Arbeitnehmers nach § 99 II Nr. 1 BetrVG wegen eines Verstosses gegen § 1 III KSchG analog zu verweigern.

[1297] Vgl. hierzu auch *Fitting/Kaiser/Heither/Engels*, BetrVG, § 99 Rn 39a. Ähnlich *Strathmann*, Der Wiedereinstellungsanspruch eines wirksam gekündigten Arbeitnehmers, S. 100; *Westera*, Der Wiedereinstellungsanspruch nach wirksamer Kündigung, S. 111; *Zwanziger*, in Kittner/Däubler/Zwanziger, KSchR, Einl. Rn. 390q, nach dessen Auffassung der Bertriebsrat in diesem Fall „in spiegelbildlicher Anwendung" des § 102 BetrVG eine mangelhafte Sozialauswahl geltend machen kann.

§ 11 Der Wiedereinstellungsanspruch in der Insolvenz

Klärungsbedürftig ist des weiteren, ob ein Anspruch des Arbeitnehmers auf Wiedereinstellung auch in der Insolvenz des Arbeitgebers entstehen kann.

A. Die Auswirkungen der Insolvenz des Arbeitgebers auf die Arbeitsverhältnisse

Bevor nähere Ausführungen zu der Frage gemacht werden, ob dem Arbeitnehmer bei Wegfall des Kündigungsgrundes auch in der Insolvenz ein Wiedereinstellungsanspruch zustehen kann, soll zunächst ein kurzer Überblick über die Auswirkungen der Insolvenz des Arbeitgebers auf die Arbeitsverhältnisse gegeben werden.

Grundsätzlich bestehen drei Möglichkeiten, wie sich die Eröffnung des Insolvenzverfahrens (§§ 27 ff. InsO) auf die in diesem Zeitpunkt bestehenden Vertragsverhältnisse auswirken kann. Die Vertragsverhältnisse können infolge der Eröffnung erlöschen, sie können bestehen bleiben oder ihr Schicksal kann von der Entscheidung des Insolvenzverwalters abhängen.

Das Gesetz sieht in den §§ 103 ff. InsO alle diese Möglichkeiten vor. Ist in den §§ 104 ff. InsO nichts Abweichendes vorgesehen, so hat der Insolvenzverwalter nach § 103 I InsO bei gegenseitigen Verträgen, die von keiner Partei vollständig erfüllt sind, die Wahl, ob er den Vertrag erfüllen will oder nicht (vgl. auch § 103 II S. 1 InsO). Das Schicksal des Vertrages hängt hier von der Entscheidung des Insolvenzverwalters ab. Demgegenüber erlöschen Aufträge, Geschäftsbesorgungsverträge und Vollmachten ipso iure durch die Eröffnung des Insolvenzverfahrens (vgl. §§ 115 bis 117 InsO). Anders gestaltet sich die Situation hinsichtlich der im Zeitpunkt der Verfahrenseröffnung bestehenden Arbeitsverhältnisse. Bereits § 22 I KO brachte den Grundsatz zum Ausdruck, daß Arbeitsverhältnisse auch nach Verfahrenseröffnung unverändert, das heißt mit allen arbeitsvertraglichen Rechten und Pflichten der Vertragsparteien, weiterbestehen. Derselbe Grundsatz galt gemäß § 9 II GesO auch für die Gesamtvollstreckung. Die Insolvenzordnung schreibt diesen Grundsatz nun ausdrücklich fest, indem sie in § 108 I S. 1 InsO bestimmt, daß Dienstverhältnisse des Schuldners[1298] mit Wirkung für die Insolvenzmasse fortbestehen. Trotz der Insolvenz des Arbeitgebers ist der Arbeitnehmer daher verpflichtet, seine vertraglich geschuldete Arbeitsleistung zu erbringen. Er behält im Gegenzug seinen Anspruch auf die vertraglich vereinbarte Vergütung als Masseschuld im Sinne des § 55 I Nr. 2, 2. Alt. InsO.

Die Insolvenz als solche berechtigt auch nicht zur Kündigung. Vielmehr sieht § 113 I InsO lediglich vor, daß beide Teile das fortbestehende Dienstverhältnis ohne Rücksicht auf eine vereinbarte Vertragsdauer oder einen vereinbarten Ausschluß des Rechts zur ordentlichen Kündigung kündigen können, wobei die Kündigungsfrist drei Monate zum Monatsende beträgt, wenn nicht eine kürzere Frist maßgeblich ist[1299]. § 113 InsO

1298 Dazu, daß unter Dienstverhältnissen im Sinne des § 108 I S. 1 InsO auch Arbeitsverhältnisse zu verstehen sind *Däubler*, in Däubler/Kittner/Zwanziger, KSchR, § 113 InsO Rn. 1, *Hasemeyer*, Insolvenzrecht, Rn. 20.57, FK-InsO/*Wegener*, § 108 Rn. 19.

1299 Siehe hierzu im Zusammenhang mit dem Wiedereinstellungsanspruch *Imping*, MDR 1999, S. 125, 130.

gibt dem Insolvenzverwalter folglich kein besonderes Kündigungsrecht[1300], sondern regelt nur die vom Insolvenzverwalter zu beachtende Kündigungsfrist, um im Interesse der Gläubiger eine kurzfristige Personalreduzierung zu ermöglichen. Daraus folgt, daß auch bei einer Kündigung nach § 113 InsO die Vorschriften des Kündigungsschutzgesetzes zu beachten sind[1301].

Ist somit die rechtswirksame Kündigung des Arbeitsverhältnisses durch den Insolvenzverwalter im Anwendungsbereich des Kündigungsschutzgesetzes an das Vorliegen eines Kündigungsgrundes im Sinne des § 1 II KSchG gebunden, so ist auch bei einer Kündigung des Arbeitsverhältnisses in der Insolvenz grundsätzlich ein die Frage der Wiedereinstellung aufwerfender Wegfall des Kündigungsgrundes denkbar.

Im Mittelpunkt des Interesses stehen hierbei vom Insolvenzverwalter wegen beabsichtigter Bertriebsstillegung ausgesprochene betriebsbedingte Kündigungen, deren tragender Grund wegen eines die Arbeitsplätze erhaltenden, unerwarteten Betriebsübergangs im Wege einer übertragenden Sanierung[1302] wegfällt. Eine derartige Fallkonstellation lag auch der Grundsatzentscheidung des Bundesarbeitsgerichts vom 27.02.1997 zugrunde[1303]. Während es das Bundesarbeitsgericht in dieser Entscheidung nicht für erörterungsbedürftig erachtete, ob der Wiedereinstellungsanspruch des Arbeitnehmers mit den Besonderheiten des Insolvenzrechts zu vereinbaren ist[1304], soll diese Frage hier näher untersucht werden:

B. Die Vereinbarkeit des Wiedereinstellungsanspruches mit § 113 II InsO

Als insolvenzrechtliche Vorschrift, die der Anerkennung eines Wiedereinstellungsanspruchs des Arbeitnehmers in der Insolvenz des Arbeitgebers entgegenstehen könnte, ist zunächst § 113 II InsO in Betracht zu ziehen. Hiernach wird die Dreiwochenfrist, in der nach § 4 S. 1 KSchG das Fehlen der sozialen Rechtfertigung einer Kündigung beziehungsweise gemäß § 13 I S. 2 KSchG das Fehlen des wichtigen Grundes bei der außerordentlichen Kündigung geltend gemacht weden muß, für den Fall der Kündigung im Insolvenzverfahren auf alle anderen Gründe für die Unwirksamkeit einer Kündigung[1305] erstreckt. Für den Fall der an dieser Stelle besonders interessierenden übertragenden Sanierung führt diese Ausdehnung dazu, daß auch die auf einem Verstoß gegen das Kündigungsverbot des § 613a IV S. 1 BGB beruhende Unwirksamkeit der Kündigung innerhalb der Dreiwochenfrist des § 4 S. 1 KSchG

1300 Mißverständlich *Däubler*, in Kittner/Däubler/Zwanziger, KSchR, Vorbem InsO Rn. 11.

1301 Vgl hierzu BAG AP Nr 4 zu § 22 KO; *Bork*, Einführung in das neue Insolvenzrecht, Rn. 175, *Däubler*, in Kittner/Däubler/Zwanziger, KSchR, § 113 InsO Rn 2, FK-InsO/*Eisenbeis*, Vor §§ 113 ff Rn 8, *Hasemeyer*, Insolvenzrecht, Rn 23 03

1302 Der Begriff wurde geprägt von *K Schmidt*, ZIP 1980, S 328, 336 Bei einer übertragenden Sanierung wird ein überlebensfähiges Unternehmen oder ein Teil davon auf einen anderen Rechtsträger übertragen und der Kaufpreis als Erlös an die Gläubiger des bisherigen Unternehmensträgers verteilt, vgl auch *Bork*, Einführung in das neue Insolvenzrecht, Rn 4

1303 Vgl. zum Sachverhalt BAG AP Nr 1 zu § 1 KSchG 1969 Wiedereinstellung

1304 Kritisch deshalb *Hanau*, Kölner Schrift zur Insolvenzordnung, S 1577.

1305 Beispielsweise die Nicht-Anhörung des Betriebsrates nach § 102 BetrVG oder das Fehlen einer Zustimmung des Betriebsrates nach § 103 BetrVG

geltend zu machen ist[1306] und auf diesem Wege die Rechtssicherheit für den Erwerber verstärkt wird. Durch die Regelung des § 113 II InsO soll dem im Insolvenzverfahren bestehenden besonderen Bedürfnis Rechnung getragen werden, Streitigkeiten über die Wirksamkeit von Kündigungen einer zügigen Klärung zuzuführen und damit Verzögerungen bei der Abwicklung der Rechtsverhältnisse des Schuldners zu vermeiden[1307].

Es stellt sich die Frage, ob die Ausdehnung der kurzen Klagefrist und die hinter ihr stehenden Intentionen des Gesetzgebers letztlich ins Leere laufen, wenn Arbeitnehmer, denen in der Insolvenz des Arbeitgebers vom Insolvenzverwalter gekündigt wurde, bei einem nachträglichen Wegfall des Kündigungsgrundes grundsätzlich ihre Wiedereinstellung beanspruchen können.

Für die Fälle der übertragenden Sanierung wird diese Frage von *Hanau*[1308] bejaht. Seiner Ansicht nach wäre durch die Anerkennung eines Wiedereinstellungsanspruches die mit der Regelung des § 113 II InsO intendierte Rechtssicherheit beseitigt oder zumindest gefährdet, weil die Unangreifbarkeit der vom Insolvenzverwalter ausgesprochenen Kündigungen (§ 113 II S. 1 InsO) für den Erwerber letztlich ohne Nutzen sei, wenn er sich trotz dieser Unangreifbarkeit Wiedereinstellungsansprüchen der gekündigten Arbeitnehmer ausgesetzt sähe.

Dieser Einwand erweist sich jedoch als nicht durchgreifend. Wie bereits dargelegt wurde, dient § 113 II S. 1 InsO einer zügigen Klärung von Streitigkeiten über die Wirksamkeit von Kündigungen durch den Insolvenzverwalter und ordnet aus diesem Grunde an, daß der Arbeitnehmer sämtliche Unwirksamkeitsgründe bezüglich der gegenüber ihm ausgesprochenen Kündigung innerhalb von drei Wochen nach deren Zugang durch Erhebung einer Klage beim Arbeitsgericht geltend machen muß. Über die Wirksamkeit der vom Insolvenzverwalter ausgesprochenen Kündigung soll somit nicht nur hinsichtlich der Frage der sozialen Rechtfertigung im Sinne des § 1 II, III KSchG alsbaldige Klarheit herbeigeführt werden, sondern bezüglich aller im Raume stehenden Unwirksamkeitsgründe. Wird die Klage vom Arbeitnehmer nicht rechtzeitig erhoben, so kann er die Unwirksamkeit der Kündigung nicht mehr mit Aussicht auf Erfolg gerichtlich geltend machen[1309].

1306 Siehe auch *Annuß*, ZinsO 2001, S 49, 56, *Däubler*, in Kittner/Daubler/Zwanziger, KSchR, § 113 InsO Rn 47; *Hasemeyer*, Insolvenzrecht, Rn 23.05, *Schmidt-Räntsch*, Insolvenzordnung, S. 280.

1307 Vgl. hierzu FK-InsO/*Eisenbeis*, § 113 Rn. 111; *Häsemeyer*, Insolvenzrecht, Rn. 23 05; *Obermüller/Hess*, InsO, Rn. 935.

1308 *Hanau*, ZIP 1998, S. 1817, 1820; ebenso *Hanau/Berscheid*, Kölner Schrift zur Insolvenzordnung, S. 1579. Anders *Beckschulze*, DB 1998, S. 417 421, der die Wirkung des § 113 II InsO lediglich darin sieht, daß die Wiedereinstellungsklage allenfalls bis zum Ablauf der jeweiligen Kündigungsfrist erhoben werden könne, wobei § 113 II InsO insoweit eine Erleichterung für den Konkursverwalter schaffe, daß die Kündigungsfrist auf drei Monate zum Monatsende gegenüber den langeren gesetzlichen oder tariflichen Kündigungsfristen begrenzt ist, falls nicht eine kurzere Frist maßgeblich ist

1309 Da § 113 II InsO keine entsprechende Anwendung des § 7 KSchG vorsieht, ist insoweit streitig, ob die verspatete Klage gegen die vom Insolvenzverwalter ausgesprochene Kundigung als unbegründet oder als unzulassig abzuweisen ist, vgl hierzu die Nachweise bei FK-InsO/*Eisenbeis*, § 113 Rn 115 a E

Handelt es sich somit aber nur um eine Ausdehnung des sachlichen Anwendungsbereiches des § 4 S. 1 KSchG, so kann § 113 II InsO einem Wiedereinstellungsanspruch während des Insolvenzverfahrens ebensowenig entgegenstehen wie § 4 KSchG einem Wiedereinstellungsanspruch außerhalb der Insolvenz. Ein Wiedereinstellungsanspruch setzt sowohl innerhalb als auch außerhalb eines Insolvenzverfahrens das Vorliegen einer – im allein maßgeblichen Zeitpunkt des Zugangs – wirksamen Kündigung des Arbeitebers beziehungsweise des Insolvenzverwalters voraus. Der auf Neubegründung des Arbeitsverhältnisses gerichtete Wiedereinstellungsanspruch läßt die Wirksamkeit der Kündigung und die mit ihr verbundene Beendigung des bisherigen Arbeitsverhältnisses unberührt. Die Frage einer Kollision mit § 4 S. 1 KSchG beziehungsweise mit § 113 II InsO stellt sich damit nicht. Mit der Wiedereinstellungsklage will der Arbeitnehmer gerade nicht die Unwirksamkeit der Kündigung, sondern vielmehr den Wegfall des die wirksame Kündigung tragenden Grundes geltend machen.

C. Die Vereinbarkeit des Wiedereinstellungsanspruches mit §§ 125 bis 127 InsO

Kann somit § 113 II InsO einem Wiedereinstellungsanspruch in der Insolvenz nicht entgegengehalten werden, stellt sich die Frage, ob dies auch für die §§ 125 bis 127 InsO gilt. Diese Vorschriften sehen eine Herabsetzung des Kündigungsschutzes beziehungsweise eine Erleichterung des Personalabbaus bei Betriebsänderungen im Sinne des § 111 BetrVG vor. Kommt über die Betriebsänderung ein Interessenausgleich (§ 112 I S. 1 BetrVG) zustande, können Arbeitnehmer, denen gekündigt werden soll, hierin namentlich bezeichnet werden. Als kollektivrechtliche Vorprüfung durch Verwalter und Betriebsrat schränkt ein derartiger Interessenausgleich die gerichtliche Überprüfung der Kündigung im Kündigungsschutzprozeß erheblich ein.

In Abkehr von dem Grundsatz, daß das Insolvenzverfahren ohne Einfluß auf die Anwendbarkeit des Kündigungsschutzgesetzes ist, wonach der Verwalter die Tatsachen zu beweisen hätte, die die Kündigung bedingen (§ 1 II S. 4 KSchG), wird in § 125 I S. 1 Nr. 1 InsO vermutet (vgl. § 292 ZPO), daß die Kündigung der Arbeitsverhältnisse der im Interessenausgleich bezeichneten Arbeitnehmer durch dringende betriebliche Erfordernisse (§ 1 II KSchG) bedingt ist.

§ 125 I S. 1 Nr. 2, 1. Hs. InsO schränkt den Prüfungsmaßstab bei der Sozialauswahl dahinehend ein, daß eine Nachprüfung lediglich im Hinblick auf die Dauer der Betriebszugehörigkeit, das Lebensalter sowie die Unterhaltspflichten und auch insoweit nur auf grobe Fehlerhaftigkeit zu erfolgen hat. Soll eine ausgewogene Personalstruktur erhalten oder geschaffen werden, ist die Sozialauswahl nach § 125 I S. 1 Nr. 2, 2. Hs. InsO nicht als grob fehlerhaft anzusehen.

Kommt es mangels betrieblicher Mitbestimmung oder binnen drei Wochen nach entsprechender Aufforderung des Verwalters nicht zu einem Interessenausgleich, in dem die Arbeitnehmer, denen gekündigt werden soll, namentlich bezeichnet sind (§ 125 I InsO), kann der Verwalter in einem besonderen Beschlußverfahren zum Kündigungsschutz gemäß § 126 InsO die Feststellung des Arbeitsgerichts beantragen, daß beabsichtigte oder bereits ausgesprochene Kündigungen gegenüber von ihm im Antrag namentlich bezeichneten Arbeitnehmern durch dringende betriebliche Erfordernisse bedingt und sozial gerechtfertigt sind (§ 126 I InsO). Zwar wird durch diese Regelung der Kündigungsschutz der betroffenen Arbeitnehmer in materieller Hinsicht nicht eingeschränkt, da das Arbeitsgericht die Rechtswirksamkeit der betrieblichen Kündigungen gemäß § 1 II, III KSchG zu prüfen hat[1310], nach § 127 I S. 1 InsO entfaltet die rechtskräftige Entscheidung im besonderen Beschlußverfahren zum Kündigungsschutz aber Bindungswirkung für die Parteien des Individualkündigungsschutzprozesses. Hiermit soll der Personalabbau erleichtert und beschleunigt werden[1311].

Aus den genannten Vorschriften der §§ 125 bis 127 InsO, deren Anwendung gemäß § 128 InsO nicht dadurch ausgeschlossen wird, daß die Betriebsänderung, die dem Interessenausgleich (§ 125 InsO) oder dem Feststellungsantrag (§ 126 InsO) zugrundeliegt, erst nach einer Betriebsveräußerung durchgeführt werden soll, und der von ihnen intendierten Herabsetzung des Kündigungsschutzes beziehungsweise Beschleunigung des Personalabbaus folgert *Hanau*[1312] unter zusätzlichem Hinweis auf die „prozessuale Verstärkung" durch die kurze Klagefrist des § 113 II InsO, daß Wiedereinstellungsansprüche bei Betriebsübergängen in der Insolvenz „völlig" auszuschließen sind[1313].

Auch diese Argumentation vermag nicht zu überzeugen. Zum einen erscheint es nicht gerechtfertigt und methodisch verfehlt, aus den speziellen Vorschriften über den besonderen Interessenausgleich (§ 125 InsO) beziehungsweise über das besondere Beschlußverfahren zum Kündigungsschutz (§ 126 InsO) auf einen „völligen", mithin auch nicht dem Regelungsbereich der §§ 125, 126 InsO unterfallende Fallkonstellationen erfassenden Ausschluß von Wiedereinstellungsansprüchen bei Bertiebsübergängen in der Insolvenz zu schließen. Namentlich § 125 InsO stellt – wie bereits betont wurde – eine Abkehr von dem Grundsatz dar, daß das Insolvenzverfahren ohne Einfluß auf die Anwendbarkeit des Kündigungsschutzgesetzes ist, und ist deshalb als Ausnahmevorschrift innerhalb des Regelungskomplexes der Insolvenzordnung zu qualifizieren. Aufgrund des speziellen Regelungsbereiches der §§ 125, 126 InsO ließen sich diese Vorschriften folglich nur für einen Ausschluß des Wiedereinstellungsanspruches hinsichtlich solcher Sachverhalte fruchtbar machen, die auch ihrem Anwendungsbereich unterfallen.

Ungeachtet dieses Einwandes gelten im Zusammenhang mit §§ 125, 126 InsO die Ausführungen zu § 113 II InsO entsprechend. Mögen der besondere Interessenausgleich nach § 125 InsO und das besondere Beschlußverfahren zum Kündigungsschutz

---

1310 Vgl. nur FK-InsO/*Eisenbeis*, § 126 Rn. 1.

1311 Siehe *Däubler*, in: Kittner/Däubler/Zwanziger, KSchR, § 126 InsO Rn. 2, *Häsemeyer*, Insolvenzrecht, Rn 23 07

1312 *Hanau*, ZIP 1998, S 1817, 1819 f; ähnlich *Hanau/Berscheid*, in: Kölner Schrift zur Insolvenzordnung, S 1579

1313 Vor dem Hintergrund dieses kategorischen Ausschlusses ist es schwer nachvollziehbar, wenn *Hanau/Berscheid*, in Kolner Schrift zur Insolvenzordnung, S 1580 zunächst ausführen, daß man in der Insolvenz einen Anspruch auf Wiedereinstellung – „wenn uberhaupt" – nur dann werde bejahen können, wenn es noch wahrend des Laufs der Kündigungsfrist des einzelnen Arbeitnehmers zu einem Betriebsubergang auf einen neuen Inhaber kommt und schließlich die Behauptung aufstellen, „ein Wiedereinstellungsanspruch konnte allenfalls dann bejaht werden, wenn sich die vom Insolvenzverwalter ausgesprochene Kundigung als unwirksam erweist" gemäß § 126 InsO auch eine Herabsetzung des Kündigungsschutzes beziehungsweise eine Erleichterung des Personalabbaus zum Ziel haben, so bleiben diese Regelungsziele durch Gewährung eines Wiedereinstellungsanspruches doch unberührt. Denn ein auf die Neubegründung des rechtswirksam beendeten Arbeitsverhältnisses gerichteter Anspruch ändert an der mit dem besonderen Interessenausgleich nach § 125 InsO verbundenen Einschränkung der gerichtlichen Überprüfung der Kündigung ebensowenig wie an der Bindungswirkung einer rechtskräftigen Entscheidung im besonderen Beschlußverfahren zum Kündigungsschutz gemäß §§ 126, 127 InsO, mit der die Feststellung getroffen wird, daß die Kündigung durch dringende betriebliche Erfordernisse bedingt und sozial gerechtfertigt ist.

Die Argumentation *Hanaus,* daß das Insolvenzrecht mit den Regelungen der §§ 125, 126 InsO dazu tendiere, im Interesse der Rechtssicherheit den individuellen Kündigungsschutz zu beschränken und die Kündigung der Arbeitsverhältnisse durch den Insolvenzverwalter zu erleichtern und daß ein Wiedereinstellungsanspruch in der Insolvenz ausscheiden müsse, weil ansonsten die erstrebte Rechtssicherheit wieder in Frage gestellt wäre, erweist sich schließlich noch aus einem anderen Grund als nicht tragfähig. Die Vorschriften der §§ 125, 126 InsO führen lediglich insoweit zu einer Rechtssicherheit, als die Wirksamkeit der Kündigung in bezug auf den Zeitpunkt des Zustandekommens des besonderen Interessenausgleichs (§ 125 InsO) beziehungsweise auf auf den Zeitpunkt der letzten mündlichen Verhandlung des besonderen Beschlußverfahrens zum Kündigungsschutz (§ 126 InsO) nur noch unter Einschränkungen angezweifelt werden kann beziehungsweise die rechtskräftige Entscheidung im Verfahren nach § 126 InsO insoweit eine Bindungswirkung für das individuelle Kündigungsschutzverfahren begründet.

Sowohl hinsichtlich des besonderen Interessenausgleichs als auch im Hinblick auf das besondere Beschlußverfahren finden nach der gesetzlichen Wertung der §§ 125 I S. 2, 127 I S. 2 InsO nachträgliche Veränderungen der Sachlage durchaus dahingehend Berücksichtigung, daß die mit dem besonderen Interessenausgleich bezweckte Herabsetzung des Kündigungsschutzes nicht greift beziehungsweise eine Bindungswirkung der rechtskräftigen Entscheidung im besonderen Beschlußverfahren für das Individualkündigungsschutzverfahren ausscheidet.

Folglich läßt sich der Insolvenzordnung insoweit keineswegs die von *Hanau* behauptete Wertung entnehmen, die Rechtssicherheit stehe der Anerkennung eines Wiedereinstellungsanspruches in der Insolvenz per se entgegen[1314]. Auch hinsichtlich solcher Sachverhalte, die dem Anwendungsbereich der §§ 125, 126 InsO unterfallen, erweist sich die Argumentation *Hanaus* mithin als nicht stichhaltig.

1314 Im Ergebnis ebenso *Annuß*, ZinsO 2001, S. 49, 59; *Berscheid*, MDR 1998, S. 1129, 1132; *ders.*, ZinsO 1998, S. 159, 172; *Caspers*, Personalabbau und Betriebsänderung im Insolvenzverfahren, Rn. 214 ff.; FK-InsO/*Eisenbeis*, § 125 Rn. 25 und § 127 Rn. 6; *Hess*, Insolvenzarbeitsrecht, § 125 InsO Rn. 27 und § 127 InsO Rn. 4; *Hümmerich/Kallweit/Spirolke*, Das arbeitsrechtliche Mandat, S. 812; *Obermüller/Hess*, InsO, Rn. 868; *Raab*, RdA 2000, S. 147, 160.

D. Die Auswirkung europarechtlicher Vorgaben auf den Wiedereinstellungsanspruch wegen eines Betriebsübergangs in der Insolvenz

Stehen somit die Regelungen der §§ 113 II, 125 bis 127 InsO und die ihnen zugrundeliegenden Wertungen keineswegs per se einem Wiedereinstellungsanspruch in der Insolvenz des Arbeitgebers entgegen, bleibt im Hinblick auf die im vorliegenden Zusammenhang besonders interessierenden Fälle der übertragenden Sanierung zu klären, wie sich europarechtliche Vorgaben auf die Frage auswirken, ob ein Anspruch auf Wiedereinstellung wegen eines Betriebsübergangs in der Insolvenz anzuerkennen ist. Diesbezüglich kommt der Rechtsgrundlage, auf die dieser Anspruch zu stützen ist, entscheidende Bedeutung zu.

I. Der Ansatz des 8. Senats des Bundesarbeitsgerichts

Wird der Wiedereinstellungsanspruch im Falle eines Betriebsübergangs auf eine richtlinienkonforme Auslegung des § 613a BGB gestützt (so der 8. Senat des Bundesarbeitsgerichts[1315]), erscheint es zweifelhaft, ob ein derartig dogmatisch verankerter Anspruch auch in der Insolvenz in Betracht zu ziehen ist. Denn während des Insolvenzverfahrens ist die einer richtlinienkonformen Auslegung des § 613a BGB zugrundezulegende Richtlinie 77/187/EWG nicht anwendbar.

Die frühere Fassung dieser Richtlinie regelte ihren Anwendungsbereich hinsichtlich innerstaatlicher Zahlungsunfähigkeitsverfahren nicht explizit. Deshalb hat der Europäische Gerichtshof bestimmte Grundsätze zur Anwendung der Richtlinie 77/187/EWG in solchen Verfahren herausgearbeitet[1316]. Hiernach mußten die Mitgliedstaaten ihre innerstaatlichen Umsetzungsgesetze in einem Liquidationsverfahren[1317] nicht anwenden.

Durch die Richtlinie 98/50/EG wurde mit Art. 4a der Richtlinie 77/187/EWG n. F. in Anlehnung an diese Rechtsprechung des Europäischen Gerichtshofes eine eigenständige Regelung des Anwendungsbereiches dieser Richtlinie im Rahmen von Liquidationsverfahren geschaffen, nach der die Vorschriften über die Eintrittspflicht des Erwerbers, die Haftungsübernahme und die Kündigung gemäß Art. 3 und 4 der Richtlinie 77/187/EWG – sofern die Mitgliedstaaten nichts anderes vorsehen – nicht für innerstaatliche Zahlungsunfähigkeitsverfahren gelten, die die Auflösung des Vermögens des Veräußerers zum Ziel haben.

1315 Vgl. BAG AP Nr. 169 zu § 613a BGB.

1316 Vgl. EuGH, Slg. 1985, 469, 484 Rn. 15 ff; EuGH, Slg 1991, I-4105, 4146 Rn.26; EuGH, Slg 1995, I-4321, 4347 f Rn 25, EuGH, Slg 1998, I-1061, 1087 Rn 25 Siehe auch *Franzen*, RdA 1999, S. 361, 365 f.

1317 Hierunter sind nach der Rechtsprechung des EuGH staatliche oder unter staatlicher Aufsicht stehende Verfahren zu verstehen, die durch die Zahlungsunfähigkeit des Schuldners veranlaßt sind und sich durch Zahlungsaufschub, Ausschluß der Einzelzwangsvollstreckung sowie dadurch auszeichnen, daß der Schuldner nicht mehr über sein Vermögen verfügen kann. Schließlich muß das Verfahren auf die Beendigung der wirtschaftlichen Aktivität des Schuldners gerichtet sein Vgl auch *Franzen*, RdA 1999, S 361, 366 m w N

Findet somit die Richtlinie 77/187/EWG während des Insolvenzverfahrens keine Anwendung, besteht mit anderen Worten keine Verpflichtung der Mitgliedstaaten, bei einer Veräußerung im Insolvenzverfahren einen Bestandsschutz vorzusehen, dann entfällt insoweit auch der Zwang zu einer richtlinienkonformen Auslegung und damit die vom 8. Senat des Bundesarbeitsgerichts für einen Anspruch auf Wiedereinstellung bei Betriebsübergang herangezogene Rechtsgrundlage. Konsequenterweise hat der 8. Senat in dem Urteil vom 10.12.1998[1318] ausgeführt, daß bei einem im Insolvenzverfahren vollzogenen Betriebsübergang mangels eines Zwangs zu richtlinienkonformer Auslegung keine Notwendigkeit besteht, einen Wiedereinstellungsanspruch anzuerkennen[1319].

Daraus ergibt sich jedoch lediglich, daß der – vom 8. Senat des Bundesarbeitsgerichts angenommene – Zwang des Gemeinschaftsrechts, den Anspruch auf Wiedereinstellung bei Betriebsübergang im Wege einer richtlinienkonformen Auslegung des § 613a BGB anzuerkennen, während des Insolvenzverfahrens entfällt, so daß die Ablehnung des Wiedereinstellungsanspruches in der Insolvenz insoweit nicht in Widerspruch zum europäischen Recht steht. Keinesfalls läßt sich hieraus aber die Schlußfolgerung ziehen, dem Wiedereinstellungsanspruch sei im Falle eines im Insolvenzverfahren vollzogenen Betriebsübergangs generell die Anerkennung zu versagen[1320].

Da die Richtlinie ausdrücklich einen weitergehenden Bestandsschutz aufgrund nationalen Rechts zuläßt (vgl. Art. 4a I Richtlinie 77/187/EWG n. F.), bleibt die Möglichkeit bestehen, einen Wiedereinstellungsanspruch auch während des Insolvenzverfahrens unabhängig von gemeinschaftsrechtlichen Vorgaben auf der Ebene innerstaatlichen Rechts zu verankern[1321].

II. Übergehende Interessenwahrungspflicht und teleologische Extension als Rechtsgrundlage für den Wiedereinstellungsanspruch im Falle eines Betriebsübergangs

Wie bereits dargelegt wurde, kann der vom 8. Senat des Bundesarbeitsgerichts vertretene Ansatz, den Wiedereinstellungsanspruch im Falle eines Betriebsübergangs auf eine richtlinienkonforme Auslegung des § 613a BGB zu stützen, nicht überzeugen. Vielmehr ist wie folgt zu differenzieren: Erfolgt der Übergang des Betriebs noch während des Laufs der Kündigungsfrist, läßt sich der Wiedereinstellungsanspruch auf die mit dem Betriebsübergang nach § 613a I BGB auf den neuen Inhaber übergehende, in vollem Umfang „noch wirkende“ Interessenwahrungspflicht zurückführen. Geht der Betrieb erst nach Beendigung des Arbeitsverhältnisses über, ist bezüglich der

---

[1318] BAG AP Nr 185 zu § 613a BGB

[1319] Vgl hierzu auch *Beseler*, in Beseler/Duwell/Gottling, Arbeitsrechtliche Probleme bei Betriebsübergang, Betriebsänderung, Unternehmensumwandlung, S 39, *Lisec*, Der Wiedereinstellungsanspruch des Arbeitnehmers nach betriebsbedingter Kündigung und Betriebsübergang, S. 83 f.

[1320] So auch *Hanau*, ZIP 1999, S. 324, 325; *Oetker*, DZWIR 2000, S 461, 462; *Raab*, RdA 2000, S 147, 159 f; *Zwanziger*, in Kittner/Däubler/Zwanziger, KSchR, § 613a BGB Rn 161 Offengelassen aber von LAG Hamm, DZWIR 2000, S. 240, 247

[1321] Vgl. *Franzen*, DZWIR 2000, S 247, 250, *Oetker*, DZWIR 2000, S 461, 462, *Raab*, RdA 2000, S. 147, 160.

dogmatischen Verankerung des Wiedereinstellungsanspruches auf eine teleologische Extension des § 613a BGB zu rekurrieren.

Zu prüfen ist somit, ob sich diese Begründungsansätze auch während eines Insolvenzverfahrens als tragfähig erweisen. In beiden Fallkonstellationen spielt § 613a BGB die entscheidende Rolle. Bei einem noch während des Laufs der Kündigungsfrist erfolgenden Betriebsübergang fungiert diese Vorschrift als Transmissionsriemen hinsichtlich der „noch wirkenden“ Interessenwahrungspflicht des bisherigen Inhabers beziehungsweise des Insolvenzverwalters. Im Falle eines erst nach Beendigung des Arbeitsverhältnisses stattfindenden Übergangs des Betriebs wird der Anspruch unmittelbar auf die hinsichtlich ihres Anwendungsbereichs im Wege der teleologischen Extension ausgedehnte Vorschrift des § 613a BGB gestützt. Stellt sich somit § 613a BGB in beiden Fallkonstellationen für den Wiedereinstellungsanspruch als Dreh- und Angelpunkt dar, bedarf es an dieser Stelle der Klärung, ob diese Vorschrift in der Insolvenz überhaupt zur Anwendung kommt.

Vor Inkrafttreten der Insolvenzordnung bejahte das Bundesarbeitsgericht die grundsätzliche Anwendbarkeit des § 613a BGB auf Betriebsübergänge im Konkurs im Sinne der Konkursordnung. Allerdings differenzierte das Gericht zwischen Bestandsschutz- und Haftungsfunktion. Während der Bestandsschutzzweck des § 613a BGB uneingeschränkt auch im Konkurs zum Tragen kommen könne, gebiete der Grundsatz der Gleichbehandlung der Gläubiger eine teleologische Reduktion der Vorschrift dahingehend, daß hinsichtlich der Haftungsfunktion ein Einstehenmüssen des Erwerbers bezüglich bei Konkurseröffnung bereits entstandener Verbindlichkeiten ausscheide. Denn die übernommenen Arbeitnehmer erhielten einen neuen, solventen Schuldner, der aber die Übernahme der Altverbindlichkeiten regelmäßig auf den Kaufpreis anrechne, so daß die Haftungsmasse für andere Gläubiger geschmälert würde[1322].

Nunmehr wird durch § 128 InsO klargestellt, daß § 613a BGB auch in der Insolvenz gilt[1323]. § 128 InsO setzt denknotwendig die Anwendung des § 613a BGB in der Insolvenz voraus. Denn bei Zustandekommen eines Interessenausgleichs mit Namensliste (§ 125 InsO) beziehungsweise bei Durchführung des besonderen Beschlußverfahrens zum Kündigungsschutz (§§ 126, 127 InsO) erstreckt sich die Vermutung nach § 125 I S. 1 Nr. 1 InsO beziehungsweise die gerichtliche Feststellung nach § 126 I S.1 InsO auch darauf, daß die Kündigung der Arbeitsverhältnisse „nicht wegen des Betriebsübergangs“ erfolgt (vgl. § 128 II InsO).

Auch aus der Gesetzesbegründung ergibt sich, daß der Gesetzgeber von der Anwendbarkeit des § 613a BGB im Verfahren nach der Insolvenzordnung ausging. Hiernach sollen durch den Verweis des § 128 I InsO auf die §§ 125 bis 127 InsO „die praktischen Schwierigkeiten, die sich in der heutigen Konkurspraxis aus dem zwingend

1322 Vgl hierzu BAG AP Nr 18 zu § 613a BGB Hinsichtlich einer Betriebsveraußerung im Rahmen des gerichtlichen Vergleichsverfahrens nach der Vergleichsordnung wurde vom Bundesarbeitsgericht die Anwendbarkeit des § 613a BGB mit den gleichen Haftungseinschrankungen wie im Konkurs vertreten, vgl BAG AP Nr 10 zu § 1 BetrAVG Betriebsveraußerung

1323 Siehe auch *Franzen*, RdA 1999, S 361, 369, *Heinze*, NZA 1999, S 57, 63, *Lakies*, RdA 1997, S 145, 155, *Zwanziger*, in Kittner/Daubler/Zwanziger, KSchR, § 613a BGB Rn 159

vorgeschriebenen Übergang aller Arbeitsverhältnisse auf einen Betriebserwerber (§ 613a BGB) ergeben“, verringert sowie durch die Vorschrift des § 128 II InsO ergänzend festgelegt werden, daß die Vermutungswirkung im Sinne der §§ 125, 126 InsO sich auch darauf erstrecke, „daß kein Verstoß gegen § 613a IV BGB“ vorliege. Außerdem soll § 113 II InsO praktische Schwierigkeiten dadurch überwinden, „daß ein Verstoß gegen § 613a IV BGB im Insolvenzverfahren nur innerhalb von drei Wochen geltend gemacht werden“ könne[1324].

Bestehen somit an der Geltung des § 613a BGB in der Insolvenz keine Zweifel[1325], so erweisen sich die oben skizzierten Begründungsansätze insoweit auch hinsichtlich eines Wiedereinstellungsanspruchs im Falle eines während des Insolvenzverfahrens eintretenden Betriebsübergangs als tragfähig. Solange der Gesetzgeber keine Änderung vornimmt, gilt die Vorschrift des § 613a BGB auch unter der neuen Betriebsübergangsrichtlinie für Betriebsveräußerungen in der Insolvenz fort und kann insoweit auch als Transmissionsriemen beziehungsweise als Grundlage für einen Wiedereinstellungsanspruch herangezogen werden.

E. Zwischenergebnis

Ein Wiedereinstellungsanspruch des Arbeitnehmers kann auch in der Insolvenz des Arbeitgebers entstehen. Die Regelungen der §§ 113 II, 125 bis 127 InsO und die ihnen zugrundeliegenden Wertungen stehen dem nicht entgegen.

Da § 613a BGB auch in der Insolvenz des Arbeitgebers gilt, kommt ein Wiedereinstellungsanspruch auch im Falle eines während des Insolvenzverfahrens eintretenden Betriebsübergangs in Betracht. Bei einem noch während des Laufs der Kündigungsfrist erfolgenden Betriebsübergang kann § 613a BGB als Transmissionsriemen hinsichtlich der „noch wirkenden“ Interessenwahrungspflicht fungieren. Im Falle eines erst nach Beendigung des Arbeitsverhältnisses stattfindenden Übergangs des Betriebs läßt sich der Anspruch unmittelbar auf die hinsichtlich ihres Anwendungsbereichs im Wege der teleologischen Extension ausgedehnte Vorschrift des § 613a BGB stützen.

1324 Vgl. Begr der BReg , BT-Drucks 12/2443 Vorbem B 10 und S. 97, 150

1325 Siehe auch *Annuß*, ZinsO 2001, S. 49, 49.

§ 12 Der Wiedereinstellungsanspruch und andere Beendigungstatbestände

Stand im Rahmen der bisherigen Ausführungen die Frage im Mittelpunkt, ob dem gekündigten Arbeitnehmer ein Anspruch auf Wiedereinstellung zusteht, wenn der im Zeitpunkt des Zugangs der Kündigungserklärung vorliegende Kündigungsgrund nachträglich wegfällt, so soll nunmehr untersucht werden, ob ein Wiedereinstellungsanspruch des Arbeitnehmers auch dann in Betracht zu ziehen ist, wenn die Beendigung des Arbeitsverhältnisses nicht auf einer Kündigung durch den Arbeitgeber, sondern auf einem anderen Beendigungstatbestand beruht.

A. Wiedereinstellungsanspruch nach Aufhebungsvertrag aus § 313 BGB

Zunächst soll der Frage nachgegangen werden, ob ein Wiedereinstellungsanspruch in Betracht kommt, wenn das Arbeitsverhältnis durch Abschluß eines gerichtlichen oder außergerichtlichen Aufhebungsvertrags zwischen Arbeitgeber und Arbeitnehmer einvernehmlich beendet wurde[1326] [1327]. Im Rahmen der Wiedereinstellungsproblematik hat das Bundesarbeitsgericht bereits mehrfach Parallelen zwischen der Situation einer kündigungsbedingten und einer aufhebungsvertragsbedingten Beendigung des Arbeitsverhältnisses gezogen.

Bereits in der Grundsatzentscheidung vom 27.02.1997[1328] führte der 2. Senat obiter dictum aus, daß ein mit Rücksicht auf eine beabsichtigte Betriebsstillegung abgeschlossener Aufhebungsvertrag nach den – nunmehr in § 313 BGB positivierten - Regeln über den Wegfall der Geschäftsgrundlage anzupassen sei, wenn es unerwarteterweise doch noch zu einer Betriebsübernahme kommt. Vor diesem Hintergrund sei es mit dem in § 1 KSchG verankerten Schutzzweck nicht zu vereinbaren, dem Arbeitnehmer eine derartige Anpassung an die veränderten Umstände zu versagen, wenn die Beendigung des Arbeitsverhältnisses nicht einvernehmlich durch Abschluß eines Aufhebungsvertrages, sondern einseitig durch den Arbeitgeber in Form einer Kündigung erfolgt. Der Arbeitgeber sei auch bei einer Beendigung des Arbeitsverhältnisses durch Kündigung im Sinne einer „Geschäftsgrundlage“ daran festgehalten, daß er wegen beabsichtigter Betriebsstillegung gekündigt hat[1329].

Erfolgte der Hinweis auf die Situation beim Aufhebungsvertrag in dem Urteil vom 27.02.1997 somit nur, um einen Wiedereinstellungsanspruch nach einer Kündigung durch den Arbeitgeber argumentativ zu untermauern, so entschied der 2. Senat in dem Urteil vom 04.12. 1997 ausdrücklich, daß ein noch während der Kündigungsfrist abgeschlossener gerichtlicher Aufhebungsvertrag nach den Regeln über den Wegfall der Geschäftsgrundlage dergestalt anzupassen sein kann, daß der Arbeitnehmer auf sein

---

1326 Die Möglichkeit der Arbeitsvertragsparteien, das Arbeitsverhältnis jederzeit für die Zukunft einvernehmlich im Wege eines Aufhebungsvertrages zu beenden, ergibt sich aus dem Grundsatz der Vertragsfreiheit, vgl. nur *Bauer*, Arbeitsrechtliche Aufhebungsverträge, Rn. 7 und *Weber/Ehrich/Hoß*, Handbuch der arbeitsrechtlichen Aufhebungsverträge, Teil 1, Rn. 4

1327 Zu Fragen der Abgrenzung vgl. *Lisec*, Der Wiedereinstellungsanspruch des Arbeitnehmers nach betriebsbedingter Kündigung und Betriebsübergang, S. 59 f.

1328 BAG AP Nr. 1 zu § 1 KSchG 1969 Wiedereinstellung

1329 BAG AP Nr. 1 zu § 1 KSchG 1969 Wiedereinstellung

Verlangen hin wieder einzustellen ist, wenn sich noch während des Laufs der Kündigungsfrist die dem Aufhebungsvertrag zugrundeliegenden gemeinsamen Vorstellungen der Parteien änderten[1330]. In dem zur Entscheidung gestellten Sachverhalt scheiterte der Anspruch auf Wiedereinstellung allerdings daran, daß die beklagte Arbeitgeberin nicht alle zuvor von ihr wegen beabsichtigter Stillegung einer Betriebsabteilung gekündigten Arbeitnehmer wiedereinstellen konnte und die von ihr insoweit zu treffende Auswahlentscheidung nicht zu beanstanden war.

Der Ansatz, den Wiedereinstellungsanspruch nach Abschluß eines Aufhebungsvertrages aus den Grundsätzen über das Fehlen und den Wegfall der Geschäftsgrundlage abzuleiten, findet auch in der Literatur Zustimmung[1331]. Er soll im folgenden auf seine Tragfähigkeit hin untersucht werden. Sinnvollerweise ist hierbei zunächst danach zu fragen, ob in den hier in Rede stehenden Fallkonstellationen der Tatbestand einer Störung der Geschäftsgrundlage im Sinne des § 313 BGB erfüllt ist, um anschließend gegebenenfalls der Frage nachzugehen, ob diese Vorschhrift die Wiedereinstellung auch als Rechtsfolge zu tragen vermag.

I. Die Tatbestandsseite

Aus § 313 I BGB ergibt sich, daß eine Störung der Geschäftsgrundlage gegeben ist, wenn sich die Umstände, die zur Grundlage des Vertrags geworden sind, nach Vertragsschluß schwerwiegend verändert haben, wenn die Parteien – hätten sie diese Veränderung vorausgesehen – den Vertrag nicht oder mit anderem Inhalt geschlossen hätten[1332] und wenn einem Teil unter Berücksichtigung aller Umstände des Einzelfalles das Festhalten am unveränderten Vertrag nicht zugemutet werden kann. Nach § 313 II BGB steht es einer derartigen Veränderung der Umstände gleich, wenn sich

---

1330 Vgl BAG AP Nr. 4 zu § 1 KSchG 1969 Wiedereinstellung

1331 Siehe *Appel*, in Kittner/Zwanziger, Arbeitsrecht, Handbuch für die Praxis, § 107 Rn. 7, *Bauer*, Arbeitsrechtliche Aufhebungsverträge, Rn 81b; *Boewer*, NZA 1999, S 1121, 1127; *Hergenröder*, Anm zu BAG EzA § 1 KSchG Wiedereinstellungsanspruch Nr 3, S 16 f; *Hromadka/Maschmann*, Arbeitsrecht Bd 1, S 448 f., Küttner/*Kania*, Personalbuch 1999, Wiedereinstellungsanspruch, Rn 3; *Lowisch*, KSchG, § 1 Rn 84. Grundsätzlich zustimmend auch *Lisec*, Der Wiedereinstellungsanspruch des Arbeitnehmers nach betriebsbedingter Kündigung und Betriebsubergang, S 60 und 109, *Otto*, Festschrift für Kraft, S 451, 464 f., *Weber/Ehrich/Hoß*, Handbuch der arbeitsrechtlichen Aufhebungsvertrage, Teil 1 Rn 700a ff; *Westera*, Der Wiedereinstellungsanspruch nach wirksamer Kündigung, S 43 f. sowie *Zwanziger*, in Kittner/Daubler/Zwanziger, KSchR, Einl. Rn. 390m. Nach der Auffassung von *Hümmerich/Kallweit/Spirolke*, Das arbeitsrechtliche Mandat, S. 423 besteht „die einhellige Auffassung", daß der Wiedereinstellungsanspruch wegen Änderungen der Verhaltnisse vor Ablauf der Kündigungsfrist unabhangig davon besteht, ob das Arbeitsverhältnis vom Arbeitgeber ordentlich gekundigt worden ist oder ob ein Abwicklungsvertrag in Form eines Prozeßvergleichs geschlossen wurde Gegen einen Wiedereinstellungsanspruch bei Beendigung des Arbeitsverhaltnisses durch Vergleich unter Festsetzung einer angemessenen Abfindung jedoch bereits *Monjau*, DB 1960, S 1067, 1070

1332 Vgl zum Begriff der Geschaftsgrundlage vor Inkrafttreten des § 313 BGB BGHZ 25, S 390, 392, 40, S 334, 335, 74, S 370, 372 f sowie RGZ 103, S 328, 332; 168, S 121, 126 f sowie zu den Tatbestandsmerkmalen des Wegfalls der Geschaftgrundlage Palandt/*Heinrichs*, § 242 Rn 125 ff.

wesentliche Vorstellungen, die zur Grundlage des Vertrages geworden sind, als falsch herausstellen.

Die Geschäftsgrundlage ist somit einerseits von nicht erkennbaren Erwartungen einer Partei abzugrenzen. Diesbezüglich stellt die Geschäftsgrundlage ein „Plus" dar. Andererseits gehört die Geschäftsgrundlage nicht zum Vertragsinhalt. Haben die Parteien bereits im Vertrag Regelungen für das Fehlen, den Wegfall oder die Veränderung bestimmter Umstände getroffen, was gegebenenfalls durch ergänzende Auslegung zu ermitteln ist, verbleibt für eine Anwendung des § 313 BGB kein Raum[1333]. Im Verhältnis zum Vertragsinhalt ist die Geschäftsgrundlage daher als „Minus" zu qualifizieren.

Schließen Arbeitgeber und Arbeitnehmer mit Rücksicht auf eine vom Arbeitgeber ausgesprochene Kündigung einen auf Aufhebung des Arbeitsverhältnisses gerichteten Vertrag, so kann im Regelfall davon ausgegangen werden, daß – zumindest – der Arbeitnehmer dem Vertragsschluß die Vorstellung zugrundelegt, die die Kündigung tragenden Umstände würden fortbestehen. Für den Arbeitgeber ist dieser Umstand auch erkennbar, da die Aufhebung des Arbeitsverhältnisses in unmittelbarem Zusammenhang mit der von ihm ausgesprochenen Kündigung steht, der Arbeitnehmer mithin nur im Hinblick auf die Kündigung der Aufhebung zustimmt[1334]. Oftmals wird jedoch auch der Arbeitgeber dem Aufhebungsvertrag die Vorstellung zugrundelegen, der Kündigungsgrund werde auch in Zukunft weiterhin unverändert Bestand haben.

Besteht die Geschäftsgrundlage somit in der Vorstellung, der Kündigungsgrund werde auch zukünftig fortbestehen, so führt eine Tatsachenänderung, die einen Wegfall des Kündigungsgrundes begründet, in aller Regel auch zu einer Falsifizierung wesentlicher Vorstellungen, die zur Grundlage des Aufhebungsvertrages geworden sind. Denn es kann im Regelfall nicht zweifelhaft sein, daß zumindest der Arbeitnehmer bei Kenntnis der den Wegfall des Kündigungsgrundes begründenden Tatsachenänderung dem Abschluß des Aufhebungsvertrages nicht zugestimmt hätte.

Ein Überschreiten der Grenzen der Risikozuweisung setzt voraus, daß sich die Störung nicht als Realisierung eines Risikos darstellt, das nach der im Vertrag getroffenen oder im Gesetz vorgezeichneten Risikoverteilung eine Partei zu tragen hat (vgl. § 313 I BGB). Haben die Parteien im Aufhebungsvertrag die Verteilung des Risikos einer Störung der Geschäftsgrundlage im Sinne eines Wegfalls des Kündigungsgrundes nicht besonders geregelt, sind die Risikosphären danach abzugrenzen, in wessen Sphäre der die Kündigung tragende Grund fällt. Daraus erhellt, daß die nachträgliche Änderung der maßgebenden Umstände bei einem aus betriebsbedingten Gründen

[1333] Vgl § 313 I BGB Hiernach ist Voraussetzung einer Vertragsanpassung, daß „einem Teil unter Berücksichtigung aller Umstande des Einzelfalles, insbesondere der vertraglichen oder gesetzlichen Risikoverteilung, das Festhalten am anveränderten Vertrag nicht zugemutet werden kann " Siehe daruber hinaus auch die Begrundung zum Regierungsentwurf, BR-Drucks 338/01, S 405

[1334] Vgl hierzu auch *Hergenroder*, Anm zu EzA § 1 KSchG Wiedereinstellungsanspruch Nr 3, S 17, *Nicolai/Noack*, ZfA 2000, S 87, 110, *Raab*, RdA 2000, S 147, 150 Zuruckhaltender aber *Otto*, Festschrift für Kraft, S 451, 464 f und BAG AP Nr 6 zu § 1 KSchG 1969 Wiedereinstellung

abgeschlossenen Aufhebungsvertrag dem Risikobereich des Arbeitgebers zuzurechnen ist[1335], während bei einem Aufhebungsvertrag, dem personen- oder verhaltensbedingte Gründe zugrundeliegen, die Risikosphäre des Arbeitnehmers betroffen ist.

Eine hiervon abweichende Verteilung des Risikos ergibt sich jedoch, wenn der Arbeitnehmer im Rahmen des Aufhebungsvertrages ausdrücklich das Risiko einer Störung der Geschäftsgrundlage in Gestalt eines Wegfalls des Kündigungsgrundes übernommen hat oder wenn die Auslegung des Aufhebungsvertrages ergibt, daß ein Wiedereinstellungsanspruch nicht bestehen soll[1336], wobei insbesondere der Frage Bedeutung zukommt, ob die Arbeitsvertragsparteien einen angemessenen wirtschaftlichen Ausgleich für den Verlust des mit dem Arbeitsverhältnis verbundenen Besitzstandes vereinbart haben[1337]. Denn bei einer solchen Vereinbarung liegt der Gedanke nahe, daß die Parteien das Arbeitsverhältnis unter keinen Umständen im Anschluß an seine Beendigung fortsetzen wollen, vielmehr ein möglicherweise später entstehender Wiedereinstellungsanspruch durch die Abfindung mit abgegolten werden soll.

Die Vereinbarung eines angemessenen Ausgleichs hat darüber hinaus entscheidendes Gewicht im Hinblick auf das Tatbestandsmerkmal der Unzumutbarkeit eines weiteren Festhaltens am unveränderten Vertrag (§ 313 I BGB). Denn von einem „untragbaren, mit Recht und Gerechtigkeit schlechthin nicht mehr zu vereinbarenden Ergebnis“[1338] kann nicht die Rede sein, wenn der Arbeitnehmer an einen Aufhebungsvertrag festgehalten wird, der einen angemessenen Ausgleich für den Verlust des mit dem Arbeitsverhältnis verbundenen Besitzstandes enthält[1339].

Zusammenfassend läßt sich somit an dieser Stelle festhalten, daß im Hinblick auf einen Aufhebungsvertrag die Erfüllung des Tatbestandes des § 313 BGB grundsätzlich in Betracht kommt, wenn die Aufhebung des Arbeitsverhältnisses auf betriebsbedingten Gründen beruht, das Risiko einer Störung der Geschäftsgrundlage in Gestalt eines Wegfalls des Kündigunsgrundes nicht vom Arbeitnehmer ausdrücklich übernommen

---

1335 Ebenso *Nicolai/Noack*, ZfA 2000, S 87, 110 Im Ergebnis auch BAG AP Nr 4 zu § 1 KSchG 1969 Wiedereinstellung

1336 Vgl hierzu BAG AP Nr 4 zu § 1 KSchG 1969, BAG AP Nr 6 zu § 1 KSchG 1969 Wiedereinstellung; *Boewer*, NZA 1999, S 1121, 1127; *Bram*, in Bader/Bram/Dörner/Wenzel, KSchG, § 1 Rn 72c, *Westera*, Der Wiedereinstellungsanspruch nach wirksamer Kündigung, S 44, *Zwanziger*, in Kittner/Daubler/Zwanziger, KSchR, Einl Rn 390m.

1337 Siehe zu diesem Aspekt bereits *Monjau*, DB 1960, S 1067, 1070 sowie *Bram*, in Bader/Bram/Dörner/Wenzel, KSchG, § 1 Rn. 72d; *Westera*, Der Wiedereinstellungsanspruch nach wirksamer Kündigung, S. 44.

1338 So die bisherige Formel der Rechtsprechung, vgl nur BGHZ 121, S. 378, 393; 128, S. 230, 238 Da die Regelung des § 313 BGB auf der Entwicklung in der Rechtsprechung aufbaut, kann für die Auslegung weiterhin auf die bisherige Rechtsprechung zurückgegriffen werden, vgl hierzu auch *Däubler-Gmelin*, NJW 2001, S. 2281, 2284 sowie die Begründung zum Regierungsentwurf des § 313 BGB, BR-Drucks. 338/01, S 405.

1339 Vgl hierzu auch BAG AP Nr 6 zu § 1 KSchG 1969 Wiedereinstellung mit dem Vorschlag, hinsichtlich der Frage der Angemessenheit des wirtschaftlichen Ausgleichs die in § 10 KSchG, § 113 I und II BetrVG zum Ausdruck kommende gesetzgeberische Wertung heranzuziehen Zustimmend insoweit *Bram*, in Bader/Bram/Dörner/Wenzel, KSchG, § 1 Rn. 72d; *Linck*, FA 2000, S 334, 338; *Oetker*, ZIP 2000, S 1787, 1789. Kritisch hierzu aber *W. Blomeyer/Vienken*, EWiR 2000, S. 1067, 1068; *Kort*, SAE 2001, S 131, 137

wurde und auch die Auslegung des Aufhebungsvertrages – unter besonderer Berücksichtigung der Frage eines angemessenen Ausgleichs für den Verlust des Arbeitsplatzes – nicht ergibt, daß ein Wiedereinstellungsanspruch ausgeschlossen sein soll.

II. Die Rechtsfolgenseite

Zu prüfen bleibt, wie sich die Situation auf der Rechtsfolgenseite darstellt. Eine Unwirksamkeit des Vergleichs und ein damit verbundenes automatisches Wiederaufleben des beendeten Arbeitsverhältnisses scheidete auch vor Inkrafttreten des § 313 BGB von vornherein aus. Das Bundesarbeitsgericht begründete dies zutreffenderweise mit einem „erst-recht-Schluß“: Wenn die Veränderung der Umstände bei einer Kündigung keinen Einfluß auf auf deren Wirksamkeit hat, dann mußte dies erst recht gelten, wenn die Arbeitsvertragsparteien das Arbeitsverhältnis einvernehmlich im Wege eines gerichtlichen Aufhebungsvertrages gegen Zahlung einer Abfindung beenden. Denn die Rechtsfolge eines Wegfalls der dem Aufhebungsvertrag zugrundeliegenden Geschäftsgrundlage konnte jedenfalls nicht so weit reichen, daß der aufgrund des Aufhebungsvertrages aus dem Arbeitsverhältnis ausgeschiedene Arbeitnehmer besser gestellt ist als ein Arbeitnehmer, dessen Kündigungsschutzprozeß noch läuft und dessen Arbeitsverhältnis aufgrund der in ihrer Wirksamkeit von der Veränderung der Umstände unberührt gebliebenen Kündigung in jedem Falle ausläuft[1340].

Gegen eine Unwirksamkeit des Aufhebungsvertrages und ein automatisches Wiederaufleben des beendeten Arbeitsverhältnisses sprach darüber hinaus die Rechtssicherheit. Denn im Falle einer Unwirksamkeit des Aufhebungsvertrages als Rechtsfolge des Wegfalls der Geschäftsgrundlage hätten die Parteien vielfach gar nicht gewußt, daß sie nach wie vor durch ein arbeitsvertragliches Band miteinander verbunden sind[1341]. Ebenso wie bei der Wiedereinstellung nach einer Kündigung bedurfte es somit auch bei einer Wiedereinstellung nach einem Aufhebungsvertrag unter Rekurs auf das aus § 242 BGB abgeleitete Rechtsinstitut des Wegfalls der Geschäftsgrundlage einer Neubegründung des Arbeitsverhältnisses durch Neuabschluß eines Arbeitsvertrages, mithin gewissermaßen eines „actus contrarius“ zum Aufhebungsvertrag[1342].

Daß die Unwirksamkeit des Aufhebungsvertrages und ein automatisches Wiederaufleben des beendeten Arbeitsverhältnisses als Rechtsfolge eines Wegfalls der Geschäftsgrundlage ausscheidet, ergibt sich nunmehr aus § 313 BGB. Diese Vorschrift bestimmt, daß ein Wegfall der Geschäftsgrundlage grundsätzlich nur dazu führt, daß eine Anpassung des Vetrages an die geänderten Verhältnisse verlangt werden kann. Eine Auflösung des Vertrages durch Rücktritt oder Kündigungnur kommt nach § 313 III BGB als ultima ratio nur dann in Betrach, wenn die Anpassung des Vertrags nicht möglich oder einem Teil nicht zumutbar ist[1343].

1340 Vgl BAG AP Nr 4 zu § 1 KSchG 1969 Wiedereinstellung

1341 Siehe zu diesem Gesichtspunkt *Hergenroder*, Anm zu BAG EzA § 1 KSchG Wiedereinstellungsanspruch Nr 3, S 17, *Otto*, Festschrift für Kraft, S 451, 465

1342 So *Otto*, Festschrift für Kraft, S 451, 465

1343 Vgl BGHZ 128, S 230, 238, 89, S. 226, 238, 47, S 48, 51 sowie Palandt/*Heinrichs*, § 242 Rn 130; *Roth*, Munchener Kommentar, § 242 Rn 644

Vor diesem Hintergrund kann aber dem 2. Senat, der von einer Anpassung des Aufhebungsvertrages in der Form ausgeht, daß dem Arbeitnehmer ein Anspruch auf Wiedereinstellung zusteht, nicht gefolgt werden. Einen solchen Kontrahierungszwang vermag § 313 BGB als Rechtsfolge nicht zu tragen. Denn die Gewährung eines Anspruches auf Neubegründung des Arbeitsverhältnisses durch Neuabschluß eines Arbeitsvertrages stellt keine Anpassung des Aufhebungsvertrages an die geänderten Verhältnisse dar, vielmehr ist sie genau das Gegenteil dessen, was die Parteien vertraglich vereinbart haben[1344].

Da auch das - als ultima ratio - sich auf der Rechtsfolgenseite aus § 313 III BGB ergebende Rücktritts- beziehungsweise Kündigungsrecht nur zu einer Auflösung des Aufhebungsvertrages, nicht jedoch zu dem schon aus Gründen der Rechtssicherheit und Rechtsklarheit erforderlichen „actus contrarius" in Form eines Neuabschlusses des Arbeitsvertrages führt, ist der Ansatz abzulehnen, daß sich ein Wiedereinstellungsanspruch als Rechtsfolge des § 313 BGB hinsichtlich des Wegfalls der Geschäftsgrundlage eines das Arbeitsverhältnis beendenden Aufhebungsvertrages ergeben könne[1345].

III. Übertragbarkeit der Konzeption für den Wiedereinstellungsanspruch nach Kündigung auf den Beendigungstatbestand des Aufhebungsvertrages

Anstatt den Wiedereinstellungsanspruch im Falle einer Beendigung des Arbeitsverhältnisses durch Abschluß eines Aufhebungsvertrages in das Rechtsfolgensystem des § 313 BGB einzubinden, muß bei zutreffendem konzeptionellen Ansatz der Frage nachgegangen werden, ob der im Zusammenhang mit arbeitgeberseitigen Kündigungen entwickelte Anspruch auf Wiedereinstellung auch dann eingreift, wenn die Arbeitsvertragsparteien im Hinblick auf eine vom Arbeitgeber ausgesprochene Kündigung das Arbeitsverhältnis durch Abschluß eines Aufhebungsvertrages beendet haben oder ob diese Art der Beendigung einem Wiedereinstellungsanspruch entgegensteht[1346]. Der Blick hat sich somit darauf zu konzentrieren, ob sich die zur Begründung des Anspruchs auf Wiedereinstellung nach arbeitgeberseitiger Kündigung herangezogene allgemeine Interessenwahrungspflicht des Arbeitgebers auch dann zu einer konkreten Wiedereinstellungspflicht verdichten kann, wenn die Beendigung des Arbeitsverhältnisses auf einem Aufhebungsvertrag beruht.

1344 Zutreffend *Nicolai/Noack*, ZfA 2000, S. 87, 110. Ihnen folgend nunmehr BAG AP Nr. 6 zu § 1 KSchG 1969 Wiedereinstellung. Ähnlich auch *Boewer*, in: Gaul, Aktuelles Arbeitsrecht 2000, S. 485; *Bram*, in: Bader/Bram/Dörner/Wenzel, KSchG, § 1 Rn. 72d; *Westera*, Der Wiedereinstellungsanspruch nach wirksamer Kündigung, S. 44. Kritisch hierzu aber *Kort*, SAE 2001, S. 131, 137.

1345 Im Ergebnis ebenso KPK/*Meisel*, Teil H, § 1 Rn. 471. Die Frage, ob eine Anpassung des Aufhebungsvertrages in Form der Wiedereinstellung des Arbeitnehmers ohne Rücksicht darauf vorzunehmen ist, ob die Veränderung der Umstände vor oder nach dem im Aufhebungsvertrag vorgesehenen Beendigungszeitpunkt beziehungsweise vor oder nach Ablauf der Kündigungsfrist eintritt, kann daher an dieser Stelle unentschieden bleiben, vgl. zum Meinungsstand *Otto*, Festschrift für Kraft, S. 451, 465.

1346 Zutreffend *Nicolai/Noack*, ZfA 2000, S. 87, 110 f. Derselbe konzeptionelle Ansatz liegt auch dem Urteil des 7. Senats vom 28.06.2000 zugrunde, vgl. BAG AP Nr. 6 zu § 1 KSchG 1969 Wiedereinstellung.

Im Zusammenhang mit arbeitgeberseitigen Kündigungen basiert der Wiedereinstellungsanspruch auf dem folgenden Argumentationsstrang[1347]: Die allgemeine, aus § 242 BGB fließende Pflicht des Arbeitgebers, berechtigte Interessen des Arbeitnehmers zu wahren, endet nicht mit dem Zugang der Kündigungserklärung, sondern sie wirkt noch bis zum Ablauf der Kündigungsfrist in vollem Umfang fort, da das Arbeitshältnis bis zu diesem Zeitpunkt mit allen Rechten und Pflichten fortbesteht. Da der Arbeitnehmer den Arbeitsplatz gegen seinen Willen verlieren soll, ist sein Interesse, bei einem nachträglichen Wegfall des Kündigungsgrundes wiedereingestellt zu werden, offensichtlich. Dieses Interesse genießt auch bis zum Ablauf der Kündigungsfrist rechtlichen Schutz, weil die Rechtsordnung mit dem gesetzlichen Kündigungsschutz zum Ausdruck bringt, daß der Arbeitnehmer seinen Arbeitsplatz nur dann verlieren soll, wenn die Voraussetzungen der in § 1 II KSchG normierten Rechtfertigungstatbestände auch noch in diesem Zeitpunkt erfüllt sind. Kommt es vor der Beendigung des Arbeitsverhältnisses zu einem Wegfall des die Kündigung tragenden Grundes, so verdichtet sich die allgemeine Interessenwahrungspflicht des Arbeitgebers zu einer konkreten Wiedereinstellungspflicht, es sei denn, der Arbeitgeber kann sich auf schutzwürdige eigene, der Wiedereinstellung entgegenstehende Interessen berufen, die bei einer Abwägung mit dem Bestandsinteresse des Arbeitnehmers ein größeres Gewicht besitzen.

Dieser Argumentationsstrang läßt sich nicht auf die - völlig anders strukturierte – Situation einer Beendigung des Arbeitsverhältnisses durch Abschluß eines Aufhebungsvertrages übertragen. Auch wenn sich die Arbeitsvertragsparteien bei Abschluß des Aufhebungsvertrages auf einen Beendigungszeitpunkt einigen, der nach dem Datum des Vertragsschlusses liegt[1348], das Arbeitsverhältnis folglich noch für einen bestimmten Zeitraum fortbesteht[1349], vermag sich die insoweit noch wirkende allgemeine Interessenwahrungspflicht des Arbeitgebers nicht zu einer konkreten Wiedereinstellungspflicht zu verdichten.

Dies folgt schon daraus, daß der Arbeitnehmer mit dem Abschluß des Aufhebungsvertrages auf den durch das Kündigungsschutzgesetz vermittelten Bestandsschutz verzichtet[1350]. Dieser Verzicht verbietet es, die bis zum Zeitpunkt der vereinbarten Beendigung des Arbeitsverhältnisses noch wirkende allgemeine Interessenwahrungspflicht des Arbeitgebers unter Rekurs auf den Zweck des Kündigungsschutzgesetzes zu einer Wiedereinstellungspflicht zu konkretisieren. Mag der Arbeitnehmer im Einzelfall bei einer Veränderung der tatsächlichen Umstände durchaus ein Interesse an einer Wiedereinstellung haben, so genießt dieses Interesse in Anbetracht des mit

1347 Vgl. naher hierzu oben unter § 3 C III 3

1348 Endet das Arbeitsverhaltnis unmittelbar mit Abschluß des Aufhebungsvertrages, verbleibt für eine in vollem Umfang noch wirkende Interessenwahrungspflicht von vornherein kein Raum, da dann nur noch nachwirkende Pflichten in Betracht kommen, die einen Anspruch auf Neubegründung des Arbeitsverhaltnisses grundsätzlich nicht zu tragen vermögen

1349 Vgl zur Zulassigkeit einer solchen hinausgeschobenen Beendigung *Daubler*, in Kittner/Daubler/Zwanziger, KSchR, Einl Rn 229b, *Ernst*, Aufhebungsvertrage zur Beendigung von Arbeitsverhaltnissen, S 304, ErfK/*Muller-Gloge*, § 620 BGB Rn 198 und § 623 BGB Rn 13, *Weber/Ehrich/Hoß*, Handbuch der arbeitsrechtlichen Aufhebungsverträge, Teil 1, Rn 521

1350 Vgl *Ernst*, Aufhebungsvertrage zur Beendigung von Arbeitsverhaltnissen, S 131, *Schwerdtner*, Munchener Kommentar, Vor § 620 Rn 16, MunchArbR/*Wank*, § 115 Rn 3 und 13

Abschluß des Aufhebungsvertrages zum Ausdruck gebrachten Verzichts auf den Bestandsschutz des Kündigungsschutzgesetzes keinen rechtlichen Schutz. Insoweit liegt folglich kein berechtigtes, der Interessenwahrungspflicht des Arbeitgebers unterfallendes Interesse vor.

Neben diesem rechtsdogmatischen Argument, daß die allgemeine Interessenwahrungspflicht des Arbeitgebers nicht unter Rückgriff auf Vorschriften konkretisiert werden kann, auf deren Schutz der Arbeitnehmer zuvor verzichtet hat, gilt es, die grundlegenden Unterschiede zwischen einer arbeitgeberseitigen Kündigung und einem Aufhebungsvertrag zu betonen, die ebenfalls für ein Festhalten des Arbeitnehmers an den Vertrag und gegen eine Übertragung der für einen Wiedereinstellungsanspruch nach Kündigung durch den Arbeitgeber entwickelten Konzeption sprechen.

Im Gegensatz zur Kündigung, die gerade nicht auf eine vertragliche Einigung gerichtet ist[1351], sondern einen einseitigen Eingriff des Arbeitgebers in den Bestand des Arbeitsverhältnisses darstellt, dem der Kündigungsempfänger passiv ausgesetzt ist, beenden die Parteien beim Aufhebungsvertrag das Arbeitsverhältnis im Wege eines kooperativen, durch die Vertragsfreiheit legitimierten Verfahrens in gegenseitiger Willensübereinstimmung. Die Situation eines Arbeitnehmers, der sich dem Angriff auf den Bestand des Arbeitsverhältnisses durch arbeitgeberseitige Kündigung ausgesetzt sieht, unterscheidet sich daher grundlegend von der Lage eines Arbeitnehmers, der Partner eines Aufhebungsvertrages ist. Der gekündigte Arbeitnehmer ist der einseitigen Rechtsausübung des Arbeitgebers ausgesetzt, der einen Aufhebungsvertrag abschließende Arbeitnehmer hat dagegen die Möglichkeit, auf das „Ob“, das „Wie“ und das „Wann“ der Beendigung des Arbeitsverhältnisses Einfluß zu nehmen und hierbei seine Interessen selbst zu wahren. Vor diesem Hintergrund streitet auch der Grundsatz pacta sunt servanda für ein Festhalten des Arbeitnehmers an der von ihm in Ausübung seiner Vertragsfreiheit getroffenen Entscheidung[1352]. Da der einer vertraglichen Aufhebung des Arbeitsverhältnisses zustimmende Arbeitnehmer gerade nicht gegen, sondern mit seinem Willen den Arbeitsplatz verliert und auf den durch das Kündigungsschutzgesetz vermittelten Bestandsschutz verzichtet, besteht auch kein Bedürfnis, ihn im Falle einer nachträglichen Veränderung der Umstände durch Gewährung eines Anspruches auf Wiedereinstellung zu schützen[1353].

Gegen eine Übertragung der für einen Wiedereinstellungsanspruch nach arbeitgeberseitiger Kündigung entwickelten Konzeption auf die Situation bei einer Beendigung des Arbeitsverhältnisses durch Abschluß eines Aufhebungsvertrages ist schließlich mit

---

1351 Vgl. BAG AP Nr. 19 zu § 6 LohnFG.

1352 Siehe hierzu auch *Bauer/Röder*, Taschenbuch zur Kündigung, S. 180 f.; *Nicolai/Noack*, ZfA 2000, S. 87, 111. Im Grundsatz auch *Hambitzer*, Der Wiedereinstellungsanspruch des Arbeitnehmers nach wirksamer Kündigung, S. 97.

1353 Zu Recht weisen *Nicolai/Noack*, ZfA 2000, S. 87, 111 unter Hinweis auf *Kraft*, SAE 1996, S. 240, 243 im vorliegenden Zusammenhang darauf hin, daß es auch aus tatsächlichen Gründen zweifelhaft ist, ob Arbeitnehmer, die einen Aufhebungsvertrag schließen, typischerweise eines Schutzes durch Gewährung eines Wiedereinstellungsanspruches bedürfen, da sie in der Regel schon über einen neuen Arbeitsplatz verfügen.

Zwanziger[1354] darauf hinzuweisen, daß dem Aufhebungsvertrag – im Gegensatz zur Kündigung - eine Befriedungsfunktion zukommt[1355], die durch Gewährung eines Anspruches auf Wiedereinstellung konterkariert würde.

Die aufgezeigten, für ein Festhalten des Arbeitnehmers an den Aufhebungsvertrag sprechenden Gesichtspunkte lassen sich auch nicht mit dem Hinweis darauf entkräften, die Gleichstellung der Beendigungsformen Kündigung und Aufhebungsvertrag sei dem geltenden Arbeitsrecht im Hinblick auf § 112a I S. 2 BetrVG, § 17 I S. 2 KSchG durchaus nicht fremd. Entgegen der Auffassung von *Meinel* und *Bauer*[1356] läßt sich hieraus in Anbetracht der völlig anders strukturierten Interessenlage und Zielsetzung nicht auf eine Gleichbehandlung von arbeitgeberseitiger Kündigung und Aufhebungsvertrag beim Wiedereinstellungsanspruch schließen.

Bei § 112a I S. 2 BetrVG und § 17 KSchG stehen die kollektiven Interessen aller von einer Betriebsänderung beziehungsweise einem Personalabbau betroffenen Arbeitnehmer im Mittelpunkt. Zu ihrem Schutz soll es dem Arbeitgeber unmöglich gemacht werden, die Pflicht zum Aufstellen eines Sozialplanes beziehungsweise zur Anzeige geplanter Massenentlassungen durch die rechtstechnische Ausgestaltung der Beendigung des Arbeitsverhältnisses in der Form des Aufhebungsvertrages zu umgehen. Im Gegensatz zu dieser vom Schutzgedanken kollektiver Interessen geprägten gesetzgeberisch angeordneten Gleichstellung von Kündigung und Aufhebungsvertrag geht es beim Anspruch auf Wiedereinstellung einzig und allein um die Wahrung individueller Interessen des jeweils betroffenen Arbeitnehmers[1357].

Meinel und *Bauer*[1358] führen für eine Gleichbehandlung von Kündigung und Aufhebungsvertrag schließlich noch ins Feld, der Arbeitgeber könne sich ansonsten dem nach der Interessenlage gebotenen Wiedereinstellungsanspruch durch Wahl der Beendigungsform des Aufhebungsvertrags „entziehen". Auch diese Argumentation verfängt nicht. Denn sie verkennt, daß der Arbeitgeber bei der Beendigung des Arbeitsverhältnisses durch Abschluß eines Aufhebungsvertrages ja gerade der freiwilligen und privatautonomen Mitwirkung des Arbeitnehmers bedarf. Von einem „Entziehen" bezüglich einer Wiedereinstellungsverpflichtung kann insoweit nicht die Rede sein[1359].

1354 Siehe *Zwanziger*, BB 1997, S. 42, 45. Ähnlich *W. Blomeyer/Vienken*, EWiR 2000, S. 1067, 1068; *Hoefs*, Die Verdachtskündigung, S. 310; *Kort*, SAE 2001, S. 131, 137; *Linck*, FA 2000, S. 334, 338; *Raab*, RdA 2001, S. 248, 252. Vgl. auch *Heilmann*, Verdachtskündigung und Wiedereinstellung nach Rehabilitierung, S. 79.

1355 Zur Befriedungsfunktion eines Aufhebungsvertrages *Bauer*, Arbeitsrechtliche Aufhebungsverträge, Rn. 7; *Weber/Ehrich/Hoß*, Handbuch der arbeitsrechtlichen Aufhebungsverträge, Teil 1, Rn. 3; *Wisskirchen/Worzalla*, DB 1994, S. 577, 577.

1356 Vgl. *Meinel/Bauer*, NZA 1999, S. 575, 577 bezüglich des Regelungskomplexes der §§ 111 ff. BetrVG.

1357 So auch *Nicolai/Noack*, ZfA 2000, S. 87, 112 mit dem zusätzlichen Hinweis darauf, daß das Bundesarbeitsgericht im Zusammenhang mit der Frage, ob dem Arbeitnehmer de lege lata ein Recht auf Rücktritt vom Aufhebungsvertrag zusteht, in ständiger Rechtsprechung den Charakter des Aufhebungsvertrags als freiwilligen, einer gerichtlichen Kontrolle grundsätzlich nicht zugänglichen Vertrag betont.

1358 *Meinel/Bauer*, NZA 1999, S. 575, 577.

1359 Ebenso *Nicolai/Noack*, ZfA 2000, S. 87, 112 f.

B. Wiedereinstellungsanspruch und Eigenkündigung des Arbeitnehmers

Zum Teil wird ein Anspruch auf Wiedereinstellung auch für Fallkonstellationen bejaht, in denen die Beendigung des Arbeitsverhältnisses auf einer Eigenkündigung des Arbeitnehmers beruht[1360].

So vertritt *Nägele*[1361] die Auffassung, für den Wiedereinstellungsanspruch komme es nicht auf die Art der Beendigung des Arbeitsverhältnisses an, sondern ausschließlich auf die Motivation, die dem jeweiligen Beendigungstatbestand zugrundeliegt. Hieraus folge, daß ein Anspruch auf Wiedereinstellung auch dann in Betracht komme, wenn der Arbeitnehmer im Vorfeld einer vom Arbeitgeber angekündigten Betriebsstillegung von sich aus das Arbeitsverhältnis kündigt.

Meinel und *Bauer*[1362] betonen auch im Hinblick auf eine Beendigung des Arbeitsverhältnisses durch Eigenkündigung des Arbeitnehmers unter Hinweis auf §§ 111 ff. BetrVG, daß sich der Arbeitgeber einer nach der Interessenlage rechtlich gebotenen Wiedereinstellungspflicht nicht durch eine bestimmte rechtstechnische Ausgestaltung der Vertragsbeendigung „entziehen“ dürfe. Wenn und soweit bei einer entsprechenden arbeitgeberseitigen Kündigung ein Anspruch auf Wiedereinstellung anzuerkennen sei, dürfe bei einer vom Arbeitgeber veranlaßten Eigenkündigung des Arbeitnehmers nichts anderes gelten.

Nach zutreffender Ansicht kommt ein Wiedereinstellungsanspruch im Falle einer Beendigung des Arbeitsverhältnisses durch Eigenkündigung des Arbeitnehmers jedoch nicht in Betracht[1363]. Zwar besteht auch bei einer Eigenkündigung des Arbeitnehmers das Arbeitsverhältnis bis zum Ablauf der Kündigungsfrist mit allen Rechten und Pflichten fort, so daß den Arbeitgeber bis zu diesem Zeitpunkt auch noch die allgemeine Interessenwahrungspflicht in vollem Umfang trifft.

Vergleichbar der Situation bei einer Beendigung des Arbeitsverhältnisses durch Abschluß eines Aufhebungsvertrages scheidet jedoch auch bei einer Eigenkündigung des Arbeitnehmers ein Verdichten der allgemeinen Interessenwahrungspflicht hin zu einer konkreten Wiedereinstellungspflicht aus. Der Beendigungstatbestand der Eigenkündigung ist hinsichtlich seiner Rechtswirksamkeit ebensowenig am Maßstab des Kündigungsschutzgesetzes zu messen wie der des Aufhebungsvertrages (vgl. § 1 I KSchG: „Die Kündigung des Arbeitsverhältnisses gegenüber einem Arbeitnehmer, ... “)[1364].

1360 Vgl. in diesem Zusammenhang auch *Hümmerich/Kallweit/Spirolke*, Das arbeitsrechtliche Mandat, S. 423 f., die die Möglichkeit eines Wiedereinstellungsanspruchs nach Eigenkündigung ansprechen und darauf hinweisen, daß diese Frage noch nicht geklärt sei.

1361 *Nagele*, BB 1998, S. 1686, 1687.

1362 *Meinel/Bauer*, NZA 1999, S 575, 577

1363 Im Ergebnis ebenso *Nicolai/Noack*, ZfA 2000, S. 87, 113 Grundsätzliche Ablehnung auch bei *Hambitzer*, Der Wiedereinstellungsanspruch des Arbeitnehmers nach wirksamer Kündigung, S 96; *Lisec*, Der Wiedereinstellungsanspruch des Arbeitnehmers nach betriebsbedingter Kündigung und Betriebsübergang, S 62

1364 Auch auf die vom Arbeitgeber veranlaßte Eigenkündigung des Arbeitnehmers findet § 1 KSchG keine (analoge) Anwendung, vgl *Herschel/Lowisch*, KSchG, § 1 Rn 65, *Hueck/v Hoyningen-*

Auch durch die Eigenkündigung bringt der Arbeitnehmer einen Verzicht auf den durch das Kündigungsschutzgesetz vermittelten Bestandsschutz zum Ausdruck, so daß auch in diesem Falle eine am Zweck des Kündigungsschutzgesetzes orientierte Konkretisierung der allgemeinen Interessenwahrungspflicht des Arbeitgebers hin zu einer konkreten Wiedereinstellungspflicht nicht in Frage kommt. Auch wenn der Arbeitnehmer im Einzelfall hinsichtlich der Veränderung der tatsächlichen Umstände, die der Eigenkündigung zugrundelagen, die von ihm herbeigeführte Beendigung des Arbeitsverhältnisses bereut und ein Interesse an einer Wiedereinstellung hat, so genießt dieses Interesse im Hinblick auf den mit der Eigenkündigung zum Ausdruck gebrachten Verzicht auf den Bestandsschutz durch das Kündigungsschutzgesetz keinen rechtlichen Schutz und unterfällt somit nicht der Pflicht des Arbeitgebers zur Interessenwahrung.

Darüber hinaus sprechen auch die gravierenden Unterschiede zwischen einer arbeitgeberseitigen Kündigung und einer Eigenkündigung des Arbeitnehmers gegen eine Gleichstellung dieser Beendigungstatbestände bezüglich der Frage des Wiedereinstellungsanspruches. Im Gegensatz zur Kündigung des Arbeitgebers, die sich für den Arbeitnehmer als Angriff auf den Bestand des Arbeitsverhältnisses in Gestalt einer einseitigen Rechtsausübung darstellt, verliert der eine Eigenkündigung aussprechende Arbeitnehmer den Arbeitsplatz nicht gegen, sondern mit seinem Willen.

Auch unter Rückgriff auf § 313 BGB läßt sich ein Wiedereinstellungsanspruch bei einer Eigenkündigung des Arbeitnehmers nicht begründen. Zum einen läßt sich ein Kontrahierungszwang nicht in das Rechtsfolgensystem des den Wegfall der Geschäftsgrundlage regelnden § 313 BGB integrieren[1365]. Zum anderen stellt die Eigenkündigung ein einseitiges Rechtsgeschäft dar. Auf ein solches ist § 313 BGB jedoch nicht anwendbar. Denn die bei einem Wegfall beziehungsweise bei einem Fehlen der Geschäftsgrundlage eingreifenden Regeln sind entwickelt worden, um bei schuldrechtlichen Verträgen mit gegenseitigem Leistungsaustausch die Folgen schwerwiegender Störungen der Vertragsgrundlagen in den Grenzen des Zumutbaren halten zu können[1366]. Infolgedessen regelt § 313 BGB ausdrücklich auch nur die Veränderung der Umstände beziehungsweise die Falsifizierung der wesentlichen Vorstellungen, die zur Grundlage eines Vertrags geworden sind.

Ein Wiedereinstellunganspruch im Falle einer Eigenkündigung des Arbeitnehmers läßt sich schließlich auch nicht im Wege der Anfechtung begründen[1367]. Einerseits würde

---

Huene, KSchG, § 1 Rn 96; *Lisec*, Der Wiedereinstellungsanspruch des Arbeitnehmers nach betriebsbedingter Kündigung und Betriebsübergang, S. 61 f.

1365 Vgl. die Ausführungen zum Aufhebungsvertrag oben unter § 12 A II.

1366 Im Ergebnis ebenso *Nicolai/Noack*, ZfA 2000, S 87, 113 Vgl allgemein dazu, daß die Grundsatze der Geschaftsgrundlage auf einseitige Rechtsgeschafte nicht anwendbar sind BGH, NJW 1970, S 1418, 1420, BGH, NJW 1993, S 850, 850, Palandt/*Heinrichs*, § 242 Rn 114; Jauernig/*Vollkommer*, § 242 Rn 70, Zweifel außernd auch BAG AP Nr 13 zu § 119 BGB A A *Roth*, Munchener Kommentar, § 242 Rn 658 und 674 f Auf diese Rechtsprechung und Literatur kann auch bei der Auslegung des § 313 BGB rekurriert werden, vgl *Daubler-Gmelin*, NJW 2001, S 2281, 2284

1367 Die Frage der Anfechtung einer Eigenkündigung im Falle einer nachträglichen Veränderung der ihr zugrundeliegenden Umstände wird auch aufgeworfen von *Nägele*, BB 1998, S 1686, 1687

eine rechtswirksame Anfechtung nach Maßgabe des § 142 I BGB zu der Rechtsfolge führen, daß das einseitige Rechtsgeschäft der Eigenkündigung als von Anfang an nichtig anzusehen, das Arbeitsverhältnis folglich gar nicht wirksam beendet worden wäre, so daß die Frage der Wiedereinstellung im Sinne einer Neubegründung des Arbeitsverhältnisses nicht im Raume stünde[1368]. Andererseits steht dem Arbeitnehmer im Hinblick auf die unerwartete Veränderung der tatsächlichen Umstände, die der Eigenkündigung zugrundelagen, gar kein Anfechtungsrecht nach § 119 BGB zu, da insoweit lediglich ein unbeachtlicher Irrtum im Beweggrund vorliegen kann. Denn ein Irrtum des Arbeitnehmers kann sich nur auf das Motiv der Eigenkündigung (beispielsweise eine beabsichtigte Stillegung des Betriebs) beziehungsweise auf die hiermit verbundene Erwartung (daß es tatsächlich zu einer Betriebsstillegung kommt) erstrecken, nicht jedoch auf die Erklärungshandlung oder auf den Erklärungsinhalt[1369].

Ein Recht zur Anfechtung steht dem Arbeitnehmer im vorliegenden Zusammenhang nur zu, wenn er zur Abgabe der Eigenkündigungserklärung durch arglistige Täuschung bestimmt worden ist, § 123 BGB. Dies kommt ausnahmsweise in Betracht, wenn der Arbeitgeber vorsätzlich bei dem Arbeitnehmer den Irrtum erregt hat, der Betrieb werde alsbald stillgelegt und der Arbeitnehmer dementsprechend betriebsbedingt gekündigt und wenn dieser Irrtum bei dem Arbeitnehmer den Entschluß zur Eigenkündigung hervorgerufen hat. Wie bereits dargelegt, begründet die Anfechtung allerdings auch in diesem Ausnahmefall keinen Anspruch auf Wiedereinstellung, sondern sie führt gemäß § 142 I BGB dazu, daß die Eigenkündigung des Arbeitnehmers als von Anfang an nichtig anzusehen und das bisherige Arbeitsverhältnis mangels rechtswirksamen Beendigungstatbestandes fortzuführen ist.

C. Wiedereinstellungsanspruch und Befristung

Vereinzelt wird in der Literatur die Frage aufgeworfen, ob ein Anspruch auf Wiedereinstellung in Frage kommt, wenn die Beendigung des Arbeitsverhältnisses auf einer rechtswirksamen Befristung beruht[1370].

Parallelen zu einer Vertragsbeendigung aufgrund arbeitgeberseitiger, an die Voraussetzungen des § 1 II KSchG gebundener Kündigung ergeben sich insoweit, als gemäß § 14 TzBfG für die rechtswirksame Befristung eines Arbeitsvertrages grundsätzlich ein sachlicher Grund vorliegen muß[1371]. Kann es bei einer durch den Arbeitgeber

---

1368 Vgl *Hambitzer*, Der Wiedereinstellungsanspruch des Arbeitnehmers nach wirksamer Kündigung, S. 97.

1369 Vgl. zum ganzen *Nicolai/Noack*, ZfA 2000, S 87, 113 Siehe auch *Lisec*, Der Wiedereinstellungsanspruch des Arbeitnehmers nach betriebsbedingter Kündigung und Betriebsübergang, S 61

1370 Vgl hierzu *Becker*, in Kittner/Zwanziger, Arbeitsrecht, Handbuch für die Praxis, § 30 Rn 55, *Manske*, FA 1998, S. 143, 144, *Meinel/Bauer*, NZA 1999, S 575, 577; *Westera*, Der Wiedereinstellungsanspruch nach wirksamer Kundigung, S 44 f.

1371 Vor dem Inkrafttreten des § 14 TzBfG war die Befristung eines Arbeitsvertrages nach Maßgabe der von der Rechtsprechung aus dem Grundgedanken der objektiven Gesetzesumgehung entwickelten Grundsatze der Befristungskontrolle dann unwirksam, wenn zwingende Kundigungsschutzvorschriften durch die konkrete Vertragsgestaltung ausgeschaltet wurden und für die Befristung kein sachlicher Grund vorlag, vgl BAG AP Nr 16 zu § 620 BGB Befristeter

ausgesprochenen Kündigung nachträglich zu einem Wegfall des die Kündigung rechtfertigenden Grundes kommen, so kann bei einer Befristung, die für ihre Rechtswirksamkeit das Vorliegen eines sachlichen Grundes erfordert, der sachliche Grund im nachhinein wegfallen[1372]. Zu denken ist beispielsweise daran, daß sich ein im Zeitpunkt der Befristungsvereinbarung bestehender Vertretungsbedarf (vgl. § 14 I S. 2 Nr. 3 TzBfG) durch veränderte Umstände in einen Dauerbedarf umwandelt.

Kommt es hinsichtlich der Wirksamkeit der Kündigung ausschließlich auf die im Zeitpunkt des Zugangs gegebenen Umstände an, so ist bezüglich der Wirksamkeit der Befristung allein darauf abzustellen, ob im Zeitpunkt der Vornahme der Befristung ein sachlicher Grund gegeben ist[1373].

Trotz dieser Parallelen kommt ein Wiedereinstellungsanspruch im Falle einer Vertragsbeendigung aufgrund rechtswirksamer Befristung nicht in Betracht[1374]. Abermals kommen die bezüglich eines Aufhebungsvertrages beziehungsweise einer Eigenkündigung des Arbeitnehmers bereits vorgebrachten Gesichtspunkte zum Tragen.

Einerseits ist der Beendigungstatbestand der Befristung nicht an die Voraussetzungen des Kündigungsschutzgesetzes gebunden, so daß die – auch im Rahmen eines befristeten Arbeitsverhältnisses bestehende – allgemeine Interessenwahrungspflicht des Arbeitgebers nicht unter Rekurs auf die Wertungen dieses Gesetzes zu einer Wiedereinstellungspflicht konkretisiert werden kann.

Arbeitsvertrag. Siehe ferner ErfK/*Muller-Gloge*, § 620 BGB Rn 34 ff und MunchArbR/*Wank*, § 116 Rn 9 ff mit jeweils weiteren Nachweisen

1372 Siehe hierzu auch LAG Düsseldorf, NZA-RR 2000, S 456, 458

1373 BAG AP Nr. 16 zu § 620 BGB Befristeter Arbeitsvertrag; BAG AP Nr 39 zu § 620 BGB Befristeter Arbeitsvertrag; BAG AP Nr. 77 zu § 620 BGB Befristeter Arbeitsvertrag; BAG AP Nr 89 zu § 620 BGB Befristeter Arbeitsvertrag; APS/*Backhaus*, § 14 TzBfG Rn 14, *Gaul*, Aktuelles Arbeitsrecht 2000, S. 82 f.; Erman/*Hanau*, § 620 BGB Rn. 45; KR-*Hillebrecht*, § 620 BGB Rn 153 ff.; *Manske*, FA 1998, S. 143, 144; ErfK/*Müller-Glöge*, § 620 BGB Rn. 46, Staudinger/*Preis*, § 620 Rn 93, 97; *Westera*, Der Wiedereinstellungsanspruch nach wirksamer Kündigung, S 45. Kritisch hierzu – auch unter Hinweis darauf, daß die Rechtsprechung nach ausgesprochener Kündigung unter gewissen Voraussetzungen einen Wiedereinstellungsanspruch gewährt und damit nachträglich eingetretenen Veränderungen Bedeutung zumißt – *Däubler*, in Kittner/Däubler/Zwanziger, KSchR, § 14 TzBfG Rn. 28. Diese Kritik verkennt jedoch, daß durch Einräumung des Wiedereinstellungsanspruchs der Grundsatz, daß die Wirksamkeit der Kündigung nach den im Zeitpunkt des Zugangs der Kündigungserklärung gegebenen Umständen zu beurteilen ist, nicht berührt wird

1374 So im Ergebnis auch LAG Düsseldorf, BB 1999, S. 2462; LAG Düsseldorf, NZA-RR 2000, S 456, 458; *Bram*, in Bader/Bram/Dörner/Wenzel, KSchG, § 1 Rn 71c; *Gaul*, in: Gaul, Aktuelles Arbeitsrecht 2000, S 85, *Meinel/Bauer*, NZA 1999, S. 575, 578; *Westera*, Der Wiedereinstellungsanspruch nach wirksamer Kündigung, S 45 Grundsätzliche Ablehnung auch bei *Boewer*, NZA 1999, S 1177, 1180, der betont, daß eine Verpflichtung des Arbeitgebers zur Verlängerung eines befristeten Arbeitsvertrages eines „besonderen Rechtsgrundes" bedürfe, der nicht in dem bloßen Wegfall des Befristungsgrundes liegen könne Vgl auch BAG AP Nr 16 zu § 620 BGB Befristeter Arbeitsvertrag sowie *Kaiser*, ZfA 2000, S 205, 221 Differenzierend *Manske*, FA 1998, S 143, 144 f, der einerseits für den Fall, daß noch während der laufenden Befristung ein Nachfolgearbeitnehmer gesucht wird, einen Anspruch auf Wiedereinstellung bejaht, andererseits einen solchen Anspruch verneint, wenn der Arbeitgeber den Arbeitsanfall anderweitig verteilt oder schlicht unerledigt läßt.

Andererseits setzt die Befristung - im Gegensatz zur arbeitgeberseitigen Kündigung, die als einseitiger Eingriff des Arbeitgebers in den Bestand des Arbeitsverhältnisses zu qualifizieren ist, - ein einvernehmliches Zusammenwirken der Arbeitsvertragsparteien voraus. Der mit dem Fristablauf verbundene Verlust des Arbeitsplatzes tritt mithin nicht gegen den Willen des Arbeitnehmers ein.

Darüber hinaus besteht bei einem befristeten Arbeitsverhältnis die Besonderheit, daß der Arbeitnehmer von vornherein lediglich über einen auf den vereinbarten Befristungszeitraum begrenzten Bestandsschutz verfügt. Eine rechtlich geschützte Position im Hinblick auf den Zeitraum nach dem vertraglich vereinbarten Endtermin steht dem Arbeitnehmer hingegen in keinem Zeitpunkt zu[1375]. Im Gegensatz zur Kündigung, bei der der Arbeitnehmer durch eine unbefristete Wiedereinstellung in den Rechtszustand gesetzt wird, in dem er sich zuvor befunden hat, würde der Arbeitnehmer bei einer Wiedereinstellung im Anschluß an den Wegfall des Sachgrundes für eine Befristung ein Mehr, nämlich einen unbefristeten Vertrag, erhalten[1376]. Auch vor diesem Hintergrund erscheint es nicht sachgerecht, einem Arbeitnehmer, dessen Arbeitsverhältnis aufgrund wirksamer Befristung endet, bei einer nachträglichen Veränderung der Umstände, die der Befristung zugrundelagen, einen Anspruch auf Wiedereinstellung für den Zeitraum nach dem Endtermin zuzubilligen.

D. Wiedereinstellungsanspruch und Beendigung des Arbeitsverhältnisses gemäß § 9 KSchG

Klärungsbedürftig erscheint schließlich das Verhältnis einer gerichtlichen Auflösung des Arbeitsverhältnisses nach § 9 KSchG zu dem Anspruch auf Wiedereinstellung. Aus einem Vergleich der Voraussetzungen einer gerichtlichen Auflösung des Arbeitsverhältnisses mit den Voraussetzungen des Wiedereinstellungsanspruchs ergibt sich, daß ein Wiedereinstellungsanspruch zwingenderweise ausscheidet, wenn das Arbeitsverhältnis durch Gestaltungsurteil nach § 9 KSchG beendet wird[1377].

Denn eine gerichtliche Auflösung nach § 9 KSchG ist nur dann möglich, wenn das Gericht zuvor zu der Feststellung gelangt ist, daß die vom Arbeitgeber erklärte Kündigung nicht gemäß § 1 KSchG sozial gerechtfertigt, mithin rechtsunwirksam ist und das Arbeitsverhältnis folglich fortbesteht[1378]. Ein Wiedereinstellungsanspruch, der inhaltlich auf die Neubegründung eines Arbeitsverhältnisses durch Neuabschluß eines Arbeitsvertrages gerichtet ist, setzt jedoch denknotwendig das Vorliegen eines rechtswirksamen Beendigungstatbestandes, mithin eine sozial gerechtfertigte Kündigung voraus. So wie ein Anspruch auf Wiedereinstellung bei Vorliegen einer

---

1375 Siehe zu diesem Aspekt auch LAG Düsseldorf, NZA-RR 2000, S. 456, 458; *Meinel/Bauer*, NZA 1999, S 575, 578; *Westera*, Der Wiedereinstellungsanspruch nach wirksamer Kündigung, S. 45.

1376 LAG Dusseldorf, NZA-RR 2000, S 456, 458; *Westera*, Der Wiedereinstellungsanspruch nach wirksamer Kundigung, S 45

1377 So im Ergebnis auch *Monjau*, DB 1960, S 1067, 1070

1378 Vgl APS/*Biebl*, § 9 KSchG Rn 8, *Hueck/v Hoyningen-Huene*, KSchG, § 9 Rn 16, KR-*Spilger*, § 9 KSchG Rn 26, *Vossen*, in Stahlhacke/Preis/Vossen, Kündigung und Kündigungsschutz im Arbeitsverhältnis, Rn 1192

rechtsunwirksamen, weil sozial nicht gerechtfertigten Kündigung (dies ist aber Voraussetzung für eine Auflösung nach § 9 KSchG) nicht in Betracht kommt, weil aufgrund des Fortbestands des bisherigen Arbeitsverhältnisses für die Begründung eines neuen Arbeitsverhältnisses kein Raum verbleibt, so scheidet die Auflösung nach § 9 KSchG aus, wenn die Kündigung sozial gerechtfertigt ist (dies ist aber Voraussetzung eines Anspruches auf Wiedereinstellung), weil dann schon die Kündigung das Ende des Arbeitsverhältnisses herbeiführt, mithin für eine Gestaltung durch das Gericht kein Raum verbleibt.

Da sich die Voraussetzungen einer gerichtlichen Auflösung nach § 9 KSchG einerseits und die Voraussetzungen des Wiedereinstellungsanspruchs andererseits gegenseitig ausschließen, scheidet ein Wiedereinstellungsanspruch beim Beendigungstatbestand des § 9 KSchG aus[1379].

Darüber hinaus wird die Richtigkeit dieses Ergebnisses durch die folgenden Überlegungen untermauert: Das Gericht ist nur dann zur Auflösung des Arbeitsverhältnisses nach § 9 KSchG befugt, wenn ein entsprechender Auflösungsantrag vorliegt. Hat der Arbeitnehmer den Auflösungsantrag[1380] gestellt, so bringt er hiermit gleichzeitig zum Ausdruck, daß er auf sein – potentiell der Interessenwahrungspflicht des Arbeitgebers unterfallendes – Bestandsinteresse im Sinne des Kündigungsschutzgesetzes verzichtet und stattdessen sein Abfindungsinteresse gegenüber dem Arbeitgeber geltend macht.

Dieser Verzicht auf das durch das Kündigungsschutzgesetz geschützte Bestandsinteresse verbietet es aber, die allgemeine Interessenwahrungspflicht des Arbeitgebers unter Rekurs auf den Bestandsschutzzweck des Kündigungsschutzgesetzes zu einer Wiedereinstellungspflicht zu konkretisieren. Hat der Arbeitgeber den Auflösungsantrag gestellt, dann werden in aller Regel auch die vom Gericht berücksichtigten Gründe, die eine den Betriebszwecken dienliche weitere Zusammenarbeit zwischen Arbeitgeber und Arbeitnehmer nicht erwarten lassen[1381], das der Interessenwahrungspflicht des Arbeitgebers unterfallende Bestandsinteresse des Arbeitnehmers überwiegen[1382].

E. Zwischenergebnis

Aus § 313 BGB läßt sich ein Wiedereinstellungsanspruch nach Aufhebungsvertrag nicht herleiten, weil diese Vorschrift einen Kontrahierungszwang als Rechtsfolge nicht zu tragen vermag.

1379 Vgl. hierzu auch *Lisec*, Der Wiedereinstellungsanspruch des Arbeitnehmers nach betriebsbedingter Kündigung und Betriebsübergang, S. 68 f., *Oetker*, ZIP 2000, S. 643, 653. Zuvor bereits *Heilmann*, Verdachtskündigung und Wiedereinstellung nach Rehabilitierung, S. 79.

1380 Der Auflösungsantrag ist als uneigentlicher Hilfsantrag zum Kündigungsschutzantrag zu qualifizieren, da er nur für den Fall der Begründetheit des Kündigungsschutzantrags gestellt wird, vgl. nur KR-*Spilger*, § 9 KSchG Rn. 15.

1381 Vgl. hierzu APS/*Biebl*, § 9 KSchG Rn. 49 ff., *Hueck/v. Hoyningen-Huene*, § KSchG, § 9 Rn. 37 ff., KR-*Spilger*, § 9 KSchG Rn. 50 ff.

1382 So auch *Oetker*, ZIP 2000, S. 643, 653.

Der im Zusammenhang mit arbeitgeberseitigen Kündigungen entwickelte Argumentationsstrang läßt sich nicht auf die Situation einer Beendigung des Arbeitsverhältnisses durch Abschluß eines Aufhebungsvertrages übertragen: Die zur Begründung des Anspruchs auf Wiedereinstellung nach arbeitgeberseitiger Kündigung herangezogene allgemeine Interessenwahrungspflicht des Arbeitgebers kann sich nicht zu einer konkreten Wiedereinstellungspflicht verdichten, wenn die Beendigung des Arbeitsverhältnisses auf einem Aufhebungsvertrag beruht, da der Arbeitnehmer mit dem Abschluß des Aufhebungsvertrages auf den durch das Kündigungsschutzgesetz vermittelten Bestandsschutz verzichtet hat.

Im Falle einer Beendigung des Arbeitsverhältnisses durch Eigenkündigung des Arbeitnehmers kommt ein Wiedereinstellungsanspruch nicht in Betracht. Durch die Eigenkündigung bringt der Arbeitnehmer einen Verzicht auf den durch das Kündigungsschutzgesetz vermittelten Bestandsschutz zum Ausdruck, so daß auch in diesem Falle eine am Zweck des Kündigungsschutzgesetzes orientierte Konkretisierung der allgemeinen Interessenwahrungspflicht des Arbeitgebers hin zu einer konkreten Wiedereinstellungspflicht ausscheidet.

Auch bei einer Vertragsbeendigung aufgrund rechtswirksamer Befristung kommt ein Wiedereinstellungsanspruch nicht in Frage. Einerseits ist der Beendigungstatbestand der Befristung nicht an die Voraussetzungen des Kündigungsschutzgesetzes gebunden, so daß die Interessenwahrungspflicht des Arbeitgebers nicht unter Rekurs auf die Wertungen dieses Gesetzes zu einer Wiedereinstellungspflicht konkretisiert werden kann. Andererseits setzt die Befristung ein einvernehmliches Zusammenwirken der Arbeitsvertragsparteien voraus, so daß der Verlust des Arbeitsplatzes nicht gegen den Willen des Arbeitnehmers eintritt. Schließlich verfügt der Arbeitnehmer bei einem befristeten Arbeitsverhältnis von vornherein lediglich über einen auf den vereinbarten Befristungszeitraum begrenzten Bestandsschutz.

Wenn das Arbeitsverhältnis durch Gestaltungsurteil nach § 9 KSchG beendet wird, scheidet ein Wiedereinstellungsanspruch zwingenderweise aus. Eine Auflösung nach § 9 KSchG ist nur dann möglich, wenn das Gericht zu der Feststellung gelangt ist, daß die Kündigung nicht gemäß § 1 KSchG sozial gerechtfertigt, also rechtsunwirksam ist und das Arbeitsverhältnis folglich fortbesteht Ein Wiedereinstellungsanspruch setzt jedoch denknotwendig das Vorliegen eines rechtswirksamen Beendigungstatbestandes, mithin eine sozial gerechtfertigte Kündigung voraus.

§ 13 Zusammenfassung der Ergebnisse in Thesen

A. Verfassungsrechtliche Ausgangsdaten des Wiedereinstellungsanspruches

Der mit dem Wiedereinstellungsanspruch korrespondierende Kontrahierungszwang stellt einen Eingriff in die durch Art. 12 I GG grundrechtlich geschützte Vertragsfreiheit des Arbeitgebers dar. Dieser Eingriff steht unter dem Vorbehalt der Verhältnismäßigkeit. Im Hinblick auf seine Legitimation ist auf das Grundrecht der Berufsfreiheit (Art. 12 I GG) des Arbeitnehmers in Gestalt der Arbeitsplatzwahlfreiheit zurückzugreifen. Dem Staat obliegt insoweit eine aus Art. 12 I GG abzuleitende, dahingehende Schutzpflicht, dafür Sorge zu tragen, daß der Arbeitnehmer seinen Arbeitsplatz nicht grundlos verliert. Der Wiedereinstellungsanspruch konkretisiert die grundrechtliche Schutzpflicht. Art. 12 I GG strahlt über die „Einbruchstellen" der zivilrechtlichen Generalklauseln auf das Rechtsverhältnis zwischen Arbeitgeber und Arbeitnehmer aus und gebietet den Gerichten, in Ausübung der ihnen obliegenden Schutzpflicht das Bestandsinteresse des Arbeitnehmers zu berücksichtigen. Hierbei sind die kollidierenden grundrechtlich geschützten Rechtspositionen von Arbeitnehmer und Arbeitgeber in praktische Konkordanz zu bringen. Durch die Gewährung eines Wiedereinstellungsanspruchs wird in das Grundrecht auf freie Arbeitsplatzwahl der Arbeitsuchenden eingegriffen. Dieser Eingriff ist verhältnismäßig.

B. Grundlagen für den Anspruch auf Wiedereinstellung

Ein Wiedereinstellungsanspruch kann sich aus einer entsprechenden tarifvertraglichen Wiedereinstellungsklausel, aus einer Betriebsvereinbarung oder aus einer individualvertraglichen Wiedereinstellungsvereinbarung ergeben. Grundsätzlich kommt auch die betriebliche Übung sowie – ausnahmsweise – der arbeitsrechtliche Gleichbehandlungsgrundsatz als Grundlage eines Anspruches auf Wiedereinstellung in Betracht.

Im übrigen kann sich ein Wiedereinstellungsanspruch ergeben, wenn der Kündigungsgrund im Zeitraum zwischen Zugang der Kündigungserklärung und Ablauf der Kündigungsfrist wegfällt. In diesem Fall ist die in vollem Unfang „noch wirkende", den Vorgaben des Kündigungsschutzgesetzes und der Schutzpflicht aus Art. 12 I GG Rechnung tragende Interessenwahrungspflicht des Arbeitgebers Anspruchsgrundlage.

Der Arbeitgeber ist verpflichtet, das durch das Kündigungsschutzgesetz geschützte und damit berechtigte Bestandsinteresse des Arbeitnehmers zu wahren, indem er einem vor Ablauf der Kündigungsfrist eintretenden Wegfall des Kündigungsgrundes grundsätzlich Rechnung trägt. Dies gilt gleichermaßen für die betriebsbedingte, die personenbedingte und für die verhaltensbedingte Kündigung. Die zur Wiedereinstellungspflicht verdichtete Interessenwahrungspflicht stellt sich als Ausprägung einer „Nebenleistungspflicht" dar, der ein unmittelbarer und klagbarer Erfüllungsanspruch des Arbeitnehmers entspricht. Die Pflicht zur Wahrung des Bestandsinteresses entfällt, wenn sich der Arbeitgeber auf eigene, gegenläufige und schutzwürdige Interessen berufen kann, denen im Rahmen der Abwägung mit dem Bestandsinteresse des Arbeitnehmers ein größeres Gewicht beizumessen ist.

Fällt der Kündigungsgrund erst nach der Beendigung des Arbeitsverhältnisses weg, scheidet ein Wiedereinstellungsanspruch grundsätzlich aus, weil sich die den Arbeitgeber treffende Interessenwahrungspflicht im Nachwirkungszeitraum des wirksam beendeten Arbeitsverhältnisses aufgrund ihrer „Endbezogenheit" grundsätzlich nicht mehr zu einer Wiedereinstellungspflicht verdichten kann. Die Beendigung des Arbeitsverhältnisses bildet folglich in der Regel für den auf die Interessenwahrungspflicht zu stützenden Anspruch auf Wiedereinstellung eine zeitliche Zäsur.

Eine Ausnahme hiervon ist jedoch für den Fall der Verdachtskündigung zu machen. Bei einem Wegfall des Verdachts ist nicht das Bestandsinteresse, sondern das nicht an den Bestand eines Arbeitsverhältnisses gebundene Rehabilitierungsinteresse des Arbeitnehmers von zentraler Bedeutung. Der bei Ausspruch einer Verdachtskündigung bewußt den Wegfall des Verdachts in Kauf nehmende Arbeitgeber, ist verpflichtet, das Rehabilitierungsinteresse des Arbeitnehmers zu wahren, wenn sich der Verdacht nachträglich als unbegründet erweist.

Der auf die Interessenwahrungspflicht des Arbeitgebers gestützte Wiedereinstellungsanspruch steht unter einem Dispositionsschutzvorbehalt. Solange der Arbeitgeber keine positive Kenntnis vom Wegfall des Kündigungsgrundes hat, kann er Dispositionen im Hinblick auf den Arbeitsplatz des gekündigten Arbeitnehmers vornehmen. Diese sind im Rahmen der Abwägung mit dem Bestandsinteresse des Arbeitnehmers zu berücksichtigen.

Bei einer betriebsbedingten Kündigung ist der Arbeitgeber verpflichtet, den Arbeitnehmer über den Wegfall des Kündigungsgrundes zu unterrichten. Diese Informationspflicht stellt sich als Facette der Interessenwahrungspflicht dar. Bei dem Wegfall personen- und verhaltensbedingter Kündigungsgründe ist es hingegen Sache des Arbeitnehmers, den Arbeitgeber hiervon in Kenntnis zu setzen.

Der Arbeitgeber hat die Möglichkeit, dem Arbeitnehmer mit der Unterrichtung über den Wegfall des Kündigungsgrundes eine Frist zu setzen, innerhalb derer der Arbeitnehmer sich gegenüber dem Arbeitgeber äußern muß, ob er die Wiedereinstellung verlangen will. Läßt der Arbeitnehmer die Frist verstreichen, ohne sich zu äußern, so kann der Arbeitgeber den entstandenen Beschäftigungsbedarf anderweitig decken.

Scheitert der Wiedereinstellungsanspruch aufgrund eines Eingreifens des Dispositionsschutzvorbehalts, hat der Arbeitnehmer keinen Anspruch auf Entschädigung für den Verlust seines Arbeitsplatzes. Wenn der Dispositionsschutzvorbehalt nicht eingreift, kann sich der Arbeitgeber nicht auf die Neubesetzung des Arbeitsplatzes berufen. Ein entstandener Anspruch auf Wiedereinstellung bleibt bestehen und ist weiterhin durchsetzbar.

Fällt der Kündigungsgrund aufgrund eines Betriebsübergangs weg, ist bezüglich der Verankerung des Wiedereinstellungsanspruchs danach zu differenzieren, ob der Betriebsübergang noch während des Laufs der Kündigungsfrist oder erst nach Beendigung des Arbeitsverhältnisses eintritt. Erfolgt der Betriebsübergang vor Ablauf der Kündigungsfrist, läßt sich der Wiedereinstellungsanspruch auf die mit dem

Betriebsübergang auf den neuen Inhaber übergehende, in vollem Umfang „noch wirkende“ Interessenwahrungspflicht aus § 242 BGB stützen. Wenn der Betriebsübergang nach Beendigung des Arbeitsverhältnisses eintritt, ergibt sich der Anspruch auf Wiedereinstellung aus einer teleologischen Extension des § 613a BGB, dem das Prinzip des Gleichlaufs von Arbeitsplatz und Arbeitsverhältnis zugrundeliegt. In diesem Fall ist für die Entstehung des Wiedereinstellungsanspruchs eine zeitliche Grenze nur insoweit anzuerkennen, als nach einem bestimmten Zeitpunkt die tatbestandlichen Voraussetzungen des § 613a BGB nicht mehr vorliegen können.

Bei dem auf eine teleologische Extension des § 613a BGB gestützten Wiedereinstellungsanspruch scheidet ein Dispositionsschutzvorbehalt aus rechtsdogmatischen Gründen aus. Der Betriebserwerber kann jedoch Planungssicherheit erlangen, indem er die betroffenen Arbeitnehmer vom Betriebsübergang in Kenntnis setzt. Diese haben dann den Anspruch auf Wiedereinstellung unverzüglich geltend zu machen.

C. Entstehung, Fälligkeit und Inhalt des Wiedereinstellungsanspruches

Der Wiedereinstellungsanspruch entsteht in dem Zeitpunkt, in dem der Kündigungsgrund wegfällt. Die Kenntnis des Arbeitgebers vom Wegfall des Kündigungsgrundes ist keine Voraussetzung für die Entstehung des Wiedereinstellungsanspruchs. Ihr kommt lediglich im Rahmen des Dispositionsschutzvorbehalts Bedeutung zu.

Ein den Anspruch auf Wiedereinstellung begründender „Wegfall des Kündigungsgrundes“ ist bei der betriebsbedingten Kündigung nur gegeben, wenn der vom Arbeitnehmer bis zum Ausspruch der Kündigung besetzte Arbeitsplatz bis zum Ablauf der Kündigungsfrist nicht entfallen ist. Eine Ausdehnung des Anspruchs auf Fallkonstellationen, in denen bis zum Ablauf der Kündigungsfrist nicht vorhersehbare Umstände eintreten, die zur Rechtsunwirksamkeit der Kündigung geführt hätten, wenn die Kündigung nach den geänderten Verhältnissen zu beurteilen wäre, ist aus Gründen der Zumutbarkeit abzulehnen.

Der Wiedereinstellungsanspruch bezieht sich stets auf Abgabe einer auf eine vertragliche Neubegründung des Arbeitsverhältnisses gerichteten Willenserklärung des Arbeitgebers. Um dies hinreichend deutlich zu machen, sollte die in Rede stehende Rechtsposition des Arbeitnehmers ausschließlich als Wiedereinstellungsanspruch bezeichnet werden.

In der Regel richtet sich der Wiedereinstellungsanspruch auf den Abschluß eines neuen Arbeitsvertrages zu den bisherigen Vertragsbedingungen unter Wahrung der bis zur Beendigung des bisherigen Arbeitsverhältnisses erworbenen sozialen Besitzstände. Wenn mit dem Wegfall des Kündigungsgrundes zugleich feststeht, daß dieser Wegfall nur vorübergehender Natur ist, kommt ausnahmsweise ein Anspruch auf befristete Wiedereinstellung für den Zeitraum in Betracht, in dem das Vorliegen des Kündigungsgrundes hinausgeschoben ist.

D. Rechtliche Wirkungen der Wiederbegründung des Arbeitsverhältnisses

Die vertraglichen Pflichten des über den geltend gemachten Wiedereinstellungsanspruch neu begründeten Arbeitsverhältnisses entstehen lediglich mit ex nunc Wirkung ab dem Zeitpunkt der Abgabe der Annahmeerklärung durch den Arbeitgeber beziehungsweise deren Ersetzung durch ein der Wiedereinstellungsklage stattgebendes, rechtskräftiges Urteil (§ 894 I ZPO).

Die Lückenschließung bezüglich des Unterbrechungszeitraumes erfolgt unter Rückgriff auf das schadensersatzrechtliche Regelungsinstrumentarium. Grundlage des wegen nicht möglicher Naturalrestitution auf Schadensersatz in Geld (§ 251 I BGB) gerichteten Anspruchs sind §§ 280 I, III, 283 BGB. Im Rahmen des Schadensersatzanspruchs zu berücksichtigende, wertmindernde Positionen können sich insbesondere hinsichtlich des entgangenen Arbeitsverdienstes, im Bereich der betrieblichen Altersversorgung, des Urlaubsrechts sowie des Sozialversicherungsrechts ergeben.

E. Konkurrierende Wiedereinstellungsansprüche

Im Falle konkurrierender Wiedereinstellungsansprüche hat der Arbeitgeber soziale Gesichtspunkte gemäß § 1 III S. 1 KSchG analog zu berücksichtigen, es sei denn berechtigte betriebliche Bedürfnisse bedingen die Wiedereinstellung eines oder mehrerer bestimmter Arbeitnehmer und stehen damit der Auswahl nach sozialen Gesichtspunkten entgegen (§ 1 III S. 2 KSchG analog).

Arbeitnehmer, deren Arbeitsverhältnisse bislang nicht gekündigt sind, sind nicht in die zu treffende Auswahlentscheidung einzubeziehen, so daß eine entsprechende Pflicht des Arbeitgebers zur Freikündigung ausscheidet.

F. Zeitliche Schranke für die Geltendmachung des Wiedereinstellunganspruchs

Die Geltendmachung des Wiedereinstellungsanspruchs ist nicht an eine nach § 4 KSchG analog zu bestimmende Frist gebunden. Vielmehr gilt grundsätzlich nur die Grenze der Verwirkung.

Um dem Gleichklang zwischen der Ausübung des Widerspruchsrechts und der Geltendmachung des Wiedereinstellungsanspruchs Rechnung zu tragen, ist der Wiedereinstellungsanspruch bei Betriebsübergang ausnahmsweise unverzüglich, in Anlehnung an die in § 4 S. 1 KSchG vorgesehene, teleologisch vergleichbare Richtgröße in der Regel spätestens innerhalb von drei Wochen nach Kenntnis der für den Betriebsübergang maßgebenden Tatsachen geltend zu machen. Zur Wahrung der Geltendmachungsfrist ist die Erhebung der Wiedereinstellungsklage nicht erforderlich. Vielmehr ist eine außergerichtliche Erklärung des Arbeitnehmers ausreichend.

G. Prozessuale Behandlung des Wiedereinstellungsanspruchs

Der Wiedereinstellungsanspruch ist im Wege der Leistungsklage geltend zu machen. Der Klageantrag bezieht sich auf die Verurteilung des Arbeitgebers zur Abgabe einer auf einen Neuabschluß des Arbeitsvertrages gerichteten Annahmeerklärung. Um dem Bestimmtheitsgebot der §§ 46 II S. 1 ArbGG, 253 II Nr. 2 ZPO zu genügen, muß der Antrag das zu begründende Arbeitsverhältnis im Hinblick auf die zugrundezulegenden Arbeitsbedingungen und die Dauer inhaltlich hinreichend konkretisieren.

Der Arbeitnehmer hat die Möglichkeit, sofort auf Erfüllung der Hauptpflichten aus dem zu begründenden Arbeitsverhältnis zu klagen und aus einem obsiegenden Urteil hinsichtlich der tatsächlichen Beschäftigung vorläufig zu vollstrecken.

Der Arbeitnehmer kann den Anspruch auf Wiedereinstellung gerichtlich geltend machen, ohne gegen die vorausgegangene Kündigung Kündigungsschutzklage erhoben zu haben.

Da Wiedereinstellungsklage und Kündigungsschutzklage unterschiedliche Streitgegenstände haben, steht die Rechtskraft eines die Kündigungsschutzklage abweisenden Urteils einer Klage auf Wiedereinstellung nicht entgegen.

In dem Feststellungsantrag der Kündigungsschutzklage ist nicht das Begehren auf Wiedereinstellung enthalten. Vielmehr hat der Arbeitnehmer den Antrag auf Wiedereinstellung ausdrücklich zu stellen.

Bei der Klage auf Wiedereinstellung nach Betriebsübergang ist ausschließlich der Betriebserweber passivlegitimiert.

Hinsichtlich der Darlegungs- und Beweislast für das Bestehen eines Wiedereinstellungsanspruchs sind die für den Kündigungsschutzprozeß geltenden Regeln nicht übertragbar. Es gelten die allgemeinen Regeln der Darlegungs- und Beweislast. Soweit es um Einzelheiten aus der Sphäre des Arbeitgebers geht, gilt der Grundsatz der abgestuften Darlegungslast.

In analoger Anwendung des § 12 VII S. 1 ArbGG ist für die Wertberechnung des Wiedereinstellungsverfahrens im Regelfall von einem Dreimonatsverdienst als Gebührenstreitwert auszugehen. Wird neben einem Kündigungsschutzantrag hilfsweise der Wiedereinstellungsantrag geltend gemacht und wird über ihn entschieden, findet keine Zusammenrechnung gemäß § 19 I S. 2 GKG statt, sondern es ist nur der Wert des höheren Anspruchs heranzuziehen (§ 19 I S. 3 GKG).

H. Möglichkeit einer vorsorglichen Kündigung des im Rahmen der Wiedereinstellung neu zu begründenden Arbeitsverhältnisses

Eine bereits vor der wiedereinstellungsbedingten vertraglichen Neubegründung des Arbeitsverhältnisses vom Arbeitgeber ausgesprochene vorsorgliche Kündigung geht mangels eines bestehenden Arbeitsverhältnisses, gegen das sich die Kündigung richten könnte, ins Leere. Der Arbeitgeber muß zunächst den rechtskräftigen Abschluß des Wiedereinstellungsprozesses abzuwarten. Das im Falle seines Unterliegens mit der Rechtskraft des Urteils (vgl. § 894 I S. 1 ZPO) vertraglich wiederbegründete Arbeitsverhältnis kann er dann nach Maßgabe der allgemeinen Grundsätze kündigen.

J. Die Wiedereinstellung des Arbeitnehmers und die Beteiligung des Betriebsrats

Im Falle eines Wiedereinstellungsanspruchs fehlt der von § 99 BetrVG teleologisch vorausgesetzte Entscheidungsspielraum des Arbeitgebers. Ein Mitbestimmungsrecht des Betriebsrats besteht deshalb grundsätzlich nicht. Im Fall konkurrierender Wiedereinstellungsansprüche hat der Betriebsrat ausnahmsweise die Möglichkeit, bei einer fehlerhaften Sozialauswahl seine Zustimmung zur Wiedereinstellung eines sozial weniger schutzbedürftigen Arbeitnehmers nach § 99 II Nr. 1 BetrVG wegen eines Verstosses gegen § 1 III KSchG analog zu verweigern.

K. Der Wiedereinstellungsanspruch in der Insolvenz

Die Insolvenz des Arbeitgebers steht einem Wiedereinstellungsanspruch nicht entgegen. Da § 613a BGB auch in der Insolvenz gilt, kommt ein Wiedereinstellungsanspruch auch im Falle eines während des Insolvenzverfahrens eintretenden Betriebsübergangs in Betracht.

L. Der Wiedereinstellungsanspruch und andere Beendigungstatbestände

Im Falle eines Aufhebungsvertrags läßt sich ein Wiedereinstellungsanspruch aus § 313 BGB nicht herleiten, weil diese Vorschrift einen Kontrahierungszwang als Rechtsfolge nicht zu tragen vermag. In diesem Fall kann sich auch die zur Begründung des Anspruchs auf Wiedereinstellung nach arbeitgeberseitiger Kündigung herangezogene allgemeine Interessenwahrungspflicht des Arbeitgebers nicht zu einer konkreten Wiedereinstellungspflicht verdichten, da der Arbeitnehmer mit dem Abschluß des Aufhebungsvertrages auf den durch das Kündigungsschutzgesetz vermittelten Bestandsschutz verzichtet hat. Deshalb scheidet ein Wiedereinstellungsanspruch auch bei einer Eigenkündigung des Arbeitnehmers aus.

Bei einer Vertragsbeendigung aufgrund rechtswirksamer Befristung scheitert ein Wiedereinstellungsanspruch darüber hinaus daran, daß der Arbeitnehmer von vornherein lediglich über einen auf den vereinbarten Befristungszeitraum begrenzten Bestandsschutz verfügt.

Wird das Arbeitsverhältnis durch Gestaltungsurteil nach § 9 KSchG beendet wird, scheidet ein Wiedereinstellungsanspruch aus, weil ein solches Urteil nur dann ergeht, wenn die Kündigung sozial nicht gerechtfertigt, also rechtsunwirksam ist. Ein Wiedereinstellungsanspruch setzt jedoch das Vorliegen eines rechtswirksamen Beendigungstatbestandes voraus.

Literaturverzeichnis

Adam, Roman F. Die zweifelhafte Wirkung der Prognose im Kündigungsrecht, ZTR 1999, S. 113 ff.

Alexy, Robert: Theorie der Grundrechte, 2. Auflage 1994

Altrock, Volker von: Die „abgestufte Darlegungs- und Beweislast" – Rechtsinstitut eigener Art im Kündigungsschutzprozeß?, DB 1987, S. 433 ff.

Alvensleben, Constantin von: Die Rechte der Arbeitnehmer bei Betriebsübergang im Europäischen Gemeinschaftsrecht. Eine Studie zu den gemeinschaftsrechtlichen Grundlagen des § 613a BGB, 1992

Annuß, Georg: Der Betriebsübergang in der neuesten Rechtsprechung des BAG, BB 1998, S. 1582 ff.

Annuß, Georg: Der Betriebsübergang in der Insolvenz - § 613a BGB als Sanierungshindernis?, ZinsO 2001, S. 49 ff.

Appel, Clemens/*Gerken*, Doris: Pro und contra Verdachtskündigung, AuR 1995, S. 201 ff.

Arbeitskreis für Insolvenz- und Schiedsgerichtswesen e. V., Köln (Hrsg.): Kölner Schrift zur Insolvenzordnung, 2. Auflage 2000

Arens, Peter: Zur Aufklärungspflicht der nicht beweisbelasteten Partei im Zvilprozeß, ZZP Bd. 96 (1983), S. 1 ff.

Ascheid, Reiner: Kündigungsschutzrecht, 1993

Ascheid, Reiner: Richtlinie 77/187 EWG Harmonisierung europäischen und deutschen Richterrechts, in: Richterliches Arbeitsrecht, Festschrift für Thomas Dieterich zum 65. Geburtstag, 1999, S. 9 ff.

Ascheid, Reiner/*Preis*, Ulrich/*Schmidt*, Ingrid (Hrsg.): Großkommentar zum Kündigungsrecht, 2000

Bader, Peter/*Bram*, Rainer/*Dorner*, Hans-Jurgen/*Wenzel*, Leonhard: Kommentar zum Kündigungsschutzgesetz und zu den §§ 620 bis 628 BGB, 43. Ergänzungslieferung September 2001

Badura, Peter: Grundfreiheiten der Arbeit. Zur Frage einer Kodifikation „sozialer Grundrechte", in: Festschrift für Friedrich Berber zum 75. Geburtstag, 1973, S. 11 ff.

Badura, Peter: Arbeit als Beruf (Art. 12 Abs. 1 GG), in: Festschrift für Wilhelm Herschel zum 85. Geburtstag, 1982, S. 21 ff.

Badura, Peter: Persönlichkeitsrechtliche Schutzpflichten des Staates im Arbeitsrecht, in: Sozialpartnerschaft in der Bewährung, Festschrift für Karl Molitor zum 60. Geburtstag, 1988, S. 1 ff.

Badura, Peter: Staatsrecht. Systematische Erläuterung des Grundgesetzes für die Bundesrepublik Deutschland, 2. Auflage 1996

Badura, Peter: Arbeitsrecht und Verfassungsrecht, RdA 1999, S. 8 ff.

Bar, Christian von: „Nachwirkende" Vertragspflichten, AcP Bd. 179 (1979), S. 452 ff.

Bartel, Hans-Jürgen: Anmerkung zu BAG vom 06. 08. 1997, SAE 1998, S. 318 f.

Bartodziej, Peter: Ansprüche auf Mitgliedschaft in Vereinen und Verbänden, ZGR 1991, S. 517 ff.

Bauer, Jobst-Hubertus: Arbeitsrechtliche Aufhebungsverträge, 6. Auflage 1999

Bauer, Jobst-Hubertus/*Röder*, Gerhard: Taschenbuch zur Kündigung, 2. Auflage 2000

Baumbach, Adolf/*Lauterbach*, Wolfgang/*Albers*, Jan/*Hartmann*, Peter: Zivilprozeßordnung, 59. Auflage 2001

Baur, Jurgen F./*Sturner*, Rolf: Sachenrecht, 17. Auflage 1999

Becker, Friedrich/*Hillebrecht*, Wilfried (Mitbegr.): Gemeinschaftskommentar zum Kündigungsschutzgesetz und zu sonstigen kündigungsschutzrechtlichen Vorschriften, 4. Auflage 1996, 5. Auflage 1998

Becker, Friedrich/*Wulfgramm*, Jörg: Kommentar zum Arbeitnehmerüberlassungsgesetz, 3. Auflage 1985

Beckschulze, Martin: Der Wiedereinstellungsanspruch nach betriebsbedingter Kündigung, DB 1998, S. 417 ff.

Belke, Rolf: Die Geschaftsverweigerung im Recht der Wettbewerbsbeschrankungen, 1966

Belling, Detlev W.: Die Verdachtskundigung, in: Arbeitsrecht in der Bewährung, Festschrift für Otto Rudolf Kissel zum 65. Geburtstag, 1994, S. 11 ff.

Belling, Detlev W.: Die Kündigung wegen verdachtsbedingten Vertrauenswegfalls, RdA 1996, S. 223 ff.

Belling, Detlev W./*Künster*, Marion: Anm. zu BAG vom 14. 09. 1994, AP Nr. 24 zu § 626 BGB Verdacht strafbarer Handlung
Benda, Ernst: Verfassungsrechtliche Aspekte des Umweltschutzes, UPR 1982, S. 241 ff.
Benda, Ernst Zur Berufsfreiheit des Arbeitnehmers, in Festschrift für Josef Stingl zum 65 Geburtstag, 1984, Hrsg. Kohl, Alfred, S 35 ff.
Benda, Ernst/*Maihofer*, Werner /*Vogel*, Hans-Jochen (Hrsg): Handbuch des Verfassungsrechts der Bundesrepublik Deutschland, 2. Auflage 1994
Bengelsdorf, Peter Aufhebungsvertrag und Abfindungsvereinbarungen, 2 Auflage 1994
Berger-Delhey, Ulf: Die Kündigung vor Dienstantritt, DB 1989, S 380 ff
Berkowsky, Wilfried: Die personen- und verhaltensbedingte Kündigung, 3 Auflage 1997
Berkowsky, Wilfried: Die betriebsbedingte Kündigung, 4 Auflage 1997
Berscheid, Ernst-Dieter: Interessenausgleich mit Namensliste – Wiedereinstellungsanspruch bei Betriebsveraußerungen im Konkurs, MDR 1998, S 1129 ff
Berscheid, Ernst-Dieter: Die Kündigung von Arbeitsverhaltnissen nach § 113 InsO, ZinsO 1998, S 115 ff, 159 ff
Beseler, Lothar/*Duwell*, Franz Josef/*Gottling*, Wulfhard Arbeitsrechtliche Probleme bei Betriebsübergang, Betriebsänderung, Unternehmensumwandlung, 2000
Beuthien, Volker Das Nachleisten versaumter Arbeit – Zum Fixschuldcharakter der Arbeitspflicht - , RdA 1972, S. 20 ff.
Bezzenberger, Tilman: Ethnische Diskriminierung, Gleichheit und Sittenordnung, AcP Bd. 196 (1996), S. 395 ff.
Bickel, Dietrich: Über die Unmöglichkeit eines Grundsatzes der Gleichbehandlung im Arbeitsrecht, 1968
Biedenkopf, Kurt H Grenzen der Tarifautonomie, 1964
Birk, Rolf. Grundfälle zu Kündigung und Kündigungsschutz, JuS 1985, S 193 ff, 782 ff
Blomeyer, Arwed: Der „Anspruch“ auf Wandlung oder Minderung, AcP Bd. 151 (1950/51), S. 97 ff.
Blomeyer, Jurgen: Die Klagänderung und ihre prozessuale Behandlung, JuS 1970, S. 123 ff.
Blomeyer, Wolfgang: Der befristete Arbeitsvertrag als Problem der Gesetzesinterpretation, RdA 1967, S 406 ff
Blomeyer, Wolfgang: Besitzstandswahrung durch Tarifvertrag – Zugleich ein Beitrag zu den Grenzen der Tarifmacht - , ZfA 1980, S. 1 ff
Blomeyer, Wolfgang/*Otto*, Klaus Gesetz zur betrieblichen Altersversorgung, Kommentar, 2 Auflage 1998
Blomeyer, Wolfgang/*Vienken*, Ulrich Kurzkommentar zu BAG vom 28 06 2000, EWiR 2000, S 1067 f
Boemke, Burkhard Privatautonomie im Arbeitsvertragsrecht, NZA 1993, S 532 ff.
Boemke, Burkhard Kundigungsschutzklage (§ 4 KSchG) und allgemeine Feststellungsklage (§ 256 ZPO), RdA 1995, S 211 ff.
Boemke, Burkhard: Nachwirkungen des Arbeitsverhältnisses, AR-Blattei SD, Nr. 220.10, Arbeitsvertrag-Arbeitsverhältnis X, 37. Lfg. Januar 1997
Boemke, Burkhard: Schuldvertrag und Arbeitsverhältnis, 1999
Boemke, Burkhard/*Grundel*, Mirko: Grundrechte im Arbeitsverhältnis, ZfA 2001, S. 245 ff.
Boewer, Dietrich: Der Streitgegenstand des Kündigungsschutzprozesses, NZA 1997, S. 359 ff
Boewer, Dietrich: Der Wiedereinstellungsanspruch, NZA 1999, S. 1121 ff., 1177 ff.
Boewer, Dietrich: Der Kündigungsschutzprozeß, in: Kündigung und Kündigungsschutz in der betrieblichen Praxis. Kölner Tage des Arbeitsrechts (Hrsg. Henssler, Martin/Moll, Wilhelm), 2000
Bork, Reinhard Einführung in das neue Insolvenzrecht, 2 Auflage 1998
Bornhagen, Viktoria Die Zumutbarkeit als Rechtsgedanke im Arbeitsrecht, 1999
Borrmann, Friedrich Karl Der Schutz des sozialen Besitzstandes der Arbeitnehmer bei Rationalisierungsmaßnahmen, Diss Gottingen 1971
Botticher, Eduard Die Wandlung als Gestaltungsakt, 1938
Botticher, Eduard Der Anspruch auf Gleichbehandlung im Arbeitsrecht, RdA 1953, S 161 ff
Botticher, Eduard Die Handhabung des Bestandsschutzes beim Kettenvertrag, BB 1955, S 673 ff

Bötticher, Eduard Streitgegenstand und Rechtskraft im Kündigungsschutzprozeß, in Beiträge zu Problemen des neuzeitlichen Arbeitsrechts, Festschrift für Wilhelm Herschel zum 60 Geburtstag, 1955 , S. 181 ff.
Bötticher, Eduard Der Ansatz des Gleichbehandlungsanspruchs im Arbeitsrecht, RdA 1957, S. 317 ff
Bötticher, Eduard: Gleichbehandlung und Waffengleichheit. Überlegungen zum Gleichheitssatz, 1979
Boudon, Ulrich: Kurzkommentar zu BAG vom 06 08 1997, EWiR 1998, S. 323 f
Bram, Rainer/*Ruhl*, Werner Praktische Probleme des Wiedereinstellungsanspruchs nach wirksamer Kündigung, NZA 1990, S. 753 ff.
Brecher, Fritz: Vertragsübergang, Betriebsnachfolge und Arbeitsverhältnis, in: Festschrift für Walter Schmidt-Rimpler zum 70. Geburtstag, 1957, S. 181 ff
Brechmann, Winfried Die richtlinienkonforme Auslegung, 1994
Brecht, Hans. Kündigung von Betriebsnormen, BB 1951, S. 965 ff.
Brox, Hans: Allgemeiner Teil des BGB, 23. Auflage 1999
Brox, Hans/*Rüthers*, Bernd: Arbeitskampfrecht, 2 Auflage 1982
Brox, Hans/*Rüthers*, Bernd, Arbeitsrecht, 14. Auflage 1999
Brune, Ulrike Betriebsvereinbarung, AR-Blattei SD, Nr 520, 54. Lfg Juni 1998
Buchner, Herbert Der Umfang tariflicher Abschlußnormen, insbesondere ihre Abgrenzung zu den Normen über betriebliche Fragen, RdA 1966, S. 208 ff.
Buchner, Herbert Der Gleichbehandlungsgrundsatz bei der Kündigung von Arbeitsverhältnissen, RdA 1970, S 225 ff
Bulla, Gustav-Adolf Die Kündigung des Arbeitsverhältnisses unter Druck, in Beiträge zum Arbeits-Handels- und Wirtschaftsrecht, Festschrift für Alfred Hueck zum 70 Geburtstag, 1959, S 25 ff
Burkard, Ralph Der arbeitsrechtliche Aufhebungsvertrag und der arbeitsrechtliche Abwicklungsvertrag im Vergleich, Diss Bonn 2000
Busch, Matias Die Verdachtskündigung im Arbeitsrecht, MDR 1995, S 217 ff
Busche, Jan Privatautonomie und Kontrahierungszwang, 1999
Bydlinski, Franz Zu den dogmatischen Grundfragen des Kontrahierungszwanges, AcP Bd. 180 (1980), S 1 ff.
Bydlinski, Franz Juristische Methodenlehre und Rechtsbegriff, 2 Auflage 1991
Canaris, Claus-Wilhelm. Die Vertrauenshaftung im deutschen Privatrecht, 1971
Canaris, Claus-Wilhelm Die Feststellung von Lücken im Gesetz, 2. Auflage 1982
Canaris, Claus-Wilhelm: Grundrechte und Privatrecht, AcP Bd 184 (1984), S. 201 ff.
Canaris, Claus-Wilhelm: Grundrechtswirkungen und Verhältnismäßigkeitsprinzip in der richterlichen Anwendung und Fortbildung des Privatrechts, JuS 1989, S. 161 ff
Canaris, Claus-Wilhelm: Die Reform des Rechts der Leistungsstörungen, JZ 2001, S 499 ff.
Caspers, Georg Personalabbau und Betriebsänderung im Insolvenzverfahren, 1998
Craushaar, Götz von: Haftung aus culpa in contrahendo wegen Ablehnung des Vertragsabschlusses – BGH, LM § 276 (Fa) BGB Nr. 28, JuS 1971, S. 127 ff.
Danzer-Vanotti, Wolfgang Methodenstreit um die EG-Richtlinienkonforme Auslegung, DB 1994, S. 1052 ff
Däubler, Wolfgang (Hrsg) Arbeitskampfrecht, 2 Auflage 1987
Däubler, Wolfgang Tarifvertragsrecht, 3 Auflage 1993
Däubler,Wolfgang/*Fischer*, Ulrich/*Zwanziger*, Bertram Kündigungsschutz von A bis Z, 2001
Däubler, Wolfgang/*Kittner*, Michael/*Klebe*, Thomas (Hrsg) BetrVG, 7 Auflage 2000
Däubler-Gmelin, Herta Die Entscheidung für die so genannte Große Lösung bei der Schuldrechtsreform, NJW 2001, S 2281 ff
Denecke Die konkrete Ordnung des Betriebes als Rechtsquelle, DArbR 1940, S. 141 ff
Dersch, Hermann/*Neumann*, Dirk: Bundesurlaubsgesetz, 8 Auflage 1997
Deutsch, Erwin Gefährdungshaftung. Tatbestand und Schutzbereich, JuS 1981, S 317 ff.
Diekhoff, Ludwig: Zur Wiedereinstellungspflicht nach beendetem Arbeitsverhältnis, DB 1958, S 869 ff.
Dieterich, Thomas Die „Warteschleifen-Rechtsprechung" des Bundesverfassungsgerichts, RdA 1992, S 330 ff
Dieterich, Thomas. Grundgesetz und Privatautonomie im Arbeitsrecht, RdA 1995, S 129 ff

Dieterich, Thomas/*Hanau*, Peter/*Schaub*, Günter (Hrsg.): Erfurter Kommentar zum Arbeitsrecht, 2 Auflage 2001
Dietlein, Johannes· Die Lehre von den grundrechtlichen Schutzpflichten, 1992
Dorndorf, Eberhhard/*Weller*, Bernhard/*Hauck*, Friedrich/*Höland*, Armin/*Kriebel*, Volkhart/*Neef*, Klaus· Heidelberger Kommentar zum Kündigungsschutzgesetz, 4 Auflage 2001
Dorner, Hans-Jürgen Schwerbehindertengesetz (SchwbG), Kommentar, Bd I, Stand· 15 Februar 2001
Dorner, Klemens Maria Die Verdachtskündigung im Spiegel der Methoden zur Auslegung von Gesetzen, NZA 1992, S 865 ff
Dorner, Klemens Maria Bestandsaufnahme und Kritik eines überkommenen Rechtsinstituts, AiB 1993, S 147 ff
Dorner, Klemens Maria Abschied von der Verdachtskundigung?, NZA 1993, S 873 ff
Dornieden, Michael· Anmerkung zu BAG vom 04 12 1997, AiB 1998, S. 410
Dotsch, Jochen. Anspruche der Arbeitnehmer beim Betriebsübergang, AuArbR 1997, S. 404 ff
Dreier, Horst (Hrsg)· Grundgesetz-Kommentar, Bd I, Art 1 bis 19, 1996
Dudenbostel, Karl Beibringungsgrundsatz und Darlegungslast bei der sozialen Auswahl nach § 1 Abs 3 KSchG, AuR 1984, S 298 ff
Durig, Günter Grundrechte und Zivilrechtsprechung, in· Vom Bonner Grundgesetz zur Gesamtdeutschen Verfassung, Festschrift für Hans Nawiasky zum 75. Geburtstag, 1956, S. 157 ff
Dutz, Wilhelm Zur privatrechtlichen Bedeutung unterlassener Hilfeleistung (§ 330c StGB), NJW 1970, S 1822 ff
Dutz, Wilhelm. Arbeitsrecht, 6 Auflage 2001
Ebert, Christoph: Das „Recht am Arbeitsplatz", Diss. Marburg 1989
Edenfeld, Stefan: Der neue Betriebs(teil)begriff des BAG zu § 613a BGB, AuArbR 1998, S. 161 ff
Ehlers, Henning· Die Problematik des Kontrahierungszwangs in der Wettbewerbsordnung, dargestellt am Beispiel des kartellrechtlichen Diskriminierungsverbots, Diss. Hamburg 1979
Ehrich, Christian Die Zulassigkeit von auflosenden Bedingungen in Arbeitsverträgen, DB 1992, S 1186 ff
Eich, Rolf-Achim Anmerkung zu BAG vom 29 01 1987, SAE 1988, S 78 ff
Eichenhofer, Eberhard Sozialrecht, 3 Auflage 2000
Emmerich, Volker Die hochstrichterliche Rechtsprechung zum Diskriminierungsverbot (§ 26 Abs 2 GWB), AG 1976, S 57 ff, 92 ff
Emmerich, Volker Zum gegenwärtigen Stand der Lehre von der culpa in contrahendo, Jura 1987, S 561 ff
Emmerich, Volker Das Recht der Leistungsstorungen, 4 Auflage 1997
Emmerich, Volker/*Sonnenschein*, Jurgen Miete, 6 Auflage 1991
Emmermann, Axel Die Nachwirkung des Arbeitsverhältnisses, Diss Hamburg 1973
Enderlein, Wolfgang: Die Reichweite des Arbeitnehmerschutzes im Fall des auflösend bedingten Arbeitsvertrages, RdA 1998, S 90 ff.
Engisch, Karl: Der Begriff der Rechtslücke, in: Festschrift für Wilhelm Sauer zum 70. Geburtstag, 1949, S. 85 ff.
Engisch, Karl: Einführung in das juristische Denken, 8. Auflage 1983
Enneccerus, Ludwig/*Nipperdey*, Hans Carl: Allgemeiner Teil des Bürgerlichen Rechts, Erster Halbbd., 15. Auflage 1959; Zweiter Halbbd., 15. Auflage 1960
Erman, Walter· Zu den Rechten des Stückkäufers aus Mängeln der Sache, JZ 1960, S 41 ff.
Erman, Walter. Bürgerliches Gesetzbuch, Bd. 1, 10. Auflage 2000
Ernst, Falk Aufhebungsverträge zur Beendigung von Arbeitsverhältnissen, 1993
Esser, Josef/*Schmidt*, Eike· Schuldrecht Bd I, Allgemeiner Teil, Teilbd 1, 8 Auflage 1995, Teilbd 2, 8 Auflage 2000
Esser, Josef/*Weyers*, Hans-Leo Schuldrecht Bd II, Besonderer Teil, Teilband 2, 8 Auflage 2000
Fabricius, Fritz Zur Dogmatik des „sonstigen Rechts" gemaß § 823 Abs I BGB, AcP Bd 160 (1961), S 273 ff
Fabricius, Fritz/*Kraft*, Alfons/*Wiese*, Gunther/*Kreutz*, Peter/*Oetker*, Hartmut (Hrsg) Gemeinschaftskommentar zum Betriebsverfassungsgesetz, Bd II, §§ 74-132, 6 Auflage 1998

Falke, Josef/*Holand*, Armin/*Rhode*, Barbara/*Zimmermann*, Gabriele Kundigungspraxis und Kündigungsschutz in der Bundesrepublik Deutschland. Eine empirische Untersuchung im Auftrag des Bundesministers für Arbeit und Sozialordnung, 1981
Fauth, Werner Die betriebliche Übung, BlStSozArbR 1958, S 349 ff, 365 f.
Fikentscher, Wolfgang· Schuldrecht, 9 Auflage 1997
Fischer, Christian. Die tarifwidrigen Betriebsvereinbarungen, 1998
Fitting, Karl/*Kaiser*, Heinrich/*Heither*, Friedrich/*Engels*, Gerd: Betriebsverfassungsgesetz, Handkommentar, 20. Auflage 2000
Flume, Werner: Allgemeiner Teil des Bürgerlichen Rechts, Bd. II, Das Rechtsgeschäft, 4 Auflage 1992
Franzen, Martin: Die Richtlinie 98/50/EG zur Änderung der Betriebsübergangsrichtlinie 77/187/EWG und ihre Auswirkungen auf das deutsche Arbeitsrecht, RdA 1999, S. 361 ff.
Franzen, Martin: Anmerkung zu LAG Hamm vom 04 04. 2000, DZWIR 2000, S. 247 ff.
Funk, Winfried u. a.· Kasseler Kommentar zum Sozialversicherungsrecht, Bd 1, 33. Ergänzungslieferung, Stand· 01 03.2001
Furier, Manfred-Theo Wiedereinstellungsanspruch, AiB 1999, S 246 ff
Galperin, Hans Der Regierungsentwurf eines neuen Betriebsverfassungsgesetzes, 1971
Galperin, Hans/*Lowisch*, Manfred Kommentar zum Betriebsverfassungsgesetz, Bd II, Regelung der Mitbestimmung, §§ 74-132, 6 Auflage 1982
Gamillscheg, Franz. Die Differenzierung nach der Gewerkschaftszugehörigkeit, 1966
Gamillscheg, Franz: Betriebliche Übung, in Festschrift für Marie Luise Hilger und Hermann Stumpf zum 70 Geburtstag, 1983, S 227 ff
Gamillscheg, Franz· Die Grundrechte im Arbeitsrecht, 1989
Gamillscheg, Franz Kollektives Arbeitsrecht, Bd I, 1997
Gamillscheg, Franz Arbeitsrecht I Arbeitsvertrags- und Arbeitsschutzrecht, 8 Auflage 2000
Gaul, Bjorn Aktuelles Arbeitsrecht 2000, Bd 1 und Bd 2, 2000
Gaul, Dieter Das Arbeitsrecht im Betrieb, Bd II, 8 Auflage 1986
Gaul, Dieter: Mißbrauch einer krankheitsbedingten Arbeitsunfähigkeit, NZA 1993, S. 865 ff.
Gentges, Peter. Prognoseprobleme im Kündigungsschutzrecht, 1995
Germann, O A.. Probleme und Methoden der Rechtsfindung, 2. Auflage 1967
Germelmann, Claas-Hinrich/*Matthes*, Hans-Christoph/*Prütting*, Hanns· Arbeitsgerichtsgesetz, 3 Auflage 1999
Gernhuber, Joachim § 242 BGB – Funktionen und Tatbestände, JuS 1983, S. 764 ff.
Gernhuber, Joachim· Das Schuldverhältnis, 1989
Gitter, Wolfgang/*Schmitt*, Jochem: Sozialrecht, 5 Auflage 2001
Gottwald, Peter Zur Wahrung von Geschäftsgeheimnissen im Zivilprozeß, BB 1979, S. 1780 ff.
Gottwald, Peter Die Haftung für culpa in contrahendo, JuS 1982, S 877 ff.
Großmann, Ruprecht/*Schimanski*, Werner/*Dopatka*, Friedrich-Wilhelm/*Spiolek*, Ursula/*Steinbrück*, Hans-Joachim (Hrsg.)· Gemeinschaftskommentar zum Schwerbehindertengesetz, 2 Auflage 1999
Grunewald, Barbara Das Scheitern von Vetragsverhandlungen ohne Grund, JZ 1984, S 708 ff
Grunewald, Barbara Vorschläge für eine Neuregelung der anfänglichen Unmoglichkeit und des anfänglichen Unvermogens, JZ 2001, S 433 ff
Grunhage, Jochen Die Pflicht des Arbeitgebers zur Einstellung und Wiedereinstellung von Arbeitnehmern, Diss. Göttingen 1965
Grunsky, Wolfgang Die Verdachtskündigung, ZfA 1977, S 167 ff
Gumpert, Jobst· Arbeitsrechtliche Sonderbestimmungen für Saison- und Kampagnebetriebe, BB 1961, S 645 ff.
Guntner, Hans Das Verhältnis von Feststellungs- und Lohnklage nach dem KSchG, RdA 1953, S. 249 ff
Guntner, Hans Der Bestandsschutz des Arbeitsverhältnisses und seine Rechtsverwirklichung, AuR 1974, S 97 ff., 135 ff., 171 ff
Guntner, Hans Die Besonderheiten und Probleme des Kundigungsschutzverfahrens, DB 1975, S 1267 ff, 1317 ff

Güntner, Hans. Die Befristung der Kündigungsschutzklage und ihre Probleme, DB 1976, S. 148 ff
Günzel, Eric: Der Wiedereinstellungsanspruch bei Fortführung des Betriebs nach Ablauf der Kündigungsfrist, DB 2000, S 1227 ff
Gussen, Heinrich: Anmerkung zu BAG vom 12 11 1998, AP Nr. 5 zu § 1 KSchG 1969 Wiedereinstellung
Hackl, Karl Vertragsfreiheit und Kontrahierungszwang im deutschen, im österreichischen und im italienischen Recht, 1980
Hambitzer, Ulrich Max Wiedereinstellungsanspruch nach wirksamer betriebsbedingter Kündigung?, NJW 1985, S 2239 ff
Hambitzer, Ulrich Max Der Wiedereinstellungsanspruch des Arbeitnehmers nach wirksamer Kündigung, Diss Bonn 1987
Hanau, Peter Objektive Elemente im Tatbestand der Willenserklärung, AcP Bd 165 (1965), S 220 ff
Hanau, Peter Perversion und Prävention bei § 613a BGB, ZIP 1998, S. 1817 ff.
Hanau, Peter Die Rechtsprechung zu den Grundrechten der Arbeit, in: Arbeitnehmerinteressen und Verfassung (Hrsg Grupp, Klaus/Weth, Stephan), 1998
Hanau, Peter Anmerkung zu BAG vom 10. 12 1998, ZIP 1999, S 324 ff
Hanau, Peter Verfassungsrechtlicher Kündigungsschutz, in Richterliches Arbeitsrecht, Festschrift für Thomas Dieterich zum 65. Geburtstag, 1999, S. 201 ff.
Hanau, Peter/*Adomeit*, Klaus: Arbeitsrecht, 12 Auflage 2000
Hanel, Erich: Die Verdachtskündigung, Personal 1987, S 262 f.
Hartmann, Peter Kostengesetze, 30 Auflage 2001
Hasemeyer, Ludwig: Insolvenzrecht, 2. Auflage 1998
Heckelmann, Dieter: Die einstweilige Verfügung im Arbeitskampf, AuR 1970, S. 166 ff.
Heckelmann, Günther Der Sozialplan, AR-Blattei SD, Nr. 1470, 59. Lfg. November 1998
Hedemann, Justus Wilhelm: Der Arbeitsplatz als Rechtsgut, RdA 1953, S 121 ff.
Heilmann, Aribert Verdachtskündigung und Wiedereinstellung nach Rehabilitierung, Diss Heidelberg 1964
Heinze, Meinhard Personalplanung, Einstellung und Kündigung Die Mitbestimmung des Betriebsrates bei personellen Maßnahmen, 1982
Heinze, Meinhard Das Arbeitsrecht der Insolvenzordnung, NZA 1999, S 57 ff
Herberger, Klaus Rechtsnatur, Aufgabe und Funktion der Sachmangelhaftung nach dem Bürgerlichen Gesetzbuch, Diss Heidelberg 1974
Hergenröder, Curt Wolfgang: Anmerkung zu BAG vom 04 12 1997, EzA § 1 KSchG Wiedereinstellungsanspruch Nr 3, S 13 ff
Hergenröder, Curt Wolfgang Rechtsgeschäftlicher Betriebsinhaberwechsel, AR-Blattei SD, Nr 500 1, Betriebsinhaberwechsel I, 70. Lfg November 1999
Hermes, Georg: Das Grundrecht auf Schutz von Leben und Gesundheit, 1987
Hermes, Georg: Grundrechtsschutz durch Privatrecht auf neuer Grundlage?, NJW 1990, S. 1764 ff
Herrmann, Elke: Abschlußfreiheit – ein gefährdetes Prinzip, ZfA 1996, S. 19 ff.
Herschel, Wilhelm: Die Betriebszugehörigkeit als geschütztes Rechtsgut, RdA 1960, S. 121 ff.
Herschel, Wilhelm: Schutz der Betriebszugehörigkeit im Wandel der Zeiten, DB 1973, S. 80 ff.
Herschel, Wilhelm: Zur Entstehung des Tarifvertragsgesetzes, ZfA 1973, S 183 ff.
Herschel, Wilhelm: „Recht auf Arbeit" und Kündigungsschutz, BB 1977, S. 708 ff.
Herschel, Wilhelm: Neue Tatsachen nach Verdachtskündigung des Arbeitsvertrages, BlStSozArbR 1977, S. 113 ff.
Herschel, Wilhelm: Anmerkung zu BAG vom 22 05. 1985, AP Nr. 42 zu § 613a BGB
Herschel, Wilhelm/*Löwisch*, Manfred Kommentar zum Kündigungsschutzgesetz, 6 Auflage 1984
Hess, Harald: Insolvenzarbeitsrecht, 2 Auflage 2000
Hess, Harald/*Schlochauer*, Ursula/*Glaubitz*, Werner Kommentar zum Bertriebsverfassungsgesetz, 5 Auflage 1997
Hesse, Konrad Grundzüge des Verfassungsrechts der Bundesrepublik Deutschland, 19 Auflage 1993, 20 Auflage 1995
Hinrichs, Werner Anmerkung zu BAG vom 27 02 1997, AiB 1997, S 615 f
Hoefs, Christian Die Verdachtskündigung, 2001

Hoffmans, Helmut Nachwirkende Nebenpflichten von Schuldverhältnıssen, Dıss Köln 1986
Hofmann, Paul· Zur Offenbarungspflıcht des Arbeıtnehmers, ZfA 1975, S 1 ff.
Honn, Günther. Kompensation gestorter Vertragsparitat, 1982
Honstetter, Johannes A Dıe Prognoseentscheıdung des Arbeitgebers ım Kündıgungsrecht, 1994
Hoyningen-Huene, Gerrick von· Betriebsverfassungsrecht, 4. Auflage 1998
Hromadka, Wolfgang: Zur Zulässigkeit des auflösend bedingten Arbeitsvertrages, RdA 1983, S. 88 ff
Hromadka, Wolfgang: Zur betrieblichen Übung, NZA 1984, S. 241 ff.
Hromadka, Wolfgang/*Maschmann*, Frank: Arbeitsrecht, Bd 1, Individualarbeitsrecht, 1998; Bd. 2, Kollektivarbeitsrecht und Arbeitsstreitigkeiten, 2. Auflage2001
Huber, Hans. Die verfassungsrechtliche Bedeutung der Vertragsfreiheit, 1966
Huber, Ulrich Die Unmöglichkeit der Leistung im Diskussionsentwurf eines Schuldrechtsmodernisierungsgesetzes, ZIP 2000, S 2137 ff.
Hubmann, Heınrıch· Der bürgerlichrechtlıche Aufopferungsanspruch, JZ 1958, S. 489 ff
Hübner, Heinz Allgemeiner Teil des Bürgerlichen Gesetzbuches, 2. Auflage 1996
Hueck, Alfred· Klage und Urteil ım Kündıgungsschutzstreıt, in· Festschrıft für Hans Carl Nipperdey zum 60 Geburtstag, 1955, S 99 ff
Hueck, Alfred Anmerkung zu BGH vom 13 07 1956, AP Nr 2 zu § 611 BGB Fursorgepflıcht
Hueck, Alfred Die rechtlıche Bedeutung der betrıeblıchen Ubung, ın Das deutsche Prıvatrecht in der Mıtte des 20 Jahrhunderts, Festschrıft für Heınrich Lehmann zum 80 Geburtstag, Bd II, 1956, S 633 ff
Hueck, Alfred Dıe Pflıcht des Arbeıtgebers zur Wıedereınstellung entlassener Arbeıtnehmer, ın Recht und Wırtschaft, Festschrıft für Justus Wılhelm Hedemann zum 80 Geburtstag, 1958, S 131 ff
Hueck, Alfred/*Hueck*, Gotz· Kundıgungsschutzgesetz, Kommentar, 9 Auflage 1974
Hueck, Alfred/*Hueck*, Gotz/*Hoyningen-Huene*, Gerrıck von. Kündıgungsschutzgesetz, Kommentar, 11 Auflage 1992, 12 Auflage 1997
Hueck, Alfred/*Nıpperdey*, Hans Carl Lehrbuch des Arbeitsrechts Bd I, 7. Auflage 1963, Bd. II, 1 /2 Auflage 1930; 3.-5. Auflage 1932; Bd II, 1. Halbbd., 7 Auflage 1966; Bd. II, 2. Halbbd., 7 Auflage 1970
Hueck, Götz: Der Grundsatz der gleichmäßigen Behandlung im Prıvatrecht, 1958
Hueck, Götz/*Fastrıch*, Lorenz: Betriebsübung, AR-Blattei D, Betriebsübung I, 1982
Hümmerıch, Klaus/*Kallweıt*, Beate/*Spırolke*, Matthias. Das arbeitsrechtliche Mandat, 2000
Hunold, Wolf· Zur Entwicklung des Einstellungsbegrıffs in der Rechtsprechung (Randbelegschaften), NZA 1990, S. 461 ff
Hwang, Cheng-Guan· Der maßgeblıche Zeıtpunkt für die Beurteılung der Wırksamkeit der Kundigung des Arbeıtgebers, Diss Gottıngen 1988
Impıng, Andreas· Aktuelle Entwıcklungen im Indıvidualarbeitsrecht, MDR 1999, S 125 ff.
Isensee, Josef: Der Zugang zum Offentlıchen Dienst, ın. Verwaltungsrecht zwischen Freiheit, Teilhabe und Bindung, Festgabe aus Anlaß des 25 jährigen Bestehens des Bundesverwaltungsgerıchts, 1978, S 337 ff
Isensee, Josef Das Grundrecht auf Sıcherheıt, 1983
Isensee, Josef/*Kırchhof*, Paul (Hrsg) Handbuch des Staatsrechts der Bundesrepublık Deutschland, Bd. V, Allgemeine Grundrechtslehren, 2 Auflage 2000
Jahn, Kurt· Sozialgesetzbuch (SGB) für die Praxıs Neuntes Buch (IX) – Rehabilitatıon und Teılhabe behınderter Menschen, 2001
Jakobs, Horst Heinrich Unmoglichkeıt und Nıchterfüllung, 1969
Jarass, Hans D · Grundrechte als Wertentscheidungen bzw. objektivrechtliche Prinzıpien in der Rechtsprechung des Bundesverfassungsgerichts, AöR Bd 110 (1985), S 363 ff.
Jarass, Hans D /*Pıeroth*, Bodo: Grundgesetz für die Bundesrepublık Deutschland, 5. Auflage 2000
Jauernıg, Othmar (Hrsg.). Bürgerliches Gesetzbuch, 9 Auflage 1999
Jauernıg, Othmar Zıvılprozeßrecht, 26. Auflage 2000
Joachım, Hans G.· Zur Problematik der Verdachtskündigung, AuR 1964, S. 33 ff.
Junker, Abbo: Grundkurs Arbeitsrecht, 2001
Junker, Abbo/*Schnelle*, Sylvia Kurzkommentar zu BAG vom 27. 02 1997, EWiR 1997, S. 781 f

Kaiser, Dagmar: Schadensersatz aus culpa in contrahendo bei Abbruch von Vertragsverhandlungen über formbedürftige Verträge, JZ 1997, S. 448 ff.
Kaiser, Dagmar: Wegfall des Kündigungsgrundes – Weder Unwirksamkeit der Kündigung noch Wiedereinstellungsanspruch, ZfA 2000, S. 205 ff.
Kania, Thomas: Anmerkung zu BAG vom 27. 02. 1997, EzA § 1 KSchG Wiedereinstellungsanspruch Nr. 1, S. 13 ff.
Kaser, Max: Das Römische Privatrecht, Erster Abschnitt, 2. Auflage 1971, Zweiter Abschnitt, 2. Auflage 1975
Kaser, Max: Römisches Privatrecht, 16. Auflage 1992
Kaser, Max/*Hackl*, Karl: Das Römische Zivilprozeßrecht, 2. Auflage 1996
Kempen, Otto Ernst/*Zachert*, Ulrich: Tarifvertragsgesetz, 3. Auflage 1997
Kiel, Heinrich/*Koch*, Ulrich: Die betriebsbedingte Kündigung, 2000
Kilian, Wolfgang: Diskriminierungsverbot und Kontrahierungszwang für Markenartikelhersteller, ZHR Bd. 142 (1978), S. 453 ff.
Kilian, Wolfgang: Kontrahierungszwang und Zivilrechtssystem, AcP Bd. 180 (1980), S. 47 ff.
Kindscher, Reinhard: Die Kündigung wegen Betriebsübergangs, Diss. Münster 1999
Kion, Hans-Jürgen: Eventualverhältnisse im Zivilprozeß, 1971
Kittner, Michael/*Däubler*, Wolfgang/*Zwanziger*, Bertram: Kündigungsschutzrecht, 4. Auflage 1999, 5. Auflage 2001
Kittner, Michael/*Zwanziger*, Bertram (Hrsg.): Arbeitsrecht. Handbuch für die Praxis, 2001
Klein, Eckart: Grundrechtliche Schutzpflicht des Staates, NJW 1989, S. 1633 ff.
Klein, Hans H.: Die grundrechtliche Schutzpflicht, DVBl. 1994, S. 489 ff.
Kleinebrink, Wolfgang: Wiedereinstellungsanspruch und Betriebsübergang, FA 1999, S. 138 ff.
Klug, Ulrich: Rechtslücke und Rechtsgeltung, in: Festschrift für Hans Carl Nipperdey zum 70. Geburtstag, Bd. I, 1965, S. 71 ff.
Knorr, Gerhard/*Bichlmeier*, Gerd/*Kremhelmer*, Hans: Handbuch des Kündigungsrechts, 4. Auflage 1998
Kohler, Helmut: Vertragliche Unterlassungspflichten, AcP Bd. 190 (1990), S. 496 ff.
Konzen, Horst: Aufopferung im Zivilrecht 1969
Kort, Michael: Inhalt und Grenzen der arbeitsrechtlichen Personenfürsorgepflicht, NZA 1996, S. 854 ff.
Kort, Michael: Anmerkung zu BAG vom 28. 06. 2000, SAE 2001, S. 131 ff.
Kraft, Alfons: Anmerkung zu BAG vom 19. 07. 1995, SAE 1996, S. 240 ff.
Krasshofer, Horst-Dieter: Kurzkommentar zu BAG vom 04. 12. 1997, EWiR 1998, S. 773 f.
Kreitner, Jochen: Kündigungsrechtliche Probleme beim Betriebsinhaberwechsel, 1989
Kreutz, Peter: Grenzen der Betriebsautonomie, 1979
Kupper, Wolfgang: Das Scheitern von Vertragsverhandlungen als Fallgruppe der culpa in contrahendo, 1988
Küttner, Wolfdieter (Hrsg.): Personalbuch 1999, 6. Auflage 1999
Lakies, Thomas: Anmerkung zu BAG vom 27. 02. 1997, NJ 1997, S. 664 f.
Lakies, Thomas: Änderung des Kündigungsschutzgesetzes und allgemeiner Kündigungsschutz nach § 242 BGB – Verfassungsrechtliche Fragen, DB 1997, S. 1078 ff.
Lakies, Thomas: Zu den seit 1. 10. 1996 geltenden arbeitsrechtlichen Vorschriften der Insolvenzordnung, RdA 1997, S. 145 ff.
Langenbucher, Katja: Anmerkung zu BAG vom 13. 11. 1997, SAE 1998, S. 145 ff.
Langenbucher, Katja: Der Wiedereinstellungsanspruch des Arbeitnehmers beim Betriebsübergang, ZfA 1999, S. 299 ff.
Langer, Karl: Anspruch auf Wiedereinstellung?, NZA 1991, Beilage Nr. 3, S. 23 ff.
Larenz, Karl: Derogierende Kraft des Gerichtsgebrauchs, NJW 1951, S. 497 ff.
Larenz, Karl: Anmerkung zu BAG vom 14. 12. 1956 und vom 24. 11. 1956, AP Nr. 3 und Nr. 4 zu § 611 BGB Fürsorgepflicht
Larenz, Karl: Bemerkungen zur Haftung für „culpa in contrahendo", in: Beiträge zum Zivil- und Wirtschaftsrecht, Festschrift für Kurt Ballerstedt zum 70. Geburtstag, 1975, S. 397 ff.
Larenz, Karl: Lehrbuch des Schuldrechts Bd. I, Allgemeiner Teil, 14. Auflage 1987, Bd. II,

Besonderer Teil, 1 Halbbd , 13 Auflage 1986
Larenz, Karl Methodenlehre der Rechtswissenschaft, 6 Auflage 1991
Larenz, Karl/*Canaris*, Claus-Wilhelm· Lehrbuch des Schuldrechts Bd II, Besonderer Teil, 2 Halbbd , 13 Auflage 1994
Larenz, Karl/*Wolf*, Manfred: Allgemeiner Teil des Bürgerlichen Rechts, 8. Auflage 1997
Laufke, Franz: Vertragsfreiheit und Grundgesetz, in: Das deutsche Privatrecht in der Mitte des 20. Jahrhunderts, Festschrift für Heinrich Lehmann zum 80. Geburtstag, Bd. I, 1956, S. 145 ff.
Lauterbach, Herbert: Unfallversicherung. Sozialgesetzbuch VII, Kommentar, Bd. 2, 4. Auflage, 13. Lieferung, Stand: Januar 2001
Leidinger, Tobias: Zur Weiterbelieferungspflicht gegenüber dem zur Konkurrenz wechselnden Sonderabnehmer nach Vertragsende, WRP 1995, S. 462 ff
Leinemann, Wolfgang (Hrsg.) Kasseler Handbuch zum Arbeitsrecht, Bd 2, 2. Auflage 2000.
Leinemann, Wolfgang/*Linck*, Rüdiger Urlaubsrecht, 1995
Leisner, Walter· Grundrechte und Privatrecht, 1960
Leisner, Walter· Die verfassungsrechtliche Berufsfreiheit – BVerfGE 7, 377 (Apothekenurteil), JuS 1962, S 463 ff.
Lepke, Achim Zur Rechtsnatur der Klagefrist des § 4 KSchG, DB 1991, S. 2034 ff
Leser, Hans G Der Rücktritt vom Vertrag Abwicklungsverhältnis und Gestaltungsbefugnisse bei Leistungsstörungen, 1975
Lieb, Manfred Arbeitsrecht, 7 Auflage 2000
Liebscher, Brigitta· Anmerkung zu ArbG Koln vom 09 02 1996, BB 1996, S 801 ff
Linck, Rudiger Der Wiedereinstellungsanspruch, FA 2000, S 334 ff
Lisec, Anja. Der Wiedereinstellungsanspruch des Arbeitnehmers nach betriebsbedingter Kündigung und Betriebsubergang, Diss Berlin 2001
Loritz, Karl-Georg Aktuelle Rechtsprobleme des Betriebsubergangs nach § 613a BGB, RdA 1987, S 65 ff
Loritz, Karl-Georg: Tarifautonomie und Gestaltungsfreiheit des Arbeitgebers, 1990
Lowisch, Manfred: Möglichkeiten und Grenzen der Betriebsvereinbarung, AuR 1978, S. 97 ff.
Lowisch, Manfred· Taschenkommentar zum Betriebsverfassungsgesetz, 4. Auflage 1996
Lowisch, Manfred. Grenzen der ordentlichen Kündigung in kündigungsschutzfreien Betrieben, BB 1997, S. 782 ff.
Lowisch, Manfred: Kommentar zum Kündigungsschutzgesetz, 8. Auflage 2000
Lowisch, Manfred/*Kaiser*, Dagmar: Anm. zu BAG vom 29. 01. 1987, AP Nr. 1 zu § 620 BGB Saisonarbeit
Lowisch, Manfred/*Rieble*, Volker Tarifvertragsgesetz, Kommentar, 1992
Luke, Gerhard/*Walchshofer*, Alfred (Hrsg) Munchener Kommentar zur Zivilprozeßordnung, Bd 3, §§ 803-1048, EGZPO, GVG, EGGVG, Internationales Zivilprozeßrecht, 1992
Lüke, Gerhard/*Wax*, Peter (Hrsg) Münchener Kommentar zur Zivilprozeßordnung, Bd 1, §§ 1-354, 2 Auflage 2000
Mangoldt, Hermann von/*Klein*, Friedrich/*Starck*, Christian (Hrsg) Das Bonner Grundgesetz, Kommentar, Bd. 1, Präambel, Artikel 1 bis 19, 4 Auflage 1999
Manske, Wolfgang· Wiedereinstellungsanspruch in der Rechtsprechung des BAG, FA 1998, S. 143 ff
Marhold, Franz/*Beckers*, Markus· Gleichbehandlung im Arbeitsverhältnis, AR-Blattei SD, Nr 800 1, Gleichbehandlung im Arbeitsverhältnis I, 31 Lfg Juni 1996
Markl, Hermann/*Meyer*, Dieter Gerichtskostengesetz, Kommentar, 4. Auflage 2001
Marzen, Ph.: Abschlußnormen in Betriebsvereinbarungen, RdA 1966, S. 296 ff.
Mathern, Friedrich: Die krankheitsbedingte Kündigung – (Un)wirksame Kündigung, Wiedereinstellungsanspruch oder Fortsetzungsanspruch?, NJW 1996, S. 818 ff.
Maunz, Theodor/*Dürig*, Günter: Grundgesetz, Kommentar, Bd. I, Art 1-13, 7 Auflage, Stand November 1997
Medicus, Dieter· Verschulden bei Vertragsverhandlungen, in. Gutachten und Vorschlage zur Überarbeitung des Schuldrechts Bd. I, 1981, S. 479 ff
Medicus, Dieter Allgemeiner Teil des BGB, 7 Auflage 1997
Medicus, Dieter Schuldrecht I, Allgemeiner Teil, 12 Auflage 2000

Medicus, Dieter: Bürgerliches Recht, 18. Auflage 1999
Meinel, Gernod/*Bauer*, Thorsten: Der Wiedereinstellungsanspruch, NZA 1999, S. 575 ff.
Merle, Werner: Zur eventuellen Klagenhäufung, ZZP Bd. 83 (1970), S. 436 ff.
Mestmacker, Ernst-Joachim. Über die normative Kraft privatrechtlicher Verträge, JZ 1964, S. 441 ff
Meyer, Cord: Der Fortsetzungsanspruch bei Betriebsübergang, BB 2000, S. 1032 ff
Migsch, Erwin: Die absolut geschützte Rechtsstellung des Arbeitnehmers, 1972
Mohnen, Heinz: Nachwirkungen des Arbeitsverhältnisses, RdA 1957, S. 361 ff., 405 ff
Mohring, Philipp: Kontrahierungszwang nach neuem Kartellrecht, DB 1974, S. 223 ff
Molitor, Erich: Die Kündigung, 2. Auflage 1951
Molitor, Erich: Anmerkung zu BGH vom 13. 07. 1956, SAE 1957, S. 5 ff
Monjau, Herbert: Die Verdachtskündigung, DB 1960, S. 1067 ff
Monjau, Herbert: Nachwirkende Treuepflichten, BB 1962, S. 1439 ff
Monjau, Herbert. Auswirkungen der nachwirkenden Fürsorgepflicht, AuR 1965, S. 323 ff.
Moos, Peter: Nachwirkende Vertragspflichten aus Arbeitsverhältnissen, RdA 1962, S. 301 ff.
Motzer, Stefan: Schutzpflichtverletzung und Leistungsunmöglichkeit, JZ 1983, S. 884 ff.
Muller, Hans-Peter: Übernahme eines in Ausbildung befindlichen Mitglieds eines Betriebsverfassungsorgans in ein Arbeitsverhältnis kraft Gesetzes, DB 1974, S. 1526 ff
Muller, Klaus: Sachenrecht, 4. Auflage 1997
Muller-Glöge, Rudi: Bestandsschutz beim Beriebsübergang nach § 613a BGB, NZA 1999, S. 449 ff
Mummenhoff, Winfried: Anmerkung zu BAG vom 15. 03. 1984, SAE 1985, S. 305 ff.
Mummenhoff, Winfried. Flaute im Baugeschäft, JuS 1987, S. 893 ff.
Münch, Ingo von/*Kunig*, Philip (Hrsg.): Grundgesetz-Kommentar, Bd. 1, Präambel bis Art. 19, 5. Auflage 2000
Munzberg, Wolfgang: Verhalten und Erfolg als Grundlagen der Rechtswidrigkeit und Haftung, 1966
Murswiek, Dietrich: Die staatliche Verantwortung für die Risiken der Technik – Verfassungsrechtliche Grundlagen und immissionsschutzrechtliche Ausformung, 1985
Murswiek, Dietrich. Zur Bedeutung der grundrechtlichen Schutzpflichten für den Umweltschutz, WiVerw 1986, S. 179 ff
Murswiek, Dietrich: Entschadigung für immissionsbedingte Waldschaden, NVwZ 1986, S. 611 ff
Musielak, Hans-Joachim: Grundkurs ZPO, 5. Auflage 2000
Nagele, Stefan: Die Renaissance des Wiedereinstellungsanspruchs, BB 1998, S. 1686 ff.
Naujok, Volker: Das Spannungsverhaltnis zwischen Verdachtskündigung und Unschuldsvermutung, AuR 1998, S. 398 ff
Nebendahl, Mathias: Ansprüche eines GmbH-Geschäftsführers aus betrieblicher Übung?, NZA 1992, S. 289 ff
Neumann, Dirk/*Pahlen*, Ronald: Schwerbehindertengesetz, Kommentar, 9. Auflage 1999
Neumann-Duesberg, Horst: Anmerkung zu LAG Bremen vom 30. 01. 1952, MDR 1952, S. 691 f
Neumann-Duesberg, Horst: Betriebsverfassungsrecht, 1960
Neumann-Duesberg, Horst: Gesetzliche Neuordnung des Übergangs von Arbeitsverhältnissen bei Betriebsinhaberwechsel, BB 1971, S. 969 ff
Nicolai, Andrea: Anm. zu BAG vom 17. 06. 1999, SAE 2000, S. 98 ff.
Nicolai, Andrea/*Noack*, Stefanie: Grundlagen und Grenzen des Wiedereinstellungsanspruchs nach wirksamer Kündigung des Arbeitsverhältnisses, ZfA 2000, S. 87 ff.
Niesel, Klaus (Hrsg.): Sozialgesetzbuch. Arbeitsforderung – SGB III, Kommentar, 1998
Nikisch, Arthur: Individualismus und Kollektivismus im heutigen Arbeitsrecht, RdA 1953, S. 81 ff
Nikisch, Arthur: Arbeitsrecht, Bd. I, Allgemeine Lehren und Arbeitsvertragsrecht, 3. Auflage 1961; Bd. II, Koalitionsrecht, Arbeitskampfrecht und Tarifvertragsrecht, 2. Auflage 1959; Bd. III, Betriebsverfassungsrecht, 2. Auflage 1966
Nipperdey, Hans Carl: Kontrahierungszwang und diktierter Vertrag, 1920
Nipperdey, Hans Carl: Gleicher Lohn der Frau für gleiche Leistung, RdA 1950, S. 121 ff
Nipperdey, Hans Carl: Der Arbeitskampf als unerlaubte Handlung – Grundsatzliches zur Frage seiner Rechtswidrigkeit, in Sozialpolitik, Arbeits- und Sozialrecht, Festschrift für Friedrich Sitzler zum 75. Geburtstag, 1956, S. 79 ff
Nipperdey, Hans Carl: Grundrechte und Privarecht, 1961

Nirk, Rudolf: Culpa in contrahendo – eine geglückte richterliche Rechtsfortbildung – Quo vadis?, in Festschrift für Philipp Möhring zum 75. Geburtstag, 1975, S. 71 ff.
Novak, Richard. Zur Drittwirkung der Grundrechte, EuGRZ 1984, S. 133 ff.
Obermüller, Manfred/*Hess*, Harald: InsO. Eine systematische Darstellung des neuen Insolvenzrechts, 3. Auflage 1999
Oeter, Stefan: „Drittwirkung" der Grundrechte und die Autonomie des Privatrechts, AöR Bd. 119 (1994), S. 529 ff.
Oetker, Hartmut: Vorruhestand durch Betriebsvereinbarungen, NZA 1986, S. 148 ff.
Oetker, Hartmut: Die Mitbestimmung der Betriebs- und Personalräte bei der Durchführung von Berufsbildungsmaßnahmen. Zugleich ein Beitrag zu den Schranken der Mitbestimmung, 1986
Oetker, Hartmut: Das Dauerschuldverhältnis und seine Beendigung, 1994
Oetker, Hartmut: Der arbeitsrechtliche Bestandsschutz unter dem Firmament der Grundrechtsordnung, 1996
Oetker, Hartmut: Arbeitsrechtlicher Bestandsschutz und Grundrechtsordnung, RdA 1997, S. 9 ff.
Oetker, Hartmut: Kündigungsschutz außerhalb des KSchG?, AuR 1997, S. 41 ff.
Oetker, Hartmut: Kurzkommentar zu BAG vom 04.06.1998, EWiR 1998, S. 1027 f.
Oetker, Hartmut: Der Wiedereinstellungsanspruch des Arbeitnehmers bei nachträglichem Wegfall des Kündigungsgrundes, ZIP 2000, S. 643 ff.
Oetker, Hartmut, Anmerkung zu LAG Hamm vom 11.05.2000, DZWIR 2000, S. 461 ff.
Oetker, Hartmut, Anmerkung zu BAG vom 28.06.2000, ZIP 2000, S. 1787 ff.
Otto, Alexander: Der Wegfall des Vertrauens in den Arbeitnehmer als wichtiger Grund zur Kündigung des Arbeitsverhältnisses, 2000
Otto, Hansjörg: Personale Freiheit und soziale Bindung, 1978
Otto, Hansjörg: Grünes Licht für die Wiedereinstellung bei betriebsbedingten Entlassungen, in Festschrift für Alfons Kraft zum 70. Geburtstag, 1998, S. 451 ff.
Palandt, Otto: Bürgerliches Gesetzbuch, 60. Auflage 2001
Papier, Hans-Jürgen: Art. 12 GG - Freiheit des Berufs und Grundrecht der Arbeit, DVBl. 1984, S. 801 ff.
Papier, Hans-Jürgen: Der verfassungsrechtliche Rahmen für Privatautonomie im Arbeitsrecht, RdA 1989, S. 137 ff.
Pawlowski, Hans-Martin: Methodenlehre für Juristen, 3. Auflage 1999
Peters, Hans/*Ossenbühl*, Fritz. Die Übertragung von öffentlichrechtlichen Befugnissen auf die Sozialpartner unter besonderer Berücksichtigung des Arbeitszeitschutzes, 1967
Peters, Harald/*Thüsing*, Gregor: Anmerkung zu BAG vom 13.11.1997, EzA § 613a BGB Nr. 154, S. 7 ff.
Philippsen, Hans-Erik/*Dörner*, Klemens Maria: Aktuelle Fragen zur Streitwertfestsetzung im Kündigungsschutzprozeß, NZA 1987, S. 113 ff.
Pielsticker, Wilhelm: Der Schutz in Ausbildung befindlicher Mitglieder von Betriebsverfassungsorganen nach § 78a BetrVG, Diss. Münster 1987
Pieroth, Bodo/*Schlink*, Bernhard: Grundrechte, Staatsrecht II, 16. Auflage 2000
Pietrzak, Alexandra: Die Schutzpflicht im verfassungsrechtlichen Kontext, JuS 1994, S. 748 ff.
Pietzcker, Jost: Artikel 12 Grundgesetz - Freiheit des Berufs und Grundrecht der Arbeit, NVwZ 1984, S. 550 ff.
Pietzko, Joachim: Der Tatbestand des § 613a BGB, 1988
Pietzko, Joachim/*Vogel*,Gabriele. Anmerkung zu BAG vom 20.04.1989, SAE 1991, S. 308 ff.
Posth, Martin: Arbeitsrechtliche Probleme beim Betriebsinhaberwechsel (§ 613a BGB), 1978
Preis, Ulrich: Prinzipien des Kündigungsrechts bei Arbeitsverhältnissen, 1987
Preis, Ulrich. Anmerkung zu LAG Köln vom 10.01.1989, LAGE § 611 BGB Einstellungsanspruch Nr. 1, S. 15 ff.
Preis, Ulrich: Neuere Tendenzen im arbeitsrechtlichen Kündigungsschutz, DB 1988, S. 1387 ff.
Preis, Ulrich: Perspektiven der Arbeitsrechtswissenschaft, RdA 1995, S. 333 ff.
Preis, Ulrich: Der Kündigungsschutz außerhalb des Kündigungsschutzgesetzes, NZA 1997, S. 1256 ff.
Preis, Ulrich/*Steffan*, Ralf: Neue Konzepte des BAG zum Betriebsübergang nach § 613a BGB, DB 1998, S. 309 ff.

Prußmann, Heinz/*Rabe*, Dieter Seehandelsrecht, 3. Auflage 1992
Raab, Thomas Der Wiedereinstellungsanspruch des Arbeitnehmers bei Wegfall des Kündigungsgrundes, RdA 2000, S 147 ff
Raab, Thomas· Anmerkung zu BAG vom 28 06. 2000, RdA 2001, S. 248 ff.
Raape, Leo· Probleme der Wandlung und Minderung, in Festschrift für Heinrich Lehmann zum 60 Geburtstag, 1937, S. 159 ff
Rahmstorf, Frank Die Druckkündigung des Arbeitsverhältnisses, 1998
Raiser, Ludwig. Vertragsfreiheit heute, JZ 1958, S 1 ff
Rebmann, Kurt/*Säcker*, Franz Jürgen (Hrsg) Münchener Kommentar zum Bürgerlichen Gesetzbuch, Bd 3, Schuldrecht Besonderer Teil, 1. Halbbd , §§ 433-656, 1 Auflage 1980, Bd 3, Schuldrecht Besonderer Teil, 1 Halbbd §§ 433-651k, 2 Auflage 1988; Bd 3, Schuldrecht Besonderer Teil I, §§ 433-606, 3 Auflage 1995;
Rebmann, Kurt/*Sacker*, Franz Jürgen/*Rixecker*, Roland (Hrsg.): Münchener Kommentar zum Bürgerlichen Gesetzbuch, Bd. 1, Allgemeiner Teil, §§ 1-240, 4 Auflage 2001; Bd. 2, Schuldrecht Allgemeiner Teil, §§ 241-432, 4. Auflage 2001; Bd. 4, Schuldrecht Besonderer Teil II, §§ 607-704, 3. Auflage 1997; Bd. 5, Schuldrecht Besonderer Teil III, §§ 705-853, 3. Auflage 1997; Bd 6, Sachenrecht, §§ 854-1296, 3. Auflage 1997
Reinfeld, Roland: Saison- und Kampagnearbeit, AR-Blattei SD, Nr 1390, Saisonarbeit, 56. Lfg August 1998
Reinicke, Dietrich/*Tiedtke*, Klaus Schadensersatzverpflichtungen aus Verschulden beim Vertragsabschluß nach Abbruch von Vertragsverhandlungen ohne triftigen Grund, ZIP 1989, S 1093 ff
Reuß, W · Der sogenannte „Kauferstreik“, AcP Bd 156 (1957), S. 89 ff.
Reuter, Dieter Die freie Wahl des Arbeitsplatzes – ein nicht realisierbares Grundrecht?, RdA 1973, S. 345 ff
Reuter, Dieter. Zulässigkeit und Grenzen tarifvertraglicher Besetzungsregelungen, ZfA 1978, S 1 ff
Reuter, Dieter Das Recht auf Arbeit – ein Prinzip des Arbeitsrechts?, RdA 1978, S. 344 ff
Reuter, Dieter Grundlagen des Kündigungsschutzes – Bestandsaufnahme und Kritik, in 25 Jahre Bundesarbeitsgericht, 1979, S 405 ff
Richardi, Reinhard Kollektivgewalt und Individualwille bei der Gestaltung des Arbeitsverhaltnisses, 1968
Richardi, Reinhard· Betriebsverfassung und Privatautonomie, 1973
Richardi, Reinhard· Sozialplan und Konkurs, 1975
Richardi, Reinhard· Betriebsverfassungsgesetz, Kommentar, 7. Auflage 1998
Richardi, Reinhard/*Wlotzke*, Otfried (Hrsg)· Münchener Handbuch zum Arbeitsrecht, Bd. 1, Individualarbeitsrecht I, 2 Auflage 2000; Bd. 2, Individualarbeitsrecht II, 2. Auflage 2000, Bd 3, Kollektives Arbeitsrecht, 2. Auflage 2000
Ricken, Oliver: Grundlagen und Grenzen des Wiedereinstellungsanspruchs, NZA 1998, S. 460 ff
Riedel, Ingo: Das Grundrecht der Berufsfreiheit im Arbeitsrecht, Diss. Würzburg 1987
Riesenhuber, Karl· Die Rechtsbeziehungen zwischen Arbeitnehmern, JZ 1999, S. 711 ff.
Ritzinger, Horst. Der Vorvertrag in der notariellen Praxis, NJW 1990, S 1201 ff
Roscher, Falk· Vertragsfreiheit als Verfassungsproblem, 1974
Rosenberg, Leo: Kritische Erörterungen zur zivilprozessualen Judikatur, ZZP Bd 53 (1928), S. 385 ff
Rosenberg, Leo/*Schwab*, Karl Heinz/*Gottwald*, Peter· Zivilprozeßrecht, 15. Auflage 1993
Ruhl, Marion/*Kassebohm*, Kristian: Der Beschaftigungsanspruch des Arbeitnehmers, NZA 1995, S 497 ff.
Sacker, Franz Jürgen Die Regelung sozialer Angelegenheiten im Spannungsfeld zwischen tariflicher und betriebsvereinbarungsrechtlicher Normsetzungsbefugnis, ZfA 1972, Sonderheft, S 41 ff
Sacker, Franz Jurgen· Gruppenautonomie und Ubermachtkontrolle im Arbeitsrecht, 1972
Sacker, Franz Jurgen Die Betriebsvereinbarung, AR-Blattei D, Betriebsvereinbarung I, 1979
Sacker, Franz Jurgen/*Oetker*, Hartmut Grundlagen und Grenzen der Tarifautonomie, 1992
Sandmann, Georg/*Marschall*, Dieter· Arbeitnehmeruberlassungsgesetz (AUG), Kommentar, Stand Dezember 2000
Schaub, Gunter Arbeitsrechts-Handbuch, 9 Auflage 2000
Scheuner, Ulrich Das Grundrecht der Berufsfreiheit, DVBl 1958, S 845 ff

Schlachter, Monika: Arbeitsrechtliche Probleme beim Betriebsinhaberwechsel, NZA 1995, S 705 ff
Schlochauer, Ursula: Zum Mitbestimmungsrecht des Betriebsrates bei der ordentlichen Kündigung nach § 102 BetrVG 1972, RdA 1973, S. 157 ff.
Schmalzl, Max: Begriff und Rechtsgrund der Gratifikation, NJW 1957, S. 1785 f
Schmidt, Karsten: Organverantwortlichkeit und Sanierung im Insolvenzrecht der Unternehmen, ZIP 1980, S. 328 ff.
Schmidt, Klaus Der Betriebsinhaberwechsel im Regierungsentwurf eines Betriebsverfassungsgesetzes, BB 1971, S 1199 ff.
Schmidt, Reiner: Staatshaftung für Waldschäden, ZRP 1987, S. 345 ff
Schmidt-Aßmann, Anwendungsprobleme des Art 2 Abs. 2 GG im Immissionsschutzrecht, AöR Bd 106 (1981), S. 205 ff.
Schmidt-Räntsch, Ruth: Insolvenzordnung mit Einführungsgesetz. Erlauternde Darstellung des neuen Rechts anhand der Materialien, 1995
Schmidt-Salzer, Joachim Vertragsfreiheit und Verfassungsrecht, NJW 1970, S 8 ff
Schmitt, Jochem SGB VII, Kommentar, 1998
Schmitt-Glaeser, Walter Die Sorge des Staates um die Gleichberechtigung der Frau, DOV 1982, S 381 ff
Schnorr von Carolsfeld, Ludwig Anmerkung zu BAG vom 04 08 1955, AP Nr 3 zu § 626 BGB
Scholz, Rupert Die Koalitionsfreiheit als Verfassungsproblem, 1971
Scholz, Rupert Die Berufsfreiheit als Grundlage und Grenze arbeitsrechtlicher Regelungssysteme, ZfA 1981, S 265 ff
Scholz,, Thomas Der Grundsatz der Gleichbehandlung bei der Kündigung eines Arbeitsverhältnisses, Diss Frankfurt a. M 1979
Scholz, Ulrich: Kontrahierungszwang in der Versorgungswirtschaft, 1997
Schulin, Bertram (Hrsg.): Handbuch des Sozialversicherungsrechts, Bd. 2, Unfallversicherungsrecht, 1996; Bd 3, Rentenversicherungsrecht, 1999
Schüren, Peter Arbeitnehmerüberlassungsgesetz, 1994
Schütte, Reinhard: Die Verdachtskündigung, NZA 1991, Beilage Nr 2, S. 17 ff.
Schwabe, Jürgen: Die sogenannte Drittwirkung der Grundrechte. Zur Einwirkung der Grundrechte auf den Privatrechtsverkehr, 1971
Schwabe, Jürgen: Probleme der Grundrechtsdogmatik, 1977
Schwabe, Jürgen: Bundesverfassungsgericht und „Drittwirkung“ der Grundrechte, AöR Bd. 100 (1975), S 442 ff.
Schwerdtner, Peter Die Garantie des Rechts auf Arbeit Ein Weg zur Knechtschaft? - , ZfA 1977, S 47 ff
Seier, Jurgen Kundigungsbetrug durch Verschweigen des Wegfalls von Eigenbedarf, NJW 1988, S 1617 ff
Seier, Jürgen Der Kundigungsbetrug, 1989
Seiter, Hugo Die Betriebsübung, 1967
Seiter, Hugo Anmerkung zu BAG vom 05 07 1968, SAE 1969, S 22 ff
Senne, Holger Der Wiedereinstellungsanspruch von Arbeitnehmern, AuArbR 1992, S 301 ff
Singer, Reinhard Neue Entwicklungen im Recht der Betriebsübung, ZfA 1993, S 487 ff.
Soell, Hermann Das Ermessen der Eingriffsverwaltung, 1973
Soergel, Hans Theodor: Bürgerliches Gesetzbuch, Kohlhammer-Kommentar, Bd. 2, Allgemeiner Teil 2, §§ 104-240, 13 Auflage 1999; Bd. 2, Schuldrecht I, §§ 241–432, 12. Auflage 1990; Bd. 3, Schuldrecht II, §§ 433-515, 12. Auflage 1991; Bd. 4/1, Schuldrecht III/1, §§ 516-651, 12 Auflage 1998
Söllner, Alfred: Der verfassungsrechtliche Rahmen für Privatautonomie im Arbeitsrecht, RdA 1989, S. 144 ff.
Sollner, Alfred Grundriß des Arbeitsrechts, 12 Auflage 1998

Sollner, Alfred/*Meyer*, A E. Nachwirkung des Arbeitsvertrages, AR-Blattei D, Arbeitsvertrag-Arbeitsverhaltnis X, 1969

Sowka, Hans-Harald (Hrsg.): Kündigungsschutzgesetz Kölner Praxiskommentar unter Berücksichtigung sozialrechtlicher Bezüge, 2 Auflage 2000
Spieß, Primin: Zur Einschränkung der Irrtumsanfechtung, JZ 1985, S 593 ff.
Stahlhacke, Eugen Kündigung und Kündigungsschutz im Arbeitsverhältnis, 4 Auflage 1982
Stahlhacke, Eugen Das dringende betriebliche Erfordernis, in Die betriebsbedingte Kündigung Dokumentation der Fachtagung der Bundesvereinigung der Deutschen Arbeitgeberverbände vom 13 Oktober 1988, 1989, S 13 ff
Stahlhacke, Eugen: Grundrechtliche Schutzpflichten und allgemeiner Kündigungsschutz, in: Festschrift für Günther Wiese zum 70 Geburtstag, 1998, S 513 ff
Stahlhacke, Eugen/ *Preis*, Ulrich/*Vossen*, Reinhard: Kundigung und Kundigungsschutz im Arbeitsverhältnis, 7 Auflage 1999
Stahmer, Rolf/*Kerls*, Horst/*Confurius*, Manfred (Hrsg): Praxishandbuch Kündigung, 13 Aktualisierungs- und Ergänzungslieferung Oktober 1998
Starck, Christian: Praxis der Verfassungsauslegung, 1994
Staudinger, Julius von: Kommentar zum Bürgerlichen Gesetzbuch, §§ 134-163, 13. Bearbeitung 1996, Einleiung zu §§ 241 ff ; §§ 241-243, 13. Bearbeitung 1995; §§ 249-254, 13 Bearbeitung 1998, §§ 255-292, 13. Bearbeitung 1995; §§ 293-327, 13 Bearbeitung 1995, §§ 433-534, 13. Bearbeitung 1995, §§ 611-615, 13. Bearbeitung 1999; §§ 620-630, 13 Bearbeitung 1995; §§ 826-829, 13 Bearbeitung 1998, §§ 985-1011, Neubearbeitung 1999
Stebut, Dietrich von: Der soziale Schutz als Regelungsproblem des Vertragsrechts. Die Schutzbedürftigkeit von Arbeitnehmern und Wohnungsmietern, 1982
Stebut, Dietrich von Der Wegfall von Kündigungsgründen des Vermieters, NJW 1985, S. 289 ff
Stege, Dieter/*Weinspach*, F K · Betriebsverfassungsgesetz, Handkommentar für die betriebliche Praxis, 8 Auflage 1999
Stein, Jurgen vom Fehleinschatzungen bei der Kündigung von Arbeitsverhaltnissen, Diss Koln 1989
Stein, Jürgen vom Wiedereinstellungsanspruch des Arbeitnehmers bei Fehlprognose des Arbeitgebers?, RdA 1991, S 85 ff
Stein, Friedrich/*Jonas*, Martin: Kommentar zur Zivilprozeßordnung, Bd 1, §§ 1-90, 21 Auflage 1993, Bd 2, §§ 91-252, 21 Auflage 1994, Bd 3, §§ 253 – 299a, 21. Auflage 1997, Bd 4, Teilbd. 1, §§ 300-347, 21. Auflage 1998; Bd 7, Teilbd. 1, §§ 864 – 945, 21 Auflage 1996
Steinwedel, Wilfried Die betriebliche Übung, DB 1963, S 1572 f
Stern, Klaus Das Staatsrecht der Bundesrepublik Deutschland, Bd III, 1 Halbbd , Allgemeine Lehren der Grundrechte, 1988
Stoll, Hans Tatbestände und Funktionen der Haftung für culpa in contrahendo, in Festschrift für Ernst v. Caemmerer zum 70. Geburtstag, 1978, S. 435 ff.
Strathmann, Stephanie: Der Wiedereinstellungsanspruch eines wirksam gekündigten Arbeitnehmers, 2001
Stratz, Hans-Wolfgang. Über sog. „Nachwirkungen" des Schuldverhältnisses und den Haftungsmaßstab bei Schutzpflichtverstößen, in: Festschrift für Friedrich Wilhelm Bosch zum 65.Geburtstag, 1976, S 999 ff.
Streinz, Rudolf: Europarecht, 5 Auflage 2001
Strobel, Michael Die Rechtsfigur der Verdachtskündigung, Diss Hamburg 1967
Struck, Gerhard Vertragsfreiheit – ein Grundrecht?, DuR 1988, S. 39 ff
Stürner, Rolf: Die Aufklärungspflicht der Parteien des Zivilprozesses, 1976
Stürner, Rolf: Der Anspruch auf Erfüllung von Treue- und Sorgfaltspflichten, JZ 1976, S 384 ff
Teichmann, Arndt Venire contra factum proprium – Ein Teilaspekt rechtsmißbrauchlichen Handelns, JA 1985, S 497 ff
Thomas, Heinz/*Putzo*, Hans Zivilprozeßordnung, 23 Auflage 2001
Travlos-Tzanetatos, Dimitris Die Regelungsbefugnis der Betriebspartner und ihre Grenzen zum Einzelarbeitsverhältnis, 1974
Tschischgale, Max/*Satzky*, Manfred Das Kostenrecht in Arbeitssachen, 3 Auflage 1982
Tschope, Ulrich (Hrsg) Anwalts-Handbuch Arbeitsrecht, 1998
Ulber, Jurgen AUG Arbeitnehmeruberlassungsgesetz und Arbeitnehmer-Entsendegesetz, Kommentar für die Praxis, 1998

Ulmer, Peter: Kündigungsschranken im Handels- und Gesellschaftsrecht – Zum Einfluß der Treuepflicht auf die einseitige Vertragsbeendigung, in: Festschrift für Philipp Möhring zum 75. Geburtstag, 1975, S. 295 ff.
Unruh, Peter: Zur Dogmatik der grundrechtlichen Schutzpflichten, 1996
Urban, Sandra: Der Kündigungsschutz außerhalb des Kündigungsschutzgesetzes, 2001
Vollkommer, Max: Begründet die Dreiwochenfrist des § 3 des Kündigungsschutzgesetzes eine besondere Prozeßvoraussetzung oder ist sie eine materiellrechtliche Frist?, AcP Bd. 161 (1962), S 332 ff
Vykydal, Swen: Der kartellrechtliche Kontrahierungszwang – unter besonderer Berücksichtigung der leitungsgebundenen Energiewirtschaft, 1996
Wahl, Rainer/*Masing*, Johannes: Schutz durch Eingriff, JZ 1990, S. 553 ff.
Walker, Wolf-Dietrich: Anmerkung zu BAG vom 27.02.1997, SAE 1998, S. 103 ff.
Waltermann, Raimund: Freiheit der Arbeitsplatzwahl (Art 12 Abs 1 GG) – Grundrecht der Arbeitnehmer, DVBl 1989, S 699 ff
Walther, Richard: Klageänderung und Klagerücknahme, 1969
Wank, Rolf: Anmerkung zu BAG vom 15.03.1984, AP Nr 2 zu § 1 KSchG 1969 Soziale Auswahl
Wank, Rolf: Arbeitsrecht und Methode – am Beispiel der rangkonformen Auslegung -, RdA 1999, S 130 ff
Wank, Rolf: Die Kündigung außerhalb des Kündigungsschutzgesetzes, in: Arbeitsrecht und Sozialpartnerschaft, Festschrift für Peter Hanau, 1999, S 295 ff
Weber, Ulrich/*Ehrich*, Christian/*Hoß*, Axel: Handbuch der arbeitsrechtlichen Aufhebungsverträge, 2. Auflage 1998
Weber, Wilhelm: Vertrauensschutz aus fortgesetztem Verhalten (Übung) eines Dritten, DB 1974, S. 709 ff.
Weiss, Manfred/*Weyand*, Joachim: Betriebsverfassungsgesetz, 3. Auflage 1994
Wendt, Rudolf: Berufsfreiheit als Grundrecht der Arbeit, DÖV 1984, S. 601 ff
Westera, Diane: Der Wiedereinstellungsanspruch nach wirksamer Kündigung, 2001
Westermann, Harm Peter: Das neue Kaufrecht einschließlich des Verbrauchsgüterkaufs, JZ 2001, S 530 ff.
Westermann, Harry: Sachenrecht, 7. Auflage 1998
Wiedemann, Herbert: Subjektives Recht und sozialer Besitzstand nach dem KSchG, RdA 1961, S. 1 ff.
Wiedemann, Herbert: Das Arbeitsverhältnis als Austausch- und Gemeinschaftsverhältnis, 1966
Wiedemann, Herbert: Anmerkung zu BAG vom 07.08.1967, AP Nr. 121 zu § 242 BGB Ruhegehalt
Wiedemann, Herbert: Anmerkung zu BAG vom 18.07.1968, AP Nr 8 zu § 242 BGB Betriebliche Übung
Wiedemann, Herbert (Hrsg.): Tarifvertragsgesetz, 6. Auflage 1999
Willemsen, Heinz Josef/*Hohenstatt*, Klaus-Stefan/*Schweibert*, Ulrike (Hrsg.): Umstrukturierung und Übertragung von Unternehmen, 1999
Wimmer, Klaus (Hrsg.): Frankfurter Kommentar zur Insolvenzordnung, 2. Auflage 1999
Wisskirchen, Alfred/*Worzalla*, Michael: Aktuelle Fragen zu arbeitsrechtlichen Aufhebungsverträgen, DB 1994, S 577 ff
Wollenschläger, Michael: Gesetz zum Schutz in Ausbildung befindlicher Mitglieder von Betriebsverfassungsorganen, NJW 1974, S. 935 f
Wollenschläger, Michael: Arbeitsrecht, 1999
Woltereck, Frank/*Lewerenz*, Karl-Jochen: Saison- und Kampagnearbeit, AR-Blattei D, Saisonarbeit I, 1972
Wrede, Beatrice: Anmerkung zu ArbG Köln vom 07.03.1996, DB 1996, S 1343 f.
Zachert, Ulrich: Ein Mosaik von Arbeitnehmergrundrechten im Grundgesetz, BB 1998, S 1310 ff.
Ziemann, Werner: Die Klage auf Wiedereinstellung oder Fortsetzung des Arbeitsverhältnisses, MDR 1999, S 716 ff
Zippelius, Reinhold: Juristische Methodenlehre, 7. Auflage 1999
Zoller, Richard: Zivilprozeßordnung, Kommentar, 22. Auflage 2001
Zöllner, Wolfgang: Tarifvertragliche Differenzierungsklauseln, 1967
Zöllner, Wolfgang: Privatautonomie und Arbeitsverhältnis, AcP Bd 176 (1976), S. 221 ff

Zollner, Wolfgang: Sind im Interesse einer gerechteren Verteilung der Arbeitsplätze Begründung und Beendigung der Arbeitsverhältnisse neu zu regeln?, in Verhandlungen des 52 Deutschen Juristentages, Wiesbaden 1978, Bd. I (Gutachten), Teil D, D 1 ff.

Zollner, Wolfgang: Die Stellung des Arbeitnehmers in Betrieb und Unternehmen, in: 25 Jahre Bundesarbeitsgericht, 1979, S 745 ff

Zollner, Wolfgang Gleichberechtigung und Gleichstellung der Geschlechter, in. Möglichkeiten und Grenzen der Rechtsordnung, in Festschrift für Rudolf Strasser zum 60. Geburtstag, 1983, S 223 ff

Zollner, Wolfgang Die politische Rolle des Privatrechts, JuS 1988, S 329 ff

Zöllner, Wolfgang/*Loritz*, Karl-Georg: Arbeitsrecht, 4. Auflage 1992; 5. Auflage 1998

Zwanziger, Bertram: Neue Tatsachen nach Zugang einer Kündigung, BB 1997, S. 42 ff

MIX
Papier | Fördert gute Waldnutzung
FSC® C083411

Kolibri 360 GmbH
Ferdinand-Jühlke-Straße 7
99095 Erfurt, Deutschland
produktsicherheit@kolibri360.de

Druck:
CPI Druckdienstleistungen GmbH
im Auftrag der
Kolibri 360 GmbH
Ferdinand-Jühlke-Str. 7
99095 Erfurt